新编21世纪心理学系列教材

普通心理学

General Psychology

张积家　编著

中国人民大学出版社
·北京·

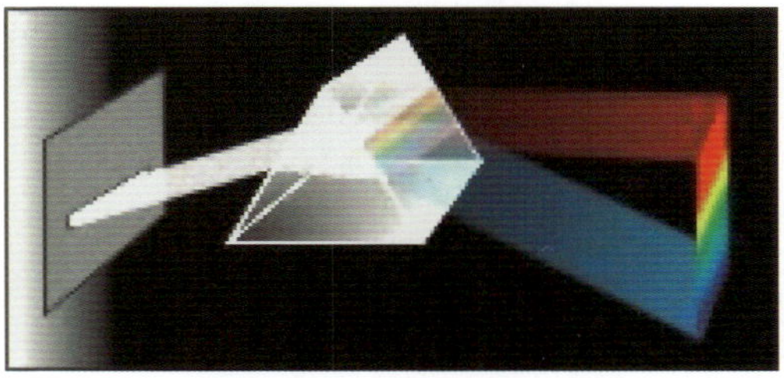

彩图 1　白光的分解

彩图 2　色环

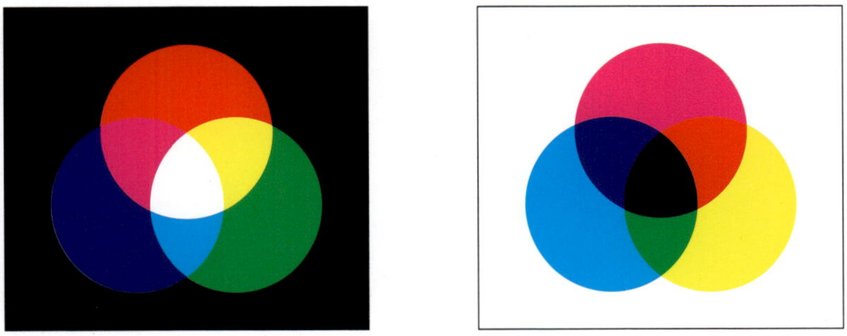

(a)　(b)

彩图 3　颜色的混合和颜料的混合

彩图 4　颜色对比

彩图 5　颜色后像

作者简介

张积家（1955— ），男，字隽生，山东蓬莱人。中国人民大学心理学系教授、博士生导师，校学术委员会委员、心理学系学术委员会主任，中国心理学会认定的心理学家。主要研究领域为认知心理学和心理语言学，对心理学基本理论、心理学史、民族心理、教育心理、大学生心理也有很高造诣。主持国家和省部级课题10多项；获省部级科研成果一等奖1项、二等奖4项、三等奖4项；出版《人生的契机——儿童心理发展的关键期》(1992)、《心理学》(1994)、《第二语言习得与外语教学》(1994)、《大学心理教育导论》(1999)、《普通心理学》(2004)、《语言认知心理研究》(2007)、《高等教育心理学》(2009)、《语言认知新论》(2010) 8部专著与教材；在国内外期刊上发表论文450余篇，仅发表在《中国社会科学》、《心理学报》、《教育研究》、《外语教学与研究》等国内顶级刊物上的论文就有90篇。在国内外具有重要的学术影响，在语言认知、民族心理、双语与双言心理、特殊儿童心理研究方面颇有建树。担任《心理学报》编委、《心理学探新》编委。

内容简介

在心理学的学科体系中，普通心理学处于基础的地位，是最重要的心理学分支之一。普通心理学介绍心理学的基本概念、基本原理、基本方法和基本态度，为学生学习和掌握心理学的其他分支奠定基础。本书是为心理学专业本科生撰写的教材。它有如下特点：

内容丰富，知识新颖。在保证知识的基础性、系统性前提下，纳入了近年来出现的新知识，使教材能够反映心理学科发展的最新面貌，使学生学习之后能够立足于心理学科发展的前沿。

坚持科学性与趣味性、普及与提高相结合，追求知识传授与能力培养相统一，兼顾教材内容的研究性，既重视心理学的一般概念和基本原理的传授，又重视心理学的研究范式、研究方法的介绍，做到既授学生以“鱼”，又授学生以“渔”。

教材的形式生动，说理透彻，语言通俗，深入浅出，力求做到雅俗共赏。既适合于教师讲授，也适合于学生自学。对于非心理学专业学生、教育工作者、管理工作者、社会科学工作者和学生家长，也是一本开卷有益的读物。

前　言

经过了一段很长时间的努力，这部《普通心理学》终于问世了。从20世纪80年代初步入心理学领域算起，我已是第三次编写普通心理学的教材了。1980—1999年，我在原烟台师范学院（现改名为鲁东大学）工作，编写过一本用于师范院校公共课心理学教学的教材，名叫《心理学》，由青岛海洋大学出版社1994年出版；2000—2012年我在华南师范大学工作，编写过一部用于心理学专业教学的《普通心理学》，由广东高等教育出版社2004年出版，反响良好。2012年，中国人民大学出版社张宏学女士邀请我编写一本新的《普通心理学》。盛情难却，于是有了今天的书稿。三部普通心理学教材代表我的心理学人生的三个阶段：始于鲁，成于粤，全于京。三个阶段走过来，我已经从一个风华正茂的青年步入了中年。“学问未成，老已将至”，这是钱钟书先生在《管锥编》中发出的慨叹，我觉得我现在能够理解钱先生当时的心情了。

从接下任务到现在，已两年有余。迟迟不能交稿的原因有二：一是2012年11月我由华南师范大学调入中国人民大学工作，既要搬家，又要适应新环境，编写工作进行得断断续续；二是编写有一定的难度，最难的就是突破原来的工作。近年来，心理科学发展很快，用“日新月异”来形容它，一点也不过分。新的研究范式、研究领域、研究方法不断涌现，产生了大量的新理论和新成果。这些理论和成果哪一些应进入教材、哪一些不能进入教材，真的是要颇费一番思量。要突破已有的工作，体现出新的面貌，着实不是一件容易的事。在编写时，我们着力处理好三个关系。

一是处理好“入门”和“基础”的关系。普通心理学是心理学专业学生的“入门课”，更是心理学专业学生的“基础课”。对于一个心理学专业的学生而言，普通心理学负责提供理论基础——使学生掌握心理学的基本概念、基本原理和基本体系，实验心理学负责提供实验基础——使学生熟悉实验过程、掌握实验方法、形成实验技能，心理统计学负责提供数据基础——使学生掌握数据处理、心理测量、推论和预测的方法和技术。这三门课对于一个心理学专业的学生而言是最重要的，它不仅影响学生在本科阶段的学习，更影响学生在研究生阶段的学习和研究。学好这三门课，对于一个心理学专业学生而言，终生受益。这三门功课学好了，就为学生今后学习其他课程、从事心理学研究打下良好的基础。因此，普通心理学的知识必须具有高质量，这种高质量既要体现在知识的深度上，又要体现在知识的难度上。然而，大学生接触普通心理学之前，很少接触到系统的心理学知识，他们对于心理学的认识往往来自道听途说，夹杂了许多错误的认识和迷信的看法。因此，普通心理学的教学目标是要向学生传授心理学的最一般的知识，使学生了解心理学的基本概念、基本事实、基本理论，了解心理现象的最一般的规律，以消除学生对于心理学的误解和迷信，初步掌握心理学的基本方法，形成从事心理科学研究的基本态度和基本技能，掌握心理学的基本体系，激发学生学习心理学的兴趣和献身心理科学事业的热忱。因此，普通心理学包含的内容既应该充分体现其基础性，又应该体现其一般性，不能太专门。传授专门的心理学知识是心理学各分支学科的任务。对于多数心理学领域的知识，普通心理学都应该有所反映，但又不能代替其他分支学科。普通心理学的教材要做到既有严谨厚重的学科内容，又有生动活泼的呈现形式，做到体系新颖，内容丰富，深入浅出，雅俗共赏，普及和提高兼顾。这是我们在编写时所追求的目标之一。

二是处理好新知识与已有知识的关系。这也是在教材编写时颇为棘手的问题。如果不增加新知识，就不能够反映学科的新面貌，学生就不能够立足于学科发展的前沿，他们的知识结构就难免落伍；如果新知识增加太多，学生在没有基础的情况下又难以消化，不仅不能掌握好基础知识，为学习其他分支学科打好基础、提供动力，甚至还会产生畏难心理和厌学情绪。在处理这一问题时，我们的做法是：(1) 对一些已有知识从新的角度进行编写，如在“记忆”一章中关于短时记忆的内容从工作记忆的角度来编写；在“人格”一章中，关于人格理论的内容从人格研究范式的角度来编写。(2) 关于一些新领域、新观点的知识以专栏的形式给出。

三是处理好传授知识和培养学生的研究能力、创新能力的关系。教材不仅应该传授给学生知识，还要培养学生的研究能力和创新能力。为了做到这一点，在编写时，我们不仅介绍了各研究领域发展的新趋势，亦介绍了部分研究方法和技术。为了加强学生对于基本概念、基本原理的理解和记忆，在每一章的结尾，也给出该章的基本概念和基本原理。

以上是我们编写这部教材时所追求的目标，目标的达成情况如何，就要看教材出版后读者的评判了。

本书是我和我的学生们共同创作的结晶。各章撰写者如下：张积家博士（第一章、第三章）、马利军博士（第二章、第十六章）、陈俊博士（第四章）、王悦博士（第五章、第十章）、陈栩茜博士（第六章、第七章）、张启睿博士（第八章、第十五章）、宋宜琪博士（第九章、第十三章）、王娟博士（第十一章）、陈穗清博士（第十二章、第十四章）。全书由我最终修改并定稿。

在编写过程中，我们参考了国内外许多同类教材和文献，包括我们自己编写过的教材，大部分都以参考文献的形式给出，在此向作者们表示诚挚的谢意。中国人民大学出版社编辑张宏学和郦益为本书的出版费心费力，做了大量的工作，在此也向他们深表谢忱。本书定稿之际，恰逢中秋节、教师节双节来临，衷心地祝愿天下学子、教师花好月圆，人长久，共婵娟！

张积家
2014 年 9 月 7 日
于中国人民大学静园

目　录

第一章　绪论 ………………………………………………………… 1

第一节　心理学是研究人的心理现象及其规律的科学 ………… 1
第二节　心理学的学科性质和任务 ……………………………… 8
第三节　心理学的研究领域和研究心理学的意义……………… 14
第四节　心理学的研究方法……………………………………… 18
第五节　心理学的历史发展……………………………………… 24

第二章　心理学的生理学基础……………………………………… 36

第一节　探索人的心灵之谜的曲折历程………………………… 36
第二节　神经元…………………………………………………… 39
第三节　神经系统………………………………………………… 44
第四节　关于大脑功能的理论…………………………………… 56
第五节　内分泌系统和神经—体液调节………………………… 60

第三章　心理学的生物学基础……………………………………… 63

第一节　历史的回顾……………………………………………… 63
第二节　脑的进化………………………………………………… 65
第三节　人类心理的产生………………………………………… 72
第四节　心理遗传学……………………………………………… 75
第五节　习性学…………………………………………………… 80
第六节　社会生物学……………………………………………… 82

第四章　学习………………………………………………………… 88

第一节　学习概述………………………………………………… 88
第二节　联结派的学习理论……………………………………… 93
第三节　认知派的学习理论 …………………………………… 104
第四节　联结—认知派的学习理论 …………………………… 111
第五节　内隐学习 ……………………………………………… 119

第五章　意识和注意 …… 124

第一节　意识概述 …… 124
第二节　睡眠与梦 …… 130
第三节　催眠 …… 137
第四节　注意 …… 141
第五节　注意的生理机制 …… 148
第六节　注意的认知理论 …… 149

第六章　感觉 …… 156

第一节　感觉的一般概念 …… 156
第二节　感觉的规律 …… 160
第三节　视觉 …… 166
第四节　听觉 …… 179
第五节　其他感觉 …… 186

第七章　知觉 …… 193

第一节　知觉的一般概念 …… 193
第二节　知觉的基本特性 …… 200
第三节　空间知觉 …… 210
第四节　时间知觉 …… 224
第五节　运动知觉 …… 229
第六节　错觉 …… 232

第八章　记忆 …… 240

第一节　记忆的一般概念 …… 240
第二节　记忆的神经生理机制 …… 245
第三节　感觉记忆和工作记忆 …… 251
第四节　长时记忆 …… 259
第五节　记忆研究的新进展 …… 277

第九章　表象和想象 …… 287

第一节　表象概述 …… 287
第二节　表象的结构 …… 291
第三节　表象的加工机制与脑机制 …… 299
第四节　想象 …… 302

第十章　思维 …… 307

第一节　思维的一般概念 …… 307

第二节 思维的过程、生理机制和品质 …… 315
第三节 概念形成 …… 320
第四节 推理 …… 331
第五节 问题解决 …… 337
第六节 创造性 …… 349

第十一章 语言 …… 359

第一节 语言的概念 …… 359
第二节 语言的结构和表征 …… 368
第三节 语言的感知和理解 …… 372
第四节 语言产生 …… 387
第五节 语言研究的新进展 …… 390

第十二章 动机 …… 394

第一节 动机的一般概念 …… 394
第二节 动机的种类 …… 406
第三节 动机理论 …… 418

第十三章 情绪和情感 …… 425

第一节 情绪和情感概述 …… 425
第二节 情绪的表达和识别 …… 436
第三节 情绪和情感的产生 …… 447
第四节 情绪与认知、智力 …… 459

第十四章 意志 …… 466

第一节 意志概述 …… 466
第二节 意志行动过程 …… 470
第三节 意志行动中的挫折 …… 475
第四节 意志品质及其培养 …… 483

第十五章 能力 …… 488

第一节 能力概述 …… 488
第二节 能力的种类 …… 491
第三节 智力的结构 …… 493
第四节 能力的测量 …… 502
第五节 能力的发展与差异 …… 509
第六节 智力与种族、文化 …… 515
第七节 影响能力形成与发展的因素 …… 522

第十六章　人格 …… 530

第一节　人格概述 …… 530
第二节　人格研究的范式及理论 …… 536
第三节　认知风格 …… 556
第四节　人格的评估 …… 560
第五节　影响人格形成与发展的因素 …… 567

参考文献 …… 577

第一章
绪　论

本章要点

1. 心理学研究的对象
2. 心理学的学科性质和作用
3. 心理学的主要研究领域
4. 心理学的研究方法
5. 心理学的历史发展

对普通民众而言，一提起心理学，总是会有一点神秘感。心理学家在同人接触时，人们往往会问这样的问题："你是研究心理学的，如果我不讲话，你能猜得透我的心思吗?"或者认为："你是研究心理学的，太厉害了，你能读懂我的心，不用讲话你就知道我如何想。在你面前，我不敢撒谎。"这些都反映了民众对心理学的神秘感。那么，什么是心理学？心理学研究什么？心理学家真的能够透视人的内心、知道人在想什么吗？学习和研究心理学有什么用处？让我们揭开心理学的神秘的面纱，先从什么是心理学谈起。

第一节　心理学是研究人的心理现象及其规律的科学

人类生活在一个纷繁复杂的世界里。在我们周围，存在着各种各样的现象。夏日的早晨醒来，看到东方的晨曦，听到鸟儿婉转的啼叫，嗅到扑鼻的花草清香，感到阵阵凉爽的微风。晨曦、鸟鸣、花香、微风以及日月山川、江河湖海、庄稼森林、热声光电等，均属于自然现象，是自然科学的研究对象。你在电视中看到的一些国家炮火连天的战争场面、一些国家民众冲突的混乱场景、房价上涨的消息，以及诸如此类的有关国家、民族、政党、军队、战争、冲突、家庭、人口、生产、消费等现象，均属于社会现象，是社会科学的研究对象。这些现象构成了人生存的外部环境。不管你喜欢与否、愿意与否，只要活着，人就免不了要同这些现象打交道。

除了上述现象外，在世界上还存在着另外一种现象——心理现象。动物之所以比植物高级，就在于动物有心理；人之所以成为万物之灵，就在于人的心理比动物的心理高级。人生活的每一天，都要感知事物、记忆信息、思考问题、做出决策。人要对各种事物表达自己的态度，如支持还是反对，接受还是拒绝；在表达态度的同时，人也体验到各种各样的情感和情绪，如高兴还是悲伤，喜爱还是愤怒。人的活动总是有一定的目的，为了实现目的，人组织和调节自己的行为，克服各种各样的困难。人有着自己的需要和愿望、信念和理想。愿望和理想有时被冠之以“梦”，如“中国梦”、“美国梦”，等等。每个人的能力不同，气质迥异，性格独特。这些都属于心理现象。它们构成了心理学的研究对象。所以，心理学是研究心理现象及其规律的科学。

心理学，英文是“psychology”，它由“psycho-”和“-logy”两部分组成。“psycho-”源自于希腊文。古希腊人将人类的生命力区分为两个层面：一是“πνευμα”，意思是气、呼吸，后来形成了英语中的“spirit”，即精神；二是“ψυχη”，后来形成了英语中的“soul”，即灵魂。精神与灵魂合在一起，相当于中文的“魂魄”，即人的心理。“-logy”的意思是“学问”，两部分连在一起就是关于心理、精神的学问。

心理现象是世界上最复杂、最奇妙的现象。心理现象没有形体，既看不见，又摸不着，因而不容易为人们所了解。但是，它们又每时每刻地发生在每一个人的身上，因而又为每一个人所熟悉。人们的学习、工作、劳动、交往、娱乐、教学、发明、创作离不开心理现象，人们的购买、消费、战争、和平、道德、慈善、友谊、爱情与心理现象也密不可分。心理现象不仅人有，动物也有。因此，心理学不仅研究人的心理，也研究动物心理，但以人的心理现象为主要研究对象。那么，人的心理现象究竟包含哪些方面？

一、个体心理

个体心理即个体所具有的心理现象。人作为个体而存在。心理现象总是发生在个体的头脑中，首先表现为个体心理。个体心理主要由心理动机、心理过程和心理特性三个方面构成。

（一）心理动机

人类的一切活动，无论是简单的，还是复杂的，都是在某种内部动力的支配下进行的。推动人活动并使活动指向某一目标的内部动力，心理学称为动机（motive），有时也称为内驱力（drives）。例如，一名大学生要想成为著名政治家，这种内部动力就会成为他刻苦学习、对自己的品行严格要求、参加公务员考试的动机。一名青年要想成为著名歌唱家，这种内部动力就会成为他努力学习声乐知识、刻苦进行发声训练的动机。甚至一些简单的活动，如举手投足、点头微笑等，也都在一定动机的推动下进行。例如，笑总有动机，向谁笑，为什么笑，在什么时间、什么场合笑，是微笑、欢笑还是开怀大笑，人总有一定的考量。不然，岂不成为傻笑？

动机具有不同的表现形式。学习动机、交往动机、威信动机和成就动机是动机的重要内容。人的好奇心、求知欲、兴趣、爱好、理想、信念乃至价值观、人生观和世界观，都属于动机的范畴。它们反映人的诉求和愿景，指向于一定的目的，给人的行为以动力。例如，“中国梦”就是中华民族伟大复兴的诉求和愿景，它必将推动着全国各族人民万众一心，为实现这一诉求和愿景而奋斗。

人会产生动机，是因为人有需要（need）。需要是人在生理上或心理上的某种不平衡状态。人为了在世界上生存，总是会有所欲求。欲求即人的需要。人既有饮食、性爱、休息、运动的生理欲求，也有交往、威信、道德、成就的社会欲求；既有对与生存攸关的产品的物质欲求，也有对真、善、美的精神欲求。正是在纷繁复杂的需要的基础上，形成了形形色色的动机，从而决定了人对现实事物的不同态度和行为。

（二）心理过程

心理现象在个体身上发生时，总会有一个发生、发展的历程，即心理过程。人有认知、情感和意志三种心理过程。

1. 认知

认知（cognition）是认识事物、获取知识和应用知识的过程。它是人类最基本的心理过程，包括感觉、知觉、记忆、表象、想象、思维、言语、问题解决和创造等。认知过程的本质是信息加工（information processing）。人脑接受外部世界的信息，经过加工处理，形成内在的心理表征，进而指导人的行为。

最简单的认知过程就是感觉和知觉。感觉（sensation）是对事物的大小、形状、颜色、气味、味道、轻重、软硬等个别属性的认识。知觉（perception）是对事物的整体和相互关系的认识，如看到一部手机，听到一首乐曲，吃到美味的食品等。知觉是感觉的有机综合。在知觉中，知识经验起着非常重要的作用。例如，一树樱花，诗人和植物学家对其的知觉就不同。

人们通过感觉和知觉获得知识。在刺激停止作用以后，还能够经久不忘，需要时还能够使其再现。这种保持和积累经验的过程，就叫做记忆（memory）。见过的人、经历过的情境，时过多年，还能够历历在目，如闻其声，如见其面，就叫做表象（image）。

人不仅能够认知个别的、具体的事物，还能够运用头脑中知识经验去间接地、概括地认识一类事物，能够透过现象看本质，揭示事物之间的内在联系和规律。人能够形成关于事物的概括性的认识，即概念，能够运用概念进行判断和推理，运用原理解决问题，这就是思维（thinking）。人还能够利用语言来概括自己的思维成果，并同其他人交流，进而掌握历史传承的经验，传递自己的认知经验，这就是言语（verbal act）。人对头脑中储存的事物形象进行加工和改造，产生新的形象，这就是想象（imagination）。如作家塑造人物形象，科学家构建理论模型，工程师设计机械图纸等。借助于想象，人不仅能够反映世界，而且能够创造世界。创造（creation）即人利用知识经验产生新颖、独特，有社会或个人价值的产品的活动，它是人类认知和智力的最高表现。

2. 情绪和情感

人在认知事物时不是无动于衷的。人在认知的同时，还会对事物产生一定的态度（attitude），并伴随着满意或不满意、喜欢或厌恶、愉快或痛苦的体验，这就是情绪（emotion）和情感（feeling）。例如，父母和教师会为孩子和学生的进步而欢欣鼓舞，会为他们的不良行为而痛苦内疚，会怜悯和同情贫困的或残疾的学生。总之，人的喜、怒、哀、乐、爱、恶等体验，在心理学上称为情感过程。

“人非草木，孰能无情?”这句话说明了情绪和情感对人的重要性。情绪和情感丰富了人们的生活，使人生值得珍惜和留恋，成为推动和鼓舞人的行为的重要力量。在现实生活中，亲子情、手足情、友情、爱情、爱国主义和人道主义，等等，构成了人类生活中最有意义、最丰富多彩的部分，同时也成为历代文学家和艺术家追求表现的永恒主题。

3. 意志

人不仅能够认知客观事物，对事物产生情感体验，还能够通过有目的、有计划的活动改造世界。这种自觉地确定目的，并通过组织和调节行为，克服困难使之实现的过程，叫做意志（will）。有无意志是人和动物的本质区别之一。其他动物只是消极地顺应环境的变化，人则通过意志行动来改造环境，使环境适应自己。例如，酷暑难挨，动物通过毛皮的变化来顺应，人却用空调来降温，动物不懂得改造环境使环境适应于自己。

认知、情感和意志有着十分复杂的关系。首先，它们是不同的心理过程。认知不同于情感。认知反映客观事物的特性和关系，情感反映客观事物同人的需要之间的关系，是客观事物与需要之间关系的晴雨表。认知通过概念反映事物，情感却通过体验反映事物和人的需要之间的关系。体验是一种特殊的认知方式，它包含身体经验的激活，表现为内心感受的变化。意志也不同于认知和情感。意志与活动目的密切相关，负责调节（发动或者抑制）人的行为。三种心理过程各司其职，在心理活动中发挥不同的作用。

认知、情感和意志也密切联系。它们都是人的整体心理活动的重要组成部分，共同发挥着支配和调节行为的功能。认知是情感和意志的基础。只有“知之深”，才能“爱之切”。所以，泰戈尔说，爱就是理解。同样，只有对行为目的有深刻的认知，方能够产生坚忍不拔的意志行为。情感和意志又对认知有巨大的影响。积极的情感和坚定的意志能够激发人认知的积极性，使认知更深刻、更全面；消极的情感和软弱的意志会使人的认知浅尝辄止，减弱认知的热情和创造性。情感和意志也相互影响、相互制约。情感既可以成为意志行动的动力，也可以成为意志行动的阻力。意志也调节情感。例如，人可以通过意志努力控制自己的消极情绪。

（三）心理特性

由于人的先天秉性不同、生活经历各异，所以，心理过程在每一个人身上发生时都有自己的特点。春秋时期的子产说过：“人心之不同，如其面焉。”（《左传·襄公三十一年》）个体心理活动的特点，有一些是偶尔出现的，另一些则是经常出现的。这种人的稳固的、经常出现的心理特点，叫做心理特性，简称个性（personality），也称人格。

心理特性包括能力（ability）、气质（temperament）和性格（character）。有人能言善辩，有人木讷口吃；有人擅长绘画，有人工于书法，这是能力的差异。有人活泼好动，有人沉默内向；有人柔情似水，有人性情如火，这是气质的差异。有人勤奋，有人懒惰；有人进取，有人退缩；有人豪爽，有人阴险，这是性格的差异。正是这些不同的心理特性，使得每个人都有独特的精神面貌，使一个人的心理活动能够同其他人区别开来。

心理动机、心理过程和心理特性是相互联系、相互依存、相互制约的。心理过程总在心理动机的推动下进行。例如，对客观事物的好奇和兴趣推动人去认知世界，在认知时产生各种情感体验，为了使认知深入个体需要付出意志努力。动机的产生与发展也依赖于心理过程。人只有认识到知识的重要，热爱科学真理和人生哲理，才会产生努力学习的动机。心理特性和心理过程也相互联系、相互依存、相互制约。心理特性是在心理过程中形成的。只有经过艰苦卓绝的认知，人才能够形成卓越的能力；只有在正确的认知、健康的情感和坚强的意志基础上，人才能够形成高尚的性格。心理特性也在心理过程中表现。脱离开认知事物的过程，就无法评价一个人的智力；一个人安然静坐、喜怒哀乐不形于色，他人也无法知道他有什么样的性格。同时，心理特性也影响心理动机和心理过程，使它们带有个人的特色。

个体除了具有心理动机、心理过程和心理特性之外，还具有心理状态（psychological state）。心理状态是指人在某一时刻的心理活动水平，如紧张、激动、平静等。常见的心理活动状态主要有睡眠状态、觉醒状态、注意状态和应激状态等。不同的心理状态代表个体心理活动的积极水平和脑功能的激活状态。心理状态犹如心理活动的背景，心理状态不同，可以使心理活动表现出很大的差异。心理状态如果多次反复，有可能成为人的心理特性。一些心理学家认为，心理状态是联系心理过程和心理特性的过渡阶段。

二、行为

人的心理具有看不见、摸不着的特点，这是心理现象的特殊性。由于不能够直接地观察人的心理，心理学研究必须通过中介才能够进行。这种中介就是人的行为。观察与了解人的行为，就可以间接地推论人的心理。所以，行为就成为心理学的研究对象之一。

行为（behavior）是有机体的反应系统，是有机体外显的活动、动作、运动、反应或行动的统称，它由一系列的反应动作和活动构成。行为有简单和复杂之分。简单的行为只包含有少数几种反应成分，如饮水、穿衣、走路等；复杂的行为包含有许多反应成分，如写字、武术、表演、做实验、写作等。

行为总是在一定条件下产生的。引起行为的内外条件称为刺激（stimulus）。例如，食物是口腔分泌唾液的刺激，光线是眼睑关闭的刺激，危险情境是逃避行为的刺激。对人类而言，语言是重要的刺激。人是会说话的动物，语言是人类的本质特征。人每天都要与语言打交道。语言可以影响别人的行为，如教师对学生的教育；语言也可以调节自己的行为，如在激动场合下告诫自己不要发火的言语提醒。

行为与心理的关系是复杂的。首先，行为不同于心理。行为外显，心理内隐。心理是主观现象，像一个“黑箱”，他人既不可以对其直接观察，也无法用客观的方法对其直接测量。但是，人却可以观察和测量行为。如用计时器测量反应速度，用心电图和血压计来记录在情感状态时循环系统的变化，用脑电仪记录活动时的脑电变化等。

行为和心理又有密切的联系。心理是刺激与反应的中介。首先，任何外显行为都在心理的支配和调节下产生。人哭泣，是因为他内心感到悲伤；人欢笑，是因为他内心体验到快乐；人逃跑，是因为他内心产生了恐惧。其次，行为的复杂性由心理的复杂性引起。一方面，由于心理不同，对同一刺激不同的人可以有不同的反应。如对一项改革措施，有人拥护，有人反对。即使是同一个人，在不同场合，对同一刺激也可以有不同反应。例如，人在饭前和饭后，对食物反应就不同。另一方面，人对不同刺激也可以有相同反应。例如，动听的音乐、秀丽的景色，都可以给人以美的享受，使人陶醉，流连忘返。

行为是心理活动的外化。人的心理要通过行为来表现。例如，认知能力要通过掌握知识、探索知识的活动来表现，情感变化要通过面部表情和身体姿势的变化来表现，高尚品格要通过亲社会行为来表现。由于行为具有显露于外的特点，可以用客观方法对其观察和测量。由于行为和心理关系密切，研究心理就可以从研究行为入手。正是在这一意义上，心理学有时也被称为解释、预测和调控人的行为的科学。

三、意识和无意识

意识是心理发展的高级形式，为人所特有。动物虽然也有心理，却无意识。意识既是自然界长期进化的结果，也是人类长期社会生活的产物。由于劳动、语言和社会生活，人类心理达到比动物更高级的水平，这就是人的意识（consciousness）。意识是人类认知世界和改造世界的内部资源。意识的结构极其复杂，有人称它为“人类最后一个难解的谜”。意识具有如下几个方面特征。

（一）意识性

这是意识的首要特征。人能够意识到客观世界的存在，意识到客观世界同人的关系，并用词的形式在头脑中固定下来，形成庞大的知识体系，使人类心理具有反映特征，能够透过现象发现事物的本质和规律。凭借着对事物的本质和规律的认知，人不仅能够觉知现状，还能够了解历史和预测未来，这是任何动物的心理所无法企及的。意识的反映功能借助于语言来实现。动物无语言，它们的心理从来没有达到意识的水平。

（二）能动性

这主要表现在人有目的地改造客观现实的过程中。人的活动具有自觉性和目的性。人在活动之前能够预期结果，预先选择行动的方法和手段。马克思指出：“蜘蛛的活动与织工的活动相似，蜜蜂建筑蜂房的本领使人间的许多建筑师感到羞愧。但是，最蹩脚的建筑师从一开始就比最灵巧的蜜蜂高明的地方，是他在用蜂蜡建筑蜂房以前，已经在自己的头脑中把它建成了。劳动过程结束时得到的结果，在这个过程开始时已经在劳动者的表象中存在着，即已经观念地存在着。”[①] 恩格斯指出：“……人离开动物越远，他们对自然界的影响就越带有经过事先思考的、有计划的、以事先知道的一定目标为取向的行为的特征。”[②] 人的活动具有动力性和积极性，其基础是人的需要。需要一旦被意识到，就会转化为行为动机。动机虽属于主观的东西，在人的行为中却有重要的作用。恩格斯指出：“就单个人来说，他的行动的一切动力，都一定要通过他的头脑，一定要转变为他的意志的动机，才能使他行动起来……”[③] 人的活动还具有主动性和创造性。人不仅能够反映世界，还能够改造世界和创造世界。恩格斯指出：“动物仅仅利用外部自然界，简单地通过自身的存在在自然界中引起变化；而人则通过他所作出的改变来使自然界为自己的目的服务，来支配自然界。这便是人同其他动物的最终的本质的差别……”[④] 动物没有意识，它只能够顺应环境，不能对环境进行有目的的改造。

---

① 《马克思恩格斯全集》，中文1版，第23卷，202页，北京，人民出版社，1972。

② 《马克思恩格斯选集》，2版，第4卷，382页，北京，人民出版社，1995。

③ 同上书，251页。

④ 同上书，383页。

（三）自我意识

人能够意识到自己的存在。通过自我意识，人将主体与客体、自我与非我区别开来。人不仅能够意识到自己的心理过程，还能够意识到自己的动机和心理特性。凭借着自我意识，人能够对行为进行反省、评价和控制。动物无自我意识，婴儿的自我意识水平也很低。自我意识在心理发展的一定阶段才出现，对人格形成有十分重要的意义。

（四）社会性

动物心理发展按照生物学规律进行，人的意识却在社会中发生和发展。对在动物群中长大的孩子的研究表明，一旦脱离了人类社会，失去同别人交往的机会，人就没有语言，因此也没有意识。人用语言同别人交际，通过语言掌握他人的经验和历史经验，形成了人类社会历史经验的继承。意识所反映的重要对象是社会现实，所以，生活在不同社会制度、不同历史时期的人的意识有很大差异。马克思指出："意识在任何时候都只能是被意识到了的存在，而人们的存在就是他们的实际生活过程。"① 他还指出："……意识一开始就是社会的产物，而且只要人们存在着，它就仍然是这种产物。"②

人并不总是具有意识。人还有无意识。例如，人有时意识不到自己的动机，对自己说过的话、做过的事感到莫名其妙。梦也属于无意识。人既无法预先设计梦的内容，也无法支配梦的进程。即使在清醒状态下，有些心理现象也意识不到。例如，人只能够意识到认知内容（如看到什么），但却意识不到认知过程（如怎样看到）。在某一时刻，人只能够意识到作用于他的部分刺激，对其他刺激则听而不闻，视而不见。许多刺激由于强度太小，虽然能够影响人的知识激活，人却不能够意识到它们的存在。内隐记忆是过去经验对个体当前活动的一种无意识影响。它是一种自动的、不需要意识参与的记忆。人意识不到这种记忆，却可以在特定作业中表现出来。人的言语和某些技能在形成初期受意识调节，当它们自动化以后，便转化为无意识现象。无意识也是心理学的研究对象。

意识和无意识关系密切。意识是人的心理生活的主要特征，无意识也有重要作用。意识和无意识也可以相互转化。例如，由于注意转换，此时有意识的事物，彼时就可以成为无意识的事物。原本属于无意识的经验，当任务需要时也可以回到意识中来。

四、群体心理

个体心理是心理学的主要研究对象。但是，人总是生活在一定群体中，并与他人结成各种各样的关系，如亲属关系、朋友关系、师生关系等。马克思指出："……人的本质不是单个人所固有的抽象物，在其现实性上，它是一切社会关系的总和。"③ 群体会产生一些不同于个体心理的心理现象，如沟通、协商、模仿、竞争、从众、舆论、凝聚力等。群体心理不是个体心理的简单相加，它离不开个体心理，但它一旦形成，便会对个体心理的形

---

① 《马克思恩格斯选集》，2版，第1卷，72页，北京，人民出版社，1995。

② 同上书，81页。

③ 同上书，56页。

成和发展产生重要的影响。群体心理也是心理学的研究对象。

第二节　心理学的学科性质和任务

许多学生在刚接触心理学时，常常会问这样的问题："心理学是一门科学吗？"这种疑问源于对科学的误解。例如，在一些人看来，运用数学是科学的重要特征，至少是成熟科学的特征。心理学对数学的应用较少，科学性因此较差。这种看法并不正确。

科学有两重含义：(1) 认识论的含义，如《辞海》(2009) 将科学理解为"运用范畴、定理、定律等思维形式反映现实世界各种现象的本质和规律的知识体系"①。(2) 方法论的含义，将科学理解为运用系统的方法处理问题，从而发现事实变化的真相，并进而探求其原理原则的学问。后一含义中包含了三个要素：(1) 问题；(2) 方法；(3) 目的。下面就从这三个方面入手，来谈谈心理学的学科性质和任务。

一、心理学研究的问题

任何科学都是从问题发源的。问题是科学的研究对象，问题的性质影响科学的性质。心理现象可以从不同角度来研究。概括地说，心理学主要研究下述几个方面的问题。

(一) 心理与环境的关系

环境是指围绕着人类的外部世界，是人类赖以生存和发展的物质条件和社会条件的综合体。环境可以有不同的分类。按照环境中事物的性质，可以分为自然环境和社会环境。自然环境由各种自然因素组成，包括生物和非生物两大部分，是人类赖以生存和发展的物质基础。社会环境由社会的经济基础和上层建筑组成，包括社会的经济发展水平、生产关系以及政治、宗教、文化、教育、法律、艺术、哲学等。按照环境对于人的心理和行为的作用，可以分为地理环境和行为环境。地理环境就是现实环境，行为环境则是人们意想中的环境。

心理和环境之间具有密切的、规律性的联系。心理在环境刺激作用下产生，心理又通过人的行为作用于环境。对环境同心理和行为关系，许多人做过精辟的论述。马克思说："关于环境和教育起改变作用的唯物主义忘记了：环境是由人来改变的，而教育者本人一定是受教育的。"② 格式塔心理学家勒温 (K. Lewin，1890—1947) 指出，个体行为决定于心理和环境之间的交互作用，并提出了著名的人类行为的公式：$B=f(P, E)$，即个体行为是人格和环境的函数，环境是行为的重要决定力量。西蒙 (H. A. Simon，1916—2001) 指出，环境是有机体的生活空间，与有机体的感觉器官、要求和活动相互依存。

不同的环境对人的心理和行为的影响不同。尽管自然环境和社会环境对人的心理和行

---

① 《辞海》，6 版，2 卷，1234 页，上海，上海辞书出版社，2009。

② 《马克思恩格斯选集》，2 版，第 1 卷，55 页。

为都有影响，但社会环境的影响要更大。考夫卡（K. Koffka，1886—1941）认为，行为产生于行为环境，受行为环境调节。他用一个生动例子来说明这个问题：

> 在一个冬日的夜晚，风雪交加，有一位男子骑马来到客栈。他在铺天盖地的大雪中奔驰了数小时，大雪覆盖了一切道路和路标。由于找到了安身之处，他十分高兴。店主诧异地到门口迎接这位陌生人，并问客人何处来。男子直指客栈外面的方向。店主用一种惊恐的语调说："你是否知道你已经穿过了康斯坦斯湖？"闻及此事，男子当即倒毙在店主脚下。

很显然，当男子骑马过湖时，地理环境是湖泊，行为环境则是冰天雪地的平原。如果男子事先知道他要途经一个大湖，行为环境就会发生很大变化。正因为他当时的行为环境是坚硬的平地，所以才在闻及他骑马穿过湖泊时大惊毙命。可见，人的行为受行为环境调节。父辈与子辈之间往往对许多事情的看法迥异，存有"代沟"：子女学业不努力，父母对子女的未来忧心忡忡，子女却觉得他们是在"杞人忧天"，问题就在于他们的行为环境不同。又如，一个人由于被误诊为"癌症"而"病入膏肓"，一旦误诊被解除，立即变得活蹦乱跳起来。因此，环境对人的影响往往是以人对环境的意识为前提的。

（二）心理与脑的关系

脑科学发展证明，心理是脑的功能。脑与心理息息相关。脑是心理的器官，是心理活动产生的物质基础。人类心理的水平远高于动物，就是因为人类具有高级的、复杂的大脑。科学家采用外科手术、微电极技术和脑成像技术研究表明，人的心理活动与脑的不同部位有关，如视觉与大脑皮层的枕叶有关，听觉与大脑皮层的颞叶有关，言语和问题解决与脑的许多部位有关。脑损伤或发生病变，人的心理活动就受到破坏。因此，心理学家不仅要在心理和行为水平上揭示心理活动规律，还要研究心理的生理基础，揭示心理与大脑的关系。

（三）心理过程

心理现象是时间的函数。从产生到结束，心理现象总要经历一系列阶段。以感知觉为例，刺激作用于感受器，在感受器进行感觉登记，然后进入短时记忆，并和长时记忆的信息发生相互作用，然后又传到反应发生器，引起反应。同样，人的言语理解和言语产生也都有相应的过程。这些过程虽然耗时甚短，有的几乎是一瞬间，但采用科学的方法还是可以将其分离出来的。分析心理活动的时间进程，是心理学研究的重要任务。

（四）心理的结构和功能

人的各种心理现象不是杂乱无章地堆积着的，而是有一定的结构。结构是系统内各组成要素之间相互作用的方式。结构既是系统存在的方式，又是系统的基本属性，是系统具有整体性、层次性和功能性的基础与前提。例如，人的性格就具有复杂的结构，各种性格特征按照一定方式组织在一起，共同发挥着整体的适应功能。结构反映了各种心理现象之间的关系和联系。研究心理现象的结构是心理学的重要任务。

人的心理还具有重要的功能：（1）反映功能。人通过认知功能反映世界，从而为行为定向。(2) 适应功能。各种心理现象在适应现实中具有重要的作用。如出乎意料的紧张状况下产生的应激就有充分调动人的精力和体能的作用，帮助人们脱离困境。(3) 调节功能。人可以根据任务的需要分配和调节注意和努力，根据情境要求决定自己的态度和行为。

结构和功能具有密切的关系。在具体研究中，可以根据心理现象的结构推测它的功能，也可以根据心理现象的功能推测它的结构。

（五）心理的产生和发展

心理现象是长期生物进化的结果。研究表明，心理现象是动物发展到出现神经系统的阶段后才产生的。个体心理也不是生来就有的，它是在儿童大脑发育的基础上，在社会生活条件的影响下，不断发展和完善的。心理的产生和发展遵循着特定的规律。例如，儿童思维的发展遵循着由动作思维到形象思维再到抽象思维的发展顺序，儿童道德评价的发展遵循着由他律到自律、由注重效果到注重动机的顺序。研究心理现象的发生和发展的规律，揭示心理发展同脑发育以及人的物质活动的关系，也是心理学的重要任务。

一门学科能否配得上“科学”的称号，研究问题是重要的标准。上述问题并不是虚无缥渺的，而是客观存在的，是可以观察和测量的。所以，从研究问题的角度看，心理学符合科学的特征。

二、心理学研究的方法

在确定一个研究领域是不是科学时，更为关键的标准是要看它在探求知识和解决问题时所采用的方法。如果一个研究领域采用的方法满足科学的标准，具有科学的要素，就可以被视为科学，否则，它就不可以被看作是科学。

利里（Z. O'Leary）认为，科学方法的基础是仔细搜集数据、精确描述与测量、准确的定义、控制条件下的观察以及可以重现的结果。在理想条件下，科学方法包括以下六个要素。

（一）观察

科学始于观察。观察是有目的、有计划、积极主动的知觉。在科学活动中，观察是在控制条件下进行的，而且要辅之以精确的测量。这意味着，观察要尽可能地利用仪器或工具，如测量身高需要尺子，测量血压需要血压计，测量眼睛在阅读中的活动需要眼动仪等。

（二）对问题进行定义

在科学研究中，对所研究的问题应有准确定义，这样才不至于让人觉得漫无边际。在一般情况下，应给所研究问题下操作定义。操作定义能够使概念同具体观察联系起来，使抽象概念能够得到具体检验。例如，将“善良”定义为“捐款次数或数量”，将“饥饿”定义为“食物剥夺的时间”，将“性能力”定义为“性交的频率”或“每次性交的延续时间”，等等。

（三）提出假设

假设是对研究结果的预测，或者是对各种变量之间关系的科学猜测。科学假设是可以通过实践或实验验证的猜测。例如，对“人为什么要穿衣服”的问题，你可以提出不同的假设：御寒说，即人穿衣服是为了抵御寒暑；羞耻说，即人穿衣服是因为身体的某些部位不宜于暴露；自我表现说，即人穿衣服是为了自我表现；等等。

（四）检验假设

假设提出后，研究者要仔细地搜集证据来检验假设。在检验假设时，科学家要运用科学的逻辑，并采用自然观察、相关研究、科学实验、临床观察和社会调查等方法来检验假设。例如，你可以假设，“中断个体正在进行的工作将加强对它的记忆”，因为个体有将其完成的倾向。为了检验这一假设是否正确，可以设法在被试正在完成一些任务时人为地打断它们，另一些任务则不打断，再出其不意地检验被试对打断的工作和未打断的工作的记忆效果。假设通过检验，就接受它；假设被证伪，就摒弃它。

（五）建构理论

理论（theory），又叫学说，指人类对自然、社会现象，按照已有的知识、经验、事实、法则、认知以及经过验证的假说，经由一般化与演绎推理等方法，进行合乎逻辑的推论性的总结。在实际研究中，理论就是为了解释概念和事实之间关系而提出的系统观点，以总结现有的数据并预测未来的观察。一个理论就是一张由知识构成的“地图”。好的理论能够总结观察结果并加以解释，还能够指导进一步的研究。一般说来，假设通过检验是形成理论的第一步，也是最关键的一步，但假设要上升为理论，还需要经过一番“去粗存精，去伪存真，由此及彼，由表及里”的加工制作功夫。

（六）发表

科学研究的信息必须公开。科学研究的成果通常发表在专业杂志上。在发表前，科研成果必须通过科学家共同体的代表（审稿人或编辑）的审读和认定。科研成果发表后，仍然要经得起更多的读者的审定。

根据科学方法的标准和要素，再来回答“心理学是科学吗”这一问题，答案是肯定的。在研究人的心理和行为时，心理学家主要依赖科学方法并严格遵循上述的标准和要素。心理学家研究的问题虽然不同于其他科学，但采用的方法却是类似的。

然而，由于心理现象的特殊性和复杂性，心理学在科学大家庭中发展较晚。在严密性和对数学的应用上，与物理、化学、生物等科学比，心理学还相对落后。但这并不能说心理学不是科学。因为其他科学多研究物，心理学主要研究人。比之于物性，人性至少有五方面不同：（1）物性外显，人性内隐。（2）物性有形体，人性不具形体。（3）物性同质性高，个体差异小；人性同质性低，个体差异大。（4）研究物，容易做到客观与可验证；研究人，要做到客观与可验证，相对较难。（5）测量物，容易数量化；测量人，数量化有一定难度。因此，从研究对象的复杂性上看，心理学比其他研究物性的科学难度更高，深度更深。正是在这一意义上，有的心理学家认为，心理学不仅是一门科学，而且是一门“超科学的科学”。

值得欣喜的是，半个世纪以来，特别是近 30 年来，认知心理学和认知神经科学的发展在提高心理学的科学性上提供了强大助力。计算机科学、脑科学、生物科学、医学的方法和技术被广泛地运用于心理学研究中，可以运用于心理学研究的各种数理统计技术也在日新月异地发展中。心理学正在以一种崭新面貌出现在科学大家庭中，其地位和作用日益为科学界所重视。

三、心理学研究的目的

一个研究领域能否称得上科学，还与研究目的有关。心理学研究的目的是揭示心理现象的规律，并运用这些规律为社会实践服务。具体说来，心理学的研究目的是描述（description）、解释（explanation）、预测（prediction）、控制（controlling）和应用（applying）。

（一）描述

心理是客观存在的现象。为了发现隐藏在心理现象之后的规律，心理学家的首要任务就是要客观地描述这些现象。描述是任何科学研究中的首要步骤。科学家做实验，首先要描述他在实验中观察到的现象，并用口语或文字表述出来。为了描述，心理学家必须详尽地占有事实与资料，这些事实与资料必须以客观观察为基础。换言之，如果别人去观察同样的事件，他们的描述将同你一致。例如，儿童的语言是何时出现的？经历过哪些阶段？不同年龄儿童的语言有什么特点？儿童在什么年龄出现了自我意识？儿童的自我意识如何发展？这些都需要描述。

（二）解释

在描述之后，心理学家就要对所描述的现象做出科学解释，揭示出现象背后的规律。解释的目的是发现现象出现的前因后果，对心理现象做出理论说明。例如，心理学家观察到，独生子女有不同于非独生子女的心理特点，这些心理特点是如何形成的？又是如何发展的？它的本质是什么？为了达到解释的目的，心理学家必须对观察到的材料进行加工，以做到透过现象看本质、透过个案看规律，所做出的解释必须以事实为根据，来不得半点虚构和主观臆测。

（三）预测

心理学应该对未来的心理和行为或未观察到的心理事实做出预测。预测的难度高于解释。要解释事实并不难。因为对某种心理现象，不同的心理学家往往做出不同的解释，而且仿佛都能够说得通。预测的基础是对心理现象的本质和规律的认知和把握。对一种理论而言，预测能力如何是对它的合理性的最严峻的考验。科学理论都有很强的预测力。在心理学中，无论是经典性条件反射的理论还是操作性条件反射的理论，都能够预测人的许多行为。

（四）控制

研究心理与行为的目的是为了对行为进行控制，使行为朝着希望的方向发展，使不良的心理和行为尽可能不发生。如了解了注意规律，教师便可以运用这些规律在课堂上引导学生的注意；掌握了犯罪心理的规律，就可以控制导致犯罪的情境和因素，使犯罪行为尽量少发生；了解了群体心理规律，政府就可以与民众之间做更有效的沟通，集聚正能量，更好地进行危机处理。近年来，行为塑造技术和社会心理学的发展为控制开辟了广阔的前景。

（五）应用

心理学不是学者书斋和科学家实验室里的装饰品，它在人类生活实践中有广泛的应用。例如，研究视觉特性可以为影视设备的研制提供参数，研究听觉规律可以为影院、礼堂和居室的设计提供参考，研究心理与疾病的关系可以为人的身心健康的维护提供指导，研究爱情和亲情可以改善人的夫妻关系和亲子关系。一句话，应用心理学原理可以提高人类生活的质量，使人们的生活变得更美好。

因此，从心理学的研究目的看，心理学和其他科学是一致的。从科学研究的价值看，心理学研究是任何其他科学无法替代的。其他科学的研究成果有助于改善人类的物质生活，心理学的研究和应用能够促进人类在精神生活方面的和谐、快乐和幸福，使人生变得更有意义。

四、心理学的学科性质

心理学是一门科学。科学按其研究对象不同，可以分为自然科学、社会科学和思维科学，以及总括和贯穿于三个领域的哲学和数学。心理学是一种什么性质的科学呢？

一般认为，心理学是一门交叉科学、边缘科学或综合科学。心理学既具有自然科学的性质，也具有社会科学和思维科学的性质。心理学研究心理的神经生理机制，研究脑与心理的进化过程，研究人的感觉、知觉、反应时间和情绪，采用观察和实验法作为主要方法，从这些方面看，心理学的确具有自然科学的属性。无怪乎许多西方心理学家认为心理学属于自然科学。但另一方面，人的心理具有社会性，心理学就难免会具有社会科学的属性，所以有许多人认为，心理学属于社会科学。心理学研究人的思维和创造性，研究人的决策过程，因此，它属于思维科学的重要组成部分。

按照与实践的不同联系，科学又可以分为理论科学、技术科学和应用科学。心理学研究心理学的理论和规律，因而具有理论科学的色彩；心理学研究心理规律在各个实践领域中的应用，因而具有应用科学的成分；心理学研究测量心理现象的方法和技术，研究行为塑造和矫正、心理咨询和治疗的方法和技术，又具有技术科学的成分。因此，心理学是一门包含理论、技术和应用的综合科学。但是，理论、应用、技术三种成分在心理学中所占的比例不同，就目前情形而言，心理学以理论的成分为主，具有广阔的应用前景，有弱的技术性。也就是说，心理学基本上是一门理论学科，有许多应用分支，就整个学科而言其工具性还较弱，不像数学、哲学、计算机科学那样具有很强的工具性。

心理学之所以是一门交叉科学、综合科学，是因为心理现象是复杂的。所以，研究问题不同，研究取向也不同。令人欣慰的是，心理学有许多分支，它们分别研究心理现象的不同方面，适应心理现象的多方面属性的要求。例如，生理心理学研究人的心理现象的生理机制，它是严格意义上的自然科学；社会心理学研究群体心理及其产生、发展和变化的规律，它具有明显的社会科学的属性；心理学基本理论的研究和心理学史属于理论科学的范畴，心理治疗学和心理测量学属于技术科学的范畴，而医学心理学和管理心理学属于应用科学的范畴。

第三节　心理学的研究领域和研究心理学的意义

一、心理学的研究领域

自从19世纪末心理学从哲学中分离出来以后，由于实际生活的需要和邻近学科（如生理学、生物学、语言学、教育学、社会学、人类学、医学和计算机科学等）的影响，心理学发展很快，分支日益增多，研究领域日益扩大。有一个形象的说法，如果把心理学比作一棵正在成长着的、枝繁叶茂的大树，这棵大树有两个主根，一是反映论，一是反射论。它的主干是普通心理学，在主干上面，有两大主枝，一是个体心理学，一是社会心理学。在每一个大的分支上又有许多小的分支。还有另外一个形象的说法，将心理学视为一个花朵，花朵的中心是普通心理学，花瓣是与心理学产生交叉的学科或领域，如神经科学、生物学、药物学、医学、护理学、精神病学、认知科学、语言学、计算机科学、司法学、犯罪学、教育学、管理学、经济学、社会学、人类学、民族学、工程学、历史学、儿童学、老年医学、军事学等，在中心与花瓣之间的是心理学与相关领域交叉所产生的各心理学分支。下面，就简要介绍心理学的各分支学科以及它们在学科体系和社会生活中的地位和作用。

（一）普通心理学

在心理学的学科体系中，普通心理学处于基础的地位。普通心理学（general psychology）研究心理和行为的最一般的规律，如感知、记忆、思维的一般规律，人的需要、动机和个性心理特征的最一般规律等。普通心理学也研究心理学的基本理论，如心理与环境、脑、活动的关系，各种心理现象之间的关系及其心理结构中的地位和作用。普通心理学还研究心理学的方法论和最一般的方法。普通心理学概括各分支学科的研究成果，也为各分支学科提供理论基础和方法论指导。在普通心理学内部，按照研究的重点不同又可以分为认知心理学、动机心理学、情感心理学、人格心理学等分支，这些分支有的又可以分成更小的分支，如认知心理学可以分为感觉心理学、知觉心理学、记忆心理学、思维心理学、想象心理学、注意心理学、语言心理学（又称心理语言学）等，人格心理学又可以分为能力心理学、气质心理学和性格心理学。

（二）个体心理学

在个体心理学这一大分支内，依据研究的个体的不同特点有不同的分支。动物心理学研究心理和行为的种系发展和演化，又叫比较心理学，它将动物心理和人的心理进行比较，从中确定它们之间的联系和差别，为理解人的心理和行为提供参考。动物心理学还研究动物的心理和行为的各种具体形式，如各种动物的感觉，这种研究促进了一门新兴学科——仿生学的产生和发展。动物心理研究还为野生动物的保护提供重要依据。发展心理学（developmental psychology）有狭义和广义之分，狭义的发展心理学主要指儿童心理学，广义的发展心理学又称毕生发展心理学，它研究个体心理的发展和变化的规律。广义的发展心理学按人生的不同阶段，又分为婴儿心理学、幼儿心理学、儿童心理学、少年心理学、青年心理学、成年心理学和老年心理学。了解毕生发展心理学，对于做好各年龄阶段人的教育、培养和维系心理健康有十分重要的意义。个体有性别之分。性别差异心理学研究男女在认知、能力、情感、动机、人格、成就等方面的差异，并揭示这些差异产生的生理的、心理的和社会的原因。妇女心理学研究各年龄阶段妇女的生理特点与心理特点，揭示妇女独特的心理规律。个体也有健康、正常和病态、缺陷和残疾之分。病理心理学研究脑疾病或脑损伤以及其他疾病患者的心理特点，揭示其致病的因素和病理机制。变态心理学是研究行为异常的表现、发生、发展、转归的规律的心理学分支。缺陷心理学研究生理缺陷（盲、聋、哑、残）患者和心理缺陷（痴、愚）患者的心理特点，以及如何运用心理学规律来改进他们的生活。

（三）社会心理学

在广义的社会心理学这一大分支内，有许多研究特定实践领域内心理活动规律的分支。狭义的社会心理学是研究群体心理产生、发展、变化规律的，如社会交往、人际关系、团体动力学和个性形成等。教育心理学研究教育同心理发展的关系，在教育和教学条件下学生掌握知识、获得技能、形成道德品质的规律，教的心理等。管理心理学研究企业管理中个体与群体的关系，职工生产积极性的激励及企业组织和领导的心理学规律。工程心理学研究人、机器、环境之间的匹配和协调，使人能在安全、舒适、有效的重要依据下工作，从而减少事故的发生，提高生产效率。此外，还有医学心理学、心理治疗学、心理卫生学、心理咨询学、文艺心理学、军事心理学、商业心理学、体育心理学、犯罪心理学、司法心理学等心理学分支。

（四）心理统计学和心理测量学

在心理学研究中，大量研究工作是通过科学实验或调查进行的。心理统计学是专门研究如何搜集、整理、分析在心理实验中所获得的数字资料，并如何根据这些数字资料进行科学推论找出客观规律的科学。心理测量学是研究如何根据一定的心理学理论，采用心理测验方法，对人的心理进行有效的测量，内容包括心理物理法，各种感觉量表、态度量表、能力测验、人格测验等的编制和使用，关于标准化、常模、信度、效度的测验理论，在相关的基础上发展起来的因素分析理论等。心理统计学和心理测量学是进行心理学研究的重要工具，掌握这些工具是心理学工作者的必要素质。

（五）生理心理学和心理生理学

在心理学的学科体系中，生理心理学和心理生理学处于独特位置。生理心理学（physiological psychology）和心理生理学（psychophysiology）研究心理现象的生理机制，阐明人的心理现象对神经系统、脑、内分泌和其他感官系统的依赖关系，揭示心理现象和它的物质本体——神经过程的关系。生理心理学以脑的形态和功能参数为自变量，观察在不同的生理状态下行为或心理活动的变化。心理生理学研究由心理活动引起的生理功能的变化，如人在进行听、说、读、写的言语活动时大脑皮层的不同区域有激活，人在情绪状态下大脑和皮下中枢以及人的交感神经和副交感神经系统有不同程度的兴奋。生理心理学和心理生理学的研究对科学地解释心理现象具有重要意义，同时又对病理心理学、医学心理学和人工智能的发展具有重要推动作用。

二、研究和学习心理学的意义

探明与掌握心理现象的规律，无论在理论上还是在实践上，都具有重要意义。

（一）理论意义

1. 心理学的研究成果为辩证唯物主义和历史唯物主义提供了科学依据

心理学研究心理、意识的起源和发展，研究心理与客观事物、环境、人脑的依存关系，这些研究成果有力地支持了辩证唯物主义关于物质第一性、意识第二性，意识是高度组织起来的物质的产物，意识是客观世界的反映等哲学基本命题，有力地批驳了唯心主义和形而上学。心理学对社会心理及规律的研究，雄辩地证明了社会存在决定社会意识、社会意识对社会存在具有巨大影响的哲学命题，驳斥了机械唯物主义和历史唯心主义。列宁高度评价心理学的作用。他说："……心理学提供的一些原理已使人们不得不拒绝主观主义而接受唯物主义……"① 他认为心理学是构成认识论和辩证法的知识领域之一。

2. 心理学的研究成果丰富了人类的知识宝库

人类既需要认识世界，也需要认识自己。正如老子所说："知人者智，自知者明。胜人者有力，自胜者强。"《道德经・三十三章》心理学能够在这两个方面丰富人类的知识。例如，早在100多年前，德国生理学家雷蒙（Emil du Bois-Reymond，1818—1896）曾提出"七个宇宙之谜"，即物质和力的本原、运动的来源、自然界的合目的安排、感觉和意识的起源、思维与语言的起源、意志自由。其中后三个宇宙之谜就和心理学有关。在当代科学发展中，有六大前沿领域，其中之一就是人类认知。可见，心理学研究有助于人们对世界和人本身的认识，是重要的知识来源。

3. 心理学的研究成果为其他学科提供了科学依据

心理学为教育学提供了理论依据，是教育学的重要理论基础。教育的对象是人，人是有心理的。任何一种教育理论的提出和教学原则的确立，都必须以人的心理活动的规律为依据。从20世纪40年代以来，心理学对教育理论发展的影响越来越显著。无论是桑代克（E. L. Thorndike，1874—1949）的联结理论，还是巴甫洛夫（1849—1936）的经典性条件反射理论、斯金纳（B. F. Skinner，1904—1990）的操作性条件反射理论，无论是布鲁纳（J. S. Bruner，1915—　）的发现学习理论，还是奥苏伯尔（D. P. Ausubel，1918—2008）的意义学习理论，乃至当代的认知建构理论，都对教育理论界产生了极其深远的影

---

① 《列宁全集》，中文2版，第1卷，380页，北京，人民出版社，1984。

响，推动了教育理论的发展和变化。心理学也为文学、艺术、美学、社会学、民族学、文化学、法学、犯罪学、军事学、伦理学、管理学、经济学、医学、精神病学、人类学、体育学、工程学等提供了理论基础。心理学的研究成果有助于从事上述学科研究的人更加深入地认识各自的研究对象。

（二）实践意义

心理学的研究目的中包含了预测、控制和应用。人们可以运用心理学知识，为各个领域的社会实践服务。

1. 心理学有助于教育和教学

教育是使学生掌握知识、获得技能、形成态度和品德的过程。学生掌握知识、获得技能、形成态度和品德离不开感知、记忆、想象、思维、情感和意志等心理过程，也受需要、动机、能力、气质、性格影响。心理学研究人的认知、情感和意志的规律，探讨动机、态度、能力、性格的形成途径和影响因素，有助于教师确定教学内容、组织教学过程和选择教学方法。教育实践表明，教师只有掌握学生心理活动的规律，了解学生的心理特点，才能不断地提高教学质量，创造性地完成教学任务。例如，我国古代的大教育家孔子在教学中就十分注意运用心理规律，他不仅主张启发式教学，循循善诱，而且主张因材施教，主张采用不同方法教育具有不同心理特点的学生。

2. 心理学有助于生产劳动

当代生产有两个最显著的特点：一是科学技术正成为第一生产力，随着科学技术的飞速发展，生产工具不断改进，生产技术不断进步；二是管理成为生产力，生产管理日益科学化、合理化。这两个方面都离不开心理学知识的应用。例如，心理学提供的感觉、知觉、记忆、思维、注意和技能的规律，有助于改善劳动环境、增进劳动技能和提高劳动效率。随着信息技术的发展，计算机、互联网得到广泛的应用，生产正走向自动化，出现了大量的人—机系统。这种发展对于劳动者体力的要求减少了，但对于劳动者心理素质的要求却提高了。因此，如何根据心理活动的规律发挥人的作用，正成为世界各国普遍关注的问题。另一方面，第二次世界大战以后，管理科学有了长足的发展和进步。一个现代管理者不仅要懂经营、懂技术，还要懂得职工心理，必须根据心理学规律来管理职工，调动职工的工作积极性，这就需要有心理学知识。

3. 心理学有助于心理健康

当一个社会的温饱问题解决之后，人们会更关心心理健康，使生活更充实、更美满。心理学研究表明，心理健康与身体健康关系十分密切。一方面，健康的心理寓于健康的身体之中；另一方面，心理健康又影响身体健康。研究表明，心脏病、高血压、神经症、胃溃疡和癌症等，都与人的心理因素，特别是与人的急躁、多疑、好冲动、求成心切、争强好胜、任性、孤僻、心地狭窄、多愁善感的性格以及抑郁的情绪有关。特别是在现代化的过程中，由于生活节奏加快，竞争激烈，压力增大，心理健康问题日益突出，出现了各种类型的心理疾病和心理问题。这些心理疾病和心理问题都需要心理学工作者来参与解决。因此，学习心理学知识，可以自觉地调节自己的心理状态和情绪，保持最佳的心理状态，这样才能达到提高工作效率、减少疾病、改善人际环境、延年益寿的目的。

4. 心理学有助于做领导工作

领导者欲达到组织的目标，必须了解部下的心理，做到“知人善任”，这样才能“人尽其才”。领导者还应掌握激励的心理学规律，采用适当措施，合理利用资源，最大限度地调动人的工作积极性。要达到这两方面目的，学习和掌握心理学知识是必要的。

第四节　心理学的研究方法

“工欲善其事，必先利其器。”器，指方法和手段。科学方法在科学研究中有巨大作用。巴甫洛夫指出：“科学随着方法论上所获得的成就而不断跃进着。方法论每前进一步，我们便仿佛升了一级阶梯，于是，我们就展开更广阔的眼界，看见从未见过的事物。”科学史表明，人类对世界的认识是随着方法的进步不断深化的。因此，对有志从事心理学事业的人来说，掌握研究方法是重要的。

一、心理学研究的原则

心理学研究是科学研究，它必须遵循科学研究的基本原则；心理学研究又是一种特殊的科学研究，它研究人最精细、最敏感的领域，因此，还必须遵循一些特殊原则。

（一）客观性原则

客观性原则是科学研究的通则。由于心理现象极其复杂，所以，在心理学研究中，坚持这一原则就尤为重要。

客观性原则是科学态度的核心，其实质是实事求是，尊重客观事实。恩格斯说：“……唯物主义的自然观无非是对自然界本来面目的朴直的理解，不添加任何外来的东西……”[①] 人的心理由客观刺激引起，又在客观活动中表现。研究人的心理，必须依据这些客观事实，来不得任何主观臆测。在研究中，必须将对心理的研究同对行为的观察和测量、对神经过程的研究结合起来，将被试的主观报告同客观刺激、被试反应、生理变化反复地加以对照、检验，方能得出科学的结论。

坚持客观性原则，就应在研究中采用客观的方法。近年来，对心理学研究中的客观主义和方法中心的倾向有许多批判，认为它们是造成心理学分裂的原因。但事实上，客观的方法对心理学的发展和进步十分重要，它提高了心理学研究的科学性，为心理学赢得了科学声誉。在心理学史上，当心理学还未从哲学的母腹中脱胎出来时，人们用思辨的方法研究心理现象。思辨的方法难以揭示心理现象和物质现象的关系，难以揭示心理现象的内在机制。而且，由于人的知识经验不同、观察的角度不同，对同一心理现象的理解也不一样。方法落后是造成心理学长期落后于其他科学的重要原因。从 19 世纪初开始，心理学研究开始采用客观方法。19 世纪 60 年代，费希纳（G. T. Fechner，1801—1887）发展了

---

① 《马克思恩格斯选集》，2 版，第 4 卷，306 页。

心理物理法，研究物理量与心理量之间的关系；19 世纪 50—60 年代，赫尔姆霍兹（H. von Helmholtz，1821—1894）进行了反应时测定，为心理学提供了记录和描述人的心理现象的重要工具；1861 年，布洛卡（P. Broca，1824—1880）用生理解剖法发现了言语运动中枢；1879 年，冯特（W. Wundt，1832—1920）在德国莱比锡大学建立了第一个心理学实验室，以实验法作为新生的心理学的主要方法；1885 年，艾宾浩斯（H. Ebbinghaus，1850—1909）首先用实验法研究人的记忆，证明了对人的复杂心理现象也可以进行客观研究；20 世纪初，行为主义主张用客观、实证的方法研究行为，发展了许多客观地研究心理现象的方法和技术，对心理学研究方法的客观化起到了重要推动作用。20 世纪 50 年代以来，由于自然科学飞速发展，心理学广泛吸取了其他科学的研究方法，如：受信息论和计算机科学的影响，心理学发展了反应时的方法和技术；受系统论和控制论的影响，采用了系统方法、结构方法和模型方法；受脑科学进步的影响，脑外科、脑化学、脑电和脑功能成像的方法和技术，都被用于心理学研究。以上这些极大地拓宽了人们的视野，发现了过去从未发现过的现象和规律，积累了丰富的心理学知识。

在采用客观方法研究心理现象时，由于心理现象的特殊性，还应该有更多的限制。例如，在研究中，应该保持严肃认真的态度，不能只喜欢对自己有利的事实，对不利的事实就充耳不闻，视而不见，更不能为了证明自己的观点去捏造事实。在对实验结果解释和推论时，不做过分的推论。如从有限样本得来的结论不要轻易地推广到全部总体上，从动物实验得来的规律不要轻率地推广到人身上，从病人身上得到的结果不要不加限制地推广到正常人身上，这也是实事求是的科学态度的表现。

（二）发展性原则

人的心理是在不断发展变化的。儿童不是“小大人”，而是有着特殊的精神世界。因此，在研究人的心理和行为时，必须考虑到心理和行为的发展变化。任何心理和行为表现都是历史地形成的，任何现有的心理和行为又都在发展和变化着。在心理学研究中，特别是在研究心理发展问题时，要贯彻发展和变化的观点：不仅要看到当前研究的心理现象，而且要探寻它形成的历史原因，还要根据心理学原理对它们的发展做出预测。

（三）联系性原则

任何心理现象都不是孤立存在的。它和外部刺激、机体状况、反应活动紧密联系着。在心理学研究中，将作用于有机体的机械的、物理的、化学的、生物的、言语的和社会的刺激称为刺激变量，将机体的生理因素和心理因素，如受试者的需求状态、健康状况、知识经验、智力和能力、性别、情绪等，称为机体变量，将受试者的生理的、心理的、言语的、行为的反应称为反应变量。为了解心理现象的全貌，研究者必须将上述三种变量联系起来考察，同时也要考虑到时间、地点和情境的影响。

（四）教育性原则

和其他研究物的科学不同，心理学的研究对象是人，因此在研究时有着明确的道德和伦理的要求。在教育和教学过程中研究学生心理时更应该强调这一原则，研究的目的是为教育人、培养人、发展人的潜能提供理论依据，课题的选择要有教育意义，应该有助于被试的心理发展、能力提高和品德态度的培养，不能做有害于被试心理发展和身心健康的事，不能给被试留下难以愈合的心理创伤。在选择被试时，应该充分尊重被试的意愿。如果研究涉及被试的政治态度和个人隐私，就应该为被试保密。

二、心理学研究的具体方法

心理学的研究方法主要有观察法、调查法、测验法、实验法、个案法、活动产品分析法和模拟法。

（一）观察法

观察法（observation method）是在自然条件下，通过对人的行为的系统的、有计划的观察，了解心理活动的规律。例如，观察婴儿出生后的动作发展，可以了解个体动作发展的一般规律；观察学生在执行困难任务时的表现，可以了解他们的意志品质。当所研究的对象无法加以控制，或者在控制条件下会使行为不出现或失真，或者由于道德和伦理的原因不能对某种现象进行控制时，一般可以采用观察法。观察法的效果取决于观察的目的、任务、手段、记录，以及观察者是否独具慧眼、是否有长期不懈地进行观察的毅力。著名的动物行为学家珍妮·古道尔（J. Goodall，1934—　），深入非洲原始森林，对黑猩猩的行为进行了长期观察，发现了大量人所未知的科学事实和规律。近几十年来，各种现代化观察手段的发展使观察和记录越来越客观、精确，为观察法的使用开辟了广阔前景。

观察法有不同的类型。按照观察者是否参加所研究的活动，可以将观察法分为参与观察和非参与观察。参与观察的效果好于非参与观察。在参与观察时，观察者身在其中，既有自我体验，又能够与对象建立融洽的关系，能够对所研究的现象有更深刻的了解，能够及时地发现新信息。因此，在有条件的情况下，应该尽量采用参与观察。

观察法是搜集心理学事实的主要方法。它的优点是被试不知道自己正在被观察，行为表现真实、自然。这种方法可以结合日常的学习、生活和工作进行，因而也比较方便。但是，观察法也存在着某些难以避免的缺点：（1）研究者比较被动。由于观察在自然的条件下进行，因此，只有当被观察者出现某种行为时才能观察，所以观察必须等待。（2）在自然的条件下，事件很难按照相同的方式重复出现，所以很难重复观察，观察的结果也难以检验和证实。（3）在自然的条件下，人的心理和行为往往由多种因素引起，由于未控制条件，所以很难做出因果关系的推论。（4）观察得来的资料多是定性的，很难作数量处理，因而不能说明刺激与心理、行为之间的精确关系。（5）观察容易出现“仁者见仁，智者见智”的情况，观察的结果容易受观察者的兴趣、需要、知识、经验、观察技能等主观因素影响。

（二）调查法

对所要了解的心理现象，预先拟定一些问题，让受调查者自由表达态度或意见的方法，称为调查法（survey method）。调查法可以采用书面的方式进行，称为问卷法（questionnaire method）；也可以采用口头方式进行，称为访谈法（interview method）。问卷法可同时调查很多人，访谈法只能由少数人面对面地进行。瑞士心理学家皮亚杰（J. Piaget，

1896—1980）和美国心理学家柯尔伯格（L. Kohlberg，1927—1987）都用调查法研究过儿童的思维发展和品德发展。

无论采用哪一种调查法，调查问题必须事先准备好。问题应该简单易懂，不能够有任何暗示。应该事先同被试建立信任关系，保证被试能够讲真话。在使用问卷法时，问卷的内容要完整，应该包括两部分：（1）受试者的个人的资料，包括性别、年龄、教育、职业、宗教信仰、民族、经济状况等。当调查问题牵涉个人隐私或者敏感问题时，一般不填写姓名，而其余个人资料的选定，则要视调查对象和目的而定，必要时甚至不需被试写字作答。（2）对题目的反应。答题方式可采用选择法、是非法或简答法。个人资料在研究中属于属性变量，被试对题目的反应属于反应变量，分析属性变量和反应变量之间的关系，从而探讨不同属性之间在态度和意见上的差异，就是问卷调查的目的。在使用访谈法时，应该详细记录被试的回答及谈话时的表情和动作，有条件时可以采用录像、录音等辅助手段。

从科学性上看，调查法不是十分严谨的方法。但是，由于它使用方便，所以在发展心理、教育心理、管理心理和社会心理诸领域，仍然有广泛的应用。这种方法的缺陷与观察法类似，它只能够回答事实是什么，不能够解释为什么。因此，这种方法往往作为其他方法的辅助方法使用，或与其他方法结合使用。

（三）测验法

用一套预先经过标准化的问题（量表）来测定人的心理或行为，叫做测验法（measurement method）。测验有不同的种类：按照测验的内容，可以分为能力测验、人格测验、态度测验和成就测验；按照测验的形式，可以分为文字测验和非文字测验；按照测验的规模，可以分为个别测验和团体测验。

心理测验所采用的题目叫测验量表。它由一些要求做出回答的问题构成。这些问题是在大量预备实验的基础上，经过反复筛选编制而成，在编制时要按照严格的科学程序。量表的质量对测验结果的正确性有重要影响。评价一个量表的质量高低有两个标准：一是信度（reliability），即可靠性。如果一个测验可靠性高，那么，同一个人在多次测试时，其成绩会相同或大致相同，如同用尺子量人的身高一样。二是效度（validity），即测验是否测到了所要测的心理品质。如一个学生在语文能力测验中得了高分，他在语文学习中的成绩也好，这个测验的效度就高；反之，效度就低。效度是测验的预测能力高低的标志。

并非任一组题目都可以作为心理测验的量表。为保证测验有较高的信度和效度，一方面要有正确的理论指导，另一方面，测验的编制要按照严格的科学程序来进行，这叫标准化。只有经过标准化程序编制出来的量表，才有较高的信度和效度，才能够有效而可靠地测量人的心理品质。

（四）实验法

实验（experiment）是指证实或证伪一个假设的正式试验，它是心理学研究中最强有力的工具之一。实验法（experimental method）是创设并控制一定条件，促使某种心理现象产生，从而探索心理活动规律的方法。它是心理学研究最主要的方法。与其他方法相比，实验法有下述优点：（1）研究者处于主动地位，他可以积极干预被试的活动，创造条件使某种心理现象产生，而不是消极地等待它出现。(2) 研究者可以有意地使某种心理现象在相同的条件下反复出现，反复对其进行观察，其他人也可以在相同的条件下对其进行验证。(3) 研究者可以有意地变化某种条件，同时使其他条件保持恒定，观察条件变化与心理变化之间的关系，从而揭示出某种心理现象产生的原因和影响因素。(4) 由于上述三个特点，实验法就将因果关系带入心理学的研究中，不仅可以探究问题“是什么”，而且可以探究问题“为什么”。因此，在科学方法中，实验法被公认为最严谨的方法。心理学之所以不断进步，主要是由于在实验方法上的一再突破。

一般说来，一个心理学实验的步骤如下：

(1) 选择操纵一个可能会影响的条件。

(2) 选择两个以上的被试组。除了接受所操控的实验条件外，不同组的被试在其他方面保持一致。接受所操控的实验条件的组称为实验组，不接受所操控的实验条件的组称为对照组。

(3) 对条件变化是否影响行为加以记录。

实验法有两种形式：实验室实验法和自然实验法。

实验室实验法是在心理实验室内借助于专门的实验仪器进行的。它要求严格地控制实验条件，尽量地排除或减少无关刺激的干扰。例如，在研究视觉闪光融合频率时，必须在暗室中进行，然后变化光刺激的强度，看临界频率如何随着光刺激强度的变化而变化。由于对实验条件进行了严格的控制，使用这种方法有助于发现事件的因果关系，而且结果精确，易于验证。实验室实验法最初主要用于感知觉研究，目前，这种方法已被扩展到记忆、思维、情感、人格和社会心理各个领域的研究上。实验室实验法也有自身的缺点：(1) 由于实验者严格控制实验条件或创设一定的条件，实验情境具有极大的人为性质。(2) 在实验室中，被试明显地意识到正在做实验，行为表现往往不够自然，实验结果难免受被试的情绪和态度变化影响，使实验结果的推广受到限制。

自然实验法又叫现场实验法。它是在日常生活情境中适当控制某些条件进行的，兼有观察法和实验室实验法的优点。例如，勒温为研究领导方式对群体成员的行为的影响，将若干个 11 岁的男孩分成几组，每组置于一个成人的领导之下。成人的领导方式或是民主的，或是专制的，或是放任的，观察群体成员在不同领导方式下的行为。由于实验在正常工作情境中进行，结果也比较符合实际。近年来，由于对研究的“生态化”的强调，自然实验有增多的趋势，自然实验法也受到许多心理学家的推崇。

无论采用哪种实验法，在心理学实验中，都包含有许多因素，这些因素称作变量。变量有如下种类：(1) 自变量 (independent variables)，又称为独立变量，它们是由实验者所控制的实验条件，如研究音调知觉时的声音频率、研究暗适应时人置身于暗处的时间、在教学实验中的不同教学方法等。(2) 机体变量，又称为中介变量，它们是被试自身的一些情况或条件，如性别、年龄、种族、教育程度、智力、经验和人格等。根据实验目的，有的机体变量可以作为自变量来使用。(3) 因变量 (dependent variables)，又叫依从变量，它们是实验者所要测定的行为表现，如反应时间长短、学习成绩等。心理学实验的任务就是操纵自变量，观察因变量，以确定自变量与因变量之间是否存在因果关系。一般说来，在心理学实验中，自变量和因变量之间关系有以下几种可能性（见图 1—1）：(1) 当自变量增加时，因变量也增加，二者呈线性关系（如 A）。(2) 当自变量增加时，因变量不变化，说明二者没关系（如B）。（3）当自变量增加时，因变量减少，二者也呈线性关系（如C）。（4）自变量与因变量之间呈非线性关系，有的随自变量增加而增加（如D），有的随自变量减少而减少（如E），有的开始时随自变量增加而增加，达到一定水平后，随自变量增加，因变量反而减少，出现不一致的情况（如F）。

在心理学实验中，实验者操纵自变量，测量因变量。但是，有一些变量实验者不想研究，却可能对实验结果产生影响，这些变量称为无关变量。对无关变量，实验者要进行控制，只有这样，才能够确信因变量的变化是由于自变量引起的。例如，在进行教学方法实验时，学生的学习动机、智力水平、学习基础等都可以对学习成绩产生重要影响，因此，必须控制这些变量。对无关变量的控制是心理学实验设计的重要任务。

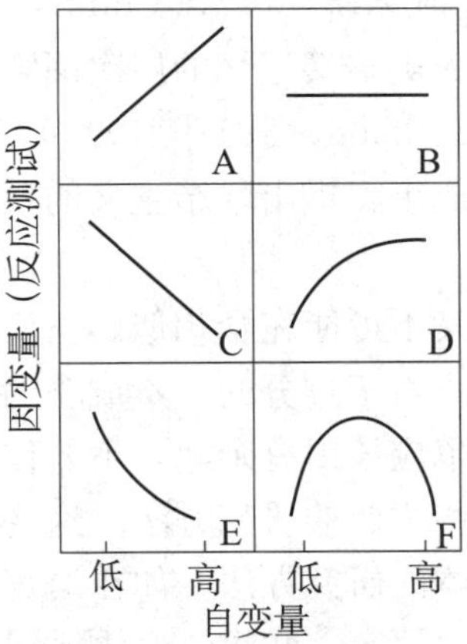

图1—1 心理学实验中自变量与因变量的关系

（五）个案法

个案法（case method）是对个人进行深入而详尽的观察与研究，从而发现心理与行为的规律。个案法由医疗中的问诊法发展演变而来。例如，在心理咨询和治疗中，通过对患有某种心理疾病的患者的观察、访问和治疗，了解某种心理疾病的发病原因、影响因素和治疗机制。个案法在发展心理、变态心理、犯罪心理和心理治疗领域有着广泛的应用。如果能和其他方法配合使用，就可以收集到更丰富的个人资料，发现有价值的事实。

个案法的缺点在于由于它只使用少数案例，所以在结果推广时有较大限制。在具体研究中，个案法往往用于提出理论或假说，要验证某种理论和假说，还需要其他方法的协助。

（六）活动产品分析法

活动产品分析法是根据被试的活动成果来研究其心理特点或心理规律。被试的活动产品包括诗文、日记、绘画、书法、手工艺品、作业和其他劳动产品。这种方法的理论假设是：人的心理特点总会在活动中表现出来，活动产品是人的心理的物化。例如，中国古代文论中就有“文如其人”、“诗言志”的思想，认为分析一个人的文章和诗歌就可以了解作者的个性和动机。同样，分析学生的作业、作文和手工艺品，也可以揭示学生的学习态度、人格特征、智力水平和动机等。

（七）模拟法

模拟法是根据人们已经掌握的心理现象的知识，建立一个与之相类似的模型，通过对模型的研究来探索心理活动的规律。近几十年来，随着认知心理学的兴起和人工智能的发展，模拟法有了广泛的应用。例如，人们将人在知觉、言语理解和产生、解决问题和推理时所使用的方法和策略，编制成计算机程序，研究出各种“智能机”，这些智能机能够完成图形识别、言语理解和产生、语言翻译、问题解决、技能操作等一系列“智能”工作。由于模型和人的心理现象之间的相似性，因此，模拟研究有可能为人的心理研究提供重要的启示。模拟法有助于形成某种理论，也可以作为一种手段来检验某种心理学理论。例如，美国心理学家柯林斯（A. M. Collins）和奎利恩（M. R. Quillian）根据计算机模拟的结果提出一个关于人类语义记忆的层次网络模型，在心理学界产生了重要的影响；麦克里兰德（D. C. McClelland，1917—1998）和鲁梅哈特（D. E. Rumelhart，1942—2011）根据脑科学的研究成果，提出联结主义的模型，对现代认知心理学的发展起了重要推动作用。

但是，模型和心理现象之间又不可能完全相似。任何模型都是对原型现象的简化。因此，在使用这种方法时，应该防止由于过分的、不成功的简化而导致的对原型的歪曲。同时，在对人的心理进行类比时，也应该留有余地，不要作过分的推论。

以上介绍了现代心理学的一些主要的研究方法。这些方法是一些一般的方法。在一些具体研究领域中，还存在一些具体的研究方法，如在语言心理学研究中，有词汇决定、命名、句子证实、快速分类、探测、评定、联想、言语错误分析和眼动技术等。心理学的各种方法构成一个体系，不同方法有特殊的用途和功能。在选择方法时，要考虑下述因素：(1) 所研究问题的性质。科学研究以问题为中心，问题决定方法，不要搞“方法中心”，防止由于片面追求方法而“削足适履”。例如，如果要研究心理的生理机制，就必须采取生理心理学的方法，但这些方法对其他领域却未必适用。(2) 研究目的。如果要揭示心理现象和刺激事件的因果关系，就必须采取实验法；如果不是，就可以采用其他方法。(3) 当时当地的条件。如可采用的技术手段、研究的时间和经费等。在实际研究中，有时可以采用单一的研究方法，但在多数情况下，多种方法配合使用，使之相互补充，往往能收到更好的效果。

第五节　心理学的历史发展

一、现代心理学产生的历史背景

德国心理学家艾宾浩斯说过：心理学有一个很长的过去，但却只有一个短暂的历史。因此，心理学是一个既古老又年轻的科学。说它古老，是因为心理学的源头在西方可以追溯到古希腊的哲学家柏拉图（Plato，公元前 427—公元前 347）和亚里士多德（Aristotle，公元前 384—公元前 322）的思想中。柏拉图是一位理性主义者，他认为灵魂无所不知，只是来到人的体内后，将已知晓的观念忘记。所以，他认为："知识就是回忆。"亚里士多德则是一位经验主义者，他认为，知识来源于经验，外物作用于感官产生感觉和意象，简括的意象构成经验，从经验中抽取概念，构成原理，就是知识。柏拉图和亚里士多德的观点对后世影响极大，一直影响着后来心理学的发展。在中国，心理学思想的源头可以追溯到先秦时期的思想家的著作中。中国先秦时期的思想家如孔丘、孟轲、墨翟、荀况等都对天人关系、身心关系、知行关系、人性本质、学习等进行过深入探讨，提出过一些重要的思想。但是，在很长的历史时期中，心理学都在哲学的母腹中孕育着，并没有成为一门独立学科。

现代心理学的发展，有三大源头：一是近代西方哲学思潮的影响，二是19世纪实验生理学的影响，三是19世纪生物学的影响。所以，有人形象地作了一个比喻：现代心理学的发展，哲学是父亲，生理学是母亲，生物学是媒人。经过生物学的媒介，哲学与生理学结合，生育的孩子，就是心理学。

（一）西方近代哲学思潮的影响

西方近代哲学，是指17—19世纪欧洲各国的哲学，对心理学影响较大的是法国17世纪的唯理主义和英国17—18世纪的经验主义，还有17—19世纪的德国古典哲学。

唯理主义（rationalism）是17世纪在法国出现的哲学思潮，代表人物是哲学家笛卡儿（R. Descartes，1596—1650）。笛卡儿只相信理性的真实性，认为理性是真理的唯一尺度。在身心关系上，他主张"二元论"。一方面，他承认灵魂和身体有密切关系，像感知觉、想象、情绪等，离不开身体的活动。人和动物可以被看作为自动的机械，它们的活动受力学规律支配。他还率先用反射的概念来解释动物行为和人的某些无意识的简单行为。但是，他又认为，单是身体原因还不足以解释人的全部心理活动，心是身体的主人，心理活动必须有心参加，由心控制，而心生而有理性。笛卡儿还提倡"天赋观念说"，认为人生来就有产生经验的心理功能，人的某些观念不是由经验产生的，而是人的先天组织赋予的。笛卡儿的唯理主义，继承了柏拉图的思想并又有发展，重开古已有之的身心关系争论，对心理学的产生和后来的理论建构具有深远影响。

经验主义（empiricism）是17世纪在英国出现的哲学思潮，代表人物是洛克（J. Locke，1632—1704）。洛克反对理性主义的"天赋观念说"，认为人类的一切知识都来自于后天经验。人的心灵最初犹如一张白纸，纯然无色，不分善恶，没有任何观念，后来的一切变化都取决于后天经验。人先是通过感觉得到简单观念，这些简单观念通过联想成为复杂观念。洛克的思想对后来的联想主义心理学影响极大。联想主义的心理学家将联想视为能够解释全部心理活动的原则，人的心理就是观念按联想原则建构出来的。联想主义对现代的学习、记忆的理论有深远影响，巴甫洛夫的条件反射理论、桑代克的联结说以及华生（J. B. Watson，1878—1958）与斯金纳的行为主义理论，都直接地受联想主义影响。

唯理主义和经验主义的争论在现代心理学中仍然继续，但是以不同的形式出现。例如，在儿童语言习得问题上，主张儿童具有先天语言能力的乔姆斯基（A. N. Chomsky，1928— ）和主张语言是习得行为的斯金纳的争论，实际上就是笛卡儿和洛克的争论的继续。在唯理主义和经验主义之间，还存在着第三条路线，这就是折衷主义或相互作用论。

德国17世纪的哲学家莱布尼兹（G. W. Leibniz，1646—1716）认为，人的心理既不具有全部的天赋观念，也不是一张白纸，而是具有一定纹路的大理石。大理石的纹路是生来就有的，但要使这些纹路显现出来，还是要经过后天的打磨。德国19世纪的哲学家康德（I. Kant，1724—1804）也认为，人的心理的形式是先天的，而心理的内容是后天的。这种折衷主义思想对后世心理学也有影响。

（二）实验生理学的影响

近代西方哲学为现代心理学提供了理论基础，实验生理学为现代心理学提供了科学精神和实验方法。在19世纪中叶，生理学已经成为一门独立的实验科学。生理学中的两个分支——神经生理学和感官生理学的发展，对心理学告别哲学走向独立产生了重要影响。在这一时期，有三位德国生理学家的工作对心理学影响最大，他们的研究奠定了生理心理学的基础。他们也被视为现代心理学的先驱。第一位生理学家是缪勒（J. P. Müller，1801—1858），他提出了感觉的特殊神经能量说，认为人的感觉器官是专门化的，人的大脑功能也有分工。人能对外界刺激产生感觉，是各种不同的神经传导所发生的特殊能量所致。缪勒还提出神经细胞之间的电化作用产生神经冲动的理论。第二位生理学家是赫尔姆霍兹，他提出了色觉理论和听觉理论，这两种理论目前仍是解释色觉和听觉现象的重要理论。第三位生理学家是费希纳，他最早用实验法研究心与物之间的关系，精密地测量了刺激强度及其变化，也精密地测量人的感觉，然后分析二者之间的依存关系，建立了心理物理学（psychophysics），为以后心理学的发展奠定了方法学的基础。

另外，19世纪也出现一系列重要的生理学发现，对心理学独立产生重要影响。1811年，英国人贝尔（C. Bell，1774—1842）和法国人马戎第（F. Magendie，1783—1855）首次发现脊髓运动神经和感觉神经的区别；1840年，德国人雷蒙发现神经冲动的电现象。1850年，赫尔姆霍兹用青蛙运动神经测定了神经传导速度。1861年法国医生布洛卡在尸体解剖中发现，严重的失语症与左侧额叶的部分组织的病变有关，从而确定了语言运动区的位置。1869年英国人杰克逊（J. H. Jackson，1835—1911）发现大脑的中央沟是一个基本的机能界线：中央沟前负责运动，中央沟后负责感觉。1870年德国人弗里施（G. Fritsch，1838—1927）和希奇格（E. Hitzig，1839—1907）发现动物运动由大脑额叶的某些区域支配。这些发现加深了人们对神经系统的认识，为用实验法研究人的心理现象及其生理机制开辟了道路。

（三）生物学的影响

心理学的产生也受生物学影响。在19世纪，英国生物学家达尔文（C. R. Darwin，1809—1882）发表了他的划时代的著作《物种起源》，提出了进化论的主张，这一理论被恩格斯称为19世纪三项最伟大的发现之一。达尔文强调“物竞天择，适者生存”，认为世界上现存的一切生物特征，都经过数百万年的演变而成。不同物种之间的显著差异由遗传造成，相同物种之间的显著差异则是由生物对生存环境的适应造成。达尔文也对人类的语言、表情等进行过深入研究。达尔文进化论中的许多观念如遗传、环境、适应、个别差异等，已经成了现代心理学研究的主题。

二、现代心理学的产生

总之，到了19世纪后半叶，心理学产生的客观条件已经基本成熟，所需要的是主观上的自觉。这一任务由德国哲学家、生理学家冯特完成。1879年，冯特在德国莱比锡大学建立了世界上第一个心理学实验室，开始对心理现象进行系统的科学研究。在心理学史上，人们公认1879年是心理学的正式诞生之年，冯特被誉为“心理学之父”。

冯特之所以能够建立心理学，首先是因为他有着哲学和生理学两个方面的良好学术背景。冯特本人是哲学家，同时也是当时生理学的集大成者。冯特师从当时著名的生理学家缪勒和赫尔姆霍兹，受过系统的生理学训练。其次，冯特有建立一门新科学的自觉。1874年，冯特出版了他的名著《生理心理学原理》，该书被生理学界和心理学界推崇为不朽之作。在这部书中，冯特明确地提出他要建立一门新的科学，这门科学的研究对象是人的意识，采用的方法是实验法。学术界认为，该书是心理学独立的宣言。

冯特对心理学的贡献是巨大的。他建立了一门新的科学。正如美国心理学史专家波林（E. G. Boring，1886—1968）所说，在冯特建立心理学之前，心理学像一个流浪儿，一会去敲敲生理学的门，一会去敲敲生物学的门。在冯特之后，心理学有了一个安身立命之所，它在科学中的地位也逐渐被承认。冯特的贡献还在于他为心理学找到了一种有别于哲学的方法，这就是实验法。此后，心理学所以一直被视为科学，主要是由于心理学和其他自然科学一样，也做实验研究。

三、现代西方心理学主要流派

冯特建立心理学之后，不久就出现了尖锐的分歧，形成了不同的学派。这些学派有自己的领袖人物，有追随者，对心理现象有不同的看法，存在着尖锐的理论对立，分化成不同的阵营。所以，从19世纪末到20世纪50年代，心理学进入派别林立的时代。

（一）构造主义

冯特在建立心理学的同时，也建立了心理学史上第一个学派，这就是构造主义（structuralism）。冯特去世以后，他的学生铁钦纳（E. B. Titchener，1867—1927）成为构造主义的主要代表。冯特和铁钦纳受化学影响甚大，特别重视对心理结构成分的分析，并研究这些结构成分如何结合成人的意识经验。构造主义认为，心理学应该研究人的直接经验即意识，而意识可以分解为感觉、意象和感情三种元素。感觉是知觉的元素，意象是观念的元素，激情是感情的元素。所有复杂心理现象都由元素构成，心理学研究的目的就在于通过内省（即被试对自己经验的观察和描述）了解在不同刺激情境下各种元素的结构。构造主义兴起后，不久就遭到心理学界的群起反对，反对的结果，一方面是构造主义的终结，另一方面，心理学界出现了百家争鸣、学派林立的局面。

（二）机能主义

机能主义（functionalism）是在美国产生的心理学派，代表人物是美国心理学家詹姆斯（W. James，1842—1910）、杜威（J. Deway，1859—1952）和安吉尔（J. R. Angell，1869—1949）。机能心理学认为，心理学应该研究个体适应环境时心理或意识的功能，而不能像构造主义那样，只分析意识的元素。对心理功能的了解远比对心理结构的了解重要。意识不是心理元素的集合，而是川流不息的过程，意识是个人的、变化的、连续的和有选择功能的。在研究方法上，机能主义认为应不局限于内省法，可以采用观察、测验、调查等方法。机能主义对心理学面向生活过程起了推动作用。

（三）行为主义

19 世纪末 20 世纪初，正当构造主义和机能主义在许多心理学问题上争论不休之际，行为主义（behaviorism）异军突起。1913 年，美国心理学家华生发表了他的重要论文《从一个行为主义者眼光中所看的心理学》，宣告了行为主义的诞生。

行为主义有如下几个最重要的特点：（1）反对研究意识，主张心理学应该研究行为。华生认为，意识不配成为科学的研究对象，它看不见、摸不着，是私人的事件，别人无法对其进行观察和测量。心理学应该研究可以客观观察和测量的事件，这就是人的行为。（2）反对内省法，主张采用实验法。华生主张，心理学是一门科学，科学就是以客观方法处理客观的资料。内省法不是客观方法，内省得来的资料更非客观的资料。（3）个体的行为不是与生俱来的，而是受环境因素影响被动习得的。行为主义反对遗传决定论，而代之以环境决定论。（4）由动物研究得到的行为的原理原则，同样可以用来解释人的行为。

行为主义产生后，在世界各国产生了巨大的影响，在心理学界占了统治地位，这种影响一直持续到 20 世纪 50 年代。行为主义主张研究可观察到的行为，创立了许多客观的研究方法和手段，对心理学走上客观研究的道路起了巨大的推动作用，提高了心理学的科学声誉，心理学作为科学大家庭的一员也获得了广泛的承认，但它反对研究意识，反对研究心理的结构、过程和功能，也限制了心理学的健康发展，因而受到了许多批判。

（四）格式塔心理学

在行为主义出现的同时，德国出现了另一个心理学派，高举批判构造主义的旗帜，它就是格式塔心理学，代表人物是魏特海默（M. Wertheimer，1880—1943）、苛勒（W. Köhler，1887—1967）和考夫卡。格式塔（Gestalt）在德文中是“形状”或“组型”之意，有整体的意味，这个名称就代表了这个学派的宗旨。

格式塔心理学家反对把意识分解为元素。他们认为，人的心理是一个整体，知觉是心理组织的过程。如正方形由四条直线组成，但人并不把它看成两条横线与两条竖线之和，而看成一个正方形。整体不能还原为部分，整体不等于部分之和，整体大于部分之和，整体先于部分而存在，并且制约着部分的性质和意义。格式塔心理学也很重视心理学实验，他们在知觉、学习、思维和问题解决方面做了大量的研究，有重要的贡献。

（五）精神分析

精神分析（psychoanalysis）是奥地利精神病医生弗洛伊德（S. Freud，1856—1939）创立的。这一理论不仅是心理学中影响最大的理论之一，也是 20 世纪对人类精神和文化影响最大的理论之一。和其他心理学派的理论相比，精神分析的理论具有如下特点：（1）

它不是来自大学教授的书斋和实验室，而是来源于精神病治疗的临床实践。(2) 它不以人的意识和正常行为为对象，而以人的无意识和异常行为为对象。(3) 它不采用实验法，而是以一种临床方法（这种方法也叫精神分析）为研究方法。由于精神分析学派的上述特点，它在很长时间内被拒于心理学主流之外，有时也被称为“非学院派心理学”。

精神分析理论认为，人的心理好比海面上的冰山，意识是露出海面的冰山的尖，在海面下还有更大的部分，这就是人的无意识。无意识对人的心理和行为影响更大。人类的一切行为，都根源于无意识中的某些欲望和动机，特别是性欲冲动。欲望和动机如果受到过分的压抑，就会导致神经病。所谓精神分析，就是通过自由联想或对梦的解析，发现病人潜在的欲望或动机，使精神得到宣泄，从而达到治疗疾病的目的。

精神分析重视动机和无意识现象的研究，有其合理的一面；但是，过分强调无意识的作用，强调性欲和本能的作用，把性欲或生本能和死本能夸大为人类一切行为的动机，也是错误的。同时，精神分析的理论难以用科学的方法证实或检验，也是这种理论经常为人们诟病的重要原因。

总之，在 19 世纪末 20 世纪初，各个心理学派在心理学的研究取向和理论上存在着尖锐的分歧。这种分歧不是坏事，而是好事。人的心理极其复杂。各个心理学派从不同的角度和不同的侧面对它进行研究，加深了人们对于心理现象的理解，丰富了心理学的理论宝库，对新兴的心理学的发展起了积极的推动作用，促进了心理学的繁荣。但另一方面，这种学派林立的局面也反映了各个心理学派在哲学思想和方法论上的矛盾和混乱，它不利于心理学理论的健康发展，使刚刚诞生不久的心理学面临着“分崩离析”的危机。

[专栏 1—1]　现代心理学的一些重要事件

在心理学史上，下述一些事件的出现和发生有着里程碑的作用。

1879 年，冯特在德国莱比锡大学建立了世界上第一个心理学实验室，标志着现代心理学的诞生。

1883 年，高尔顿（F. Galton，1822—1911）发表《对人类官能及其发展的探讨》，开辟了研究个体心理和心理测验的途径。

1883 年，霍尔（G. S. Hall，1844—1924）创办了美国第一个心理学实验室，1887 年，创办了美国第一种心理学杂志——《美国心理学杂志》。

1885 年，艾宾浩斯发表《论记忆》，开创用实验法研究记忆的先河。

1890 年，詹姆斯出版《心理学原理》，提出了意识流理论，标志着美国机能心理学的产生。

1905 年，比奈（A. Binet，1857—1911）和西蒙（T. Simon，1873—1961）共同编制了世界上第一个智力测验的量表——比奈—西蒙智力量表。

1913 年，华生发表了《从一个行为主义者眼光中所看的心理学》，宣告了行为主义的诞生。

1912 年，魏特海默、苛勒和考夫卡在法兰克福研究似动现象，在此基础上建立了格式塔心理学。

1900 年，弗洛伊德发表《梦的解析》，1916—1917 年发表《精神分析引论》，创立了精神分析学派。

1917 年，蔡元培（1868—1940）在北京大学建立了中国第一个心理学实验室。

1920 年，南京高师（东南大学）建立了中国第一个心理学系。

1921 年，中华心理学会在南京成立，张耀翔（1893—1964）任会长。

1922 年，张耀翔主编了中国第一份心理学杂志——《心理》。

1923 年，巴甫洛夫发表了《动物高级神经活动（行为）客观研究 20 年经验，条件反射》，提出了高级神经活动的学说。

1929 年，拉什利（K. Lashley，1890—1958）发表《大脑机制与机能》，提出了大脑功能的均势原理和总体活动原理，推动了对大脑功能的研究。

1937 年，斯金纳发表“两种类型的条件作用”，首次提出操作性的概念。第二年，出版《有机体的行为》，标志着新行为主义的产生。

1943 年，马斯洛（A. Maslow，1908—1970）发表《人类动机论》，后来出版了《动机与人格》一书，创立了人本主义心理学。

1950 年，皮亚杰发表《发生认识论导论》，提出了发生认识论。

1956 年，米勒（G. Miller，1920—2012）发表了他的著名论文《神奇的数字 7±2：我们信息加工的限制》，标志着认知心理学的出现。

1957 年，乔姆斯基出版了《句法结构》，后来又出版了《句法理论的若干问题》，提出他的生成语法理论，认为人的语言能力是先天的，对语言学、哲学和心理学产生了深远影响，动摇了行为主义在心理学的主导地位。

20 世纪 60 年代，斯佩里（R. W. Sperry，1913—1994）进行了裂脑人的研究，发现大脑两半球功能的差异。

1963 年，潘菲尔德（W. G. Penfield，1891—1976）用微电极刺激病人大脑皮层的颞叶，引起病人对往事的鲜明回忆，人的心理的定位理论重新引起重视。

1967 年，奈瑟（U. Neisser，1928—2012）出版了《认知心理学》，标志着现代认知心理学的正式诞生。

1973 年，鲁利亚（1902—1977）出版《神经心理学原理》，创立了神经心理学。

1977 年，班杜拉（A. Bandura，1928—　）发表了《社会学习论》，提出了他的社会学习的理论。

1978 年，赫伯特·西蒙由于对“经济组织内的决策过程进行的开创性的研究”荣获诺贝尔经济学奖，成为第一个获诺贝尔奖的心理学家。

1980 年，中国心理学会加入国际心理学会。

1985 年，斯腾伯格（R. J. Sternberg，1949—　）提出了智力三元论。

1991 年，欧洲科学技术发展预测与评估委员会出版认知科学系列丛书，其中第四卷为《认知神经科学》，标志着认知神经科学的正式诞生。

1999 年，莱可夫（G. Lakoff，1941—　）和约翰逊（M. Johnson，1949—　）出版了《肉身的哲学：具有心智及其对西方思想的挑战》一书，标志着第二代认知科学的正式诞生。

2002 年，卡尼曼（D. Kahneman，1934—　）由于发现在不确定条件下进行判断与传统经济理论所假定的理性发生系统偏差的机理获诺贝尔经济学奖。

四、心理学在当代的发展

心理学产生以后，学派纷争的局面并没维持太久。在 20 世纪 30 年代以后，各心理学派之间就开始出现了互相吸收、互相融合的局面，心理学从对立开始走向了整合。第二次世界大战以后，心理学迅猛发展，某些占统治地位的观念（如行为主义和精神分析）受到了激烈的批判，但它们并没有消亡，而是以新的姿态和面貌出现，同时也产生了一些新的思潮。这些思潮不是以学派的形式出现，而是作为一种潮流、发展方向影响心理学。有人将这种能影响学科发展方向的思潮叫范式。这样，在整个心理学领域中，出现了一种多范式并存、多种理论兼收并蓄的局面。概而言之，心理学在当代主要表现为七种研究范式。

（一）新行为主义

在 20 世纪 50 年代以后，行为主义作为一个学派已经消亡。但是，作为一种研究范式，它还活跃在心理学的某些研究领域中。只不过这种行为主义是经过修正后的行为主义，即新行为主义。行为主义的主要观点是，个体的一切行为的产生和改变，都源于刺激和反应之间的联结关系。行为主义者不关心有机体的内在的心理过程和机制，他们主要关心环境对人的行为的作用。他们要探索的问题主要包括：行为在何种条件产生，刺激对行为的作用如何，行为结果又如何影响随后的行为。行为主义在学习、动机、机器教学、行为治疗、社会行为等领域有着较多的研究和应用。

在行为主义范式的研究中，美国心理学家班杜拉的社会学习理论在当代具有重要影响。班杜拉认为，观察学习是人的社会学习的基础。人的各种心理和行为，是学习者在社会情境中，通过观察别人的行为和行为结果，间接地学到的。间接学习过程也叫模仿，模仿的对象，叫做榜样。班杜拉认为，强化不仅可以来自外部，学习者还存在自我强化。同时，强化榜样，在学习者身上也可以产生类似效果，这叫做替代强化。人的活动并不是完全被动的，在活动之前，人就有期待，期待分为结果期待和效能期待，前者是对行为会取得什么样的结果的预期，后者是对自己能否完成某种行为的预期，这种预期叫自我效能感。自我效能感对人的行为具有重要影响。很明显，在班杜拉的理论中，十分重视认知因素的作用。这一理论在学习、教育和人格形成领域中有广泛的应用。

（二）新精神分析

弗洛伊德创立精神分析后不久，精神分析内部就出现了分裂。弗洛伊德的学生、瑞士的精神病医生荣格（C. G. Jung，1875—1961）不同意弗洛伊德的泛性论，于是自立门户建立了分析心理学。弗洛伊德的另一个学生阿德勒（A. Adler，1870—1937）也同弗洛伊德分道扬镳，建立了个体心理学。即使弗洛伊德在世时，他的理论也受到各个方面的激烈批评。所以，弗洛伊德去世后，传统的精神分析作为一个学派已经消亡，但是，精神分析作为一种研究范式，仍存在于心理学的某些研究领域中，一些研究者修正了弗洛伊德理论中的某些偏激之处，提出了一些新的理论，被称为新精神分析或后弗洛伊德主义。

和弗洛伊德不同，新精神分析不仅重视无意识的研究，更强调意识和自我的重要性；传统的精神分析过分强调力必多（libido）在童年时期的作用，新精神分析更重视青少年时期的人格发展；传统的精神分析认为人格在童年时期就已经定型，新精神分析认为人格终生都在发展，在人生发展的每一个阶段，都有一个与某种重要的冲突有关的危机。新精神分析的代表人物有霍妮（K. Horney，1885—1952）、埃里克森（E. H. Erikson，1904—1992）和弗洛姆（E. Fromm，1900—1980）。他们的工作偏重于身心发展、动机、人格发展、行为异常和心理治疗方面的研究与应用。

（三）人本主义心理学

人本主义心理学被称为当代心理学中的“第三势力”，因为它既反对行为主义，又反对精神分析。人本主义批评行为主义为幼稚心理学，因为行为主义以动物和儿童心理的研究为基础；批评精神分析是伤残心理学，因为精神分析以精神病患者的心理现象为基础。人本主义主张，心理学应以正常人为研究对象，应该研究人不同于动物的一些复杂经验，如需要、动机、价值、快乐、幽默、情感、责任、尊重、成就、爱情等。和精神分析不同，人本主义认为，人的本质是好的，是善良的，人不受无意识的欲望驱使，人有自由意志，有自我实现的需要。只要有适当的环境，人就会努力去达到某些积极的社会目标。在人类本性中蕴藏着无限的发展潜力。因此，心理学研究不仅是为了了解人性，更重要的是要研究如何改善环境以利于人性的充分发展，最终达到自我实现的境界。在研究方法上，人本主义也反对行为主义以零碎的、片面的反应作为心理学研究的主题，认为这种局部研究不能反映人的整体。它认为，人是单独存在的，心理学应该对单个的人进行研究，因此倡导个案法。

人本主义对传统心理学的批判有合理之处，但它对人性本质的理解是错误的。它把人看成是纯粹人性的，没有看到人是社会关系的总和。它不像其他心理学派，从科学的需要出发去研究人性，而是从人的需要出发去研究人性，这固然有合理的一面，但也冲淡了心理学的科学色彩。另外，人本主义的许多主张还带有纲领性质，概念缺乏明确定义，研究方法上也显得粗糙，许多理论也难以检验。尽管如此，人本主义在教育心理、发展心理、人格心理、管理心理、心理咨询与治疗方面仍有较多应用。

（四）认知心理学和认知神经科学

认知心理学（cognitive psychology）和认知神经科学（cognitive neuroscience）是当代西方心理学的主要范式。认知，是指人认识事物的心理过程，包括感觉、知觉、记忆、思维、想象、言语、问题解决和创造性等。认知心理学有广义和狭义之分：凡是以人类认知为研究对象者，就属于广义的认知心理学；狭义的认知心理学指以信息加工观点研究人接收、加工、储存、提取信息的过程的心理学，又叫信息加工心理学（information processing psychology）。

认知心理学的渊源，可以上溯到 20 世纪 20—30 年代。瑞士心理学家皮亚杰和苏联心理学家维果茨基（1896—1934）就是认知心理学的早期代表。皮亚杰通过一系列精心设计的实验，揭示了儿童思维发展的规律，提出了发生认识论。维果茨基也对人的思维、语言等进行了系统的实验研究，提出了高级心理机能的理论。

20 世纪 40 年代末，科学的发展走向综合，产生了一些概括性较大的科学——信息论、系统论和控制论。“三论”的出现对心理学产生重要影响。20 世纪 50—60 年代，乔姆斯基提出了他的生成语法理论，对行为主义的语言习得理论进行了猛烈的批判，动摇了行为主义心理学的基础。计算机科学的发展特别是人工智能的发展，也为认知心理学的产生提供了动力。因此，在 20 世纪 50 年代末 60 年代初，心理学界出现了研究认知过程的思潮。一些心理学家认为，人实际上是信息加工者，环境信息要通过人的认知系统被接收、编码、储存和操作，才能对行为产生影响。1967 年，奈瑟出版了《认知心理学》，指出：认知是感觉输入受到转换、简约、储存、提取和使用的全部过程。该书的出版标志着认知心理学的正式诞生。至此，行为主义不研究人的内部心理过程的范式被彻底打破，认知成了心理学研究的主题。认知心理学虽然研究人内部的心理过程，但在研究方法上却仍然坚持行为主义的客观立场，用实验法作为主要研究方法。

在认知心理学发展中，存在两个隐喻。在 20 世纪 80 年代以前，在认知心理学研究中，计算机模拟方法采用得很普遍。使用这种方法的基本设想是：人和计算机都是信息加工器，因此它们之间可以进行功能类比。如果设计程序能够让计算机解决人类的某些复杂问题，那么，这些程序很可能就代表了人的思维过程。认知心理学家认为，通过这种模拟和类比，就可以客观地描述人的某些复杂的心理过程，促进心理学的发展，同时也能推动人工智能的研究。这种研究范式就叫做计算机隐喻（computer metaphor）。但是，80 年代初期，联结主义在美国兴起。如果说认知心理学在发展早期受计算机科学影响较大的话，那么联结主义主要受神经科学特别是脑科学影响。许多认知心理学家认为，将人比作计算机是对人类心理的简化，人类认知的加工机制和大脑的活动更相似，而且脑又是人的心理活动的直接的物质基础。这样，认知心理学和神经科学结合，产生了认知神经科学，它主要研究认知的脑机制、认知与神经活动的关系、脑发育和认知的发展等。人们相信，只有揭示心理的脑机制，才能揭示人类心理的奥秘。这就是当代认知心理学发展的脑的隐喻（brain metaphor）。在 21 世纪，认知神经科学的研究范式已成为认知心理学发展的重要趋势。

（五）生理心理学

在当代，采用生理心理学的观点和方法研究心理与行为和大脑神经生理功能之间的关系，是一种重要的研究范式。心理学本来就同生理学有亲缘关系，这种关系在近几十年来又进一步得到了加强。采用这种研究范式的心理学家认为，心理和行为与生理功能有着密切关系，特别是和脑的功能有着密切联系。他们要探查人的不同的心理功能由脑的哪些部分完成，心理健康和身体健康有何关系，遗传在人的行为中起什么作用等。生理心理学有特殊的研究方法，如局部切除、电刺激、生物化学的方法等。近年来，脑电和脑功能成像的技术在生理心理学研究中有了广泛应用。这些方法对人无损伤，可以在人进行某种心理活动和行为的同时对其进行测量，给出丰富、直观的信息，因此受到许多研究者的青睐。生理心理学的方法和技术如能同行为实验结合，效果就更佳。

（六）积极心理学

积极心理学是从积极角度研究心理的新兴科学。积极心理学的形成以塞里格曼（M. Seligman，1942—　）和奇克森特米海伊（M. Csikszentmihalyi，1934—　）的论文《积极心理学导论》为标志。

积极心理学的代表人物认为，积极心理学是致力于研究人的活力与美德的科学。积极心理学主张研究人类的积极品质，倡导心理学的积极取向，充分挖掘人固有的潜在的具有建设性的力量，促进个人的健康幸福和社会的和谐发展。它是利用心理学已比较完善和有效的实验方法与测量手段，研究人类的力量和美德等积极方面的心理学思潮。过去，心理学家重点研究人类行为的消极方面，现在，人们开始思考：对人类的爱情、幸福、创造力、心身健康、自我满足和成就感乃至善良、正义等，心理学家到底了解了什么？因此，积极心理学关注人的优点、美德和最佳行为。

就研究对象而言，积极心理学研究分为三个层面：

一是主观层面，研究积极的主观体验、幸福感和满足（对过去）、希望和乐观主义（对未来），以及快乐和幸福（对现在），包括它们的生理机制以及获得途径。

二是个人层面，研究积极的个人特质。例如，彼得森（C. Peterson，1950—2012）和瓦利恩特（G. E. Vaillant，1934— ）领导的小组通过阅读大量名人著作，从中归纳出200种人类美德，在此基础上归纳出6种美德：（1）智慧与知识；（2）勇气；（3）爱与人性；（4）正义；（5）节制；（6）灵性与超越。他们还发现与这6种美德对应的24种力量：（1）智慧与知识包括好奇心、爱学习、判断、灵活性或独创性、社会智力、观察；（2）勇气包括英勇、坚韧性、正直；（3）爱与人性包括仁慈、爱；（4）正义包括公民的职责和权力、公平、领导能力；（5）节制包括自控、审慎、谦卑；（6）超越包括美的欣赏、感激之情、希望、灵性、宽恕、幽默、风趣。

三是群体层面，研究公民美德和积极的环境，后者指使个体成为具有责任感、利他、有礼貌、宽容和有职业道德的公民的社会组织，包括健康的家庭、关系良好的社区、有效能的学校、有社会责任感的媒体等。

（七）第二代认知科学

在认知科学发展中，认知的观念经历了两次革命性转变，形成了两代认知科学。第一代认知革命发生在20世纪50年代，目的是冲破行为主义的藩篱，肯定大脑内部加工在认知中的作用，代表性理论是离身心智（disembodied mind）理论，如命题符号理论（propositional symbol theory）。“第二代认知科学”（Second Generation Cognitive Science）这一提法首次出现在莱可夫和约翰逊的名著《肉身的哲学：具身心智及其对西方思想的挑战》中，代表性理论是具身认知（embodied cognition）理论，如隐喻理论（metaphor theory）、知觉符号理论（perceptual symbol theory）和身临其境框架（the immersed experiencer frame，IEF）等。第二代认知科学认为，思维不是一系列逻辑/抽象的功能，而是根植于身体和具体经验、有内在联系的、与他人进行互动的生物系统。认知是包括大脑在内的身体的认知，身体的解剖学结构、活动方式、感受和运动体验决定了人类如何认识和看待世界的方式。鉴于第一代认知科学的计算机隐喻的局限，第二代认知科学倡导的具身认知逐渐成为各个学科理论研究的基点和进路，深刻影响着相关学科发展，逐步呈现出取代符号理论的趋势，成为明确的认知研究的纲领和范式。具身认知强调认知的情境性和生成性，认为认知依赖于经验的种类，而经验根植于更加广泛的生物、心理和文化情境中；认知源于身体和世界的相互作用，它们共同形成一个由感知觉、记忆、情绪、语言和生命的其他方面交织在一起的机体。认知是连续复杂的进化过程，不是一种无历史的逻辑能力。

理性不是非具身心智的先验特征，它由人类的身体特性、大脑神经结构的非凡细节以及日常活动的细节所塑造。理性是进化的结果。依据进化进程，理性将人置于一个与动物相关联的连续体中。具身认知反对将认知抽象为一个独立于身体活动和环境的内在的表征和计算，反对将认知视为个体的、理性的、抽象的、分离的和普遍的，强调认知是社会的、具身的、具体的、定域的（located）和参与的。认知不单是人类大脑神经系统中的表征和操作，而是有其发生和发展的历程，这一过程有赖于人类的活的身体。

基本概念

心理学；心理动机；心理过程；心理特性；行为；刺激；意识；无意识；环境；现实环境；行为环境；假设；理论；观察法；参与观察；非参与观察；问卷法；访谈法；测验法；信度；效度；实验法；实验室实验法；自然实验法；自变量（实验变量）；机体变量；因变量（反应变量）；个案法；活动产品分析法；模拟法；唯理主义；经验主义；构造主义；机能主义；行为主义；格式塔心理学；精神分析；新行为主义；新精神分析；人本主义心理学；认知心理学；认知神经科学；积极心理学；第二代认知科学

基本原理

心理现象的组成；心理与行为的关系；意识的特性；意识与无意识的关系；心理学研究的问题；心理学研究的目的；心理学的学科性质；心理学的研究领域；研究和学习心理学的意义；心理学研究的原则；心理学研究的具体方法；现代心理学产生的历史背景；现代心理学的产生；现代西方心理学主要流派；心理学在当代的发展

思考题

1. 什么是心理学的研究对象？人的心理现象包括哪些方面？
2. 心理与行为、意识与无意识的关系怎样？
3. 人的意识有哪些特征？
4. 心理学要研究哪些问题？它的研究目的是什么？研究和学习心理学有什么意义？
5. 心理学是一门科学吗？如果是，那么它是一门什么样的科学？
6. 心理学有哪些主要的研究领域？
7. 心理学研究应遵循哪些原则？
8. 心理学有哪些主要的研究方法？这些方法各自有什么特点？在具体研究中如何选择研究方法？
9. 心理学是怎样产生的？现代心理学的主要源头有哪些？
10. 现代心理学有哪些主要派别？
11. 现代心理学有哪些主要的研究范式？

第二章

心理学的生理学基础

本章要点

1. 心理产生的器官
2. 神经元的构造和功能
3. 人的神经系统的组成部分
4. 人的大脑的结构和功能
5. 关于大脑的功能的理论
6. 人的内分泌系统的功能

第一节　探索人的心灵之谜的曲折历程

人类心理是怎样产生的？现代科学研究表明，脑是心理的器官，心理是脑的机能。心理学探索人类心理活动与大脑的构造和功能之间的关系。但是，从历史上看，人类对心理的生理机制的探索经历了漫长的历程，走过一条十分曲折的道路。

一、唯心主义的心理观

（一）灵魂说

在远古时期，由于认识水平的限制，人类对于各种心理现象（如记忆、思维、想象和梦境等）倍感神秘，不能够做出科学的解释，因而认为心理是灵魂活动的产物。人在出生时，灵魂就来到体内，清醒时控制人体的活动，睡眠时暂时离开人体，人就做梦。人在死亡时，灵魂永远脱离了人体。灵魂是超自然的精神实体，可以永存，可以转世。这种对心理的看法导致了古代人的迷信和宗教的产生。

（二）精神决定论

唯心主义认为，心理和精神是世界的本原，物质由精神决定，精神派生出客观世界。英国哲学家贝克莱（G. Berkeley，1685—1753）宣称：物是感觉的复合，存在就是被感知。宋代理学家陆九渊认为“吾心即是宇宙，宇宙即是吾心”（《象山先生全集·杂说》）。明代王阳明认为“天下无心外之物”（《传习录》上）。孟子认为，心理、思维是“心”的功能。他说：“心之官则思，思则得之，不思则不得也。”（《孟子·告子上》）

（三）心身平行论

法国哲学家笛卡儿认为，世界上存在两种独立的实体——物质和精神。精神的本质在于思想，物质的本质在于广袤；精神没有广袤，物质不能思想，二者之间的关系不是互相依存的，而是相互平行的。心理不是脑的功能，也不是脑的产物，而是独立于脑活动之外的东西。心理活动和脑活动之间存在着相关关系，没有证据表明脑与心理是因果关系。在当代，一些神经科学家也对心理和脑的紧密联系表示异议。例如，1963 年诺贝尔奖得主、神经生理学家艾克尔斯（J. C. Eccles，1903—1997）就认为，灵魂与肉体是分离的。

二、机械唯物主义的心理观

（一）中国古代唯物主义的心理观

中国古代的唯物主义者认为，心理是身体的机能。如荀子认为：“形具而神生，好恶喜怒哀乐臧焉……”（《荀子·天论》）南北朝时期的范缜主张“形存则神存，形谢则神灭”（《神灭论》）。他们都认为心理现象同物质现象有着直接的依存关系。心理现象由外物作用于人而引起。《礼记·乐记》中说，人心“感于物而动”。清代戴震说：“味与声色，在物不在我，接于我之血气，能辨之而悦之……”（《孟子字义注疏》卷中）但前人对心理器官的认识还存在误区，认为心理是心脏活动的产物。《黄帝内经》指出：“心者，君主之官也，神明出焉。”“心者，五藏六府之大主也，精神之所舍也。”宋代朱熹也指出：“心者，一身之主宰；意者，心之所发；情者，心之所动；志者，心之所之……”（《朱子语类》卷五）又如在汉字中，凡是与心理活动有关的字皆从心，如思、想、意、情、恨、恶、悲、怒等。在汉语中，还存在着大量的“心爱”、“心痛”、“心烦”、“心碎”之类的词语。

（二）西方近代机械唯物主义的心理观

柏拉图认为，精神处于头颅中。西医之父希波克拉底（Hippocrates，约公元前 460—公元前 370）也认为，脑是心理的器官。但亚里士多德却认为，精神位于心脏之中。因为温热意味着活力，血液温热，由心脏泵出，所以心脏是精神、思想之源。虽然中世纪已经有很多人认为精神来自大脑，但却对大脑如何产生心理一无所知。如笛卡儿宣称，精神居于脑中，但它与头颅中的任何组织无关，“我思故我在”，意识是人类存在的唯一证据。

到了近代，17 世纪的英国经验论者和 18 世纪法国的机械唯物主义者认为：心理现象是神经组织活动的产物，是客观事物与人相互作用的结果。但是，他们把人和机器同等看待，认为人的心理活动等同于机器的功能。狄德罗（D. Diderot，1713—1784）把人比作有感觉的乐器。拉美特利（J. O. D. La Mettrie，1709—1751）认为，身体状况决定人的心灵状况，人体组织类似于一架巨大的、极其精细的钟表。德国自然科学家福格特（K. Vogt，1817—1895）认为："思想对大脑的关系，差不多同胆汁对肝脏或尿对肾脏的关系一样。"思想是脑髓的分泌物。这种观点混淆了心理和物质的界限，不能科学地解释人的心理现象。

三、辩证唯物主义的心理观

辩证唯物主义认为，从心理产生的物质基础看，心理是脑的机能；从心理产生的方式看，心理活动是脑的反射；从心理反映的内容看，心理是人脑对客观现实的主观的、能动的反映。

在古代很长一段时间内，人们认为心理活动的器官是心脏。但是，随着知识的积累，人们逐渐认识到心理是神经系统的功能，特别是脑的功能。例如，睡眠与醉酒时，心脏活动没有什么异常，心理状态却发生了明显的改变。脑部受损伤，心理活动就遭到破坏。例如，病人耳目完好，却目不能视，耳不能听；病人口舌正常，却说不出话；病人四肢无疾病，却不能动。如果脑功能恢复正常，病人的心理活动就有了明显改善。所以，一些学者提出，心理活动的器官不是心脏而是脑。如明代李时珍说："脑为元神之府。"（《本草纲目》）明代金正希也说："人之记性皆在脑中。"（《尚志堂文集・见闻录》）

生理解剖证实了"脑是心理的器官，心理是脑的机能"的科学命题。19 世纪初，清代医生王清任通过对百余具尸体的解剖，发现心脏和其他脏腑没有"生灵机，贮记性"的功能，提出"灵机记性"不在心在脑。他说："两耳通脑，所听之声归于脑"，"两目系如线，长于脑，所见之物归于脑"，"鼻通于脑，所闻香臭归于脑"。"灵机记性在脑者，因饮食生气血，长肌肉，精汁之清者，化而为髓，由脊骨上行入脑，名曰脑髓。""小儿无记性者，脑髓未满；高龄无记性者，脑髓渐空。"（《医林改错・脑髓说》）另外，哈洛（J. M. Harlow，1819—1907）向麻省医学会报告了铁路监工盖奇（P. P. Gage，1823—1860）在 1848 年被铁杆刺穿颅骨的病例，受伤后，盖奇左眼失明，左脸麻痹，人格发生了很大的改变，这个案例为证明脑是心理过程的基础提供了较早的证据。

随着证据的积累，"脑是心理的器官"的命题已经被普遍接受。但是，脑如何使心理成为可能？脑与心理活动如何对应？不同的学者提出了不同的观点。维也纳医生加尔（F. J. Gall，1758—1828）建立了"颅相学"（phrenology）。他认为，头骨外形与脑的形状相对应，人的不同的心理功能分别储存在大脑的特定部位，高度发达的大脑器官会挤压头骨并且产生突起。法国生理学家弗洛伦斯（P. Flourens，1794—1867）和美国生理心理学家拉什利对颅相学进行了反驳。他们采用局部切除法损毁动物的脑的不同部位，观察动物行为的变化，认为脑的机能具有整体性，大脑不同部位的机能是相同的。然而，对病人的临床研究并不支持弗洛伦斯和拉什利的观点。1861 年，法国神经病学家布洛卡对一个患失语症的病人的脑进行解剖，发现病人大脑左半球额下回后部约 1/3 处有一个鸡蛋大的损伤，第一次证实人的言语表达能力与脑的特定部位有关。这一特殊部位被命名为"布洛卡区"，即运动性言语中枢。布洛卡对大脑言语运动区的记述，推动了对大脑皮层机能定位的研究。

从物种发展史来看，心理是物种发展到高级阶段的属性。随着动物大脑的进化，动物的心理也越来越高级；从个体发展史来看，心理的发展与脑的发育紧密相连。从心理产生的方式看，心理活动具有反射的性质，这一点我们将在第四章中做出说明。从心理反映的内容来看，心理是对客观现实的反映，这种反映不是镜子式的机械的反映，而是具有能动性的反映。总之，正像恩格斯所说的："……我们的意识和思维，不论它看起来是多么超感觉的，总是物质的、肉体的器官即人脑的产物。"① 这一论述为理解人的心理的实质指明了方向。

那么，人脑是怎样产生心理的？这就需要了解人的神经系统和脑的结构与功能。首先，来认识神经系统最基本的结构和功能单位——神经元。

第二节　神经元

神经系统由神经元和神经胶质细胞组成。神经元（neuron）即神经细胞，是神经系统基本的结构和功能单位，作用是接收、整合和传递信息。瓦尔代尔（W. Waldeyer，1836—1921）提出神经元这一名称，并确立了神经元学说。

一、神经元及神经胶质细胞

（一）神经元的结构

人脑是由约 10^{11}（1 000 亿）个神经元组成的高度组织化的器官。神经元是具有细长突起的细胞，由细胞体（cell body）、树突（dendrite）和轴突（axon）组成。神经元接收信息的一端是树突，一般较短，只有几百微米长，形状有如树枝，作用是将外界刺激的物理、化学等能量转化为神经冲动，或者接收前一个神经元传来的神经冲动，再将神经冲动传向细胞体。细胞体内含有细胞核和细胞质。细胞体整合从树突传入的信息，然后通过轴突纤维将信息传递出去。神经元的轴突一般比较长，周围有髓鞘。轴突主干由许多并行神经元纤维组成，末端分成许多小枝，叫轴突末梢。神经元的结构见图 2—1。

（二）神经元的种类

神经元有不同的形态和种类。依据神经元的形态和突触数目，可以分为单极细胞、双极细胞和多极细胞。依据神经元的功能，可以分成感觉神经元（内导神经元）、运动神经元（外导神经元）和中间神经元（联络神经元）。感觉神经元将感觉器受刺激后产生的神经冲动传到脊髓和大脑，运动神经元将脊髓和大脑发出的信号传到运动器，中间神经元联系感觉神经元和运动神经元，形成中枢神经系统的微回路，负责对信息进行加工。人的许多有特殊功能的脑结构，就由这种微回路组成。

---

① 《马克思恩格斯选集》，2 版，第 4 卷，227 页。

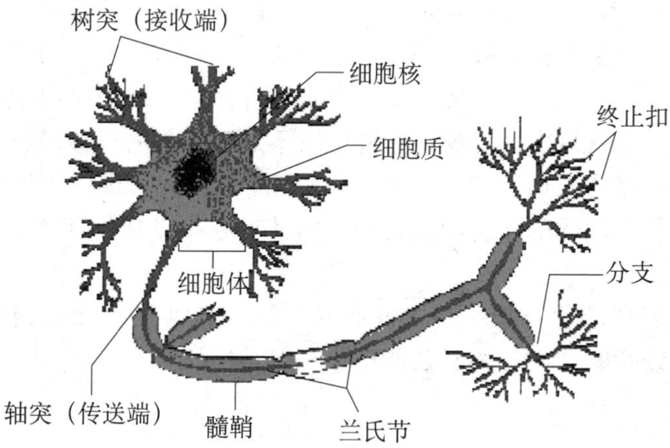

图 2—1　神经元的结构

（三）神经胶质细胞

在神经元之间，存在大量的胶质细胞（glial cells），它们亦有重要作用：（1）为神经元生长提供支架。（2）确定新生神经元发育生长的位置。当神经元受损伤时助其恢复。（3）在神经元周围形成髓鞘，发挥绝缘作用。一方面使神经冲动快速传递，另一方面防止神经冲动从一根轴突传到另一根轴突，发生“短路”。在个体发育中，神经纤维髓鞘化是行为分化的重要条件。当髓鞘化受损害时，能引起复视、震颤、麻痹等疾病。（4）为神经元输送营养，清除死亡的神经元的垃圾，构成脑血管屏障，防止有毒物质侵入脑细胞的精细结构。

二、神经冲动的传导

神经元的特性是兴奋和传导。当任何一种刺激（机械、物理或化学的）作用于神经元时，神经元就会由静息状态转化为活跃状态，这就是神经冲动（nerve impulse）。神经元受到刺激后产生兴奋是对刺激的反应能力。

传导是将神经冲动迅速传至相邻神经元，其实质是神经元内部的生物电变化。在没有刺激作用时，细胞膜表面的任何两点都是等电位的，膜内外却有一定电位差，膜内为负，膜外为正，相差 70～90 毫伏，这就是静息电位（resting potential）或膜电位，习惯上也称为极化。静息电位与细胞内外的化学物质有关。在神经细胞内外，存在大量离子，膜外主要是带正电荷的钠离子（Na^+）和带负电荷的氯离子（Cl^-），膜内主要是带正电荷的钾离子（K^+）和带负电荷的大分子有机物。离子在细胞膜内外出入要通过离子通道。在一定条件下，离子泵让一些离子通过，阻止另一些离子通过。在静息状态下，细胞膜对 K^+ 有较大的通透性，对 Na^+ 的通透性差，形成了内负外正的电位差。

当神经细胞受刺激时，细胞膜的通透性发生变化，钠离子通道被临时打开，使细胞膜内的正电荷增多，电位迅速上升，最后高于膜外电位，膜内为正，膜外为负。这种在神经元受刺激时所发生的电位变化，叫动作电位（action potential）。动作电位的持续时间大约是 1 毫秒（见图 2—2）。神经元的动作电位和静息电位是交替出现的。产生动作电位后，细胞膜又关闭 Na^+ 离子通道，泵出多余的 Na^+，并恢复到静息电位的状态，神经元重新回到稳定状态。在产生动作电位到恢复至静息电位过程中，电位先升高后降低，出现峰电位，峰电位之后，出现一个兴奋性极低的不应期，在此期间，再增加刺激强度也不会引起冲动强度增加，即神经元兴奋的特性符合“全或无”定律。

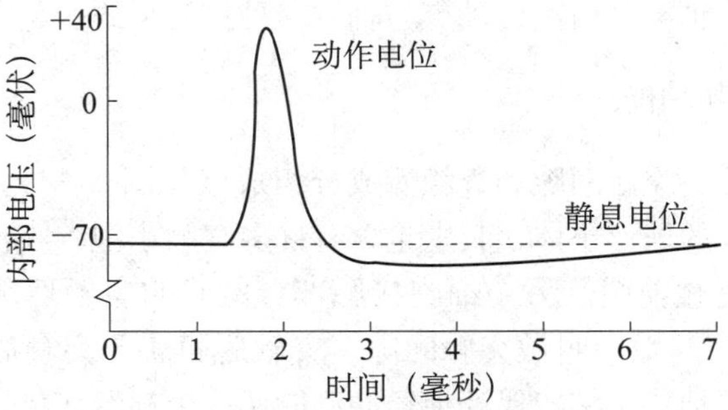

图 2—2　动作电位

神经冲动在神经元内的传导是通过神经纤维膜产生峰电位的依次传布实现的。在动作电位产生时，神经纤维的某一部位会产生电位变化，但与刺激部位临近的未刺激部位仍处于静息状态。这样，在细胞表面，兴奋部位和静息部位之间就出现电位差，膜内的兴奋部位与静息部位之间也出现电位差，构成一个电流回路，称为局部电流。这种局部电流使邻近未兴奋部位的细胞膜的通透性发生变化，产生新的动作电流，如此反复进行。由于动作电位的产生服从“全或无”定律，所以，神经元反应的强度并不随外界刺激强弱改变，信息在传导途中强度不会衰减（见图 2—3）。

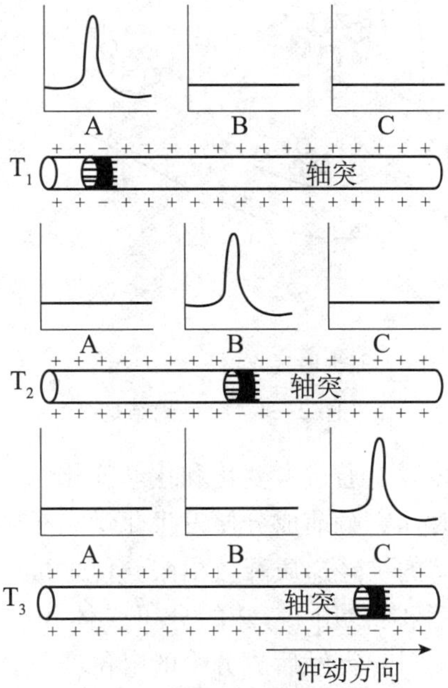

图 2—3　神经冲动的电传导

三、神经元之间的联系

单个神经元的细胞体与轴突只能够将神经冲动传送至末梢，不能执行神经系统的功能。神经元必须相互联系，构成复杂通路，才能传导信息。在脊椎动物身上，由于神经元之间在结构上没有细胞质相联系，只是相互接触，这就形成了神经元联系的特殊方式——突触联系。突触（synapse）是一个神经元同另外一个神经元彼此接触的部位。神经元之间具有轴突与细胞体、轴突与树突、轴突与轴突三种接触形式。

（一）突触的结构和功能

突触由突触前成分、突触间隙和突触后成分组成（见图 2—4）。突触前成分是指由神经元轴突末梢膨大而成的球形小体，其中包含有许多突触小泡，小泡内含有神经递质。球形小体前方的质膜叫突触前膜。另一细胞接触部分的膜叫突触后膜，两膜之间有宽度为 0.02 微米、均匀一致的间隙，叫做突触间隙。突触后膜属于突触后成分，其中含有特殊的分子受体。突触的这种特殊结构保证神经冲动能从一个神经元传到与它相邻的另一个神经元。

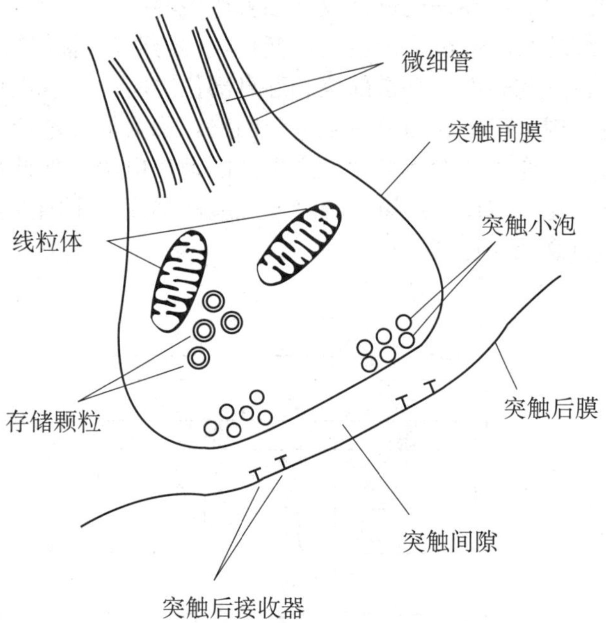

图 2—4　突触的结构

神经冲动在突触之间的传导是通过电变化和化学变化两个过程完成的。当一个神经元内的神经冲动传至轴突末梢时，突触前成分便发生化学离子转移，使部分小泡靠近突触前膜，并在接触点破裂，将存储的神经递质释放出来，使之进入突触间隙。这些神经递质迅速作用于突触后膜，与突触后神经元内特殊的分子受体相结合，打开或关闭膜内离子通道，改变突触后膜的通透性，引起突触后成分中的电位变化，实现神经冲动的传递。这种以神经递质为媒介的突触传递，是人脑内信息传递的主要方式。神经递质在使用后，又借助离子泵从受体中排出，回到神经末梢，重新包装成突触小泡，可以重复使用。

根据神经元轴突末梢释放的递质不同，可以将突触分为兴奋性突触和抑制性突触。兴奋性突触是当突触前成分兴奋时，突触小泡释放具有兴奋作用的神经递质，如乙酰胆碱、去甲肾上腺素、5-羟色胺。这些递质可以使突触后神经元兴奋，并沿神经纤维传导。抑制性突触是当突触前神经元兴奋时，突触小泡释放出有抑制作用的神经递质，如多巴胺、甘氨酸等，这些递质使突触后膜出现“超极化”（即神经元膜内外的负电位加大），使神经元不发生扩散性兴奋，出现抑制效应。由于一个神经元的细胞体有成千上万个突触，各突触前成分又来自不同神经元，释放的递质不同，对突触后成分的影响也不同，因此，一个神经元是兴奋还是抑制，由许多突触的共同活动来决定。

（二）神经回路

神经元之间通过突触建立联系，构成极其复杂的传递与加工信息的神经回路。据估计，大脑皮层中每个神经元可有 30 000 个突触。芝加哥大学神经学家赫里克（J. B. Herrick，1861—1954）估计，100 万个皮层细胞两两结合，就可以得到 $10^{2\,783\,000}$ 种组合。因此，一般认为，单个神经元只有在极少数的情况下才单独执行某种功能，人脑中处理信息的基本单位是神经回路。

神经回路的构成有三种典型的方式：（1）发散式。一个神经元通过轴突末梢分支与许多神经元的细胞体或树突发生突触联系，这种联系使一个神经元的活动可以引起许多神经元的同时性的兴奋或抑制。（2）聚合式。许多神经元的轴突末梢分支共同与一个神经元的细胞体或树突发生突触联系。这样，同一神经元可以接受许多突触前神经元的影响，这些突触前神经元可以都兴奋，也可以都抑制，也可以部分兴奋、部分抑制，汇聚起来共同决定突触后神经元的状态，表现出神经兴奋在空间上或时间上的整合。（3）环式。一个神经元发出的神经冲动经过几个中间神经元，又回到原来的神经元。这种神经回路可以使神经冲动在神经回路内往返传递。见图 2—5。三种不同的神经回路分别执行不同的功能。在人的感觉传入中更多的是聚合式的神经回路，在人的运动器官活动时，更多地依靠发散式的神经回路。

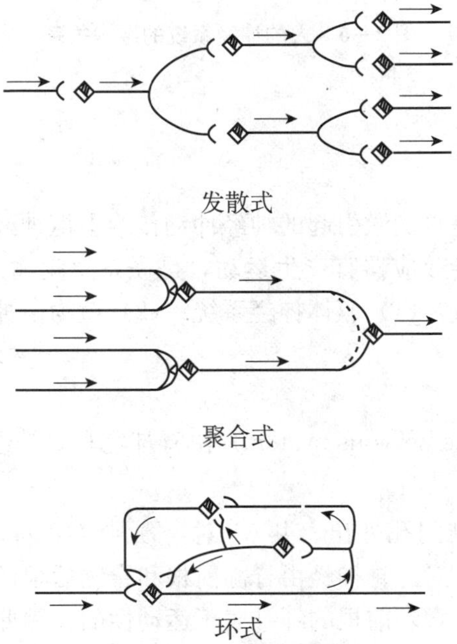

图 2—5　不同的神经回路

第三节　神经系统

神经元之间相互联系，构成了复杂的机能系统，叫神经系统。按照部位和功能不同，人的神经系统可以分为两个子系统：一是中枢神经系统（central nervous system），一是周围神经系统（peripheral nervous system）。周围神经系统将中枢神经系统和各个感觉器官、运动器官以及内脏系统联系在一起。在两大系统中，又包含许多组成部分。神经系统的结构见图 2—6。

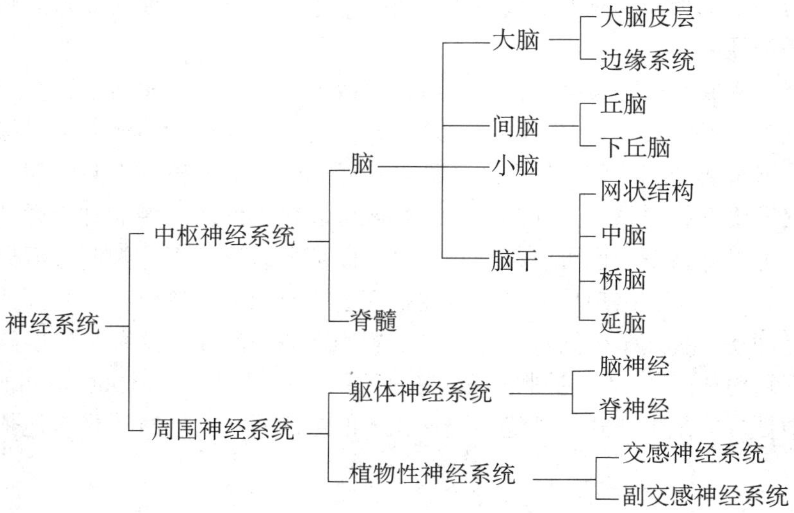

图 2—6　人的神经系统的结构关系

一、周围神经系统

周围神经系统的功能是将刺激引起的神经冲动传给中枢神经系统产生感觉，并将中枢神经系统的动作指令传递给效应器官产生运动，是联系感觉输入和运动输出的神经机构。周围神经系统由两部分组成：(1) 躯体神经系统；(2) 植物性神经系统。

(一) 躯体神经系统

躯体神经系统（somatic nervous system）由脊神经和脑神经两部分组成。

1. 脊神经

脊神经发自脊髓，穿椎间孔外出，共 31 对：颈神经 8 对，胸神经 12 对，腰神经 5 对，骶神经 5 对，尾神经 1 对。脊神经由脊髓前根和脊髓后根的神经纤维混合组成。脊髓后根的纤维属于感觉性的，脊髓前根的纤维属于运动性的。因此，脊神经兼有感觉和运动两种属性。按照功能，脊神经由 4 种不同的神经纤维构成：(1) 躯体感觉纤维，分布于皮肤、骨骼肌、腱体和关节上，将皮肤的浅部感觉（痛、温度）和肌肉、关节的深感觉冲动传入中枢，负责躯体感觉信号传递；(2) 内脏感觉纤维，分布于内脏、心血管和腺体，负责内脏感觉信号传递；(3) 躯体运动纤维，分布于横纹肌，负责支配骨骼肌运动；(4) 内脏运动纤维，负责支配平滑肌、心肌的活动和腺体的分泌。由于脊神经从脊髓发出后总是向下行，所以，任何一节脊髓受到损伤，这一节以下的神经所引起的感觉和所支配的运动功能都将受到损伤。

2. 脑神经

脑神经由脑部发出，共 12 对：(1) 嗅神经；(2) 视神经；(3) 动眼神经；(4) 滑车神经；(5) 三叉神经；(6) 展神经；(7) 面神经；(8) 听神经；(9) 舌咽神经；(10) 迷走神经；(11) 副神经；(12) 舌下神经。嗅、视、听神经属于感觉神经，动眼神经、滑车神经、展神经、副神经和舌下神经属运动神经，负责支配眼球、颈部、面部和舌的肌肉运动，三叉神经负责面部感觉和咀嚼肌活动，面神经负责支配面部表情、舌下腺、泪腺及鼻黏膜腺分泌，舌咽神经负责味觉和唾液分泌，迷走神经负责支配颈部和脏体活动。

(二) 植物性神经系统

植物性神经系统（vegetative nervous system）由分布于心肌、平滑肌和腺体等内脏器官的运动神经元构成。根据中枢部位和形态特点，可以分为交感神经和副交感神经。交感神经的细胞体在脊髓的胸和腰节段的灰质中，这些神经元的轴突从脊髓前根透出，进入脊交感神经节。脊交感神经节连接起来，形成交感链（sympathetic chain），然后由交感链发出节后纤维，以支配胸腹部脏器和血管的活动。副交感神经系统从脑部某些神经核和脊髓骶部出发，在副交感神经节中交换神经元，然后到平滑肌和腺体。副交感神经节在靶器官附近，它的节前纤维长，节后纤维短。植物性神经系统的结构和功能见图 2—7。

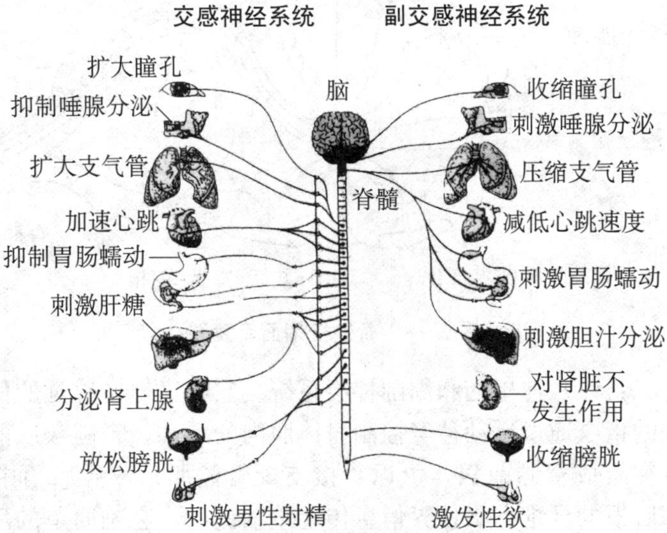

图 2—7　植物性神经系统的结构和功能

交感神经和副交感神经的功能具有颉颃的性质。前者能唤醒有机体，调动有机体的能量；后者使有机体恢复或维持安静状态，储备能量，维持机体平衡。但它们也协同活动。例如，在酷暑季节，人们吃饭时副交感神经的活动使胃和食道蠕动增加，使消化液分泌增加，有利于能量的吸收和贮存，但与此同时，交感神经活动使汗腺分泌，消耗能量，使体温降低。两个系统配合工作使有机体能够正常生存。两个部分配合不好，就会出现植物性功能紊乱。

由于植物性神经系统的活动一般不受人的意志支配，所以，过去也称它为“自主神经系统”。但是，生物反馈的研究表明，通过特殊的训练，人可以控制自己内脏的活动，如体温升降、血压高低和心跳快慢等。所以，将植物性神经系统称为“自主神经系统”并不确切。

二、中枢神经系统

中枢神经系统由脊髓和脑构成。脑位于颅腔内，脊髓位于脊柱中。中枢神经系统接收身体各处的信息，加工、整合意识中的信息，作出运动性的传出，或者将信息储存在中枢神经系统内，成为学习、记忆的基础。中枢神经系统产生各种心理活动，支配和控制人的全部行为。

（一）脊髓

脊髓（spinal cord）位于脊椎管内，略呈圆柱形，前后稍扁，长度只有脊柱的 2/3，上接延髓，下达第一腰椎节段，以下脊椎中是脊神经根，称为马尾。

脊髓由神经细胞聚集的灰质和由神经纤维组成的白质构成，白质中的纤维大部分是上行和下行的有髓鞘的轴突，分布在灰质外围。中心的 H 型部分是灰质（见图 2—8）。

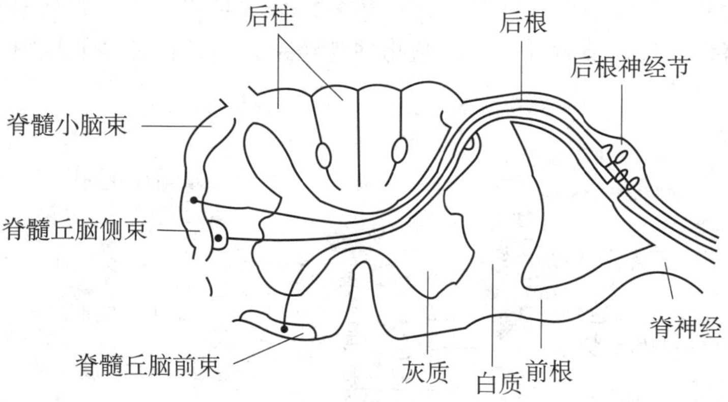

图 2—8 脊髓横切面示意图

脊髓的作用有二：（1）连接脑和周围神经系统。它收集躯体感觉的信息并将其传向大脑，同时根据大脑的指令通过运动神经控制身体肌肉的活动。脊髓灰质前角中含有大型运动细胞，它们的轴突组成脊髓前根，可以直接支配骨骼肌；灰质后角中含有小型感觉细胞，接受进入脊髓后根的纤维，将外界信息传递给脑。（2）它是简单的反射中枢。感觉神经元将神经冲动传入脊髓后，中间神经元不将其传入大脑，而直接传给运动神经元，至反应器形成反射。脊髓可以完成膝盖反射、肘反射和跟腱反射等。

（二）脑干

脑干（brainstem）负责在脊髓和脑之间传递信息，包括若干神经核团，是生命中枢，与自主过程（如心跳、呼吸、吞咽和消化等）有关，分为延脑、脑桥、中脑和网状结构 4 个部分。

1. 延脑

延脑（medulla）在脊髓上方，背侧覆盖着小脑，全长 4 厘米左右，是重要的生命中枢，控制呼吸、心跳、排泄、吞咽等功能。大部分由脊髓上行的神经纤维和由脑下行的神经纤维也在延脑交叉，从而实现大脑左右两半球对身体的交叉控制。

2. 脑桥

脑桥（pons）在延脑的上方，位于延脑与中脑之间、小脑的腹部，是由神经纤维构成的管状体，联系小脑两半球，是中枢神经系统与周围神经系统之间信息传递的必经之地。对人的睡眠也具有调节和控制作用。

3. 中脑

中脑（midbrain）位于丘脑底部，小脑和脑桥之间。体积较小，结构也较简单。中脑是人的视听反射中枢，中脑中有动眼神经核和滑车神经核，控制与调节人的眼球运动、瞳孔的扩张和收缩、对光和声音的定向探究反射。中脑中还有三叉神经核和黑质，负责支配人的面部肌肉活动，黑质受损，面部表情将显得呆板。中脑大脑脚中的红核与身体姿势和随意运动有关，红核受损，病人将出现舞蹈症。

4. 网状结构

网状结构（reticular structure）在脑干内，除了边界明显的神经核团和各种传导束外，还分布着灰色的、渔网一样的组织，叫网状结构。它位于脑干的中央区域，由纵横交错的神经纤维交错成网，近百万个类型不同、大小不等的神经细胞散布于其中。网状结构同中枢神经系统各部分有广泛的双向联系。网状结构的功能十分复杂，有着广泛的整合作用，除了参与调控躯体运动和内脏活动之外，对于维持大脑皮层的觉醒和意识、维持注意并激活情绪亦有十分重要的作用。

马古恩（H. W. Magoun，1907—1991）等人利用埋藏电极技术对动物实验表明，在网状结构中，存在一个上行激活系统（见图 2—9），该系统对大脑皮层有普遍唤醒作用，与有机体的觉醒、意识和注意有着密切关系。电刺激网状结构的一定部位，可以使动物的脑电波由典型的睡眠波转变为觉醒时特有的脑电波，此时，正在睡眠的动物也立即出现觉醒行为。相反，毁坏该部位的网状结构，动物会陷入昏睡，出现明显的睡眠波。上行激活系统不仅在维持皮层觉醒方面有重要的作用，在知觉、注意和学习方面也有重要的作用。莫拉兹（G. Moruzzi，1910—1986）发现，电刺激网状结构的另一些部位时，可以诱导动物进入睡眠状态，脑电波也出现明显的睡眠波。这一能够使皮层兴奋水平普遍降低的区域称为网状结构的上行抑制系统。在网状结构中这两个上行的既对立又统一的系统，对大脑皮层活动水平的调节起着相辅相成的作用，有效地提供了大脑皮层意识活动的背景。进一步研究表明，网状结构中也存在下行的激活系统和抑制系统，它们对肌肉紧张有易化或抑制的作用，可以加强或减弱肌肉的活动。

（三）小脑

小脑（cerebellum）位于脑干的背面，分左右两半球。小脑表面的灰质构成小脑皮层，内部是由白质构成的小脑髓质。小脑的主要作用是协助大脑参与躯体平衡和肌肉张力（肌

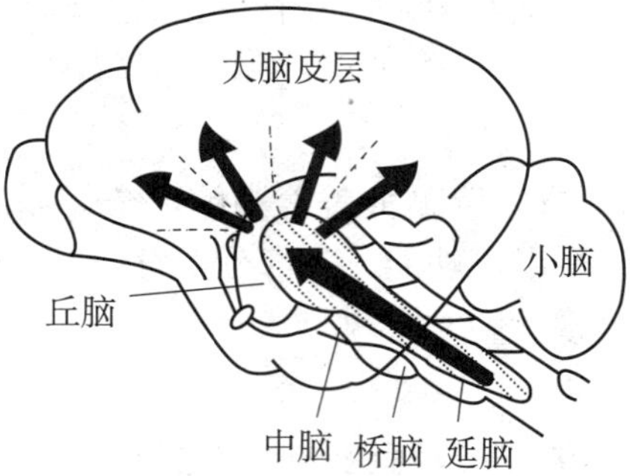

图 2—9 脑干网状结构的上行激活系统

（点状区表示脑干网状结构）

紧张）的调节，以及随意运动的协调。一些复杂的运动，如走路、舞蹈、游泳等，一旦学会，程序就编入小脑，并能自动地进行。小脑受损伤或发生病变，可以导致运动性共济失调和意向性震颤，前者表现为随意运动的力量、速度、方向和稳定性方面有缺陷，如动作达到目标前停止或超过距离，后者表现为精细动作的终了时出现震颤，静止时震颤消失。同时，小脑具有学习能力，如对控制身体运动和运动技能的学习。

（四）间脑

间脑位于中脑和大脑半球之间。由于人类的大脑高度发展，间脑几乎全部被覆盖。间脑主要包括丘脑和下丘脑，丘脑是两个鸡蛋形的神经核团，下丘脑是丘脑下方一个更小的组织。

1. 丘脑

丘脑（thalamus）是大脑皮层下的感觉中枢，是各种感觉信息通向大脑皮层的接力站和门户。在丘脑中，有各种感觉接替核，如内、外侧膝状体等，人体各处的感觉传入纤维（除嗅觉外）都要在丘脑换神经元，然后发出神经元向上投射到大脑皮层的相应感觉区。丘脑的感觉接替核与外周感受器和大脑皮层感觉区有明确的分区定位关系。丘脑可以对感觉信息进行初步的加工选择和分析综合。丘脑中还存在着一些非特异神经核，它们接受脑干网状结构传来的神经纤维再将其传入大脑皮层的广泛区域，作用是普遍地提高大脑皮层的兴奋水平。

2. 下丘脑

下丘脑（hypothalamus）是皮层下的植物性神经中枢，是一个功能活跃的神经内分泌器官，调节交感神经和副交感神经的活动。下丘脑还维持着身体内部平衡或内稳态，对内脏活动、代谢过程调节十分重要，对躯体活动也有调节作用。它是皮层下重要的神经整合中枢，能够把内脏活动与其他生理活动联系起来，调节人的体温、摄食、饮水和性唤醒等复杂机能活动。下丘脑对情绪也起重要作用。用微电极刺激下丘脑某些部位，人和动物会感到快乐；而刺激相邻另一区域，将产生痛苦和不快。

（五）边缘系统

在大脑皮层内侧面，有一些结构，如扣带回、海马回、海马沟、额叶眶回，以及丘脑、下丘脑、中脑的内侧被盖和杏仁核等，组成一个功能统一的系统（见图 2—10）。由于这些结构处于大脑与间脑交接处，所以叫做边缘系统（limbic system）。在种系发生上，边缘系统比脑干、间脑和小脑出现得晚，但比大脑皮层出现得早。哺乳动物以下的动物没有边缘系统。边缘系统主要与个体的生存和种族繁衍的本能活动有关。动物的喂食、攻击、逃避危险和配偶活动，受边缘系统支配。边缘系统对植物性神经系统的活动也有重要调节作用，从而影响内脏活动，故有“内脏脑”之称。

边缘系统还与记忆有关。海马在外显记忆的获得中发挥着重要作用，是信息由短时记忆转入长时记忆的重要生理基础。边缘系统受损的病人，不能够完成有目的的序列动作，任何细小的干扰，都会使他们忘记要做的事。同时，边缘系统影响或产生情绪。边缘系统某些区域受损的猴子，对轻微的挑衅也会做出过度的愤怒反应；而另一些区域受损的猴子，会丧失攻击力，只会消极地躲避。

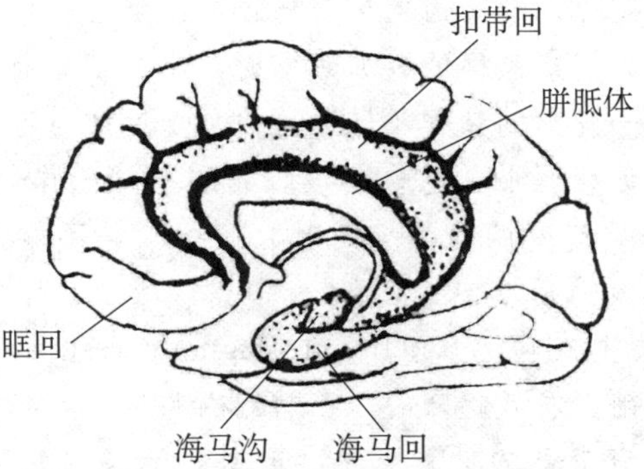

图 2—10　人的大脑内侧面边缘系统各部分

［专栏 2—1］

探索脑奥秘的方法

人脑的结构和功能相当复杂，需要通过一定方法来探讨它与行为的关系。脑科学已经形成了一系列研究方法，兹简单介绍如下。

1. 脑损伤法。这种方法有两种形式：（1）临床观察，即通过观察由于脑瘤、中风、头部损伤造成脑损伤的病人的行为的变化，揭示脑与行为的关系。这种方法有局限性，一是被试人数有限，二是不能控制脑损伤的部位和程度，因此，即使发现了脑损伤部位与行为相关，也难以确定它们之间是因果关系。这种研究有时也通过病人死后的尸体解剖来进行。（2）有目的地破坏动物的脑结构，然后观察动物行为的变化。例如，切除动物的部分大脑皮层或电损毁、药物损毁部分脑结构，从动物行为能力丧失来推论所损毁的脑结构的功能。这种类型的研究可以为人脑功能的探索提供参考，但并不是对人脑的研究。

2. 电记录法。通过记录大脑的电活动，研究脑与行为的关系。有两种不同形式：（1）脑电图（electroencephalography，EEG）技术。这是一种通过头皮表面的记录电极得知脑电活动的技术，由用一系列曲线表示的脑电波来反映脑电活动的一般概况，其差异可反映出心理活动的变化。EEG 常用于脑损伤和神经失常的诊断，也常用于睡眠、白日梦、问题解决等方面研究。（2）微电极记录技术。将微小电极插入神经细胞，记录神经细胞受到刺激时的放电情况，观察动物或人的行为表现，从而揭示心理活动的脑机制。如动物脑内的“快乐中枢”和

"痛苦中枢"、人的记忆的脑机制，就是通过这种技术发现的。

3. 脑成像技术。主要有如下种类：

(1) 正电子发射断层扫描 (positron emission tomography, PET)。这是研究脑代谢活动的一种技术。先给病人注射一种半衰期只有几十分钟的^{18}F-FDG (氟标记氟代脱氧葡萄糖)，然后将病人的头置于正电子发射检测器中。当神经活动时，脑吸收的^{18}F-FDG分子发射出正电子，遇到脑内的负电子，就会碰撞，产生两个γ射线光子，这两个离子在同一直线的相反方向射出，被正电子放射检测器检测到，并将信息传入计算机。计算机计算出有高度神经冲动的部位，画出图像，从图上可以看到所注射的放射物质在脑的某些区域被吸收的多少。因此，PET得到的是在进行心理活动时某些活性物质代谢速率的机能动态图像。

(2) 核磁共振 (nuclear magnetic resonance, NMR)。这是利用某些物质的原子在强磁场中向一定方向旋转而发生射电波的原理，来研究脑工作时脑内物质变化的技术。如用一种射电频率的波通过脑时，脑内某些物质的原子就会放出自己的射频波。不同原子发射的频率不同。可以使NMR与已知的某种原子（例如氢原子和氧原子）的波频调谐，以检测该种物质在脑工作时在脑部的集中情况。该技术主要用于脑器质病变的检测。同时，该技术虽不能进行脑功能成像的研究，却是功能性磁共振研究的技术基础。

(3) 功能性磁共振成像 (functional magnetic resonance imaging, fMRI)。它是在核磁共振的基础上发展起来的。在功能磁共振中，扫描速度更快，采样率更高，信噪比更低，有更好的计算方法和软件，能够对快速成像的数据进行处理。如传统的核磁共振约60秒才能给出一幅清晰图像，功能磁共振0.1秒就可以给出较好的图像。功能磁共振主要用于大脑功能的研究。

三、大脑的结构和机能

人之所以为"万物之灵"，在于人有发达的大脑。大脑有复杂的结构和机能。

(一) 大脑的结构

大脑是人脑中最主要、最发达的结构，由左右两半球组成，体积占中枢神经系统一半以上，重量约为脑总重量的2/3。从进化角度看，大脑出现得比脑干晚，是人的各种高级心理活动的中枢。

大脑两半球的平均重量为1 400克。大脑表面由大量的神经细胞体聚集而成，呈灰色，叫灰质，也就是大脑皮层 (cerebral cortex)，它与大脑对刺激和信息的认知加工过程密切相关。大脑半球的内面由大量神经纤维的髓质构成，叫白质，承担传递指令的功能。白质包括：(1) 在两半球之间的纵裂底面，连接两半球的巨大横行纤维，称为胼胝体 (corpus callosum)；(2) 联系同侧半球各脑区的纵向纤维；(3) 联系皮层和皮下组织之间的上行、下行纤维束。内囊是一个特殊白质区，是大脑半球极为重要的"关口"。大脑皮层发出的下行纤维、脊髓和脑干上行的感觉纤维在内囊中紧密排列。在白质深部靠近脑底处有基底神经节，是进化上较为古老的部分。基底神经节中有纹状体，纹状体由尾状核和豆状核组成，哺乳类以下的动物大脑皮层不发达而纹状体发达，特别是鸟类的纹状体结构更复杂，机能更重要，是负责调节躯体、内脏活动，对环境作本能性适应的高级中枢。在高等动物中，纹状体处于次要地位，是大脑皮层控制下的运动调节中枢。人类的纹状体和小脑一样参与皮层产生的运动过程的编码，功能是调节肌肉紧张和协调随意运动。

大脑半球表面布满深浅不同的沟和裂。主要的沟裂有中央沟、外侧裂和顶枕裂。这些沟裂将大脑半球分成四个叶：(1) 额叶，在外侧裂以上，中央沟前方，具有运动控制和执行认知活动的功能，类似于一个比较仪，促使个体通过观察他人的行为反应对自己的行为作出估计；(2) 顶叶，在中央沟和顶枕裂之间，发挥躯体感觉功能，负责触觉、痛觉和温度觉；(3) 枕叶，在顶枕裂后方，是视觉信息到达的部位，视觉中枢位于枕叶的枕极；(4) 颞叶，在外侧裂下方，负责听觉过程。大脑沟裂间隆起的地方称为脑回，在每一叶内，一些细小的沟裂又将大脑表面分成许多回，如额叶的额上回、额中回、额下回、中央前回等，颞叶的颞上回、颞中回和颞下回，顶叶的中央后回等（见图 2—11）。大脑的这四个区域同时参与组织高级神经活动。例如，大脑额叶受损，病人会行为幼稚，盲目乐观，轻率放荡，不知羞耻，违反社会公德和法纪。大脑颞叶受损，病人会情绪不稳，容易激怒，冲动，富有攻击性，严重的会出现精神症状，较常见的是颞叶癫痫。

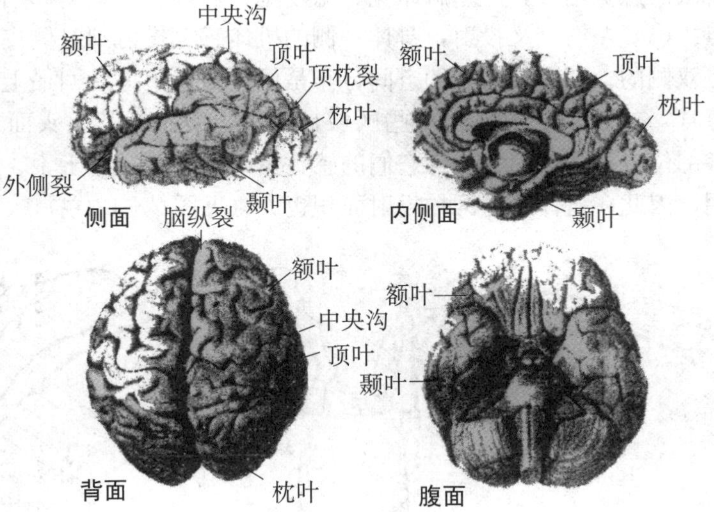

图 2—11　大脑皮层不同脑区的位置

(二) 大脑皮层的分区和机能

大脑皮层可以分成不同的区域，应用较广的是布鲁德曼（K. Brodmann，1868—1918）的皮层分区图（见图 2—12）。布鲁德曼根据细胞的形态和组织将大脑皮层分为 52 个区。

大脑皮层的主要机能代表区有初级感觉区、初级运动区、言语区和联合区。

1. 初级感觉区

包括视觉区、听觉区和机体感觉区，它们接受和加工外界的信息。

视觉区位于枕叶内，属于布鲁德曼第 17 区，负责接受在光刺激作用下由眼睛输入的神经冲动，产生初级视觉，如对光的觉察。听觉区位于颞叶内，属于布鲁德曼第 41、42

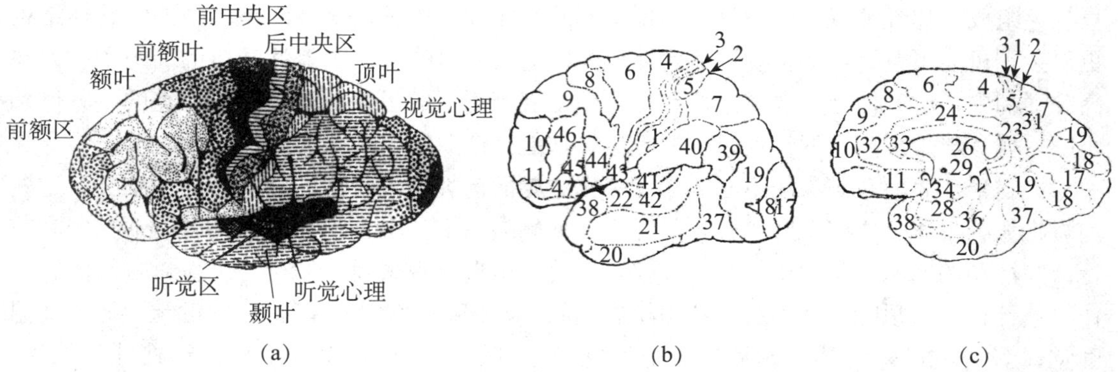

图 2—12 布鲁德曼的皮层分区图

(a) 皮层不同区域通过细胞微解剖学的检查勘定。(b) 显示布鲁德曼分区的大脑左半球侧面图。(c) 显示布鲁德曼分区的大脑右半球中切面图。

区，负责接受耳朵在声音作用下产生的神经冲动，产生初级听觉，如对声音的觉察。听皮层中有一个区与语言产生有关，另一个区与语言理解有关。

机体感觉区位于中央后回，属于布鲁德曼第 1、2、3 区，负责接受和加工由皮肤、肌肉和内脏器官传入的感觉信号，产生触压觉、温度觉、痛觉、运动觉和内脏觉等。机体感觉区有如下特点：(1) 左右交叉投射，身体一侧的机体感觉投射到对侧皮层相应位置，但头面部的投射是双侧的；(2) 投射区的空间分布是倒置的，中央后回最上端的区域，负责下肢和躯干部感觉，位置较下的另外一些区域，负责上肢感觉，但头面部的投射是正立的；(3) 身体各部位投射面积的大小与它们的感觉灵敏度有关，由于手、舌和唇在人类感觉中有重要作用，因此在机体感觉区的投射面积也大（见图 2—13 左）。

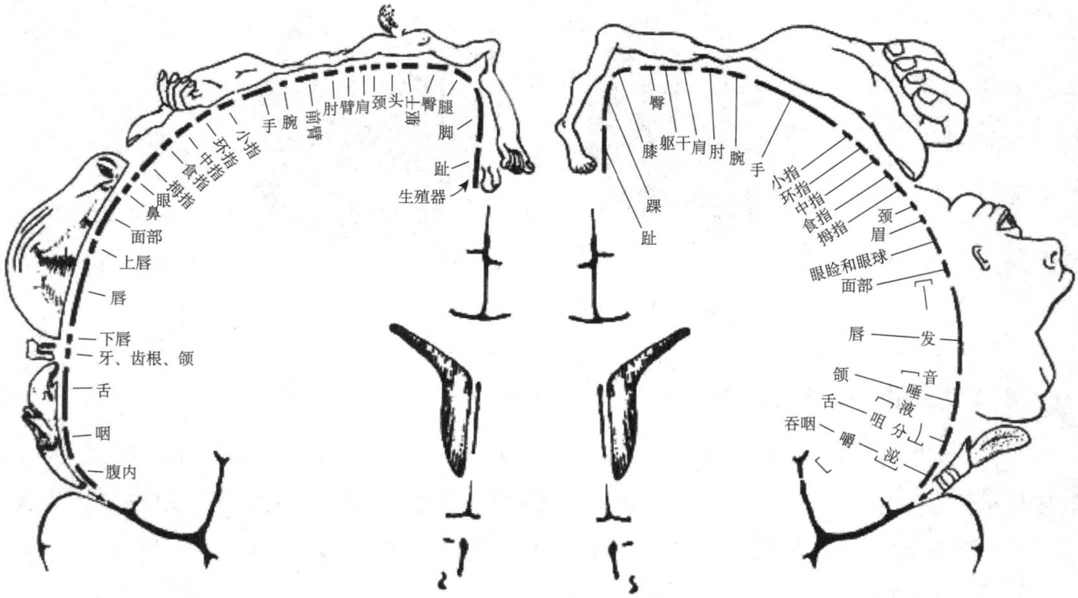

图 2—13 大脑皮层初级感觉区（左）和初级运动区（右）示意图

2. 初级运动区

在中央前回，即布鲁德曼第 4 区，是人的躯体运动区。这些区域和人的躯体运动关系十分密切，能够支配和调节身体在空间中的位置、姿势和身体各部分的运动，受损会出现显著的运动障碍。运动区具有下述特征：(1) 左右交叉支配躯体肌肉，头面部肌肉的支配是双侧性的；(2) 投射呈上下倒置分布，中央前回最上部区域支配下肢肌肉运动，其余区域支配上肢肌肉运动，但面部肌肉的投射是正立的；(3) 投射区域的面积大小与运动的精细程度有关，手部运动精细，它在运动区所占的面积也大（见图 2—13 右）。

3. 言语区

人类由于劳动和社会交往，产生了语言和思维。在大脑皮层上，存在着言语代表区。对大多数人来说，言语区位于大脑左半球。言语区由许多脑区组成，损坏这些区域将引起各种失语症。主要的言语区有：(1) 言语运动中枢，位于左半球额叶后下方，靠近外侧裂处，即布鲁德曼第 44、45 区，亦称布洛卡区，负责控制说话时舌和面肌的运动，受损后病人吐字困难，勉强说出的话也常有句法错误。这种病人还能写字，能够听懂别人的话，能够阅读。(2) 言语听觉中枢，位于颞上回后方，接连角回的部位，称为威尔尼克区，它与口头语言的理解有关。损伤这个区域将导致听觉性失语症，病人说话无困难，但言语杂乱无章，没有任何意思。这种人听不懂别人的话，也不能重复他刚听到的句子。(3) 言语视觉中枢，在顶枕叶交界处，损坏这个区域将出现书面语言理解障碍，病人看不懂文字材料，产生视觉失语症或失读症。(4) 书写中枢。在人脑的额上回，损坏这一区域，病人将不会写字（见图 2—14）。

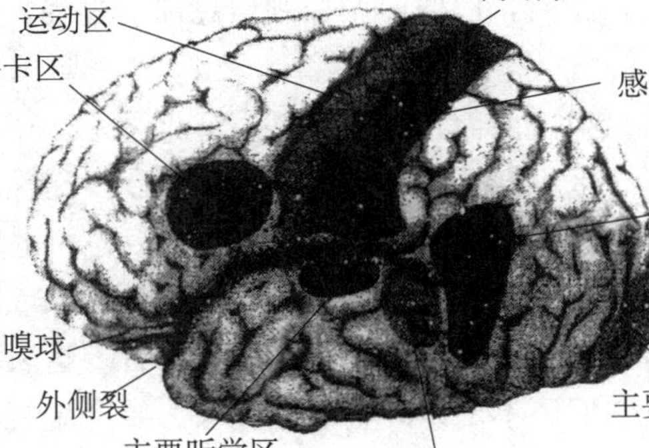

图 2—14　脑内的言语区

近年来，脑功能成像研究证实大脑皮层言语区的存在。皮特森等人（S. E. Petersen）使用 PET 技术研究词语加工的脑活动。研究采用减法设计。要求被试：(1) “看词”，如“锤子”，不作任何反应；(2) “听词”，也不作反应；(3) “说词”，该过程包括单词感知和言语运动；(4) “产生动词”，如看到“锤子”，可以产生“敲打”等相关的词语。控制任务是要求被试注视一个“+”符号，以作为基线。结果发现，被试看单词引起左半球枕叶激活，听单词引起左半球颞叶激活，说单词引起左半球前额叶激活，产生动词引起左半球额下回和颞中回激活（见图 2—15）。无论是视觉还是听觉呈现，词语感知过程分别在相应的感觉通路的初级和次级皮层内独立完成。在“说词”任务中，两侧大脑的面部感觉、运动皮层以及辅助运动区的血流量增加；在词语联想中，左脑额下回（布鲁德曼第 47 区）以及两半球前扣带回血流量增加。这表明，语言的感觉和运动功能并不仅仅限于经典的布洛卡区和威尔尼克区，视觉皮层和听觉皮层，以及面部感觉和运动区皮层、前扣带回皮层都与言语功能有关，尤其需要注意的是，左脑前额叶在更复杂的言语联想中发挥重要作用。

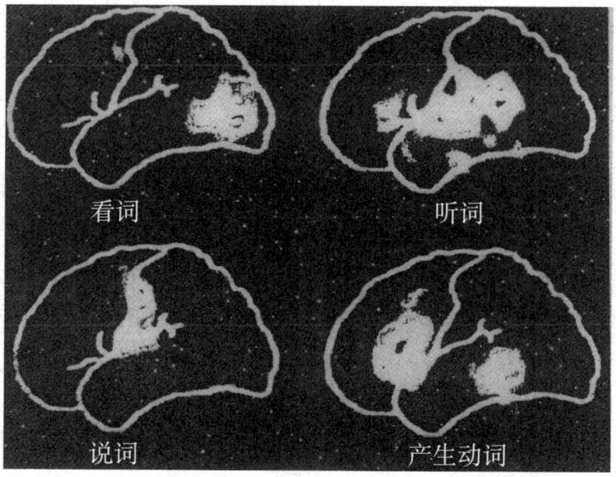

图 2—15　在不同言语作业中大脑不同脑区的激活

脑成像研究还表明，词语工作记忆与左半球有关，涉及左半球顶叶后部皮层区和前额叶区（布洛卡区、前运动区以及辅助运动区），左半球布洛卡区和辅助运动区参与词语工作记忆的复述，左半球顶后区参与词语工作记忆的储存。当记忆负荷较重时，背外侧前额皮层（布鲁德曼第 9、46 区）激活，以便协调控制信息加工过程。

4. 联合区

在人类的大脑皮层上，投射区的面积只占 1/5，除此之外，还有范围广大、有整合作用的脑区，称为联合区。联合区不接受感受系统的直接输入，也很少直接支配身体运动，但在心理生活中功能却极为重要。投射区虽然能够产生感觉和运动，但还比较低级、粗糙。刺激病人的视觉投射区，病人看到闪光、无形状的颜色和条纹，但不能够识别形状和意义；刺激病人的听觉投射区，病人听到无意义的混乱声音。这表明，投射区只是产生感知和运动的初级部位，仅凭它们还不足以产生心理现象。要产生复杂的心理现象，还需要联合区的作用。

联合区在种系发生上出现较晚。动物进化水平越高，联合区在皮层上所占的面积就越大。低等哺乳动物（如老鼠）的联合区在皮层总面积中所占比例很小，人类的联合区却占 4/5 左右，主要包括顶叶、颞叶和额叶的广大区域。联合区的主要功能是认知，还与各种高级心理机能关系密切。顶叶负责注意内外环境中的复杂刺激，颞叶鉴定这些刺激，额叶计划执行合适的行为反应。语言中枢也分布在联合区上。

依据皮层分布和功能，可以将联合区分为感觉联合区、运动联合区和前额联合区。感觉联合区是与感觉区邻近的广大脑区。它们从感觉区接受输入，提供更高水平的知觉。感觉联合区受损将引起各种形式的“不识症”，被试能够感觉到刺激，不能识别刺激是什么，不能命名刺激，也不了解刺激的意义。例如，布鲁德曼第 18、19 区是视觉联合区，颞叶除颞横回以外的脑区是听觉联合区。运动联合区位于运动区前方，又称前运动区，负责精细运动和活动的协调。运动联合区受损的提琴家，能够正确地移动他的每个手指，却不能演奏一段乐曲，甚至不能有韵律地弹动自己的手指。前额联合区位于运动区和运动联合区的前方。额叶占整个大脑半球面积的25%，是人最复杂的心理活动的生理基础，负责计划、调节和控制人的心理活动，对人的高级的、目的性的行为有重要作用。前额联合区既与注意、记忆、问题解决等高级认知功能关系密切，也与人格发展有密切关系。

神经心理学家鲁利亚根据不同脑区功能的概括性不同，将人的脑区分为一级区、二级区和三级区。一级区就是皮层投射区，特点是功能特殊化；二级区是在投射区周围的特殊性较小的区域，即联合区，三级区包括下顶区和颞、顶、枕叶之间的区域，又叫“后联合区”。一级区、二级区和三级区共同构成了人获得、加工、保持信息以及调节行为的脑结构。鲁利亚认为，大脑皮层活动遵循三个规律：(1) 层次结构规律。婴儿出生时只有成熟的一级区，二、三级区的面积到两三岁时才迅速扩大，三级区到七八岁时才接近成熟，因此，脑区是由低级向高级发展；在成人那里，由于高级区已经成熟，它们调节低级区的活动，表现为高级区对低级区的控制。(2) 特殊性递减规律。从一级区到三级区，专门化、特异性的程度越来越小，概括化、综合性的水平越来越高。(3) 机能单侧化规律。动物的脑半球无论在结构上，还是在功能上，都左右对称。人的大脑两半球构造相同，皮层一级区的机能也左右相同，但二、三级区出现机能单侧化，即大脑左半球具有言语以及同言语相联系的高级机能，因而左半球一般被称为优势半球。

[专栏2—2] 一个脑，还是两个脑

在解剖上，人的大脑两半球非常相似。但是，大量证据表明，它们的结构和功能却存在明显差异。在结构上，人脑的右半球略大和重于左半球，但左半球的灰质多于右半球。左右半球的颞叶也明显不对称。各种神经递质的分布，左右半球也不平衡。大脑两半球的功能差异更大。人脑的这种功能不对称的现象，叫“单侧化”。

人类对大脑两半球功能不对称现象进行了长期探索。在大脑左半球上发现布洛卡区和威尔尼克区后，在一个相当长的时期内，学术界普遍认为，对大多数人而言，左半球是优势半球，它不仅支配言语功能，而且主宰其他认识功能。右半球的功能长期以来都不清楚，致使许多学者认为它是哑的，从属于左半球。

20世纪50年代以来，美国生理学家斯佩里对裂脑人进行了一系列研究，进一步揭示了大脑两半球的功能不对称现象和右半球的许多功能。裂脑人是指因治疗严重的癫痫病而切断胼胝体的病人。切断胼胝体后，虽然可以减轻癫痫病症状，左右两半球却失去了联系，功能上变得彼此孤立，成为两个分离的脑。裂脑人为研究大脑两半球的功能不对称现象提供了方便。

研究发现，手术后大脑两半球分割的病人，视力、听力和运动能力都正常，但命名、知觉物体的空间关系、理解语言的能力都出现了选择性的障碍。如果将“铅笔”两个字分别投射在病人的左、右视野内，“铅”在左，“笔”在右，病人能说出“笔”，但不能说出“铅”，这是因为“笔”投射在左半球，所以能命名，“铅”却投射在右半球，因而不能用言语描述。如果让病人根据积木颜色来排列某种图形，病人可以用左手完成任务，却不能用右手完成任务。这表明，大脑两半球功能不同。研究表明，人对言语、文字、数字等信息的加工主要由左半球进行，对图形、音乐、色彩、方位等信息的加工主要由右半球进行。左半球的优势在语言、顺序、数学计算和抽象命题的逻辑推理方面，右半球的优势在非言语信息、整体的形状、空间知觉和艺术欣赏方面。左右半球在情绪反应上也存在差异，右半球的反应比较强烈或比较不乐观。

传统的观点认为，左半球有意识，右半球没有意识。研究表明，右半球也有意识和理解功能。例如，当刺激物在左视野出现时，病人虽然不能说出看到什么，却可以再认出刺激信息。例如，给病人的左视野呈现一个烟灰缸，他说不出名称。但如果让他从挡板后的几个物体中用左手摸出刚才显示过的图片上的实物，他就能够准确地取出烟灰缸。这表明，病人不是没有看见图片，也不是不知道它是什么，只是说不出来。就言语机能而言，右半球也不是完全没有言语功能，但远比左半球差。如向病人左视野呈现"汽车撞了房子"的句子，被试能认识并懂个别句子，但不能理解撞和被撞。用脑成像所做的研究表明，在加工复杂程度不同的句子时，右半球上与左半球言语区相对应的脑区也得到激活，只是激活强度低于左半球。

大脑两半球功能不对称的研究在教育实践上具有重要意义。它向人们揭示了学习语言的关键期问题。研究表明，青春期以前是语言学习的关键期。如果在此期间失去学习母语的机会，儿童就很难学好母语；学习第二语言也必须在此期间进行才能学得较快而且不带口音。这和半球的言语功能在此期间具有一定的可塑性有关。但对这种现象的重要性也不应该估计太高，一些教育家曾经根据裂脑人的研究提出"开发右脑说"，认为目前的教育主要是针对大脑左半球进行的，只发掘了左半球的功能，忽视了右半球功能的开发。然而，人的大脑两半球是紧密联系、协同活动的，只有在裂脑人那里，两半球才是分离的。所以，有学者主张应将"开发右脑"的口号改为"开发双脑"。

第四节　关于大脑功能的理论

心理与脑的关系是心理学研究的主题之一，目的是阐明心理活动的脑机制。在历史上，研究者提出了定位说和整体说，这一争论构成了关于大脑功能的主要议题。

一、定位说

加尔的颅相学认为，人脑的不同部位具有不同的机能。脑并不是一个单一性的器官，至少是 35 个器官的集合，每个器官都相应于一种特殊的精神活动。大脑皮层由不同专门化的功能区镶嵌而成，高度抽象的精神活动也发生在某一高度特异的皮层区内，各个区域的发达程度会影响颅壳外形。因此，按照颅壳的外形就可以推断人的心理特征。如颅骨突出表示人的皮层发育完好，有很好的能力；颅骨凹陷表示皮层发育不足，能力下降。经过观察，加尔提出了 27 种重要官能，如聪明、探究精神、忠实、竞争性、自爱、好色等。每种官能都有对应的颅骨特征和位置。

颅相学长期作为伪科学受到了人们批评。这是因为：（1）它所列举的许多官能缺乏明确的定义。（2）颅骨的外部特征同皮层的发育程度并不完全对应。因此，不能用颅骨的外部特征来推测脑的发育程度，更不能以此来说明人的能力和人格。但颅相学将心理官能同颅骨并进而同皮层部位联系起来，激发了对脑功能定位的研究，具有积极意义。因此，近年来，人们将加尔奉为脑科学的先驱。

真正的定位说开始于对失语症病人的研究。1825 年，波伊劳德（J. B. Bouilaud，1796—1881）推测，人的语言定位于大脑左半球，因为人们都用右手书写。1861 年，法国医生布洛卡在额后回发现言语运动区；1874 年，德国医生威尔尼克（C. Wernick，1848—1905）在颞上回发现负责言语理解的威尔尼克区。20 世纪 30 年代以来，关于大脑功能定位的证据与日俱增。阿德里安（E. Adrain，1889—1977）发现，触觉刺激在大脑皮层的特定部位引起电活动。随后，按细胞类型、分层、输入和输出的连接特性以及生理学特性，可以清晰地界定不同脑区，分区之多超过了布鲁德曼的分区数。20 世纪 50 年代末，加拿大医生潘菲尔德在对癫痫病人作手术治疗时，用微电极刺激病人的颞叶，病人回忆起童年的往事，刺激不同的部位，病人回忆起来的内容不同，他据此推测记忆定位在颞叶。研究还发现，海马与记忆有关，下丘脑和杏仁核与情绪有关。在当代，脑功能成像研究也为定位说提供了许多证据，“定位说”已经成为脑功能成像研究的重要指导思想。例如，有研究对脑中风病人的类别特异命名障碍（category specific anomia）与脑损伤部位统计发现，左侧前颞叶损伤后容易出现人名命名障碍，颞下叶中部损伤后容易出现动物命名障碍，颞下后部损伤后容易造成工具命名障碍。还有研究亦发现，颞叶癫痫病人在颞叶切除后存在类别特异命名障碍，尤其是左侧颞叶切除后存在着严重的人名命名障碍。这些研究表明，大脑皮层的信息储存存在着较为精确的定位。

二、整体说

弗洛伦斯认为，心理功能在脑皮层上并没有各自独立的代表区，而是均衡地分布于其上。他切除鸡或鸽子一部分脑组织，然后观察动物的行为表现，发现在切除小块皮层后，动物开始很少运动，不吃不喝，但随着时间的推移，动物能康复到接近正常情况。因此，不存在皮层的功能定位，动物的功能丧失与皮层切除的大小有关。如果所有的皮层都被切除，动物的各种智力功能都会丧失；如果有足够的皮层保留下来，所有的功能都可以恢复。他说：“所有的感知、所有的精神活动，均在大脑中占据同一位置；因此，感知、理解、意愿，就本质而言，仅是一种功能的各种成分而已。”

弗洛伦斯的观点受到批评。因为他研究的动物都没有新皮层，他所说的是动物智能而非人类智能。但是，到了 20 世纪，整体说又重新引起了人们注意。拉什利采用脑损毁技术对白鼠进行一系列走迷津实验，发现动物在脑损伤后，习惯形成的障碍与脑损伤的特定部位无关，与损伤面积大小有密切关系，平均相关为 0.75。由此提出了均势说。均势说包含两条原理：（1）均势原理，即大脑皮层以均等程度对学习发生作用；（2）总体活动原理，即大脑以总体方式发生作用。许多学者认为，拉什利所用的迷津学习对研究脑机能定位并不合适，它包含了许多复杂的运动能力和感觉能力，当其中一种能力（如视觉）被剥夺后，动物仍然能够用其他感觉能力（如嗅觉和触觉）来学习。

定位说和整体说的争论还在继续。一种综合的观点似乎更符合大脑工作的实质。一种功能常常需要脑的多种结构参与。定位说强调结构和功能的一一对应，忽视了脑功能在形态学上可能是彼此重叠或是部分重叠的脑神经网络，组成这些网络的脑结构可能存在动态变化。赫西（J. Hirsch）使用 fMRI 研究 12 个流利双语者，6 人从小学习双语，另外 6 人是青少年期才学习第二语言，要求被试用第二语言无声地独白前一天发生的事情。结果表明，在不同时间掌握第二语言的被试在威尔尼克区的加工没有差异，在布洛卡区的激活存在差异，表明结构会依据与环境的交互作用发生变化。大量研究表明，人的复杂心理活动并不仅仅定位于狭小的、局部的区域，而是脑的不同部位协同活动的结果，但也并非不同的部位执行相同的功能。大脑皮层的功能是局部与整体的统一、定位与协同活动的统一。

三、机能系统说

鉴于定位说和整体说的片面性，一些科学家尝试用系统观点说明人脑的活动原理，认为人脑是一个庞大的、存在功能交互重叠的神经网络系统。在系统观点指引下，鲁利亚提出脑的三个基本机能系统的理论。

在第二次世界大战期间，鲁利亚和同事开展了对因战争损伤大脑的病人的机能恢复工作。他发现，脑的一定部位损伤，往往不是导致某种心理机能的丧失，而是引起某种综合征。某种心理机能的障碍，除了受损伤部位的直接影响外，还受其他脑区影响。他还发现，在大脑皮层某些部位损伤后，与这些部位直接联系的某些生理机能是难以恢复的。但是，借助于机能改造法，可以使一些复杂心理机能得到恢复。例如，由于枕叶损伤而引起的阅读机能障碍，可以借助于对字母的触摸而恢复。因此，人脑不是一个被动反应的器官，而是一个复杂的动态机能系统，是一个高度完善的自我调节系统。尽管可以将高度复杂的心理功能定位于脑的特殊区域，但并不意味着一种特殊功能完全由一个脑区来实现，而是与更多脑区有关。大多数认知功能都需要不同脑区的神经元参与，因此，大脑皮层的机能定位是一种动态的和系统的机能定位。在这种思想的指导下，鲁利亚将人脑分成三个紧密联系的机能系统。

（一）动力系统

动力系统即调节大脑觉醒水平与维持觉醒状态的机能系统。它位于脑干网状结构、间脑和大脑皮层的内侧，由网状上行激活系统、下行系统组成。基本机能是保持大脑皮层的觉醒状态，提高其兴奋性和感受性。这一系统的神经元多呈辐射状排列，将非特异性神经信号弥散性传导到大脑皮层，使大脑皮层处于普遍的唤醒状态，为各种活动提供一个合适的背景。这一系统如果受到损伤，大脑的觉醒状态将普遍下降，影响对外部信息的加工和行为的调节。这一系统有三种主要信息来源：（1）机体的代谢过程；（2）通过各种感觉器官接受外部刺激；（3）人的意识活动。

（二）信息加工系统

信息加工系统即接受、加工和储存信息的系统。它位于大脑皮层的后部，由枕叶、颞叶和顶叶以及相应的皮下组织构成。基本机能是接受来自机体内、外的刺激，并对它们进行加工和储存。人脑的顶叶与对信息的注意有关。如单侧顶叶损伤，将引起对侧性忽视综合征。这些病人不能感知或注意与损伤相对的一侧身体，或空间上与身体有关的物体，并由此产生各种运动障碍。这种症状在右侧顶叶损伤时表现得更严重。因为右侧顶叶与对身体的左、右侧的注意有关，而左侧仅注意身体右侧。对正常人的脑成像研究支持这一观点。用单个神经元电生理记录法的研究也表明，在灵长类动物的顶叶中，存在具有空间注意功能的神经元，这种神经元在动物注视感兴趣的目标时，放电频率增加，并且在注视过程中一直保持其活动。人的大脑的颞叶与知觉和记忆有关。颞叶损伤能够导致辨认熟悉的物体发生困难。如病人不能识别熟人的面容和表情。

（三）行为调节系统

行为调节系统即编制行为程序、调节和控制行为的系统。它位于额叶的广大脑区。基本机能是产生活动的意图，编制行为的程序，实现对行为的调节和控制。当这些脑区受到破坏时，患者将产生不同形式的行为障碍。例如，在猴子的额叶中已发现参与“计划”的神经元。训练猴子执行延迟反应作业（评估猴子计划能力的一种作业），当额叶损毁后，这种作业能力即丧失。在猴子的前额叶中，有的神经元的反应在延迟期达到最大，在行为执行期间就降到较低水平，表明这些神经元的活动代表的是短时记忆和计划性能力。对人的研究也表明，当额叶受损伤时，病人将丧失计划与组织行为的能力，不能将自己正在进行的行为与行为目的相适应；额叶受损的病人在处理特定问题时，往往拘泥于陈规，缺乏创新能力。他们不能根据外界环境的变化来调整和改变行为，只是执着地沉溺于旧时经验。有的额叶受损者甚至发生了性格改变。

鲁利亚认为，脑的三个机能系统不是孤立活动的，而是相互作用、协同活动的，它们的统一和协调为人的各种复杂的心理和行为提供了物质基础，其中，各个系统又起不同作用。第一系统保证了大脑皮层的机能状态，第二系统实现对进入脑的信息的分析和综合，第三系统保证有目的的活动，使人的心理活动具有积极主动的性质。鲁利亚的理论较好地处理了脑科学中定位与整体功能的关系，丰富和发展了脑科学理论，但仍需要认知神经科学方面的研究成果不断充实和完善。

四、模块说

模块说（module theory）是 20 世纪 80 年代中期在认知科学和认知神经科学中出现的理论。受计算机编程和硬件模块启发，福多（J. A. Fodor，1935—　）提出了认知功能的模块性（modularity）概念。他认为，人脑在结构和功能上都是由高度专门化并且相对独立的模块（module）组成的，这些模块的复杂而巧妙的结合，是实现复杂精细的认知功能的基础。认知科学的许多发现都支持模块说。例如，猴子的视觉与 31 个脑区有关，它们分为颜色、运动和形状识别两大功能模块，两个模块之间的精细分工和合作是视觉的神经基础。20 世纪 80 年代末和 90 年代初，模块说已经发展为多功能系统的理论。例如，特尔文（E. Tulving，1927—　）将人类记忆系统分成程序性记忆、知觉表征、语义记忆、初级记忆和情景记忆五个子系统，这些系统在发生上具有一定层次性。发生脑损伤时，各功能系统受到的伤害也有一定的顺序性。

第五节　内分泌系统和神经—体液调节

人的神经系统（特别是人脑）是心理活动的最重要的生理基础。内分泌系统也起辅助作用。在人的身体中，有许多不同的腺体：一类是有管腺，又叫外分泌腺，如泪腺、汗腺和胃腺等，分泌物通过导管流入某种管道或皮肤表面。一类是内分泌腺，它们是无管腺，分泌物由腺体细胞直接渗入血液或淋巴，并进而传遍整个有机体，影响其他细胞的功能。由内分泌腺生成的生理活性物质叫激素或荷尔蒙（hormone）。

内分泌系统对人类行为的影响主要包括下述方面：（1）人的身体发育；（2）人体的新陈代谢和机体活动；（3）人的心理发展；（4）第二性征和性心理的发展；（5）人的情绪。

一、内分泌腺的分类和机能

迄今为止，科学家已经发现了 27 种内分泌腺。与人类心理和行为直接有关的内分泌腺主要有脑垂体、甲状腺、副甲状腺、胰腺、肾上腺和性腺等。它们在人体中的位置如图 2—16 所示，功能见表 2—1。在内分泌系统中，脑垂体具有重要功能。脑垂体位于大脑底部，有一个漏斗形的短柄与脑相连。成人的脑垂体约重 0.6 克，只有一粒豌豆大小。它的体积虽小，却能分泌约 10 种不同激素，进一步控制其他不同的内分泌腺，因而被称为“主腺”。内分泌系统中的性腺对人的性生理和性心理具有重要的影响。

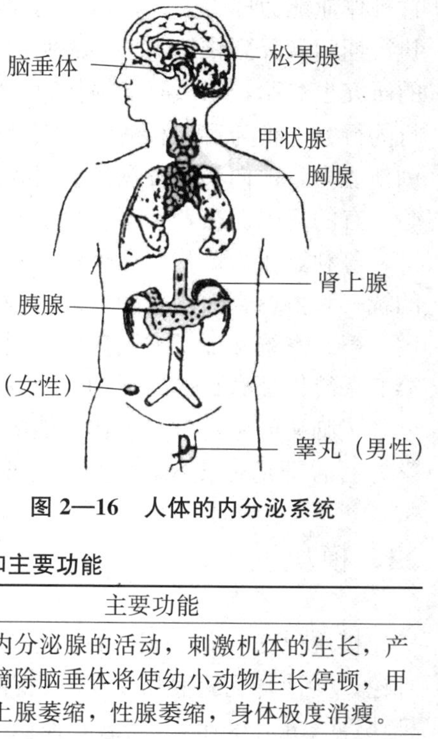

图 2—16　人体的内分泌系统

表 2—1　人体主要的内分泌腺及其分泌物和主要功能

腺体		激素	主要功能
脑垂体	前叶	生长激素、促性腺激素、促甲状腺激素、促肾上腺皮质激素、生乳激素等	控制其他内分泌腺的活动，刺激机体的生长，产生母乳。摘除脑垂体将使幼小动物生长停顿，甲状腺及肾上腺萎缩，性腺萎缩，身体极度消瘦。
	后叶	血管加压素、抗利尿素、子宫收缩素	保留水分，收缩胎盘。
甲状腺		甲状腺素	促进机体代谢机能，增进发育。机能不足时出现呆小症，智力落后。成人机能不足时记忆减退，思维缓慢，精力不足，嗜睡；机能亢进时狂吃，敏感，双眼突出，过分紧张。
副甲状腺		副甲状腺素	保持血液和细胞内钙的浓度。分泌不足，会使人反应迟钝，肢体运动不协调。

续前表

腺体		激素	主要功能
胰腺		胰岛素	影响血糖供应。机能亢进时血糖降低，疲倦甚至昏迷和惊厥；不足时血糖增高，烦渴，食欲旺盛，虚弱消瘦。
肾上腺	皮质	肾上腺皮质激素	影响新陈代谢，机能不足时肌肉无力，精神萎靡。
	髓质	肾上腺素	与交感神经作用相同，对应付突然事变有积极作用。
性腺	卵巢	分泌雌激素和孕激素	促进女性生殖器官和第二性征的发育，控制排卵、怀孕和月经的周期。
	睾丸	雄激素	刺激男性生殖器官的发育和第二性征的出现，刺激精子产生。

人有三种性征：第一性征是男女的生殖器官和内分泌腺的不同，男性的内分泌腺是睾丸，女性的内分泌腺是卵巢。第二性征是男女的身体形态的不同，又称副性征。男性的第二性征表现为喉头凸起，音调低沉，长出胡须，肌肉骨骼发育坚实；女性的第二性征表现为乳房隆起，骨盆宽阔，皮下脂肪增多，音调高尖。第三性征是男女在心理上的差别，如男性多表现为勇敢，坚强，进取，支配欲强，成就动机强，喜欢竞争性激烈的活动；女性多表现为温柔，顺从，脆弱，细致，富有同情心，喜欢安静活动。性腺对第二性征和第三性征都有重要影响。

二、神经—体液调节

所有内分泌腺的活动都受神经系统的调节和控制。神经系统通过内分泌腺的激素影响各种效应器官的活动，叫神经—体液调节。神经系统对内分泌系统的调节有两种方式：(1) 通过植物性神经系统直接支配内分泌腺，如甲状腺既接受交感神经（颈上交感神经）支配，又接受副交感神经（迷走神经）支配。(2) 通过下丘脑神经核，先影响脑垂体活动，然后由脑垂体分泌各种激素，进一步调节其他内分泌腺的活动。两种方式可以简示如下：

(1) 感受器→传入纤维→中枢→传出神经→内分泌腺→血液→效应器。

(2) 感受器→传入纤维→中枢→脑垂体传出纤维→垂体激素经血液作用于内分泌腺→内分泌腺分泌激素经血液作用于效应器。

神经—体液调节和神经系统的调节在特点上存在不同。神经系统的调节速度快，准确性高，神经—体液调节速度慢，但却比较稳定和持久；人的心理和行为主要受神经系统的调节，神经—体液调节只起辅助的作用；更为重要的是，神经—体液调节本身也受神经系统的调节。

基本概念

神经元；神经胶质细胞；静息电位；动作电位；突触；兴奋性突触；抑制性突触；神

经递质；神经回路；躯体神经系统；植物性神经系统；中枢神经系统；脊髓；脑干；延脑；脑桥；中脑；网状结构；小脑；丘脑；下丘脑；边缘系统；额叶；顶叶；枕叶；颞叶；中央前回；中央后回；初级感觉区；初级运动区；布洛卡区；威尔尼克区；联合区；大脑皮层功能的单侧化；内分泌系统；脑垂体；甲状腺；副甲状腺；胰腺；肾上腺；性腺；性征；神经—体液调节

基本原理

灵魂说；精神决定论；心身平行论；机械唯物主义的心理观；辩证唯物主义的心理观；神经冲动的传导；动作电位的产生；定位说；整体说；机能系统说；模块说

思考题

1. 唯心主义和唯物主义在对人的心理的理解上有什么不同？
2. 神经元的结构和功能是什么？
3. 神经冲动是怎样产生的？
4. 试说明神经冲动传导的基本方式。
5. 试说明人的神经系统的结构和功能。
6. 人的大脑皮层有哪些主要功能？
7. 什么叫大脑皮层功能的单侧化？试说明大脑左右半球的功能分工。
8. 有关大脑机能的理论有哪些？试评述鲁利亚大脑皮层机能系统的理论。
9. 什么叫神经—体液调节？人的内分泌系统对人的心理和行为有什么影响？

第三章

心理学的生物学基础

本章要点

1. 动物心理和人的心理之间的关系
2. 脑的进化
3. 人类心理的产生
4. 心理遗传学研究的问题
5. 习性学主要研究的问题
6. 社会生物学对心理学的启示

生物学是关于有生命物体的科学。在心理学产生中，生物学起到了至关重要的作用，是心理学的三大来源学科之一。由于人是从动物界中脱胎出来的，所以，对动物的心理和行为的研究可以为人的心理和行为的研究提供启示。本章介绍关于动物心理和行为方面的知识。首先介绍人类对动物心理与人类心理关系的认识，然后介绍脑的进化和动物心理的发展路线，接着讨论人类心理产生的条件，最后介绍有关的心理遗传学、习性学和社会生物学的研究成果，这些知识将为理解人的心理和行为提供一些新的视角。

第一节　历史的回顾

一、哲学家对动物心理和人类心理的关系的理解

古代哲学家非常关心动物心理和人类心理的关系。例如，亚里士多德认为，生物有灵魂，分为三等：植物具有滋长的灵魂，动物具有感性的灵魂，人类具有理性的灵魂。灵魂的等级越来越高，高级灵魂包含着低级灵魂的功能。中国古代哲学家关心人性，也涉及动物心理和人类心理的关系。例如，告子主张“自然人性论”，他说：“生之谓性。”又说：“食色，性也。”（《孟子·告子上》）即人性是人的自然属性，人的自然属性就是饮食男女之类的生物本能。人和动物的本性并无不同。孟子主张，不能将人性理解为饮食男女之类的生物本能，这一类本能为人类和动物所共有；如果将人性理解为生物本能，那岂不是“犬之性犹牛之性，牛之性犹人之性与”（《孟子·告子上》）？他认为，人性是人区别于动

物的特性，人性即人的道德性和社会性。因此，人类和动物的心理既相同又不同。在近代，恩格斯指出："……人来源于动物界这一事实已经决定人永远不能摆脱兽性，所以问题只能在于摆脱得多些或少些，在于兽性或人性的程度上的差异。"① 这一论断为理解人和动物心理的差异指明了方向。

二、心理学家对动物心理和人类心理的关系的理解

在心理学产生前，斯宾塞（H. Spencer，1820—1903）就提出人类和动物具有连续性的思想。他说："一定需要宣布这样的信条：通过渐进的、不间断的进化，便出现了所有形式的生命。"这一思想为达尔文所继承和发展。达尔文指出："在遥远的将来，我看到了非常重要的研究的开阔领域。心理学将建立在新的基础之上，这是每一种心理的动力和能力经过渐变之后必然获得的。人类起源的历史将会得到阐明。"达尔文认为，人类与动物的心理只有程度不同，并无本质区别。他说："尽管人类和高等动物之间的心理差异是巨大的，然而这种差异只是程度上的，并非种类上的。我们已经看到，人类所自夸的感觉和直觉，各种感情和心理能力，如爱、记忆、注意、好奇、模仿、推理等等，在低于人类的动物中都处于一种萌芽状态，有时甚至处于一种十分发达的状态。"达尔文还率先用比较方法研究人类和动物的表情，以确定动物和人的各种情绪所特有的表情在发生上有共同根源，以此作为人起源于高等动物的重要论据。

进化论并未受到心理学创始人冯特的重视。冯特采用内省法研究心理，由于动物不能内省，所以冯特并未十分重视比较心理学。受达尔文影响，比较心理学首先在英国出现，早期兴趣是建立物种的智能发育等级。1883 年，罗马尼斯（G. Romanes，1848—1894）出版《动物心理进化》，确认了智能发展的 50 多个等级，人类最高，其次是猿和狗，再次是猴和象。1895 年，英国博物学家摩尔根（C. L. Morgan，1852—1936）出版了《比较心理学导论》，提出：凡是可以用低级心理功能来解释的结果，就决不用高级心理功能的结果去解释。这一法则对于那种宣称动物具有像人一样的智能的倾向起了矫正作用。

在心理学史上，英国心理学家麦独孤（W. McDougall，1871—1938）受生物学影响最大。他提出"本能说"，认为本能是人类一切活动的推动者。人类的所有活动和思想，都来自本能。本能是遗传的，但可以通过学习和经验有所改变。另一位受进化论影响的心理学家是高尔顿，他主张遗传决定论，创立了优生学。优生本是科学上值得重视的领域，对减少遗传疾病、保护新生儿健康具有重要意义，但由于过分夸大遗传的作用，造成了不良的后果，最终沦为纳粹宣传种族主义的理论根据。这些不良影响引起人们对进化论的反感。

行为主义产生后，在对动物心理和行为研究上，强调学习，舍弃本能。行为主义旨在揭示人类和动物行为的共同原理，不研究反映进化的物种间差别。但行为主义与进化论有一点是相同的，即认为动物和人类心理只有量的差异，没有质的不同。用动物实验得出的行为原理照样可以推广到人身上。

虽然进化的思想在很长的时间内被拒于西方心理学之外，但是，比较的研究仍然在进行。苛勒对黑猩猩解决问题的研究，已经预示着后来关于类人猿认知的工作。到 20 世纪

① 《马克思恩格斯全集》，中文 1 版，第 20 卷，110 页，北京，人民出版社，1971。

五六十年代，两方面的力量改变了人们对比较心理学的看法：一是习性学的研究。从 20 世纪 30 年代开始，习性学家对许多物种的本能行为进行了观察，发现这些行为很难用条件作用或学习来解释。二是结构语言学的出现。1959 年，乔姆斯基对斯金纳的《言语行为》写下一个著名评论，指出语言作为人类最具有特色和最高级的认知成就，不能够用联想学习的原则来加以解释。语言学习与其说是依赖于后天的强化、模仿和练习，还不如说是依赖于先天决定的规则，这种规则就是人的语言获得机制。因此，在关于人类是否不同于其他动物的问题上，西方心理学从不连续摇摆到极端连续，又从极端连续摇摆到极端不连续和极端连续并存。在当代，习性学和社会生物学是极端连续的代表，生成语言学又是极端不连续的代表。

进化论对理解人类心理是有帮助的。人类心理和动物心理之间既连续，又不连续。说它们是连续的，是因为动物心理的进化为人类心理的产生和发展提供了生物学前提；说它们之间是不连续的，是说人类心理和动物心理有着本质的区别。人类心理既受生物遗传影响，又受社会生活条件影响。无论何时，遗传与环境都是决定人类心理产生和发展的两大变量，必须将二者结合起来，方能够对人类心理有全面的理解。

第二节　脑的进化

大量的研究表明，脑是心理的器官，心理是脑的机能。动物的神经系统和脑的进化经历了漫长的历程。

一、感应性——生物的共有属性

不同事物具有不同的反映形式。无生命的物质具有机械的、物理的或化学的反映形式，如：用力推物体，物体位移；水加热到一定温度，就会沸腾；铁器放在室外，就会生锈。这些都是无生命物质的反映形式。无生命物质进化到有生命物质，就出现了新的反映形式——感应性。感应性的特点是：生物体能够对与其生命活动有直接关系的外界影响做出反应，趋向有利刺激，避开不利刺激。在生物发展的不同阶段，感应性的表现形式不同。例如，绿叶植物的枝叶总是朝向阳光，根部总是伸向营养和水分充足的地方；向日葵的花朵总是随着太阳转；含羞草的叶子被触摸后会发生闭合；食虫植物碰到蝇虫时，就会用叶子将它包起来，消化掉。由于植物不能够自由移动，只能够在一定位置上对刺激反应，它们的感应性水平低。动物可以自由移动，它们的感应性水平高。动物对外界刺激的反映通过神经系统来实现，神经系统的进化经历了漫长的历程。

二、动物的神经系统和脑的进化

动物神经系统的进化经历了一系列阶段，每一阶段都对应于不同水平的心理。

（一）单细胞动物——无专门的神经系统

最低等的动物是单细胞动物，又叫原生动物。原生动物的代表是变形虫（见图 3—1）。它只有一个细胞，是一团形态不固定的原生物质。变形虫的细胞体向不同方向伸出长短不同的突起，叫伪足。变形虫虽然简单，却能对外界刺激做出反应，趋向有利刺激，如食物，避开有害刺激，如玻璃丝；它还能对光、电、温度做出反应；它对刺激有适应性反应，从暗处到亮处，开始时它停止活动，几分钟后再开始活动。变形虫无专门的神经系统，单个细胞执行感受器、神经系统和效应器多种功能。

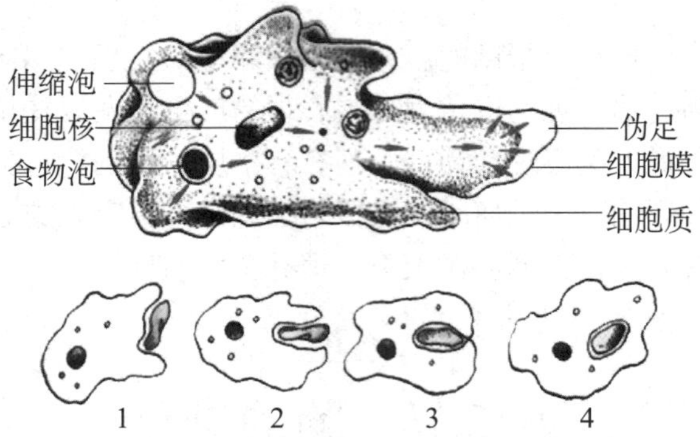

图 3—1　变形虫

（二）低等多细胞动物——网状神经系统

多细胞动物身体的各部分出现了分化：已经有了负责接受刺激的细胞，这些细胞逐渐集中，形成动物的感官；运动器官也分化出来，并且日趋完善；神经系统开始出现。腔肠动物（如水螅、海蜇、水母等）是低等多细胞动物的代表（见图 3—2）。这些动物生活在水中，细胞分化成感觉细胞、神经细胞和运动细胞，能够完成简单的反射。如水螅的感觉细胞分布在身体表面，负责接受刺激；神经细胞位于感觉细胞和运动细胞之间，组成网状神经系统；运动细胞负责完成运动反应。

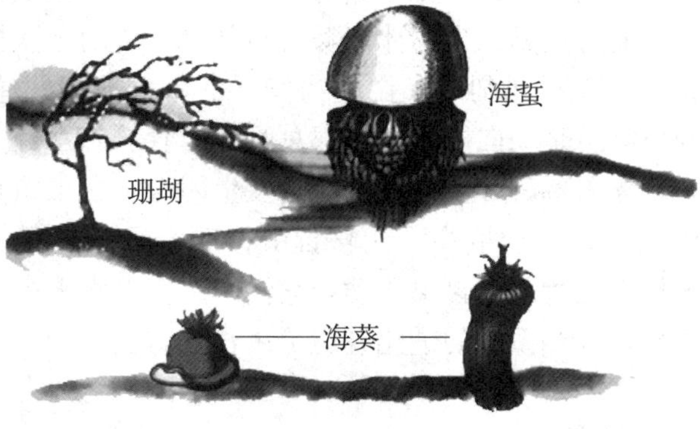

图 3—2　腔肠动物

网状神经系统的神经元之间没有突触联系，神经元兴奋不具有方向性，会向任何方向传导。刺激水螅身体的任一点都能引起全身性的反应。腔肠动物具有了初步学习的能力。

如每隔 16 秒轻轻摇动水螅 2.5 秒，水螅就会对摇动做出收缩反应，经过 2～3 小时之后，再摇动水螅就不再引起收缩反应。

（三）无脊椎动物——链状或节状神经系统

动物心理产生于无脊椎动物的环节动物。蚯蚓是常见的环节动物，身体由许多体节构成，每一体节中央都有一个神经节，由神经节发出神经分布到身体各部，并将全身联合成一个整体（见图 3—3）。蚯蚓头部神经节发达，出现发头现象。这种发头现象为脑的产生准备了条件。头部神经节以后是纵贯蚯蚓身体的腹神经索，呈链状，称为链状神经系统。蚯蚓具有各种感官的萌芽，如触须、刚毛和眼睛等。

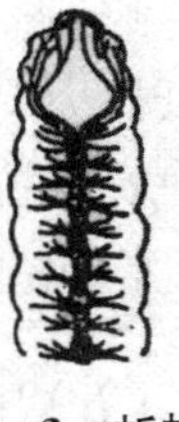

图 3—3 蚯蚓的链状神经系统

节肢动物比环节动物高级，神经系统有了进一步的发展。昆虫是节肢动物的代表。昆虫虽然种类繁多，身体结构却大体相似，有头部、胸部和腹部。头部有敏锐的感受器，胸部有足、翅，形成了三个大神经节：头部神经节是脑的雏形，胸部和腹部也各有一个神经节，形成一条神经索，称为节状神经系统。

无脊椎动物的心理处于感觉阶段。感觉只反映事物的个别属性。例如，蚯蚓能够对周围物体的振动和光做出反应，这些反应使它能够躲避其他动物。蜜蜂的头部有一对复眼和三只单眼。复眼由许多小眼组成，能够辨别黄、绿、蓝、紫四种颜色，单眼只能够分辨明和暗。蜜蜂还能发现天空中的偏振光，并依靠它来定向。许多昆虫的头部有触须，这是它们的嗅觉器官，如蜜蜂和蚂蚁能够根据气味辨认食物、归途和敌我。昆虫的触须和口部有味觉感受器，如蜜蜂能够分辨甜、酸、苦、咸四种味道。蜜蜂还具有初步的知觉能力，可以辨认花形的图形。此外，昆虫还有大量的本能行为。这些本能行为包括：(1) 营生。如获取和储存食物。(2) 筑巢。蜜蜂和蚂蚁都有高超的筑巢本能。(3) 照顾后代。如工蜂和工蚁都辛勤地照顾幼虫。(4) 种内交际。如蜜蜂发现蜜源后，能够通过一系列舞蹈动作，将蜜源的方向和距离告知同伴。

（四）低等脊椎动物——管状神经系统

脊椎动物约出现在 5 亿年前。由无脊椎动物进化到脊椎动物，是动物进化史上的重大进步。脊椎动物身体的形态、结构和功能更为复杂，心理也达到更高的水平。

脊椎动物的体形左右对称，身体分为头部、躯干和尾部，体内背侧有一条脊柱骨，称为脊椎，脊椎动物由此得名。脊柱骨内有一神经管，称为管状神经系统。管状神经系统与无脊椎动物的神经系统的区别是：(1) 无脊椎动物的神经系统位于体内的腹侧，而脊椎动物的神经系统位于体内的背侧。(2) 无脊椎动物的神经链或神经节是实心的，而脊椎动物的神经管是空心的。管状空心的神经组织，增加了空间和面积，有利于兴奋的传递和神经组织与外界物质的交换。

管状神经系统为动物的脑的形成准备了条件。在脊椎动物神经管的前端，首先形成了脑泡，随后发展成相对独立的五个脑泡：前脑、间脑、中脑、小脑和延脑。例如，鱼类的神经系统已分化出脑、脊髓和周围神经系统，脑包括前脑、间脑、中脑、小脑和延脑。但鱼脑的结构仍较原始，体积小，重量只有体重的 1/300～1/37 000。鱼类的前脑很不发达，大脑两半球仍在形成中。两栖类动物的前脑已经发展为两个半球。爬行类动物开始出现了大脑皮层，但体积很小，一条成年鳄鱼的皮层只有人的指尖大小。在低等脊椎动物中，鸟类较为特殊，它们的大脑没有朝皮层的方向发展，大脑几乎都被纹状体占据。纹状体是调节运动的脑结构，纹状体发达与鸟类的飞行生活有关。

低等脊椎动物的心理属于知觉阶段。例如，两栖类动物的眼睛已经能够辨别颜色和形状。蛇在捕食时能够根据不同对象采用不同的行动方式。在捕捉不动的对象（如鸟蛋）或者抵抗力弱的小动物时，它不慌不忙，慢慢地趋向对象，没有攻击性的动作；在猎取强大的、有抵抗力的对象时，摇头摆尾，鼓起颈部，伸出舌头，发出声音，向对象猛扑过去。可见，蛇已经对事物有了整体的反映，即知觉。

（五）高等脊椎动物——脑的结构和机能的发展和分化

高等脊椎动物指哺乳动物，包括啮齿类、食肉类和灵长类动物。哺乳动物在形态和生态方面有了很大的差异。

哺乳动物具有更加完善的神经系统。大脑半球开始出现了沟和回，扩大了皮层的表面积，为大脑皮层担负更重要的调节和支配功能奠定了物质基础。大脑各部位的机能日趋分化。大脑皮层是神经系统的最高部位，是动物全部心理活动的最重要器官，也是动物行为的最高调节中心。由于脑的发展和机能的分化，特别是大脑皮层的结构和机能日益复杂化、完善化，哺乳动物的心理和行为达到了更高的水平。如哺乳动物的感知觉都十分灵敏。狗可以听到80 000～100 000赫兹的声音，能够辨别音色和声音节奏；狗的嗅觉感受性比人高出千百倍。海豚也是十分聪明的哺乳动物，它具有发达的脑和神经系统。海豚集体捕猎，能够用各种声音“交谈”，能够发出呼救信号，为船只导航，并且能够拯救落水的人。经过一段时间的训练，海豚就可以学会十分复杂的行为。

最高级的哺乳动物是灵长类动物，代表动物是类人猿。类人猿的神经系统已经相当完善，大脑在外形、细微结构和机能上接近于人脑。类人猿的心理和行为水平也大大提高了，它们不仅能用感知来控制行为，还会运用表象，有简单的概括能力，能够认识事物之间的关系和解决问题。类人猿的心理已经发展到“思维萌芽”阶段。

2014年，美国《当代生物学》报道，英国圣安德鲁斯大学的研究人员破译了黑猩猩的身体语言，如它们用手势来表达“跟我来”、“住手”或“拿着这个”。在2007—2009年间，研究人员在乌干达拍摄了黑猩猩的3 400次交流，对其中超过4 500种姿势进行研究，首次创建了黑猩猩姿势类别词典，从而能够解释黑猩猩彼此在“说”什么。在已经破译的66种姿势中，有些孤立使用，有些可以组合起来，创造出更为复杂的交流。无论是哪只黑猩猩使用这种姿势，表达的意思都保持一致。黑猩猩传递的信息包括通过组合简单少数姿势表达简单诉求，也有组合更广泛的姿势而表达更多的社交信息。经过破译，研究人员确定，当一名母猩猩向它的孩子伸出一只脚，其意思是“爬到我身上”；一只猩猩触摸另一只猩猩的胳膊，意思是“给我挠挠”；咀嚼树叶，是要引起异性关注。有些动作表达不止一种意思，比如抓住另一只猩猩时，有时是表达“住手”，有时是“爬到我身上”甚至是“走开”。

［专栏3—1］　向猿类教授人类语言

亚里士多德说过：人是会说话的动物。语言能力是人类的本质特点。语言与思维的关系密切。语言能力是否为人类特有？为了回答这一问题，心理学家进行了向猿类教授人类语言的研究。

黑猩猩是最聪明的类人猿。在 20 世纪 50 年代，海耶斯夫妇（K. Hayes，C. Hayes）把一只名叫 Viki 的黑猩猩从出生第三天一直在家中养到六岁半，但 Viki 只能说出四个像英语的声音。这说明，猿类的发音器官不适合说人类语言。在 60 年代，加德纳夫妇（R. A. Gardner，B. T. Gardner）训练了一只黑猩猩 Washoe 学习美国手势语，用 22 个月的时间教会它 34 个词。Washoe 不但能够恰当地使用这些词，还能够用它们来表达概念。70 年代，普雷马克（D. Premack，1925—　）又尝试用各种形状和颜色的塑料符号来教黑猩猩 Sarah 学习人类语言。这些实验表明：

1. 黑猩猩能够习得符号。它们不仅能够对符号作反应，还能够理解符号代表的概念。Washoe 学了"狗"这个词（手势）后，看到狗的图画或听到狗的叫声，就会做出狗的手势。黑猩猩甚至还能够运用词来作意义上的伸延或创造新词。如一只名叫 Lucy 的黑猩猩创造了"喝水果"的手势来表示西瓜。Washoe 能够用不同手势说明同一物体的不同特性。例如，指着它的床，用手势语问道："这是什么？" Washoe 答道："床。"又问："谁的？"答道："我的。"又问："是什么颜色的？"答道："红色的。"

2. 黑猩猩具有组合符号的能力。黑猩猩能够发展出某些语法。如 Lucy 能够辨认语序，知道"Roger 搞痒 Lucy"与"Lucy 搞痒 Roger"的区别。Sarah 甚至能够理解符号组合的意义，如在训练中学会了"Sarah、香蕉、提桶、放"，它就会从水果中选出香蕉，从容器中选出提桶，然后把香蕉放在提桶里。它还能够掌握一些逻辑概念，如"和"、"或"、"同"、"异"等。

3. 黑猩猩可以用语言进行同伴之间的交际。莱蒙（W. Lemmon）在俄克拉荷马州建立了一个灵长目动物研究所，把在不同程度上学会手势语的 10 多只黑猩猩集中在一起。研究人员发现，这些黑猩猩从人类那里学到手势语以后，慢慢开始用这些手势语交际。傅茨（R. S. Fouts，1943—　）观察到，Washoe 的第二个幼仔死后，它非常沮丧和难过，不断地问道："Baby?"（"宝宝呢？"）当告诉它"Baby dead，baby gone，baby finished"（"宝宝死了，宝宝不在了，宝宝完蛋了"）时，它默默地畏缩着身子，蜷成一团，显得非常消沉。两周后，一只 10 个月大小的黑猩猩 Louis 被带到 Washoe 家里，负责照顾它的研究人员用手势语告诉它有好消息："I have a baby for you."（"我把宝宝给你带回来了。"）它立刻变得异常激动和兴奋，周身的毛发竖了起来，昂首阔步、气喘吁吁地不停地比划着手势："Baby，my baby."（"宝宝，我的宝宝。"）当傅茨把 Louis 抱给她后，他们花了好几个小时才彼此亲热起来。Washoe 率先比划手势打破沉默："Come baby!"（"过来，孩子！"），并一下子将 Louis 抱在怀里，Louis 成为了 Washoe 的养子。随后，Louis 在无人干预条件下，只是通过观察 Washoe 和其他 3 只受过语言训练的黑猩猩，在 29 个月里学到 17 个手势，到 63 个月，它的词汇量增加到 48 个手势。

训练黑猩猩学习人类语言引起人们的广泛兴趣。但能否因为黑猩猩学到人类的一些手势语就否定语言是人独有的论断呢？还不能够。这是因为：（1）什么是语言能力？语言学家对此并无一致意见。黑猩猩学到一些人类的手势语的确使某些关于语言能力的说法受到挑战，但这也可能是由于人们还没有弄清楚人类的语言能力到底是什么，就以为黑猩猩的语言能力与人类的相同。(2) 研究表明黑猩猩能够学习人类的手势语，但也表明黑猩猩学不到人类的有声语言。这说明，人类独有一套完善的发音器官和专门化的肌肉系统，以及指挥发音器官快速而准确地发出动作的言语中枢。(3) 黑猩猩使用手势语时有强烈的实用目的——从人类那里获取食物和照顾，这仅是语言的工具功能。黑猩猩不能用手势语来达到认识的目的，而几岁的儿童都爱用语言来了解和发现周围世界。人类的语言和认知的发展紧密联系。随着认识的深化，句法结构也越来越复杂。黑猩猩没有这种需要，所以语言能力只局限在较低的水平。黑猩猩至多能掌握 100 多个手势语，学习进展得也很缓慢。(4) 人类的语言不仅有生物基础，还有社会基础。黑猩猩没有人类社会的基础。生活在自己种群中的黑猩猩不能够自发地产生和使用人类语言，哪怕是简单的手势语。有些黑猩猩能够学到人类的语言，和人们的苦心孤诣的努力分不开。就像口技演员能够逼真地模仿鸟兽叫一样，不能因为口技演员的模仿可以乱真，就说鸟兽叫并非鸟兽所独有；同样，也不能因为黑猩猩能够使用人类的一些手势语而推翻语言是人类所独有的结论。

资料来源：桂诗春．新编心理语言学．上海：上海外语教育出版社，2000.

三、大脑进化的一般趋势

在哺乳动物中，大脑的进化有如下趋势。

(一) 脑的相对大小增加

以往人们以为，心理是脑量的函数。但在考虑脑量时，需要同时考虑身体大小。人的脑重平均为 1 300～1 400 克，男性的脑略重于女性的脑。从绝对重量看，象脑比人脑重约 5 倍（8 000 克）。所以，在评价不同物种脑进化水平时采用脑的相对大小——脑重与体重之比。人的脑重占体重的 2.33%，象的脑重占体重的 0.2%。这样做也有缺点。例如，鼩鼱的脑重占体重的 3.3%，但没有人会认为它特别聪明。目前，人们多使用杰里森（H. J. Jerison）提出的脑化商数（encephalization quotient，EQ）来标明哺乳动物脑的相对大小的变化。脑化商数是脑的实际大小和预期大小的比值。预期大小是脑大小的平均值，它考虑了脑重和体重的关系。设哺乳动物脑重与体重的平均比值为 1.0，如猫。如果某种动物的体重是猫的体重的两倍，脑重也是猫的脑重的两倍，它的脑化商数便是 1.0。表 3—1 是几个常见物种的脑化商数比较。随着进化阶梯上升，脑化商数也上升，人脑的 EQ 是猩猩的 2.54 倍，是鼠的 15 倍。

表 3—1　　几个常见物种的脑化商数比较

物种	脑容积（毫升）	脑化商数（EQ）
鼠	2.3	0.40
猫	25.3	1.01
罗猴	106.4	2.09
猩猩	440.0	2.48
人	1 350.0	6.30

研究表明，早期人类的脑与现代猿类的脑并无实际不同。表 3—2 描绘了从猿类到现代人类脑重和体重的变化。例如，南猿的脑的绝对大小和黑猩猩相同，虽然相对于身体大小它还是稍大些。一直到约 250 万年前原始人类出现时，脑的大小还是没有显著增加。虽然从早期人类到智人的连续几个阶段中，脑的绝对大小有了惊人的增加，但在考虑到身体大小时，脑的大小在人类将近 200 多万年的进化中并没有实际性的增加。尔后，大约从 60 万年前到 15 万年前却有了大幅度的增加。

表 3—2　现存灵长类动物和人科的头颅容量和体重的比较

属或种	头颅容量（立方厘米）	体重（千克）
黑猩猩	393	45.29
大猩猩	465	114.45
阿法尔南猿	433	44.60
非洲南猿	445	40.80
鲍氏傍人	487	48.60
粗壮傍人	530	40.20
鲁道夫人	781	60.00
能人	612	51.60
直立人	988	63.00
尼安德特人	1 520	71.00
智人	1 490	65.00

（二）皮层的相对大小增大

脑化商数只是动物智力的粗略度量。在哺乳动物的脑进化中，新皮层大小的变化具有重要意义。邓巴（R. I. M. Dunbar，1947—　）提出，应用新皮层比率表示动物的心理能力。新皮层比率即新皮层容积对脑的其余部分的比率。人类的新皮层比率为 4.1/1，比其他灵长类动物新皮层比率约大 30%。但这种做法也有缺点。例如，狒狒和大猩猩的新皮层比率相同，但大猩猩的智慧行为更多。目前，人们采用皮层商数（cortical quotient，CQ）来表示皮层的相对大小。CQ 是新皮层大小与典型哺乳动物新皮层期望大小的比值。CQ 的结果显示，人类新皮层容积是非人类灵长类动物新皮层容积的 3.2 倍，是具有相同体重的猩猩的新皮层容积的 3 倍（见图 3—4）。

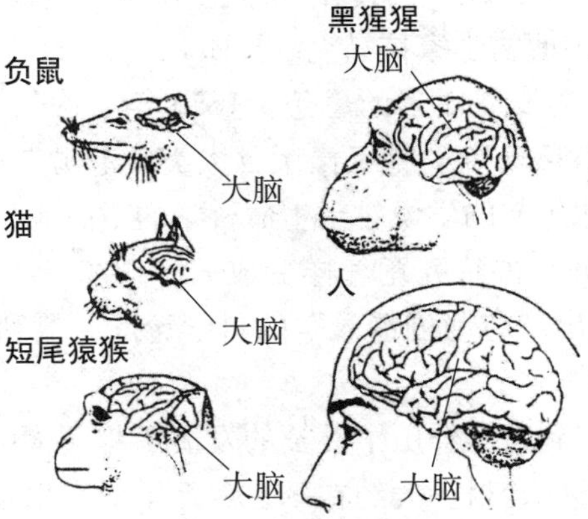

图 3—4　哺乳动物脑的进化

（三）皮层内部结构日趋复杂

赫洛维（R. L. Holloway）认为，了解智力进化应该考虑脑的特别区域。哺乳动物的脑可以分为不同区域，分别执行听觉、视觉、运动等功能。在进化阶梯上，皮层区的发展水平也有显著差别。例如，松鼠有 4 个视觉区，猫有 12 个视觉区，人有 20 多个视觉区。人还有不依赖于直接感觉输入的联合区。例如，顶叶联合区与空间关系有关，人脑的顶叶相对于枕叶是被扩大了。额叶也属于联合区。人类额叶皮层约是与人脑同样大的猿脑额叶的两倍。

（四）大脑半球由对称到不对称

脑进化的另一趋势是由不对称到对称，人类多数是右利手和左脑语言优势。在其他灵长类动物中，只有黑猩猩有种群性的右利手偏好。研究表明，在 18 只黑猩猩的尸体解剖中，发现有 17 只左边的颞平面比右边大些，而颞平面在人类脑中是一个重要的语言区。

第三节　人类心理的产生

人类心理是动物心理长期演化的结果。要了解人类心理怎样产生，就应考察人类起源。

一、人类的起源

人类是怎样产生的？自远古时起，人们就对这一问题表现出浓厚兴趣。不同民族都有关于人类起源的神话传说。例如，《圣经》中有“上帝创造人”的记载：上帝用红土造出第一个人亚当，并吹气入他的鼻孔，使他成为有生命的人。有一天，亚当入睡时，上帝又从他身上取出一根肋骨，将其做成一个女人，名叫夏娃。整个人类都由这两个始祖繁衍而来。在中国，也有“女娲抟土造人”的传说。直至 18 世纪末，关于人类起源的科学理论才开始建立。1809 年，法国博物学家拉马克（J. B. Lamarck，1744—1829）出版了《动物哲学》，提出人类由某种猿类发展而来的思想。1859 年，达尔文出版了《物种起源》，继承并发展了进化论的思想。1871 年，他又出版《人类的起源与性的选择》，进一步确认人类是由古猿进化而来的。达尔文的学说对于生命科学的贡献是巨大的，但由于历史条件的局限，还未能完全科学地解释古猿究竟怎样变成人。1876 年，恩格斯发表了《劳动在从猿到人转变中的作用》，提出“劳动创造人”的科学论断，为科学地回答人类起源问题指明了方向。

化石资料证明，从古猿到人类经历了漫长的发展历程。大约在 5 000 万年前，出现了孤猴属的半猿猴，这是猿类的始祖。大约在 3 500 万年前，出现了渐新古猿。在 2 800 万年前，出现了埃及古猿。埃及古猿分化为两支：一支演变为森林古猿。由于在森林中生活，森林古猿的身体结构继续向猿类发展，逐渐演变成现代类人猿，如黑猩猩、大猩猩、长臂猿等。另一支演变成腊玛古猿。腊玛古猿开始离开森林，过地居生活。大约在 500 万～130 万年前，腊玛古猿的一个旁支演变为南方古猿。南方古猿直立行走，使用天然工具（木棒、石块）猎食和防卫，但还不会制造工具。大约在 300 万～50 万年前，南方古猿发展为最早的人类——猿人。人类产生后，又经历了四个发展阶段：(1) 早期猿人。大约生活在 300 万～100 万年前，脑量为 600～700 毫升，能够制造粗糙的工具，集体捕猎。1965 年在中国境内发现的元谋人化石，就属早期猿人。(2) 晚期猿人。大约生活在 150 万～50 万年前，脑量为 1 000 毫升，能够制造各种石器，懂得利用和保存天然火。1927 年，在北京市周口店发现的猿人化石就属于晚期猿人。(3) 早期智人。约从 20 万～15 万年前开始，延续到 4 万年前，脑量为 1 350 毫升，接近现代人的脑量，能够制造较好的石器，猎取巨大的野兽，会人工取火，能够用兽皮制作简陋的衣服。(4) 晚期智人。大约生活在 4 万～1 万年前。脑量与早期智人差不多，但前部和顶部较发达。晚期智人能够制造复杂的工具、弓箭和装饰品，能够人工取火，猎取野兽，采集植物果实，开始有了绘画、雕刻和原始的宗教。

二、人类心理的产生

（一）劳动在人类心理产生中的作用

从人类产生过程可见，劳动是从猿转变成人的最为关键一步。恩格斯指出："首先是劳动，然后是语言和劳动一起，成了两个最主要的推动力，在它们的影响下，猿脑就逐渐过渡到人脑……"①

双手的解放和直立行走，为类人猿的劳动准备了条件。在远古时期，由于气候变迁，森林减少，类人猿被迫来到地面生活，身体和活动方式出现了巨大变化，前肢和后肢进一步分化：前肢成为专门抓握和操纵物体的器官，成了劳动器官，后肢成为专门支持身体行走的器官。双手在抓握和操纵物体时，便接受了各种刺激，如物体的软硬、轻重、冷暖、光洁程度等，从而成为认识器官，促进了猿类的感知觉发展。同时，由于直立行走，头部可以扬起，眼、耳的位置提高，视野扩大，使古代猿类接受到更多的刺激，大脑摄入更多映像。这两个方面结合在一起，促进了脑的反映机能的发展，使猿类变得更聪明，生存能力更强。

劳动具有特殊性质，进一步促进类人猿的脑和心理的发展。劳动的第一个特性是使用和制造工具。由于对天然工具的使用，古猿积累了经验，丰富了对自然界的认识，逐步理解了工具的属性和工具同劳动对象的关系。这些认识由于制造工具变得更加深刻。另一方面，制造工具有明确目的性，通过制造工具，古猿将不合需要的事物变成为合乎需要的事物，不仅会促进它们对事物的属性和关系的认识，还使它们认识到活动目的和要求。这两方面都会使古猿心理产生飞跃。由于劳动工具的反复使用和制造，在古猿头脑中形成不同事物及其关系的表象，它们可以摆脱具体事物，超出时间限制，在头脑中进行加工和操作，进而认知一类事物的共同属性，从而出现了抽象思维。抽象思维的形成，是人类心理

---

① 《马克思恩格斯选集》，2 版，第 4 卷，377 页。

产生的根本标志。

劳动的第二个特性是社会集体性。古猿生活在自然群体中，它们共同捕猎，共同防御敌人，共同养育后代。在共同生活和劳动中，不仅和自然界发生联系，也发生了相互间的联系。为了共同的生产和生活，古猿开始分工和合作。如男性负责狩猎，女性负责采集果子、照顾后代。这就有了两性间的分工。由于生产发展，一部分古猿专门从事工具制造，分工便进一步精细。即使同样从事狩猎，古猿也分工协作，有的负责惊起野兽，有的负责包围，有的负责捕杀，提高了活动效率。然后，大家一起分享劳动成果。总之，在劳动中，古猿建立了复杂的社会关系，认识到个人与群体的关系，认识到个人在群体中的地位和作用，促进了自我意识发展。集体劳动也促进了经验传递。在劳动中，个体不断积累经验，并向年轻人传递经验，从而形成了社会经验的继承，进一步促进了认识能力的发展。因此，劳动改变了古代类人猿的自然群体，建立了以劳动为基础的人类社会。心理发展从此就在一个新的基础上进行。

（二）语言在人类心理产生中的作用

语言是从劳动中产生的。语言的产生有两个条件：一是在共同劳动中的交际需要。人类在劳动中分工和合作，需要用语言来协调。传递劳动经验，也需要以语言作为媒介。二是发音器官的完善。由于直立行走，类人猿的发音器官也得到改善：声带和肺不再受压抑，口腔增大并与声带形成直角，舌头变得更加自由和灵活，气流在口腔中的受阻情况更加复杂化，能够发出各种各样的声音。至此，类人猿具备了产生人类口头语言的自然条件。正如恩格斯所说：由于劳动的协作，“这些正在生成的人，已经达到彼此间不得不说些什么的地步了。需要也就造成了自己的器官：猿类的不发达的喉头，由于音调的抑扬顿挫的不断加多，缓慢地然而肯定无疑地得到改造，而口部的器官也逐渐学会发出一个接一个的清晰的音节”①。

语言在人类心理产生中意义十分重要。语言是人类心理产生与发展的最直接原因。语言是人类的本能。亚里士多德说过：人是会说话的动物。笛卡儿认为，“我思故我在”。语言不仅是思维的符号，也是思维存在的直接证明。巴甫洛夫指出，语言是人脑特有的附加物，“正是词，使人成为人”。当代语言哲学家认为，语言是人类存在的基础，是支配和决定人类思想的最后因素。例如，海德格尔（M. Heidegger，1889—1976）就说过，语言是存在之居所。人栖居在语言所筑之居所中。语言之所以具有如此的作用，是因为它具有重要功能。

首先，语言具有概括的职能。语言中的词是对具体事物的概括，它包含或记载着前人或他人的认识成果。维果茨基说过：“一个词并不是与某一个别的事物有关系，而是与一批或一类事物有关系。因此，每一个词都是一个隐含的概括，任何词都是概括。”“概念形成了，词也就随之产生了。”语言可以脱离具体事物的支持，反映事物的性质和关系，这是抽象思维赖以产生的条件。人类有了抽象思维，才能够摆脱具体情境的限制，认识事物的本质和规律，思考过去，预见未来。因此，语言使人类认知达到一个过去从来就不可能达到的新的阶段。

---

① 《马克思恩格斯选集》，2版，第4卷，376页。

其次，语言具有交际的职能。交际是信息的传递，语言是信息的最主要载体。词不仅具有词形和语音，还具有词义。维果茨基认为，词义既是思维单元，也是交际单元。没有意义的词不是词，是无谓的音。人们之间进行交际，表面上看来是在交流思想，实际上却是在表达和理解语言。语言能够使讲话者将思想表达出来，同时听者也能够通过接受和理解讲话者的语言并进而理解讲话者的思想，这不仅能够协调人类在劳动中的相互关系，增进人类个体之间的相互了解，同时也使社会经验的传递成为可能。语言使人类的行为不再仅仅依赖个体的直接经验，而且也依赖前人或他人的间接经验。人类对间接经验的掌握大大提高了认知效率，是人类心理产生与发展的最重要的基础。

最后，语言还具有自我调节的职能。借助于语言，人能够意识到自己的存在，能够有意识地支配和调节自己的行为，从而形成了人类的自我意识。

总之，正是劳动和语言，使人最终超越了生物学规律的羁绊，从灵长类动物中脱颖而出，成为“万物之灵”，成为我们这个星球的主宰。

第四节　心理遗传学

从生物学观点出发来研究心理的第二条途径是心理遗传学（psychogenetics）。心理遗传学，又称行为遗传学（behavior genetics），是结合心理学与遗传学的知识对个体的心理和行为的发展与变化进行系统研究与解释的学问。1869 年，即达尔文出版《物种起源》后 10 年，他的堂兄高尔顿出版了一本书阐述“天才”的遗传模式，主要思想是：智力和性格是大自然赋予的可遗传的能力，并决定一个人的社会地位。高尔顿作为第一位系统研究人类行为特征的遗传性的科学家，是心理遗传学的奠基人。他所提出的“优生学”（eugenics）被一些学者接纳并发展成为希望通过优化人种来解决社会问题和经济问题的学科。但这一观念被纳粹主义所利用，成为种族大清洗的借口。现今的心理遗传学家与优生学家不同。心理遗传学研究的对象是个体差异，对人种、种族没有兴趣。心理遗传学是在遗传学、心理学、行为学和医学等学科发展的基础上形成的交叉学科，它以解释人类复杂行为的遗传机制为研究目标，探讨行为的起源，揭示基因对人类行为发展的影响，以及在行为形成过程中遗传和环境之间的交互作用。虽然从高尔顿开始心理遗传学研究始终没有停止过，但是，作为一门正式学科，心理遗传学诞生于 20 世纪 60 年代。心理学家和生物学家以动物和人类为对象，进行了大量的心理遗传学的研究。早期的心理遗传学研究（20 世纪 90 年代前）重在证明基因对正常行为与异常行为的产生和发展都存在确凿的影响。所有生物体之间的行为差异，都可以通过遗传学技术来研究。目前，心理遗传学已经积累了大量关于遗传如何以及在多大程度上决定行为的相关研究结果。

一、染色体和基因

染色体（chromosome）是生物遗传的基本运作单位。它是体细胞的一种复杂构造，由遗传物质脱氧核糖核酸（deoxyribonucleicacid，DNA）和蛋白质构成。脱氧核糖核酸是所有生物的基本遗传物质，决定个体特征的基因（gene），就位于脱氧核糖核酸分子上。

在绝大多数人的体细胞内，含有 23 对（46 条）染色体（见图 3—5）。其中，22 对染色体是男女相同的，只有第 23 对染色体男女不同，称为性染色体（sex chromosome）。性染色体决定人的性别。女性的两个性染色体，体积相等，性质相同，称为 XX；男性的两个性染色体，体积大小不同，性质各异，称为 XY。当男女交合时，来自男方的精子（sperm）与来自女方的卵子（ovum）结合，形成受精卵（zygote），个体的生命就开始了。受精卵既然由精子与卵子构成，它们带有的染色体就同时带进了受精卵。由于父方精子中有 46 条染色体，在形成 23 对时的组合是随机性的，母方卵子中也有 46 条染色体，在形成 23 对时的组合也是随机性的。所以，在由精子和卵子结合成一个新个体时，他或她身上染色体的配对组合大约有 20^{24} 种不同的组合方式。染色体内的基因组合是成对排列的。在每一对基因中，一个来自精子，一个来自卵子。基因的数量远比染色体多，在每一条染色体中，至少有 1 000 个以上的基因。个体身上的基因组合，也随着染色体的组合随机进行。因此，在所有人类中，除了同卵双生子具有相同的染色体配对组合和基因组合因而具有相同的遗传特征外，在世界上所有的人口中，就再也找不到两个人的遗传因素相同。这就是人与人之间永远存在个别差异的原因。

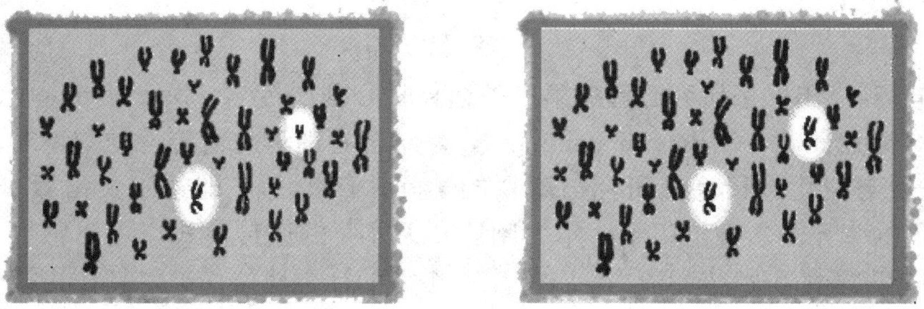

男性　　女性

图 3—5　人体细胞内的 23 对染色体

在某些基因中，有显性和隐性的区分。假如来自父母的成对基因都属于显性，子女由基因决定的特性也是显性的；假如在成对基因中，一个显性，一个隐性，子女虽然只表现出显性者的特性，却仍然携带隐性基因。只有两个都是隐性基因时，才会出现特征不明确的情形。

二、心理遗传学的研究途径

心理遗传学的研究对象既包括动物，也包括人。其中，构建动物模型（例如小白鼠、大鼠和猴子等）是重要研究方法。心理遗传学研究的人群主要为病理人群，例如精神分裂症、抑郁症、多动症等患者。心理遗传学研究通常关注动物或人类个体的某种心理与行为特质是否具有遗传基础，或者某一或某些遗传基因是否与动物或人类个体的某种心理与行为特质相关联。心理遗传学认为，一种行为性状（trait）由一种基因控制，某种基因缺陷能够导致特定的行为障碍，二者之间具有决定性的因果关系，即“一种基因，一种障碍”（one gene，one disorder）。但是，这种简单模式对于了解大多数的复杂性状没有助益。人类的复杂行为并不简单地遵循孟德尔（G. J. Mendel，1822—1884）单基因遗传定律，除了某些罕见疾病如亨廷顿氏舞蹈症（Huntington's disease）明确地由单个基因变异所致，大多数行为性状均受多种基因（polygenic）的影响，多基因系统里的基因被称为数量性状位点（quantitative trait locus，QTL）。这些作用大小不一的基因之间以及它们与环境之间都以高度复杂的方式交互作用而影响生物体和行为的发生与变化。这种累加和交互作用只决定某种病理性行为发生的倾向性及易感性，而并非导致因果关系。在实现这些目标时，心理遗传学具有不同的研究途径。

（一）早期心理遗传学研究——计量遗传学

在分子生物学等现代科学技术飞速发展之前，心理遗传学研究方法几乎完全建立在选择性交配和家系研究的基础上。心理遗传学家使用计量遗传学（quantitative genetics）的方法进行选择性交配、双生子、收养子家系研究来探索基因对于行为的影响。计量遗传学研究的目标就是将一种性状的变异或性状之间的共变分解成可以由遗传因素和环境因素分别解释的成分。研究表明，遗传因素影响着包括行为在内的几乎所有的复杂性状。遗传变异对大多数复杂性状的影响的遗传度估计值（heritability estimate，H）大多在0.40～0.60之间，即表现型变异的40%～60%是由遗传变异造成的。然而，计量遗传学的研究在先天基因型和行为表现之间建立的这种联系还不很精确，仅仅停留在统计学层面。这些传统的研究只能告诉人们，在特定的时间、特定的环境下，特定人群的行为表现的差异在多大程度上可以归因于遗传的变异，而不能告诉人们究竟是哪些基因引起或影响了行为，更毋庸说基因是如何发挥作用的了。

1. 选择性交配

选择具有不同学习能力的雌雄动物进行交配，使之生育下一代；然后，再在下一代动物中选择具有不同学习能力的动物进行交配，再生育下一代。如此辗转进行，数代以后，就形成了学习能力高和学习能力低的两大亲系。从这两大亲系的能力变化，可以看出遗传对学习能力的影响。这种研究方法，称为选择性交配（selective breeding）。

采用这种方法研究的人，多以白鼠为对象。白鼠繁殖快，代与代之间接近。另外，让白鼠学习走迷津，在实验设计上也容易控制。在实验时，选择学习能力最高和学习能力最低的两组白鼠，组成聪明与愚笨两组，使各组中的雌雄相交配，生育下一代。然后，再训练两组的第二代进行迷津学习，再各自选出聪明和愚笨两组，再生育下一代。如此反复进行，就会得到学习能力相差甚大的两个亲系。这种现象显示，遗传的确是影响学习能力的重要因素。为了排除环境的影响，在实验设计上，研究者控制了环境因素：除了居住环境与营养两组保持相同以外，愚笨组和聪明组的幼鼠有的分别交换母亲，以避免“家庭环境”的影响。见图3—6。

2. 双生子研究

由于受道德因素和法律因素的限制，选择性交配的方法不适用于人类。所以，在研究人类行为的遗传因素时，心理学家多从家族血缘关系入手，研究血缘关系不同的人心理特性的相关。由于血缘关系相近的人（亲子或同胞）多生活在同一环境中，难以排除环境因素的影响，于是，心理学家就采用双生子为对象来研究。

双生子有两种：（1）同卵双生子（identical twins），由同一个受精卵发育而成；

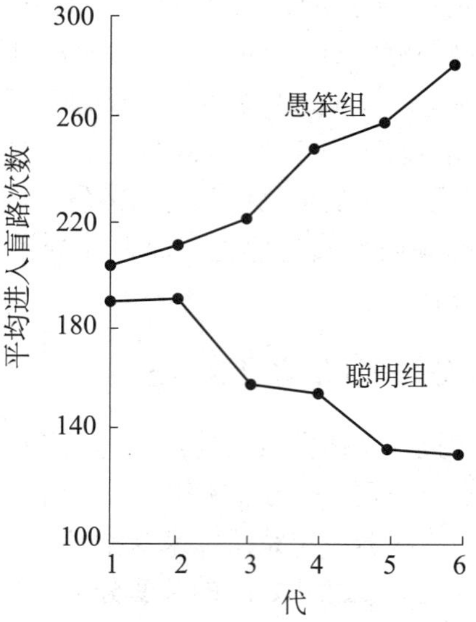

图 3—6 行为遗传的选择性交配研究示例

(2) 异卵双生子（fraternal twins），由不同的受精卵发育而成。同卵双生子的遗传基础完全相同，异卵双生子之间的遗传关系与兄弟姐妹相似。研究同卵双生子心理特性之间的关系，并与不同血缘关系的人比较，就可推论遗传对心理特性的影响程度（见表 3—3）。从表 3—3 中可见，同卵双生子的智力相关的确高于其他亲属关系。但是，没有血缘关系但在一起生活的人的智力也存在某种相关，这显示了环境对智力的影响。

表 3—3　双生子和其他不同遗传关系者智力相关的比较

不同的遗传关系	出生后的生活环境	发现的相关	预期的相关
同卵双生子	出生后共同生活	0.86	1.00
同卵双生子	出生后分开生活	0.72	1.00
异卵双生子	出生后共同生活	0.62	0.50
异卵双生子	出生后分开生活	0.57	0.50
同胞兄弟姐妹	出生后共同生活	0.47	0.50
同胞兄弟姐妹	出生后分开生活	0.24	0.50
亲子关系	一起生活	0.40	0.50
异父（或异母）的兄弟姐妹	一起生活	0.31	0.25
兄弟（或姐妹）一个收养，一个亲生	一起生活	0.29	0.00
兄弟（或姐妹）两个都是收养的	一起生活	0.34	0.00
养父（或养母）与子女	一起生活	0.19	0.00
无血缘关系	在不同环境中长大	0.00	0.00

（二）当代心理遗传学研究——分子生物学研究

分子遗传学家试图寻找哪些基因与特定的行为特征有关，他们采用连锁研究（linkage studies）和关联研究（association studies）的方法，目的是在基因和性状之间建立起联系或关联。连锁研究以携带某种性状或疾病的家系为对象，对连续几代人的 DNA 样本加以分析，确定是否有特定的基因露面。这是一种“自上而下”的方法，即从行为水平入手追踪到基因水平。因为研究者并无假定的候选基因，因此，采用这种方法容易找到起作用较大的基因，但很难确定作用小的基因。然而，大多数复杂行为特征往往牵涉很多微效基因（genes of small effect）。关联研究从与感兴趣的行为特征可能有关的基因入手，观察具有某种表型的人群和不具有这种表型的人携带该基因的情况，以期在候选基因和行为特征之间建立关联，即一种可能的因果关系。相对于连锁研究，这种“自下而上”的方法更容易找到只有弱效应的基因。但是，决定大多数性状的候选基因的数目往往巨大，因而一一确定它们的意义和作用是一项艰巨的工作。近年来，一些高通量（high-throughput）技术，如 DNA 池（DNA pooling），即进行多个样品一次聚酶链式反应并对遗传标记等位基因频率（allele frequency）进行定量，显著降低了大规模关联研究的成本，使在候选位点上使用密度更高的遗传标记和进行全基因组连锁不平衡（linkage disequilibrium）分析成为可能。由此可见，新技术的运用大大提高了研究者通过关联研究筛查特异基因的效率，有利于运用分子生物学方法更直接确定基因型和表现型之间的因果联系，同时也可以帮助心理遗传学研究迈出计量遗传学领域，步入功能基因组学时代。使用功能基因组技术，研究者可以研究感兴趣的基因在体内如何表达以及参与哪些分子途径。

［专栏 3—2］　**染色体异常对心理和行为的影响**

染色体异常是基因对人的发育影响的独特方面。人们发现，22 对常染色体和一对性染色体都可能发生异常。最常见的染色体异常由部分或全部的三体性表示。如在第 21 对染色体中可能有一个额外的染色体，这叫做唐氏综合征。在性染色体方面，某些女性有两个以上的 X 染色体（最多有五个 X 染色体），某些男性有一个以上的 X 或 Y 染色体，如 XXXY、XXXXXY、XXYY、XYY、XXXYY 等。最常见的男性性染色体异常是 XYY 型。研究表明，这种男人的男性特征明显，容易出现自我控制能力差、易激惹、攻击性强等心理特征，因此实施暴力犯罪和性犯罪者较多。研究也发现，染色体异常的人在认知能力方面也有严重缺陷，见表 3—4。

表 3—4　主要染色体异常及其对行为造成的后果

异常的类别	对行为造成的后果
三体性 22	智力严重迟缓
三体性 21（唐氏综合征）	不同程度的发育迟缓，智商为 40～50
三体性 18	智力严重迟缓
三体性 13	智力严重迟缓
三体性 9	智力严重迟缓
三体性 8	智力严重迟缓
猫叫综合征（去掉染色体 5 的短臂）	智力严重迟缓
XXY（克氏综合征）	智力轻度迟缓到正常，诵读困难，涉及性发育在内的行为问题
XXXY XXXXY XXYY XXXYY　克氏综合征的变体	智力迟缓从严重到轻度

续前表

异常的类别	对行为造成的后果
XO（特纳综合征）	智商略低，空间知觉有困难，算术推理能力有欠缺
XXX XXXX XXXXX　X 外综合征	智商分数的分布从智力正常到严重迟缓，智力一般在迟缓范围内
XYY	智商平均为 80～90

资料来源：中央教育科学研究所比较教育研究室．人的发展．北京：教育科学出版社，1989.

第五节　习性学

习性学（ethology），是一门结合动物学、生物学和比较心理学的知识，对自然环境中的动物行为作精确观察，并对行为中遗传和环境的交互作用形成理论性描述的交叉学科。它的研究对象是行为的发生原因和功能，任务是揭示动物行为模式中的规律以及与自然环境之间的因果关系，重点是通过自然观察对行为作完整的详尽的分析。这门学科的创始人是著名动物学家洛伦兹（K. Z. Lorenz，1903—1989）和廷伯根（N. Tingbergen，1907—1988）等人。

习性学从以下方面来研究动物行为：（1）分析动物的整个行为序列；（2）剥夺动物学习机会的实验；（3）比较种系上接近的物种的行为的相似性，研究其演化关系；（4）开展杂交实验，研究基因的决定性；（5）观察和分析物种的特异行为与生存条件的关系，研究其适应价值。习性学的起源可以追溯到达尔文。达尔文认为，自然选择不仅是动物的形态和生理的基础，也是动物行为的基础。早期习性学研究通常是进行习性学描述，记录物种在自然环境中的行为。在 19 世纪末 20 世纪初，欧洲的一些自然学家就开始对动物的固定定型特征感兴趣，认为这些定型行为是天生的或本能的。例如，海因罗斯（O. Heinroth，1871—1945）发现，不同物种之间存在着相似的行为模式，这些特殊行为模式可以称为“同源性行为”，具有这些特殊行为的动物常可以追溯到一个共同祖先。1931 年，洛伦兹发表了《社会性鸦科动物习性学研究要点》一文，标志着现代习性学的开端。这篇论文和随后发表的其他文章，综合了习性学的研究成果，提出了动物行为的新模式。

一、固定动作模式

洛伦兹认为，只有在自然环境中仔细观察动物，才能正确地解释动物行为。动物的固定动作模式是一种特异的定型的行为特征，有很强的遗传性。由于固定动作模式极其稳定，所以有时人们用它来做物种分类的标准。在一般情况下，刺激信号可以是环境中的客体，也可以是同种的其他动物发出的信号。在后一种情况下，信号具有社会性功能，被称作“释放物”或“信号刺激”。这种释放物通常能够引发固定动作模式。当最初的释放物不存在时，固定动作模式仍将继续起作用。释放物的功效受“行动特异性能量”调节，这种能量会因为固定动作模式的完成而减弱。如果行动特异性能量较少，固定动作模式只能得到不完全的实行，因而仅成为一种意念活动；如果固定动作模式久未实行，发生固定动作模式所需的阈限降低，微弱和不充分的刺激也能导致释放固定动作模式。例如，洛伦兹描述过一只灰鹅如何滚动一只蛋。如果在正在孵雏的母鹅面前放上一只蛋，它会立即目不转睛地盯着那只蛋，然后去碰那只蛋，把头和嘴放在蛋上，接着把蛋拖回自己的窝。如果在鹅把蛋拖回窝之前拿走蛋，它仍然会一心一意地做着把蛋拖回窝的动作。这只鹅脑中似乎存在一个预先编好的神经程序，行为一旦开始，就必须完成，即使原先的刺激已经消失。洛伦兹由于对动物固定行为模式的研究获得了1953年诺贝尔生理学或医学奖。

廷伯根发展了洛伦兹的理论。他认为，固定动作模式是动物先天的神经程序，它使动物只有受到与它在自然环境中所受到的信号刺激相似的刺激时才做出反应。这个程序可以被称为“先天的释放机制”（innate releasing mechanism，IRM）。释放刺激与引发先天的释放机制的触发体有关。有时，人工刺激比自然发生的刺激更有利于产生固定动作模式，这种人工刺激他称为“超常刺激”。廷伯根认为，固定动作模式的重要特征是高度特异性。动物的有些行为，如交配、哺育和筑巢等，尽管可能包含有几种固定动作模式，但由于太普遍，因此不能把它们看作是固定的动作模式。

根据对动物固定动作模式的研究，习性学家提出了对“本能”的新看法。廷伯根认为，本能是“一种呈阶梯结构的神经性机制，对内在性或外在性的行动、释放和导向等刺激因素做出反应。这种反应由一系列相互协调的行为所构成，有利于个体和种的生存”。本能行为的特点是：(1) 有一定目的，最终要得到食物、水或配偶；(2) 有利于个体和种的生存；(3) 适合于适应正常的生活环境；(4) 为种内的个体所共有；(5) 随着个体的生长和成熟而出现；(6) 其中可能有学习的成分，但不是主要的。习性学对于物种的本能行为的研究着重在以下方面：(1) 物种的典型行为序列的描述；(2) 典型行为的生存价值；(3) 典型行为的进化过程；(4) 典型行为的个体发生。

二、展示行为

习性学家对动物行为的看法持进化论的观点。他们从行为的生存价值来研究行为的功能和意义，从比较各种动物功能上或形式上类似行为中来探索行为的演化。他们提出了仪式化行为的概念。仪式化行为是指原来表现不甚规范的动作模式在进化过程中逐渐变为非常定型的行为，被称为展示行为。它的价值在于能够更明确地传达特殊信息给信号接收者。例如，一只斗败的公鸡遇见取胜的公鸡，在一定距离内即表现曲颈、低头和两翅高举的姿态。这样的行为表现可能更明确地给胜利者以投降或屈服的信号，使胜利者不再向它进攻。又如，鸟类的求偶表演最为五彩缤纷和千姿百态，多是雌雄共同参加有一定规律的动作，如鞠躬、摇头、舞蹈、倒立飞翔等。又如，有蹄类动物在交配前雄性动物之间要进行打斗，灵长类动物中猴王在群体中昂首阔步的行为、等级低者对等级高者表示讨好的呈现臀部的行为，以及表示友好的理毛行为，都属于展示行为。这些行为在协调动物的种群关系时有十分重要的作用。

三、替换行为

替换行为是指当动物面临两种可以引起互相冲突的行为刺激时，所出现的一种与两种刺激全无关联的行为。例如，一只鸥既欲坐在窝里，又想逃避捕猎者，此时，它出现了一种与坐窝和逃走全然不相干的啄羽毛的行为。人类也常常表现出这一类行为。例如，当一人面临两种可以选择的决策而举棋不定时，会挠头抓耳。习性学认为，这种行为可能由进化而来，并且具有消除紧张的作用。

四、印刻现象

习性学的另一项著名工作是印刻现象研究。印刻（imprinting）是指在较短时间内迅速发生的限制性学习，这种学习极难消失和逆转，对动物后来的社会性行为有深远影响。洛伦兹发现，刚孵出的小鸭或小鸡易于学会跟随最先看见的物体走。在自然条件下，跟随母鸭或母鸡走；在实验情境中跟随人或某种运动物体走。这种学习有明显的关键期（critical period）。过了关键期即无此种学习。例如，小鸭的跟随反应的关键期是在孵出后的8～9个小时。洛伦兹发现，印刻使幼禽长大后知道自己是什么物种，并知道在同类中去寻找配偶。

后来的研究表明，各种动物都存在着印刻学习现象。如蝌蚪出生后就会游泳，但如自出生时起即将之置于麻醉溶液中，在8天之前取出仍然会游泳，如超过10天，就会丧失游泳能力。狗与人的亲密关系，是因为狗出生后就与人相处。如狗自出生时起就与人隔离10周以上，以后就很难与人建立亲密关系。白冠雀的雄雏鸟必须在孵出后的40～50天听到成年雄雀的“歌声”，成熟后才会唱出完整的“歌”，过了此期亦再不能学会。人类的心理发展也存在关键期，也称“最佳期”、“敏感期”、“临界期”、“转变期”等。例如，有人提出2～3岁是口头语言学习的关键期，4～5岁是书面语言学习的关键期，青春期是少年品德心理发展的敏感期，等等。

第六节　社会生物学

社会生物学（sociobiology）是20世纪70年代出现的一门新兴学科。它的出现对生物科学和社会科学都造成很大冲击，自然也影响到心理学。在20世纪早期，进化思想在社会科学领域受压制。但是，这种情况后来发生了剧变。1975年，生物学家威尔逊（E. O. Wilson，1929—　）出版了他的名著《社会生物学：新的综合》，宣告了社会生物学的诞生。这本书引起了生物学界和社会科学界的广泛注意。该书综合了动物学、社会学、习性学、人口学、心理学、遗传学的大量资料，并将其系统化。威尔逊宣称他创建了一门新兴的学科，找到了人类社会行为的生物学基础。他认为，社会生物学是“对一切形式的社会行为的生物学基础的系统研究”，是“把生物学纳入社会科学的框架。这一框架是进化论、遗传学、人口生物学、生态学、动物行为学、心理学和人类学的综合”。社会生物学的主要代表人物还有汉密尔顿（W. D. Hamilton，1936—2000）和道金斯（R. Dawkins，1941— ）等人。

社会生物学的指导思想是达尔文的进化论。社会生物学家认为，一切社会行为的生物学基础是基因。动物和人类生存的目的是把基因留传给后代，动物机体不过是基因用来复制自己的工具。动物复杂的社会行为看来难以解释，实际上是基因为了复制自己所采取的手段和策略。动物的弱肉强食、自私自利、损人利己和互惠互利、牺牲自己帮助别人的行为，表面上看来迥然有别，但目的都是为了通过自己和通过别人把自己的基因传给后代。一切生物科学和行为科学必须以基因的遗传规律为基础，才能阐明动物的各种种群现象，揭示动物的生活习性和行为模式。在生物进化中，自然选择的单位不是生物个体，而是更小的基因。每一生物种群为了达到基因传递的目的而出现特定的社会结构、社会分工、等级制度和行为规范。基因传递也是人类各种行为的生物学根源。

一、个体适宜性和族内适宜性

按照生物进化理论，动物的自私行为容易解释。动物的许多利己行为，目的都是为了传种接代，一些极端的自私行为也是如此。动物的自私行为，目的是为了提高“个体适宜性”（personal fitness）。这种个体适宜性可以使动物更好地保存自己，并把自己的基因传递给后代。动物行为的最大目的是最大可能地去复制自己的基因，以保留更多的后代。

［专栏 3—3］ **动物的自私行为和利他行为**

生物学家发现，动物的许多行为非常自私。如狮王为了能够更多地留下后代，会咬死母狮同其他雄狮生下的幼狮。许多有蹄类动物的雄性在交配季节，为了获得交配权而进行厮杀和较量。有一种黄蜂将蜘蛛蜇昏后，将卵产在蜘蛛体内，卵在蜘蛛体内孵化，吸收蜘蛛的营养，小黄蜂长大后，蜘蛛会悲惨地死去。黑头鸥是一种吃鱼的鸟。当两个距离不远的鸟巢都有幼鸟刚孵出时，一只母鸥会趁另一只母鸥外出捕食的机会，飞到邻居鸟巢中将幼鸟吃掉，以增加自己的营养。蜜蜂在培育蜂王时，往往同时培养几个蜂王。当第一个幼蜂王出世后，它要干的第一件事情就是去咬死自己的同胞姐妹。有一种鲨鱼，当它还在母腹中孕育时，就开始吃母腹中其他的同胞。企鹅在通过海峡时，海水中常有海豹，先下水的企鹅有可能被海豹吃掉。人们发现，一大群企鹅会站在岸边不动，谁也不愿意做第一个牺牲者，有时甚至互相拥挤，要把同伴挤下水，看有没有海豹出现。达尔文观察到，欧洲的杜鹃鸟在孵出三天内，体质还很弱，甚至还未睁开眼睛，头也抬不起来，却能将同巢兄弟挤出巢外。当人们把被挤出的小鸟放回巢内，它会被再度挤出。一种山鹰能同时孵出三只雏鹰。如果食物丰富，三只雏鹰都能长大。如果食物贫乏，悲剧就不可避免。先是两只大一点的雏鹰共同欺负第三只雏鹰，由于争不上食物，加上受同胞欺负，第三只雏鹰最后会死去。母鹰回来后，发现第三只雏鹰已死去，她不惩罚其他两只雏鹰，反而将死去的雏鹰撕碎，让另外两只雏鹰吃掉。食物如果进一步匮乏，第二只雏鹰也摆脱不了被同胞欺负至死和被食的命运。

螳螂的“情杀”或许是自私行为的最突出的例子。螳螂交配时，雄性爬在雌性身上，有时雌螳螂会掉过头来，吃掉雄螳螂的头。雌螳螂这样做，可以获得更多营养，以利于繁殖后代，并使后代能健康地成活。从生物进化的角度看，雄螳螂的头被雌螳螂吃掉不仅不影响繁殖，反而可以提高繁殖的成功率。雌螳螂吃掉“情人”是“悲剧”，但无疑会提高卵的成活率，因而也是为了获得下一代更大的适宜性。

动物也有利他行为。动物的亲本行为，即哺育幼小做父母的行为，都是利他的。在动物界，父母的配偶活动会增加被其他野兽伤害的危险性，母亲怀胎生育要以体力消耗为代价，父母养育幼仔要含辛茹苦，减少寿命。有的动物常牺牲自己而使同伴受益。例如，蜂巢里的工蜂辛勤劳动，喂养蜂王、照顾幼蜂。然而，工蜂本身是不能生育的，因此它们的行为是利他的。不仅如此，在群居的昆虫中，蚂蚁、蜜蜂、黄蜂都会不顾一切地向入侵者发动攻击，以保卫它们的巢穴。它们的本领是施放毒液以击退入侵者，但这样做就牺牲了自己。人们还发现，一只草原狗看到狼时，会高声吠叫，把狼吸引到自己的方向，从而增加了自己被狼杀害的危险性。

在解释动物的利他行为时，进化论碰到很大困难。从达尔文时代开始，生物学家就经常为动物的这种行为所困扰。达尔文写道：“我将致力说明一个特别的难点，这个难点我当初以为是解释不通的，看作是我的全部学说的一个确实的致命伤。我所指的就是昆虫社会中的中性不育的雌虫。因为这些中性雌虫的本能和构造，常和雄性及能育的雌体有着很大的差异，可是由于不育，它们是不能繁殖其类的。”

然而，社会生物学家却认为，动物的利他行为是可以解释的。汉密尔顿提出了“族内适宜性”（inclusive fitness）的概念，认为进化的自然选择不只是最大限度地促进个体的成功繁殖，而是把个体的最大数量的基因延展到后代。利他行为和利己行为虽然表现不同，但都是生物界基因代代相传的手段。基因通过亲本行为在后代身上复制自己，以使更多基因得到发展。基因不仅由父母复制到子女身上，还要复制到亲属身上。亲属关系越近，动物基因传给这个个体的可能性就越大。因此，动物的利他行为也是以自私性为基础的。自然选择对个体的作用，表现在能够最大限度地扩大它们的遗传代表的总量。发生这种作用的途径有两条：一是直接地通过后代传递基因，一是间接地通过其他亲属传递基因。因此，族内适宜性是个体本身的适宜性和它带给所有亲属的适宜性的总效果。

从族内适宜性的概念出发，动物的另类行为和利他行为就可以得到解释。雌鹰之所以容忍雏鹰的极端自私的行为，是因为在食物匮乏时，至少有一只雏鹰能够存活下来；雄螳螂牺牲自己，换得后代的出生；工蜂哺育幼蜂，是因为幼蜂身上有与它相同的基因；群居昆虫之所以牺牲自己攻击敌人，是因为牺牲少量的个体，就可以获得种群安全，使与个体相同的基因能够传递；草原狗报警减低了个体适宜性，但报警却能使许多和它具有相同基因的狗得救，是值得的。

二、亲缘关系系数

根据族内适宜性理论，动物做出利他行为，是因为它们之间有亲属关系。为此，汉密尔顿提出了“亲族选择”(kin selection）的概念，认为既然利他行为的目的是为了传递自己的基因，因此，亲属关系越近，动物就越容易做出利他行为。他提出了一个代价—受益(cost-benefit）公式：当 $K>1/r$ 时，利他行为便能得到选择而获得发展。K 是受益程度与利他行为所付出的代价之比，r 是利他者和受益者之间的亲缘关系系数。

亲缘关系系数（kinship relation coefficient）是指有共同祖先的两个个体中基因型可能相同的比例。两个个体的 r 越大，具有相同基因的概率就越高。因此，同卵双生子的 $r=1$，完全无关的个体的 $r=0$。如果利他行为的受益者是同一种群的动物，总会有一些共同基因，即 $r>0$。如果 r 很大，$1/r$ 就会很小，因而要使利他行为被选择，K 不一定很大，即受益和代价之比可以较小。换言之，如果受益者是近亲，即使利他者付出的代价很高，受益者的收益不大，利他行为也会被选择。因此，个体会冒很大的风险去帮助一个近亲。另一方面，如果 r 很小（受益者是远亲），那么，$1/r$ 就会很大，此时受益者得到的好处必须很大，或者利他者付出的代价较小，利他行为才会被选择。

社会生物学家将上述观点推广到对人的行为的解释。他们认为，人是“生存机器”。人是进化的产物。进化使人的大脑高度发展，使人超越了其他一切动物，不再完全受自然选择的支配。但是，人类行为仍然摆脱不了生物规律的制约。人类行为的目的，不外乎是追求个人适宜性和族内适宜性。人类社会生活中的“血浓于水”，实际上是共同基因的作用。互助也是自私行为。互助行为进化的条件是，助人者得到的报酬必须大于助人行为所造成的族内适宜性的损失。它之所以能够被选择是因为它最终会增加利他者的个人适宜性。互助行为的前提是：(1）助人者助人行为的风险较小，受益者的收获很大；(2）现在的受益者将来有可能成为助人者，使现在的助人者受益。因此，人们往往愿意捐助贫困的大学生，而不愿意捐助失能的老人。(3）受益者必须认识助人者，以便将来进行报答。所以，邻里之间更易产生互助行为。不仅如此，社会生物学对许多人类行为都从生物学的角度来解释。

[专栏 3—4]　　两性间的态度差异——社会生物学的解释

在日常生活中，男女两性对许多事情的态度存在明显差异。例如，在性活动方面，男性比女性更随便，女性比男性更保守。对这一现象，社会生物学从男性和女性的生殖细胞的差异来解释。女性的卵子个体大、数量少，男子的精子个体小、数量多。人的卵子比精子大 8 万倍，女性一生中只能排出大约 400 个卵子，其中最多只有 20 个能够受精成长为个体。男性一次射精就能释放出 1 亿个精子，因此，卵子的价值比精子昂贵得多。卵子受精以后，男性的生理任务就完成了。男性如果不负责任，还可以继续同许多女性进行生育。女性却不然，她要怀胎、生育、照顾后代，一直到几年以后，才能进行第二次生育。所以，在生殖方面，男性的投资微不足道，却可以与女性平分利益，女性却要消耗巨大的体力和精力，付出昂贵的代价，做出巨大的牺牲。这种生物学上两性投入和收益极不平衡的现象造成了男性和女性在性活动态度上的差异。

男女两性在生育上的不同投资也造成两性在期望生育后代的数目的差异。生殖后代是生物生存的目的，后代生殖得越多，生殖成就越高。但是，由于父母在生育上投资不同，他们对后代生育数目的态度也不同。

对女性说来，生育孩子越多，投资就越大，而且随着后代数目增加急剧增大。在后代数目坐标上有一点是最优点，在这一点上，女性的投资最小，获得的生殖成就最大。女性最优点上的后代数目少。男性的投资曲线上升慢，相对投资少，最优点上后代数目多。这样，男、女对后代数目的期望便出现明显矛盾。女性希望子女少些，以便能对他们进行更好的抚育；孩子多了，将会成为女性的沉重负担。相反，男性在生殖上投资较小，便希望能够生育较多子女，获得较高的生殖成就。父母之间的这种矛盾称为"最优后代数量的两性冲突"（见图 3—7）。

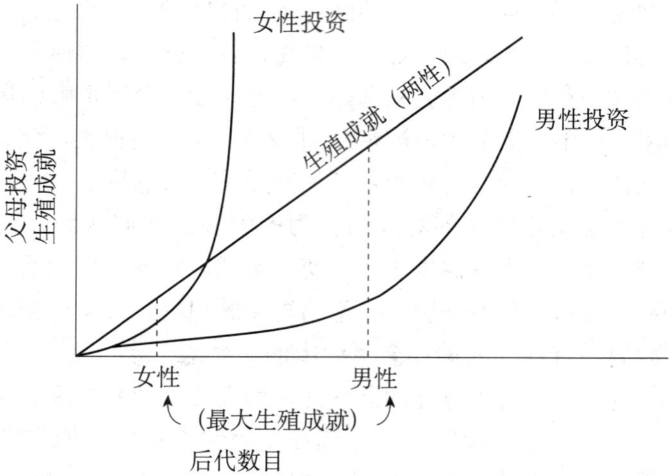

图 3—7　最优后代数量的两性冲突

社会生物学家还预言了男性和女性对待配偶不贞的态度的差异。对男性而言，配偶与别的男性发生性关系对他损失较大。因为一旦发生这样的情况，配偶就可能生下别人的孩子，他自己会失去传递基因的机会。他甚至被愚弄，替别人抚养孩子。所以，男性对妻子和别人发生性关系持强烈反对的态度。对女性而言，丈夫同别的女性发生性关系，她的损失就小多了。她至少可以保证，她生出的孩子身上有一半的基因是自己的。男性能较快地恢复性能力，他能为妻子继续提供基因。但妻子不能容忍丈夫对别的女人发生移情别恋。因为一旦这种情况发生，对正在抚育孩子的母亲而言，处境就十分不利，生活压力就会威胁到她和孩子，影响她的基因传递。因此，男性的嫉妒更多是由妻子的性不贞引起，女性的嫉妒更多是由丈夫的感情不贞引起。巴斯（D. Buss，1953—　）等人给几百名美国、德国和荷兰的男、女被试呈现下述问题：（1）想象一下，你的配偶与别人形成了深厚的感情别恋；（2）想象一下，你的配偶与别人发生性交。要求被试想象出各种各样的情节，并估计引起的消极情绪的大小。结果表明，85%的女性在第一个问题上引起了最消极的情绪，60%的男性在第二个问题上引起了最消极的情绪。

社会生物学为观察和理解人和动物的行为提供了新的视角，但也存在着明显的问题。社会生物学过分夸大遗传的作用。遗传是行为的基础，但绝不是行为的唯一原因。社会生物学将从动物行为观察得来的结论毫无限制地推广到人类身上，问题就更多。人类产生文化以后，文化的进化就代替了生物的进化。人类在生物共同性的基础上组成了社会，形成了不同的生产关系和生活习惯，出现了不同社会的人的心理和行为的差异。马克思指出："不言而喻，人的眼睛和原始的、非人的眼睛得到的享受不同，人的耳朵和原始的耳朵得到的享受不同"，"社会人的感觉不同于非社会的人的感觉"；"吃、喝、性行为等等，固然也是真正的人的机能。但是，如果使这些机能脱离了人的其他活动，并使它们成为最后的和唯一的终极目的，那么，在这种抽象中，它们就是动物的机能"①。社会生物学家忽视社会因素对人的心理和行为的影响。在社会生物学的理论中，他们总是将动物行为和人的行为混为一谈，先从动物行为的观察建立起理论，然后到人类行为中去寻找证据。人类的生活领域非常广泛，他们的理论似乎能够说明一些人类行为，但同样可以找到相反的证据。社会生物学的还原论倾向也十分明显。人的社会行为被还原到基因水平，这样，他们的理论也就无法验证。

基本概念

感应性；单细胞动物；多细胞动物；无脊椎动物；低等脊椎动物；高等脊椎动物；网状神经系统；节状神经系统；管状神经系统；脑化商数；皮层商数；心理遗传学；染色体；基因；选择性交配；双生子研究；染色体异常；习性学；固定动作模式；本能；展示行为；替换行为；印刻现象；关键期；社会生物学；个体适宜性；族内适宜性；亲缘关系系数

基本原理

人类心理与动物心理的关系；动物心理发展阶段；大脑进化的一般趋势；劳动在人类心理产生中的作用；语言在人类心理产生中的作用；心理遗传学的研究途径；习性学研究动物行为的途径；关键期对动物心理和行为的影响

思考题

1. 为什么说人类心理和动物心理既是连续的，又是不连续的？
2. 动物神经系统的进化经历了哪些阶段？
3. 动物的心理进化经历了哪些阶段？
4. 人类心理的产生的条件是什么？
5. 习性学主要研究哪些问题？
6. 关键期对心理的产生和发展有何影响？
7. 社会生物学对心理学有何启示？
8. 什么是亲缘关系系数？它对于动物的利他行为有何影响？
9. 社会生物学是如何解释利己行为与利他行为的？

---

① 《马克思恩格斯全集》，中文1版，第42卷，125、126、94页，北京，人民出版社，1979。

第四章
学　　习

本章要点

1. 学习的概念
2. 学习的种类
3. 学习过程
4. 学习理论
5. 内隐学习

学习是最普遍的活动，它将伴随人的一生。现代社会是学习的社会，人只有不断地学习，才能够与时俱进。学习不仅包含知识的获得，还包括技能、品德、态度的形成，也包括人格的完善。对于这一点，集中地反映在当代流行的一些教育口号之中，如“学会生存”、“学会学习”、“学会负责”、“学会关心”、“学会创造”、“学会合作”、“学会做人”，等等。人类的历史就是一部学习史。学习不仅促进了个体的社会化，也促进了经济的发展、社会的进步和文明的提升。人类的未来，取决于学习。那么，什么是学习？学习有哪些种类？学习的本质是什么？学习有哪些规律？本章将探讨这些问题。

第一节　学习概述

一、学习的一般概念

对学习，存在众多的不同看法。“学习”有“日常概念”与“科学概念”之分，有“广义的学习”与“狭义的学习”之分。作为日常概念的“学习”，局限于知识、技能领域，如学生上课听讲、做作业，工人参加技术培训等。这些都是从狭义的角度来理解学习的。因此，狭义的学习主要指人类的学习。科学的学习概念，认为学习是个体在生活中由于经验而产生的行为或行为潜能的持久变化。这是广义的对“学习”的解释。这一概念包含如下几个方面的内容。

（一）学习是人与动物共有的现象

学习不是人类的专利。动物也有强大的学习潜能。动物的行为也不仅仅依靠本能，它们也需要在生活中获得生存所必需的技能。2007 年，我国派了两只人工养大的华南虎去南非“留学”，进行野化生存训练。之所以要这样做，是因为这两只“大猫”根本不会自己捕食动物。但是，人类的学习与动物的学习还是存在着本质的区别。从内容上看，人类的学习比动物的学习的领域更加广阔。人类的学习既包括感知、记忆、想象、思维等内部的心理过程，也包括言语、表情、动作等外部活动；既包括知识和技能的获得，也包括品德、态度和人格的形成。从方式上看，动物的学习主要是在特定环境下的自发的过程，人类学习则是在社会生活中，在成人的组织和示范下，以语言为中介实现的。人类的学习是自觉的、有目的的、积极主动的过程。

（二）学习的标志是行为和行为潜能的变化

学习是有机体获得行为的过程。学习与行为获得之间虽然不是一一对应的，但学习的结果总是要通过有机体的可观察到的行为变化来体现的。例如，在上大学之前解决不了的问题，通过大学阶段的学习就能够解决了；原本不会编写计算机程序的人，通过计算机课程的学习能够编写了。学习引起了行为的改变，这种改变说明个体“学会了”什么。然而，行为的改变有时外显，有时内隐，后者就是行为潜能的改变。例如，让儿童听 10 个故事，测验表明，儿童只能够回忆起 6 个故事，这并不意味着儿童对另外 4 个故事就没有产生学习。如果让儿童重新听这些故事，儿童对这些故事会觉得熟悉。这说明，儿童的行为潜能已经发生了变化。

（三）学习由经验引起

经验（experience）有两重含义：它既可以指个体通过活动与环境相互作用的过程，又可以指在这一过程中得到的结果。经验有不同的种类：按照获得方式，可以分为直接经验（direct experience）和间接经验（indirect experience）。直接经验通过个体和环境的直接相互作用来获得，可以理解为个体的经历和通过经历在行为上发生的变化；间接经验通过其他人的语言传递或者通过书本学习来获得。按照储存的方式，经验又可以分为个体经验（personal experience）和人类经验（human experience）。个体经验储存在个体的头脑中，人类经验储存在全世界活着的人的头脑中，或者储存在书籍、光盘和计算机软件中。因此，只有那些通过亲身经历和书本知识掌握而产生的行为改变才能够算得上是学习。由个体成熟产生的行为改变不能够算作是学习。例如，婴儿的动作发展主要是成熟的结果，儿童在青春期产生性兴趣也主要是成熟的作用。这些行为的变化不能够算作是学习。

（四）学习产生的行为改变时间比较持久

学习对行为的影响一般时间较长。只有在旧学习被新学习取代时，旧的行为变化才会消失，而代之以新的行为。疲劳、疾病、药物（酒精、兴奋剂和海洛因等）也能够引起人的行为发生改变，但这些行为改变的持续时间一般都较短，也不能算作是学习。

由此，可以这样理解学习：学习是通过主客观的相互作用，在个体头脑中积累经验、构建心理结构以积极适应环境的过程，它可以通过行为或者行为潜能的持久变化表现出来。

与学习有关的两个概念是“习惯化”（habituation）和“敏感化”（sensitization）。它们也是由于经验而引起的行为改变，符合广义的学习的定义。习惯化是由于重复刺激引起的反应性的下降，它所涉及的是反应的减少，而不是新反应的习得。当你刚搬进一所靠近公路的房子，开始时被汽车的轰鸣声吵得心烦意乱，但住上一段时间之后，也就习惯了。习惯化有助于个体对于环境的适应，它能够帮助个体选择有重要意义的刺激，忽视一些无关刺激。习惯化与感觉适应和疲劳不同。感觉适应是人的感受能力发生了变化（在大多数情况下是降低），疲劳是感受能力和肌肉反应能力下降，而习惯化是指有机体感觉能力和反应能力并未降低，但却对刺激的反应下降，其神经机制是因为神经系统的变化阻断了感觉神经冲动向运动神经元的传递。敏感化是由于刺激的重复使有机体的反应增加，即有机体对于环境中的某一特定刺激更容易做出反应。例如，“一朝被蛇咬，十年怕井绳”，“十个电工，九个兔子胆”，都属于敏感化。敏感化也是个体在适应环境过程中形成的基本特性。目前，对习惯化和敏感化的理论解释是双过程理论。这种理论假定，对刺激的反应增加（敏感化）和减少（习惯化）以不同神经过程作为基础，两个过程并不相互排斥，可以同时被激活，有机体做出何种行为取决于哪一个过程更强，两个过程相互竞争实现对行为的控制。

二、学习的分类

学习现象十分复杂，涉及不同的对象、内容、形式和水平。在生活中，存在着不同类型的学习，不同类型的学习所需要的条件也不同。对学习分类，探讨不同类型的学习的规律，对促进学习的价值显而易见。下面就介绍一些有代表性的学习分类。

（一）学习内容的分类

根据学习的内容，可以将学习分为：

（1）知识学习。包括学习知识时的感知、记忆和理解等。

（2）技能学习。主要是运动、动作和技能的熟练。

（3）心智学习。这是以思维为主的能力的学习。

（4）道德品质和行为习惯学习。包括态度、品德、习惯、人格的形成。

（二）学习水平的分类

美国心理学家加涅（R. M. Gagne，1916—2002）在1970年根据学习的繁简水平不同，提出八类学习：

（1）信号学习。学习对某种信号做出某种反应。这是最简单的学习。

（2）刺激—反应学习（S-R的学习）。学习对某种情境做出某种反应。

（3）连锁学习。是一系列刺激—反应的联合。个体首先要习得刺激—反应联结，并按照特定顺序反复练习和及时强化。

（4）言语联想学习。也是一系列刺激—反应的联合，但它是由言语单位所联结的连锁化。如将单词组合为合乎语法规则的句子。

（5）辨别学习。能够识别各种刺激特征的异同并做出不同的反应，既包括简单的辨别，如对不同形状、颜色的物体分别做出不同的反应，也包括复杂的多重辨别，如对相似、易混淆的同义词分别做出正确反应。

（6）概念学习。对刺激分类，并对同类的刺激做出相同的反应。这种反应是基于事物的某些特征做出的。

（7）规则学习。规则是指两个或两个以上概念的联合。规则学习即了解两个或两个以上概念之间的关系。亦称原理学习。

（8）解决问题学习。亦称为高级规则的学习，即应用规则或规则的组合去解决问题。

加涅的分类遵循由简单到复杂、由低级到高级的原则。前三类学习都是简单反应，许多动物也能够完成。1971 年，加涅又对这种分类做了修正，把前四类学习合并为一类，把概念学习扩展为具体概念学习和定义概念学习，这样分类就变成：（1）连锁学习；（2）辨别学习；（3）具体概念学习；（4）定义概念学习；（5）规则学习；（6）解决问题学习。

（三）学习结果的分类

加涅按照学习的结果，把学习分为以下五类。

1. 言语信息的学习

学生掌握以言语信息传递的内容或将学习结果以言语信息表达出来。言语信息学习有三大作用：（1）言语信息是进一步学习的条件，如识字之于文学作品学习；（2）某些言语信息在人一生中都具有意义，如自然科学与社会科学的知识；（3）为思维提供工具。

2. 智慧技能的学习

言语信息的学习帮助学生解决“是什么”的问题；智慧技能的学习要解决学生“怎么做”的问题。在各种水平的学习中，都包含着智慧技能的学习。例如，学习怎样把分数转换成小数，学习怎样使动词和句子的主语一致。加涅认为，每一级智慧技能的学习都要以低一级的智慧技能的获得作为前提，最复杂的智慧技能是把许多简单的智慧技能组合起来形成的。他把辨别技能作为最基本的智慧技能，按照不同学习水平及其所包含的心理运算的不同复杂程度，依次分为辨别→概念→规则→高级规则（解决问题）等智慧技能。

3. 认知策略的学习

认知策略是学习者支配自己的注意、学习、记忆和思维的有内在组织的才能。这种才能使得学习过程的执行和控制成为可能。认知策略与智慧技能的不同在于，智慧技能定向于学习者的外部环境，认知策略支配学习者在对付环境时的认知活动。认知策略就是学习者用来管理学习过程的方式。这种有组织的策略非常重要。认知策略的培养应该成为学校教育的重要任务。

4. 态度的学习

态度是通过学习而获得的内部状态，它影响个人对事物、人物和事件所采取的行动。学校教育目标应该包括态度培养。态度可以从各种学科学习中得到，但更多是从校内外活动中和家庭中得到。加涅提出，有三类态度：（1）学习者对家庭和其他社会关系的认识；（2）学习者对某种活动所伴随的积极、喜爱的情感；（3）有关个人品德的某些方面。

5. 运动技能的学习

运动技能又称动作技能，如体操技能、写字技能、作图技能、操作仪器的技能等，它们也是能力的重要组成部分。

从学习的结果对学习分类，对于帮助学生学习，更好地组织教学具有现实意义。

（四）学习目标的分类

美国心理学家布鲁姆（B. Bloom，1913—1999）在 1956 年以教育目标和教育任务为出发点，将教育目标分为认知、情感和动作技能三大领域，认知领域的学习分为六类：

（1）知识。即对知识的简单回忆。

（2）理解。即能够解释所学知识。

（3）应用。即在特殊情况下能够使用概念和规则。

（4）分析。即能够区别和了解事物的内在联系。

（5）综合。即把思想重新综合为一种新的完整的思想，产生新的结构。

（6）评价。即根据内部证据或外部标准做出判断。

（五）学习方式的分类

美国心理学家奥苏伯尔在 1978 年根据学习的方式，将学习分为接受学习和发现学习。接受学习是指在教学中，学习内容以某种定论或确定的形式呈现，学习者通过对传授者所传递的经验进行吸收和主动构建，确立起相应的经验结构。这种学习的实质是将别人的经验变成自己的经验。发现学习是主体在活动过程中，通过对现实的能动反映及发现，构建起一定的经验结构。他还根据学习材料和学习者原有知识的关系，将学习分为机械学习和意义学习。意义学习是指学习者利用原有的经验来进行新的学习，建立新旧经验之间的联系。机械学习是指与所得经验之间并无实质性联系的学习。在奥苏伯尔的分类中，这两个维度互不依赖，彼此独立。并且，每一维度都存在许多过渡的形式，具体组合见图 4—1。

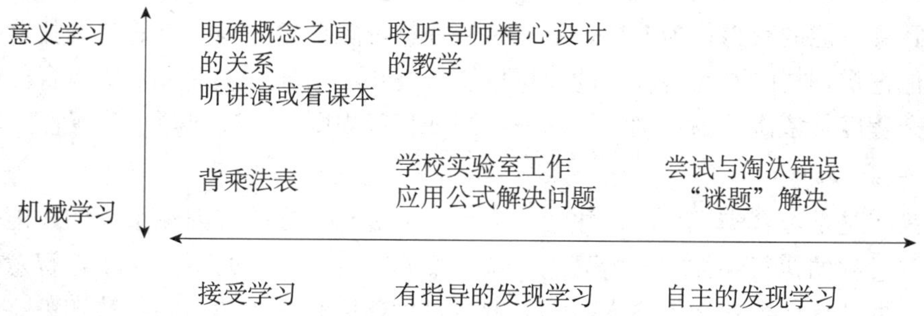

图 4—1　意义学习—机械学习、发现学习—接受学习的分布

在明确学习的概念和分类后，随之而来的问题是：学习的实质是什么？学习理论就是对学习实质的理论说明。对学习理论的研究，揭示了人类学习的发展过程和规律。在心理学中，对学习的实质，有两类不同的观点：联结派和认知派。联结派认为学习是联结的形成，认知派认为学习是学习者头脑中认知结构（cognitive structure）的变化。联结派与认知派在对学习实质的看法上有重要分歧。联结派强调反复联系和复习的重要性，主张用外部奖励与惩罚来控制学习。认知派注重过去经验、内部动机对学习的作用，强调理解、积极思考的作用，重视学习动机与学习态度的培养。这两类理论都有合理之处，又都不全面，于是就出现了调和与综合两类理论的联结—认知派。下面，就介绍一些有代表性的理论。

第二节　联结派的学习理论

联结派又称为行为—联结主义。这一派学习理论继承了英国联想主义的传统，重视环境和经验的作用。联结派从动物实验中揭示学习的基本原理，其基本观点是：学习是通过条件作用在刺激（S）和反应（R）之间建立联结的过程，强化在S-R联结的建立中具有重要作用。个体所学到的是习惯，而习惯是反复练习与强化的结果。习惯一旦形成，只要原来的或类似的刺激情境出现，习惯性的反应就会自动出现。这些原理在教学设计和对个人及社会性问题行为的治疗方面具有深远的影响。联结派的主要代表人物有巴甫洛夫、华生、桑代克和斯金纳等。

一、经典性条件反射的理论

经典性条件反射的理论认为，学习就是条件反射的形成。要理解这一理论，先要理解反射的概念及种类。

（一）反射的概念

反射（reflex）原是一个物理学的名词，表示光线照射到物体表面后，又被折转回来。最早采用“反射”的概念来解释人和动物的某些无意识的简单行为是法国哲学家笛卡儿。他认为，动物和人的神经和肌肉的反应都是由刺激引起的机械动作。例如，光线引起眨眼，手触到热物会立即缩回等。这一类活动就是反射。俄国生理学家谢切诺夫（1829—1905）把反射的概念推广到脑的全部活动和全部心理活动上，指出：“有意识的和无意识的生命的一切活动，按其产生方式来说，都是反射。”大脑反射以感觉兴奋为始端，以心理活动为中继部分，以肌肉运动为末端。反射的中间部分具有思维的性质。全部心理活动都借助反射活动发展起来。

反射是神经系统的基本活动方式，是有机体借助于中枢神经系统实现的对外界和内部刺激的有规律的应答。客观刺激作用于感官，引起神经兴奋，兴奋沿着传入神经传到神经中枢，神经中枢对刺激信息进行加工，产生动作指令，再经传出神经达到效应器官，引起效应器官活动，就是反射。引起反射的刺激可以是外部的，如食物、声音，也可以是内部的，如肠胃空虚、喉咙干渴等。效应器官的活动，可以是肌肉收缩引起的运动，也可以是腺体分泌。有机体对刺激的应答有规律，总的趋势是趋利避害，如看见食物就趋近，碰到火烫就缩手。

（二）反射弧和反射环

实现反射活动的全部生理结构叫反射弧（reflex arc）。反射弧由感受器、传入神经、神经中枢、传出神经和效应器组成。感受器是分布在感官、内脏和肌肉中的感觉细胞，负责接受体内外的各种刺激，并将刺激转化为神经冲动。传入神经是将神经冲动由感受器传向中枢的神经通路，包括特异性投射系统（产生具体感觉）和非特异投射系统（维持大脑皮层兴奋）。感受器、传入神经和神经中枢构成分析器，负责分析、加工刺激信息，揭示刺激的意义。传出神经将中枢产生的神经冲动传到效应器，包括锥体系（由大脑皮层中央前回和其他脑区的锥体细胞的轴突组成，负责支配效应器活动）和锥体外系（主要由皮层额叶发出，负责调节肌肉的状态）。

如果考虑到行为效果对于中枢的反馈作用，反射弧就变成了反射环（reflex loop）。神经冲动由中枢传到效应器，引起活动，活动的过程和结果又形成对有机体的刺激，叫"反馈"（feedback）。中枢神经系统根据反馈的信息，对效应器的活动进行调节。有了反馈，反射活动就具有了连续性、完整性和准确性，有机体的行为就能够更好地适应周围环境。

（三）反射的种类

反射按其发生方式不同，可以分为以下两类。

1. 无条件反射

无条件反射（unconditioned reflex）是遗传的、生来就有的反射，又叫本能（instinct），即某一物种所有个体所共同表现出来的不学而能的行为反应，包括食物反射、防御反射和性反射。前两类反射有机体生来就有，性反射是个体成熟到一定阶段以后才出现的。例如，婴儿生下来不久就会吮吸，小鸡出壳以后就能啄米，牛崽出生以后不久就开始走路，都是无条件反射。引起无条件反射的刺激物叫无条件刺激（unconditioned stimulus，UCS），由无条件刺激引起的反应叫无条件反应（unconditioned response，UCR）。动物进化的等级越高，无条件反射就越少。人类个体在初生时只有少量的无条件反射，离开成人的呵护是无法存活的。

无条件反射的神经通路是固定神经联系。它由中枢神经系统的低级部位（脑干和脊髓）实现。高等动物的无条件反射也受大脑皮层调节。无条件反射是维持个体生存和种系发展不可少的。但它们具有刻板、固定的性质，不能使有机体适应异常复杂和经常变化的情境。于是，有机体便在环境的影响下，在无条件反射的基础上，形成了另一类反射——条件反射。

2. 条件反射

条件反射（conditioned reflex）是有机体后天获得的、在生活中形成的反射。一条狗在生活中逐渐学会了根据形状、声音和气味去寻找食物，一个婴儿在出生以后逐渐认识了父母、亲人，一位母亲根据婴儿的哭声判断他是冷了还是饿了，都是条件反射。引起条件反射的刺激物叫条件刺激（conditioned stimulus，CS），由条件刺激引起的反应叫条件反应（conditioned response，CR）。条件反射具有概括的、灵活的性质，它可以随着环境和机体内部状况的变化而变化，因而能够更好地适应环境。条件反射也有不同的种类：一类是经典性条件反射（classical conditioned reflex），另一类是操作性条件反射（operant conditioned reflex）。

（四）经典性条件反射的形成

经典性条件反射的实质是刺激与刺激之间的联结，又称 S-S 学习。它最早由俄国著名生理学家巴甫洛夫提出。在 1900 年前后，在研究狗的消化腺分泌变化时，巴甫洛夫意外地发现，消化腺分泌量的变化，与外在刺激性质以及刺激出现时间有密切关系。巴甫洛夫将狗置于经过严格控制的隔音实验室内，固定在架子上，通过手术将狗脸颊上的唾液腺用导管引出来，以收集唾液。食物通过遥控装置送到狗面前的盘子中，狗的唾液分泌量通过仪器测量并记录。实验开始时，食物可以诱发狗的唾液分泌，铃声不能诱发狗的唾液分泌，这时的食物叫做无条件刺激（UCS），铃声叫做中性刺激（neutral stimulus，NS），由食物诱发的唾液分泌反应称为无条件反应（UCR）。当铃声与食物多次配对呈现后，单独呈现铃声没有食物时，狗也分泌唾液。此时，中性的刺激铃声就成了诱发原来仅受食物制约的唾液分泌反应的信号，变成了条件刺激（CS），当单独呈现条件刺激时也能够引起狗的唾液分泌反应，称为条件反应（CR）。这就是经典性条件反射的形成过程。经典性条件反射的实验情境和形成过程见图 4—2 和图 4—3。在实验中，用铃声作为无关（中性）刺激。

图 4—2　巴甫洛夫的实验装置图

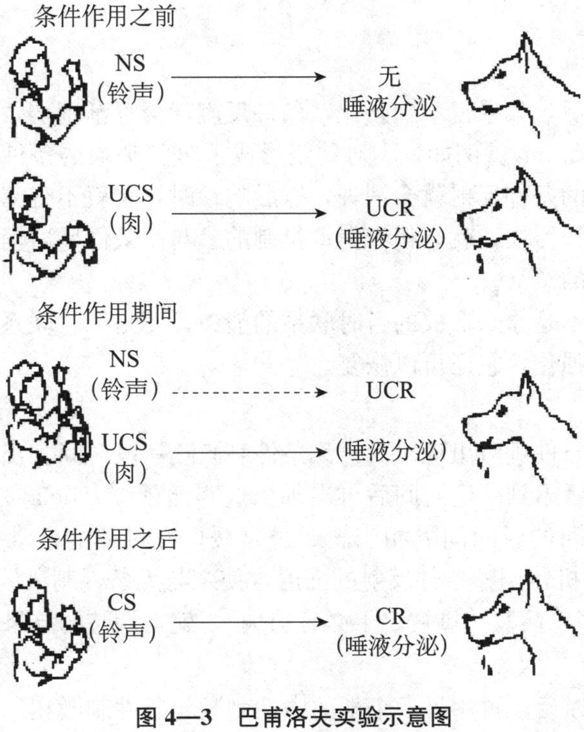

图 4—3　巴甫洛夫实验示意图

（五）经典性条件反射的规律

1. 获得

条件刺激与无条件刺激反复结合，使个体学会对条件刺激做出条件反应的过程，叫条件反射的获得。条件刺激与无条件刺激之间的时间间隔十分重要。条件刺激和无条件刺激呈现的时间关系可以有三种形式：（1）同时性关系，即条件刺激与无条件刺激同步出现。（2）延迟性关系，即条件刺激先出现一段时间，当它还未消失时，无条件刺激就出现。（3）痕迹性关系，即条件刺激先出现，消失一段时间后，无条件刺激才出现。在三种时间关系中，延迟性关系最容易形成条件反射，同时性关系次之，痕迹性关系再次。如果在无条件刺激出现后再出现条件刺激，即使有条件反射形成，效果也很微弱。

2. 泛化与分化

在条件反射形成初期，不仅条件刺激引起条件反应，与条件刺激类似的刺激也能够诱发条件反应，这就是条件反射的泛化。泛化条件反应的强度取决于新刺激和原条件刺激的相似程度。新刺激与原条件刺激越相似，诱发的条件反应越强。如戌、戍、戊、戎四个字就经常被写错，就是泛化现象。但泛化能够扩大学习的范围，学过英语再学德语就要快得多。分化是指通过选择性的强化和消退，使有机体学会对条件刺激和与条件刺激类似的刺激做出不同的反应。在教学中，经常需要对刺激进行分化，如引导学生区分“勇敢”和“鲁莽”、“谦让”和“退缩”、“重力”和“压力”、“质量”和“重量”等。

泛化与分化是互补的过程。泛化是对事物相似性的反应，是反应的类化，如俗语中所说的“有奶便是娘”。泛化能够使学习从一个情境迁移到另一个情境，能够提高学习的效率；分化是对事物差异性的反应，是反应的精确化，如俗语中所说的“到什么山上唱什么歌”、“见人说人话，见鬼说鬼话”。分化能够使个体学会对不同的情境做出不同的反应，从而避免盲目行动。

3. 消退和恢复

条件反射形成以后，如果得不到强化，条件反应就会逐渐削弱，最后消失。这叫做条件反射的消退（extinction）。例如，狗对铃声形成了分泌唾液的条件反射后，光响铃不给狗喂食，狗分泌唾液的条件反射就会消失，以后响铃时，狗就不分泌唾液了。人在新情况下改变旧的生活与工作习惯，就有赖于消退机制的参与。条件反射消退的原因是条件刺激已经失去了“信号”的意义。

条件反射的消退不是原来形成的暂时联系的消失，而是暂时联系受到了抑制。在消退之后，如果重新给予强化，它还可以恢复。

4. 延缓与调整

在某些情况下，条件刺激出现以后，无条件刺激隔一段时间才出现。有机体的条件反射就会暂时被抑制，延迟到一定时间后再出现。这叫做延缓（delay）。延迟的时间同条件刺激与无条件刺激之间的时间间隔相当。通过延缓，有机体的活动变得更加经济。调整（adjustment）是指有机体调整条件反射的强度，使之与无条件刺激的强度相当。在日常生活中，“给多少钱干多少活”、“重赏之下必有勇夫”，就是调整的结果。

5. 高级条件作用

在条件反射形成以后，再用另一个新的中性刺激与条件刺激相结合，就可以形成第二级、第三级的条件反射。这种由一个已经条件化了的刺激使另一个中性刺激条件化的过程，叫做高级条件作用。在高级条件作用中，条件反射的发生不再需要无条件刺激的帮助，因而极大地拓宽了经典性条件作用的范围。在生活中，人们的很多行为往往不是由无条件刺激直接引起的，而是通过高级条件作用，由与无条件刺激有直接或间接联系的条件刺激引起的。

6. 第一信号系统和第二信号系统

人和动物都可以形成条件反射，但二者有着本质的区别。动物没有语言，能够成为条件刺激的都是事物的具体属性，如颜色、气味、声音等。这种由具体刺激物、具体信号建立的条件反射系统叫第一信号系统（first signal system）。例如，吃过酸杏的人看见酸杏就会分泌唾液，行人来到交叉路口看到红灯就会停下来。第一信号系统的活动为人和动物所共有。人有语言，因此，人还有另一种信号系统，即以词为刺激物建立的条件反射系统，即第二信号系统（second signal system）。例如，人不仅“望梅”而分泌唾液，甚至“谈梅”也分泌唾液；不仅“见虎色变”，而且“谈虎色变”。由于词是对具体事物的抽象与概括，所以，第二信号系统一经形成，内容就比第一信号系统要丰富得多、广阔得多。人用词来建立条件反射，用词来强化，用词来反应，用词来继承人类社会的历史经验，用词来调节自己的行为。正因为人有第二信号系统，所以，人的心理反映的广度和深度是任何动物心理所无法比拟的。

二、华生的条件反射理论

美国心理学家华生认为，习惯养成与刺激和反应的条件化，两者没有什么不同，因此，可以用条件反射来解释习惯的养成。学习就是以一种刺激替代另一种刺激建立条件反射的过程。人类出生时只有几个简单的反射（如打喷嚏、膝跳反射）和情绪反应（如惧、爱、怒等），其他的行为都是通过条件反射建立新的刺激—反应联结而形成的。

华生用条件反射原理做了一个恐惧形成的实验。被试是一个名叫艾伯特的婴儿。艾伯特原来并不害怕小白兔，曾经与小白兔一块玩过许多次。在实验中，每当艾伯特要伸手去触摸小白兔时，实验者便在艾伯特身后发出一个尖锐的噪音。由于尖锐噪音的作用，艾伯特立即表现出恐惧行为，不敢再摸小白兔。小白兔和恐惧刺激建立了联结，使婴儿产生了对小白兔的恐惧，这就是恐惧性条件反应。伴随着恐惧刺激的出现，有机体不仅会对条件刺激作出特定的恐惧反应，还会形成一种泛化的、一般性的恐惧反应。艾伯特习得的这种恐惧反应甚至会泛化到小白鼠、白围巾、棉花、老人的胡子等其他的物体上，见图 4—4。

图 4—4 恐惧形成实验

华生认为，学习就是形成习惯的过程，即刺激与反应之间形成牢固联结的过程。华生也将刺激与反应分为无条件的和条件的。无条件反应是非习得反应，“其神经中的种种连接，大致在婴孩一生下来时，都已经建立好了”，“它们是行为的基本元素”；条件反应是学来的反应，是在学习中通过条件作用把非习得反应组织起来。不仅动物学习在于形成习惯，人类学习也在于形成习惯。人的各种行为不外是“肢体的习惯”、“言语的习惯”和“脏腑的习惯”，“人格乃是我们所有的各种习惯系统的最终产物”。条件反射动作是动作单元。复杂习惯就由这种单元结构而成。简单条件反应和复杂习惯反应的关系是部分和整体的关系。

华生的条件反射理论颇具有教育意义。由条件作用所学到的情绪反应，可能是负面情绪，如恐惧、焦虑、伤心、难过等，也可能是正面情绪，如喜悦、爱好等。由经典性条件作用学到的情绪反应，也会随着情境中刺激替代作用而类化。例如，某生喜爱数学，因此也喜欢与数学相关的学科。还会产生二级条件作用。例如，某生对英语有恐惧心理，可能转变为听到英语上课铃就开始恐惧。在教育中，可以运用条件作用中的削弱法则来矫正学生的偏差行为。例如，一些差生常常因为不受老师重视而刻意扰乱课堂秩序（如做怪动作或发出怪异声音），试图引起老师的注意。如果老师进行指责，对这种偏差行为就起了强化作用。如果老师不予理会，或是夸奖其邻桌的学生，就对偏差行为产生了削弱作用。时间长了，该生的偏差行为也将会因为没有得到强化而自动消失。

三、桑代克的“联结—试误说”

美国教育心理学家桑代克亦把动物和人类的学习定义为刺激（S）与反应（R）之间的联结，提出知识和技能必须通过“尝试—错误—尝试”过程来获得。因此，桑代克的学习理论又称“联结—试误说”。

（一）桑代克的经典实验

桑代克使用的实验仪器（见图 4—5）是一个用木条做成的迷笼。笼门上有一个开关，只要笼里的动物触动一下开关，就能够把笼门打开，并得到食物。桑代克把一只饿猫放入迷笼中，将食物放在笼外猫能够看得见却够不着的地方，然后详细记录猫在笼子中的行为表现。结果发现，把猫放入笼子以后，开始时它想用爪子直接去取得迷笼外的食物（鱼或肉），但不成功，它竭力想逃出迷笼，在迷笼里乱跳、乱撞、乱抓各种东西，偶然间碰到了开关，便打开笼门，吃到了食物。经过多次重复以后，猫的盲目冲动的行为逐渐减少，从笼里逃出所需要的时间就越来越短，以至于最后把猫一放入迷笼，它就能够很快地打开开关，逃出迷笼。这表明，猫习得了解决这一问题的方法。

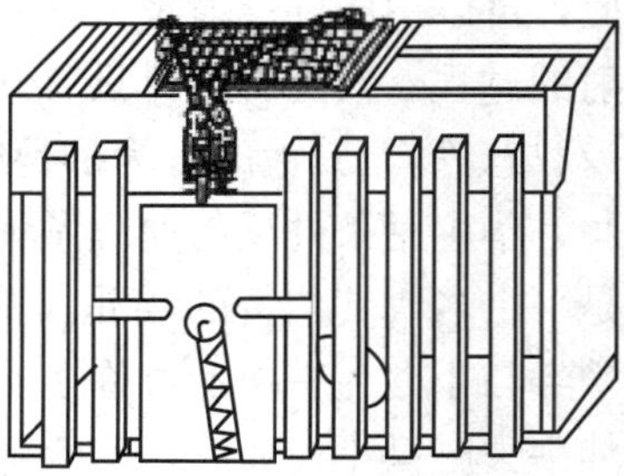

图 4—5　桑代克的迷笼

在动物实验基础上，桑代克又进行了大规模的人类学习实验，发现人类的学习虽然复杂，基本原则却与动物的学习一致。

（二）联结—试误说的主要观点

1. 学习的实质在于形成一定的联结

联结是指某种情境能够唤起特定的反应，不能唤起其他反应的倾向。桑代克从因果联系来区分情境与反应，认为情境是反应的原因，反应是情境的结果。它们之间的联系似乎是直接的，人生来不需要任何中介就有很多这样的趋向，他称为“人的本性”。学习的作用就在于把这些联结或者永久保存，或者消除，或者改变。他说：“人类的学习，即人类本性及行为的改变。”

2. 学习的本质是尝试与淘汰错误

一定的联结是通过不断尝试，不断淘汰错误，按照一定规律形成的。试误的过程受效果律、练习律与准备律支配。

（1）效果律。在试误学习中，当学习者对刺激情境做出特定反应之后能够获得满意的结果，就会增强联结（满意律）；得到烦恼的结果，联结就会削弱（烦恼律）。满意的结果会促使个体趋向和维持某一行为，烦恼的结果会促使个体逃避和放弃某一行为。桑代克后来取消了效果律中消极或令人烦恼的部分。他发现，惩罚并不一定削弱联结，效果与奖励不同。

（2）练习律。在试误学习中，任何刺激与反应之间的联结，如果经常练习和运用，联结的力量就会逐渐增大；练习的时间越近，联结保持的力量越大（应用律）。不运用，联结的力量会逐渐减少；不用的时间越长，联结的力量就越小（失用律）。

（3）准备律。在试误学习中，当刺激与反应之间的联结事前处于某种准备状态时，预期实现则感到满意，不能够实现则会感到烦恼；当此联结没有准备实现时，实现则感到烦恼。

3. 动物的学习是盲目的，人的学习是有意识的

动物的学习无需以观念作为媒介。人的学习是有意识的，学习中包含有许多观念、判断和思想，涉及考虑、思索、计划的内部活动。

桑代克的联结—试误说的影响很大。它是教育心理学史上第一个完整的学习理论。联结—试误说试图解释什么是学习，学习的过程如何进行，学习遵循哪些规律，学习有哪些特点等，为教育心理学的产生奠定了基础。

四、斯金纳的操作性条件反射理论

美国行为主义心理学家斯金纳认为，经典性条件反射只能够解释人类行为的一小部分。人类还有另外一类行为，称为操作行为，它们是在环境中缺乏明显的无条件刺激（如食物）时产生的。斯金纳做了大量的实验来构建他的操作性条件反射的学说。

（一）斯金纳箱

斯金纳在20世纪30年代发明了一种学习装置，即斯金纳箱（见图4—6）。箱内装有一操纵杆，操纵杆与一个提供食丸的装置连接。把饥饿的白鼠置于箱子内，白鼠在箱子内活动，无意间踏上操纵杆，食丸装置会自动落下一粒食丸。经过几次尝试，白鼠会不断地按压杠杆，直到吃饱为止。此时，白鼠就学会了按压杠杆以取得食物的反应，按压杠杆成为取得食物的手段或工具。操作性条件反射又称为工具性条件反射。

（二）反射学说

斯金纳认为，行为由反射构成。心理学家的任务就在于给予确定的刺激，并观察学习

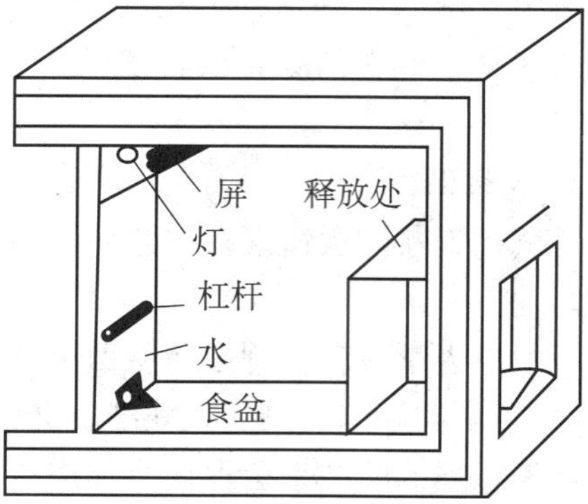

图 4—6　斯金纳箱

者的行为，从而探究学习的规律。

斯金纳将行为分为两类：(1) 应答性行为，它由已知的刺激引起；(2) 操作性行为，它由有机体自身发出。条件反射也分为两类：(1) 应答性条件反射，它强调刺激对引起期望反应的重要性；(2) 操作性条件反射，它强调反应及其结果的重要性。

操作性条件反射遵循两个原则：(1) 任何反应如果跟随着强化（奖励），这个反应就有重复出现的趋向；(2) 任何能够提高操作反应概率的刺激都是强化。操作性条件反射强调行为及其结果的重要性，认为操作性条件反射的形成就是将强化和所发出的操作反应相联系的过程。操作学习与反射学习不同：反射学习是 S-R 过程，操作学习是 S-R-S 过程，行为发生后的结果导致行为发生的概率增加或降低。操作性行为不取决于事先的刺激，而由行为的结果控制。奖赏（强化）导致行为概率增加，惩罚导致行为概率减少。

经典性条件反射和操作性条件反射的区别在于：在经典性条件反射中，行为结果对行为学习不起作用，刺激带来了符合希望的反应，刺激本身就是强化。操作性条件反射也不同于试误说，桑代克认为，奖励加强 S-R 之间的联结。斯金纳却认为，反应加强的不是 S -R联结，而是相同行为再发生的概率。

（三）强化学说

强化学说是操作性条件反射理论的最重要的部分。行为之所以发生变化是因为强化。强化是最容易控制、最有效的变量。对强化的控制就是对行为的控制。

1. 强化的种类

在强化学说中，能够增加操作行为再次出现概率的刺激叫做强化物（reinforcer）。强化物一般在行为出现后立刻出现，或者间隔非常短的时间出现。如果强化物没有及时出现，学习就不能发生，或者学习就会被削弱。

强化物有两种：正强化物和负强化物。正强化物就是在操作行为出现以后给予奖励，以增加该行为再次出现的概率。正强化物在操作行为出现后马上出现，于是增强了反应，正强化物和反应的匹配称为正强化。例如，教师的表扬，使学生乐于学习。负强化物是在操作行为出现后停止或移开不愉快的刺激。由于不愉快刺激的移开，使反应再次出现的概率增加了，这叫做负强化。负强化与惩罚容易混淆，二者的区别在于：惩罚减少反应出现的概率，负强化增加反应出现的概率。例如，当乘客系紧安全带以后，车里的警示器就不会发出叫声，这种声音停止增加了人们下一次坐车时系安全带的行为，就是负强化。

总之，凡是能够增强反应概率的刺激和事件都叫强化物；反之，在反应之后，紧跟一个讨厌的刺激，导致反应概率下降，则是惩罚。例如，学生在课堂上窃窃私语，老师批评了他，他以后不这样做了。实验表明，惩罚对消除行为并不一定完全有效。厌恶刺激中止以后，原先建立的反应仍然会逐渐回复，因为惩罚并不能够使行为发生永久性的改变，只是暂时地抑制了行为。因此，教师在对学生教育时，应尽量少用或不用惩罚，而代之以负强化。正强化和负强化能够教会个体做什么和怎样做，而惩罚只能教会个体不该做什么和不该怎样做。正强化、负强化与惩罚的区别可见表4—1。

表4—1　　正强化、负强化与惩罚的区别

	刺激增强	刺激消除
反应增加	正强化（呈现愉快刺激）	负强化（中止不愉快刺激）
反应降低	惩罚1（呈现不愉快刺激）	惩罚2（中止愉快刺激）

强化还可以分为一级强化和二级强化。相应的刺激称为一级强化物和二级强化物。一级强化物能够满足人和动物的基本生理需要，如食物、水、安全、温暖、性等。而将任何一个中性刺激与一级强化物反复联合，使之获得强化的性质，这一刺激就被称为二级强化物。例如，金钱对婴儿而言不是强化物，当小孩知道钱能够换糖时，就能够对儿童的行为产生效果。再如分数，也是在受到教师注意后才具有强化的性质。二级强化物可以分为社会刺激（社会接纳、微笑）、信物（钱、级别、奖品等）和活动（自由地玩、听音乐、旅游等）。在实际教育中，人们对各种不同的强化刺激做出反应。有的学生因为在班上受口头表扬而受到激励，有的学生则不然。一个强化事件本身并不必然有效。

2. 强化的程式

强化程式又称强化程序，是指在提供强化物的时间上做出不同的安排。强化程式有不同的种类，每一种程式都产生相应的反应模式。

连续强化是指在每次行为之后都给有机体以强化。这种强化程式在教新的反应时最为有效。缺点是一旦出现了不强化，反应就很容易消退，而且这种做法既不可能也不经济。间隔强化是指间隔一段时间或次数以后才给予强化。间隔强化比连续强化有较高的反应率和较低的消退率。间隔强化可以分为比率式间隔强化和时间式间隔强化。比率式间隔强化又可以分为固定比率强化和变化比率强化。固定比率强化是指每间隔一定次数给予强化，如每5次强化1次；变化比率强化是指两次强化之间的反应次数是变化的。对人和动物的实验表明，变化比率强化引发高而恒定的反应率，被强化的行为也不容易消退。因为虽然被试知道强化取决于反应次数，却不知道具体需要反应多少次才会得到强化。时间式间隔强化可以分为固定时间强化和变化时间强化。固定时间强化是指间隔一定时间给予强化，如单位里的工资每月发放一次；变化时间强化是指强化的时间间隔是变化的。固定时间强化的缺点是，一旦个体认识到强化的时间规律，就会在时间间隔的最后阶段集中反应。实验表明，在变化时间间隔的条件下，个体的反应频率最高。

[专栏4—1]　　习得性无助现象

习得性无助（learned helplessness）是个体经过痛苦折磨形成的绝望心态。纵使脱离苦难的机会就在眼前，个体也不尝试摆脱。习得性无助既可以指一种实验现象，也可以指人类抑郁的一种模型。

塞里格曼等人最早发现了习得性无助现象。他们对两组狗进行了两个阶段的实验。在第一阶段，将狗禁闭在吊床上，给予许多无法预料的痛苦电击。有的狗做出推动嵌板的动作就可以躲避电击，另一些狗无论怎样做都无法躲避电击。通过一天的训练，可以逃避的狗学会了通过反应躲避电击，不可逃避的狗知道了自己的反应不起作用。第二天，将每只狗都放在一个特制的箱子里进行训练，箱子中间由栅栏隔开。当声音信号（CS）出现时，箱子一边会有电击出现，狗可以跃过栅栏来躲避电击。结果发现，在第一阶段学会了躲避电击的狗，很快地学会躲避 CS。在第一阶段接受不可逃避的电击的狗，在第二阶段里却处于一种“自暴自弃”状态。当响起声音信号时，它们不跳到箱子的另一边以躲避电击，宁愿坐着不动，忍受电击，以至于发出哀鸣。它们没有学会逃避或回避。这些动物极度衰弱，不能够通过反应来应对有害情境。由于它们的行动无能是因为有过一段不可逃避的电击经历，因而这种现象被称为习得性无助，又叫“学会的无能为力”，简称 LH。研究表明，LH 也发生在人类身上。人类在经历了一连串不可解决的猜字谜问题后，甚至不能学会用简单的双手运动去逃避恼人的喧闹声。

LH 有三种不同效应：（1）动机缺失。个体做任何反应时都显得十分缓慢，显得呆板、倦怠。它们似乎认输了，只等待环境安排。（2）认知缺失。在经历了不可控的惩罚以后，动物出现了学习困难，甚至当后来的反应是成功时也出现学习困难。它们很难发现自己正在做的尝试恰好控制了惩罚性的事件。（3）情绪缺失。个体自暴自弃和沮丧，动物看上去非常害怕、退缩、被动抑郁和神经过敏，有严重的生理紧张反应，出现了胃溃疡，经常大便，体重减轻，无精打采。

塞里格曼等人认为，当强化的结果不依赖于有机体的反应时，就会发现这样的事实：无论反应与否，结果都一样，所以做出反应是无用的。这种结果与反应无相倚关系的信念一经形成，就会对个体将来的学习产生普遍的甚至是灾难性的影响。这种学习具有弥漫性效应，可以从一种学习情境迁移到另一种学习情境。这一理论已经演变成为人类抑郁和其他行为障碍的模型。抑郁的习得性无助模型认为，一个处在不可控制的情境下的人会感到，他们对所处情境无能为力。他们相信，将来仍然不能控制。这样，就会感到压抑。抑郁症患者常表现出情绪缺乏（如感到伤心和焦虑）、动机不足（抑郁的人常说：“既然做什么都没有用，那还尝试什么？”“听天由命吧！”）和认知障碍。习得性无助理论对教育具有重要意义。在教育中，千万莫使学生对自己的学业和品德修养产生无能为力之感。那种“双差生”（品德和学业表现都欠佳）往往是学校生活中的习得性无助者。这种情况一旦产生，就很难改变。

资料来源：张积家．普通心理学．广州：广东高等教育出版社，2008.

（四）操作性条件反射原理的运用

1. 程序教学和教学机器

斯金纳认为，学习就是形成条件反射，教育就是塑造行为。成功的教学和训练的关键是选择合适的强化物和建立特定的强化程式。他根据强化理论创立了程序教学和教学机器。教学机器是按一门学科内容的逻辑联系分成的一系列知识项目，它们被编制成一套严密的、渐次加深的问题框面，学生正确回答了前一个框面的问题之后，就学习下一个新的问题框面。学完一个程序，可再学一个新程序。斯金纳认为，消极处分是传统教学的最坏的特征之一。由于机器教学保证学生在每一个学习上的小步子都得到了强化，学生在学习时能够得到即时的反馈，因而这种学习具有积极、激励的作用。程序教学具有如下的特征：(1) 教材分成许多小步子；(2) 学生对每一学习内容做出积极的反应；(3) 反应以后及时得到反馈；(4) 学生自定学习速度；(5) 尽可能每次都是正确的，有低的错误率。程序教学和教学机器对世界各国教学产生了深刻的影响，至今在教学软件开发中也有广泛的应用。

2. 行为建立

操作性条件反射的原理也被应用至动物和人类的行为建立上。要建立一个符合要求的行为，可以采取逐步强化法。即先对那些与要建立的反应较为接近的反应进行强化，逐渐将有机体引向要建立的反应。例如，要训练白鼠按压杠杆的行为，开始时当它转向杠杆就予以强化；当这一反应建立以后，当它走向杠杆就予以强化；最后，只有它按压杠杆才予以强化。使用这种方法的关键是：(1) 明确所要求的行为是什么；(2) 选好强化的起点；(3) 小步子和逐步强化。

3. 行为矫正

行为矫正是使个体在某种情境下的不适当行为或不良习惯，经由强化或削弱得以消失，使个体能够健康地生活。行为矫正通常有如下的方法和技术。

(1) 消退。斯金纳认为，人和动物的许多不合要求的反应都是不正确强化造成的，属于强化误用。例如，一位被父母训斥的孩子产生了自虐行为，打自己的脸，父母看到后赶快屈服并过分安慰他。由于这种强化，他以后就更可能产生自虐行为。对这样的行为，可以用消退法去消除。即消除不正确的强化，进而消除不正确的行为。消退也可以用于减少恐惧和焦虑。例如，让惧怕蜘蛛的人逐步地观看和体验蜘蛛的图片和真实的蜘蛛，虽然越来越吓人，但却被证明是无害的。这种逐步经受现实考验的方法叫忍受法。

(2) 强化不相容的反应。将不强化某个不合要求的反应与强化某个与之对抗的合乎要求的反应相结合，借以消除不合要求的反应。例如，学生之间有时会相互攻击，如果教师公开表扬相互帮助、和谐相处的学生，这种攻击行为就会减少。对患恐惧症的人，可以训练他在恐惧的情境中，通过肌肉放松来保持镇静，这种技术叫脱敏作用。它的原理就是利用了放松与焦虑的不相容性。

(3) 代币法。在传统的精神疗养院中，细心照顾病人是最好的方法。事实上，对病人的无微不至的照顾，反而会使病人因为过分依赖而丧失自我恢复能力。针对这一问题，可以采取代币法（或标记奖励法）。代币法以具有交换价值的象征物代替金钱或其他财物，作为患者自发性适当行为（如按时起床收拾床铺）出现时的正强化物，借由后效强化的原理，达到矫正不良习惯的目的。

(4) 惩罚。当一种不良行为出现时，给予惩罚，可以抑制这种行为。然而，惩罚欲有效，应该符合下述条件：

一是惩罚要及时。惩罚的目的是在过错行为和生理或心理痛苦之间建立相倚关系。因此，在不良行为出现时，要即行惩罚，不要等过了很长时间以后再惩罚。中国古代讲究

“罚不还面”，即惩罚不要等到下次再见面的时候。因为个体出现不良行为以后，预料到自己会被惩罚，行为上表现得会好一些。如果惩罚延迟，就不是在过错行为和痛苦之间建立联系，而是在良好行为和痛苦之间建立联系。对幼小的儿童而言，容易形成错误的因果关系。

二是惩罚强度应与错误性质相当。对严重的过错给予小惩罚，犯错者会产生侥幸心理，不利于行为改正；对小过错给予严厉的惩罚，个体会产生抵触情绪。

三是惩罚的安排不能出现任何遗漏。不能让被处罚者钻了空子，有过错反而能够不受处罚。这也就平时所说的“法网恢恢，疏而不漏”。

四是惩罚不应该逐渐增加强度，应该一开始就以最大的强度出现。

五是惩罚应该公平，不能因人而异。所谓“王子犯法，与庶民同罪”。

六是应该选择适当的惩罚种类。惩罚不仅仅指体罚。当体罚由于实际情况、法律或道德上的原因不能够采用时，可以用减少正强化作为惩罚。剥夺、爱的回收和信任的回收，都属于惩罚。

七是应该向被惩罚者说明惩罚的原因和理由，使被惩罚者“口服心服”。

八是惩罚应该实行“给出路”的政策。应该使被惩罚者明白，正确的反应是什么，并利用交替反应的原理，使被惩罚者通过正确反应得到强化。

第三节　认知派的学习理论

20 世纪 60 年代，行为主义在心理学中的统治地位受到了认知革命的冲击。一些心理学家认为，联结派的理论虽然可以解释一些简单的学习行为，却难以解释人类的复杂学习行为。认知理论家批评行为主义者过于重视动物实验，他们集中于人类学习的研究，认为人类学习是经验的重组，是认知结构获得和建构的过程。这一学派的代表人物有苛勒、托尔曼（E. C. Tolman，1886—1959）、布鲁纳和奥苏伯尔等。

一、格式塔学派的学习理论

格式塔（Gestalt）是一个德语词，意思是“完形”。“完形—顿悟说”是格式塔学派的学习理论，代表人物是苛勒。

（一）黑猩猩问题解决的实验

1913—1917 年间，苛勒通过对黑猩猩进行的问题解决实验，提出了与“试误说”对立的学习理论——“完形—顿悟说”。

在黑猩猩问题解决的实验（见图 4—7）中，苛勒把黑猩猩置于笼子内，笼子内放有箱子，笼顶悬挂着香蕉。在简单问题情境中，只要黑猩猩利用一个箱子便可够得着香蕉；在复杂问题情境中，需要黑猩猩将几个箱子叠起，方可以够得着香蕉。当黑猩猩看到笼子顶上的香蕉时，它最初的反应是用手去抓，但够不着，只得坐在箱子上休息，但毫无利用箱子的意思；当黑猩猩从原来躺卧的箱子上走开时，看到了这只箱子，并把这只箱子移到香蕉底下，站在箱子上伸手去取香蕉，但由于不够高，仍然够不着，它只得又坐在箱子上休息；突然间，黑猩猩跃起，搬起曾经坐过的箱子，并将它叠放在箱子上。然后，迅速地登上箱子而取得了香蕉。三天以后，苛勒稍微地改变了情境，黑猩猩仍然能够利用旧经验解决新问题。

图 4—7　黑猩猩问题解决实验

在棒子实验中，在笼外放有香蕉，笼内放有两根短竹棒，用其中任何一根都够不着笼外的香蕉。黑猩猩思考了一会，突然将两根竹棒接起来，够着了香蕉，把香蕉拨过来。黑猩猩一旦领悟到了竹棒接起来与远处香蕉的关系，就一次又一次地把一根竹棒插进另一竹棒的末端，以便够得着远处的香蕉。

（二）完形—顿悟说的基本观点

1. 学习是顿悟的过程

学习是个体利用智慧与理解力对情境及情境与自身关系的顿悟，而不是动作的累积或盲目的尝试。苛勒指出："真正的解决行为，通常是畅快的、一下子解决的过程，具有与前面发生的行为截然区分开来而突然出现的特征。"这就是顿悟。顿悟的实质是在主体内部构建一种心理完形。顿悟虽然经常出现在若干尝试与错误之后，却不是盲目的、胡乱的冲撞，而是在做出外显反应之前，在头脑中进行一番类似于验证假说的思索。

苛勒认为，学习包括在知觉中旧有结构的逐步改组和新结构的豁然形成。动物只有在清楚地认识到整个问题情境中的各种成分之间的关系时，顿悟才会出现。顿悟是对目标和达到目标的手段与途径之间的关系的理解。学习就是顿悟的过程。

2. 学习的实质是在主体内部构造完形

完形是一种心理结构，是对事物关系的认知。学习能够产生一种完形组织，是不断地构建完形的过程。问题解决是通过对情境中事物关系的理解而构造"完形"来实现的。这种"完形"能够填补缺口或缺陷，使有机体不断发生组织和再组织。例如，在黑猩猩接棒取物实验中，黑猩猩不是偶然地看到棒子，而是先看到目标物，考虑目的，再开始观察可以利用的条件。行为针对目标，而不仅针对手段和工具。动物领会了食物（目标）和棒子的关系，构造食物与棒子的完形，发生了接棒取物的行为。

3. 刺激与反应之间的联系不是直接的，要以意识为中介

联结派的理论家把反应看成是由刺激直接引起的。格式塔心理学家认为，行为是个体由感官领悟情境，再由运动神经做出相应的动作。人对刺激的直接反应多是在心理或直觉层面的感受历程。

作为早期的认知学习理论，"完形—顿悟说"虽然不如"联结—试误说"完整而系统，但肯定了主体的能动作用，强调心理的组织功能，把学习视为主动构造完形的过程，强调观察、顿悟和理解在学习中的作用。这对于反对联结理论的机械性和片面性，具有积极的意义。

二、托尔曼的目的行为理论

美国心理学家托尔曼是一位行为主义者。但他提出了整体行为的模式和中介变量的概念，将 S-R 公式修改为 S-O-R。在动物学习实验的基础上，他建立了目的行为主义，后来改为符号学习论（sign learning theory）。托尔曼强调认知的作用，用动物的动机、认识、预期、意向和目的来描述动物的行为。

（一）认知地图

为了探索动物在学习中的认知变化，托尔曼设计了白鼠的位置学习实验。在一个典型实验里，迷津（见图 4—8）中有一个出发点、一个食物箱和三条长度不等的从出发点到达食物箱的通道。在实验开始时，将白鼠置于出发点，然后让它们自由地在迷津内探索。一段时间以后，再将它们置于出发点，并对各通道做一些处理，观察它们的行为。实验结果是：若三条通道畅通，白鼠选择第一条通道到达食物箱；若 A 处堵塞，白鼠选择第二条通道；若 A 处和 B 处都堵塞，白鼠选择第三条通道。因此，白鼠像一个对环境十分熟悉的人，能够根据路径的变化用最简捷方法解决问题。白鼠好像已经学到了关于迷津位置的信息，在头脑中形成了认知地图（cognitive map），而不是按照盲目的习惯去行动。

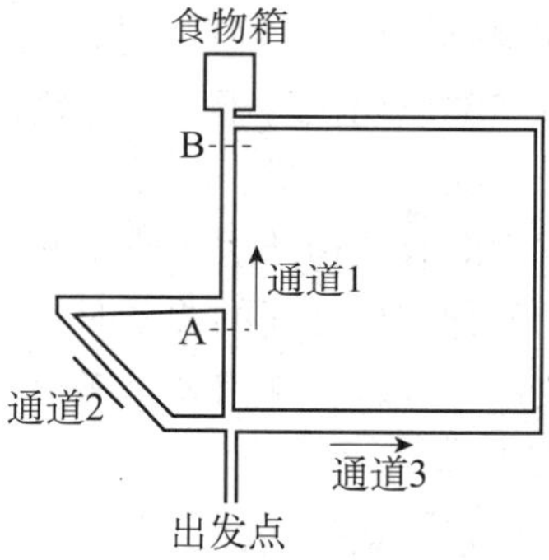

图 4—8　位置学习实验迷津

（二）预期的作用

托尔曼认为，动物的行为由对目标的期待引导。白鼠在迷津中自由探索时，形成了认知地图，这种认知地图在测验阶段就成为指导行为的预期。白鼠在预期的指导下行动。这一观点在廷克波（O. L. Tinklepaugh）的奖励预期实验中得到证实。廷克波训练猴子完成一项辨别任务。实验者首先当着猴子的面，把它们喜欢吃的香蕉放在两个容器中的一个中并盖住。然后，用一块木板挡住猴子的视线。过了一段时间以后，再要求猴子在两个容器中进行选择。结果发现，猴子能够准确地在装有香蕉的容器中取得食物。然后，实验者当着猴子的面用一个容器把香蕉盖住以后，又在挡板后面将香蕉取出，换为猴子不喜欢吃的莴苣叶子，并要求猴子取食。结果发现，当猴子再次想从原来容器中拿香蕉却发现是莴苣叶子时，显露出惊讶的表情，它很失望，拒食莴苣叶子，并向四周环顾搜索，好像在寻找预期中的香蕉。当寻找失败后，它感到非常沮丧，对着实验者高声尖叫，大发脾气，仍然拒绝取食。托尔曼认为，动物和人类的行为并非受行为的直接结果支配，而是受预期支配。

（三）目的学习理论

托尔曼根据实验提出了自己的学习理论：

（1）学习是有目的的行为，而不是盲目的。

（2）学习是期待的获得，而非习惯的形成。期待是目的的表现。

（3）在外部刺激（S）和行为反应（R）之间存在中间变量（O）。中间变量代表机体的内部变化，这种变化是学习的产物。

（4）外部强化并不是学习的必要条件。有机体在无外部强化条件下也产生学习。期待证实也是一种强化。这种学习属于“潜在学习”。“潜在学习”在无外部强化条件下也能发生。

三、布鲁纳的认知—发现说

布鲁纳是美国著名的心理学家和教育学家。他长期研究知觉与思维的认知学习，在《教育过程》一书中，布鲁纳阐述了他关于学习和教学的基本原则。布鲁纳的学习理论属于认知学习理论。

（一）认知学习观

布鲁纳的学习理论属于认知学习理论。其内容包括如下几个方面。

1. 学习的实质是主动地形成认知结构

布鲁纳认为，学习的实质不是被动地形成刺激—反应的联结，而是主动地形成认知结构。学习者不是被动地接受知识，而是主动地获取知识，并通过把新知识与已有认知结构联系起来，积极地建构自己的知识体系。他十分强调认知结构在学习中的作用，认为认知结构可以给经验中的规律性以意义和组织，并形成一个模式。认知结构即编码系统，主要成分是“一套感知的类目”。学习就是类目及其编码系统的形成，一切知识都按编码系统排列和组织。这种各部分存在联系的知识，使人能够超越给定信息，举一反三，触类旁通。

2. 学习包括获得、转化和评价过程

布鲁纳认为，学习一门学科包含三个几乎同时发生的过程：（1）新知识获得。（2）知识转化。学习涉及知识转换。通过转化，把信息转化为各种不同方式，使之超出它们最初所给的事实，从而学到更多知识。（3）评价。评价是对知识转化的检查。要核对处理知识的方法是不是适合于这个任务，概括得是否适当，运用得是否正确。评价通常包含对知识的合理性进行判断。

布鲁纳认为，学生是积极的信息加工者，能够将信息连成知识系统，形成结构性的知识。教育者的主要任务在于提供有助于学生矫正和提高的反馈信息，教育学生进行自我反馈，以提高学习的自觉性和能动性。

（二）提倡发现学习法

布鲁纳反对以强化为主的程序教学，认为引导学生一步一步地学习，只能导致学生的呆读死记，不能保证学生在另一情境中运用知识。他主张，学习的目的在于以发现学习的方式，使学科的基本结构转变为学生头脑中的认知结构。

布鲁纳认为，“发现是教育儿童的主要手段”，学生掌握学科基本结构的最好方法是发现法。“发现不只限于寻求人类尚未知晓的事物的行为，确切地说，它包括用自己的头脑亲自获得知识的一切形式。”学生所获得的知识，尽管都是人类已经知晓的事物，但如果这些知识是依靠学生自己的力量引发出来的，那么对学生来说仍然是一种“发现”。为此，教学不应当使学生处于被动接受知识的状态，应当让学生自己把事物整理就绪，使其成为发现者。

四、奥苏伯尔的意义学习理论和同化说

奥苏伯尔是美国著名教育心理学家。他根据学习方式将学习分为接受学习与发现学习，并澄清了发现学习与接受学习、意义学习和机械学习之间的关系，在此基础上，提出了意义学习的理论和同化说，在教育理论界影响很大。

（一）发现学习与接受学习、意义学习与机械学习的关系

奥苏伯尔认为，从提高课业学习的观点看，没有哪项理论研究比明确区分课堂内的主要学习类型更重要、更迫切。他认为，接受学习的特点是，所学内容都以确定方式授予学习者。学习课题不涉及学生的任何独立的发现。发现学习的特点是，要学的内容不是授予的，必须是学习者发现的。接受学习和发现学习在智力发展和功能上所起的作用不同。大量教材知识多半通过接受学习获得，而日常生活问题则是通过发现学习解决。发现学习能够使人深入地了解科学方法，也能促使人为地再发现已知命题。当发现学习被天才者利用时，可以使他获得重要的新知识。然而，在更加典型的课堂情境中，通过问题解决活动来发现新颖命题并不是获得新概念或新知识的引人注目的特点。就个人的正式教育来说，教育机构主要是传授现成的概念、分类和命题，因此，发现法几乎不可能成为一种高效的传授学科内容的主要方法。

奥苏伯尔提出了区分学习性质的新标准。他认为，发现学习并不总是积极的，接受学习也并不总是消极的。区分积极学习和消极学习不是根据学习的发现或接受的性质，而是学习者在学习中是进行了意义学习，还是进行了机械学习。

（二）意义学习的实质与条件

奥苏伯尔认为，意义学习的实质，就是符号代表的新知识与学习者认知结构中的已有适当观念建立非人为的和实质性的联系。这一论断既给意义学习下了明确定义，也暗含着意义学习的标准与条件。

1. 意义学习的标准

奥苏伯尔认为，学生的学习是有意义的还是机械的，必须了解符号所代表的新知识与

学习者认知结构中原有观念的联系的性质。这种新旧知识联系的性质既受学习者原有知识背景影响，也受学习材料本身性质制约。意义学习有两个标准：（1）新符号或符号代表的观念与学习者认知结构中的有关观念具有实质性的联系。所谓实质性的联系，是指表达的词语虽然不同，却是等值的。（2）新知识与认知结构中的有关观念存在逻辑联系，即非人为的联系。例如，等边三角形概念与儿童认知结构中一般三角形概念的关系不是人为的，它符合一般与特殊的关系。无意义音节和配对的形容词只能够机械学习，因为这样的材料不可能与认知结构中的任何已有观念建立起实质性的联系，必须在逐个字母或项目之间建立联系。这样的学习完全是机械学习。机械学习也就是平时所说的“死记硬背”。

2. 意义学习的条件。

奥苏伯尔认为，意义学习依赖于以下条件：

（1）外部条件。意义学习的材料必须合乎满足能够与认知结构中的有关知识建立起实质性的和非人为的联系的要求，即材料必须具有逻辑意义，学习者可以理解。一般说来，学生所学习的教材，是人类认识世界的概括，都有逻辑意义。

（2）内部条件。学习者必须有意义学习的心向，即学习者能够积极主动地把符号所代表的新知识与认知结构中原有的适当知识加以联系；学习者认知结构中必须具有适当的知识，以便与新知识进行联系；学习者必须积极主动地使这种有潜在意义的新知识与他的认知结构中有关的旧知识发生相互作用。结果，旧知识得到改造，新知识就获得了实际意义。否则，学习材料缺乏逻辑意义，或者虽然学习材料本身具有逻辑意义，但学习者认知结构中缺乏与新知识联系的已有知识，或者学习者缺乏主动地将符号代表的新知识与认知结构中原有的适当知识加以联系的倾向，所进行的学习必然是机械学习。

（三）意义学习的类型

奥苏伯尔认为，根据学习内容，意义学习有以下三种类型：

（1）表征学习（representational learning）。即学习单个符号或一组符号的意义，主要内容是词汇学习。表征学习的心理机制是符号和所代表的事物或观念在认知结构中建立相应的等值关系。例如，“狗”的符号对初生儿童而言，完全无意义。在儿童同狗多次打交道过程中，儿童逐渐学会用“狗”的语音代表实际见到的狗。“狗”的声音符号对儿童来说获得了意义；当儿童将“狗”的声音符号与“狗”的视觉形象联系起来时，所引起的认知内容和实际的狗所引起的认知内容大致相同。

（2）概念学习（conceptual learning）。即掌握同类事物的共同的关键特征。例如，学习“三角形”的概念，就是掌握三角形的关键特征：有三个角和三条相连接的边，与大小、形状、颜色等无关。

（3）命题学习（propositional learning）。命题以句子形式表达，可以分为两类：一是非概括性命题，只表示两个以上的特殊事物之间的关系，如“北京是中国的首都”。二是概括性命题，表示若干事物或性质之间的关系。如“圆的直径是它的半径的两倍”。这里的“圆”、“直径”、“半径”可以代表任何圆及其直径和半径，这里的倍数关系是普遍关系。

命题学习中也包含了表征学习。如果学生对一个命题中的有关概念没有掌握，就不可能理解这一命题。命题学习必须以概念学习为前提。当学习者有意义地学习命题时，他所学习的句子与他认知结构中已有的观念会建立起联系。

奥苏伯尔认为，新知识与学生的已有观念之间有不同关系：下位关系、上位关系和并列关系。根据新知识同学习者的已有观念之间的关系，他又将意义学习分为以下三种类型（见图 4—9）：

（1）下位学习。新知识与已有观念之间具有下位关系（subordinate relationships），即有类属关系。学习者将新概念归属于认知结构中已有观念，使之相互联系。例如，若在学习正方形、长方形、三角形时已经形成了轴对称图形的概念，在学习圆时，“圆也是轴对称图形”这一命题的学习，就是下位学习。

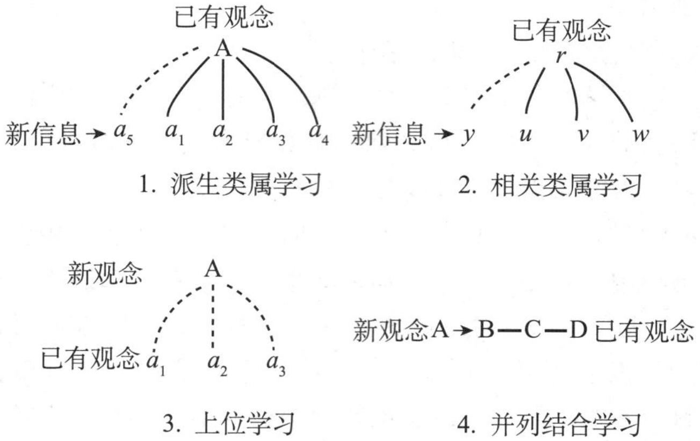

图 4—9　知识学习类型图

（2）上位学习。新知识与已有观念之间具有上位关系（superordinate relationships），即有总括关系。例如，个体头脑中有了“动物”、“植物”和“微生物”的观念，在学习“生物”概念时，学生就用“生物”观念去统合“动物”、“植物”和“微生物”的观念。

（3）并列结合学习。这是指新知识与已有观念既不是类属关系也不是总括关系时所产生的学习。例如，对质量与能量、遗传与变异、需求与价格等概念的学习。这一类关系的学习，虽然既不类属于学习者已经掌握的观念，也不能总括已有的观念，但它们之间仍然具有某些共同的特征。根据这些共同的特征，新知识与已有知识并列组合在一起。

（四）意义学习的实质——同化说

奥苏伯尔采用皮亚杰儿童认知发展学说中的同化（assimilation）和顺应（accomodation）概念来解释意义学习的发生过程。皮亚杰认为，“同化就是把外界元素整合到一个正在形成或已经形成的结构中”，顺应则是“同化性的结构受到所同化的元素的影响而发生的改变”。皮亚杰以这两个过程来阐释主体的认知结构与环境刺激之间的关系：当有机体面对一个新刺激情境时，如果主体能够利用已有图式或认知结构把刺激整合进去，就是同化；当有机体不能利用已有图式接受和解释它时，认知结构由于刺激影响而发生改变，就是顺应。奥苏伯尔认为，只有当学生把教学内容与自己的认知结构联系起来时，意义学习才能发生。因此，学习是学生运用已有知识经验来同化新知识从而形成新认知结构的过程。

第四节 联结—认知派的学习理论

联结—认知派试图扬弃纯粹的联结派学习理论与认知派学习理论。它主要包括信息加工理论、建构主义理论、观察学习理论和人本主义理论。

一、信息加工理论

加涅从联结派与认知派的学习理论中汲取合理成分，并引进信息论观点，提出了学习的信息加工理论。

（一）学习的信息加工模式

加涅认为，学习可以分为若干阶段，每一阶段需要进行不同的信息加工。图4—10为加涅提出的学习过程的基本模式。

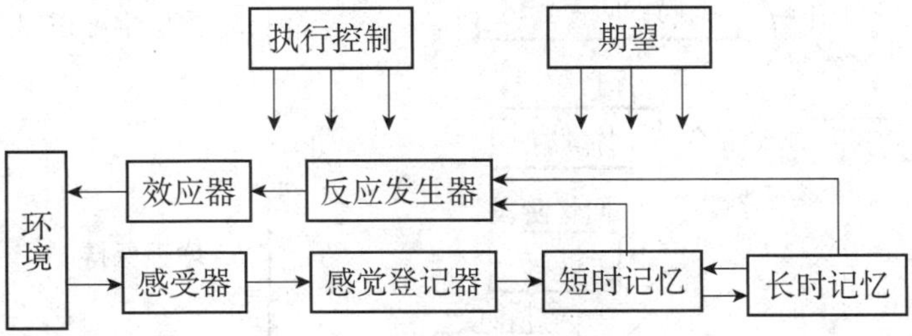

图4—10 信息加工模式

这一模式展示了学习的信息流程。来自环境中的刺激作用于感受器，通过感觉登记器进入信息加工系统。信息最初在感觉登记器中编码，并以映象形式保持在感觉登记器中。信息在感觉登记器中的保持时间仅为0.25～2秒。

信息进入短时记忆后，转化为语词形式，保持时间一般为2.5～20秒。如果学习者做了复述，信息可以保持得长一点，但不会超过1分钟。经过复述、精细加工和组织编码，信息被转移到长时记忆中。长时记忆是永久性的信息贮存库。当需要使用信息时，需要经过检索提取信息。被提取信息可以直接通向反应发生器，从而产生反应；也可以再回到短时记忆，对信息的合适性作进一步考虑。长时记忆的信息被检索回到短时记忆，这时的记忆又被称为“工作记忆”。

从短时记忆或长时记忆中检索出来的信息通过反应发生器，反应发生器具有信息转换或动作的功能，产生了影响环境的操作行为。这种操作使外部观察者了解原先的刺激发生了作用——信息得到了加工。除信息流程外，在这一模式中，还包含期望事项与执行控制。期望事项是学习者期望达到的目标。只有学习者对学习抱有某种期望，反馈才会具有强化作用。执行控制决定哪些信息从感觉登记进入短时记忆，如何进行编码，采用何种提取策略。期望事项与执行控制影响信息加工的所有阶段。

（二）学习的阶段及教学设计

加涅认为，教学过程既依赖于学习者的内部加工过程，又影响这一过程。教学阶段与学习阶段完全对应。在每一教学阶段发生的教学事件，是学习的外部条件。教学就是由教师安排和控制的外部条件构成。教学艺术在于学习阶段与教学阶段的吻合。学习过程由一系列事件构成。每一个学习活动可以分解成八个阶段，见图 4—11。示意图左边是学习阶段，方框上面是阶段名称，里面是阶段的内部过程，示意图右边是教学事件。这样，学习者的内部学习过程形成一环接一环的索链，学习阶段把这些内部过程与教学的外部事件联系起来。

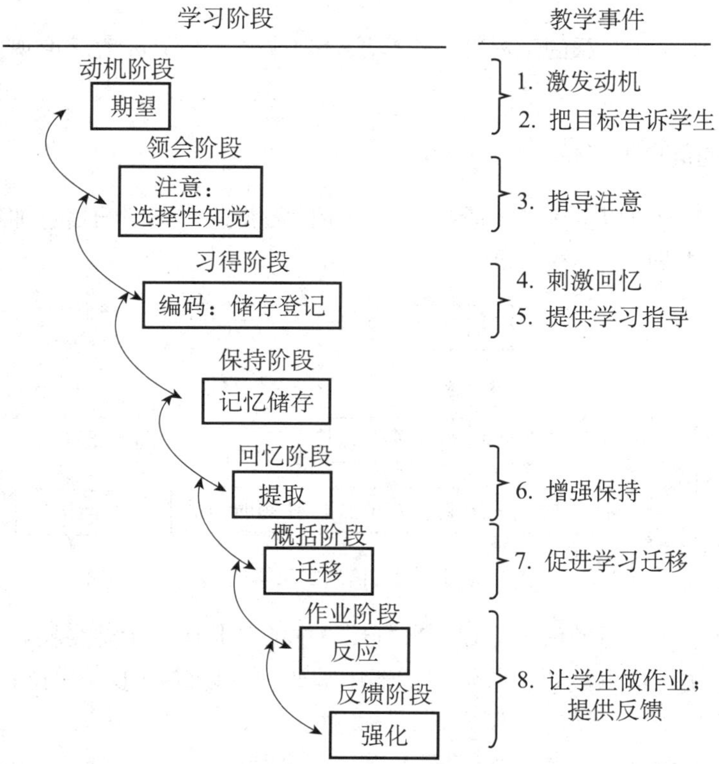

图 4—11　学习阶段与教学事件

（1）动机阶段。一定的学习情境成为学习行为的诱因，激发个体的学习活动。在这一阶段，要引发学生对达到学习目标的预期，使学生形成一种期望，产生学习的动机。

（2）领会阶段。内部过程是注意和选择性知觉。教学应引起学生注意，使情境特点能够被学生选择性地知觉到。

（3）习得阶段。内部过程是对信息编码，如用某种方式把刺激组织起来，或根据概念对刺激分类，或把刺激简化成基本原理。编码目的是为了便于保持信息，将短时记忆转化为长时记忆。不同教学方式对编码过程有一定影响。教师应该给学生提供学习方法指导。

（4）保持阶段。信息经过复述、强化后，以一定形式（表象或概念）在长时记忆中永久保存下去。在保持阶段，有些信息因长期失用而消退。新旧信息的混淆，往往使信息难以提取。教师如果对学习条件作出适当安排，就可以减少干扰，对信息保持起一定影响。

（5）回忆阶段。这一阶段为检索过程，即提取储存知识。信息提取阶段最容易受外部刺激影响。教师可以利用各种方式使学生得到提取线索，以增加学生的信息回忆量。

（6）概括阶段。学生把已获得的知识和技能应用于新情境中，使学习发生迁移。学生学习时经历的情境越多，迁移的可能性越大。但学生必须掌握规则，即要从一般意义上来理解原理。教学需要提供有利于将学习内容用于新情境的提示，或让学生在不同情境中学习。

（7）作业阶段。学生做出反应。教师给学生提供应用知识的机会，使学生显示出学习效果。对有些学生，作业是为了获得反馈；有些学生通过作业看到学习结果，也能获得满足。

（8）反馈阶段。教师提供反馈，让学生及时知道作业是否正确，从而强化学习动机。信息反馈时，并不一定要使用“对”、“错”之类的词汇。教师可以使用许多微妙方式反馈信息。

加涅的学习理论是在吸取联结派和认知派学习理论优点基础上提出的，具有集大成的特点。这一理论构筑了学习与教学之间的桥梁，为教学设计提供了依据。加涅提出“为学习而教学”的教学设计观使他享誉世界，成为教学心理学的开创者。

二、建构主义理论

建构主义（constructivism）是行为主义发展到认知主义之后的进一步的发展。建构主义者主张，世界是客观存在的，对于世界的理解和赋予意义却由每个人自己来决定。人以自己的经验为基础来建构现实，经验世界是用自己的头脑创建的。由于人们的经验不同，对经验的信念不同，对外部世界的理解便迥然有异。所以，建构主义者更关注如何以已有经验、心理结构和信念为基础来建构知识。他们强调学习的主动性、社会性和情境性，对学习和教学提出了许多新的见解。

（一）学习的建构观

（1）学习是一种独特的、非一致的信息加工活动。学习是自我建构的、生成的过程。学习者在学习中进行的信息加工活动是独特的、非一致的。

（2）学生以自己的方式来建构对于事物的理解。事物的意义并非完全独立于人而存在，而是源于人们的建构。每一个人都以自己的方式来理解事物。学生从不同的背景和角度出发，在教师和他人的协助下，通过独特的信息加工活动，建构出关于知识的意义。建构没有确定的标准。教学要增进师生之间和学生之间的合作，使学生看到那些与他不同的观点和主张。教学应该以师徒传授的方式进行，应高度重视合作学习。

（3）学习过程不是从感觉经验开始的，而是从对感觉经验的选择性注意开始的。学习者已有的认知结构与从环境中接收到的感觉信息（新知识）相互作用，从而主动地去选择信息和注意信息，主动地建构信息的意义。

（4）学习的结果应该是围绕关键概念组织起来的网络化的知识。知识不是层次结构，而是围绕关键概念建构起来的网络化知识，既包括结构性的知识，也包括非结构性的知识。

（二）建构主义对教学的启示

（1）课本知识是一种关于各种现象的较为可靠的假设，而不是问题的唯一正确的答案。对于同一文本，由于个人的知识经验不同、看问题的角度不同，可以产生不同的意义和理解。例如，对于《红楼梦》，从产生以后就有不同的解读：淫秽作品（产生的初期）→社会发展史和艺术奇葩（晚清及中华民国时期）→阶级斗争史（20 世纪 50—70 年代）→社会发展史和艺术奇葩（改革开放以后）。而《红楼梦》的作者曹雪芹似乎早就预料了到这种情况，他在《红楼梦》开篇中说："满纸荒唐言，一把辛酸泪。都云作者痴，谁解其中味?"对于《红楼梦》的不同解读催生了一门学问——红学。

（2）学生对知识的学习是在理解的基础上对假设做出检验和调整的过程。随着学生的知识和经验的增加或者改变，学生从文本中建构出来的意义也会发生变化。

（3）在学生建构知识过程中，学生已有的知识经验和信念起着重要作用。

（4）强调师生之间、学生和学生之间的互动在学生知识建构中的作用，提倡合作学习和交互教学。

（5）重视活动性学习的作用。活动性教学可以使学生的经验和看问题的角度发生变化，学生的认知结构也会发生相应的调整。

（三）建构主义的教学模式

1. 结构良好领域与结构不良领域的学习

建构主义者认为，传统的学习理论主要适合于结构良好领域的学习，在结构良好领域中，知识相对稳定，问题总有一个固定的答案。结构不良领域（ill-structured domains）则不然。结构不良领域有两个特点：（1）在知识应用的实例中，都包含有许多应用广泛的概念的相互作用（即概念的复杂性）；（2）在同一类事物的各个具体实例中，涉及的概念及相互作用的模式有很大的差异（即实例间的差异性）。结构不良领域是普遍存在的，只要将知识运用到具体情境中，都会有大量的结构不良的特征。人不可能靠简单地提取已有的知识来解决问题，只能够根据具体的情境，以已有知识为基础，建构用于指导问题解决的图式。对于结构不良领域中的问题的解决，不能以单一的概念原理为基础，要通过多个概念原理以及大量经验背景的共同作用去实现。

斯皮罗（R. J. Spiro）等人认为，学习可以分为初级学习与高级学习。初级学习是学习的低级阶段，教师只要求学生知道一些重要的概念和事实，在测验时只要求他们将所学的知识按原样再现出来，主要涉及结构良好领域。高级学习要求学生把握概念的复杂性，并灵活地将其运用到具体情境中。概念的复杂性和实例的差异性都很明显，大量涉及结构不良领域。乔纳森（D. H. Jonassen）在此基础上提出知识获得的三个阶段（见图 4—12）。

在初级阶段，学生缺少可以直接迁移的关于某领域的知识，理解多依靠简单的字面编码（literal coding）。在教学中，应该通过大量的练习和反馈去熟练地掌握知识。在高级阶段，学习涉及大量的结构不良领域的问题。教学以对知识的理解为基础，通过师徒式（apprenticeship）的引导进行。学习者要解决具体领域的情境性问题必须掌握高级的知识。在专家知识学习阶段，涉及的问题更加复杂和丰富，学习者已经有了大量的图式化模式，而且其间已经建立了丰富的联系，可以灵活地对问题进行表征。

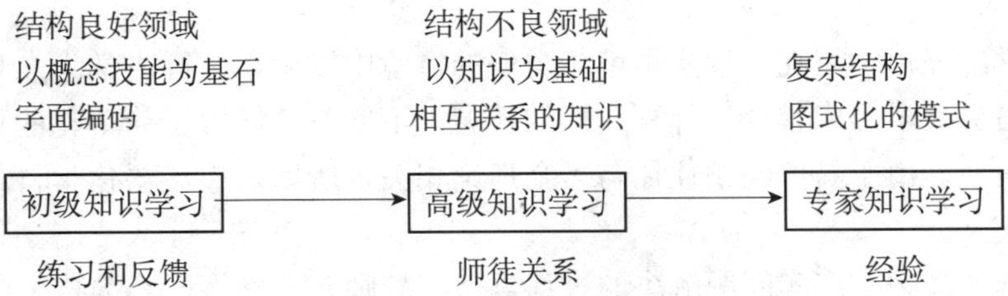

图 4—12　知识获得的三个阶段

2. 随机通达教学

斯皮罗等人认为，适合于高级学习的教学是随机通达教学（random access instruction)。在学习中，对意义的建构可以从不同的角度入手，以获得不同方面的理解。在运用知识解决问题时，存在着概念的复杂性和实例的差异性。任何对事物的简单理解都会漏掉事物的某些方面，这些方面在另外一个情境中，或从另外一个角度看时，可能非常重要。所以，对同一内容的学习要在不同的时间里多次进行，每次的情境都经过改组，而且目的不同，分别着眼于问题的不同侧面。这种反复不是为了巩固知识而进行简单的重复，因为在每次学习的情境上都会有互不重合之处，这将会使学习者对于概念知识获得新的理解。

3. 自上而下的教学设计

在传统教学中，基本上是自下而上地展开教学进程。斯金纳主张，将知识分为一个个小的单元，让学生按一定步调一步一步地去学习，最终掌握整体知识。加涅提出了学习的层级说，认为知识有层次结构，教学要从子概念、子技能出发，逐级向上，逐渐学习到高级的知识。建构主义者批判传统的自下而上的教学设计，认为它是过于简单化的根源。杜菲（T. M. Duffy）认为，教学不是从简单到复杂的过程，教学设计应该遵循自上而下和知识结构的网络概念的模式。

(1) 自上而下地展开教学进程。即呈现整体性的任务，让学生尝试解决问题。在此过程中，学生要发现完成整体任务所需涉及的子任务，以及完成各级任务所需要的知识技能。首先选择与学生生活经验有关的问题，同时提供用于更好地理解和解决问题的工具。然后，让学生独立地或在小组中探索，发现解决总问题所需的基本知识技能，在掌握这些知识技能的基础上，最终使问题得以解决。

(2) 知识结构的网络概念。布罗菲（J. Brophy）指出，在教学中，不必组成严格的直线型层级，因为知识是由围绕关键概念的网络组成的，它包括事实、概念、概括化以及有关的价值、意向、过程知识、条件知识等。学习可以从网络的任何部分进入或开始，即教师既可以从要求学生解决一个实际的问题开始教学，也可以从给学生一个规则入手。

自上而下的教学设计及知识结构的网络概念是教学设计和教学改革中一种富有创造性的新思路。但是，一些建构主义者在批评自下而上的教学设计时，也存在着全面否定的绝对化倾向。无论是自上而下还是自下而上的教学设计，或者是从网络中的某一部分入手，都有特定的适用范围。它们都必须适应一定的教学目的，要根据具体的教学目的和条件而定。

4. 情境教学

建构主义批评传统教学使学习去情境化的做法，提倡情境性教学。情境教学有如下特点：

（1）教学应该使学习在与现实情境相类似的情境中发生，以解决学生在现实生活中遇到的问题为目标。学习内容要选择真实性的任务，不要对其做过于简单化的处理，使其远离现实问题情境。由于具体问题往往与多个理论相关，所以，应该弱化学科的界限，强调学科之间的交叉。

（2）教学的过程与现实问题解决的过程类似。教师并不是将已经准备好的内容教给学生，而是在课堂上展示出与现实中专家解决问题类似的探索过程，提供解决问题的原型，并指导学生进行探索。

（3）教学不需要独立于教学过程的测验。在学习中，对具体问题的解决过程本身就反映了学习的效果，或者进行与学习过程一致的情境化评估。

情境教学的意义在于：在真实的任务中，学生了解自己要解决的问题，有主人翁感。任务是整体性的，有挑战性，解决了问题就是奖励，容易激发起内部动机。真实任务有复杂性，比起简化了的课堂环境更能够培养学生的解决问题的能力和探索精神，并使学生在完成任务中更好地表达自己。

5. 支架式教学设计与抛锚式教学设计

（1）支架式教学设计。围绕事先确定的主题，建立一个相关的概念框架。框架的建立遵循“最近发展区”的思想，并因人而异。

（2）抛锚式教学设计。根据事先确定的主题，在相关实际情境中去选定某个典型事件或典型问题（“抛锚”），然后围绕该问题展开进一步的学习。抛锚式教学也被称为“实例式教学”或“基于问题的教学”。

6. 教学中的社会互动

建构主义者重视教学中的社会互动。合作学习、交互式教学在建构主义教学中得到了广泛的采用。建构主义者认为，每个人都以自己的经验为背景建构对事物的理解，只能够理解到事物的不同方面，不存在对事物的唯一正确的理解。教学要使学生超越自己的认识，看到与自己不同的观点，看到事物的另外的侧面。合作和讨论可以使学生相互了解彼此的见解，形成更加丰富的理解和广泛的学习迁移。在小组讨论中，学生要不断地反思自己的思考过程，对各种观念加以改组，这样便有利于学生的建构能力的发展。合作学习与维果茨基对社会性交往的重视以及“最近发展区”的思想一致，学生在与比自己水平稍高的成员的交往中将潜在发展转化为现实发展，并创造了更大的发展的可能。

总之，建构主义强调学习的主动性和建构性，丰富和深化了学习理论的研究。建构主义的教学观具有重要的理论意义与现实意义。它的主要局限是，否认学习本质的共同性，过于强调学习知识的非结构性。

三、观察学习理论

美国心理学班杜拉认为，按照条件反射的理论，学习是经由奖励或惩罚等外在的控制而产生的。这种观点对于动物学习来说也许成立，但对人类的学习而言，则不成立。人主要通过观察和模仿别人的行为而学习。这一理论称为观察学习理论。

(一) 观察学习的概念

班杜拉认为，儿童通过观察生活中的重要人物的行为学得社会行为，这些观察以心理表象或其他符号的形式储存在大脑中，用来帮助他们模仿行为。班杜拉接受了联结学习理论的大多数原理，但更强调思想对行为的作用。他的观点在联结派和认知派之间架起了一座桥梁。

班杜拉的学习理论建立在大量实验研究的基础上。在一项研究中，先让儿童观察成人榜样对一个充气娃娃拳打脚踢，然后把儿童带到一个放有充气娃娃的实验室，让他们自由活动，并观察他们的行为表现。结果发现，儿童在实验室里对充气娃娃也会拳打脚踢。这说明，儿童可以通过观察成人榜样的行为而习得新行为。在后续实验中，他想了解两个问题：(1) 榜样的攻击性行为的奖惩后果是否影响儿童的攻击性行为？(2) 儿童能否不管榜样攻击性行为的奖惩后果而习得攻击性行为？在实验中，儿童被分为三组，首先让儿童看到电影中成年男子的攻击性行为。影片结束后，第一组儿童看到成人榜样被表扬，第二组儿童看到成人榜样受批评，第三组儿童看到成人榜样的行为既不受奖也不受罚。然后，把三组儿童都带到一间游戏室，里面有成人榜样攻击过的对象。结果发现，榜样受奖组儿童攻击行为最多，榜样受罚组儿童攻击行为最少，控制组居中。这说明，榜样攻击行为所导致的后果是儿童是否发生这种行为的决定因素。但是，这是否就意味着榜样受奖组儿童比榜样受罚组儿童习得了更多的攻击性行为？为了回答这个问题，在上述三组儿童看完电影回到游戏室时，主试提供糖果作为奖励，要求儿童尽可能地回忆榜样行为并付诸行动。结果发现，三组儿童的攻击行为的水平几乎一致。这说明，榜样行为导致的后果，只影响儿童攻击行为的表现，对攻击行为的学习几乎没有影响。

(二) 观察学习的过程

班杜拉把观察学习分为四个过程。

1. 注意过程

观察者注意和知觉榜样情景的各个方面。榜样和观察者的特征决定了观察学习的程度。观察者比较容易观察那些与他们自身相似的或者被认为是优秀的、热门的和有力的榜样。有依赖性的、自身概念低的或焦虑的观察者更容易产生模仿行为。强化的可能性或外在期望影响着个体观察谁、观察什么。

2. 保持过程

观察者记住从榜样情景了解的行为，观察到的行为在记忆中以符号形式表征。个体使用两种表征系统—表象和言语。个体储存看到的表象，并使用言语记住这些信息。

3. 复制过程

观察者复制从榜样情景中观察到的行为。个体要将符号表征转换成适当行为，必须做到：(1) 选择和组织反应要素；(2) 在信息反馈的基础上精炼自己的反应。自我效能感影响复制过程。自我效能感 (self-efficacy) 即一个人相信自己能够成功地执行产生一个特定结果所要求的行为的程度。

4. 动机过程

观察者因为表现所观察到的行为而受到激励。观察学习论区别获得和表现，因为个体并不模仿所学的每一件事，强化非常重要，但并非因为它增强行为，而是提供了信息和诱因，对强化的期望影响观察者注意榜样行为，激励观察者编码和记住可以模仿的、有价值的行为。

（三）替代强化和替代惩罚

班杜拉认为，在观察学习中，除了直接强化以外，还存在另外着两种强化：（1）替代强化，是指观察者因为看到榜样受强化而受到强化，增加了以类似方式行动的可能性。例如，当教师强化一个学生的助人行为时，其他的学生也会花一定的时间互帮互助。（2）替代惩罚，是指观察者因为看到榜样受到惩罚而降低了出现同样行为的可能性，如平时所说的“杀鸡儆猴”。威尔逊（C. C. Wilson）等人发现，在同伴攻击受到惩罚时，学生不会采取攻击行为；当看到同伴的攻击行为未受到惩罚时，学生会肆无忌惮地攻击他人。在课堂中，教师也可以充当如何解决问题、如何进行逻辑思维、如何进行品德修养的榜样。例如，教师说出他们的思维过程、好奇心、情绪控制、对其他人的尊重和兴趣、良好的倾听和交流习惯等。这些行为可以引导学生具有相同的品质。相反，教师也可能以消极的社会行为误导学生。

班杜拉的理论并不回避人的行为的内部原因，相反，它重视观察、符号、替代、自我调节所起的作用。因此，班杜拉的社会学习理论又被称为“认知—行为主义”。

四、人本主义理论

人本主义的学习理论有两个特点：（1）它不是从实验研究中得到的原则的推论。（2）将范围扩大到对学习者整个人的成长历程的解释。

（一）马斯洛的学习理论

马斯洛是人本主义心理学的创始人。他认为，学习活动应该由学生自己来选择和决定，学生具有学习的潜在能力，教师的任务只是辅导。辅导有得当与不当之分：辅导得当，学生会因学习而成长；辅导不当，学生反会因为辅导而倒退。这一主张在教育上有两点内涵：（1）不主张从外部约束学生的学习，学生不需要刻意地被教导，学生生而具有内在的成长潜力。教师的任务不是教给学生知识，而是为学生设置良好的学习环境，让学生自由地去选择，自行决定，学生就会学到他所需要的一切。（2）在人性中有两股力量，一股是防卫力量，这股力量使得人依恋过去，害怕成长，遇事逃避现实，不敢迎接挑战，另一股是进取力量，这股力量使得个体趋向完美，充满信心与朝气，恰当的教育可以使儿童心智成长，不恰当的教育反而会使儿童丧失灵气。

（二）罗杰斯的学习理论

罗杰斯（C. R. Rogers，1902—1987）与马斯洛齐名，也是人本主义心理学的代表人物。他的学习理论涉及以下几个方面。

1. 以学生为中心的教育

罗杰斯认为，学生是教育的中心。学校为学生而设，教师为学生而教。这一主张被称为“以学生为中心的教育”(learner-centered education)。学生具有求知向上的潜在能力，只需要设置一个良好的学习环境，他们就会学到所需要的一切。

2. 以自由为基础的学习原则

(1) 人皆有天赋的学习潜力。这种学习潜力，自幼表现为对环境的探索和对事物的好奇。只要身心正常，没有一个幼儿不是自己学会走路或说话的。除非教育方式不当，伤害了幼儿的好奇心，否则儿童对学习的意愿就会永远维持。儿童对学习上的适度苦难，大多能够自行克服。学生入学后求知欲降低，并非丧失了学习潜力，而是教育方式对他威胁太大，致使其无法克服困难。

(2) 只有教材内容有意义且符合学生的目的，才会产生学习。教材内容是否有意义，不在教材本身，而在于学生对教材的看法。如果教材能够满足他的好奇心，或是能够提高他的自尊感，他自然乐于学习。教材还必须符合学生的生活经验，因为只有增加他的生活经验，才有助于实现他的生活目的。

罗杰斯认为，可以把学习分成两类：一类学习只涉及心智，是一种“在颈部以上”发生的学习。它不涉及感情或个人意义，与完整的人无关。另一类是意义学习。意义学习不是指那种仅涉及事实累积的学习，而是指一种使个体的行为、态度、个性以及在未来选择行动方针时发生重大变化的学习。这不仅是一种增长知识的学习，而且是一种与每个人的各部分经验都融合在一起的学习。

罗杰斯批评传统的学校教育把儿童的身心劈开来了：儿童的心到了学校，躯体和四肢也跟着进来了，但他们的感情和情绪只有在校外才能够得到自由表达。在他看来，不仅可以使整个儿童（情感和理智）都进入学校，还可以借此增进学习。

罗杰斯认为，意义学习主要包括四个要素：

(1) 学习具有个人参与的性质。即整个人（包括情感和认知两方面）都投入学习活动中。

(2) 学习是自我发起的。即便推动力来自外界，但要求发现、获得、掌握和领会的感觉来自内部。

(3) 学习是渗透性的。它会使学生的行为、态度，乃至个性都发生变化。

(4) 学习是由学生自我评价的。因为学生最清楚这种学习是否满足自己的需要，是否有助于学到他们想知道的东西，是否明了自己原来不甚清楚的某些方面。

最后，罗杰斯对行为主义者只注重行为结果、不探讨行为起因的观点提出了批评。他认为，人的行为同自我概念联系在一起，每个人都是按照一种与他的自我概念相吻合的方式行事的。人是他自己行为的决定因素。人不从属于环境，可以对他生活性质做出自由的选择。这是一种自由选择论，与行为主义的环境决定论产生了尖锐的冲突。

第五节 内隐学习

以上介绍了不同学者对于学习的理解与探求。事实上，学习远比人们习以为常的活动更加复杂，除了外显的、有意识的、可以内省监控的行为以外，还存在着内隐的、无意识的、难以觉察的形式。美国心理学家雷伯（A. S. Reber，1940— ）最先提出了“内隐学习”一词，并将其定义为一种有别于外显学习的、无意识地获得刺激环境中的复杂知识的过程。

一、内隐学习的概念

（一）内隐学习的定义

内隐学习（implicit learning）是指个体在与环境接触过程中不知不觉地获得了一些经验并因之改变其事后某些行为的学习。外显学习（explicit learning）则类似于有意识的问题解决，是有意识的、做出努力的和清晰的学习。内隐学习是一种产生抽象知识、平行于外显学习方式的无意识加工。近年来，内隐学习研究受到了广泛的重视，因为在理论上它涉及意识与无意识之间的关系，在应用上它涉及人类潜能的开发。

（二）内隐学习的特征

研究表明，内隐学习具有如下特征。

1. 自动性

内隐学习具有无意识学习的自动性。即人们能够在没有意识努力去发现周围环境中的隐藏规则或结构的情况下，仍然能够对环境中的复杂关系做出恰当的反应。

2. 抽象性

内隐学习可以抽象出事物的本质属性，所获得的知识不依赖于环境刺激的表面特征。雷伯发现，语法规则的改变明显降低了被试的成绩，而字母串物理形式的改变对成绩未产生影响，由此证明内隐学习是抽象的，不依赖于刺激的特殊物理形式。雷伯指出，内隐学习有两大主要特征：（1）学习过程是无意识的；（2）学习产生抽象的知识。

3. 抗干扰性

内隐学习与外显学习的根本不同在于它较少受各种主客观因素的影响。具体表现在：内隐学习具有强健性（不容易受到机能障碍或机能不足的影响）、年龄和智商的独立性（即内隐学习的效果不受年龄和智商的影响）、反应的平均性（个体差异小，群体差异小）和过程的普遍性（内隐学习的内部机制具有跨物种的普遍性）。

二、内隐学习与外显学习的区别与联系

（一）内隐学习和外显学习的区别

1. 在现象上的差异

内隐学习和外显学习在现象上的差异主要表现在：

（1）内隐学习是自动的，外显学习是需要意志努力的。

（2）内隐学习是稳定的，外显学习是容易变化的。

（3）内隐学习是深层的，外显学习是表层的。

2. 在实验操作上的区分

莱因戈尔德（E. M. Reingold）和梅里克尔（P. M. Merikle）提出了证明内隐学习独立存在的分离逻辑假设：直接测量和间接测量都同等程度地对意识知识敏感，而当对某一特定的刺激维度，间接测验的表现比直接测验来得更敏感时，就可以发现内隐学习的存在。基于这一假设，研究者运用各种不同于外显学习研究的实验操作，从实验层面上对两者进行了区分。如雷伯采用人工语法范式对内隐学习与外显学习的不同进行了研究。他要求规则发现组被试寻找刺激的内在结构（外显指导），记忆组被试记忆所呈现的刺激（内隐指导）。在学习阶段，向两组被试呈现同样的字母串；在测验阶段，要求被试评价新字母串是否符合语法。结果发现，接受外显指导的被试在许多方面的表现都不如接受内隐指导的被试。这就是说，至少在某些特定条件下，对复杂材料的内隐加工优于外显加工，即存在内隐优势效应。

3. 学习机制的区分

学习机制的区分集中体现在心理能量、心理表征和产生信息三个方面。

贝里（D. C. Berry）等人提出，存在着两种不同的学习类型——粗选的学习和精选的学习。对一个复杂的任务，进行粗选的学习时，个体会不加选择地接收和储存刺激之间的所有的关联性。在进行精选的学习时，个体的加工方式是：先精挑细选出几个关键的变量，然后只对这些关键的变量之间的关联性进行观察和储存。如果粗选学习所接收和储存的恰好是正确的关键变量，这种学习方式应是快速有效的。可见，粗选的学习是无意识的纯粹的接触效应，类似于内隐学习；精选的学习是一种需要意识努力的加工过程，类似于外显学习。

威灵汉姆（D. B. Willingham）对内隐位置序列学习的心理表征进行了描述。他认为，外显位置学习和内隐位置学习分别对应于自我中心空间表征和客体中心空间表征。在自我中心空间系中，物体的位置相对于个体的身体；在客体中心空间系中，物体的位置相对于另一物体的位置。客体中心空间系是一个浮动的空间系，物体的相对位置和相对距离在其中尤为重要。

斯塔德勒（M. A. Stadler）提出，内隐学习产生了知识的横向联系，外显学习产生了知识的纵向联系。横向联系是记忆中两个相邻节点激活的结果，纵向联系是组块化的结果。

4. 神经生理的区分

内隐学习和外显学习的神经生理基础不同。神经影像学研究发现，外显学习更多地激活右半球区域，内隐学习更多地激活与抽象过程相联系的左半球区域。

（二）内隐学习和外显学习的联系

1. 两者都具有学习特异性

学习特异性是指学习过程会对各种信息进行特异性编码，导致对学习效果的测量依赖于学习和测量的情境、方式、上下文关系等因素的一致性。特尔文和汤姆森（D. M. Thomson）提出外显学习的编码特异性效应（encoding specificity effect）。戈登（D. Godden）和巴德利（A. Baddeley，1934—　）又提出情境依赖性（situation dependence）和上下文依赖性（context dependence），即：学习阶段和测验阶段的情境一致时的学习效果要好于情境不一致时；学习材料和测验材料的上下文一致时的学习效果要好于上下文不一致时。莫里斯（C. D. Morris）等人将外显学习的这种特征上升到内部加工的层面来解释，提出了迁移适当加工（transfer appropriate processing，TAP）效应，即学习材料和提取线索驱动的内部加工性质（语义、语音、图形加工）一致时，学习效果更好。因此，外显学习的效果依赖于学习和测验时各种因素之间的一致性程度。内隐学习也具有这样的特异性。研究发现，内隐学习会对刺激的感知特性（如字母标识、刺激的形似等）、呈现方式、学习方式、刺激环境等一系列有关因素的特殊性进行编码。

2. 两者都具有注意需求性

注意需求性是指学习过程需要一定的注意资源和注意选择。外显学习具有目的指向、需要意识参与的特点。近年来有研究表明，内隐学习也需要注意的参与。尼森（M. J. Nissen）和比勒姆（P. Bullemer）最早使用分心任务研究内隐学习的注意需求性。他们采用音调计数作为分心任务，要求被试在进行内隐序列学习的同时，必须对每次试验中出现的高音或低音进行计数，并在每次试验后报告。结果发现，分心任务妨碍被试对序列的内隐学习，说明内隐序列学习仍然需要一定的注意能量。随后，科恩（N. J. Cohen）等人重复了上述实验，发现内隐学习的注意需求性是有条件的，序列的内部结构会对内隐学习的注意需求性产生影响。只有在特定的情况下，内隐学习才需要相对高的注意资源，而在大部分的情况下，内隐学习更多表现为自动化的特点。总之，内隐学习和外显学习一样，具有注意需求性，但阈限相对来说较低。

（三）内隐学习和外显学习相互影响

1. 外显学习对内隐学习的影响

外显学习有时阻碍内隐学习，有时促进内隐学习。当被试所学的语法规则比较复杂，难于被外显发现，甚至不能被外显发现时，简单的鼓励言语只会激发起被试有意识的规则发现心理，这种规则发现心理常会阻碍学习者正在进行的内隐学习，进而影响学习者对复杂规则的真正习得；但若熟识该语法规则的设计者，直接演示其内在语法结构，同时配合一些具体的合法字母串来举例说明，这种深入且精当的外显指导反而促进了被试的内隐学习，并且它发生得越早，就越有利于内隐学习。

2. 内隐学习对外显学习的影响

马修斯（R. C. Mathews）等人的实验表明，当学习者共同运用内隐和外显两种学习方式时，效果最好，即内隐学习和外显学习之间存在着协同效应。由此可知，内隐学习也会促进外显学习。郭秀艳和杨治良（1938—　）引进强分离程序———匹配和编辑对人工语法学习进行研究，发现不管是对相同字母集还是对不同字母集，当匹配和编辑任务交替相继出现时，学习效果最好。这表明，匹配和编辑任务相互促进，即内隐训练和外显训练具有相互促进的作用。

基本概念

学习；经验；直接经验；间接经验；个体经验；人类经验；习惯化；敏感化；信号学

习；刺激—反应学习；连锁学习；言语信息的学习；智慧技能的学习；认知策略的学习；接受学习；发现学习；机械学习；意义学习；反射；反射弧；反射环；无条件反射；条件反射；经典性条件反射；操作性条件反射；同时性关系；延迟性关系；痕迹性关系；泛化；分化；消退；恢复（经典性条件反射）；延缓；调整；高级条件作用；第一信号系统；第二信号系统；应答性行为；操作性行为；强化；正强化；负强化；惩罚；强化物；连续强化；间隔强化；固定比率强化；变化比率强化；固定时间强化；变化时间强化；习得性无助；程序教学；行为建立；行为矫正；消退（操作性条件反射）；顿悟；认知地图；潜在学习；认知结构；下位学习；上位学习；并列结合学习；结构良好领域；结构不良领域；随机通达教学；观察学习；替代强化；替代惩罚；外显学习；内隐学习

基本原理

经典性条件反射的学习理论；联结—试误说；效果律；练习律；准备律；操作性条件反射的学习理论；强化的种类；强化的程式；格式塔学派的学习理论；目的学习理论；预期的作用；认知—发现说；意义学习的标准、条件和类型；同化说；学习的信息加工模式；学习活动的阶段与教学事件；建构主义的学习理论；建构主义的教学模式；人本主义的学习理论；观察学习的过程

思考题

1. 结合实例分析广义的学习和狭义的学习。
2. 学习有哪些种类？
3. 结合实例说明联结—试误说的主要观点。
4. 操作性条件反射的理论在教学中有哪些应用？
5. 试比较布鲁纳的认知—发现说和奥苏伯尔的意义学习理论。
6. 加涅的学习阶段理论对教学有哪些启示？
7. 建构主义的学习理论与传统的认知派学习理论有哪些异同？
8. 试说明外显学习与内隐学习的区别与联系。
9. 以自己为例，如何在学习理论指导下，优化自己的学习？

第五章

意识和注意

本章要点

1. 意识的概念和性质
2. 意识的不同状态
3. 注意的概念和性质
4. 注意的生理机制
5. 注意的认知理论

第一节　意识概述

“意识”问题困扰了无数的哲人和学者。雷蒙宣布，意识是人类无法解决的“宇宙之谜”。心理学建立以后，意识一度成为主要的研究对象。20 世纪初，因为无法对意识进行客观的、定量的研究，行为主义将意识拒于心理学的门外。随着认知心理学和现象心理学的兴起，意识又重新回到心理学中。到了 20 世纪 90 年代，开始出现了多学科研究意识的高潮。随着科学技术的进步，意识研究也从思辨研究进入科学研究的阶段。

一、意识的概念

（一）什么是意识

学者们对意识（consciousness）的看法并不一致。有人从认知的观点出发，认为意识“是一种把信息存入长时记忆并从长时记忆中读出的机制”；有人从脑生理学的角度出发，认为意识是“（大脑）皮层活动的连续变化”；还有人将意识定义为一种从神经系统的活动中突现出来的整体功能。尽管看法不一，但也提供了多侧面、多层次、多角度的考察意识的视野。事实上，人们倾向于在不同意义上使用意识的概念。例如，作为心理状态，意识意味着清醒、警觉和注意集中；作为心理内容，意识包括可以用语言报告的一切东西；作为行为水平，意识意味着受意愿支配的动作或活动，与自动化的动作相反；作为哲学概念，意识是与物质对立的精神实体，如思想、理论、观念等。

(二) 意识的类型

克拉茨基(R. L. Klatzky)将意识分为三种类型。

(1) 在线意识(on-line awareness)。即个体当时当地的体验,包括对刺激引起反应的意识、对行为控制和执行的意识、对认知行为中心理活动的意识等,也可称为“意识感”。对这种意识,有三种不同的观点:控制各个加工阶段的信息流的“小鬼”或“执行官”;一个特殊的加工阶段,如工作记忆(working memory)或短时记忆(short-term memory);信息表征的一种状态,如集中注意(focal attention)。

(2) 认识性意识(epistemic awareness)。指人能够回忆的记忆内容。它们是信息加工的最终产物,是记忆搜寻和决定过程的结果。

(3) 个人的记忆模式(personal memory model)。它是对人类认知的性质和工作方式以及对自己的与记忆有关的各种能力的看法。

法伯(I. B. Farber)和丘奇兰德(P. S. Churchland,1943—)也将意识分为三种类型。

(1) 觉知(awareness)。意识是观察者与现象之间关系的属性,即“某人”觉察到了“某事”。根据觉知对象的不同,又可以分成一些子类:感觉觉知(sensory awareness),是指对刺激的了解,这种觉察通常与某一感觉通道相联系;概括化觉知(generalized awareness),是指对与任一感觉通道都不相连的内部状态的了解,如惬意、疲劳、渴望、饥饿、痛苦等,也包括对时间延续和空间分布的觉察;元认知觉知(metacognitive awareness),是指对个人的认知活动如知觉、记忆、想象和思维的觉察。

(2) 高级心理官能(advanced mental faculties)。意识对个体的身心系统起着统合管理和调控的作用。意识有三种官能:一是注意。通过注意,意识决定觉察什么和觉察不到什么。二是推理。在头脑中运用符号进行操作。三是自我控制。它类似一个内部争论的仲裁者,具有决策控制的作用。

(3) 一种心理状态(a state of mind)。可以分为不同层次和水平,如从无意识到意识再到注意,是一个连续体。另外,意识还存在着一般性的变化,如睡眠、觉醒、警觉、惊奇、愤怒等。

特尔文也将意识分为三类:非理智的意识(anoetic awareness),指对外部刺激的简单觉察;理智的意识(noetic awareness),指对世界的符号表征的觉察;自我意识(self-knowing awareness),指对自身和跨越时间的人类经验的觉察。

约翰斯通(Johnstone)提出“意识突现说”,认为意识是大脑活动突现的属性,是在性质上全新的现象。心理和脑都是独立的实体,脑和意识之间存在着关联。人脑的物质系统并不是完全封闭的。在脑神经细胞之间,存在着一定的小空隙,由体积为 10～16 微米的极小神经突触组成,这些神经突触实现同意识、精神世界的接触。

巴尔斯(B. J. Barrs,1946—)提出了一种关于意识的最新解释——“统一场说”,又被称为“剧院模型”。认为人的意识活动需要一个中央认知工作空间,大脑就像同时有许多角色在演出的剧场,有四种脑结构空间维度与四类脑功能模块系统同时投射在时间轴上,形成了一种超立体的空间、时间活动维度。意识有五种活动类型:(1) 工作记忆就像是剧院的舞台,包括“内心语言”和“视觉表象”;(2) 意识体验好比前台的演员,在不同的意识体验内容之间显示出竞争和合作的关系；(3) 注意如同聚光灯，它照在工作记忆这个舞台上的演员时，意识内容就显现了；(4) 无意识活动构成了舞台的背景效应，背景操作员类似于大脑皮层上的执行、控制系统；(5) 无意识自动活动程序和知识资源组成剧院中的“观众”系统。尽管人的意识能力有限，却可以接触大量的信息，并且具有某种潜在的计算能力。这些能力包括多感官输入、记忆、先天与后天习得技能等。这一学说阐述了意识、无意识、注意、工作记忆和自我意识的联系及区别，也得到了许多神经生物学证据的支持。有研究者指出，巴尔斯为我们提供了关于意识的令人兴奋的解释，将这一问题从哲学的桎梏中解脱出来，将它稳固地置于实验研究的领地之中。

二、意识的特性和局限

生物进化史表明，生物的多数性状有利于生存。因此，意识对提高人类的适应能力起很大作用。然而，人们却不能回避意识为什么而出现的问题。道金斯认为，生物体需要预见未来，这种能力用计算机来模拟大脑同样可以得到。这一过程不需要意识。因此，意识出现是生物学面临的最深奥的问题。也许当脑对于世界的模拟变得如此完善，以至于它必须包括一个它自身的模式时，意识就出现了。有研究者指出，早在100年前，三种观点就已经盛行：(1) 并非大脑的全部操作都与意识有关；(2) 意识涉及某种形式的记忆，可能是极短时的记忆；(3) 意识与注意有密切关系。可见，意识是复杂学习过程的组织者。只具有简单学习能力的动物没有意识。意识的完善程度与学习能力呈正相关。

意识具有能动性。人的所闻所见不局限于外界的刺激。人可以看到、听到、触到并不存在的刺激，如幻视、幻听、幻触等。因此，人所认识的并不完全是世界的本来面目。但是，对意识的这一特性不能过分强调。尽管人有时会出现幻觉，但在绝大多数情况下，外部世界仍然限制着意识经验的范围。

意识也具有局限性。人对于外部世界的觉知并不是世界的镜像。有许多影响人的感官的刺激人意识不到，如人看不见超过一定波长的光，听不见超出一定频率范围的声音，这些局限可称为数据局限（data limitation)。这种局限性通常由感官的特性来决定。还存在着另外一种局限，即认知加工的局限，就像詹姆斯所说，超过一件事情时就不再容易做到，除非这一过程非常熟练。人能够同时意识到多少事情或多少活动与认知过程的性质和认知技能的熟练有关。人可以一边开车一边听音乐，却不能同时听两种音乐。一手画圆，一手画方，对多数人而言，也十分困难。

三、无意识现象

笛卡儿最早区分了意识和无意识。无意识（unconsciousness）是个体觉察不到的心理活动和过程。弗洛伊德认为，无意识是人的心理的最深层次，包含着大量的观念和愿望，因为与社会道德冲突而被压抑。他将人类心理比作一座冰山，意识只是露出水面的冰山的尖，大部分心理活动或过程是无意识的。他列举了六点理由来说明无意识的真实性：(1) 人在催眠状态下，能够回想起童年期的经验，而醒后却全然不觉；(2) 梦是无意识存在的有力证据，分析梦可以知道人的无意识欲望和动机；(3) 在日常生活中的失言、笔误、遗忘与丢失等并非偶然；（4）灵感、直觉等创造活动中的心理现象说明在意识之外还存在着一个未知的领域；（5）精神分析发现，许多心身疾病以无意识的内心冲突为基础；（6）依据无意识假设建立起来的精神分析技术对于治疗精神病患者有效，间接地说明无意识的真实性。常见的无意识现象有以下几种。

（一）无意识动机

弗洛伊德认为，无意识动机（unconscious motivation）就是构成无意识（潜意识）的那些个人的原始的盲目冲动、各种本能以及出生后和本能有关的欲望等。无意识动机是行动的真正原因。现代心理学将那些个体意识不到或意识到的是相反的动机的现象称为无意识动机。例如，父母对子女不努力学习非常焦虑，父母觉得这是发自对子女的爱，事实上，这是源于对终极性责任追究的恐惧，因为世俗认为，“养不教，父之过”，父母觉得自己最终有可能要为子女的荒唐行为负责任，所以才焦虑起来。弗洛伊德认为，一些过分热情的行为后面往往有相反的动机存在，但个体未必意识到。如一位年轻的母亲在丈夫病故后坚决不再婚，将全部精力投入对儿子的教育和培养上，这里的潜台词是：我已经为你做出了巨大的牺牲，你如果不争气就对不起我。这种潜在的动机子女往往能够感受到，所以子女往往拒绝这种极端的“爱”。

（二）无意识知觉

无意识知觉（unconscious perception）又称阈下知觉。人有时觉察不到影响行为的事件。在“知觉防卫”（perceptual defence）实验中，知觉忌讳词要比知觉中性词花更长的时间。

无意识启动实验也证明无意识知觉的存在。启动（priming）是指当两种刺激（词、图形等）连续地（从间隔数毫秒到数秒）呈现并要求对第二种刺激反应时，当两种刺激具有某种联系（形状、声音和意义上）时，被试的反应将比没有联系快。马塞尔（A. J. Marcel）等人给被试呈现一幅画作为启动刺激，间隔一段时间后，再呈现另一幅画作为目标刺激，启动刺激有的与目标刺激有关联（如先猫后狗的顺序），有的无关联。要求被试说出第二幅画的名称并测量反应时。启动刺激和目标刺激之间的时间间隔是变化的，从完全能够识别启动物（产生意识）到根本不能识别（不产生意识）。结果发现，未识别的启动刺激具有和完全识别的启动刺激同样的启动效应。

无意识知觉和意识知觉的区别表现在：（1）情绪反应。无意识知觉比有意识知觉对情绪反应影响更大。墨菲（S. T. Murphy）和扎荣茨（R. B. Zajonc，1923—2008）给被试呈现一系列汉字，要求在五点量表上指出它们代表一个“好”概念或“坏”概念。在每个文字呈现之前，呈现一幅人脸图，这些人脸或表现愉快（如微笑），或表现愤怒（如皱眉）。告诉被试忽略人脸，集中注意于评价文字。当没有意识到人脸时，被试更可能将跟随微笑人脸的文字评价为代表“好”概念，将跟随皱眉人脸的文字评价为代表“坏”概念。当人脸清晰可见时，对文字评价很少或不受人脸影响。（2）主导编码。格罗格（J. A. Groeger）发现，当无意识地知觉靶词时，被试倾向于选择语义相关词；当意识到靶词时，被试倾向于选择语义相似词。（3）指导语的影响。有意识知觉到的刺激使得被试遵从指导语，无意识知觉到的信息能够引起不由知觉者控制的自动反应。（4）预期策略。梅里克尔用颜色词“RED”和“GREEN”作为启动刺激，用红、绿靶颜色作为目标刺激，要求被试对目标刺激命名，发现当颜色词和靶颜色不一致的发生概率（75%）显著大于一致的发生概率（25%）时，被试在不一致条件下对色块命名要快于在一致条件下，出现了 Stroop 效应的反转。而在无意识状态下，出现了典型的 Stroop 效应。这表明，无意识知觉到的刺激引起自动反应，有意识知觉的刺激引起更为灵活的反应。（5）背景影响。马塞尔认为，背景对知觉的影响仅限于有意识知觉。

（三）无意识行为

人的一些本能行为和自动化行为不受意识控制。人在危险情境下，手脚甚至全身会不由自主地发抖。一个人能够流利地说话，却意识不到发音器官如何活动。当碰到一个朋友时，你“一下子”就将他认出来。这其中的过程你意识不到。

（四）由脑损伤造成的无意识现象

有一些无意识现象由脑损伤所引起。对于脑损伤者而言，虽然意识的知识受到了深度破坏，却能够获得无意识的知识。盲视（blindsight）就是典型例子。大脑皮层枕叶（布鲁德曼第 17 区）受损的病人，不能对视觉刺激产生有意识知觉，却能够“猜出”刺激的位置和其他特征。类似的例子还有丧失近期经验的健忘症病人，虽然不能对学习产生有意识的记忆，却能够保持对这些经验的无意识记忆。在失语症、失读症、单侧性忽略（unilateral neglect）患者和其他一些病人中也发现了类似的分离现象。有一种病症叫“疾病感失认症”（anosognosia）。一些脑损伤病人声称自己完全没有觉察到病症的存在，尽管这些病症在别人看来已经十分明显。

马塞尔认为，人的意识不可能一次完成。人以“意识—非意识—意识的方式”来解决问题非常普遍。他提出意识和无意识的相互作用的几种类型。在意识和无意识之间，存在着交叉关系、包容关系和层级关系三种类型。在图 5—1 中，左上（a）为相互独立而又交叉的关系；右上（b）为包容关系；右下（b）为层级关系。u 属于无意识水平，p 为可觉察的意识水平，c 为难以觉察的高层次意识活动状态。这一模型说明，在高层次认知活动中也存在着无意识的成分或内容。

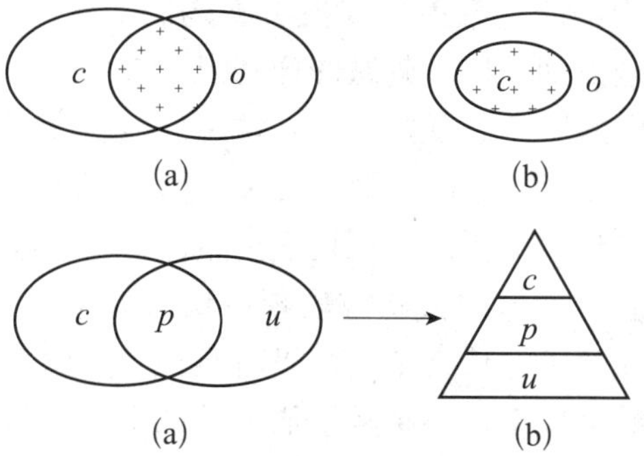

图 5—1　意识与无意识的相互作用类型

心理语言学家发现，人可以在一两秒内把听到的句子转化为抽象代码，舍弃特定的词句。保留意义是人类获得信息的重要途径，因为意义能够携带更多的有用信息。所以，有关“意义的意识”意味着人在觉知意识时能够比较出有意识信息与无意识信息的意义。抽象的概念或理念有可能是意识的一部分内容。

杨治良提出了内隐记忆和外显记忆的“钢筋水泥”模型，为理解意识与无意识的关系提供了新思路。这一模型认为，在人的认知系统中，存在意识和无意识两个子系统，两个子系统之间会产生协同作用，使系统形成了具有一定功能的结构。意识类似于框架结构中的水泥部分，无意识类似于框架结构中的钢筋部分，二者表现出相互独立、相互作用、互为主次、互相依存的特征。

[专栏 5—1]　认知神经科学研究与意识

在人脑中，有无一个专门的区域负责意识功能？对脑手术和脑外伤的病人研究表明，某些脑部位与意识有一定关系。网状结构唤醒大脑皮层。语言对意识有重要作用，因此意识与语言区有必然联系。有研究者推断，自由意志位于或靠近大脑的前扣带回上。因为这一区域接受许多来自高级感觉区的输入，又处在靠近运动系统的高级水平。由解剖可知，扣带回靠近布鲁德曼第 24 区，距额叶较近，而额叶在计划和决策上起主要作用。

目前，已经有许多新的方法运用于意识研究，如神经细胞的化学成像、单光子发射计算机断层成像（SPECT）、功能性核磁共振成像（fMRI）等。综合多年的实验结果，已经得到一些有关意识的神经生理学基础的证据。有人对不同意识活动在脑中进行了大致的描述定位，如图 5—2 所示。

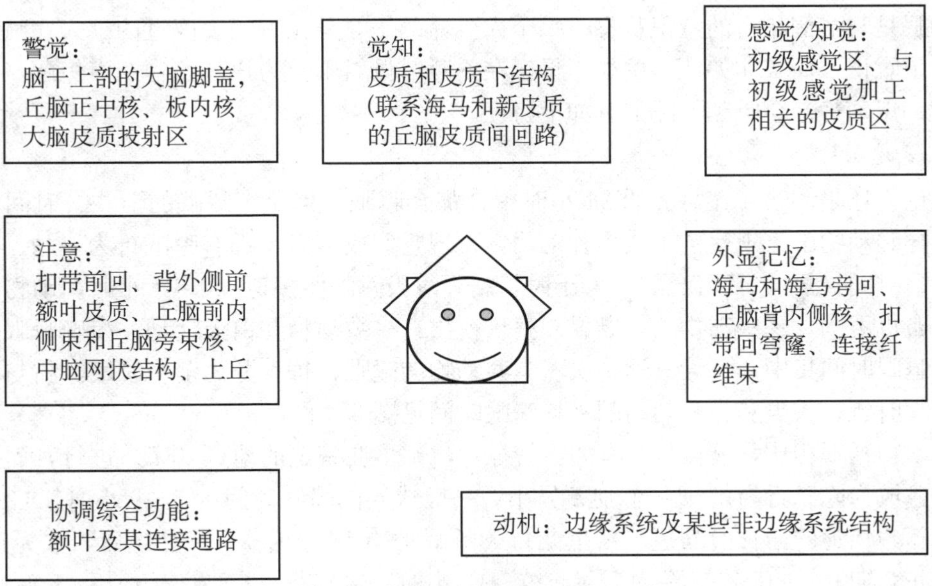

图 5—2　与意识活动相关的简要大脑解剖部位

四、生物节律与意识状态

人的生理变化存在着节律性。生物节律（biological rhythm）对人的生活和工作具有重要影响。有的生物节律短，如睡眠以 90 分钟为一个周期，有的生物节律长，如妇女的月经周期为 28 天，同时伴随着情绪变化。人的体力、精力和心情在一天中都会发生一定的波动和变化，这些变化与身体内部生理过程（如激素的分泌、体温和血压）有关。在多数情况下，人的生物节律以一天为一周期。日节律在人和动物身上普遍存在着。

生物节律表明，有机体内部存在“生物钟”（biological clock），它随时监控着时间的进程。理解意识状态应该联系人体的生物节律。位于海马的视交叉上核与人体的生物节律有关。它像一个超级生物钟，调节体内其他生物钟的活动。它可以促进或抑制松果腺（pineal gland）的活动，松果腺分泌褪黑激素。褪黑激素降低机体的活动，增加疲劳感。视交叉上核对光线敏感。白天光线强，激活该核，减少褪黑激素分泌，人会觉得精力充沛；夜晚光线弱，该核激活的程度低，增加褪黑激素分泌，人会觉得疲倦。当视交叉上核受损或它与眼睛的神经通路被切断时，日节律就会受到破坏。

第二节　睡眠与梦

一、睡眠

（一）睡眠及其特征

睡眠是与清醒相对的意识状态。每个人生命的1/3是在睡眠中度过的。人在睡眠时仿佛失去了意识，而实非如此。例如，母亲在熟睡时虽然不会为户外的嘈杂声惊醒，身边的婴儿有一点动静却会听到。睡眠有如下特征。

1. 普遍性

无论人还是动物，在每天的24小时中，都会睡眠。但是，睡眠的形式、时间和地点却有差异。动物学家观察了170多种动物，发现它们或多或少都有睡眠行为。马、牛、大象的睡眠时间极短，每天仅需2～4小时，蝙蝠每天睡眠要多达19～24小时。动物的睡眠时间分布也不同。一些动物（如老鼠）昼伏夜出，多数动物在白天活动，夜晚睡眠。有些动物的睡眠时间集中，每天只睡一次；有些动物的睡眠，每天分为多个阶段。猫与狗的睡眠是时睡时醒。人类和一些动物的平均睡眠时间见图5—3。

和动物睡眠相比，人类睡眠有如下特征：（1）多在一定的地点（床）进行，而且要更换衣服，成为隐私行为。（2）个别差异小。一般成人的睡眠时间为5～9小时。（3）睡眠的时间随着年龄的增长而缩短。新生儿每天睡眠平均16小时；6个月以后，减为每天13小时；儿童期（2～12岁）平均为每天9～10小时；老年人（60岁以上）每天平均5～7小时。

2. 必要性

人类为什么要睡眠？如果持续数日不睡，对身心会有何种影响？对睡眠的功能，有两种不同解释。“恢复论”认为，睡眠具有恢复精力、消除疲劳的功能。然而，瑞克斯恰芬（A. Rechtschaffen）等人对人和动物进行的实验却不支持这种说法。被试在逐渐减少睡眠到每晚只睡5小时以后，心情、健康状况能保持良好，而且，睡眠的效率提高了，被试能够很快入睡，深度睡眠的比例也增加。“演化论”认为，各种动物之所以表现出不同的睡

图 5—3 人类和一些动物的平均睡眠时间的比较

眠方式，是长期演化的结果。动物睡眠的目的是避免消耗能量，以及在一天中的不适应时间里避免受到伤害。人类缺少夜视能力，容易受到老虎、狮子等大型食肉动物的威胁，所以，要在夜里躲到安全的地方睡眠。先是巢居穴处，后来发展出建造房屋的能力。牛、羊、骆驼等动物，之所以分阶段睡眠，是因为它们终年在空旷处游荡，无定点栖身，必须随时睡眠，随时觉醒，以便遇到侵袭时能够随时逃逸。

两种理论都有可取之处，也许睡眠在最初是为了使人类避免侵袭，后来演化为恢复精力和体力的功能。

（二）睡眠过程

对睡眠的科学研究始于德国神经生理学家伯格（H. Berger，1873—1941）。他发现，人从清醒到睡眠，脑电活动会发生复杂的变化。精确地测量和分析这些变化，能够了解睡眠的本质。用脑波仪记录睡眠中脑电波活动变化的曲线称为脑电图（electroencephalogram，EEG）。在进行睡眠研究时，研究人员在被试头上安放一些电极，用来记录脑电波的变化，同时记录呼吸、心率、血压、肌肉强度等身体各项功能指标的变化。

研究表明，当大脑处于清醒和警觉时，脑电波以 β 波为主。β 波是一种频率较高、波幅较小的波，频率为 14～30 赫兹。在安静和休息时，β 波被 α 波取代。α 波频率为 8～12 赫兹，波幅较大。在睡眠时，脑电波主要是 Δ 波，Δ 波频率更低，波幅更大。20 世纪 50 年代以后，根据脑电图和其他指标，研究者将睡眠划分为五个阶段，各阶段的脑电图模式及主要特征见图 5—4。

第一阶段是浅睡阶段，脑电波开始变化，频率渐缓，波幅渐小。此时，身体放松，呼吸变慢，容易被外部刺激所惊醒。这一阶段持续大约 10 分钟。第二阶段是开始正式睡眠，脑电波出现不规律，频率和波幅忽大忽小，偶尔出现“睡眠锭”（sleep spindle，短暂爆发的、高频率的脑电波）。这一阶段大约持续 20 分钟。此时，睡眠者很难被唤醒。在第三阶段，脑电波频率继续降低，出现了 Δ 波，有时出现睡眠锭，持续时间为 40 分钟。在第四阶段，大多数脑电波呈现为 Δ 波，个体进入深度睡眠，肌肉进一步放松，身体的功能指标进一步放慢，梦游、梦呓和尿床大多发生在这一阶段。第三、第四阶段的睡眠也被称为“慢波睡眠”（slow wave sleep）。几乎所有人的睡眠都经历了这四个阶段。如果睡眠不遵循这一模式，就预示着身体或心理功能的失调。

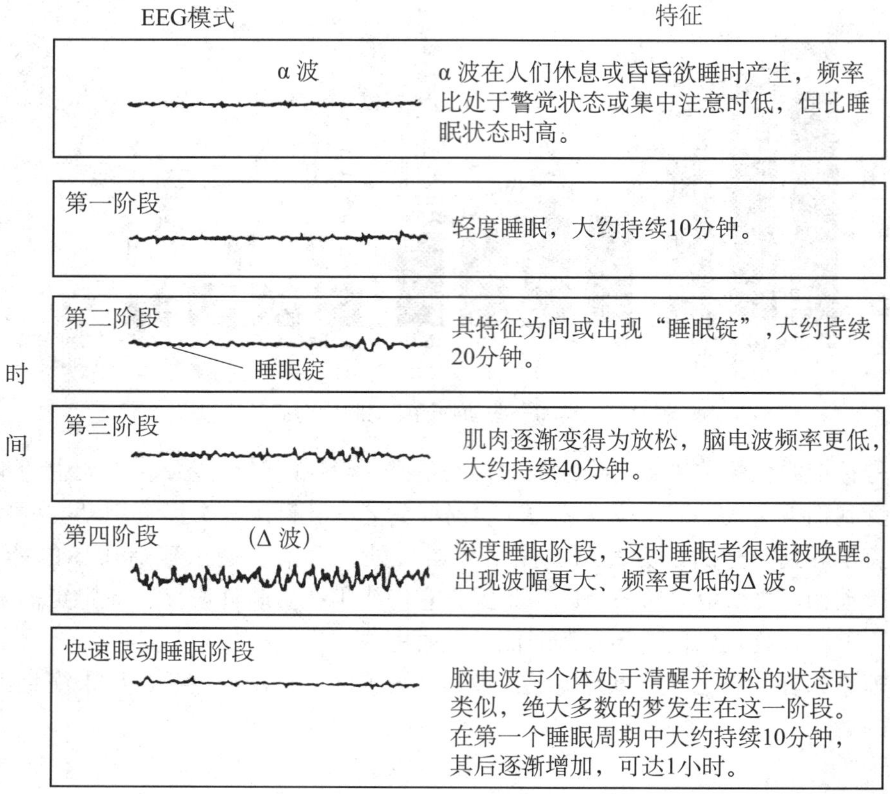

图 5—4　睡眠各个阶段的脑电波记录

前四个阶段大约经历 1 小时到 90 分钟。之后，睡眠者常会有翻身的动作，并且容易惊醒，接着进入快速眼动（rapid eye movement，REM）睡眠阶段。在这一阶段，脑电活动迅速改变，Δ 波消失，高频、低波幅的脑电波出现，与清醒时的脑电波相似，眼睛呈现出快速的跳动，且伴随着栩栩如生的梦境。如果此时叫醒个体，他会报告正在做梦。这种快速眼动睡眠间歇性地出现，每次约 10 分钟，主要出现在午夜及以后，一夜出现 4～5 次。随着年龄的不同，REM 在睡眠中所占的比例也不同，年龄越小，REM 占比例越高：新生儿 REM 约占 50%，小学生占 30%，成人占 20%，老人占 10%。人在快速眼动睡眠期间心率和血压也变得不规则，呼吸变得急促，和清醒状态或恐惧时的反应类似，肌肉却依然松软。

（三）失眠与睡眠剥夺

1. 失眠

个人无法自主地控制自己的睡眠，叫失眠（insomnia）。约有 40%的人报告有过失眠的经历。失眠的表现主要有难以入睡、容易惊醒、时睡时醒、难以沉睡等。失眠现象有随着年龄增长而增加的趋势，女性比男性更加常见。在竞争激烈的现代社会里，偶尔的失眠多数人都会发生，如重大时刻即将到来的前夕、外出时来到新的环境、生活中遇到了棘手的问题，都会导致失眠。但有的人经常失眠，就成为失眠症。一般说来，失眠症患者需要更长的时间才能入睡，夜间经常醒来，每天的睡眠也无规律。与正常人相比，失眠症患者在睡眠时的脑波异常，常出现 α 波。失眠看似简单，原因却很复杂，按照失眠的原因，可以把失眠划分为以下种类：

(1) 情境性失眠（situation insomnia）。这是由外在生活情境改变造成的暂时性适应困难。主要涉及一些造成个体心理压力的生活事件，如升学、失业、择偶、突发疾病等。当危机或压力减小或者逐渐适应新情境时，个体就会自行逐渐恢复正常睡眠。

(2) 假性失眠（pseudo-insomnia）。当事人抱怨自己深受失眠之苦，事实上并不缺乏睡眠。只是当事人在心理上有失眠感。形成失眠感的心理因素是个人对自己究竟需要多长时间的睡眠缺乏自知，只是依据某一标准来判断。殊不知，睡眠所需的时间存在很大的个别差异，即使同一个人，也会因年龄、身体状况等原因而异。

(3) 失律性失眠（arrhythmic insomnia）。生活规律突然改变，使身体的生物钟一时无法适应，就会影响睡眠，如飞行时差等缘故造成的短暂性的失律性失眠。

(4) 药物性失眠（medicinal insomnia）。某些人在临睡前服用咖啡、浓茶、可乐等兴奋物质后，兴奋得辗转反侧，难以入眠。还有人长时间借助安眠药来使自己入睡，导致对安眠药物的依赖，也属于药物性失眠。

(5) 窒息性失眠（sleep apnea）。因呼吸困难而造成的失眠现象。个体夜间往往因呼吸困难醒来，醒后就无法再入睡。

2. 睡眠剥夺

睡眠剥夺（sleep deprivation，SD）是指由于各种原因引起的睡眠丢失状态，并引起情绪、记忆、免疫功能的改变。睡眠剥夺在生活中普遍存在。睡眠剥夺以后，大脑皮层的激活方式改变，前额叶代谢率降低，行为水平降低。睡眠剥夺对认知功能的影响主要表现在对执行功能的影响上，并且和剥夺时间有一定的关系。研究者认为，大脑中有一个监控者，进行有意识的监控，并分配注意资源。额叶负责并整合注意反馈的信息，不断地调整规则，发现新的规则，这需要较多的注意资源。睡眠剥夺以后，人的注意资源下降，额叶功能下降，没有足够的注意资源去注意和整合，不能够及时更新到新的规则。

二、梦

梦是睡眠中最生动有趣又最不可思议的环节。栩栩如生的梦境，如真如幻，使人感到神秘莫测。所以，在中国传统文化中，有关梦的故事就不一而足，如“黄粱美梦”、“梦笔生花”、“庄周梦蝶”、“南柯一梦”，等等。几千年来，人们对于梦，或虔诚膜拜，或不屑一顾。在原始民族中，人们认为梦是神的启示或鬼的作祟，所以就有“圆梦”或“卜梦”的实践。即使在现代文明社会里，也存在关于梦的许多迷信。

（一）梦的概念和事实

梦（dream）是在睡眠某一阶段中产生的一种自发的意象活动。关于梦的事实主要有以下几个方面。

(1) 所有的人都做梦。每个人都有快速眼动睡眠阶段，这一阶段通常和梦境相联系。认为自己不做梦的人，如果在快速眼动睡眠阶段叫醒他，会报告正在做梦。

(2) 在一个晚上，一般人的第一个梦，大约出现在入睡后的 90 分钟。梦境的持续时间约为10分钟。一夜大约要做4～6个梦。

（3）每晚做那么多的梦，醒来后只能记住极少数。对于这一现象，有三种解释：梦境之间相互干扰造成了遗忘；梦境多属于不愉快的事，当事人不愿意回忆；梦属于短时记忆的内容，不经过复述不会自动转入长时记忆，所以造成了遗忘。

（4）身体之外的事能够为梦的一部分。如熟睡中的妻子听到身边丈夫的鼾声，于是便做有关“猪”的梦。

（5）梦与人的需要与愿望有一定关系。如在睡眠中口渴了，会做找水或喝水的梦；男子的遗精在许多情况下都与性梦有关。

（6）梦的特征主要有：一是不协调。人物、物体、行为和情境特征经常出现错误的搭配。二是不确定。梦中的形象和事件经常十分模糊，飘忽不定。三是不连续。思想、行为、表象和情境经常快速转移到与前者无关的状态中。四是缺乏批判性。梦中的形象经常稀奇古怪，而做梦者却深信不疑。一旦个体对梦中的情境发生怀疑，个体就快醒了。

（7）剥夺梦将导致梦更经常地发生。在实验中，只要发现快速眼动睡眠，就唤醒被试，过几分钟，再让他重新入睡。通过这种方法，剥夺被试做梦，发现在实验期间，被试出现快速眼动睡眠的脑波，一夜比一夜多。实验结束后，让被试恢复正常睡眠，发现出现快速眼动睡眠的次数，也较正常时多出两倍。

（二）梦的理论

心理学家对梦的解释一直存在着分歧。

1. 精神分析的观点

弗洛伊德把梦的分析称为“通向无意识的康庄大道”，认为梦的实质就是被压抑的无意识欲望的一种变形的满足方式。梦是一种象征，在象征之后，还有另外的含义。梦可以分为两个层面：显梦（manifest content）和隐梦（latent content）。显梦是回想时讲出来的梦的内容，隐梦是蕴含于显梦中的梦的真正含义。在潜意识中，存在着一些与性有关的冲动和欲望，它们不为社会伦理所接受，受到压抑，无法出现在意识中。在睡眠时，由于意识的警惕性放松，这些冲动和欲望就在梦中以改头换面的方式表现出来。分析精神病人的梦，可以发现患病的症结，为治疗指明方向。这种看法颇具有吸引力，在精神病治疗的实践中也取得了一定的疗效，但很难用科学的方法去加以证实。

2. 实验心理学的观点

这一观点主要有以下看法：

（1）连续性假说（continuity hypothesis）。认为梦是日间生活的继续。“日有所思，夜有所梦。”霍尔（C. S. Hall，1909—1985）等人对10 000多个梦境的内容分析后发现，可以将它们分为八类：各类人物、各类动物、人际交往、幸福的事和悲痛的事、成与败、户内或户外活动、空间与物体、情绪反应。梦的内容并非全与性有关，而符合一般人所说的“梦如人生”的说法。

（2）大脑的随机活动体验说。霍布森（J. A. Hobson）认为，梦的本质是对脑的随机神经活动的主观体验。一定数量的刺激对维持脑与神经系统的正常功能是必要的。在睡眠时，由于刺激减少，神经系统会产生一些随机的活动。梦是认知系统试图对这些随机活动进行解释并赋予一定意义。

(3) 认知功能说。认为梦担负着一定的认知功能。在睡眠中，认知系统依然对头脑中的信息进行检索、排序、整合和巩固。这些活动的一部分会进入意识，成为梦境。福尔克斯（D. Foulkes）认为，梦的功能是将个体的知觉和行为经验重新编码和整合，使之转化为符号化的、可意识的知识。这种整合可以将新、旧记忆联系起来。这种观点有一定的证据支持。如有的人在梦中获得解决问题的灵感。里顿浩斯（C. D. Rittenhouse）等人研究梦境转换现象，发现转换有一定规则：80%是类别内转换，如一个人转换成另一个人，一个无生命物转换成另一个无生命物；20%是无生物转换成生物（如一条绳子转换成一条蛇）或人转换成其他生物（如一个人转换成一条鲨鱼），没有发现生物转换为物体或非生物与人相互转换的情况。这表明，大脑皮层试图从混乱的神经元活动中建立起认知秩序。

（三）梦的诱发因素

1. 外在环境因素

梦可以由外在环境刺激而产生。如外界的流水声、寒冷刺激会让处于快速眼动睡眠的人做下雨、雪地行走之类的梦。德门特（W. C. Dement，1928—　）和沃尔珀特（E. A. Wolpert）发现，喷洒水雾是影响做梦内容的最有效的方法。

2. 生理病理因素

一定的生理病理刺激可以引起睡眠者做梦。口渴的人容易做饮水的梦，膀胱充盈容易做找厕所的梦，身体疼痛容易做生病或被人攻击的梦。不同年龄阶段的人由于身体状况的不同，可能做与他们的身体、年龄相关的不同的梦。按照“梦是欲望的满足”的观点，可以用生理病理因素解释不少人的离奇的梦。

3. 人格因素

外在环境和生理病理因素即使相同，也不可能做同样的梦。这主要受个体的人格影响。心理压力大、自卑感重的人，容易做被人追赶的梦。

（四）梦的功能

梦既不像迷信说的那样具有预示的功能，却也不是毫无意义的副现象。研究表明，梦具有如下一些功能。

1. 维持

梦有益于维持大脑的正常功能。做梦与睡眠紧密相连。没有梦的睡眠，不利于个体的生理调整和大脑功能的恢复。有人认为，梦是对脑的随机神经活动的主观体验。一定数量的刺激对维持脑与神经系统的正常功能是必要的。

2. 调适

在现实生活中，人的需求和欲望的实现常会遇到困难、障碍或失败。这些未得到满足的需要和不可能实现的目标常常在梦境中获得。因此，梦可以使个体压抑的能量得到释放，缓解了心理的紧张和冲突，从而使心理恢复平衡。

3. 激发

梦有助于激发人的灵感，启迪人的思维，因为梦的内容与想象力关系密切。记忆内容在梦中由于想象力的作用得到“关注”和“强化”，有时会帮助人们突破常规而产生顿悟，从而解决问题。人们废寝忘食、锲而不舍追求某种目标或结果，常会在梦中得到启发。凯库勒（F. A. Kekule，1829—1896）由于受梦中启示而发现苯的环形结构，玻尔（N. Bohr，1885—1962）受梦境启示发现原子结构模型，就是典型的例子。

4. 暗示

梦具有自我暗示和期待的作用。梦是个体在外在环境因素、生理病理因素和人格因素的交互作用下，受个体潜意识的影响而形成的。与其说梦具有预兆作用，不如说梦能够使人产生一种自我暗示和期待。一个人经常梦见高兴的事，必然具有愉快的心境，这种心境会影响他的行为；反之，一个人经常梦见凶恶的事，内心恐惧，这种情绪必然会影响他的心理和行为。

[专栏 5—2]　　并非与梦有关的睡眠现象

在睡眠过程中，有一些现象并非与梦有关，却被世俗冠以“梦”的标记。这些现象有：

1. 梦游（sleep walking）。它是在睡眠中自行下床活动，而后回到床上继续睡眠的现象。梦游与做梦无关。因为梦游时的脑电波属于沉睡阶段，而沉睡阶段不会做梦。因此，梦游应被称为“睡中行走”。梦游者多为儿童。它并非严重的病态，也与情绪困扰无关，多数到成年之后就不治而愈。梦游者在梦游中的举动，醒后全然无知。有人在梦游中甚至可从事很复杂的活动，如开门上街、拿取器具、会躲避障碍物，等等。梦游与遗传有一定关系。曾经有一个案例，一家人假期团聚，晚上分别睡在不同房间，第二天早上醒来，发现全家人都睡在客厅里。

2. 梦话（sleep talking）。指睡眠中说话的现象，也与做梦无关。因为几乎所有梦话都在沉睡阶段发生，而沉睡阶段不会做梦。因此，“梦话”应被称为“睡话”。

3. 夜惊（night terror）。常见于儿童。主要表现为在睡眠中突然惊醒，面露痛苦的表情，两眼无神，向前直视，呼吸急促，出汗，甚至尖叫。数分钟以后，自行恢复睡眠，醒后对此无记忆。一般人往往认为夜惊与做噩梦有关，实非如此。当夜惊发生时，也正值沉睡阶段。夜惊的原因，可能与儿童在发育阶段的神经生理失调有关。在夜惊时，不必将个体唤醒，也不必刻意治疗。儿童期过后，夜惊现象就会自然消失。

4. 梦魇（nightmares）。人在睡眠时，感觉到仿佛有重物压身，似醒非醒，似睡非睡，想喊喊不出，想动动不了。人们对这种现象感到不解和恐惧，就给了它一个形象的名字——“鬼压身”，医学上叫“梦魇”。梦魇是一种生理心理现象。当人惊醒时，神志已经清醒了，支配肌肉的神经中枢还未完全醒来，所以动弹不得。此时，如果有人叫醒他或推他一把，梦魇就会立即消失。梦魇和鬼怪无关，与梦也无关系。人通常在压力较大、过度疲累、作息不正常、失眠、焦虑的情形下比较容易发生梦魇。睡姿不正确也容易引起梦魇。仰睡和卧睡容易引起梦魇。因此睡觉时的姿势很重要。

第三节　催眠

一、催眠现象

催眠（hypnosis）既与清醒有异，也与睡眠不同，是一种貌似睡眠而非睡眠的意识状态。这种意识状态是在特殊的情境下由催眠师的诱导而形成的。在这一过程中，伴随有感知、记忆和自主行动改变等体验。催眠师设计的特殊情境，以及采用的诱导方法，合称为催眠术（hypnotism）。

催眠在历史上经历了曲折的发展历程。在18世纪，维也纳医生麦斯麦（F. A. Mesmer，1734—1815）就用催眠术治疗过癔症病人。他认为，人体内有一种动物磁液，可以由意识支配，从身体的这一部分转移到另一部分。体内磁液如果失去了平衡，人就会生病，可以用通磁术来恢复平衡。他让患者围着一个橡皮制成的桶而坐。放置桶的房间半明半暗，柔和的音乐时奏时止。麦斯麦绕桶一周，以手触人，给病人“通磁”，以使患者治愈。后来的研究表明，“通磁”理论是非科学的，但的确存在着催眠的心理状态。在这种状态下，被试好像睡着了，其实不是睡眠。脑电波的研究表明，当人进入了催眠状态时，脑波图的波形特征与睡眠的波形不同，但与清醒时的波形一致。但是，人在催眠状态下，的确出现了一些与清醒时不同的心理特征。

二、催眠状态下的心理特征

希尔加德（E. R. Hilgard，1904—2001）提出，人在催眠状态下会出现下述心理特征。

（一）主动性反应降低

人一旦进入催眠状态，虽未睡眠，意识活动的主动性却大为降低，不主动表现任何活动，倾向于遵循催眠师的指示行动。

（二）注意窄化

人进入催眠状态后，知觉和意识虽然存在，但注意趋于窄化，只注意催眠师的指示，对周围环境中的刺激“视而不见”、“听而不闻”。

（三）旧记忆还原

人在催眠状态下，能够回忆起在清醒时无法回忆的往事，而且记忆非常清晰、完整。

（四）错觉与幻觉

人在催眠状态下，错觉比平时更加明显，还可以产生幻觉，或“无中生有”，或“有中变无”。例如，有时看见面前站着一个人，其实没有；有时对面前站着人，却视若无睹。

如果催眠师告诉他眼睛看不到东西了，被试可以真的“盲目”。

（五）暗示接受性增高

暗示（suggestion）是指向对方表达一种非强迫性的意见，使对方不加怀疑地接受，并付诸行动。人在催眠状态下，受暗示性提高：如果暗示被试失去痛觉，不需麻醉即可拔牙；如果暗示被试身体僵直，身体就可以变得像木块般僵硬。

（六）角色扮演

在催眠中，被试可以听从催眠师的指示，扮演与自己性格不同的另一角色，并表现出合于该角色的复杂行为。但不会被差遣去做一些违反道德或法律的事。

（七）催眠中经验失忆

催眠师的暗示不仅可以指导被试当时的心理活动，还可以影响到事后行为。如暗示被试在清醒后忘却催眠状态中的一切，从而造成对催眠经验的失忆。

三、催眠感受性和催眠过程

并非所有的人都能够进入催眠状态。大约有10%到20%的人容易接受催眠，约10%的人根本不可能接受催眠。能否进入催眠状态取决于个体的催眠感受性的高低。催眠感受性即人的受暗示性。它包含两个因素，一是对催眠的态度以及对催眠师的信任感，二是个体的身心条件与个性特征。容易接受催眠的人通常具有如下特征：

（1）平时喜欢沉思幻想，经常做生动的白日梦。

（2）容易沉浸于眼前或想象中的情境，不容易为外界刺激所分心。

（3）依赖性强，经常寻求他人的指点。

（4）对催眠的作用深信不疑，希望从催眠中获得新鲜的意识经验。

（5）有过意识分离经验。

催眠一般要经过下述步骤：（1）让被催眠的人处于安静舒适的状态，使外界干扰减到最小。催眠通常在安静的室内举行，一般采用个别方式。室内灯光暗淡，被试以舒适的姿态坐在椅子上，全神贯注于催眠师的指示。（2）要求被试将注意集中在某些特定事情上（如想象中的风筝、表的滴答声），用平和的语言引导或暗示被试的感受或体验，如“放松”、“你现在非常舒适”等。见图5—5。催眠诱导语有三个特征，即声音平和、语意单调、语句重复。这样才能使被试慢慢地进入完全放松的状态。（3）给予被试暗示，让被试按照催眠师的指示去做一些事。这种暗示的方式未必相同，但大体上遵循下列顺序：暗示被试眼睛疲倦，无法睁开；暗示被试感官迟钝，不会感到疼痛；暗示被试忘却一切，只记得催眠师讲的话和要求他做的事；暗示被试会经验到幻觉，如他的朋友突然在面前出现或桌子上的台灯不见了；暗示被试催眠过后将忘却催眠中的一切经验；暗示被试醒来后做某些动作（如开窗子）。

图 5—5　催眠诱导

四、催眠理论

研究者试图从心理学、生物学、生理学等角度来解释催眠。近年来，人们倾向于用综合的理论来解释催眠，不过仍然未达成一致意见。

（一）催眠的生理学解释

布雷德（J. Braid，1795—1860）的“视神经疲劳说”与麦独孤的“脑部缺血说”从生理学的角度来解释催眠。布雷德经过长期观察，发现被催眠者的眼睛总是紧闭，不能睁开。据此他提出，催眠状态是由于视神经的疲劳引起的，是人为的睡眠。他提倡用“凝视”的方法进行催眠。麦独孤认为，催眠现象是由脑部缺血造成的。在催眠过程中，当人被安排静息和少动时，脑部血液因流向四肢而减少，导致眩晕状态，从而诱发出催眠现象。

（二）巴甫洛夫的条件反射理论

巴甫洛夫认为，大脑不断接受刺激而形成阳性条件反射（兴奋）和阴性条件反射（抑制）。在充分兴奋的条件下，抑制过程扩散就更加广泛，也更加深沉；相反，充分抑制也可以使兴奋活动更加活跃。语言是特殊的条件刺激物，语言包含的丰富内容在人脑中形成复杂的条件反射系统。在催眠过程中，催眠师先通过暗示诱导引起大脑皮层的广泛抑制，而后使被催眠者在有意编制的暗示语影响下，诱发大脑皮质建立特定兴奋点，从而使被催眠者进入催眠状态。

（三）角色扮演说

斯班诺斯（N. P. Spanos，1942—1994）认为，催眠产生于被催眠者在催眠师的诱导下高度合作地扮演另一个特殊的社会角色——被催眠的角色。这个角色意味着将无条件地服从催眠师的指示，做出特定行为或产生特定感受。这种关系类似于演员和导演的关系。成功的催眠离不开期望和情境因素。

（四）意识分离说

希尔加德认为，催眠将心理过程分离为两个同时进行的活动层面。第一个层面为接受暗示后所经历的意识活动，其性质是扭曲的；第二个层面是被掩蔽的、当时难以觉察的意识经验，其性质是真实的，他称为“隐蔽观察者”（hiden observer）。正是由于隐蔽观察者的存在，人在催眠状态下才不会完全接受暗示而失去自我。希尔加德用实验证实了隐蔽观察者的存在。他让催眠师先给被试暗示，声称催眠后左手将失去痛觉。等被试进入催眠状态后，将其左手置于冰水中。通常，将手置于冰水后数秒就会引起剧烈刺痛。此时，如要求被试口头报告是否疼痛，他将报告不痛；如要求他右手放在按钮上，并说明如他感觉到左手疼痛时就可以按下。结果发现，即使被试口头报告不痛，右手却总是将按钮按下。希尔加德认为，在催眠状态下，左手感到的“不痛”是在催眠暗示下产生的意识经验，是错觉；右手按钮表现的，是“隐蔽观察者”的“报告”，是真实的意识经验。

催眠已经被广泛地应用于心理治疗、犯罪侦破和运动等方面，也被用于治疗神经症、酗酒、自杀倾向、过量饮食、吸烟等。从20世纪50年代开始，催眠被用于研究感知、记忆、情感、动机等心理现象。采用催眠进行心理学实验有许多优点：在催眠状态下，研究者可以更严格且精确地控制条件；在催眠状态中产生的记忆缺失有助于消除一个实验留下的记忆痕迹，使后续的实验不受前面的实验影响；催眠之后，被试处于清醒状态，完全忘却了催眠时的情境，减少了被试自发地、有意识混淆实验论据的可能性。

[专栏5—3]　　类催眠现象

类催眠反应不等同于施行催眠术的催眠活动，它在情景、行为指向、催眠层次等方面与催眠有明显的区别。类催眠反应一般是在特殊的生活情景（如宗教、医疗活动等）或由于个体深度地自我卷入的情况下发生的。在类催眠反应中，个体的行为表现为很强的依从性，尽管个体对行为有自我掌控的能力，却自动放弃，而是表现出依从于外界信息的倾向，产生知觉认同，表现为自觉的行为。常见的类催眠反应主要有：

1. 宗教信仰。关于宗教，许多人对它存有误解或赋予浅显的认识。从某种程度上说，宗教能够慰藉人类的心灵，改善人类的行为。正因为如此，一些学者投身到怎样运用宗教教义来使人们获得哲学的思考、生活的参悟或身心健康方面的维护上。

2. 政治活动。政治活动中的类催眠反应集中表现为在政治利益获取中的自我深度卷入。自我卷入导致外界信息通路变窄，使自我在处理倾向性信息时脱离高级系统的有效监督。以仕途升迁为例。个体为了获得升迁，把大部分精力放在表现自己、取悦上司、改善人际关系等方面，而这些又以是否最有利于升迁的标准来衡量，这就使个体的外界信息趋于单一，使有利于升迁的信息被无条件地得到执行，使个体行为失去了主体性和惯常表现。类催眠反应有助于认识诸如官场腐败、政令盲从、浮夸风等现象。政治活动中的类催眠反应的另一表现是民众经过“洗脑”后的迷恋与顺从。它是由于信息单一、迷信权威导致人的理性丧失造成的。德国在二战期间和我国在“文革”期间的民众表现在很大程度上就属于类催眠反应。类催眠反应在社会生活中容易被一些别有用心的人所利用，从而给社会生活带来灾难。

3. 医疗活动。对于患者来说，医生的言语是权威信息，加上患者的强烈的求治心理，使其注意力高度集中。此时，医生的任何肯定的信息都会使患者出现贯彻行为，形成了类催眠反应。这种类催眠反应会使患者出现疑病症、假症（如假孕）等，在医学上归属于医源性疾病。

4. 自我催眠。上述情况都是个体接受外界信息的影响与暗示，使个体在处理信息时出现自我意识水平的降低（即去个性化）。自我催眠是依仗想象性的社会情景，使自我在处理信息过程中激活和强化已有经验，或者使当前感受信息暗合想象情景，形成了贯彻行为，从而出现类催眠反应。如人们熟知的气功。自我催眠的水平取决于个体的想象水平以及感应（自我暗示）想象的水平。它已被人们广泛地运用于医疗、保健及成功训练等方面。

第四节　注意

一、什么是注意

注意和意识紧密联系，但它既不同于意识，也不同于对事物的认知。注意是心理活动或意识在某一时刻所处的状态，表现为对一定对象的指向和集中。注意有以下两个特性。

（一）指向性

人在每一瞬间，心理活动或意识总是选择了某个对象，忽略其他的对象。詹姆斯说：“注意是以清晰生动的形式，让数个同时可能的物体或思维序列之一占据心灵……它意味着，为了更有效地加工一些刺激，其他的要退缩出来。”指向不同，接受的信息也不同。

（二）集中性

当心理活动或意识指向某个对象时，就会在这个对象上集中起来，抑制与此不相关的对象，保证认识活动顺利开展。当你在图书馆里专心致志地读书时，阅览室内人的走动，你视而不见，同学的窃窃私语，你听而不闻。如果说指向性是心理活动或意识朝向某个对象，集中性就是心理活动或意识在一定方向上的强度或紧张度，它是在加工中阻止无关信息进入意识的能力。心理活动或意识的强度越大，紧张度越高，注意就越集中。

指向性和集中性是注意状态的两个方面。注意指向的范围与集中程度存在相反的关系。指向的范围越大，集中性就越差；指向的范围越小，集中性就越好。

注意不是一种独立的心理过程，而是一种心理状态，是一切心理活动的共性。一方面，注意没有特定的反映内容，人注意什么时，实际上就在感知什么、记忆什么，或想象什么、思考什么。另一方面，注意总表现在各种心理活动中，它是一切心理活动的开端和起点，又伴随着各种心理过程的进行。没有注意参与，既不可能产生认知过程，也不可能产生情感和意志过程。因此，注意是心理活动一种积极状态和必备条件。

二、注意与意识

注意不等同于意识。注意是心理活动或心理动作，意识是心理内容或体验。如果把人脑比作一台电视机，意识就是它包含的节目内容，注意就是选择节目的过程。如果把人的心理比作舞台，意识就是戏剧的过程和内容，注意就是戏剧的导演。注意好比一个探照灯，意识就是探照灯光范围内被照亮的东西。因此，注意提供了一种机制，它决定什么东西可以成为意识内容，什么不可以。只有被注意到的刺激，才能被觉察，进入意识。

注意又和意识密不可分。人从睡眠到觉醒，再到注意，是意识状态的连续体。人在意识的状态下，注意集中在对当前有意义的内容上，得到的认识清晰而且深刻。自动化的过程要求很少的注意，相应地，意识参与的成分也较少，这时，人对对象没有清晰的了解，注意被分配到其他方向。

总之，在注意条件下，意识与心理活动指向并集中于特定的对象，从而使意识内容或对象清晰明确，意识过程紧张有序，并使个体的行为活动得到意识的控制。

三、注意的功能

注意在心理活动中具有重要的功能。

（一）选择功能

在人的周围，存在大量信息，它们或者重要，或者不重要。注意的基本功能就在于选择重要的信息，排除无关的刺激。如果没有注意，人的心理活动就会没有一定方向，生活将会变得一片混乱。

（二）维持功能

注意使人的心理活动或意识能够在一段时间内保持紧张状态。只有在这种紧张状态下，人才能够对选择的信息进行复杂的加工。注意的维持功能还体现在时间的延续上。注意的维持功能在学生的学习中有非常重要的作用。有许多儿童，学习成绩差并不是由于智力低下，而是由于没有养成集中注意的习惯。

（三）整合功能

特瑞斯曼（A. M. Treisman，1935—　）认为，人对外界输入信息的精细加工及整合作用都发生在注意的状态下。在前注意的状态下，人只能对事物的个别特征进行初步的加工；在注意的状态下，人才能够对个别特征的信息进行精细加工并将其整合为一个完整的物体。

（四）调节功能

注意不仅表现在稳定而持续的活动中，也表现在活动的变化上。当需要从一种活动转向另外一种活动时，注意体现了重要的调节作用。人只有在注意转变的状态下，才能够实现活动的转变，才能够适应瞬息万变的环境。

四、注意的外部表现

人在集中注意时，常常伴随着特定的外部表现。

（一）适应性运动

人在注意时，有关感觉器官朝向注意的对象，以便得到最清晰的印象。如“侧耳倾听”、“举目凝视”等。

（二）生理变化

在集中注意时，人的呼吸会变得轻微而缓慢，甚至可能暂时停止。如“屏住呼吸”、“大气不敢出”。而在紧张注意时，会出现心跳加快、血压升高、拳头紧握的现象。

（三）无关动作的停止

人在高度集中注意时，无关动作会暂时停止，正所谓“呆若木鸡”。

有经验的教师会根据外部表现判断学生是否在注意。但是，人的外部行为与注意的内部状态之间并不总是一致。例如，个别学生上课时心猿意马，却装出一副很专心的样子，如“小和尚念经——有口无心”。另外，也存在着貌似不注意而内心高度注意的现象，如侦察员在跟踪犯罪嫌疑人时就会出现这种情况。

五、注意的种类

根据不同的标准，可以对注意进行不同的分类。

（一）外部注意和内部注意

这是基于注意的指向所做的分类。

1. 外部注意

这是指向外部事物的注意，也称为环境注意。对儿童而言，这种注意最早出现，往往由刺激物的特点和个体的内部需要所引起。对成人而言，它也可以由活动的目的和任务所引起。外部注意是人认识外部世界、积累知识的前提条件。

2. 内部注意

这是指向个体的思想、情感和体验的注意，也称为内部注意、自我注意。对个体而言，这种注意出现得较晚。婴儿的注意主要是外部注意，从幼儿期开始，内部注意才开始发展；到了青春期，儿童的内部注意才蓬勃发展起来。

（二）不随意注意、随意注意和随意后注意

这是基于注意的目的性以及维持注意所需要的意志努力程度所做的分类。

1. 不随意注意

这是一种事先没有预定的目的也不需要意志努力的注意。例如，教师正在上课，突然“砰”的一声响，许多人会不约而同地朝发出声音地方看去。不随意注意是一种消极被动的注意。影响不随意注意的因素主要有：

（1）刺激物本身的特点。刺激物的强度大，或者活动变化，或者新异，或者对比强烈都容易引起不随意注意。任何强烈的刺激，如一声巨响、一道强光、一阵浓烈的气味等，都会引起人的不由自主的探究。然而，起决定作用的往往不是刺激的绝对强度，而是刺激的相对强度。例如，白天听不到手表的滴答声，而在夜深人静时却可以听到。活动的、变化的刺激比起不活动的、无变化的刺激更容易引起人的注意，如转动的霓虹灯、疾驶的汽车等。新奇的事物容易引起人的不随意注意。如生活在南方的人，从来未见过雪，冬天来到北方，皑皑白雪自然会引起他们的不随意注意。

（2）人的主体因素。不随意注意虽然能够由刺激物的特点所引起，主体因素也起重要的作用。在外界刺激相同时，主体因素不同，可以引起某些人的注意，却难以引起另一些人的注意。

需要和兴趣既是人们主动探究事物的内部原因，也是引起不随意注意的主观条件。凡是符合人的需要又有直接兴趣的事物，都容易引起人的不随意注意。口渴的人对于潺潺流水声容易引起注意，对体育有兴趣的人会迅速注意到与体育比赛有关的信息。情绪状态对注意也有直接的影响。在心情舒畅时，平时不容易引起注意的事物也能够引起注意；心情抑郁时，平时能够引起注意的事物也难以引起注意。知识经验对不随意注意也有影响。医生比常人更容易注意到别人的气色。期待也是引起不随意注意的重要原因。儿童的每一点进步都极易引起父母和教师的注意，因为这正是他们所期待的。中国的章回小说在描写到紧张情节时，突然停止，说“欲知后事如何，且听下回分解”，目的是引起读者期待，唤起注意。

2. 随意注意

随意注意是有预定目的、需要意志努力的注意。学生在课堂上全神贯注地听教师讲课，就是随意注意。随意注意是注意的高级形态，它由活动目的引导，由意识控制，是积极主动地发生和维持的。随意注意还要排斥干扰，克服困难，因此需要较大的意志努力。从种系发生和个体发展的角度看，随意注意出现得晚。个体在很小时就出现了不随意注意，但一直到儿童期，随意注意才蓬勃发展起来。随意注意的引起和维持受下述因素影响：

（1）对活动目的的认识。随意注意服从于活动的目的任务。对活动目的理解得越清楚、越深刻，完成任务的愿望越强烈，与活动任务有关的事物就越能够引起注意。学生的学习目的明确，就能够在学习活动中集中和保持注意。

（2）对事物的间接兴趣。兴趣是人积极探究某种事物的心理倾向。当人对事物发生兴趣时，就会推动人去注意它。兴趣分为直接兴趣（direct interest）和间接兴趣（indirect interest），前者是对活动本身感兴趣，后者是对活动结果感兴趣。如果说直接兴趣是引起

不随意注意的条件，那么，间接兴趣对随意注意有巨大影响。间接兴趣越稳定，就越能够排除各种干扰，对活动对象保持有意注意。宋真宗赵恒在《励志篇》中所的说“富家不用买良田，书中自有千钟粟。安居不用架高堂，书中自有黄金屋。出门莫恨无人随，书中车马多如簇。娶妻莫恨无良媒，书中自有颜如玉。男儿若遂平生志，六经勤向窗前读”，就是利用间接兴趣来激励学子专心读书的。

(3) 智力活动的组织和积极性。活动组织得越合理，智力活动的积极性越高，越有利于保持随意注意。平时养成良好的工作和生活习惯，就能够在规定的时间内保持全神贯注。相反，没有良好的工作习惯和合理的作息制度的人，大脑还未建立合理的动力定型，在必要时就难以组织自己的随意注意。另外，有效的活动还体现在合理地安排各项具体活动。如将阅读与记笔记、口述、反思、讨论等有机地结合起来，是维持注意的有效策略。

(4) 知识经验。知识经验对随意注意具有重要的影响。一方面，个体对熟悉的事物或活动，可以自动地加工和操作，无需特别地集中注意。另一方面，人要想在活动中维持注意，活动内容又必须与个体的知识经验有一定关系。例如，在上课时，能够理解老师讲的东西，维持注意就容易；如果老师讲的东西内容艰深，学生听后如坠五里雾中，要维持注意就很困难。

(5) 意志品质。随意注意有时要排除分心刺激的干扰。干扰既可以是外界事物，也可是机体的内部状态，如疲倦、疾病、内部心理冲突和情绪等。在这种情况下，只有意志顽强的人才能够克服困难，使自己的注意服从于当前的目的和任务。

3. 随意后注意

随意后注意是注意的特殊形式，它既具有不随意注意的不需要意志努力的特征，又具有随意注意的与目的、任务相联系的特征。例如，一个刚开始学习心理学的人，为了理解心理学知识需要花费很大的努力，这是随意注意；随着学习的推进，他对心理学知识产生了浓厚的兴趣，就不再像以往那样需要花费很大的意志努力了，此时就进入随意后注意阶段。随意后注意是在随意注意的基础上产生的，是一种更高级的注意形态，具有高度的稳定性，是人类从事创造活动的必要条件。

(三) 选择性注意、持续性注意和分配性注意

这是基于注意的功能所做的分类。

1. 选择性注意

选择性注意（selective attention）是指个体在同时呈现的刺激中选择一种进行注意，忽略其他刺激。选择性是注意的最重要的特征。心理学对选择性注意研究得最多，也最彻底，出现了大量关于选择性注意的研究和理论。

2. 持续性注意

持续性注意（sustained attention）是指注意在一定时间内保持在某个客体或活动上，它是注意在时间上的特征，又叫做注意稳定性。医生在做手术时，要在数小时内聚精会神地工作；哨兵站岗时，也要长时间地保持高度集中的注意。持续性注意对学生的学习作用非常重要，它和学业成绩的相关非常高。

持续性注意并非意味着注意始终维持在同一水平上。即使在短暂的时间内，注意也有起伏，这种现象叫做注意的动摇。例如，当注意图 5—6（a）时，会觉得小方形时而凸起，

时而凹进，大、小方形的相对位置会不断地变换。在注视图 5—6（b）时，一会儿将其知觉成六个立方体，一会儿又可以将其知觉成七个立方体。这种反复的变化就是由注意的动摇引起的。

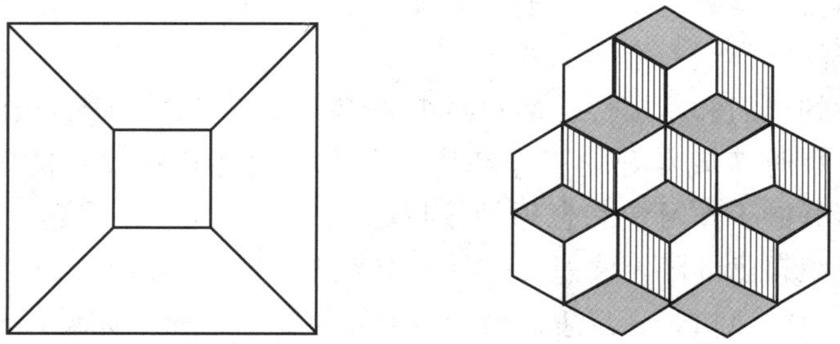

(a) (b)

图 5—6　注意的动摇

注意的动摇是正常现象。在认知活动中，注意的动摇总会发生，但是，只要注意不离开当前活动的总任务，这种动摇就没有消极作用。实验表明，注意的每一次动摇的时间大约为 8～12 毫秒。关于注意动摇的原因，一种观点认为，它是由感觉器官的局部适应而引起的感受性的交替而短暂的下降，另一种观点认为，它是由有机体的生物节律活动所引起的注意的起伏。

与持续性注意相反的现象是注意的转移和注意的分散（分心）。注意的转移是根据新的任务主动地将注意转移到另一对象或另一活动上去。转移的快慢和难易取决于两方面因素：一是原来注意的紧张度。原来注意的紧张度越大，转移就越困难、越缓慢；反之，转移就迅速。二是新的注意对象的特点。新的注意对象越是符合人的需要和兴趣，转移就越迅速。注意转移能力对于人适应环境、有效地完成工作具有重要意义。飞行员在飞机起飞与降落的 5～6 分钟内，注意转移多达约 200 次。注意的分散是指注意离开了当前指向和集中的对象，移向其他无关的对象，即无关刺激对注意产生了干扰。是否分心取决于分心物的特点及其与注意对象的关系，以及个体的意志水平。

持续性注意具有明显的年龄特征。研究表明，1.5 岁的儿童对有兴趣的事物能够集中注意 5～8 分钟，7～10 岁的儿童可以集中注意 20 分钟，10～12 岁的儿童可以集中注意 25 分钟，初中生能够适应一节课 45 分钟的要求，但他们的注意容易受兴趣、情绪影响。有兴趣的课或情绪好时，能够始终保持高度的注意，遇上不感兴趣的课或心情不好时，也会走神、做小动作、偷看小说或睡觉等。

3. 分配性注意

分配性注意（divided attention）是指在同一时间内把注意指向两个或两个以上的刺激。例如，学生一边听课，一边记笔记，同时还思考问题。研究分配性注意的最常用的方法是双作业操作，即让被试同时完成两种作业，观察他们完成作业的情况。

分配性注意受到同时进行的两种或两种以上的活动是否相似、活动本身的难度以及个人的技能水平影响。在同时进行的活动中，必须有一种是熟练的，甚至达到了自动化的水平。活动之间还必须有一定的联系。任务的相似性可以是在感觉通道、内部过程、反映要求等不同方面的相似。奥尔波特（D. A. Allport）发现，让被试追随听觉呈现的散文，同时识记听觉呈现的字词，被试能够识别和回忆这些字词的数量很少。如果将听觉呈现的字词改为视觉呈现，可以回忆出来的字词数量就大大增加；如果让被试看一些图片，这些图片的正确再现率可高达90%。谢弗尔（L. H. Shaffer）研究表明，即使在同一感觉道内进行两种性质相同的作业，也会由于作业的难易程度不同而出现不同的结果。

（四）外源性注意和内源性注意

这是波斯纳（M. J. Posner，1936— ）基于注意的来源所做的分类。

1. 外源性注意

外源性注意（exogenous attention）是由于外部信息所引起的注意定向。外源性注意不等同于外部注意。外部注意既可以由外部信息引起，也可以由内部信息引起。

2. 内源性注意

内源性注意（endogenous attention）是指观察者根据行为目标或意图来分配注意。内源性注意也不同于内部注意。内源性注意指向的对象既可以是外部事物，也可以内部的思想、动机和情绪等。

在波斯纳等人提出的空间提示范式中，通过在注视点区域呈现信号提示目标可能出现的位置来引发内源性注意，通过在目标位置的邻近区域突现的提示引起外源性注意。外源性提示是突现式的（外周的位置），它的出现使个体迅速自动地集合注意，并加快对信号位置的检测，属于注意的自下而上的加工。内源性提示是符号式的（如一个箭头，一般在中间位置），它引发个体对即将出现的目标的空间位置预期，属于注意的自上而下的加工。跟外源性提示一样，当目标出现在预期位置时，内源性提示会加速对目标的检测或辨别。

总之，注意具有多种特性。马特林（M. W. Matlin）指出："心理努力的焦点不仅具有选择性和可转移性，也可能被分为许多部分。因此，作为一般的定义，注意是指心理努力的集中和聚焦——是一种有选择性、转移性和可分解性的集中。"

[专栏5—4]　注意的跨文化差异

大量证据表明，东亚人和西方人的认知过程具有显著的差异。根据文化与认知学派的观点，注意差异可能是导致东西方认知差异的基础，尼斯贝特（R. E. Nisbett，1941— ）和增田贵彦称为视角差异。下面是注意跨文化差异的几种表现：

1. 整体加工和局部加工的差异。研究者采用不同的刺激材料或范式发现，东方人更侧重于整体加工（global/holistic processing），西方人更侧重于局部加工（local/analytic processing）。具有西方文化视角的人更倾向于注意目标物体，因为对目标物体的关注，更容易形成对目标物体特性的更多了解，习惯于根据物体的属性归类。东方人更倾向于注意背景信息，因为对背景信息的关注，更容易发现事物之间的关系和关系的变化。正由于东方人注意事物之间的关系，在归类时容易根据事物之间的整体相似而不是事物的内在差异分类。

2. 场独立性和场依存性的差异。场独立性是指个体能够容易地将目标从背景中分离，场依存性是指从背景中分离出目标比较困难。东方人倾向于注意事物之间的关系，较难分离目标和背景，即表现出场依存性；西方人倾向于场独立性加工，即注意目标物体，较容易将目标从背景中区别出来。

3. 变化盲的差异。变化盲（change blindness）是指观察者不能探测到视野中客体或情境的变化的现象。研究者采用变化盲范式得到了一致的证据，即东方人对背景信息的变化较敏感，相反，西方人对核心物体的变化较敏感。

4. 审美等其他应用领域的差异。增田贵彦等人通过用档案分析检验东西方艺术品中背景包容性的文化差异。结果表明，东方风景画与西方风景画比，将地平线安放在更高的位置，这种较高处的地平线使得画内能包括更多的其他物体和人物。东方肖像画的人物也比西方肖像画要小，说明东方艺术家比西方同行更强调背景信息，忽视场景中的人物。当被试需要评价每张照片的质量以及选出一套照片中最好的照片时，日本人比美国人更偏好于欣赏大背景和小人物的图片。显而易见，东方人比西方人在审美上对背景更敏感。这些结果与之前关于文化与注意的研究一致（即具有整体注意模式的东方人更偏好于注意背景的包容性，具有分析注意模式的西方人更偏好于注意显著目标）。

第五节　注意的生理机制

注意是由神经系统的不同层次、不同脑区的协同活动来完成的。

一、朝向反射

就发生来说，注意是有机体的朝向反射。朝向反射（orientating reflex）由情境的新异性引起。当新异刺激出现时，有机体会产生一种相应运动，将感受器朝向新异刺激的方向，以便能够更好地感受刺激。刺激物一旦失去了新异性，或者个体对刺激物已经习惯化，朝向反射就不会发生了。朝向反射会引起有机体一系列变化，如将感官朝向刺激物，正在进行的活动受到抑制，四肢血管收缩，头部血管舒张，心律变缓，出现缓慢的深呼吸，瞳孔扩张，脑电出现失同步现象等。

在朝向反射出现时，身体会出现一系列的变化，这有助于提高感官的感受性，并能动员全身的能量资源以应付面临的活动，如趋向活动目标，逃离威胁个体生存的情境等。

二、网状结构的激活作用

网状结构在注意中作用十分重要。来自身体各部位的感觉信号，一部分沿着感觉传导通路（特异通路）到达皮层的感觉区产生各种感觉，另一部分进入网状结构，由网状结构释放一种冲击性脉冲，投射到皮层的相应区域，使大脑产生一般性的兴奋水平和觉醒水平，保证大脑能够有效地加工特定的信号。网状结构的激活作用，为注意提供了必要的基础。

三、边缘系统和大脑皮层的功能

注意的选择性是由脑的更高级部分——边缘系统和大脑皮层的高级功能实现的。

在边缘系统中，存在着大量的神经元。它们不对特殊通道的刺激做出反应，只对刺激的变化做出反应。当环境中出现新异刺激时，这些细胞就会活跃起来；如果刺激持续出现，它们就不再反应。这些神经元叫“注意神经元”。它们是对信息进行选择的重要器官。

产生注意的最高器官是大脑皮层。额叶起着十分重要的作用。额叶受损的病人不能将注意集中在所接受的言语指令上，也不能够抑制对附加刺激物的反应。在无干扰时，这种病人还能够做某些事，但只要环境中出现任何新的刺激或者存在干扰，他们就会停止正在进行的工作。由于注意容易分散，这种病人很难完成有目的的行为。额叶能够直接参与由言语指示引起的激活，并且通过与边缘系统和网状结构的下行联系维持网状结构的紧张度，能够对外周感受器产生抑制性的影响。额叶受损的病人表现出对新异刺激和环境干扰的过分敏感，可能与额叶丧失了对皮下组织和外周感受器的抑制作用有关。

近年来，采用脑成像技术研究表明，当注意指向一定的认知活动时，可以改变相应的大脑功能区或神经功能单元环路的激活水平，对当前的认知活动产生影响。注意的这种作用可以通过两种方式来实现：（1）提高与认知活动相对应的神经功能单元的激活水平；（2）抑制起干扰作用的神经元的活动。

基于已有的研究发现，拉伯奇（D. LaBerge，1929— ）提出，对某一对象的注意需要三个脑区的协同活动，这三个脑区分别是：（1）认知对象或活动的大脑功能区；（2）提高脑激活水平的丘脑神经元；（3）可以选择某些脑区，提高其激活水平，使激活维持一定的程度和时间的大脑前额叶的控制区。这三个脑区通过三角环路形式结合起来，是产生注意的生理基础。

第六节 注意的认知理论

注意的认知理论可以分为两类，一类是侧重于选择性注意的理论，另一类是侧重于分配性注意的理论。

一、侧重于选择性注意的理论

20 世纪 60 年代以来，认知心理学家对注意的选择功能进行了大量的研究，提出一系列的理论模型。这些理论重在阐述注意的选择作用，以及人脑对信息的选择究竟发生在信息加工的哪一阶段上。

（一）过滤器理论

过滤器理论（selective filter theory）的主要依据是双耳分听实验。彻里（E.

C. Cherry，1914—1979）给被试的两耳同时呈现两种材料，让被试大声地追随从一个耳朵中听到的材料，检查从另一耳朵中听到的信息，前者称为追随耳，后者称为非追随耳。结果发现，被试从非追随耳中得到的信息非常少，甚至当原来使用的英文材料改用法文或德文或者将课文颠倒呈现时，被试也很少发现。这说明，追随耳中的信息由于受到注意，得到了进一步的加工，非追随耳中的信息由于没有受到注意，没有为被试觉察。布罗德本特（D. E. Broadbent，1926—1993）用数字做材料，也得到了类似的结果。布罗德本特提出了解释注意的选择作用的理论——过滤器理论。他认为，人类面临着大量的信息，但神经系统在同一时间内对信息加工的能力有限，需要过滤器来调节，以减轻神经系统的负担。过滤器相当于一个“开关”，它按照“全或无”（all or none）的原则来工作，接通一个通道，允许一些信息输入脑中，同时其他通道被阻断，信息不能通过。这种过滤机制好比一个狭长的瓶颈，当人们往瓶子里灌水时，只有一部分水通过瓶颈进入瓶内，其余的流到瓶外了。这种理论也叫做“瓶颈理论”或“单通道理论”。由于这一理论认为选择发生在信息加工的开始阶段，所以也叫做早期选择模型。

（二）衰减模型

过滤器理论得到了一些实验事实支持，但在解释另一些实验事实时碰到困难。格雷（J. A. Gray，1934—2004）和韦德伯恩（A. A. J. Wedderburn，1935—　）给被试两耳分别呈现一些有意义材料，如左耳呈现 ob-2-tive，右耳呈现 6-jec-9，发现被试报告的是 objective。这表明，非追随耳的信息也得到了加工。当有意义材料从追随耳转移到非追随耳时，被试不顾实验者的规定而去追随意义。这只有在过滤器允许两耳的信息均能通过的情况下才能实现。

特瑞斯曼提出了衰减模型（attenuation model）。她认为，过滤器不是按照“全或无”的方式工作，而是按照衰减的方式工作。当信息通过过滤装置时，不被注意的信息只在强度上减弱了，不是完全消失了。她假定长时记忆中储存的项目有不同的激活阈限值。当输入信息通过过滤器未被衰减时，就容易激活长时记忆中的有关项目；当输入信息受到衰减时，由于强度弱，经常不能激活长时记忆中的项目。但是，有些刺激对人具有特别重要的意义，如自己的名字、火警信号等，由于它们的激活阈限特别低，容易激活，当它们出现在非追随耳时，也能够被识别。至于过滤器在信息加工系统中的位置，她认为有两种情况：一是在语义分析之前，称为外周过滤器；二是在语义分析之后，称为中枢过滤器。外周过滤器对刺激特点进行级差性选择，对输入感觉信息进行不同程度的衰减，中枢过滤器在选择中具有核心作用，它根据类别、语义进行选择。由于强调中枢过滤器的作用，所以人们把这个模型称为中期选择模型。

过滤器理论和衰减模型对过滤器装置的作用和位置有不同的看法，但两种理论也有共同之处：（1）都假定人的信息加工系统容量有限，必须对输入信息进行过滤或衰减；（2）都假定选择发生在信息被充分加工之前，只有经过选择的信息，才能够受到进一步加工。

（三）后期选择理论

多伊奇（J. A. Deutsch）等人认为，所有输入通道的信息均可以达到高级分析水平，得到完全的知觉加工。注意不在于选择知觉刺激，而在于选择对刺激的反应。中枢的分析结构可以识别一切输入，输出却按照重要性来安排，对重要的刺激才会做出反应。如果更重要的刺激出现，就会挤掉原来重要的东西，做出另外的反应。注意是对反应的选择。在双耳分听实验中，追随耳和非追随耳中的信息均达到了知觉分析水平，只是由于实验者采用追随程序，使追随耳的信息比非追随耳的信息更加重要，因而引起反应，但是，非追随耳中重要信息（如自己的名字）也可以引起反应。这一模型也得到一些实验结果的支持。

（四）多阶段选择理论

上述三种理论都假定注意选择发生在信息加工的某个特定的阶段。这种刻板的描述不能够说明注意选择复杂灵活的事实。约翰斯顿（W. A. Johnston）和海因兹（S. P. Heinz）提出一个灵活的模型，认为选择在不同的加工阶段上都可以发生。这就是多阶段选择理论。这种理论主张，选择发生的阶段依赖于当前任务的要求，既可以发生在信息加工早期，也可以发生在信息加工晚期，是信息选择和反应选择的综合。打一个形象比喻：一个富豪的儿子结婚时向亲朋发出请帖，只有持有请帖的人才能进入豪宅（早期选择）；在婚礼举行时，由于主人精力有限，只能够周到地照顾到非常重要的客人（晚期选择），对一般客人，只能保证吃好喝好，别的就顾不上了。

（五）特征整合理论

特瑞斯曼认为，特征是某种维量的特定的值，客体是特征的结合。例如，图形和颜色都是维量，三角形和红色分别是两个维量的值，“红色三角形”是“三角形”和“红色”两个特征组成的客体。人对客体的知觉分为前注意阶段和特征整合阶段。前注意阶段属于特征登记阶段，加工方式是自动地平行加工，无需注意。在前注意阶段只能检测独立的特征，包括颜色、尺寸、方向、反差、倾斜性、曲率和线段端点等，还包括运动和距离的远近差别。这些特征不受所属客体的约束，位置不确定，处于自由漂浮的状态。知觉系统对各个维量的特征进行独立编码，所形成特征的心理表征即特征地图（feature map）。在特征整合阶段，个体通过集中注意把彼此分开的特征联系起来，对特征进行定位（确定特征的边界位置在哪里），形成位置地图（map of locations），将诸特征整合为客体，加工方式是系列的。在特征整合阶段，注意就像胶水一样，把原始的、彼此分开的特征整合为单一的物体。由于需要努力，当注意超负荷或人们分心时，就会将特征不恰当地结合，造成了错觉结合。

（六）基于空间和基于客体的视觉注意理论

有关注意的一个争论不休的问题是：视觉注意选择究竟是基于空间，还是基于客体？传统观点认为，空间位置在信息选择上起特殊的作用。“探照灯”模型假设，如果把注意限制在视野的一个连续的区域里，该区域的信息会被优先地加工或激活。后来，研究者又对探照灯模型做了修正，提出一些新模型。“放大镜”模型认为，注意的空间区域的大小是可变的，加工效率随着区域的增大而减小。渐变理论认为，注意集中于某个中心位置，分配在中心位置周围的注意资源随着到中心距离的增加逐渐减少。尽管这些模型在某些方面不同，但它们都有一个共同的假设：注意选择是以空间位置为基础的。

研究发现，客体能够限制注意对刺激的空间分配，据此提出注意选择基于客体的理论，认为注意选择的是相互竞争的客体表征，而不是连续的空间区域。分散注意范式和空间线索范式的实验结果支持这一理论。在分散注意中，被试需要进行两个作业。邓肯（J. Duncan）发现，当两个作业涉及同一个客体时，成绩好于涉及两个客体时，这被称为“同客体效应”（same-object effect）。因为叠加的客体位于相同的空间区域，基于空间选择的理论难以解释这一结果。拉维（N. Lavie）和德赖弗（J. Driver）表明，当两个靶元素呈现在同一客体上，比呈现在不同客体上，被试的识别更快更准确，即使在两个靶元素位于不同客体时的空间距离比位于同一个客体小时，也得到了同样结果。空间注意模型和客体注意模型的争论仍然在继续。或许将二者有机地综合起来，能够更好地解释选择性注意。

二、侧重于分配性注意的理论

（一）认知资源理论

卡尼曼提出，注意是能用于执行任务的数量有限的能量或资源。为了完整地识别一个刺激，就需要资源。如果刺激复杂，需要的资源就多。如果同时呈现几种复杂的刺激，资源会很快耗尽。如果给资源已经耗尽的人再呈现另外的刺激，这些刺激将不被加工。这种理论被称为认知资源理论（cognitive capacity theory）或资源分配模型（见图 5—7）。他认为，人可以得到的资源和唤醒（arousal）相联系，数量也因为情绪、药物等因素的作用发生变化。决定注意的关键是资源分配方案，它本身又受几个因素制约：受制于唤醒因素的能量、当时的意愿和对完成任务所需能量的评价。个人的长期倾向也起作用。在这几个因素作用下，分配方案体现出注意选择。

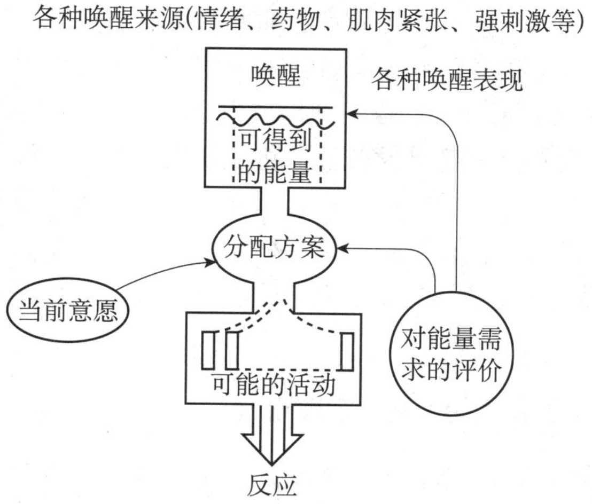

图 5—7　卡尼曼的资源分配模型

卡尼曼假定，新异刺激并不能够用完所有的资源。认知系统描绘了一个阶段，资源在这里被分配来对新异刺激进行加工。认知资源分配是灵活的，人可以对其进行控制。人不是新异刺激的奴隶，人能够把有限的资源转移到重要的刺激上。个人的长期倾向反映不随意注意的作用，即将能量分配给新异刺激、突然动起来的东西和自己的名字等“异常事件”。当时的意愿体现任务的要求和目的。对完成任务所需要的能量的评价是重要因素，它不仅影响可以得到的能量，使其增多或减少，而且极大地影响分配方案。卡尼曼的理论是一种一般任务资源理论（task-general resources theory），认为人的认知资源或能量是一般的而不是特殊的。它预言：（1）由竞争的刺激源产生的干扰不是特殊的。人同时做两件事感到困难并非由任务干扰引起，而是任务需要的资源超过了人的资源总量。只要活动需要的资源不超过人的资源总量，人就能够同时做两件事。（2）当加工需要的资源超过人所拥有的资源总和，人又试图同时作第二项任务，第一项任务的成绩将会下降。（3）人的注意资源分配很灵活，它可以改变以适应新异刺激的需要。

但是，对认知资源限制的性质，另一些人却有不同的看法。他们主张，认知加工的资源或能量不是一般的，而是特殊的。这种理论预言：不同性质的任务可以同时并存。人们可以轻而易举地同时完成两种性质不同的任务，一旦任务之间的性质有相交或产生叠加，干扰就会产生。这种理论称为特定任务资源理论（task-specific resources theory）。例如，人可以一边跑步，一边听音乐，但大多数人却难以一边看电视一边看书。

注意资源理论仍然有许多难以解释的现象。最困难的问题是：什么是认知资源（cognitive resources）或能量？卡尼曼将心理资源比喻为可供消耗的内心努力（the expenditure of mental effort）。心理任务需要与物理任务相似的努力。另一些学者认为，心理资源更像是“心理工具”而非能量供给。如何界定任务是否性质相同也同样困难：到底是按照接受渠道（如听觉和视觉）来划分，还是按照加工材料（如看图和看单词）来划分？张积家、陈栩茜和陈曦从刺激、加工和反应三方面探讨了双作业差异对注意分配的影响。结果表明，反应选择的影响最大，加工差异的影响次之，刺激差异的影响最小。研究结果支持“一般任务资源理论”。

（二）双加工理论

在认知资源理论基础上，谢夫林（R. M. Shiffrin，1942—　）和施耐德（W. Schneider）提出了双加工理论（dual-processing theory）。他们认为，人类认知加工有两类：自动加工（automatic processing）和控制加工（controlled processing）。自动加工是自动地进行的，不需要注意，不受认知资源限制。这些过程由适当的刺激引发，发生得快，在习得后其加工过程难以改变。控制加工受意识控制，需要注意，因而受认知资源的限制，但可以随着环境的变化不断调整。控制加工经过大量的练习以后，有可能转化为自动加工。这种理论可以解释许多注意分配的现象。在同时进行的几种活动中，如果其中一种或多种已经自动化，不需要消耗较多的认知资源，个体就可以将注意集中在其他认知过程上。

（三）交替反应说

罗杰斯（R. D. Rogers）和蒙塞尔（S. Monsell）假设，存在一种独立的心理机制，会对刺激做出选择和应答。这种应答将用于较大范围的任务。这种机制每次运作只对一个刺激反应，被试只能够在完成一项任务之后才能进行第二项任务。这种交替的时间非常短，人无法觉察。就好像电话交换机和计算机的运作，电话交换机和计算机并非同时做几项工作，而是将一项工作分成若干个子工作，然后将两项或多项工作的子工作交替地运行，人们似乎看到它们同时进行多项任务。这种分配过程实际上是一种时间的分配。

可以用一个简单的实验表示：假设 S1 有两种刺激分别是“1”和“2”，S2 的刺激是“A”和“B”，对 S1 的反应是 R1（按红键或绿键），对 S2 的反应是 R2（按左键或右键）。单独完成一项实验时，被试能够快而准地反应；要求同时完成两项任务时，即在 S1 呈现 150 毫秒时呈现 S2（此时对 S1 的反应仍未完全结束），成绩就会大幅度地降低。后完成的作业成绩下降得更厉害。

根据注意资源理论，人们会这样解释：由于注意资源有限，当被试对第一种刺激（S1）注意时，占用了大量资源，以至于第二个刺激（S2）呈现时，没有足够资源可分配，导致对第二个刺激产生反应延迟。

用交替任务说进行解释，研究者假设，对 S1 的反应分三步进行：

感知（A1）→选择一种反应（B1）→做出反应（C1）

假如 S2 同时呈现，被试无法对它做出及时反应，只有等待 S1 反应完成。此时，对 S2 的反应过程变成四步：

感知（A2）→等待（W）→选择一种反应（B2）→做出反应（C2）

所以，对 S1 和 S2 的反应过程为：

A1→A2→B1（W）→C1→B2→C2

对 S1 和 S2 的反应时也就随之增加。

研究者采用增加 S1 和 S2 之间的时间间隔方式进行进一步研究。结果发现，延迟 S2 的呈现时间不会导致 R2 反应时增长，在这种情况下，S2 呈现时被试已经完成了对 S1 的反应，因此，对 S2 的反应又重新变成了三步。

可见，S2 快速呈现会降低人们对它的反应速度，同时性任务失败。这种理论更能够解释练习效应的成因：做每件事情都有一定步骤，在被试还未形成自动化以前，完成每个步骤都要进行选择或思考，完成任务的步骤也不可或缺。但一旦形成了自动化，有的步骤便可以免去，如对下一步动作的思考和选择，这样便节省了大量时间和能量，使同时出现的另一项任务可以更好地完成。就像弹钢琴的和弦一样，开始练习时，人不能很好地掌握和弦的弹奏，更别说是两手配合，按照交替反应说，左右手合奏应属于同质作业，再加上看乐谱，人们便难以完成；但在熟练以后，由于自动化可以简化许多步骤（如看乐谱），人就可以用双手弹出美妙的和弦。

交替任务说与心理不应期理论的观点相似。心理不应期理论认为，当人们试图同时完成两件快速任务时，会出现短暂的心理不应期（psychological refractory period，PRP），正是这种心理不应期导致了双作业任务难以完成。

（四）注意的网络理论

波斯纳等人在总结脑功能成像研究和动物脑损伤研究的基础上，提出了注意的网络理论。该理论认为，注意网络由三个成分组成：定向（orienting）、警觉（alerting）与执行（executive attention），这三个成分在解剖上和功能上都有独立的神经网络，分别对应于前注意系统、警觉系统和后注意系统。警觉系统与持续性注意相关，前注意系统（执行注意）与选择性注意相关，亦与双任务密切相关，后注意系统（定向）与注意转移相关。该理论强调，注意网络包括一定的皮层结构和皮下结构，它们被整合到一起执行网络系统任务。其中，定向涉及额叶视区、上顶叶、颞顶联合区、上丘，警觉涉及蓝斑核、右额叶、顶叶皮层，执行涉及前扣带回、丘脑腹侧核、前额皮质、基底节区。注意网络理论不单基于解剖学研究，也涉及神经生化学、神经影像学、实验心理学多领域的研究，具有坚实的实验基础及有力的解释性。

基本概念

意识；在线意识；觉知；高级心理官能；无意识动机；无意识知觉；无意识行为；睡眠；睡眠过程；失眠；情境性失眠；假性失眠；失律性失眠；药物性失眠；窒息性失眠；催眠；催眠感受性；注意；外部注意；内部注意；不随意注意；随意注意；随意后注意；选择性注意；持续性注意；注意的动摇；分配性注意；外源性注意；内源性注意；朝向反射；注意神经元

基本原理

意识的分类；意识突现说；意识的统一场说；意识的特性与局限；睡眠的普遍性和必要性；睡眠的恢复论；睡眠的演化论；梦的连续性假说；梦的大脑随机活动体验说；梦的认知功能说；催眠过程；催眠的心理特征；角色扮演说；意识分离说；注意的特性；注意的功能；注意的分类；注意的生理机制；过滤器理论；衰减模型；后期选择理论；多阶段选择理论；特征整合理论；基于空间和基于客体的视觉注意理论；认知资源理论；双加工理论；交替反应说；注意的网络理论

思考题

1. 什么是意识？意识有哪些类型？
2. 什么是无意识？意识与无意识的关系怎样？
3. 睡眠分为哪些阶段？有什么功能？
4. 如何解释梦？
5. 什么是催眠？人在催眠状态下有哪些心理特征？
6. 如何解释催眠现象？
7. 注意有什么特性和功能？
8. 注意有哪些种类？
9. 注意有哪些外部表现？
10. 注意的生理机制有哪些？
11. 简要评述关于选择性注意的理论。
12. 简要评述关于分配性注意的理论。

第六章
感　　觉

本章要点

1. 感觉的概念和种类
2. 感觉的规律
3. 视觉
4. 听觉
5. 其他感觉

第一节　感觉的一般概念

一、感觉的定义和作用

感觉（sensation）是人脑对直接作用于感官的客观事物的个别属性的反映。物体的大小、形状、颜色、轻重、软硬、声音、气味等，直接作用于人的眼、耳、鼻、舌、身，产生感觉。人借助于感觉了解事物的属性，产生对事物的初步认识。感觉是最简单的心理现象，但在人的心理生活中却起着十分重要的作用。

感觉是人类一切知识的来源。人认识客观世界从感觉开始。感官是外界事物进入意识的唯一通道。没有感觉，人就不可能在周围世界中定向，就不可能知道外部世界中发生的事情，就无法同别人交往，甚至不能觅食和躲避危险。通过感觉，人才能了解到身体各部分的状态，如饥渴、劳逸、姿势、冷暖、运动、疼痛等。因此，没有感觉，人就不能根据自身的状态来调节行为，如饥择食、渴择饮等。

感觉是一切高级的、复杂的心理现象的基础。感觉是认知的开端。知觉、记忆、思维等认知活动都必须借助于感觉提供的材料。人的需要、动机和情绪等也离不开人对环境和身体内部状态的感觉。没有感觉，一切高级的、复杂的心理现象就无从产生。

感觉还是机体同外部世界保持信息平衡的条件。一个系统要保持稳定和有序，必须同外界进行物质、能量和信息的交换。人是一个复杂的、有序的生物系统。人要正常地生活，必须与环境保持平衡，包括信息平衡。感觉器官负责选择和接受信息，大脑每时每刻都要加工来自感官的信息，从而产生对周围世界和机体状态的认识，在此基础上调节行为和状态，保证机体与外界的适应。如果信息超载或信息不足，就会导致信息失衡，给生活带来不良的影响。例如，刚到喧闹市场上工作的人，嘈杂声会使他精神恍惚，心神不宁。在城里生活的人，久而久之也会对人产生冷漠的态度。这些都是信息超载的例子。相反，信息严重不足也无法忍受，被长期单独监禁的囚徒会有这种体验。可见，由感觉提供外界信息，是人正常生存的条件。

[专栏 6—1]　感觉剥夺实验

将人置于很少刺激的环境里，叫做感觉剥夺。第一个感觉剥夺的实验是贝克斯顿（W. H. Bexton）等人于 1954 年在加拿大的麦克吉尔大学进行的。他们招募了一些大学生来参加这一研究，每天的报酬是 20 美元。由于当时的大学生打工收入很低（每小时 0.5 美元），所以都很愿意参加这个实验。

大学生的工作看上去简单且惬意，只需要安静地躺在实验室的舒适的床上，时间尽可能地长，尽量减少感觉输入。他们戴上半透明的可以透进光的眼镜，却看不清形状；室内非常安静，听不到一点声音；两手戴上棉手套，并将其用纸板卡住，以限制触觉；头枕在用 U 形泡沫橡胶做的枕头上。吃喝都在床上进行，但可以上厕所。绝大多数被试以为实验会给他们提供睡觉的机会，或者可以利用这段时间考虑一下他们的学期论文（见图 6—1）。

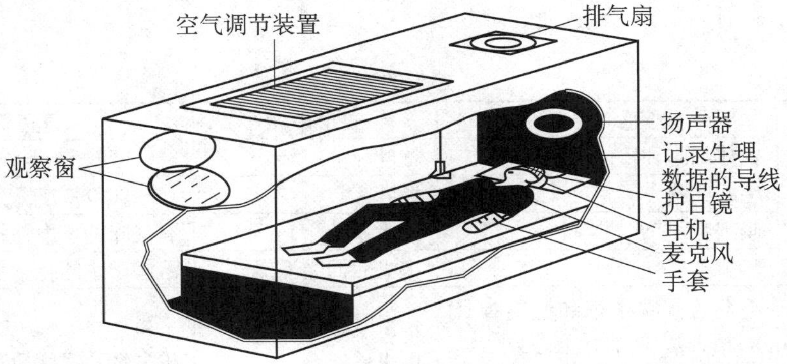

图 6—1　感觉剥夺实验

实验结果和预期相反。在开始时，他们还能够安静地睡着。过了一段时间以后，大学生开始失眠，感到不耐烦，急切地寻找刺激，想唱歌，吹口哨，用两只手套互相敲打，或用它们去探索房间。许多大学生报告说，他们的思维很混乱，对任何事情都很难作明晰的思考，思维似乎“跳来跳去”。大约有半数人产生了幻觉，如幻视、幻听和幻触。被试感到焦躁不安，很不舒服。因此，虽然报酬很高，也难以在实验室中坚持到 2～3 天以上。在这个实验以后，一些更严格的感觉剥夺技术被发展出来，如将被试限制在一个很小的室中，使他们无法运动，或者让被试穿上有浮力的衣服浸泡在水中，模拟失重的感觉，同时也剥夺被试其他方面的感觉刺激。在这些条件下，被试往往只能够坚持几个小时。感觉剥夺的实验表明，正常经验到的各种刺激对于人的正常生活而言，是必需的。

二、感觉的分类和过程

感受器是动物体表、体腔或组织内能够接受内、外刺激并将之转换成神经冲动过程的结构。按照感受器在身体上分布的部位，结合它们的功能特点，可以区分为外感受器和内感受器；相应地，感觉也可以分为外部感觉和内部感觉。外部感觉的感受器位于身体的表面，接受外部的刺激，包括视觉、听觉、嗅觉、味觉和肤觉。内部感觉的感受器位于身体的内部，反映身体的位置、运动和内脏的不同状态，包括运动觉、平衡觉和机体觉。

各种感觉的产生都由相应的分析器来实现。分析器就是分析刺激的器官，由感受器、传入神经和大脑神经中枢三部分组成。分析器的结构揭示了感觉产生的过程：（1）刺激过程。心理学将作用于感受器的客观事物叫做刺激物，将刺激物对感受器施加的影响叫做刺激。感受器是过滤器，它只对某种类型的刺激反应，对其他类型的刺激不反应或反应性很差。对于某一感受器而言，感受最敏感的刺激叫做适宜刺激。由刺激引起感受器发生变化的过程叫刺激过程。在刺激过程中，感受器将各种刺激能量（机械、物理和化学的能量）转换成神经冲动，反映刺激的性质和强度。（2）传入过程。神经冲动经由传入神经传送到大脑皮层的神经中枢。在传入过程中对信息进行初步的加工。（3）感觉产生。由传入神经传来的信息先达到皮层投射区，再输送到皮层联合区进行更高级的加工，通过对神经信号的译码，产生对刺激物的觉察、分辨和确认的感觉经验。各种感觉的适宜刺激、感受器和皮层中枢见表6—1。

表6—1　　感觉的分类

种类		感受器	皮层中枢	适宜刺激
外部感觉	视觉	锥体细胞和棒体细胞	枕叶	380～780纳米波长的电磁波
	听觉	毛状细胞	颞叶	16～20 000赫兹的声波
	嗅觉	嗅细胞	边缘系统	有气味的挥发性物质
	味觉	味蕾	中央后回最下部	溶解于水的化学物质
	皮肤觉	毛发的蓝状末梢和游离神经末梢、迈斯纳氏触觉小体、巴西尼氏环层小体、罗弗尼氏小体和克劳斯氏球	中央后回	机械性和温度性刺激物
内部感觉	运动觉	肌梭、腱梭和关节小体	中央前回	骨骼肌运动、身体四肢位置状态
	平衡觉	内耳前庭器官中的纤毛	前外雪氏回	头部运动的速率和方向
	机体觉	内脏器官及组织深处的神经末梢	下丘脑、第二感觉区和边缘系统	机体内部各器官的运动和变化

感觉具有反射的性质，不仅包含感受器的活动，也包含效应器的活动。感觉的产生依赖于有机体的积极活动。在缺乏有机体的积极活动的情况下，不可能产生清晰的感觉。以视觉为例，如果将眼球固定，人将看不清东西。当物体距离、观察角度和照明条件发生变化时，神经中枢对于眼睛的自动化调节对保证能够看清外界事物具有重要的意义。因此，不动的眼睛是瞎的。感受器和效应器活动的紧密联系在触觉中表现得最明显，手不仅是感觉器官，也是运动器官。

三、近刺激和远刺激

感觉由内、外刺激作用于感觉器官而产生。刺激分为两种，一种来自于刺激物本身，一种直接作用于感官，格式塔心理学家考夫卡将前一种刺激称为远刺激，将后一种刺激称为近刺激。远刺激不会有很大的变化，近刺激却每时每刻都在改变。真正影响并决定人的心理的不是远刺激，而是近刺激。例如，一栋房子有固定的体积和形状，因而是远刺激；人在看房子时，从正面看，从侧面看，从远处看，从近处看，从不同的角度看，房子在人的视网膜上的投影却各不相同，因而是近刺激。苏轼在《题西林壁》中云："横看成岭侧成峰，远近高低各不同。不识庐山真面目，只缘身在此山中。"这种感受也与近、远刺激的区分有关。了解近刺激和远刺激的关系对研究感觉具有重要的意义。

四、感觉的编码

感觉器官怎样接受刺激产生感觉？这涉及感觉的编码。编码是指将一种能量转化为另一种能量，或者将一种符号系统转化为另一种符号系统。感觉的编码既发生在感受器的水平上，也发生在神经系统的水平上。

神经系统不能够直接加工外界输入的能量（如光波和声音），必须经过感官的换能，才能够为神经系统接收。德国生理学家缪勒最早研究感觉的编码，提出特殊神经能量学说（theory of specific nerve energy）。他认为，各种感觉神经都有特殊的能量，它们在性质上互相区别。每种感觉神经只能够产生一种感觉，不能够产生其他感觉。因此，不同质的刺激可能引起同一感觉（如用光或电流刺激视网膜都可以引起视觉），同一性质的刺激作用于不同感官会引起不同的感觉（如电流作用于眼、耳、皮肤，分别会引起视觉、听觉和触觉）。感官的性质不同，感觉神经具有的能量不同，所引起的感觉也不同。缪勒的看法具有合理的因素，他提出了感觉器官的专门化问题。这一看法对于后来的研究具有重要意义。

但缪勒却根据上述主张得出了客观事物不可知的结论。他认为，感觉不决定于刺激的性质，而决定于感觉神经的性质。人直接感觉的东西，不是外界的物体，而是自己的神经，即神经的某种特殊状态。他说："我们始终不能直接知觉外物自身的性质"，"我们所知道的只是我们的感觉"。缪勒否定感觉是对客观世界的认识，在认识论上是错误的。神经生理学认为，大脑直接加工的材料是外物引起的神经冲动，但人脑对神经信号的加工是一种译码的过程，它能够揭示神经信号代表的刺激物的特征，帮助人们获得关于外部世界的知识。缪勒虽然承认感官的分化，却不了解感官分化的原因。动物进化史表明，感觉神经分化是有机体适应环境的结果。在环境中存在光线、声音、气味物质等各种刺激，才产生了与这些刺激性质相适应的感觉。可见，感觉的性质不是由感觉神经的特殊能量决定，而是由客观世界刺激的性质最终决定的。

缪勒通过少量非适宜刺激也能够引起感觉的现象，说明感觉只依赖于感官的性质而与刺激无关，也有些牵强。虽然感官也可以对非适宜刺激反应，但与适宜刺激相比，由非适宜刺激引起的感觉毕竟是次要的：（1）非适宜刺激引起的感觉不清晰。如由电流刺激视网膜引起的是不清晰的荧光感觉。(2)引起感觉的非适宜刺激往往需要较大的强度。如在《水浒传》中，鲁智深打了郑屠三拳：第一拳，打在鼻子上，“却便似开了个油酱铺，咸的、酸的、辣的，一发都滚出来”；第二拳打在眼眶上，“也似开了个彩帛铺，红的、黑的、紫的，都绽将出来”；第三拳打在太阳穴上，“却似做了一个全堂水陆的道场，磬儿、钹儿、铙儿一齐响”。三拳使郑屠毙命，可见强度之大。

感觉的编码也发生在神经系统的不同水平上。感觉的编码有两种代表性的理论：(1)特异化理论（specificity theory)。认为不同性质的感觉由不同的神经元来传递信息。如有些神经元传递红色的信息，当这些神经元被激活时，神经系统把它们的激活解释为“红”。(2)模式理论（pattern theory）或模块理论（module theory)。认为编码由整组神经元的激活模式引起。如红光不仅引起某种神经元激活，而且引起一组神经元激活，只不过某种神经元激活程度大，其他神经元激活程度少。整组神经元的激活模式产生红色感觉。近年来的研究发现，在不同感觉系统中，神经系统同时采用了特异化编码和模式编码。

第二节　感觉的规律

一、绝对感受性和绝对感觉阈限

感觉由刺激物直接作用于感官所引起。人对刺激的感受能力叫感受性。感受性的大小用感觉阈限的大小来测量。感觉阈限是能够引起感觉的持续了一定时间的刺激量。每种感觉都有两类感受性和感觉阈限：(1)绝对感受性和绝对感觉阈限；(2)差别感受性和差别感觉阈限。

并非所有的刺激都会引起感觉。例如，人看不清远处的物体，听不到屋子另一端的手表的嘀嗒声，觉察不到落在皮肤上的尘埃。要产生感觉，刺激必须达到一定的量。那种刚刚能够引起感觉的最小刺激量，叫做绝对感觉阈限（absolute sensory threshold)。人觉察最小刺激量的能力，叫绝对感受性（absolute sensitivity)。

绝对感受性可以用绝对感觉阈限来度量，二者在数值上成反比：绝对感觉阈限越大，绝对感受性就越小。反之，绝对感觉阈限越小，绝对感受性就越大。如果用 E 代表绝对感受性，用 R 代表绝对感觉阈限，它们之间的关系就可以表示为：

$$E=1/R$$

如何获得绝对感觉阈限？以视觉为例，首先根据强度将光分成若干等级，然后请被试进入暗室，被试适应黑暗环境以后，快速呈现不同强度的光，每次呈现都问是否看到光。根据被试的回答，就可以得到一条曲线（见图 6—2)。绝对感觉阈限并不是“全或无”现象，即使在强度等级为 3 时（此时的刺激强度远低于绝对阈限)，被试仍有 20%机会感受到刺激。因此，绝对阈限的操作定义是：人们刚好有 50%的机会产生感觉的最小刺激量。

绝对感觉阈限不是一个固定的刺激量。它因刺激的性质不同而不同，同时也受活动性质、刺激强度和持续时间、机体状况、注意、态度、性别和年龄等因素影响。在不同的条件下，同一感觉的绝对阈限可能不同。另外，某些低于绝对感觉阈限的刺激，虽然人感觉

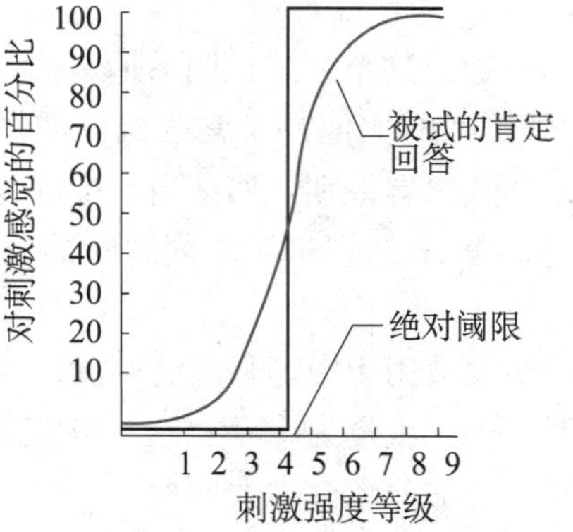

图 6—2　刺激强度与感觉之间的关系曲线

不到，却能够引起人的无意识知觉和一定的生理效应。如低于听觉阈限的声音能够引起脑电波变化和瞳孔扩大，低于视觉阈限的文字刺激能够产生启动效应，加速对与之有联系的刺激的识别。

一般说来，人的各种感觉的绝对阈限都很低，见表 6—2。

表 6—2　五种主要感觉的绝对阈限

感觉	绝对阈限
视觉	看到晴朗的夜空下 30 英里（1 英里约为 1.6 千米）以外的烛光
听觉	在安静的环境下听到 20 英尺（1 英尺约为 0.3 米）以外手表的滴答声
味觉	感觉在 2 加仑（1 加仑约为 3.8 升）水中的一茶匙糖的甜味
嗅觉	嗅到 1 公升空气中散布的 1/10 万毫克的人造麝香气味
触觉	能感觉苍蝇的一片翅膀从 1 厘米的高度掉到脖子上的压力

二、差别感受性和差别感觉阈限

在日常生活中，人们接受的往往不是单一的刺激，而是要判断两种以上的刺激。两个同类的刺激物，差异必须达到一定的程度，才能够引起差别感觉。例如，在原有 200 支烛光的基础上增加或减少 1 支烛光，人们觉察不出强度的变化；必须增加或减少 2 支烛光或者更多些，才能够觉察出光在强度上有差别。这种刚刚能够引起差别感觉的刺激物间的最小差异量，叫差别阈限（difference threshold），或者叫最小可觉差（just noticeable difference，简称 JND）。人对最小差异量的觉察能力，叫差别感受性。在测量差别阈限时，通常采用两种刺激，一种保持不变，称为标准刺激（standard stimulus），另一种经常改变，称为比较刺激，经过多次判定两种刺激的差异，求出产生差别感觉的最小差异量，作为该感觉的差别阈限。差别感受性与差别感觉阈限在数值上也成反比例关系，差别阈限越小，差别感受性越大。

德国心理学家韦伯（E. H. Weber，1795—1878）1834 年发现，对刺激的差别感觉，不取决于刺激增加的绝对数量，而取决于刺激增量与原刺激量的比值。如果以 I 代表原刺激量，以 ΔI 代表引起差别感觉的刺激增量，那么在一定范围内，差别阈限是一个常数，用公式表示则有：

$$K=\Delta I/I$$

式中，K 为一常数，也叫韦伯分数。这个公式也叫韦伯定律。韦伯定律表明，当 I 的大小不同时，ΔI 的大小也不同，但二者的比值是个常数。例如，如果手上物体重 100 克，至少必须增加或减少 2 克，人才会觉出有差别，那么当手中的物体重 200 克时，必须增加或减少 4 克，人才会觉出有差别。表 6—3 列举了不同感觉的韦伯分数（K 值）。K 值越小，感觉越敏锐。

后来的研究表明，韦伯定律仅适用于中等强度的刺激。对于过弱或过强的刺激，韦伯分数都会发生变化。波林表明，当原重量为 100 克至 400 克的范围内，韦伯分数为 0.02，当低于 100 克或超过 500 克时，韦伯分数会大大增加。

表 6—3　　不同感觉的最小韦伯分数

感觉类别	韦伯分数
重压（在 400 克时）	0.013=1/77
视觉明度（在 1 000 光量子时）	0.016=1/62
音高（在 2 000 赫兹时）	0.003=1/333
响度（在 1 000 赫兹，100 分贝时）	0.088=1/11
举重（在 300 克时）	0.019=1/53
皮肤压觉（在每平方毫米 5 克重时）	0.136=1/7
橡皮气味（在 200 嗅单位时）	0.104=1/10
咸味（在每公斤 3 克分子当量时）	0.200=1/5

三、刺激强度和感觉强度的关系

（一）费希纳定律

生活中人们常常需要处理感觉强度和刺激强度的关系：调节收音机的声音时，改变多少才能够让人感觉到声音是原来的两倍？在往容器里注水时，增加多少才能让你觉得水重了一倍？费希纳 1860 年利用最小可觉差（JND）解决了这一问题。

费希纳认为，原有刺激强度不同，要引起相同感觉变化需要的刺激改变量也不同。随着原有刺激强度上升，要引起相同感觉变化量需要的刺激变化量也上升。换言之，当刺激强度以恒定变化量上升时，感觉变化量会有所下降。例如，将灯泡亮度从 75 瓦上升至 100 瓦与从 100 瓦上升到 125 瓦所产生的感觉变化量不同，前者的感觉变化量明显高于后者。当人们欣赏柔和音乐时，少量的音量变化就会产生相应的感觉变化，而当听摇滚音乐时，音量需要很大变化才能引起人们相同的感觉改变。

费希纳假设，每个最小可觉差代表一个感觉单位，任何感觉强度都可以用阈限上增加的最小可觉差来决定。每个最小可觉差在主观上相等，大的感觉可以作为许多感觉单位的总和。他运用积分运算，在韦伯定律的基础上推导出表示感觉大小与刺激强度之间关系的公式：

$$S=K\log I+C$$

式中，S 为感觉大小，I 为刺激强度，K、C 为常数。公式表明，感觉大小与刺激强度的对数成正比。这就是费希纳对数定律。它表明，当刺激按几何级数增加时，感觉大小只按算术级数增加。图 6—3（a）说明刺激量和它引起的感觉量之间的关系。当刺激量迅速上升时，感觉量只缓慢变化。如果对刺激量取对数值，它和感觉量之间的关系就可以表示为一条直线，如图 6—3（b）所示。

由于费希纳定律以韦伯定律为基础，因此，它也只适用于中等强度的刺激。

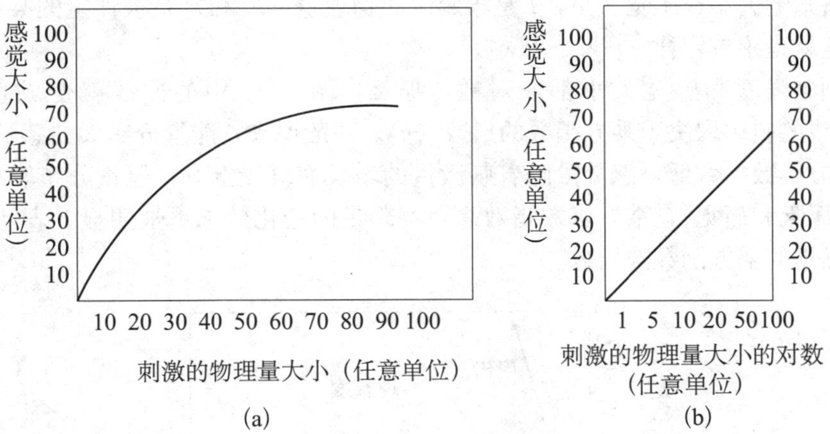

图 6—3 刺激物的物理大小和感觉大小的关系

（二）史蒂文斯定律

20 世纪 50 年代，美国心理学家史蒂文斯（S. S. Stevens，1906—1973）用数量估计法研究刺激强度与感觉大小的关系。例如，先给被试呈现一个中等强度的光刺激，并给它的明度指定一个值，如 10，作为标准光。然后呈现不同强度的光刺激，要求被试根据主观感觉，给每种光刺激的明度确定一个值，以表示它们的强弱。如果某种光看上去比标准光亮两倍，估计值就为 20。如果某种光看上去只有标准光的一半亮，估计值就是 5。这样就得到每种刺激强度与感觉大小（估计大小）的关系。史蒂文斯发现，刺激强度与感觉大小的关系因不同的刺激物而异。对光刺激，当强度上升时，明度也上升，但强度加倍，只引起明度的微小变化。在强度较高时，这种现象更加明显，这叫做反应的凝缩（compression）；如果刺激为电击，刺激量略有增加，感觉量会明显增加；如果刺激为线段长度，让被试估计，那么，感觉大小几乎严格地与刺激量的提高对应，即线段长一倍，被试对长度的估计也大一倍（见图 6—4）。

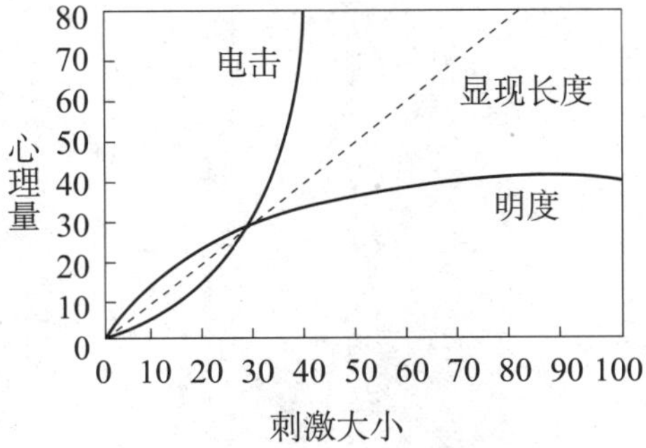

图 6—4 刺激大小与感觉大小的关系

史蒂文斯认为，心理量并不随着刺激量的对数的上升而上升，而是刺激量的乘方函数（或幂函数）。换言之，知觉大小或感觉大小与刺激量的乘方成正比例。这种关系可用数学式表示为：

$$P=KI^n$$

式中，P 指知觉大小或感觉大小，I 是指刺激的物理量，K 和 n 是被评定的某种经验的常定特征。这就是乘方定律（power law）。

如果刺激强度和感觉大小都取对数，那么，图 6—4 中的曲线就变成直线（见图 6—5）。直线的斜率取决于乘方函数的指数（n）。一般说来，能量分布大的感觉道（视觉、听觉），乘方函数指数低，感觉量随着刺激量的增长而缓慢上升；能量分布较小的感觉道（温度觉、压觉和痛觉），乘方函数指数高，物理量的变化效果更加明显。表 6—4 列举了几种主要感觉的乘方函数的指数。

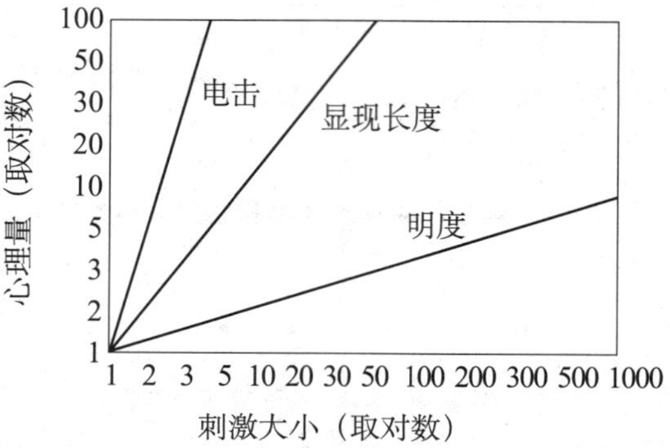

图 6—5　刺激大小的对数与感觉大小的对数的关系

表 6—4　几种主要感觉的乘方函数的指数

感觉连续体（条件）	指数
音高（双耳）	0.60
音高（单耳）	0.55
明度（5°目标，眼暗适应）	0.33
明度（点光源，眼暗适应）	0.50
亮度（对灰色纸的反射）	1.20
气味（咖啡）	0.55
气味（庚烷）	0.60
味觉（糖精）	0.80
味觉（盐）	1.30
温度（冷，在手臂）	1.00
温度（温，在手臂）	1.60
振动（每秒 60 周，手指）	0.95
振动（每秒 250 周，手指）	1.60
持续时间（白噪音）	1.10
重复率（光、音、触、震动）	1.00
指距（积木厚度）	1.30
对手掌的压力（对皮肤的静力）	1.10
重量（举重）	1.45
握力（测力计）	1.70
发音的力量（发音的声压）	1.10
电击（每秒 60 周）	3.50

史蒂文斯的乘方定律具有重要的理论意义和实践价值。它说明，对刺激大小的主观尺度可以根据刺激物的物理强度的乘方来标定，可以为某些工程计算提供依据。但是，用数量估计法得到的乘方定律不能不受背景效应和反应偏向影响。有人指出：(1) 小范围的刺激比大范围的刺激会产生更加陡峭的乘方函数，即指数较大；(2) 当刺激接近于绝对感觉阈限时，乘方函数越陡峭；(3) 选定的标准刺激越大，乘方函数越陡峭。可见，在不同的刺激条件下，感觉的乘方函数的指数是变化的。

四、感觉适应

感觉适应是感觉机能的熟练或疲劳，当刺激水平提高时，感受性降低，当刺激水平降低时，感受性提高。对感觉神经而言，感觉适应表现为放电频率渐减。通过记录感觉神经在一定时间内的冲动变化，发现当刺激继续作用时，神经冲动的放电频率就会逐渐下降。适应意味着神经活动和知觉逐渐地不能真实地反映刺激物，并不是说感受器的整合作用被削弱了。

各种感觉都有适应现象，但适应的速度和程度依感受器不同有很大差异，生理机制也有区别。例如，骨骼肌的肌梭几乎没有适应性，但哺乳类毛根体的机械感受器的适应快而显著。皮肤的压觉、温度觉以及光觉（即明暗适应）的适应介于上述两者之间。对于适应快的感受器，渐增性或持续性的作用源并无刺激效果。不同的感觉适应既可能发生在感受器水平上，也可能产生于高级神经中枢水平上。

五、联觉

联觉（synesthesia），又称为通感，是各种感觉之间产生相互作用的现象，即对一种感官的刺激作用触发了另一种感觉。最常见的联觉是“色—听”联觉，即对色彩的感觉能够引起相应的听觉，“彩色音乐”就是利用了这一原理。色觉又兼有温度感觉。例如，红、橙、黄等类似于太阳和烈火的颜色，会使人感到温暖，因而被称为暖色（warm color）；蓝、青、绿等类似于蓝天和大海的颜色，会使人感到寒冷，因而被称作冷色（cool color）。红、橙、黄等颜色给人以向前方突出的感觉，能够产生接近感，因而被称为近色（closed color）；蓝、青、绿等颜色给人以向远方延伸的感觉，能够产生深远感，因而被称为远色（distance color）。色调的浓淡也能引起人的远近、轻重的感觉，深色调使人感到近些、沉重些，浅色调使人感到远些、轻松些。绘画上的“近树浓抹，远山轻描”就是利用联觉在两维空间上创造出三维空间的效果。在日常生活中，人们常说“甜蜜的声音”、“冰冷的脸色”、“令人作呕的姿态”等，都是联觉现象。近年来，研究者通过 PET 技术证实，大脑的两种感觉区有可能发生融合，此时就会“看见”数字的颜色，“听见”土豆的味道。联觉在生产生活中有广泛的运用，如余热较多的车间，墙壁应涂冷色；红色的穿透力强，使人兴奋，是各种信号灯、指示灯、报警灯的最佳信号。文学和艺术创作利用联觉也可以收到神奇的效果。

第三节 视觉

在人的各种感觉中，视觉起主导作用。视觉是人获得信息的主要通道，80%以上的外界信息来源于视觉。视觉属于高级感觉，能够获得外部事物的精细映像。视觉又属于远距离感觉。在空气透明度良好时，人可以看到很远处的物体。视觉发挥作用的时间也比其他感觉早。8个月大小的婴儿每天用20%的时间注视眼前物体。视觉探索是婴儿最经常的活动。

视觉分析器包括眼球和皮层枕叶以及两者之间的神经通路。视觉分析器活动可以使人产生非常真实的感觉。所以，当视觉同其他感觉矛盾时，人们更相信视觉，即“眼见为真”。例如，要求被试当灯光呈现时按下一个按钮，声音呈现时按下另一个按钮。灯光和声音的强度在实验前加以匹配，使二者在主观上相等。当两个刺激同时呈现时，被试总是按下对灯光作出反应的按钮，虽然听觉的反应时比视觉短。又如，让被试通过缩小透镜看一个1立方英寸（约为16.4立方厘米）的立方体，使之看起来只有1/2立方英寸大小。同时，让被试用手摸一块用薄布盖着的同样大小的方块。这样就出现了矛盾的信息。实验结果是，被试总是将方块判断为1/2立方英寸大小。

一、视觉刺激

视觉的适宜刺激是波长380～780纳米的电磁波，即可见光波。在整个电磁波谱中，人眼能够感受的可见光波只占电磁波谱的很小一部分，不到1/70。波长低于380纳米的电磁波（如紫外线）和波长大于780纳米的电磁波（如红外线），人眼均感觉不到。人眼对可见光的感觉是在长期进化过程中适应的结果。由于太阳光中的紫外线大部分被大气层过滤掉，眼睛没有必要对之反映；人的视觉感受器分布在视网膜上，视网膜处于眼睛内部，如果眼睛能够反映红外线，就能够看到眼睛内部的东西，这无异于盲目。因此，人眼对红外线就不反映。

当光线通过液体、气体或其他透明物质时，将发生折射，改变光的传播方向。折射对了解视觉成像十分重要。在宇宙中，能够产生光线的物体叫光源，如太阳和各种人造光源（电灯、蜡烛等）。人眼的许多视觉特性都是适应太阳光的特性而产生的。太阳光属于可见光，一般认为是白色的，但标准的白色日光只是上午八九点钟到下午三四点钟北方晴空（无云）的昼光。太阳光是一种混合光，它由不同波长的光组成。太阳光经过三棱镜折射，可以产生由红到紫的各色光谱，这种现象叫做色散（见书前彩图1）。这种色光排列成的色带称为光谱。经过色散后不能再继续分解的光，叫单色光。它们具有单一的波长。将这些光汇合起来，又可以得到白光。

在人的周围环境中，除了光源以外，大部分物体不发光，只反射来自太阳或人造光源的光。例如，月光就是月亮表面反射的太阳光。在正常情况下，由于眼睛不能够直接朝向光源，所以看到的光线主要是物体表面反射的光线。因此，光的特性就既包括光源的特征，也包括具有反射作用的物体表面的特征。正是这些特征，决定了人的视觉特征。

二、视觉的生理机制

视觉的生理机制包括折光机制、感光机制、传导机制和中枢机制。

（一）视觉的折光机制

折光机制和感光机制是眼球的功能。眼球的形状近似球体，前端稍突出，正常成人眼睛的前后直径约为 24 毫米，横向直径约为 20 毫米，垂直直径约为 23 毫米。眼球由眼球壁和眼球内容物构成，其构造和功能类似于照相机（见图 6—6）。

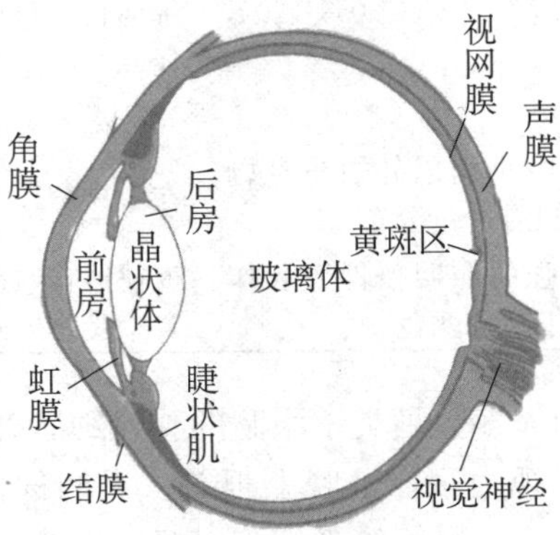

图 6—6 眼睛的结构

眼球壁分为三层：外层由角膜和巩膜组成。角膜具有折光作用，光线通过角膜发生屈折进入眼内；中层由虹膜、睫状肌和脉络膜组成。虹膜呈圆形，位于角膜后、晶状体前。中央有一圆孔，称为瞳孔。不同种族人的虹膜的颜色不同。黄种人的虹膜含色素较多，呈棕褐色，远看如黑色；白种人的虹膜含色素少，呈浅灰色或淡蓝色。虹膜具有控制功能，它随着落在视网膜上的光量的多少而调节瞳孔的大小：光亮少时瞳孔变大，光亮多时瞳孔变小。虹膜表层有凹凸不平的皱褶，这些皱褶像指纹一样，每个人都不相同。根据虹膜的这一特点，有人发明了电子密码门锁：当开门者把眼睛凑近扫描孔，扫描装置就会将虹膜的图像扫描下来，并与预先设置好的图形进行对比。如果吻合，门锁会自动打开。眼球壁的内层是视网膜（retina），它是一透明的、高度分化的薄膜，其中分布有感光细胞，具有感光作用。

眼球的内容物包括晶状体、房水和玻璃体，它们都是折光物质。它们和角膜一起，组成了眼睛的折光系统。人通过睫状肌调节晶状体的形状，使它的曲率改变。看远方物体时，晶状体变平；看近处物体时，晶状体变凸。当眼睛注视外部物体时，由物体反射的光线通过角膜、晶状体、房水和玻璃体，使物像聚焦在网膜的中央窝部位，形成了清晰的映像。眼睛的折光系统和照相机镜头一样，它在视网膜上形成的映像是倒置的、左右换位的，但由于实践的矫正作用，人仍然把物体看成正立的。

在眼球的外面，还有三对眼外肌，它们分别受动眼神经、滑车神经和展神经支配，使眼球能向不同的方向转动。

（二）视觉的感光机制

视觉的感光机制涉及视网膜上的感光细胞。视网膜分为三层：最外层是感光细胞，它们离光源最远；第二层是双极细胞等；第三层是神经节细胞（见图 6—7）。感光细胞有两种：一是锥体细胞（cones cell），一是棒体细胞（rods cell）。它们的形态、数量、在网膜上的分布情况和功能见表 6—5。在视轴正对的中心位置有一小凹，称为中央窝。这里只有锥体细胞，由神经元单线连接，是视觉最敏锐之处；在中央窝附近，有一个对光不敏感的区域，叫盲点。来自视网膜的视神经节细胞在这里会聚成视神经（见图 6—8）。

表 6—5　锥体细胞和棒体细胞的形态、数量、分布和功能的对比

维度	锥体细胞	棒体细胞
形态	短而粗，呈锥形，长度 0.028～0.058 毫米，直径 0.002 5 毫米	细而长，呈棒形，长度 0.04～0.06 毫米，直径 0.002 毫米
数量	600 万	1.2 亿
分布	主要分布在中央窝，中央窝以外数量急剧下降，在视网膜边缘只有少量分布	在中央窝以外，在 16°～20°处最多
功能	昼视器官，在中等和强的照明条件下起作用，主要感知物体的细节和颜色	夜视器官，在昏暗的照明条件下起作用，主要感受物体的明暗

某些日间活动的动物，如大多数鸟类，眼睛的感光细胞几乎全是锥体细胞，很少或没有棒体细胞，这些动物在白天视力很好，晚上很差。人们称夜盲的人为“雀目眼”，就是这个缘故。夜间活动的动物，如老鼠，感光细胞以棒体细胞为主，所以，老鼠在白天的视力很差。

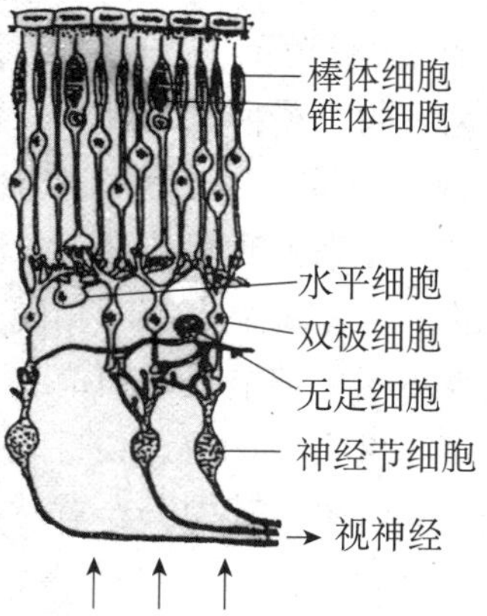

图 6—7　视网膜的组织结构

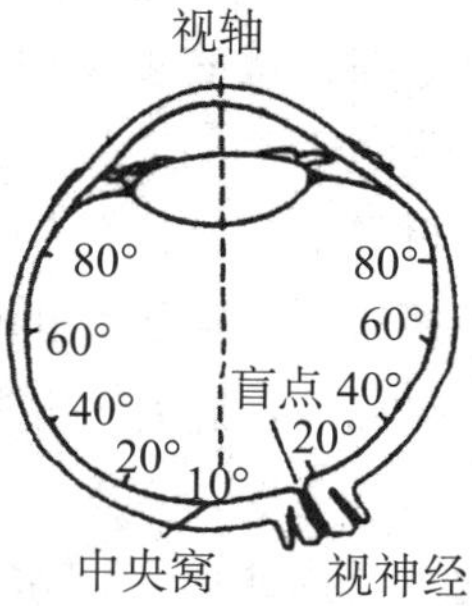

图 6—8　眼睛的中央窝和盲点

科学家对深水鱼研究发现，生活在不同深度水域的鱼类的视网膜结构不同。生活在距水面 100 米以内的鱼类，网膜中含有很多锥体细胞，能够敏锐地感受射入水中的光。生活在水深 100～1 000 米的鱼类，随着水深的增加，锥体细胞逐渐减少，棒体细胞增加，能够在昏暗水域中辨别物体的轮廓和方向。

在锥体细胞和棒体细胞中含有不同的感光物质。当光线作用于感光细胞时，细胞内的感光物质的分子结构发生变化，所释放的能量，能够激发感光细胞发放神经冲动，这就是视觉感受器的换能作用，具有换能作用的物质叫视觉色素。棒体细胞的视觉色素是视紫红质，它是视黄醛和视蛋白的结合物。视黄醛即维生素A醛，是一种光敏集团。在弱光的作用下，视紫红质分解为视黄醛和视蛋白，并发生放能反应，从而激发神经冲动。当人体缺乏维生素A时，会影响视紫红质的合成，从而导致夜盲症。经常上夜班的职工、汽车司机、船员，特别是常在夜间驾驶航行的，应该多补充维生素A，以提高对昏暗光线的适应能力。在人眼的锥体细胞中，也存在着视觉色素。

（三）视觉的传导机制

视网膜的神经细胞受到光刺激以后，产生神经冲动，通过神经系统传至大脑视觉中枢。传递由三级神经元实现：第一级为视网膜的双极细胞；第二级为视神经节细胞，由视神经节细胞发出神经纤维，在视交叉处实现交叉，鼻侧束交叉至对侧，和对侧的颞侧束合并，传到丘脑的外侧膝状体；第三级神经元的纤维从外侧膝状体发出，终止于大脑枕叶的纹状区（布鲁德曼第17区）。在这一过程中，视觉机制同时对输入信号进行初步的加工处理，主要包括：（1）聚合作用（convergency）。由于视网膜上的锥体细胞和棒体细胞的数量远超过神经节细胞（100万），因此，来自许多感光细胞的神经兴奋会聚集到一个或少数几个神经节细胞上。由于锥体细胞和棒体细胞的数量不同，会聚到双极细胞和神经节细胞上的比例也有很大的差异。这对视觉信息加工具有重要的影响：棒体细胞的会聚比例大，许多棒体细胞和一个神经节细胞相连，因而有利于感知明度；锥体细胞的汇聚比例小，少量锥体细胞与一个神经节细胞相连，因而有利于分辨细节。（2）侧抑制（lateral inhibition）。这是指相邻感受器之间互相抑制的现象。哈特兰（H. K. Hartline，1903—1983）和拉特利夫（F. Ratliff）用马蹄蟹（鲎）进行实验。他们将电极插入动物单个小眼的传入纤维处，记录在光刺激作用下产生的神经冲动，发现单个感受器的输入电信号和周围感受器的活动状态有关。当一个感受器受到刺激时，产生的神经冲动将对邻近部位的感受器的输入信号产生抑制。侧抑制是动物感觉系统普遍存在的现象。由于侧抑制存在，一个感受器的信息输出，不仅取决于它本身的输入，而且取决于邻近感受器对它的影响。

（四）视觉的中枢机制

1. 视觉中枢的细胞机制

（1）感受野（receptive field）。20世纪60年代，休伯（D. H. Hubel，1926—2013）和威塞尔（T. N. Wiesel，1924—　）在研究中发现，视网膜上的一定区域或范围，当它受到刺激时，能够激活视觉系统与这个区域有联系的各层神经细胞的活动。视网膜上的这个区域，就是这些神经细胞的感受野。感受野具有层级结构，细胞越高级，感受野越大。例如，一个外侧膝状体细胞的感受野是视网膜上的一个很小的区域，由于若干个外侧膝状体细胞会聚到一个皮层细胞上，因而一个皮层细胞的感受野是视网膜上的一个更大的区域。

（2）功能柱和特征觉察器。休伯等人将皮层细胞分为简单细胞、复杂细胞和超复杂细胞，它们之间也存在会聚关系。如果将电极按正确的角度插入皮层，电极先到达简单细胞，后到达复杂细胞和超复杂细胞。因此，从电极测到的将是事物的越来越一般的特性。如果将电极稍许偏斜，信号方向将发生变化；偏离得越远，信号的方向就越不同。这样，就形成了皮层功能柱（functional column）。人们对于各种视觉信号的加工，就由定位在每个功能柱上的具有共同方向的细胞实现。休伯等人认为，由于存在感受野和功能柱，视觉系统的高级神经元就能对有某种特性的刺激物做出反应。这种高级神经元叫特征觉察器。高等动物和人类的视觉皮层具有边界、直线、角度、运动和方向等特征觉察器，保证机体对环境中的视觉信息的选择性反应。

2. 视觉中枢的宏观机制

（1）视觉的投射区和联合区。视觉的投射区是枕叶纹状区（布鲁德曼第 17 区）。这一区域是对视觉信号进行初步分析的区域。这个区域受到刺激，人们能看到闪光；这个区域受到破坏，人将失去视觉。与第 17 区邻近的一些区域，是视觉的联合区，负责进一步加工视觉信号，产生更复杂、更精细的视觉，如识别形状、分辨方向等。这些部位受损，病人将产生各种形式的失认症（agnosia），丧失对物体、空间关系、人脸、颜色等的认识能力。

（2）视觉加工的模块化。近年来的研究表明，在灵长类的视觉系统中，存在着两条通路，一条是大细胞通路（M 通路），一条是小细胞通路（P 通路），它们从不同的神经节细胞开始，达到皮层的不同区域。M 通路负责分析深度和运动，P 通路负责分析色彩和形状。与这两条通路相联系的是两个不同的视觉功能系统：运动系统和色彩系统，前者负责处理物体运动时的形状信息，主要与运动有关；后者负责处理波长信息，主要与颜色有关。当颜色通路受损时，病人对形状识别能力正常，只是不能分辨颜色；当形状通路受损时，病人颜色视觉完好，只是不能分辨形状。

三、基本的视觉现象

光线的基本特性有强度、空间分布、波长和持续时间，视觉系统反映光的特性。

（一）明度

1. 明度与视亮度

明度（brightness）是对光源和物体表面的明暗程度的感觉，由光强来决定。一般说来，光线越强，看上去越亮；光线越弱，看上去越暗。由于人在大多数情况下看到的都是经由物体表面反射后的光线，所以，明度也与物体表面的反射系数有关。在光线强度恒定时，物体表面的反射系数越大，看上去就越亮。

视亮度（lightness）指从白色表面到黑色表面的感觉连续体，仅由物体表面的反射系数决定，与照度无关。物体表面的反射率高，看上去就白；反射率低，看上去就黑。无论是在日光下，还是在灯光里，白纸看上去总是白的，煤块看上去总是黑的。

2. 明度的感受性

在正常的情况下，人眼可以对从 10^{-6} 烛光/平方米到 10^{7} 烛光/平方米的光强作出反应。强度低于 10^{-6} 烛光/平方米的光强，人眼觉察不到；超过 10^{7} 烛光/平方米的光强，对眼睛具有破坏作用。明度的差别阈限在中等强度光强时，符合韦伯定律（$K \approx 1/100$）；光线极弱时，$K=100/100$；光线极强时，$K=1/167$。明度的感受性与下述因素有关：

（1）光刺激作用的视网膜部位。视网膜上棒体细胞集中的地方，明度的感受性高；锥体细胞较为集中的中央窝，明度的感受性低。

(2) 光波的波长。人眼对于不同波长的光的感受性不同。这可以通过光谱敏感函数来说明（见图 6—9）。在图 6—9 中，右边的曲线代表锥体细胞对不同波长光的感受性，左边的曲线代表棒体细胞对不同波长光的感受性。从图 6—9 中可见，锥体细胞对光谱的中央部分（约为 555 纳米）最敏感，对波长低于 500 纳米和高于 625 纳米的光的感受性差。棒体细胞对较短波长的光（约为 505 纳米）有最大的感受性。棒体细胞的曲线向光谱较短的一端移动了约 50 纳米，对波长超过 620 纳米的光不敏感。

因此，当人从明视觉向暗视觉转移时，人眼对光谱的最大感受性将向短波方向移动。在明视觉的情况下，如果锥体的光谱敏感曲线上选择两个具有 40%的相对光谱感受性的光（如 500 纳米的绿光和 620 纳米的红—橙光），它们的明度看上去相同。此时，如果将光强降低，改用暗视觉来辨别，绿光就会比红—橙光亮得多。在日常生活中，在阳光的照射下，红花和蓝花显得同样亮，而当夜幕降临时，蓝花就会比红花亮得多。这种现象叫浦肯野现象。它说明，在不同的光照条件下（白天或夜晚），人的视觉机制不同。

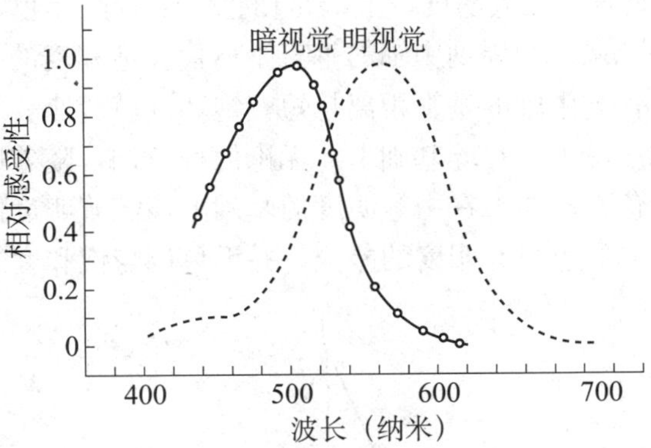

图 6—9 光谱敏感函数

(二) 颜色

1. 颜色的基本特性

颜色是光波作用于人眼引起的视觉经验，有广义和狭义之分。广义的颜色包括彩色（红、绿、蓝等）和非彩色（白色、黑色和灰色）。狭义的颜色仅指彩色。彩色从长波到短波的顺序是：红色（700 纳米）、橙色（620 纳米）、黄色（580 纳米）、绿色（510 纳米）、蓝色（470 纳米）、紫色（420 纳米）。此外，人眼还能够在上述两个相邻颜色范围的过渡区看到各种中间颜色，如粉红色、黄绿色等。此外，还有一些难以叫出名字的彩色。

光波有波长、光强和纯杂程度等属性。相应地，颜色也具有色调、明度和饱和度的属性。

(1) 色调（hue）。是指颜色的相貌与名称，即红、橙、黄、绿、蓝、紫等颜色。对光源而言，色调取决于占优势的波长。占优势的波长不同，色调也不同。对于物体表面而言，色调取决于物体表面对不同波长的光的选择性反射。如果在反射光中长波占优势，物体就呈红色或橙色；如果在反射光中短波占优势，物体就呈蓝色或绿色。

基本的色调关系可以用色环（color circle，见书前彩图 2）来表示。色环是不同颜色依其在光谱上的排列次序环绕成的圆环。色环上 90 度角内的几种颜色称作同类色，也叫近邻色或姐妹色。90 度角以外的颜色称为对比色。色环上相对的颜色叫补色（complementary color），也叫相反色，如红与绿、黄与蓝，补色混合将产生灰色。

（2）明度（brightness）。是指颜色的明暗程度。色调相同的颜色，明度可能不同。如淡绿色和墨绿色都是绿色，前者显得亮，后者显得暗。明度主要由光的强度和物体表面的反射系数决定。光线越强，颜色越亮，最后接近于白色；光线越弱，颜色越暗，最后趋近于黑色。当照射到物体表面的光强恒定时，物体表面的反射系数越大，明度就越大；反之，就越小。例如，黑纸的反射率只有 4%，白纸的反射率可达 80%，在同样的照度下，后者比前者亮得多。

（3）饱和度（saturation）。是指某种颜色的纯杂程度或鲜明程度。纯的颜色都是高度饱和的，如鲜红、鲜绿等。混杂上白色、灰色或其他颜色，是不饱和的颜色，如酱紫、粉红和黄褐等。完全不饱和的颜色根本没有色调，如黑、白和各种灰色。

颜色的三个特性及其相互关系，可以用三度空间的颜色锥体（color solid）来说明（见图 6—10）。其中，垂直轴代表明度，上端是白色，下端是黑色，中间是各种程度的灰色。锥体圆周代表各种色调。圆周到中轴的垂直距离代表饱和度的变化，与中轴的垂直距离越长，饱和度就越大；与中轴的垂直距离越短，饱和度就越小。从图 6—10 可见，在中等明度时，颜色的饱和度最大。在此基础上，无论何种色调，随着明度的增加，饱和度越来越小，最后趋近于白色；同样，在中等明度的基础上，随着明度的减少，饱和度越来越小，最后趋近于黑色。非彩色只有明度的差异，并无色调与饱和度的变化。

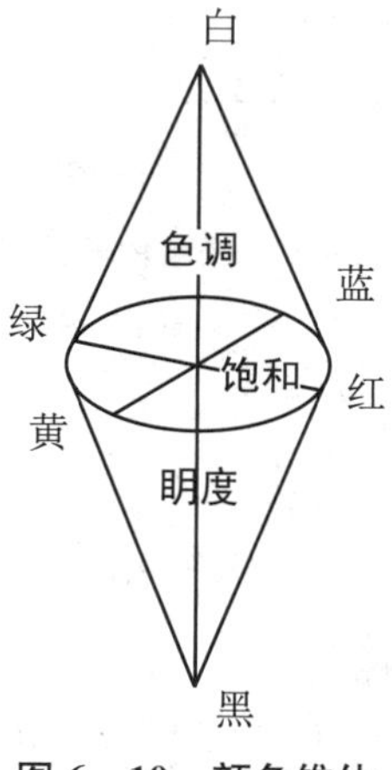

图 6—10　颜色锥体

2. 颜色混合

物体的颜色固然取决于光的波长和物体表面对光的反射特性，但对于眼睛而言，它是一种感觉。人辨别颜色的能力叫色觉。色觉是一种非常复杂的物理—心理现象。人眼一般可以在光谱上区分出红、橙、黄、绿、青、蓝、紫等 7 种颜色，每种颜色都与一定波长的光线对应。仔细检查发现，单是人眼在光谱可区分的色泽实际不下 150 种，只要光波长相差 3～5 纳米，人眼即可分辨。显然，视网膜中不可能存在着上百种对不同波长光线起反应的锥体细胞或感光色素。事实上，一种颜色不仅可以由某一固定波长的光引起，而且可以由两种或更多种其他波长的光线的混合作用引起。例如，把光谱上的七色光在牛顿色盘上旋转，可以在人眼引起白色的感觉。用红、绿、蓝三种色光作适当的混合，就可以引起光谱上所有颜色的感觉。红、绿、蓝因而被称为三原色。三原色混合的原理不仅广泛地应用于彩色照相、彩色电视等方面，也被用于说明颜色视觉的产生。颜色混合是不同波长的光线同时作用于眼睛，在视觉系统中实现的混合，是一种加法过程（见书前彩图 3a）。与此不同的是颜料混合，颜料混合是减法过程（见书前彩图 3b），即在混合以后，某些波长的光线被吸收了。以黄与蓝的混合为例，蓝颜料吸收了红、橙、黄的光线，反射了大部分黄光和小部分绿光；黄颜料吸收了红、橙、蓝的光线，反射了大部分黄光和小部分绿光。当两种颜料混合时，由黄颜料反射的黄光被蓝颜料吸收，由蓝颜料反射的蓝光被黄颜料吸收，因而混合后的颜色看上去是绿色的。

颜色混合有以下三条规律：

（1）补色律。每种颜色都有另一种同它混合而产生白色或灰色的颜色。这两种颜色称为互补色。如红色与浅绿色、黄色与蓝色等。色环上相对的颜色都是互补色。

（2）间色律。混合两种非补色，会产生一种新的介于它们之间的中间色。如红色与蓝色混合产生紫色，红色与黄色混合产生橙色。

（3）代替律。相混合的两种颜色都可以由不同颜色混合后产生的相同颜色来代替。代替律说明，不管颜色的原来成分如何，只要感觉上相似，就可以互相替代，产生同样的视觉效果。

3. 色觉缺陷

（1）色盲（color blindness）。色觉正常的人可以用红、绿、蓝三种波长的光匹配任何其他波长的光，因而称三色觉者。色盲的人丧失了辨色能力。色盲有局部色盲和全色盲。全色盲的病人极其少见，在人口中只占 0.001%。局部色盲包括三色觉异常和两色性色盲。有的局部色盲者甚至不知道自己的色觉和正常人有不同，只有通过色觉测试才能够发现。色盲又分先天性色盲和后天性色盲，先天性色盲主要是 X 染色体缺陷造成的，属于性连锁隐性遗传，在遗传表现上男多于女。后天性色盲多继发于一些眼睛疾病。我国男性的色盲率约为 4.71%，女性的色盲率约为 0.67%。

（2）色弱（color weakness）。色弱的人虽然能够辨别所有颜色，但辨认能力低。他们对红、绿、蓝三种波长的光的感受性均比正常人低。在明度弱时，这种人几乎分辨不出任何颜色。色弱患者在男性中的发生率约为 6%，是一种常见的色觉缺陷。

有色觉缺陷的人如何看待颜色？这是一个有趣的问题。有这样一位妇女，一只眼睛患有红—绿色盲，另一只眼睛正常。在她看东西时，可以用正常眼睛看到的颜色来描述色盲的眼睛看到的一切。当她用色盲的眼睛看事物时，只能看到灰色、蓝色和黄色，看不到红色和绿色。

4. 色觉理论

（1）三色说。1807 年，英国科学家杨（T. Young，1773—1829）根据红、绿、蓝可以产生各种色调及灰色的颜色混合规律，提出在视网膜上存在着三种感受器，分别对一种波长的光敏感。当它们分别受到不同波长的光刺激时，会引起不同的颜色感觉。1860 年，著名生理学家赫尔姆霍兹摒弃了一种感受器只对一种波长的光敏感的观念，假定三种感受器对各种波长的光都有反应，但敏感度不同（见图 6—11）。红色感受器对长波更敏感，绿色感受器对中波更敏感，蓝色感受器对短波更敏感。当光刺激作用于眼睛时，将在三种感受器中引起兴奋。如果三种感受器的兴奋程度相同，将引起非彩色感觉；如果三种感受器的兴奋度不同，将引起各种颜色感觉，并同时产生明度感觉，所产生的颜色感觉的色调由各种不同感受器参与活动的比例决定。例如，红光引起红色感受器的强烈兴奋，只引起绿色感受器和蓝色感受器的微弱兴奋，那么将引起红色感觉。

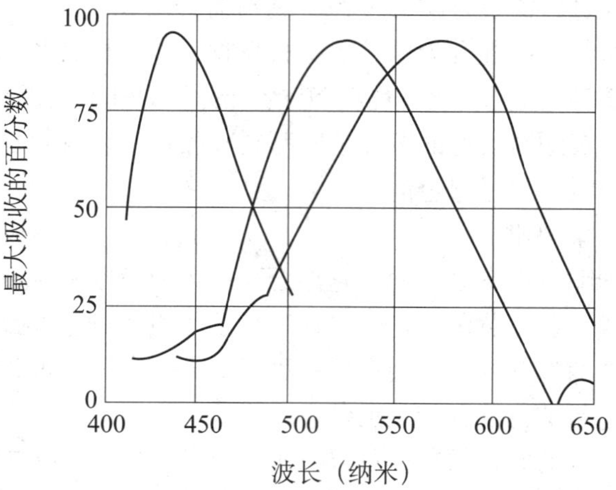

图 6—11　三种感受器对不同波长光的感受性

三色说的优点是能够说明颜色混合现象，预示了现代色度学的原理。在色度学中，人们通过改变三原色的不同强度比例，就能够产生所有颜色。因此，对任何一个确定颜色都可用三原色相加的比例表示。这种表现方法可写出如下颜色方程式：

$$(C) \equiv r(R) + g(G) + b(B)$$

式中，(C) 是某一特定颜色，(R)、(G)、(B) 是红、绿、蓝三原色，r、g、b 是每种原色的比例系数，$r+g+b=1.0$，“$\equiv$”表示匹配。将产生光谱各种颜色的三原色比例标准化以后，就可以得到标准色度观察者的光谱三刺激值，色度图就是根据这一原理设计的。

三色说得到了一些实验结果的支持。例如，用不超过单个视锥直径的细小单色光束聚焦在单一锥体细胞上，逐个检查并绘制出锥体细胞的光谱吸收曲线，发现一类锥体细胞的吸收峰值在 420 纳米（蓝光），一类的吸收峰值在 540 纳米（绿光），另一类的吸收峰值在 577 纳米（近似红光），与三色说相符。用微电极记录单个锥体细胞感受器电位，发现不同单色光引起的感受器电位的大小，对不同锥体细胞是不同的，峰值出现的情况符合三色说。

三色说也有明显缺陷。迄今为止，人们试图寻找出不同种类的锥体细胞或感光色素并未成功。用光学显微镜和电子显微镜也不能发现锥体细胞在结构上有什么不同，用化学方法也不能够分离出不同的感光色素。这一理论也不能解释红—绿色盲。红—绿色盲患者把光谱的短波部分看成蓝色，把长波部分看成黄色。按照三色说，这种患者应该缺乏感红和感绿的锥体细胞。但由于三色说假定黄由红、绿混合产生，缺乏感红和感绿装置的人，不应该具有黄色经验，而事实却并非如此。

(2) 四色说。黑林（E. Hering，1834—1918）于 1874 年提出了四色说。黑林观察到，颜色现象总是以红—绿、黄—蓝、白—黑成对的关系发生，因而假定视网膜中有三对视素：白—黑视素、红—绿视素、黄—蓝视素。这三对视素的代谢作用包括建设（同化）和破坏（异化）两种对立的过程，由此产生各种色觉。光刺激破坏白—黑视素，引起神经冲动产生白色感觉；无光刺激时白—黑视素重新建设起来，引起神经冲动产生黑色感觉。对红—绿视素，红光起破坏作用，绿光起建设作用。对黄—蓝视素，黄光起破坏作用，蓝光起建设作用。因为每种颜色都有一定的明度，即有白色的成分，所以每一颜色不仅影响其本身视素的活动，也影响白—黑视素的活动。

四色说可以较好地说明色盲现象：红—绿色盲是由于缺乏红—绿视素，因而没有红—绿感觉。但由于他们有黄—蓝视素，所以黄—蓝感觉依然保持。全色盲患者由于缺乏红—绿视素和黄—蓝视素，所以没有颜色感觉；但由于他们的白—黑视素依然起作用，所以仍然有白、黑、灰色的感觉。它也能解释色觉的负后像和对比现象。这一理论也得到行为实验和电生理学研究的结果的支持。例如，在注视蓝色一段时间之后，再注视黄色，会觉得黄色比平时更黄。这种现象之所以产生，是由于延长注视蓝色的时间，使黄—蓝系统中的蓝色分子消耗殆尽，因而在注视黄色时，黄—蓝系统中的黄色分子能够充分地发挥作用。

然而，四色说亦缺乏生理学证据。它的最大困难是不能够说明三原色混合现象，而这一现象是近代色度学的基础，一直有效地指导着颜色技术的实践。另外，人们既没有在视网膜上找到成对的视素，也未从生理上找到视素同化和异化的证据。

(3) 现代对立色理论。三色说和四色说在历史上长期争论不休。赫尔维奇（L. H. Hurvich）和詹米逊（D. Jameson）在概括现代生理学研究基础上，试图将二者统一起来，提出现代的对立色理论（见图 6—12）。

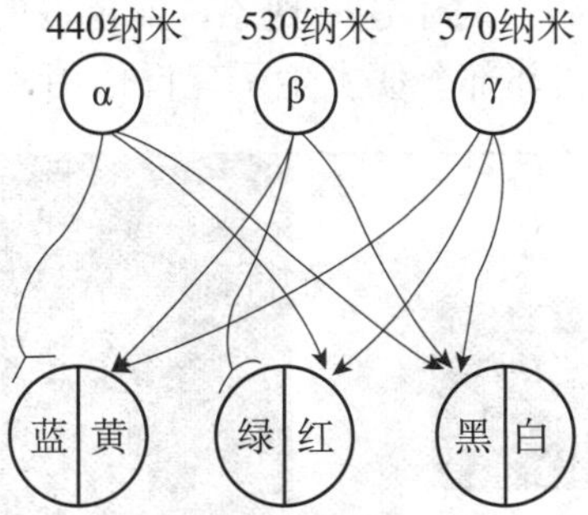

图 6—12　视觉系统颜色编码示意图

这一理论认为，色觉加工可以分为两个阶段：(1) 在视网膜上有红（γ）、绿（β）、蓝（α）三种锥体细胞，它们分别对长波、中波和短波敏感，有选择地对光谱的不同波长反应，同时又单独产生白黑反应。(2) 在由感受器至中枢的通路上，存在着三种对立的细胞：白—黑细胞、红—绿细胞和黄—蓝细胞。每种感受器都有三种输出，它们分别和三种对立的细胞相联系。其中，有的输出兴奋，有的输出抑制。例如，红色感受器的输出能够使黄—蓝细胞抑制，使红—绿细胞兴奋，绿色感受器的输出能够使黄—蓝细胞兴奋，使红—绿细胞抑制，蓝色感受器的输出能够使红—绿细胞兴奋，使黄—蓝细胞抑制。在三种对立的细胞中，红—绿细胞和黄—蓝细胞与颜色编码有关，白—黑细胞与明度编码有关。白—黑细胞是由于三种锥体细胞输出的积累作用而出现兴奋。

20 世纪 50 年代末以来，生理学家在动物视神经节细胞和外侧膝状体细胞内，发现了颜色信息编码的对立机制。斯瓦特金（G. Svatichin）发现，在鱼眼视网膜中有两种水平细胞，一种对红光作最大正电位反应，对绿光作最大负电位反应，它们是＋红、－绿细胞；另一种对黄光作最大正电位反应，对蓝光作最大负电位反应，它们是＋黄、－蓝细胞。这两种细胞在功能上是对立的。德瓦洛伊（R. L. De Valois）发现，短尾猴的外侧膝状体细胞在功能上具有对立的性质，一些细胞对光谱一端的光产生兴奋性反应，即提高细胞自身的放电水平，对光谱的另一端的光产生抑制反应，即降低细胞自身的放电水平。例如，＋蓝、－黄细胞对450纳米的光表现为激活率上升，对580纳米的光，细胞的自发活动受到抑制。又如，＋绿、－红细胞对510纳米的光表现为激活率上升，对600纳米的光激活率下降。由于这些发现，人们猜测，色觉机制在感受器水平是三色的，在视传导通路水平是四色的。颜色视觉机制的最后阶段发生在皮层的视觉中枢，在那里产生颜色感觉。

（三）视觉中的空间因素

1. 视觉对比

视觉对比（visual contrast）是由光刺激在空间的不同分布引起的视觉经验，可以分为明暗对比和颜色对比。

明暗对比由光强在空间上的不同分布造成。例如，从一张灰纸上剪下两个小方形，分别放在白色的和黑色的背景纸上。白色背景上的小方形比黑色背景上的小方形看起来要暗得多（见图6—13）。可见，物体的明度受所在环境的明度影响，这叫明度的对比效应。物体的颜色也受周围物体颜色的影响而发生色调变化。例如，将灰色的方形放在蓝色背景上，方形略显黄色；放在黄色的背景上，方形略带蓝色。对比使物体的色调向着背景颜色的补色方向变化（见书前彩图4）。对于这一现象，四色说的解释是，当视网膜的某一部分正在发生视素的破坏作用时，相邻部分便发生了建设作用，因而引起了同时对比。

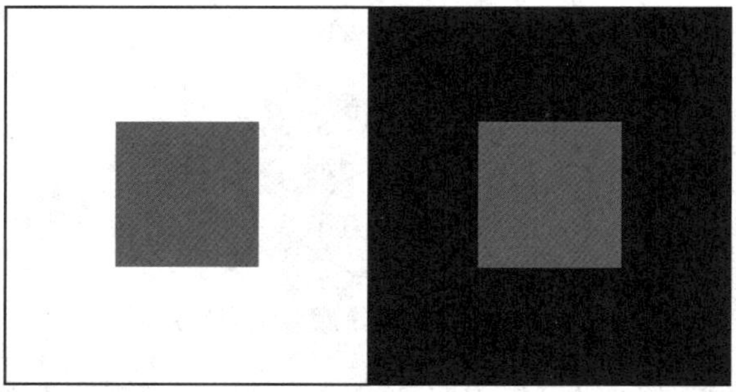

图6—13　明暗对比

研究视觉对比有着重要的实践意义。纺织、印染、编织工艺、时装设计、机器部件着色、人们日常化妆和着装都应该考虑到对比效应。

2. 马赫带

马赫带（Mach band）指人们在明暗变化的边界上，在亮区看到一条更亮的光带，在暗区看到一条更暗的线条（见图6—14a）。从刺激物的能量分布看，亮区的明亮部分与暗区的黑暗部分在刺激强度上和该区的其他部分相同（见图6—14b中的实线部分），而看到的明暗分布在边界处却出现起伏（见图6—14b中的虚线部分）。因此，马赫带不是由于刺激的能量分布引起的，而是人对视觉信息加工的结果。

现在一般用侧抑制来解释马赫带现象。由于相邻的细胞之间存在着侧抑制，来自暗明交界处亮区一侧的抑制大于来自暗区一侧的抑制，因而使暗区的边界显得更暗；同样，来自暗明交界处暗区一侧的抑制小于亮区一侧的抑制，因而使亮区的边界显得更亮。

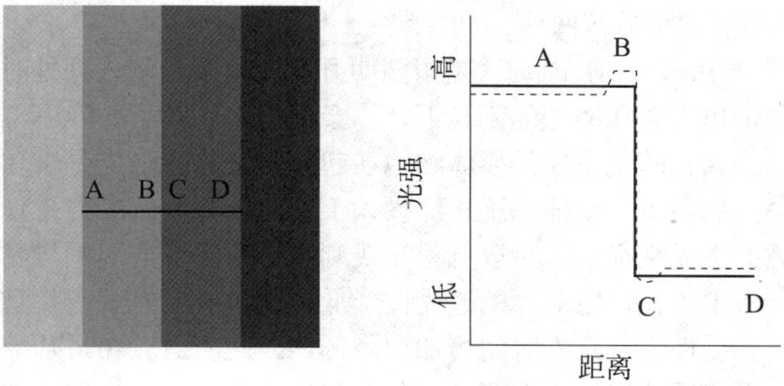

(a)　　　　　　　　(b)

图 6—14　马赫带

3. 视敏度

视敏度（visual acuity）指视觉系统分辨最小物体和物体细节的能力，医学上称为视力。视敏度用视角大小来表示，视角即物体通过眼睛的节点所形成的夹角。视角的大小取决于物体的大小以及物体离眼睛的距离。当你能够看清一个物体时，对应的视角越大，视力越差；对应的视角越小，视力越好。视敏度可以分成最小可见视敏度、游标视敏度和最小间隔视敏度三种。

视觉系统分辨最小物体的能力叫最小可见敏度。在测量时，通常以白色背景上的一条黑线作为测试图形，变化黑线宽度，要求被试报告是否觉察到它（见图 6—15a）。在最好的观测条件下，人们能够觉察 0.5 弧度秒宽的一条细线。游标视敏度用游标测定（见图 6—15b）。要求被试分辨两条线段的相对移动。在最佳观测条件下，成人可分辨的最小偏移为 2 弧度秒。视觉系统区别物体最小间隔的能力叫最小间隔视敏度。可以采用具有相等宽度的黑白交替的栅条图形（见图 6—15c）来测量。被试能够分辨栅条的宽度越小，视敏度越好。在最佳观测条件下，成人的间隔视敏度为每度 45～60 周。在医院检查视力时，使用的 E 型视标和蓝道环（C）。在距离恒定时，人们能够看清的间隔越小，视力就越好（见图 6—15d、e）。

视敏度受许多因素影响。如视网膜受刺激的部位、背景照明、物体与背景的对比、眼睛的适应状态等。当光刺激落在中央窝附近时，视敏度最大；偏离中央窝越远，视敏度越小。

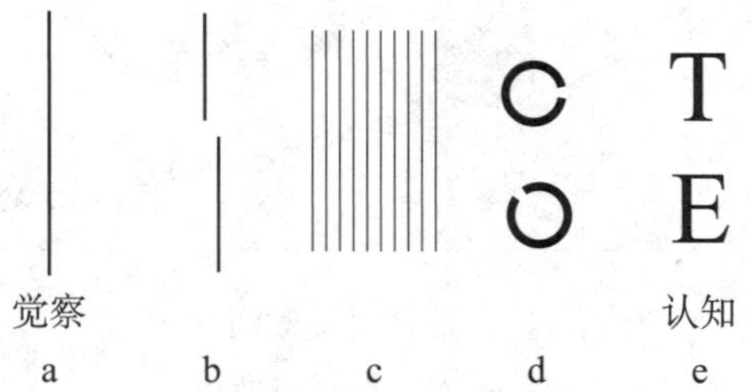

图 6—15　视敏度测定

（四）视觉中的时间因素

1. 视觉适应

当刺激物持续作用时，人的感受性会发生变化，这种现象叫做适应。视觉适应（visual adaption）有明适应和暗适应两种。

（1）明适应（bright adaption）。这是指照明开始或由暗处转入亮处时视觉感受性下降的过程。从电影院走出来，在明媚的阳光下，你会觉得阳光眩目，睁不开眼，过一会儿才能够看清周围景物。人在暗处主要是棒体细胞在起作用，感受强光是锥体细胞的功能。从暗处到亮处，在强光刺激下，锥体细胞立即投入工作，但开始时参与工作的锥体细胞还较少，眼睛对光刺激的感受性很大，所以觉得光线刺眼，无法看清周围景物。但在很短时间内，锥体细胞都投入了工作，眼对光的感受性降低，这时对强光就产生适应。锥体细胞感光色素再生很快，感受性随着曝光时间增加而降低，因此明适应在最初数秒钟内感受性就迅速降低，此后变慢。明适应过程大约在 5 分钟之内即可完成。一般来说，目标的照明条件略高于眼睛的适应水平则视觉功能最佳。在低照明环境下已经适应的眼睛，若在极短时间内暴露在极亮的光线下，闪光照射后，再回到低照明环境，视觉功能会大大降低，并可以短暂丧失。这种由于高强度闪光引起的暂时性的光感受性下降，称为闪光盲。国外根据眼睛的这一特点，研制出一种闪光弹，专门对付犯罪分子。这种闪光弹的亮度远比闪光灯强，在短暂的极强光线的刺激下，犯罪分子眼前一片漆黑，只能束手就擒。

（2）暗适应（dark adaption）。这是指照明停止或由亮处转入暗处时视觉感受性提高的过程。人从亮处走进暗室，一下子什么也看不见，经过一段时间以后，才慢慢地能够看清东西。研究表明，视网膜上的棒体细胞和锥体细胞都参与了暗适应过程，但起作用的大小和阶段不同。这一点可以从暗适应曲线（见图 6—16）上看得很清楚。在最初的7～10分钟内，感觉阈限下降，感受性上升。以后，暗适应曲线改变方向，感觉阈限继续下降，出现了棒锥裂（rod-cone break）。如果在实验时只使用红光，由于红光只能使锥体细胞活动，这样就只有锥体细胞参与暗适应过程，因而就不会出现棒锥裂。可见，在暗适应的早期阶段，暗适应过程由锥体细胞和棒体细胞共同完成，而在后期阶段，就只有棒体细胞在起作用。与明适应不同，暗适应需时较长，整个过程需要 30～40 分钟才能够完成。

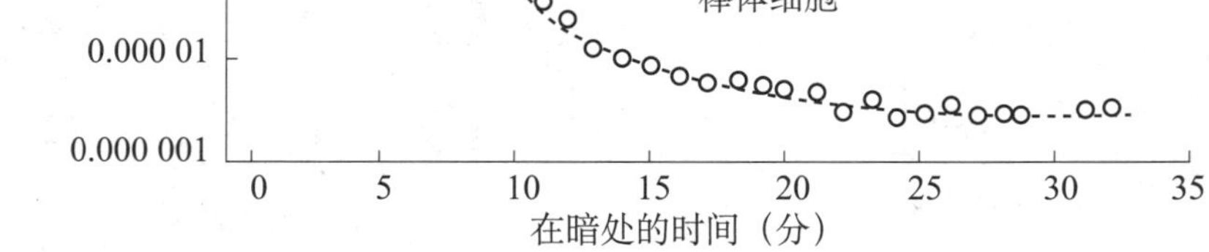

图 6—16 暗适应曲线

视觉适应的机制一般用感受器内的化学物质变化来解释。当吸收光线时，视色素分解，视黄醛完全脱离视蛋白，视网膜颜色由红转橙，转黄，最后成为无色透明物质，感受器对光线的吸收作用下降，这一过程叫漂白，它是明适应的机制。当光线停止作用后，视黄醛与视蛋白重新结合，这是还原过程。由于视色素还原，感受器对光线的吸收作用上升，因而使感受性提高。但这种解释不能说明暗适应的全部机制。人们发现，在视觉色素浓度很少变化时，视觉阈限也能产生广泛变化。适应的时间进程也与视觉色素漂白的时间过程不一致。20 世纪 40 年代，克劳福德（B. H. Crawford）提出，适应是神经性的，不仅仅来源于化学反应，适应也可以在光线呈现或消失后不足 100 微秒的时间内发生。拉什顿（W. A. H. Rushton，1901—1980）提出视网膜“贮存处”（pools）假设，认为适应由一种神经反馈来调节。当眼睛受到高强度光刺激时，大多数感受器都传送信号给神经调节中心（贮存处），此时，光化学变化进行得强而有力。但当光熄灭后，这种信号并不停止。相反，继续由感受器产生并输送到神经贮存处去。在贮存处维持了一个相对的高度活动的状态，这种状态可以抑制对测试光的反应，直到还原过程迫使感受器达到它们的暗适应的平衡水平、停止了反馈信号传送给神经贮存处时为止。因此，除视网膜上感受器的光化学效应外，神经过程亦可能参与暗适应过程。

2. 视觉后像

刺激物停止作用以后，感觉并不立即停止，还能保留一段时间，这种现象叫后像（afterimage）。后像分为正后像和负后像。如果后像的品质与刺激物相同，叫正后像。例如，在注视电灯光之后，闭上眼睛，眼前会出现灯的光亮形象，位于黑色背景之上，就是正后像；如果后像的品质与刺激物相反，就是负后像。例如，在注视电灯引起的正后像后，还可能看到一个黑色形象出现在光亮的背景之上，就是负后像。

色觉也有后像，一般为负后像。当人较长时间地注视一种颜色之后，再看其他物体，就会发现其他物体都会带有这种颜色的补色（见书前彩图 5）。颜色后像是由于视网膜细胞对光反应的疲劳引起的。例如，盯住红色看 30 秒或者更长的时间，视网膜细胞会对红色疲劳。如果这时换成看白色的表面，眼睛会减去红色，人就会看到它的补色——绿色。

3. 闪光融合

断续的闪光由于频率增加，会得到融合的感觉，这种现象叫闪光融合（flicker fusion）。例如，日光灯光线每秒闪动 100 次，看不出它在闪动；高速转动的电风扇，看不清每扇叶子的形状，都是由于闪光融合的结果。刚刚能够引起融合感觉的刺激的最小频率，叫闪光融合临界频率或闪烁临界频率（critical flicker frequency），它表现了视觉系统分辨时间能力的极限。

闪光融合频率依赖于许多条件。在刺激强度低时，临界频率低；随刺激强度的上升，临界频率明显上升。在视网膜的中央窝部位，临界频率最高，偏离中央窝 50°，临界频率明显下降。

4. 视觉掩蔽

当一个闪光以一定的时间间隔出现在另一个闪光之后，能够影响对前一个闪光的觉察，这种现象叫视觉掩蔽（visual mask）。在研究光的掩蔽效应时，目标物或者出现在掩蔽光之前，或者同时出现，或者出现在掩蔽光之后。在这些条件下，对目标的觉察都明显地受掩蔽光影响。视觉掩蔽除了光的掩蔽外，还有图形掩蔽、视觉噪音掩蔽等。

第四节 听觉

20 世纪美国著名的盲聋人海伦·凯勒说过：“若我能选择恢复视力或听力，我愿能听见，因为看不见使我与事物隔绝，但听不见使我与人隔绝。”听觉，也是人的重要感觉。首先，它是一种远距离感觉，在各种实践活动中有十分重要的作用。人类的自身安全离不开敏锐的听觉。在日常生活中，许多危险都要靠听觉来避免，如汽车的喇叭声、失火警铃声或者郊外野生动物的脚步声等。其次，听觉对人类掌握与使用语言非常重要。大多数聋哑人不是由于发音器官有问题，而是由于他们听不到别人如何讲话，因而难以学会讲话。人通过听觉学习和交流。儿童的言语表达、读写能力、智力发展，都与听觉息息相关。中国人将智力好的人形容为“聪明”，而聪明的字面意义就是“耳聪目明”。听觉对人的心理健康也有重要作用。在这个以声音为主要沟通媒介的世界里，听力迟钝的人常常需要别人重复说话才能够明白，以至于被别人认为不专心，反应迟钝，理解能力差或智商低。他们也会因此变得缺乏自信，过分敏感或脾气暴躁，对人、对事容易产生迷惑，并觉得孤立无助，严重者甚至会自暴自弃，把自己与他人隔离起来。

一、听觉刺激

听觉的适宜刺激是声波。声波由物体振动产生。例如，语音由声带振动产生，提琴声由琴弦振动产生。声波与光波不同。光波在真空中传导，声波必须通过介质传导。声波的介质可以是气体，也可以是液体或固体。声波的传送速度远比光波慢，而且因介质不同而不同。如在0℃时，在空气中的声速为331.36米/秒，在水中的声速为1 440米/秒，在钢铁中的声速为5 000米/秒。声波传入人耳，压迫耳中的空气作疏密相间的运动，于是就产生听觉。

声波通过一定的仪器可以转化为视觉图像。如通过录音装置将声波转换成电流，再将其输入示波器或声谱仪，人就可以看见声波的形状。声波有三种物理属性：频率、振幅和波形。

频率（frequency）是指发声体每秒振动的次数（周/秒），单位是赫兹（Hz）。不同声音的频率不同。小提琴的频率高，大提琴的频率低；成年男子的语音的频率低，听起来瓮声瓮气，女人和小孩的语音的频率高，听起来尖声细气。人耳能够感受的声音频率，大约在20～20 000赫兹之间。低于20赫兹的声波叫次声波，这种声波在地震、风暴中都有发生，而且由于其衰减小，所以可以用来预测风暴、探测地震等。海中的鲸鱼、陆地上的大象都可以觉察次声，并用次声做远距离的交际。高于20 000赫兹的声波叫超声波，某些动物（如蝙蝠）可以对其产生感觉。超声波在工业生产和医疗中有广泛的应用。

振幅（amplitude）是指振动物体偏离起始位置的大小。发声体的振幅大小决定对介质的压力大小。振幅大，压力大，听到的声音就强；振幅小，压力就小，听到的声音就弱。测量声音的强度用声压水平（SPL），单位是分贝（dB）。

波形由发声体的特点决定。不同的发声体如长笛、小提琴和钢琴都有自己的波型。声波的最简单的波形是正弦波。波形为正弦波的声音叫纯音，如由音叉发出的声音。一般地，人们听到的大部分声音都不是纯音，而是复合音，它们由不同频率和振幅的正弦波叠加而成。

声波的这些物理属性，决定了听觉的基本特性：音调、音响和音色。人耳对不同频率或强度声音的听觉范围称为声域。它是人类长期进化适应的结果。

根据发声体的振动是否具有周期性，可以将声音分成乐音和噪音。乐音是周期性的振动，它们有规则的波形，如歌唱和乐器发出的声音。乐音有益于健康，能够使人精神振奋，消除疲劳，治疗疾病；噪音是没有周期性的声波，它们没有规则的波形，如爆炸和刮锅的声音。强噪音有损人的健康，长时期的作用能使人头晕目眩，心烦意乱，注意分散，工作效率下降。人的言语的声音既含有乐音又含有噪音。

二、听觉的生理机制

听觉器官是听分析器，包括耳朵、听神经、皮下中枢和皮层的颞叶区。

(一) 耳朵的构造和功能

耳朵是听觉的感受器，由外耳、中耳和内耳组成（见图 6—17）。外耳包括耳廓和外耳道，作用是收集声音。动物的耳廓形似喇叭，可以自由运动，起到对声音定向的作用。人的耳廓运动能力退化了，但仍有收集声音的作用。声音被耳廓收集后进入外耳道。成人的外耳道长度约 25 毫米，宽度约有 7 毫米。外耳道的长短对声音频率响应有一定影响：它对 1/4 波长与之相当的声波有共振作用。由于外耳道的共振，相应的频率在近鼓膜处的声压明显比耳道口强。

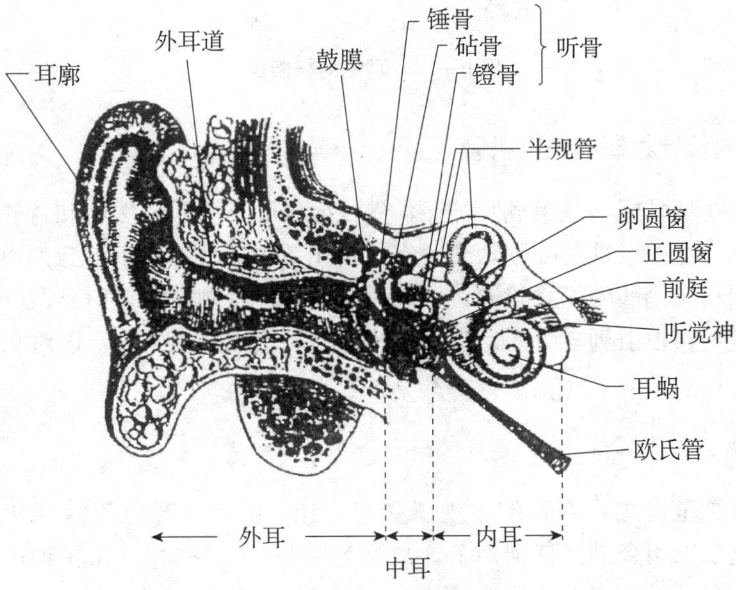

图 6—17 人耳的构造

中耳由鼓膜、三块听小骨（锤骨、砧骨和镫骨）、卵圆窗和正圆窗构成，起传声作用。声波从外耳道进入，使鼓膜产生相应振动。鼓膜带动三块听小骨运动，把声波传至卵圆窗，引起内耳淋巴液振动。由于鼓膜面积与镫骨覆盖的卵圆窗面积之比为 20∶1，因此，声音经过中耳传导，声压可以提高 20～30 倍。声音的这条传导途径称为生理性传导。声音传导途径还有空气传导和骨传导。空气传导是指鼓膜振动引起中耳腔内的空气振动，然后经由正圆窗将振动传入内耳；骨传导指声波从颅骨传入内耳。骨传导效率差，但也排除了体内各种噪音（如呼吸、咀嚼时发出的声音）的干扰。

内耳由前庭和耳蜗组成。前庭是平衡觉器官。耳蜗是一个螺旋状的组织，内部充满了液体，由鼓阶、中阶和前庭阶构成（见图 6—18）。鼓阶和中阶以基底膜分开。基底膜在卵圆窗的一端最窄，在蜗顶的一端最宽。基底膜上的柯蒂氏器（organ of Corti）中包含了大量的毛细胞（20 000 多个），它们是听觉的感受器。毛细胞的细毛突入充满耳蜗液的中阶内。声音传至卵圆窗的振动引起耳蜗液的振动，带动基底膜运动，并使毛细胞兴奋，产生动作电位，机械振动便转化神经冲动。

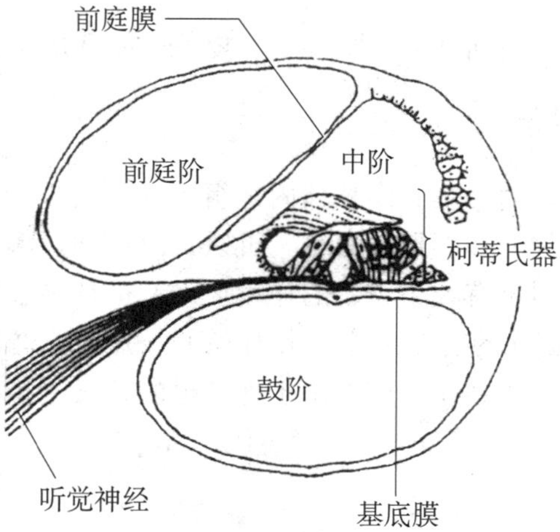

图 6—18　耳蜗的横断面

（二）听觉的传导机制和中枢机制

毛细胞的轴突从耳蜗出发组成听神经，先投射到脑干髓质，然后和背侧或腹侧的耳蜗神经核形成突触。这些区域的细胞轴突形成外侧丘系，最后终止于下丘的离散区。从下丘开始，经过背侧和腹侧的内侧膝状体，形成两条通路。腹侧通路投射到颞叶区（布鲁德曼第 41 区），背侧通路投射到二级区。听觉系统向皮层输入是双侧的，以对侧为主。

三、基本的听觉现象

在人耳的声域范围内，声音的主观感受有音调、响度、音色等特征和掩蔽效应。音调、响度和音色可以用来描述任何声音，故称为声音“三要素”；在多种声源场合，掩蔽效应十分重要，它是心理声学的基础。

（一）音调

音调（pitch）又称音高，表示人对声音高低的主观感受。音调的高低主要取决于声波的频率，频率高则音调高，反之则低。主观感觉的音调单位是“美”，通常将 40 分贝、1 000 赫兹纯音的音调规定为 1 000 美。赫兹与“美”是表示音调的两个不同的单位。

不同声音的音调不同。音乐的音调一般在 50～1 000 赫兹之间。言语的音调一般在 300～5 000 赫兹之间。1 000～4 000 赫兹是人耳最敏感的区域。当频率为 1 000 赫兹、响度为 40 分贝时，音调的差别阈限是 0.3%。即，人耳能够分辨 1 000 赫兹和 1 003 赫兹的音调差别。

音调是一种心理量。它与频率的关系是非线性的。这一点从音调量表（见图 6—19）上看得很清楚。音调量表表现了音调与频率的关系。从图 6—19 可见，在 1 000 赫兹以上，频率与音调的关系几乎是线性的，音调上升慢于频率上升；在 1 000 赫兹以下，频率与音调的关系不是线性的，音调变化快于频率变化。

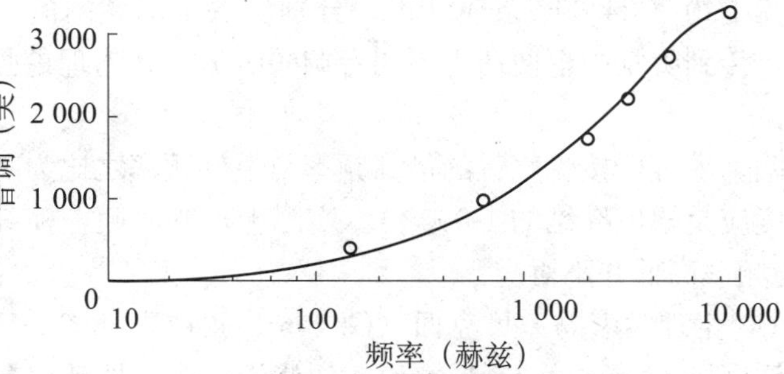

图 6—19 音调和频率的关系

音调的高低除受声音频率的影响以外，还与声音的强度、持续时间及波形有关。音调变化与两个频率相对变化的对数成正比。不管原来频率是多少，只要两个 40 分贝的纯音频率都增加 1 个倍频程（即 1 倍），人耳感受到的音调变化就相同。在音乐声学中，音调的连续变化称为滑音，1 个倍频程相当于乐音提高了一个八度音阶。

听觉系统如何分析声音的频率，从而产生不同的音调？主要有两种理论：频率说和位置说。

1. 频率说

卢瑟福（W. Rutherford）认为，内耳基底膜和镫骨按相同频率振动，振动频率与声音的原有频率对应，高频声音引起的振动快，低频声音引起的振动慢。声音频率由听神经细胞神经冲动发放的速率来编码。这就是频率说（frequency theory）。镫骨与基底膜的这种关系，类似于电话送话机和收话机的关系。所以，这种理论也叫电话理论。根据电话理论，假如人要听到频率为 1 000 赫兹的声音，听神经细胞必须每秒发放 1 000 个神经冲动。

近年来的研究表明，听觉系统的单个神经元的确可以编码声音频率。不同的神经元对不同的声音频率有最大的敏感性。一般说来，皮下神经核细胞对较宽的频率敏感，更高层次的细胞对较窄的频率敏感，人类听觉系统的二级区对言语声音的频率敏感。频率说的困难在于，研究表明，人耳的基底膜不能够作每秒 1 000 次以上的快速振动，即单个神经元的冲动发放频率不可能快于每秒 1 000 次。因此，这种理论与人耳能够接受 1 000 赫兹以上的声音的事实不符。

韦弗尔（E. G. Wever）对频率说进行了修正，提出神经齐射理论（neural volleying theory）。他认为，当声音低于 400 赫兹以下时，单个听觉神经元的神经冲动发放频率与声音频率对应。当声音频率升高时，单个神经纤维无法单独对它做出反应。此时，神经元之间就合作工作，联合“齐射”，这样就可以反映频率高的声音。韦弗尔认为，齐射原则适合于频率为 5 000 赫兹以下的声音。

2. 位置说

这种理论认为基底膜上的不同位置感受不同频率的声音。位置说（place theory）又分共鸣说和行波说。

共鸣说（resonance theory）是由赫尔姆霍兹提出来的。他认为，基底膜的横纤维长短不同，靠近耳蜗底部较窄，靠近蜗顶处较宽，就像竖琴的琴弦一样，能够对不同频率的声音产生共鸣：短纤维对高音发生共鸣，长纤维对低音发生共鸣，一条纤维只对一种声音频率发生共鸣。基底膜上约有 24 000 条横纤维，分别反映不同频率的声音。基底膜振动引起听觉细胞的兴奋，传到听觉中枢便产生不同音调的听觉。共鸣理论强调基底膜振动部位对音调听觉的作用。

共鸣说也有缺陷。人耳可接受声音的最高频率与最低频率之比为 1 000∶1，按说基底膜上的蜗顶纤维长度应是蜗底纤维的 1 000 倍。实际上，基底膜上横纤维的长短之比仅为 10∶1。纤维长短与频率高低并不对应。

20 世纪 40 年代，生理学家冯·贝克西（G. von Beksey，1899—1972）提出一种新的位置理论——行波说（traveling wave theory）。他认为，声波振动引起基底膜的振动，振动从耳蜗底部开始，逐渐向蜗顶推进，振动的幅度也随着逐渐升高。振动运行到基底膜某一部位时，振幅达到最大值，然后停止前进并消失。由于声波的频率不同，基底膜的最大振幅的所在部位也不同。声波的频率越低，最大振幅越接近蜗顶；声波的频率越高，最大振幅越接近蜗底，从而实现对不同声波频率的分析。贝克西做过一个著名的实验来证实他的理论。他在耳蜗管壁上钻一小孔，从小孔向基底膜撒一些铝粉。然后用玻璃将小孔盖上，观察在不同声音时基底膜的振动。结果发现，基底膜的不同部位反映不同频率的声音。当镫骨按高频运动时，基底膜底端振动得很厉害；声音频率降低，基底膜的最大振幅转向蜗顶。行波理论正确描述了 500 赫兹以上的声音引起的基底膜振动，但难以解释 500 赫兹以下的声音对基底膜的影响。当声音频率低于 500 赫兹时，它在基底膜的各个部位引起了相同的运动。

如何看待这些形态各异的理论？现在一般认为，听觉器官对声音频率的加工是频率说和位置说的结合。当频率低于 500 赫兹时，频率说是正确的；当频率高于 500 赫兹时，位置与频率都在发挥作用；当声音频率超过 5 000 赫兹时，位置是对频率编码的唯一基础。还有人认为，听觉信息在基底膜上依行波说来编码，在神经传导通路上依频率说来编码。

（二）响度

响度（loudness）又称音响或音量，是声音强弱的主观属性，主要取决于声波的振幅大小。振幅大，声音强度就大，听起来就响；反之，听起来响度就低。声音强度一般用声压（达因/平方厘米）或声强（瓦特/平方米）来计量，声压的单位为帕（Pa），它与基准声压比值的对数值称为声压级，单位是分贝（dB）。对响度的心理感受，一般用宋（Sone）来度量，1 000 赫兹、40 分贝的纯音响度为 1 宋。

响度是听觉的基础。正常人听觉的声压范围为 0～140 分贝。超出人耳的可听频率范围的声音，响度再大，人耳也听不见（响度为 0）。但在人耳可听频率的范围内，若声音弱到一定程度，同样听不到。人耳刚刚可以听到的声音强度称为“闻阈”。一般以1 000 赫兹纯音为标准进行测量。人耳刚能听到的声压为 0 分贝（通常大于 0.3 分贝即有感受）。而当声音增强到使人耳感到疼痛时，这个值称为“痛阈”。使人耳感到疼痛的声压约 140 分贝。它的物理强度约为闻阈的 100 万倍。表 6—6 是日常生活中熟悉的声音的声压。

闻阈和痛阈还受频率影响。在相同的声压水平上，不同频率的声音的响度不同。不同的声压水平也可以产生同样的响度。这一点从等响曲线（见图 6—20）上可以看出。

表 6—6　　几种熟悉的声音的声压

声　音	声压（分贝）	声强（瓦特/平方米）
15～18 岁青年人的闻阈（1 000 赫兹纯音）	0	10^{-12}
设计良好的消声室背景噪声	10	10^{-11}
幽静的疗养院或乡间别墅	20	10^{-10}
居民区卧室	30	10^{-9}
图书馆	40	10^{-8}
通常办公室	50	10^{-7}
客厅内正常交谈	60	10^{-6}
工厂办公室，教室内讲课	70	10^{-5}
小城市街道交通噪声	80	10^{-4}
大车间，高声叫喊	90	10^{-3}
织布车间，拖拉机噪声	100	10^{-2}
风铲，铆钉枪	110	10^{-1}
喷气发动机（250 米外）	120	1
喷气发动机（100 米外）	130	10
火箭发射，痛阈	140	10^{2}

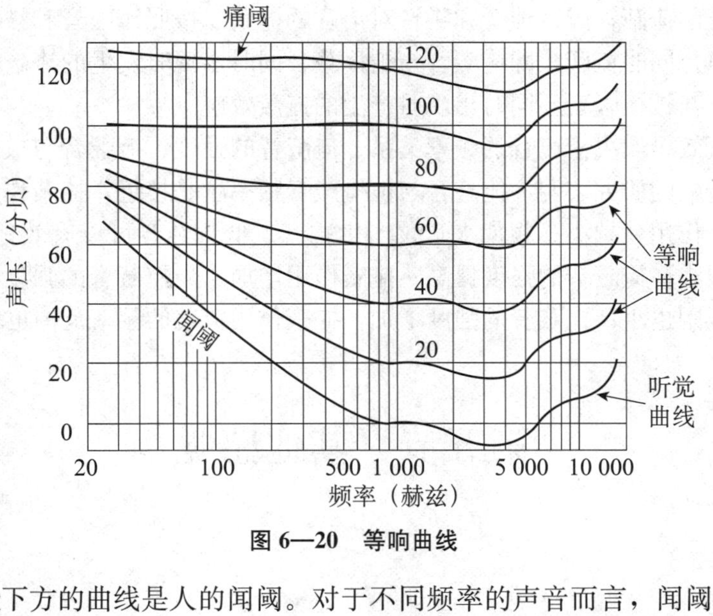

图 6—20　等响曲线

图 6—20 最下方的曲线是人的闻阈。对于不同频率的声音而言，闻阈不同，1 000 赫兹的声音是 0 分贝，30 赫兹的声音是 65 分贝。最上方的一条曲线是痛阈。闻阈和痛阈之间的区域就是人耳的听觉范围。通常，对 1 000 赫兹的纯音，0～20 分贝为宁静声，30～40 分贝为微弱声，50～70 分贝为正常声，80～100 分贝为响音声，110～130 分贝为极响

声。而对 1 000 赫兹以外的可听声，在同一级等响度曲线上有无数个等效的声压—频率值，例如，200 赫兹的 30 分贝的声音和 1 000 赫兹的 10 分贝的声音听起来有相同响度，这就是所谓的“等响”。痛阈受频率影响不大。人耳对 3 000～5 000 赫兹的声音最敏感，响度很小的声音都能被听到，而在低频区（如小于 800 赫兹）和高频区（如大于 5 000 赫兹），人耳对声音的灵敏度要低得多。响度小时，高、低频声音灵敏度降低明显。通常 200～3 000 赫兹语音声压级以 60～70 分贝为宜，频率范围宽的音乐声压以 80～90 分贝为佳。

(三) 音色

音色（timbre）又称音品，是由声音的波形决定的主观属性，是将基本频率和强度相同，但附加成分不同的声音区分开来的特殊品质。纯音是最简单的声波，它是单一的正弦波。不同频率和振幅的纯音混合出来的声音叫复合音。复合音的音调由基音决定，音色由陪音性质（即全部陪音的数目和相对强度）决定。声音的音色色彩纷呈，高保真音响的目标就是要尽可能准确地传输、还原、重建原始声场的一切特征，使人们能够真实地感受到诸如声源定位感、空间包围感、层次厚度感等各种临场听感的立体环绕声效果。另外，声音的物理特性还有音长。它由振动的持续时间决定。振动持续时间长，声音则长；反之则短。

(四) 掩蔽效应

一个声音由于同时起作用的其他声音的干扰而使听觉感受性下降，称为掩蔽效应。掩蔽效应有不同的种类。按照掩蔽音和被掩蔽音的性质可以分为：(1) 纯音对纯音的掩蔽；(2) 噪音对纯音的掩蔽；(3) 纯音和噪音对语音的掩蔽。按照掩蔽音和被掩蔽音出现的时间可以分为：(1) 同时掩蔽，即掩蔽音与被掩蔽音同时出现时发生的掩蔽效应；(2) 异时掩蔽，即掩蔽音与被掩蔽音不同时出现时产生的掩蔽效应。

声音的掩蔽效果取决于声音的频率关系、掩蔽音的强度、掩蔽音与被掩蔽音的时间间隔等。对纯音掩蔽的研究表明，掩蔽音与被掩蔽音频率越是接近，掩蔽作用就越大；频率相差越远，掩蔽作用就越小；频率太近，产生拍音。低频纯音可以有效地掩蔽高频纯音，反过来则作用很小。掩蔽音的强度提高，掩蔽作用增加。当掩蔽音的强度很小时，掩蔽作用覆盖的频率范围也小；掩蔽音的强度增加，掩蔽作用覆盖的频率范围也增加。

第五节 其他感觉

一、肤觉

(一) 肤觉概述

由机械的、温度的或化学的刺激作用于皮肤表面而引起的感觉，叫做肤觉（skin senses)。肤觉包括触压觉、冷觉、温觉和痛觉等不同的类别。肤觉在皮肤上呈点状分布，分别称为触点、冷点、温点和痛点。身体部位不同，各种点的分布及数目也不同。见表6—7。

表 6—7　肤觉感受器的分布及数目

身体部位	痛点	触点	冷点	温点
额	184	50	8	0.6
鼻尖	44	100	13	1.0
胸	196	29	9	0.3
前臂掌面	203	15	6	0.1
手背	188	14	7	0.5
拇指球	60	120	—	—

肤觉在人类的生活和工作中具有重要意义。皮肤是人类最大的感觉系统，皮肤的表面积约为 2 平方米。在肤觉中，触觉能够帮助人们认识物体的空间特性，区别物体的大小和形状，还能够认识事物的软硬、轻重、滑涩等特性。在视觉和听觉受损时，肤觉可以起到重要的补偿作用，如盲人用手指认字，聋人用振动觉“听”音乐等。肤觉对于维持有机体同环境的平衡也有重要作用。人丧失了痛觉，就不知道躲避危险；没有温觉和冷觉，就不能实现对体温的调节。肤觉在人的爱情生活和性生活中也有十分重要的作用。长期被父母忽视的儿童会产生“皮肤饥饿”，而充满柔情的抚摸可以增进情侣之间的亲密。

（二）肤觉的种类

1. 触压觉

触压觉（tactile and pressure sense）是由非均匀分布的压力在皮肤上引起的感觉。物体接触皮肤的表面，使皮肤产生轻微的变形，产生触觉；使皮肤产生明显的变形，产生压觉。另外，振动觉和痒觉也属于触压觉的范畴。但是，引起痒觉的刺激不仅有机械刺激，还有化学刺激，如被蚊子、蚂蚁叮咬或皮肤肿胀时，也会产生痒觉。触觉的感受器是分布于真皮内的几种神经末梢，如迈斯纳式触觉小体、毛囊神经末梢和环层小体等，投射区是大脑皮层中央后回。

皮肤的不同部位具有不同的触觉感受性。指尖、唇、鼻和舌尖部的触觉最敏感，手掌的触觉比手背敏感，背腹部和足底的感受性很低。在触觉的敏感部位，触点的密度大，触觉阈限小。触觉的感受性可以用两点阈（two-point threshold）来测量。人能够分辨皮肤上两个点的最小距离，称为两点辨别阈限，简称两点阈。皮肤的部位不同，两点阈也不同。触觉具有明显的性别差异。女性的前额、面颊、口唇、臂部、肩部、手指等部位的触觉均较男性敏感。触觉在诱发女性的性欲方面作用非常重要。在性激发方面，男性是“视觉动物”，女性是“触觉动物”。

2. 温度觉

温度觉（temperature sense）的适宜刺激是皮肤表面的温度变化。温度觉不仅取决于刺激本身的温度，更取决于刺激温度和皮肤温度之间的关系。皮肤表面的温度称为生理零度（physiological zero）。高于生理零度的温度刺激引起温觉，低于生理零度的温度刺激引起冷觉，刺激温度等于生理零度，不产生温度觉。

温度觉的感受器是罗弗尼氏小体和克劳斯氏球。两种感受器都能够感受较大范围的温度变化，但罗弗尼氏小体对温刺激更加敏感，克劳斯氏球对冷的刺激更加敏感。温度觉还受身体的不同部位和受刺激皮肤的面积大小影响。由于身体不同部位的生理零度不同，对温度的敏感度也不同。身体裸露部位的生理零度为28℃，前额为35℃，衣服内为37℃。所以在洗澡时，用手试水温，觉得不凉，等身体入水以后，就觉得凉。如果将左手的一个手指放入40℃水中，而将整个右手放入37℃水中，会觉得右手更热些。过高的温度，会使皮肤产生烫的感觉；过冷的温度，会产生冻的感觉，这些都是温度觉和痛觉的复合感觉。

3. 痛觉

痛觉（sense of pain）不是由单一刺激引起的。皮肤受到较强的机械力、过冷、过热或各种物理化学因素的刺激时都能够引起痛觉。痛觉经验虽然不讨人喜欢，却有着十分重要的生物学意义。痛觉是一种警示信号，它告诉人们身体的某些部位正在受到伤害，必须给予足够的重视和适当的处理。痛觉的感受也是点状分布的。

与其他感觉不同，痛觉的感受并不局限于某一特殊的感官。它在皮肤表面甚至关节、肌肉等部位都可以发生。皮肤中有多种形态的自由神经末梢，它们是痛觉的感受器。对痛觉的产生，有人用闸门论（gate-control theory）来解释。这种理论假定，在脊髓和大脑的连接处，有一个类似闸门的特殊结构，其作用是选择性地控制通往大脑的信息。闸门可以随时关闭。感受疼痛的神经元有两种：一种神经元的纤维长而大，负责感受并传导短暂、尖锐而又有固定部位的痛（如刀伤、刺伤）；另一种神经元的纤维短而小，负责感受并传导持久、缓钝而又没有固定部位的痛（如酸痛）。第一种神经元传导的神经冲动到达脊髓时，可能引起闸门关闭，以阻止其立即进入大脑。这种理论认为，痛觉的产生在大脑，而不是在皮肤。受伤时在伤患处置冰袋或实施热敷，或者揉搓伤处的周围，都会减轻痛觉，其原因可能就是这些刺激引起了痛觉闸门的关闭。目前，心理学家对针灸止痛效果也采用闸门论的解释，认为扎针时对皮肤施压，加之细针扎入穴道后的旋转动作，影响神经冲动的传导，使脊髓与大脑之间的闸门关闭，从而产生镇痛的效果。

痛觉比较模糊，经常不能够精确地定位。例如，人很难用语言向医生描绘他的头痛。痛觉的另一个显著特征是受许多心理因素影响。

[专栏6—2]　影响痛觉的因素

人的痛觉或痛反应具有较大的个别差异。有的人痛感受性低，有的人痛感受性高。同样强度的痛觉刺激，有的人的痛反应小，有的人的痛反应大。这种个别差异与产生痛觉的心理因素有很大关系。痛觉也具有民族、性别、年龄差异。研究发现，爱尔兰人比犹太人和意大利人更能够忍受疼痛，而且不轻易在公众面前表露痛苦。从总体上看，女性的耐痛力也比男性低。

影响痛觉的心理因素主要是注意力、态度、意志、个人经验、情绪等。实验证明，注意力集中在疼痛上，会使痛阈下降，使痛感受性提高。人对疼痛的态度，以及对产生痛的情境的认识都会对痛觉发生重要影响。坚强的意志会使疼痛反应减弱。儿童早期痛的经验，对以后痛体验有深刻的影响，父母对儿童平常的轻微挫伤表现出过度的关心，可能使儿童长大以后对疼痛过于敏感和惧怕。积极、乐观的情绪，可以抑制创伤引起的疼痛或者削弱这种疼痛的强度。消极、紧张和焦虑的情绪，可以增加疼痛的强度。暗示也能够影响人的痛觉感受性。最明显的例子是“安慰剂效应”（placebo effect）。在医生给病人开药时，所开的药物并非药物，而是看似药物的替代品（如维生素片）。病人在服用以后，可以使疼痛消除或者减轻。安慰剂为什么会产生镇痛效应？心理学家的解释是：由于病人的主观企盼，身体的内分泌发生了变化，在体内产生了一种类似于鸦片剂的分泌物，因而抑制了痛觉神经冲动的传导。

二、嗅觉

嗅觉是辨别气味的感觉。它由有气味的物质作用于嗅觉感受器引起。有气味的物质通过空气扩散，所以嗅觉也是一种远距离感觉。由于人类有发达的视觉和听觉，所以人类的嗅觉和其他动物比，灵敏程度低，嗅觉在人类的适应中也远没有在其他动物那里重要。在其他哺乳类动物中，气味往往是食物、异性、天敌和领地的信号或标志。鱼类的嗅觉最为发达，嗅皮层几乎占满了整个脑半球；狗的嗅觉也极其灵敏，嗅皮层占脑半球的 1/3。人脑中嗅皮层只占 1/12。但嗅觉在人类的生活和工作中仍然有重要作用。例如，食物的香味可以刺激人的食欲，妇女使用的香水也具有刺激男性性感觉的作用。房间里放一种芳香物质，可以使人精神振奋，减轻疲劳；警察利用气味帮助破案。在化学实验中，嗅觉在识别物质方面也有重要的作用。

嗅觉的感受器是位于鼻腔上部的嗅黏膜中的嗅细胞。嗅黏膜的面积约为 5 平方厘米。嗅细胞是双极神经元，呈杆状，一端伸出几根嗅纤毛伸向嗅黏膜表面的黏液中，另一端变细，为嗅细胞的中枢突。由嗅细胞中枢突合并而组成的 20 多条嗅丝穿过筛骨板的小孔进入颅腔，终止于嗅球。

嗅觉的一个特点是气味很难命名和分类。迄今为止，人们主要用发出气味的物质名称为气味命名，如大蒜味、麝香味、汽油味等。王娟、沈树华和张积家研究发现，在语义水平上，大学生根据发出气味的物体的功能（与食物有关/与食物无关）和语义性质（人造物/自然物）对气味词分类；在表象水平上，大学生根据气味的感觉情调（气味的愉悦度）和强度（浓度）对气味词分类。气味词具有粗略的语义特征，而原型在气味词的概念组织中具有重要的作用。嗅觉的另一特点是具有极大的适应性。嗅觉的感受性随着刺激时间的久暂会发生很大的变化。某种气味刚出现时，即使刺激很微弱，也能够闻到；过了一段时间以后，嗅觉就会因为适应而变迟钝。“入芝兰之室，久而不闻其香……入鲍鱼之肆，久而不闻其臭”，说的就是嗅觉的适应。但是，恶臭难以适应。另外，嗅觉的感受性还受温度、湿度和机体状况影响。温度太高、太低，湿度太小，人患有鼻炎、感冒等，都会影响嗅觉的感受性。

当两种嗅觉刺激同时呈现时，可能产生的嗅觉有如下几种：（1）两种气味混合产生一种新的气味；（2）两种气味同时存在，先是一种，然后是另一种；（3）两种气味交替出现；（4）能够同时经验到两种气味；（5）一种气味掩蔽了另一种气味；（6）一种气味抵消了另一种气味。

三、味觉

味觉是溶于水的化学物质作用于味觉分析器而产生的感觉。如果用吸水纸将舌面擦干，将糖或盐撒在舌面上，开始时没有味觉，当唾液将糖或盐溶化以后，才产生味觉。

味觉的感受器是分布在舌面各种乳突内的各种味蕾。舌头上约有50万个味细胞，每40～60个味细胞组成一个像花蕊一样的味蕾。每个味蕾由味细胞和它外面的支持细胞组成。味蕾通过味孔和舌面相通。味觉可以分为甜、酸、苦、咸四类。舌的不同部位对各种味觉刺激的感受性不同。用蔗糖、稀盐酸、奎宁和食糖溶液，对舌上的不同部位测试得知，舌尖对甜味敏感，舌根对苦味敏感，舌边对酸味敏感，而舌尖、舌中乃至整个舌部都对咸味较敏感。脊椎动物没有单独的味神经，味觉在皮层上也没有精确的定位。

温度影响味觉的感受性。当温度从17℃逐步上升时，对甜味的感觉阈限逐渐下降，温度超过36～37℃，感觉阈限又开始回升。在37℃时，对甜味最容易觉察。对苦味的感觉阈限在17℃最低，以后随温度升高迅速提高。味觉的适应和对比也很明显。有经验的厨师在做菜时，后面做的菜在品尝时要淡一些，不然就会越来越咸。品尝食品、水果、酒类的人在一次品尝后要漱口，要过一段时间再品尝另一次，不然会因味觉适应而产生误判。人们吃过糖以后再吃苹果，会觉得苹果酸，是味觉的对比作用。研究味觉的对比对于改进烹调技术具有重要意义。

四、内部感觉

内部感觉主要反映机体内部的状态和变化，包括动觉、平衡觉和内脏感觉。

（一）动觉

动觉（motion sense）又称运动感觉，是因身体活动而产生的。动觉反映身体各部分的位置、运动以及肌肉的紧张程度。动觉的感受器是存在于肌肉、肌腱、韧带和关节中的肌梭、腱梭和关节小体。在身体活动时，肌肉和肌腱的扩张和收缩以及关节之间的压迫，产生刺激，引起动觉感受器兴奋，产生神经冲动，传入大脑皮层，产生动觉。

在人对客观世界的认识中，动觉具有重要意义。动觉与触觉结合，产生触摸觉，使人认识事物的形状、大小、弹性、软硬、滑涩、轻重等属性。研究表明，将被试眼睛蒙上，将各种形状的木块放在手掌上，被试不能判断其形状和大小；用手触摸，就可以报告其形状和大小。被动触觉不如主动触摸。动觉还是随意运动的基础。人在活动时，由动觉产生的反馈信号对行为的调节和控制具有重要作用。没有动觉，人就不能正常走路，动觉受损的病人走路时眼睛必须盯着脚尖。动觉还与人的言语活动有密切关系。动觉是言语活动的感性基础。

（二）平衡觉

平衡觉（sense of equilibrium）又叫静觉。它是由人体作加速度或减速度或旋转运动时产生的感觉。平衡觉的感受器是位于内耳的前庭器官。其中，半规管是反映身体旋转运动的器官。半规管内充满液体，液体内浮有丛生的毛状细胞。当人体作加速或减速的旋转运动时，管内的液体也随之摇动，刺激毛细胞产生兴奋，产生神经冲动，传入小脑，小脑是中枢神经系统中控制身体平衡的器官。前庭内也充满了液体，前庭内具有纤毛的感觉细胞上，有一种极小的晶体，叫耳石。当人体作直线的加速或减速运动时，耳石便改变与感觉细胞纤毛的位置，因而引起了兴奋，兴奋也传入小脑。

平衡觉的一个重要特点是与视觉、内脏觉关系十分密切。当前庭器官兴奋时，视野中的景物也会发生晃动，人的消化系统也会出现恶心、呕吐等现象；反之，如果视野中的景物发生急剧的变化，也会引起前庭器官的兴奋，看电影时常会有这样的体验。人的晕车、晕船等现象，就是由于前庭器官受刺激引起的。

平衡觉对汽车、轮船、飞机驾驶员和体育运动员意义非常重要。不同的人的平衡觉有明显的个体差异。平衡觉的稳定性可以经过训练而得到改进。

（三）内脏感觉

内脏感觉也叫机体觉。它是由内脏活动作用于脏壁上的感受器而产生的。主要包括饥渴、饱胀、惬意、恶心、疲乏、疼痛等感觉。

内脏感觉的一个重要特点是性质极不确定，也缺乏准确的定位，分辨力差，所以又称为"黑暗感觉"。当人的内部器官工作正常时，各种感觉便汇合成为人的一般感觉。在通常的情况下，内部感觉信号被外部感觉信号掩蔽了。只有在内脏感觉十分强烈时（如生病时），它们才可能成为鲜明的、占优势的感觉，才能够为人所意识到。

基本概念

感觉；感觉剥夺；分析器；刺激物；刺激；外部感觉；内部感觉；感觉编码；适宜刺激；感受性；感觉阈限；绝对感觉阈限；绝对感受性；差别感觉阈限；差别感受性；感觉适应；联觉；视觉刺激；色散；感受野；侧抑制；功能柱；特征觉察器；色调；明度；视亮度；浦肯野现象；补色；颜色锥体；颜色混合；色盲；色弱；视觉对比；马赫带；视敏度；最小可见视敏度；游标视敏度；最小间隔视敏度；明适应；暗适应；视觉后像；闪光融合频率；视觉掩蔽；听觉刺激；乐音；噪音；音调；响度；音色；闻阈；痛阈；声音掩蔽；肤觉；触压觉；两点阈；痛觉；温度觉；生理零度；运动觉；平衡觉；内部感觉

基本原理

感觉的作用；感觉过程；感觉分类；特殊神经能量说；韦伯定律；费希纳定律；史蒂文斯定律；视觉的折光机制；视觉的感光机制；视觉的传导机制；视觉的中枢机制；视觉加工的模块化；三色说；四色说；现代对立色理论；听觉的生理机制；频率说；位置说；痛觉及其特点；嗅觉及其特点；味觉及其特点；内部感觉及其特点

思考题

1. 什么是感觉？感觉有什么作用？
2. 感觉的产生经历了哪些过程？
3. 简要评述缪勒的特殊神经能量说。
4. 试分析感觉阈限和感受性的关系。
5. 什么是韦伯定律？它的适用范围怎样？
6. 在心理学中，有哪些定律表明心理量和物理量的关系？
7. 视觉系统如何编码由外界输入的信息？
8. 人的颜色视觉是如何产生的？
9. 试说明明适应和暗适应的特点和机制。
10. 什么是视敏度？影响视敏度的因素有哪些？
11. 试说明声音的物理属性与听觉特性的关系。
12. 肤觉有哪些种类？
13. 影响味觉感受性的因素有哪些？

第七章

知　觉

本章要点

1. 知觉的概念和性质
2. 知觉加工
3. 知觉的基本特性
4. 空间知觉
5. 时间知觉
6. 运动知觉
7. 错觉

第一节　知觉的一般概念

一、什么是知觉

人通过感觉了解外部世界和自身的信息。这些信息经过人脑的加工以后，产生对事物的整体的认识，就是知觉（perception）。知觉是人在感觉基础上形成的对事物的整体的认识，是对感觉信息的综合与解释。

同感觉一样，知觉是对直接作用于感官的客观事物的反映，属于对事物的感性认识。但知觉不是对事物的个别属性的反映，而是对事物的整体的反映，是对事物的结构和关系的反映。知觉使人对事物有一个完整映像，知道它的意义。感觉是知觉的基础，知觉需要各种感觉的联合活动。然而，知觉不是感觉的简单相加，而是感觉的综合和深入。例如，正方形的成分是四条直线，但把四条直线的感觉加在一起并不是正方形的知觉。对苹果的知觉也不等于苹果的形状、颜色、气味、味道的简单相加。知觉按照一定的方式来整合感觉信息，使之形成一定的结构，具有一定的意义。知觉比感觉相加要复杂得多。有这样一个故事：在苏格兰的一个交通事故多发地段，一年内连续发生了 14 起严重的交通事故，起因只有一个：司机在该路段的拐弯处没有减速，导致车辆与护栏相撞。心理学家深入研究了这一问题，发现只要在护栏上画上白色标志（见图 7—1），问题就解决了。因为经过路段的司机在看到护栏上的标志时，会觉得车子在不断加速，就会将车速减缓下来。在这一事件中，存在感觉现象：司机通过眼睛对护栏上的标志进行感觉，并通过神经系统将信息传入大脑进行分析。但是，真正解决问题要靠知觉。

图 7—1　道路拐角处护栏标志

知觉还依赖于人的已有经验。知觉包含觉察、分辨、识别和确认。觉察是发现事物的存在，但不知道它是什么；分辨是把一事物和另一事物的属性区别开来。识别与确认是人们利用经验和当前信息，确定知觉对象是什么，给它命名，并将它纳入一定范畴。觉察、分辨、识别和确认与人的知识经验密切相关。有经验的人觉察、分辨、识别和确认的速度快，正确率高。因此，知觉不是被动接受外界刺激的过程，而是通过对刺激分析，并结合知识经验对信息整合，最终形成对事物整体的认识。例如，在图 7—2 中，如果你只是被动地觉知它，只能够看到一些线条的组合；通过知觉的主动整合和过去经验的指导，你会将它知觉为两个勾着手的人。

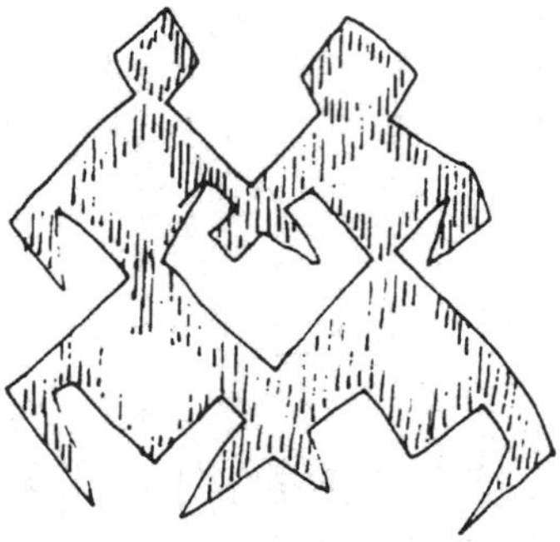

图 7—2　知觉的综合和解释作用

二、知觉加工

在知觉中，人脑对信息进行不同形式和不同种类的加工。

（一）自动加工和控制加工

在知觉环境良好、事物特征清晰时，知觉是一个自动化的过程。人只意识到知觉内容，意识不到知觉过程。这种加工叫自动加工（automatic processing）。当知觉环境较差、事物特征模糊时，知觉过程需要注意和思维参与。人需要在有限感觉信息的基础上提取假设，再考验假设。这种加工叫控制加工（controlled processing）。

（二）自下而上的加工和自上而下的加工

知觉依赖于直接作用于感官的刺激物的特性。例如，颜色知觉依赖于光的波长，音调知觉依赖于声波的频率，运动知觉依赖于物体的位移，等等。当人脑对事物的特性进行分析时，沿着由具体到抽象的方向进行。这种由刺激物的具体特性开始进行到越来越抽象的水平的加工叫自下而上的加工（bottom-up processing），又称为数据驱动加工（data-driven processing)。

知觉还依赖于知觉者的因素，如知识经验、需要、兴趣和爱好、对活动的准备状态和期待等。人脑不仅加工来自外部和内部的信息，还加工在头脑中储存的信息。这种加工叫自上而下的加工（top-down processing）或概念驱动加工（concept-driven processing）。例如，人的需要和动机对知觉有重要的制约作用。马克思说：“忧心忡忡的穷人甚至对最美丽的景色都没有什么感觉；贩卖矿物的商人只看到矿物的商业价值，而看不到矿物的美和特性……”① 鲁迅也说过：“灾区的饥民，大约总不去种兰花，像阔人大老爷那样，贾府的焦大，也不会爱林妹妹的。”② 价值观也影响知觉。有研究者以不同贫富程度家庭出身的儿童为被试，让他们在同样条件下估计各种硬币和与硬币同样大小的纸片的大小，发现儿童对硬币大小的估计比同样大小的纸片大，贫困儿童组的夸大倾向远超过富裕儿童组。人格对知觉也有重要影响。例如，在镶嵌图形测验中，让被试在复杂图形中指出简单图形，有人很难从视野中分离出简单图形，有人很容易分离出来。很难分离出简单图形的人称为场依存型，容易分离出简单图形的人称为场独立型，前者在知觉中容易受环境因素影响，后者不容易受环境因素影响（见图 7—3）。

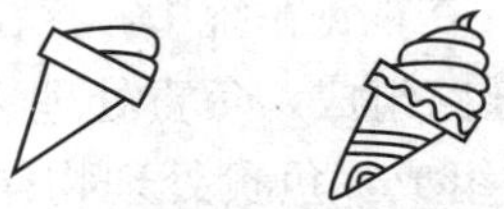

图 7—3 镶嵌图形示例

一般说来，在知觉中，非感觉信息越少，就越需要感觉信息，因而自下而上的加工占优势；非感觉信息越多，所需要的感觉信息就越少，因而自上而下的加工占优势。

（三）系列加工和平行加工

在知觉中，既存在系列加工，也存在平行加工。系列加工（serial processing）是指人脑依次加工事物的属性，最后在头脑中形成事物的整体形象。例如，眼动研究表明，人在观察照片时，注视次序不是紊乱的，而是有一系列的循环，在每次循环中，眼睛巡视图画的一些主要特征，从一个特征到另一个特征做有规则的移动，如先注视头像的眼睛，再注视嘴，等等。平行加工（parallel processing）是指人脑同时对事物的多方面的感觉信息进行加工，同时注意到事物的各个部分、各个方面。例如，人们看到某种颜色的光时，不仅加工色调，也加工明度和饱和度；在听到某种声音时，不仅加工音调，也加工响度和音色。在知觉复杂事物时，平行加工意味着不同感觉的协同活动。

三、知觉的生理基础

知觉的生理基础是条件反射，是客观事物作用于感受器时在大脑皮层上形成的暂时神经联系。由于引起知觉的刺激是复合刺激物，分析器的皮层部分便对复合刺激进行复杂的分析与综合，将事物的特征整合成完整的形象。在知觉中，有两种不同类型的暂时神经联

① 《马克思恩格斯全集》，中文1版，第42卷，126页。

② 《鲁迅全集》，第4卷，204页，北京，人民文学出版社，1981。

系：(1) 在同一分析器内建立的暂时神经联系，如言语视觉和言语听觉。人所看到的不是单个的笔画或字母，而是方块字或英文词；听到的不是孤立的词，而是有意义的句子。(2) 在不同分析器之间建立的暂时神经联系，如对苹果的知觉是在视、听、嗅、味、触等分析器之间建立起联系。

20 世纪 50 年代以来，人们对神经系统的分析、综合功能有了进一步了解。分析与综合发生在神经系统的不同水平上。在微观水平上，存在各种特征觉察器，它们分别对客观事物的属性或特征做出反应，即把刺激分解为部分。在进行特征觉察的同时，神经系统也在不同水平和不同层次上实现对刺激的整合，实现"特征捆绑"。例如，在视觉系统中，存在着简单细胞、复杂细胞和超复杂细胞，由于细胞的整合水平提高，对刺激特征的分析也变得更概括。在宏观水平上，大脑的不同区域执行不同的分析和综合功能。皮层一级区负责对外部信息进行初步的分析与综合。这些区域受损，会引起某种感觉的丧失；皮层二级区负责更高层次的整合，受损后不会引起感觉丧失，而是失去对刺激的辨认能力；皮层三级区负责整合各种感觉，受损后将引起复杂的同时性综合能力的破坏。额叶对知觉也有重要作用。额叶损伤的人将失去主动知觉的意图，不能对知觉客体作出合理的假设。

知觉系统也具有模块性。例如，在视觉系统中，存在两个功能不同的子系统：(1) what (是什么) 系统，由枕叶到颞叶的通路组成，负责处理物体是什么的信息；(2) where (在哪里) 系统，由枕叶到顶叶的通路组成，负责处理物体在哪里的信息。对猴子实验表明，枕—颞通路受损的猴子辨认物体的能力受损，辨认位置的能力正常；枕—顶通路受损的猴子，辨认物体的能力正常，辨认位置的能力受损。生理学和解剖学研究还表明，在灵长类动物的视觉系统中，在视觉刺激经由视网膜向视皮层传导过程中，存在两条平行的视觉通路：P 细胞通路 (parvocellular pathway) 和 M 细胞通路 (magnocellular pathway)。这两条通路分别独立地处理颜色信息和运动信息，P 细胞只负责对颜色信息加工，不加工运动信息；M 细胞负责对运动信息加工，无颜色辨别能力。这两条通路分别被称为颜色通路和运动通路。

四、知觉的加工机制

人怎样在感觉信息的基础上产生对事物整体的认识？

(一) 建构主义的观点

建构主义者认为，知觉是在感觉信息基础上建构出来的。人所知觉的不是事物或事件的全部，而是一些感觉信息的"碎片"，人整合这些"碎片"，形成与真实事物或事件接近的知觉。这一过程类似于生物考古学家的工作。生物考古学家首先收集碎片，然后进行分析、组合，建构古生物的骨架，再现古生物的原貌。正是由于建构的作用，人可以将不连续的线段知觉成某一图形。例如，在图 7—4 中，三种图形均由一些不连续的线段构成。人在知觉这些线段时，并非将它们看成是相互独立的，而是从整体上知觉图形，所知觉到的是三角形、椭圆形和小孩的侧脸。

建构主义者认为，知觉是在感觉信息和已有经验基础上构建认知理解的过程。在知觉期间，人在感觉信息、已有知识和推论基础上迅速形成和考验不同假设，对感觉刺激作出

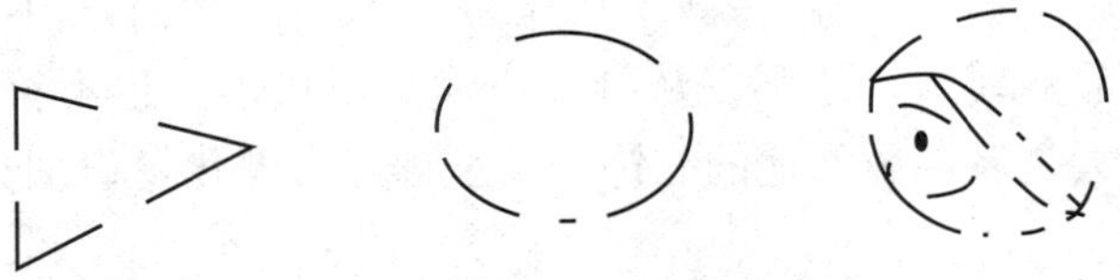

图 7—4　不连续线段所形成的图形

合理解释。因此，这种理论也叫做“知觉的假设考验说”（hypothesis test theory of perception）。由于这种理论强调思维在知觉形成中的作用，所以也叫做知觉的智力理论。例如，在图 7—4 中，人知觉这些零散、不连续线段的过程并不是随意进行的，而是受已有知识经验的影响。经验使人在知觉中更容易将信息碎片建构成图形。在目标刺激所发出的信息非常微弱时，经验的作用就更加明显。

（二）直接知觉理论

吉布森（J. J. Gibson，1904—1979）认为，客观世界为知觉提供了充分的环境信息，根本不需要在过去经验基础上去形成假设并进行考验。在知觉时，人只需要考虑刺激自身，不需要考虑高级的智力过程。例如，距离就是人直接感知的。距离不是抽象的空间，而是有一定的物理光线分布，这种光线分布被称为“环境光”。环境光的光流分布或结构变化提供了距离或深度的信息，吉布森将这种信息称作“结构密度级差”。由于这种理论主要与发生在日常生活中的知觉有关，因此也被叫做“知觉的生态理论”（ecological theory of perception）。

建构主义理论和直接知觉理论虽然相互对立，但如果将它们看成是互补的，会加深对知觉的理解。在现实生活中，感觉信息比建构主义理论建议的要丰富，却比直接知觉理论主张的要简单和模糊。正如有研究者所指出的，建构理论强调的是在非良好条件下的知觉，直接知觉理论强调的是在良好条件下的知觉。

（三）知觉计算的观点

认知心理学家认为，人在知觉时，神经系统经过复杂的计算过程将感觉信息转化为对世界的真实知觉。这些感觉信息包括边、角、轮廓、表面质地等物理属性，计算就是将这些信息迅速组合形成对物体的认知和经验。计算的观点源于神经生理学研究，同时也将计算机的计算模型与人脑类比。认知心理学根据计算机和人工智能的原理，提出四个模型识别理论来解释人对信息的识别和理解。

1. 模板说

模板说（template theory）认为人的记忆系统中有各种各样的能够识别外界刺激的模板（template）。如果输入刺激与模板匹配，信息就被破译和接受。模板由按照一定结构组成的觉察细胞群组成。例如，人能够破译出投射到视网膜上的字母 A，是因为人有理解字母 A 的觉察细胞。模板说不仅在计算机视觉中得到了证实，也得到一些实验结果的支持。模板匹配既是人的多种识别方式中的一种，也是识别过程中的一个环节。但是，仅用这种机械的、一一对应的模板匹配来解释人类灵活的知觉过程显然不够。例如，只有当外物与内部模板完全匹配时才可以识别，在物体与模板有微小的不一致时就不会被识别，显然不符合人的识别特点。解决这一困难，就要增加模板的数量。然而，由于事物变化多样，人需要在头脑中储存无数的模板，这不仅从神经方面看不可能，也不符合人的识别的实际。事实上，当认识一个人之后，虽然他的衣饰、发型等经常变化，识别却并不困难。

2. 原型说

为了解释当刺激变化时人仍然能够识别的现象，一些心理学家提出原型说（prototype theory）。原型（prototype）与模板不同，它不是刺激的内部拷贝，而是表示某个或某类刺激基本成分的抽象物。例如，“杯子”的原型就是有一定高度和容积的圆柱体，“人”的原型就是能够直立行走的灵长类动物。原型是从某类客体中抽取出来的、代表类别中所有客体的集中趋势的内部表征。当原型涉及某个特殊客体（如某个人）时，它主要由这个客体的重要特征（如大个子、高鼻梁）构成。

原型说认为，人更多地采用记忆系统中的原型来识别外界信息。外界信息和记忆中的原型只要有相似之处，就能够被识别。原型理论得到了一些实验结果支持。

3. 特征分析说

特征分析说（feature analysis theory）认为知觉是特征分析的过程。特征（feature）是构成任何物体的基本单元。对两维图形而言，特征就是边、角和曲线。林德赛（P. H. Lindsay）和诺曼（D. A. Norman，1935—　）将构成英文字母的特征分为7种，它们是垂直线、水平线、斜线、直角、锐角、连续曲线和不连续曲线。例如，一个大写的英文字母A可以分解为两条斜线、一条水平线和三个锐角。这种特征也可以看成是局部的微型模板。塞尔弗里奇（O. G. Selfridge，1926—2008）提出“鬼域”模型，形象地描述了视觉识别中的特征分析过程。他认为，视觉辨认模型是由一群有不同功能的影像鬼、特征鬼、认知鬼和决策鬼组成的。影像鬼登记进入眼睛的视觉信息，形成视觉表象；特征鬼辨认图形的某一方面，有的辨认线，有的辨认角；认知鬼在影像鬼和特征鬼活动基础上进行原型匹配；最后，由决策鬼进行裁决和判断。这一模型有一定的生理学证据。例如，皮质中的简单细胞、复杂细胞、超复杂细胞对传入影像进行不同水平的加工。这些神经生理过程和“鬼域”模型有相似之处。比较而言，特征分析模型更富有灵活性，也更接近于人类信息加工的特点。

4. 经成分识别的理论

经成分识别的理论（recognition-by-components theory）是一种说明三维物体识别的理论。比德曼（I. Biederman）提出，物体可以根据它的三维特征来描写，如圆柱体、楔状物、块状物、拱状物和锥体等。这样一些体积以不同方式结合、再结合。世界上所有物体都可以用大约35种不同的体积来定义，这些体积被称为“几何离子”（geometric irons），简写为geon。如果忽视细节并使物体变平滑，任何物体都可以被描写为一系列几何离子的特殊组织。因此，这一理论与特征分析说类似，本质上都强调自下而上、由部分到整体的加工。它比特征分析理论高明之处，在于它更重视整体性。比德曼认为，成分之间的关系在知觉中至关重要：杯子和小桶由相同的两个成分（圆柱体和拱状物）构成，区别在于两个成分之间的不同关系，拱状物在杯子那里是手柄，在小桶那里却成了提手。知觉是由组成模式的成分之间的结构关系决定的，所以，这一理论又被称为“结构—描写理论”（structure-description theory）。

在一项研究中，比德曼给被试呈现不同的物体图形，物体轮廓线的某些部分被去掉了：一些物体轮廓线的中间线段被去掉了，另一些物体轮廓线的交叉处被去掉了。快速地给被试呈现图形，要求命名这些物体。结果表明，中间线段被去掉的物体图形，正确识别率为 70%，交叉线段被去掉的物体图形，正确识别率为 50%。可见，交叉处的线段对于物体识别是重要的。

（四）交互作用理论

麦克里兰德和鲁梅哈特强调知觉中感觉因素与非感觉因素的交互作用。请看图 7—5（a)。大多数人都会念成“THE CAT”，尽管在看起来像词的图形中，中间的图形既不是“H”，也不是“A”。对每个“词”中间字母的知觉，既由它的前后字母决定（自下而上的数据驱动)，也由所熟知的英语单词决定（自上而下的概念驱动)。自下而上和自上而下的加工共同决定了知觉在图 7—5（b）中得到了说明。

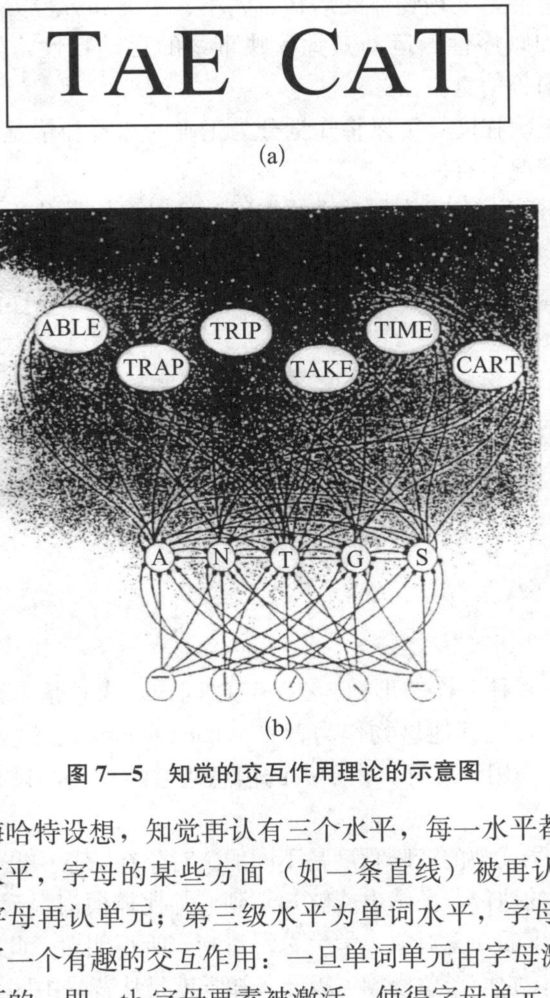

图 7—5　知觉的交互作用理论的示意图

麦克里兰德和鲁梅哈特设想，知觉再认有三个水平，每一水平都由假想的神经元素构成。初级水平为特征水平，字母的某些方面（如一条直线）被再认；次级水平为字母水平，特征数据激活了字母再认单元；第三级水平为单词水平，字母单元激活了单词诸要素。这个理论还提出了一个有趣的交互作用：一旦单词单元由字母激活，它又反过来激活字母。这种反馈是循环的。即，th 字母要素被激活，使得字母单元 t 和 h 被激活，这反过来又激活单词单元 THE。接受激活最多的单元，就报告为知觉。这意味着尽管图 7—5（a）中既没有“THE”也没有“CAT”，但我们还是把其信息知觉为“THE CAT”。

五、知觉的分类

知觉可以按照不同的标准进行分类。

根据知觉对象，可以将知觉分为社会知觉和物体知觉。社会知觉是对人的知觉，包括自我知觉、对他人的知觉和人际关系知觉。除社会知觉外，人对其他事物的知觉都可以称为物体知觉。

根据在知觉时起主导作用的感官，可以将知觉分为视知觉、听知觉、嗅知觉、味知觉等。在这些知觉中，除了起主导作用的感官以外，还有其他感官参与。例如，在视知觉中，就有运动觉和触摸觉的参与。

根据人脑所认识事物的特征，可以将知觉分为空间知觉、时间知觉和运动知觉。空间知觉反映事物的空间特性，处理物体的形状、大小、距离和方位方面的信息。时间知觉反映客观事物的延续性和顺序性。运动知觉反映事物的运动特性，处理物体在空间上的位移、运动的速度和方向等信息。

根据知觉反映的正确程度，可以将知觉分为正确的知觉和错觉。人在出现错觉时，知觉与客观事物的实际情况不符。

根据在知觉产生时有无客观的刺激物的作用，可以将知觉分为真实的知觉和幻觉。幻觉是在缺乏客观刺激物的作用之下产生的，是虚幻的知觉，并且与真实的知觉体验有相同特征。幻觉是精神病患者最常见的症状之一。正常人有时也可以体验到幻觉，特别是在疲劳、疾病或惊恐的情况下。

第二节　知觉的基本特性

一、知觉的选择性

在人们周围，存在多种多样的事物。在一定时间内，人总是有选择地把少数的事物作为知觉的对象（object），把其他事物作为背景（background）。这就是知觉的选择性。每时每刻都有大量的信息作用于感官，由于人的信息通道的局限，只有少数的事物能够成为知觉的对象。

人对知觉对象和背景反映的清晰程度是不同的。对象在背景中凸显出来，对它的知觉更加清晰；背景处在陪衬的地位，虽然也能够知觉到，却比较模糊。例如，在课堂上，教师讲课的声音和板书成为学生的知觉对象，学生看得清楚，听得明白，此时，教室内外的其他景物与声音，就成为背景，它们形象模糊。因此，知觉就是从背景中区分出对象的过程。

对象从背景中分离出来，与选择性注意有关。当注意指向某一事物时，该事物就成为知觉的对象，其他的事物就成为背景。当注意从一个事物转移到另一个事物上时，原来的知觉对象就成为背景，原来的背景就成为知觉对象。所以，对象和背景可以互换。对象与背景相互转换的现象可以用两歧图形（见图7—6）来说明。

图 7—6　对象和背景可以相互转换的图形

影响知觉选择性的因素有客观和主观两个方面。客观的因素有：(1) 差别律。对象与背景的差别越大，对比越是明显，对象就越容易从背景中区分出来。例如，“万绿丛中一点红”，红就会很容易地被区分出来。(2) 变化律。对象运动或者变化，也容易从背景中区分出来。例如，夜空中的流星、城市中闪烁变化的霓虹灯，就容易引起人的知觉。(3) 新异律。新奇的事物容易成为知觉的对象。婴儿容易对重复出现的刺激习惯化，此时，如果出现新的、不同的刺激，就容易被知觉。清人赵翼在《论诗》中说：“李杜诗篇万口传，至今已觉不新鲜。江山代有才人出，各领风骚数百年。”说的也是新异刺激容易引起人的知觉。然而，十分熟悉的事物也容易被选择成为知觉的对象。例如，在人群中，你会很容易地看到朋友的面孔。在主观方面，人的动机、需要和兴趣影响人的知觉选择。古时候，齐国有一个人在市场上偷钱被官吏捕获。官吏诘问他道：“众目共视之地，汝攫金不畏人也?”其人曰：“吾彼时只见有金，不见有人。”一个人在处于良好情绪状态时，更容易知觉到美好的事物；人的情绪不好，更容易为不如意的事情烦心。另外，期待和知觉定势对知觉选择也有重要影响。

[专栏 7—1]

定势与知觉

定势是指对前一事物的知觉影响对后一事物的知觉。例如，用手拿一个重东西后再拿轻东西，比拿一个轻东西后再拿重东西，虽然后拿的东西同样重，但感觉上拿过轻东西的会觉得重些。定势会影响人的知觉选择。例如，在图 7—7 中，d 图和 h 图是相同的，但是，如果先看 a、b、c 图，再看 d 图，容易将 d 图看成一张人脸；如果先看 e、f、g 图，再看 h 图，容易将 h 图看成一位少女。

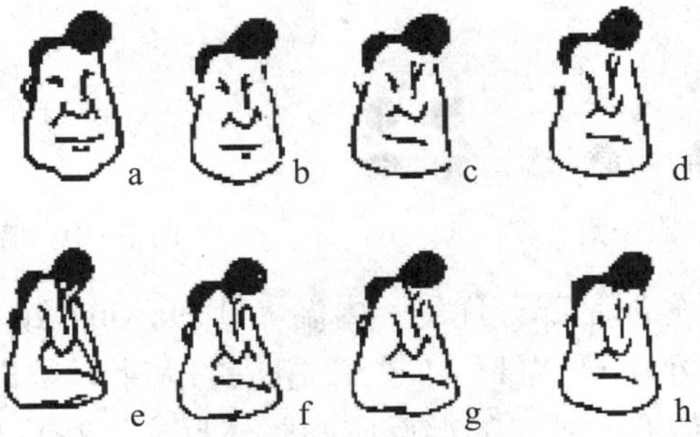

图 7—7　知觉定势对对象选择的影响

观察的焦点不同，亦可以产生不同的知觉经验。图 7—8 是雕刻家艾舍尔（M. C. Escher，1898—1972）在 1938 年创作的一幅著名木刻画，题目为《黎明与黄昏》。如先从画面左侧看起，会看到一幅黑鸟离巢的黎明景象；如先从画面右侧看起，会看到一群白鸟归林的黄昏情境；如从画面中部看起，就会获得既是白鸟又是黑鸟，或者是忽而白鸟忽而黑鸟的知觉经验。

图 7—8　观察的焦点对知觉选择的影响

二、知觉的整体性

知觉的对象都是由不同属性或不同部分组成的。人在知觉时，能够将它们组织成一个有机的整体。这种特性就是知觉的整体性。

人在知觉中之所以能够把具有不同属性或不同部分的事物组成一个整体，是由于事物的属性或部分本来就是结合在一起的，是复合刺激物。不论在什么情况下，复合刺激的各种属性总是以统一的、整体的面貌出现的，知觉也总是对事物整体的反映。人的知觉系统也具有把个别属性、个别部分综合成为整体的能力。例如，在图 7—9 中，尽管这些点没有用线段连接起来，但仍然能看到五个不同的结构。

知觉的整体性也反映了部分对于整体的依赖关系。人对部分的知觉依赖于对整体的知觉，部分只有在整体中才具有确定的含义。例如，在图 7—10 中，中间的图形如果处在数字序列中，就把它知觉成“13”；如果处在字母序列中，就把它知觉成“B”。

图 7—9　点子图

12

A　　13　　C

14

图 7—10　部分对整体的依赖关系

在知觉中，是整体优先还是部分优先？内温（D. Navon）给被试短暂地呈现由许多小字母组成的大字母，如由小字母“H”和“S”组成的大字母“H”，或者组成大字母“S”（见图 7—11），被试的反应有两种：局部反应和整体反应。在局部反应中，要求被试识别小字母；在整体反应中，要求被试识别大字母。结果发现，当识别小字母时，如果小字母与大字母不一致，被试的反应时有所延长；当识别大字母时，反应时将不受组成字母影响。这种现象称为“整体优先性”（global precedence），即整体水平的加工先于局部水平的加工。换言之，人对整体特征比对局部特征更敏感。在识别事物细节之前，人们对事物整体可能已经有了初步了解。

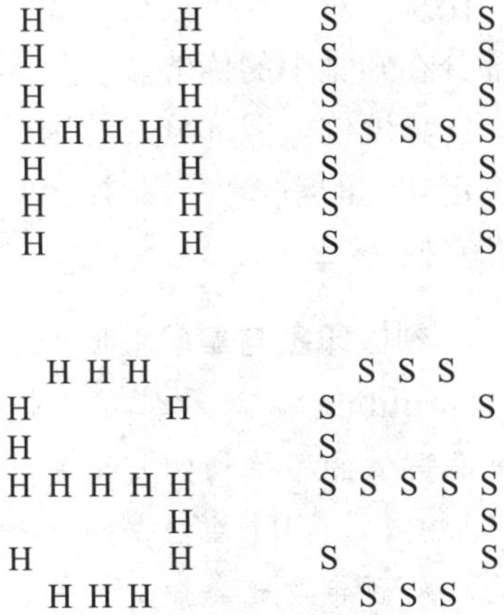

图 7—11　整体优先的实验证据

陈霖（1945—　）研究表明，在视觉加工早期，人的视觉系统对刺激的整体性质（拓扑性质）更敏感。在整体加工之后，才进行局部或特征分析。在一个实验中，采用三组不同图形（见图 7—12），圆和三角形、正方形形状不同，但拓扑性质相同；圆和圆环形状相同，但一个有洞，一个没有洞，因而拓扑性质不同。要求被试注视两个图形中的注视点，并报告两边的图形是否相同。结果表明，被试对拓扑性质不同的图形，有更高的正确报告率。王贤钏和张积家给被试快速呈现（17 毫秒）汉字对，一组汉字对的两个字之间存在着几何差异（朝向差异），但不存在拓扑性质差异，如“三”和“川”，另一组汉字对的两个字之间存在拓扑性质差异，如“口”与“川”或“三”。要求被试判断刺激模式中的两个字是否相同。实验结果表明，有拓扑差异的汉字对判断反应时短（632 毫秒），正确率高（74.35%），无拓扑差异、只有朝向差异的汉字对的反应时长（702 毫秒），正确率低（55.65%）。

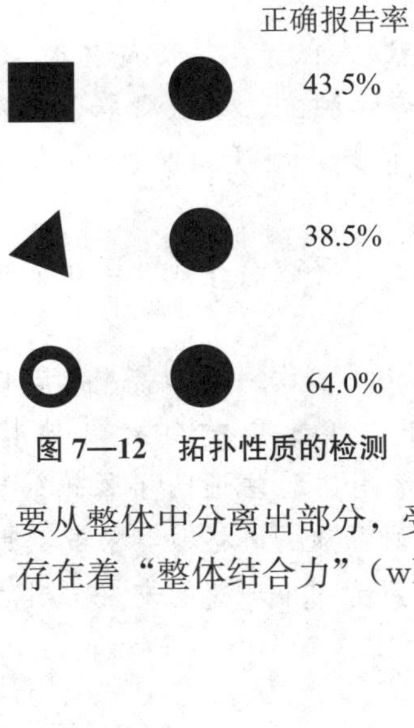

图 7—12　拓扑性质的检测

张积家和盛红岩研究表明，要从整体中分离出部分，受整体与部分关系的影响。他们认为，在由部分组成的整体中，存在着“整体结合力”（wholistic unite forces）。整体结合力的大小受整体与部分关系的影响。在由相同部分组成的整体中，整体结合力的大小受部分数目的影响。在由少部分组成的整体中，部分就更难同整体分离。如从“吕”字当中读出“口”比从“品”字当中读出“口”需要更长的时间。在由不同部分组成的整体中，分离的难度取决于整体对部分的依赖程度。部分在整体中越是重要，就越难于同整体分离。例如，从“守”字中读出“寸”比从“对”字中读出“寸”要花更长的时间。整体对部分分离的阻碍作用显示了整体对部分在知觉中的优势。

虽然事物整体在知觉中具有优势地位，但部分（特别是强的、突出的部分）也能够对整体知觉产生重要影响，从而决定知觉的整体性质。社会知觉中的刻板印象和晕轮效应就是对这一现象的很好说明。详见专栏 7—2。

[专栏 7—2]　　刻板印象与晕轮效应

刻板印象（stereotype，profiling），又称偏见，是指仅根据片面的感性材料或道听途说而对某人或某社会群体的不确切的甚至是错误的社会知觉。这种知觉具有固定性。刻板印象一旦形成，人们往往根据知觉对象的某一特点对知觉对象的整体作出以偏概全的推论，从而导致社会知觉偏差。常见的刻板印象主要有：

1. 地域偏见。如认为北方人憨直，南方人聪慧；山东人豪爽，江浙人经济。

2. 民族偏见。台湾心理学家李本华等人在 1963 年调查了我国民众对他国民族的刻板印象。结果是：

美国人民主、天真、乐观、友善、热情。

英国人保守、狡猾、有教养、严肃、善于外交。

法国人好艺术、轻浮、热情、潇洒。

德国人有科学精神、进取、爱国、聪慧、勤劳。

苏联人狡猾、欺诈、有野心、残酷、唯物。

日本人善于模仿、爱国、尚武、进取、野心。

3. 种族偏见。如认为白种人文明、有教养，黄种人勤奋、节俭，黑人愚笨、野蛮、懒惰等。

4. 职业偏见。如认为工人豪爽，农民朴实，商人见利忘义，知识分子呆头呆脑，能说不会做等。

5. 年龄偏见。如认为老年人保守，年轻人激进、轻率、办事不牢靠。

6. 性别偏见。如认为男性独立、事业心强、自信、豪爽、能够约束自己、能力强、办事有主见，女性依赖、顺从、事业心差、嫉妒心强、任性、能力差，即所谓“头发长，见识短”。

上述偏见缺乏科学根据。它不仅会造成社会知觉的偏差，还会导致人际关系的紧张。

晕轮效应（the halo effect）是另一种以点概面、以偏概全的知觉现象。它是指对某人或群体主要特征的印象影响到对其他特征的认识和评价。阿希（S. Asch，1907—1996）曾经用实验法证明了晕轮效应。他给被试看列有聪明、灵巧、勤奋、坚定、热情五种品质的表格，要求被试想象出一个具有这五种品质的人。被试普遍将这个人想象为一个理想的友人。然后，将表格中的热情换成冷酷，也要求被试想象出这个人。被试普遍推翻了原来的印象，将他想象成一个不友善的人。实验证明，“热情—冷酷”的品质在人际知觉中起到了以点概面的晕轮作用，属于知觉对象的强的特征。

三、知觉的理解性

人在知觉事物时，总是运用知识经验去解释它、理解它，使它有一定的意义，并用词把它标志出来。这就是知觉的理解性。人对隐匿图形的知觉就是知觉理解性的好例子。

当第一次看到图 7—13 时，你不是消极地感知这些斑点，而是力求认识这些斑点的意义，对它作出合理的解释。你会问：“这是什么?”“这是一片雪地吗?”“这里有一只动物。它是一条狗吗?”“是的，它是一条狗。”当知觉对象非常熟悉时，人就倾向于给它命名，将它归入一定的范畴。如“这是一只茶杯”，“这是一棵柳树”等。

图 7—13　隐匿图形

理解在知觉中有重要作用。它是正确知觉的条件。在知觉一个事物时，与该事物有关的知识经验越丰富，对它的知觉就越迅速、越精确，对它的认识就越深刻、越完善。例如，对贝多芬的交响乐，有音乐修养的人和无音乐修养的人的感受就不一样。对不懂外语的人而言，外语的声音只是无意义的声音流，而懂外语的人不仅能够清晰地感知外语的内容，还能感知讲话者的发音差别。

理解还有助于填补知觉内容的某些不完整之处，维持知觉的整体性。例如，在观看不完整图形（见图 7—14）时，理解帮助人们将知觉对象的缺失部分填补起来。“音素恢复效应”就是一个好例子。

沃伦（R. M. Warren）给被试呈现下列句子：

It was found that the * eel was on the axle.

It was found that the * eel was on the shoe.

It was found that the * eel was on the orange.

It was found that the * eel was on the table.

在每一句子中，“*”表示一个音素被一个非言语声音所代替。结果表明，被试报告分别听到了“wheel”（车轮）、“heel”（脚后跟）、“peel”（果皮）、“meal”（膳食）。显然，

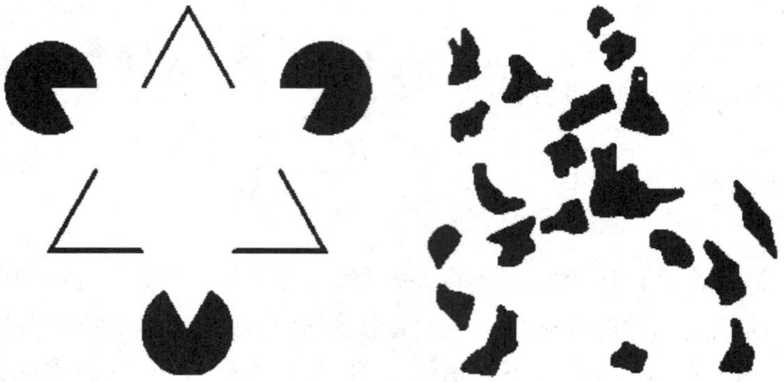

图 7—14　不完整图形

被试对带“*”词的知觉受对整个句子理解的影响。但知觉理解性有时也有负面作用。如校对时由于对文章内容的熟悉会遗漏印刷中的错误。

研究表明，下列因素影响人对知觉对象的理解：

(1) 言语的指导作用。在环境复杂、对象特征不明显时，言语可以唤起人的已有经验，帮助人理解。例如，在旅游时，一些自然景物一旦被赋予某些名称，你会觉得它们越看越像。

(2) 个人的知识经验。知识经验不同，对同一事物的知觉也不同。例如，同是一棵松树，诗人、植物学家和木匠的知觉可能很不相同：诗人看到松树的“高风亮节”，植物学家将它称为“常绿乔木”，木匠则将它称为一种“木材”。

(3) 社会文化。人们对事物的知觉受社会文化影响。例如，阿拉伯国家的人喜欢绿色，是因为他们地处沙漠，绿色代表绿洲，代表生命；汉族人喜欢红色，用红色代表喜庆；彝族人尚黑，白族人尚白，纳西族人尚白不厌黑，汉族人对黑与白均不太喜欢。谢书书等人让四个民族的大学生区分和记忆不同亮度的黑白色块，发现彝族人对黑的区分与再认快于对白，错误率亦低；白族人对白的区分与再认快于对黑，错误率亦低；纳西族人对黑与白的区分与再认的速度和错误率差异不显著；汉族人对黑与白的反应均较差。四个民族对黑与白的反应与他们的黑白文化一致。在汉语中，“4”与“死”谐音，人们不喜欢；“8”与“发”、“9”与“久”谐音，人们在选车牌号码和电话号码时就非常喜欢这些数字。在基督教国家里，“13”是忌讳数字。

(4) 语言。语言亦影响知觉理解性。例如，在纳西族语言中，有“杂色”（间色或混合色）色名。因此，纳西族大学生就将“橙”、“紫”、“棕”、“粉红”分为一类。在纳西语中，虽然已经有区别的“蓝”和“绿”的概念，但这两个词在语用中却经常混用。如“蓝天”在纳西语中称为“木含”（“绿天”），而不称为“木波”（“蓝天”）。不仅“蓝”与“绿”混用，“青色”、“碧色”与“蓝色”更是同指一色，难以区分。张积家等人发现，纳西语蓝绿混用影响纳西族对蓝色和绿色的知觉和记忆。与汉族被试比，纳西族被试对蓝与绿的知觉和记忆均比汉族被试差，说明语言影响知觉。

(5) 心向。心向是人对事物的预期，它影响知觉理解。在一个实验里，给被试呈现 6 个模棱两可的词，每个词呈现 0.1 秒，让被试写下所看到的词。告诉一组被试词与鸟类和动物有关，告诉另一组被试词与交通旅行有关。期待鸟类与动物名称出现的一组，作鸟类和动物反应的占 64%；期待交通旅行名词出现的一组，作交通旅行反应的占 74%。可见，被试对模棱两可刺激的反应与他们的心向一致。对一些复杂事物而言，你看到什么取决于你想看到什么。海德格尔提出解释学循环理论，认为解释者对被解释对象的认知期待是待解释意义的一部分。理解活动的结果依赖于理解的“前结构”，即一组在理解之前就业已存在的决定理解的因素。在日常生活中，痴情者会将所爱的人的正常举动都看成是有情的表示，偷窃的人总怕被别人发现，稍有风吹草动就惶恐不安，也与期待有关。

［专栏 7—3］　知觉的理解性与不合理图形

在知觉事物时，理解可以帮助你判断知觉对象的不合理性。图 7—15 是三个不合理图形，也是三个不可能图形。虽然在线条上可以画出它们，但仔细分析，三个图形都是不可能的。现在，就检查一下这三个图形的不合理性。先看 A 图，单就每一个拐角和每一个边看，可以产生立体知觉经验。但合在一起时，因为转角的线条彼此不和谐，所以图形是不可能的。再看 B 图，从右端看，它像是三个齿的叉子；但从左端看，却像是两臂的马蹄铁；再从整体看，找不出三齿变成两臂的连续关系。再看 C 图，从上往下看，上面的人应该在平台上，与下面的人形成上下关系，但如从下往上看，下面的人却也在平台上，这显然不合理。人对不合理图形的知觉显示了理解性在知觉中的作用。

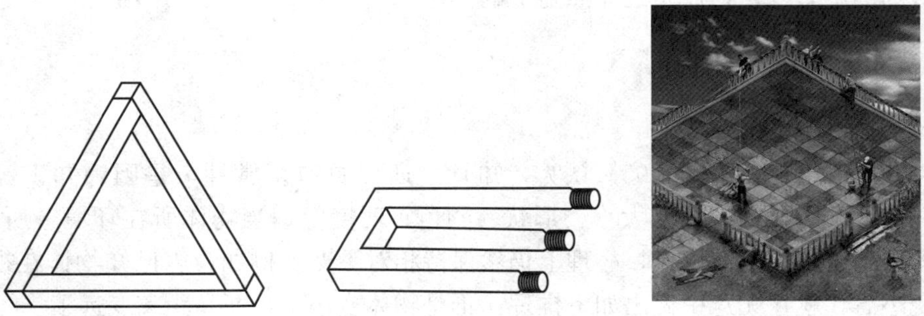

A　　B　　C

图 7—15　不合理图形

四、知觉的恒常性

当知觉的客观条件在一定范围内发生改变时，知觉映像仍然保持不变。这就是知觉的恒常性。视知觉的恒常性最为明显，所以下面就以此为例进行说明。

（一）知觉恒常性的种类

在视知觉范围内，恒常性主要有以下几类。

1. 形状恒常性

当从不同角度观察同一物体时，虽然物体在视网膜上的投影发生了很大变化，人却仍然能够把它知觉成同一形状。图 7—16 是一个从关闭到开着的门，虽然它在视网膜上的投影发生了很大变化，但人总把它知觉成长方形的。

2. 大小恒常性

人对物体大小的知觉并不随着距离变化而变化。看一个人个子大小，当远近距离不同

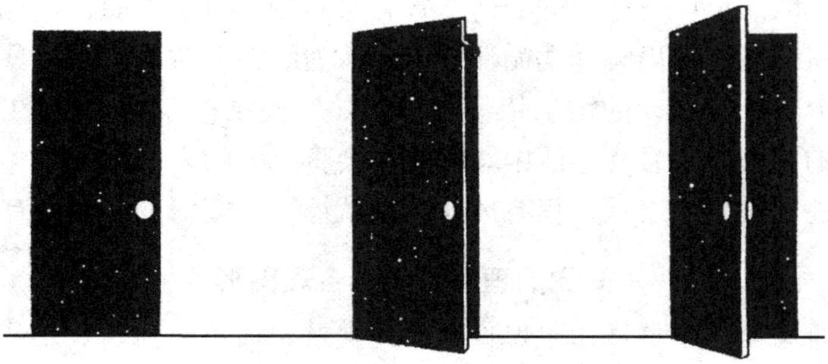

图 7—16　形状恒常性示意图

时，投射到视网膜上的视像大小相差很大，但人仍能按实际大小来知觉。

3. 明度恒常性

当照明条件改变时，人对物体相对明度或视亮度的知觉保持不变。例如，白纸在日光下或在月光下反射的光亮相差 80 万倍，但人们总把它知觉成白色的。

4. 颜色恒常性

一个物体在色光照明下，它的表面颜色保持相对不变。例如，用红光照射白色物体的表面，看到的不是红色，而是红光照射下的白色。

（二）知觉恒常性的原理

1. 无意识推论的理论

罗克（I. Rock，1922—1995）认为，知觉之所以具有恒常性，是因为知识经验的缘故。人们早就了解某种物体的大小、形状、颜色、明度等，当物体所在环境有所改变时，虽然生理上的感觉线索有改变，心理上仍然保持相对不变。例如，当已知物体在视网膜上的影像变小后，就在无意中做出如下推理：不是物体变小了，而是距离变远了。

2. 生态理论

吉布森认为，知觉之所以具有恒常性，主要是由于在知觉环境中有各种物体存在。由于各种物体的相对关系影响，对某一物体的知觉相对保持不变。这种理论不仅可以解释知觉恒常性，还可以解释对新物体的知觉。例如，某人看见树枝上停着一只从未见过的鸟，由于初次见到，无法判定大小。如果此鸟身边有几只麻雀，立即就可以确定它的大小。

目前，这两种理论都有一定的证据支持。详见专栏 7—4。

［专栏 7—4］　视觉线索和经验在知觉中的作用

视觉线索是环境中的各种参照物给人提供的物体距离、方位和照明的信息。这些信息对维持知觉恒常性有重要意义。如果在实验中设法消除环境中的视觉线索，恒常性就受到破坏。

在图 7—17 中，前面的人距离近，在视网膜上的投影大；后面的人距离远，在视网膜上的投影小。但由于存在距离线索，两人看上去大小差不多。如果将后面的人的照片剪下来贴在前面的人的旁边，由于消除了距离线索，二人的大小就相差悬殊了。又如，图 7—18，看上去是一个大个子正在追赶一个小个子。其实，这两个人是一样的大小，只是人们在知觉时不自觉地将距离考虑进去，所以才将大小相同的人看成大小不同。这些事实支持无意识推论的理论。

图 7—17 视觉线索的作用

图 7—18 距离引起的错觉

当环境中存在熟悉物体时，由于对比的作用，可以保持知觉的恒常性。人类学家特恩布尔（C. M. Turnbull，1924—1994）描述过生活在热带雨林中的刚果俾格米人，他们从来没离开森林，没见过开阔的视野。当特恩布尔带着一位俾格米人第一次离开森林来到一片高原时，他看见远处一群水牛，便惊奇地问："那些是什么虫子?"当告诉他是水牛时，他哈哈大笑，说不要说傻话。尽管他不相信，但还是仔细凝视着，说："这是些什么水牛，会这样小?"当距离越来越近，这些"虫子"变得越来越大时，他感到不可理解，说这些不是真正的水牛。显然，这些例子支持知觉的生态学说。

五、知觉适应

当刺激输入发生变化时，知觉系统能够适应这种变化，使之恢复到正常状态，叫做知觉适应。知觉适应提高了人的适应能力，还改变了感官的某些机制。

例如，根据光学原理，物体在视网膜上成的像是倒立的，但视觉系统却能够将物体看成是正立的。新生儿的知觉经验少，出生后不久的婴儿是倒视的。斯特拉顿（G. M. Stratton，1865—1957）给自己戴上一副眼镜，使物体在网膜上的投影反转和变位。戴镜后的头三天，由于网像颠倒，空间定向有很大困难，伸手取物时，手的方向往往和物体的实际方向相反；三天以后，可以看到自己的手在写字；第四天，能够在两手之间进行正确的知觉选择；第五天，能够在房间内从容地散步；第七天，开始能够欣赏散步途中的景色。这说明，经过学习和适应，视觉、触觉和动觉之间建立了新的联系，空间定向能力得以恢复。到第八天，他摘下反转镜，这时看到的东西又都上下、左右颠倒了。几小时以后，才重新恢复正常。

不同物种的知觉适应能力不同。给小鸡戴上一副偏光镜，从镜子中看到的物体都左偏40°，小鸡不能够适应视野的变化，只能够按照看到物体的方向啄取食物；人戴上这种眼镜后，能够很快地适应视野变化。用外科手术将动物眼睛做成上下颠倒的，发现鱼、青蛙、蝾螈都不能够适应这种变化，它们取物的方向经常出错，猫、猴子却能够适应这种变化。

［专栏 7—5］　　善观

梁启超说过：“山自山，川自川，春自春，秋自秋，风自风，月自月，花自花，鸟自鸟，万古不变，无地不同。然有百人于此，同受此山、此川、此春、此秋、此风、此月、此花、此鸟之感触，而其心境所现者百焉；千人同受此感触，而其心境所现者千焉；亿万人乃至无量数人同受此感触，而其心境所现者亿万焉，乃至无量数焉。”为什么会如此呢？他认为与主观因素有关。

一是受职业兴趣和爱好影响。他说：“同一书也，考据家读之，所触者无一非考据之材料；词章家读之，所触者无一非词章之材料……同一社会也，商贾家入之，所遇者无一非锱铢什一之人；江湖名士入之，所遇者无一非咬文嚼字之人……怀不平者入之，所遇者无一非陇畔辍耕、东门依啸之人。”同一事物，“仁者见之谓之仁，智者见之谓之智，忧者见之谓之忧，乐者见之谓之乐”。

二是受需要是否得到满足影响。他说：“同一月夜也，琼筵羽觞，清歌妙舞，绣帘半开，素手相携，则有余乐；劳人思妇，对影独坐，促织鸣壁，枫叶绕船，则有余悲。”这种差别是交往与爱的需要是否获得满足所造成的。心境也能给人的知觉渲染上不同的色彩。他说：“‘月上柳梢头，人约黄昏后’与‘杜宇声声不忍闻，欲黄昏，雨打梨花深闭门’，同一黄昏也，而一为欢憨，一为愁惨，其境绝异；‘桃花流水杳然去，别有天地非人间’与‘人面不知何处去，桃花依旧笑春风’，同一桃花也，而一为清静，一为爱恋，其境绝异。”

三是受经验和心理定向影响。他说：“三家村学究得一第，则惊喜失度，自世胄子弟视之何有焉？乞儿获百金于路，则挟持以骄人，自富豪家视之何有焉？飞弹掠面而过，常人变色，自百战老将视之何有焉？”由于心理定向的作用，即使李白、杜甫满地，那些衣祓襫、扶锄犁、辛苦劳作的人也不会知道；计然、范蠡满地，那些摩禹行、效舜趋、崇仰先王之道的人也不会知道。即使这些人日日环绕于其旁，仍会视之为无有。

因此，对个人而言，“惟心所造之境为真实”。他讲的心境，类似于勒温所讲的“心理生活空间”，即个人知觉到的客观现实。相对于“心境”的外在客观现实，梁启超称为“物境”，勒温称为“物理生活空间”。“心境”与“物境”不同，但人们往往以为“心境”就是“物境”，所以常“知有物而不知有我”。这种情况梁启超称为“我为物役”或“心中之奴隶”。他主张破除心中之奴隶。他认为，人如果了解了心理的主观性，就应当学会“善观”，即善于观察事物。他说：“故学莫要于善观。善观者观一滴而知大海，观一指而知全身，不以其所已知蔽其所未知，而常以其所已知而推其所未知……”他的这些看法是颇有见地的。

第三节　空间知觉

空间知觉是对客观事物空间关系的认识，反映事物在三维空间中的位置关系。任何物质总要占有一定空间，所以空间是事物存在的基本形式。物体在空间存在的形式有：形状、大小、远近、深度和方位等。因此，空间知觉又可分为形状知觉、大小知觉、距离知觉、深度知觉和方位知觉等。空间知觉对人与环境的相互作用具有重要意义。如果人不能够认识物体的形状、大小、距离和方位，就不能够正常生存。空间知觉是由视觉、听觉、嗅觉、触觉、运动觉、平衡觉等感官协同活动的结果，也是人长期的生活经验和大脑思维的产物。

人的空间知觉能力是从哪里来的？对这个问题，在历史上有过长期的争论。唯心主义认为，空间知觉能力是先天的；唯物主义认为，空间知觉能力是在生活中学习的结果。洛克指出，只有物体的视觉形象和触觉形象多次结合后，人才能单凭视觉区分物体，这一结合是经过后天学习达到的。这一假设后来为心理学实验所证实。成人在进行先天性白内障手术后，开始仅凭视觉不能分辨物体的形状、大小、远近，他们感到外界事物都在自己眼前，甚至是碰到眼睛上。经过一段时间以后，人在活动中视觉和触觉、动觉之间逐渐建立了联系，才能够仅用视觉分辨物体的大小、形状、远近等。

一、形状知觉

大千世界，色形而已。形状是物体所有属性中最重要的属性。物体都有形状，人要认识世界，就必须分辨物体的形状。形状知觉是人和动物共有的能力。但是，由于劳动和社会生活，人类产生了特有的形状和知觉能力，如识别文字的能力、分辨各种复杂社会表情的能力。人借助于视觉、触摸觉和动觉的协同活动，形成形状知觉。当一个物体出现在面前时，物体及背景一起投射到视网膜上，此时还不能够形成清晰的形状知觉。当眼睛沿着物体的边缘轮廓扫描时，视网膜、眼肌及头部就会把信息传到大脑，产生了形状知觉。视觉在形状知觉产生中具有重要地位。但由于人的观察角度不同，或者物体位置改变了，物体在视网膜上的投影会发生很大的变化。人的形状知觉之所以能够保持稳定性，一是由于人有多次从不同角度观察同一物体的经验，二是由于经常得到触摸觉的验证。当然，在某些情况下，单凭触摸觉也能够形成形状知觉。

（一）形状的特征分析

人对形状的识别始于对原始特征（primitive feature）的检测。原始特征包括点、线、角度、朝向和运动等。视觉系统对原始特征的检测是自动的，无需意识努力。例如，在视觉搜索中，给被试呈现一组图形，要求判断其中是否有目标图形。如果目标图形是“O”，周围图形是“V”（见图 7—19），被试就能很快地发现目标图形，而且“V”的数目不影响检测“O”的速度。这是因为目标图形是曲线图形，背景图形是直线图形，差别发生在原始特征水平上，视觉系统不需要注视每一图形，图形的原始特征似乎是自动跳出来的。对图形的原始特征分析，由视觉系统的特征检测器来完成。同时，这些视觉搜寻任务所涉及的图形只包含一种特征，单一的特征目标有助于任务的快速完成。

当要搜寻的目标是几种特征的混合体时，如要在红色四边形和蓝色圆形背景中搜寻红色圆形，搜寻就会产生困难。此时，搜寻需要更高级的分析，而非自动地跳出来。在搜寻中，还会出现搜寻不对称性现象。如在图 7—20 中，人在完整的圆中搜寻带缺口的圆比在

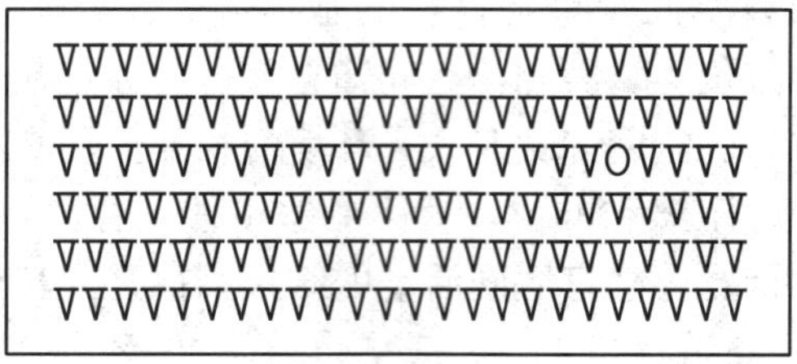

图 7—19 对图形原始特征的分析

不完整的圆中寻找完整的圆容易。缺口对视觉系统而言是一种“特征”，在搜寻时容易使目标刺激自动跳出来；完整的圆是“缺口特征的缺失”，从而导致任务难以完成，出现目标搜寻的不对称性。

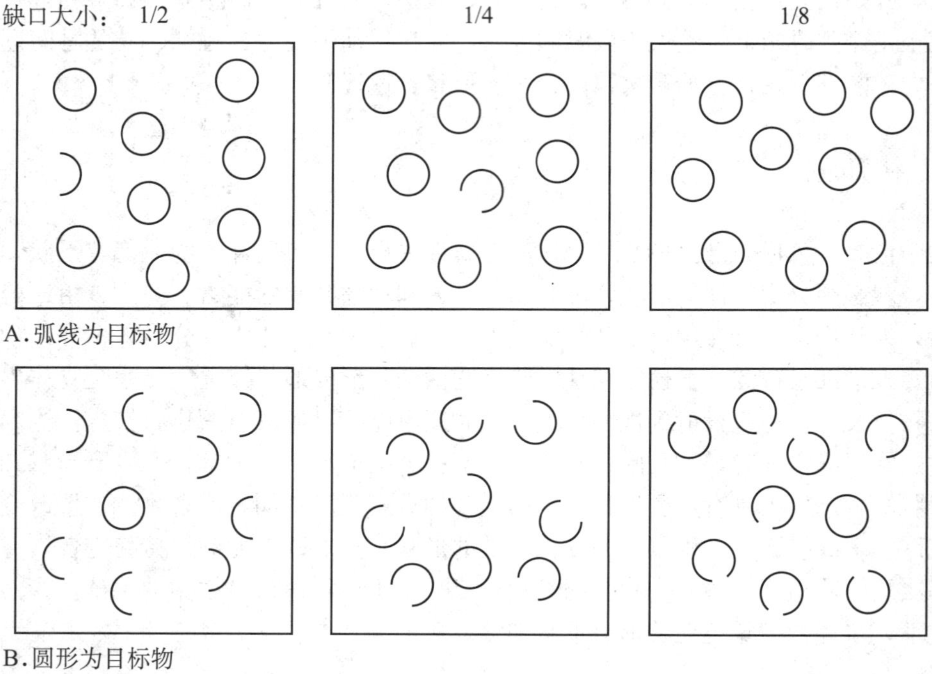

图 7—20 视觉搜寻的不对称现象

（二）轮廓与图形

当你驾车来到一个十字路口，看到一个被周围房屋、树木遮挡的不完整标志（见图 7—21），你能否立刻认出标志的含义？罗宾（E. Rubin）指出，对象是目标刺激中能够被人理解的部分，对象与背景之间被轮廓分割开来。轮廓是知觉视觉刺激的重要特征，对象由轮廓构成。轮廓代表对象和背景的分界面，它是在视野中邻近成分明度或颜色发生突然变化时出现的。

轮廓的作用可以用图 7—22 来说明。图 7—22 画的是一只大象，它由若干线条组成。线条内外的明度相同。但是，由于组成边界的线段产生了明度的突然变化，使画面从白纸上分离出来。如果将轮廓破坏，使边界模糊，或者将一个图形镶嵌在另一些更复杂的图形中，使前者的轮廓消失，这样，就会破坏对物体形状的知觉（见图 7—23）。

图 7—21　不完整的行驶标志

图 7—22　大象

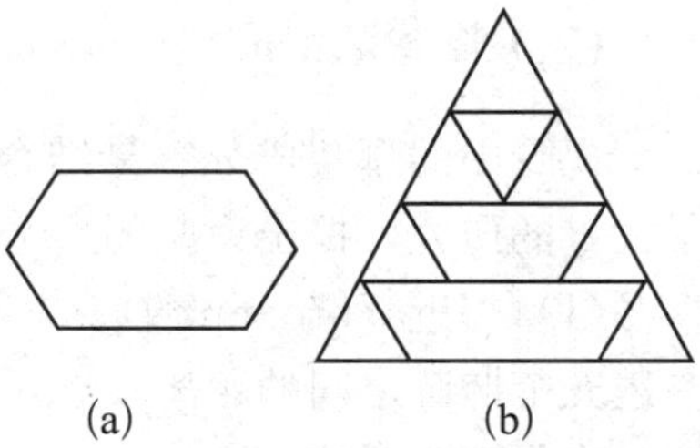

图 7—23　图形镶嵌

物体的轮廓不仅受空间上邻近的其他物体的轮廓影响，也受时间上前后出现的物体的轮廓影响。例如，在银幕上相继投射两个图形，前一个为目标图形（圆盘），后一个为掩蔽图形（圆环），两个图形均呈现 20 毫秒，间隔 100 毫秒。在连续呈现时，被试只看到一个中心空着的黑色圆环，圆盘却不见了。这是因为在短暂呈现时，圆盘的轮廓尚未形成，被圆环掩蔽了。这种现象叫轮廓掩蔽或图形掩蔽。它说明，人在知觉形状时，轮廓的形成需要时间（见图 7—24）。

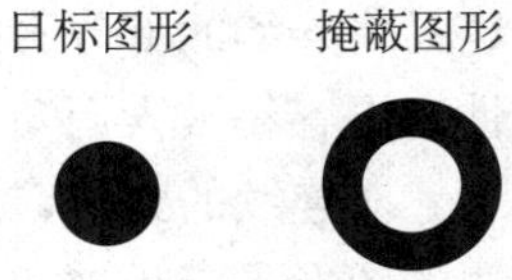

图 7—24　图形掩蔽

当客观上不存在刺激的梯度变化时，人在一片同质的视野中也能够看到轮廓，这种轮廓叫主观轮廓（subjective contour）或错觉轮廓（illusory contour）。

在图 7—25 中的三幅图中，你可以看到三角形、正方形和圆形。有时，人还可以形成三维物体的错觉轮廓（见图 7—26）。主观轮廓显示了视觉系统的一个特点：当视野中出现不完整的因素时，视觉系统倾向于把它们完整起来，变成简单、正规的图形。所以，尽管事实上没有真实的轮廓存在，人仍然能够“看到”图形。

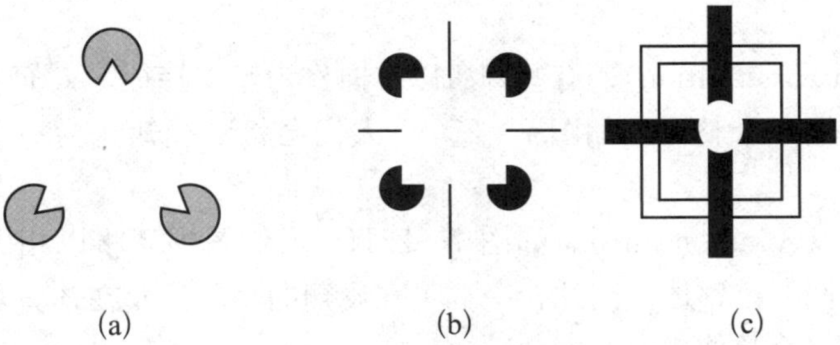

图 7—25　没有轮廓的图形

图 7—26　三维的错觉轮廓

（三）图形的组成

视野中的哪些成分容易结合成为图形？20 世纪初，格式塔心理学家对这一问题进行了大量的研究，提出一些图形组织的原则：

（1）邻近（proximity）。空间上彼此接近的部分，容易组成图形。如在图 7—27A 中，左边五个椭圆之间的距离较近，右边的椭圆与它们之间距离较远。因此，容易将右边的椭圆看作是孤立个体，而将左边的五个椭圆看作是一个整体。

（2）相似（similarity）。在视野中相似的成分容易被知觉为图形。在图 7—27B 中，看到的是三列“×”形和两列“○”形，而不是三排形状不同的图形。

（3）连续（continuation）。如在图 7—27C 中，有些图案具有连续性，另一些则不然，容易将连续的部分看成图形。在图 7—27C 中的 C1，右边的方形与圆形之间有较好的连续性，更容易被人们知觉为一个整体，左边的不连续的圆就被知觉为孤立的了。在某些情况下，对连续的整体，人们会根据习惯将它们分成不同的图形。如在图 7—27C 中的 C2，左边的图形更容易被知觉为直线和曲线的结合（上面的等式），而非两条曲线的组合（下面的等式）。

（4）封闭（closure）。并非所有的图形都是连续的，如图 7—27D，图中的图形由一些不连续的线段组成，但人还是将这些不连续的线段知觉为图形，在这一过程中，人不自觉地将图形中缺失部分补足，使之形成一个整体。

（5）对称（symmetry）。在视野中，对称的部分容易组成图形（见图 7—27E）。

（6）简单（minimum）。人喜欢用最简单方式阐释刺激。如图 7—27F，对图中左边图形，将其知觉为一个两维的六边形比将其知觉为三维立方体要简单，因此，更多的人选择将其知觉为平面的六边形；对右边图形，难以将其知觉为平面图形，人更习惯于将其知觉为立方体。

（7）方向（line orientation）。有些刺激以方向作为基本特征，人们习惯于将那些方向相同的刺激知觉为同一个整体。如图 7—27G，人们会将竖线知觉为一个整体，斜线知觉为另一整体。

（8）共同命运（common fate）。如图 7—27H，人们习惯于将以相同速度向相同方向移动的物体知觉为同一个整体。因此，一群正在飞翔的小鸟以及在体育场制造“人浪”的人们都会被知觉为一个整体。

（四）图形识别

图形识别（pattern recognition）是确定知觉到的图形是什么。它是形状知觉中比特征分析更高级的阶段。图形识别不仅依赖于输入信息，还取决于知识经验。当人们期待某种图形时，期待将使图形识别变得容易。波斯纳等人给被试呈现字母对，要求判断两个字母是否相同。启动刺激分为三种情况：（1）呈现相关的启动刺激，如先呈现字母“C”，接着呈现字母对“CC”；（2）呈现中性的启动刺激，先呈现“+”，然后呈现字母对；（3）呈现相反的启动刺激，先呈现“C”，然后呈现字母对“AA”。结果发现，在第一种情况下被试的反应时最短，在第三种情况下反应时最长，在第二种情况下被试居中。可见，不同刺激关系对人识别图形或字母有不同影响。

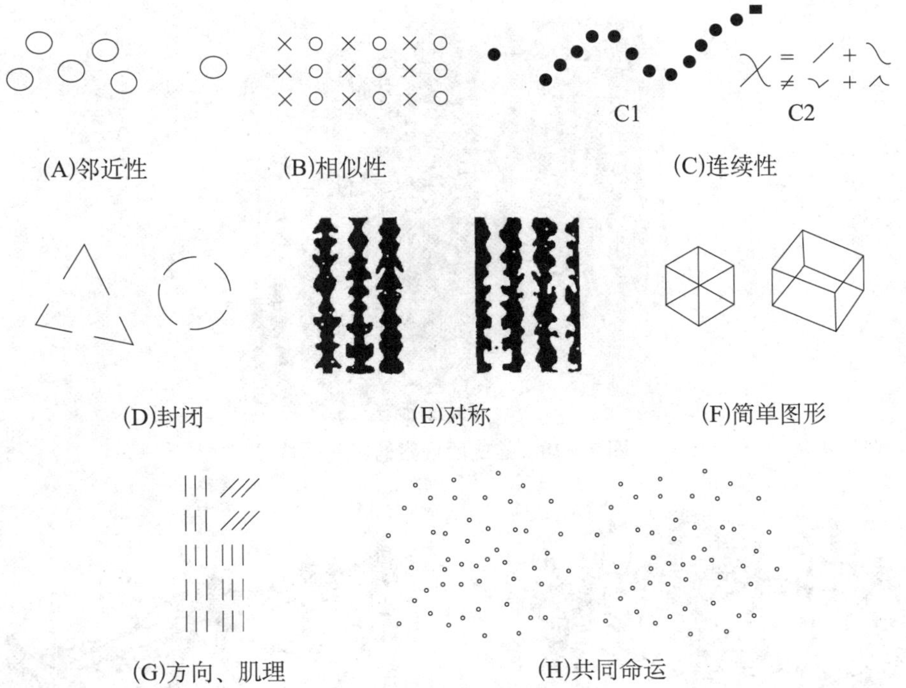

图 7—27　图形的组织原则

(五) 注意在形状知觉中的作用

在形状知觉中，人脑如何能够将不同特征结合在一起？这一问题在神经科学和心理学中叫“特征捆绑”。特瑞斯曼认为，是注意将不同的特征“捆绑”在一起。在没有注意参加时，特征可能是游离的，可能出现错误的结合；在注意参与下，特征被结合在一起，于是人们就知觉到事物的整体。

(六) 眼动与形状知觉

在形状知觉中，有两类不同的眼动：(1) 微小的、不随意的眼动，如微跳、漂移、生理震颤等。这一类眼动对维持视觉映像清晰、避免视网膜因注视产生适应具有重要作用。如果采用稳定网像技术使物体投影始终落在视网膜的固定位置，排除微动，人看到的图形最初很清晰，以后逐渐模糊，最后趋于消失。可见，微动有助于形状知觉稳定。(2) 眼的跳动和追踪。跳动是指眼睛从一个注视点到另一个注视点的运动。当用眼睛搜索要观察的物体，或者由注视一个物体（或部分）转向注视另一个物体（或部分），或者当刺激落在视野边缘要使它回到视野中央时，跳动就会发生。眼跳中的注视与信息提取有关。当人们观看一张图片时，眼睛总是注视图形轮廓或不寻常的细节上。跳动保证了人对新信息的注意和提取。用眼动仪可将眼动轨迹记录下来。眼动模式受观察任务和观察者的动机影响。例如，让被试观察一幅家庭图片（见图 7—28）。如果要求估计这个家庭的经济状况，他的注视点便集中在室内家具和妇女服装上［见图 7—29 (a)］；如果让他估计画中人物的年龄，注视点便集中在人物面部上［见图 7—29 (b)］。注视点多少对图形再认有重要影响。注视点的数量越多，以后认出该图片的可能性越大。

图 7—28　被试所观察的家庭图片

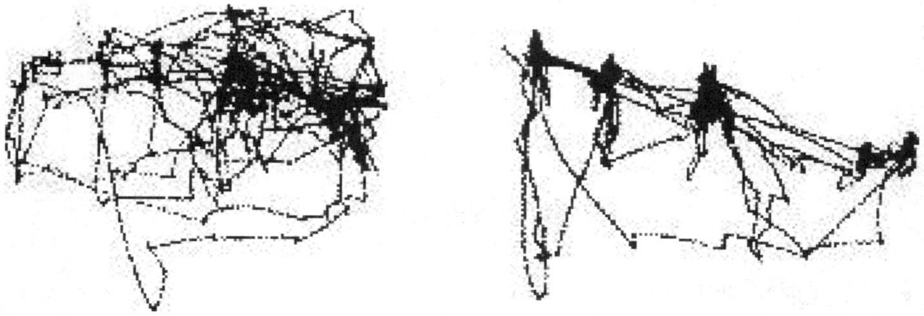

(a)　　(b)

图 7—29　观察任务与眼动轨迹

二、大小知觉

大小知觉也通过视觉、触摸觉和动觉而获得。视觉对大小知觉有重要作用，但视觉必须在与触摸觉、动觉多次结合后，在各种信号之间建立起紧密联系，才能单独判定物体的大小。

（一）大小—距离不变假设

视知觉判断物体大小时，取决于两个条件，即物体大小和距离。大物体在视网膜上视像大，知觉到的物体也大。小物体在视网膜上的视像小，知觉到的物体也小。但视像大小不完全取决于物体大小，它还与观察者和物体的距离成反比。同一物体，距离远时视像小，距离近时视像大，用公式表示为：

$$a=A/D$$

式中，a 指网膜投影的大小，A 指物体大小，D 指对象与眼睛的距离。即，网膜投影大小与物体大小成正比，与距离成反比。

由于网像大小与知觉距离有关，所以，人们在判断物体大小时，不仅要考虑网像大小，也要考虑距离。在距离恒定时，网像大，物体就大；网像小，物体就小。在网像恒定时，距离大，说明物体大；距离小，说明物体小。这表明，人在知觉物体大小时，不自觉地解决了大小与距离之间的关系，即物体大小＝网像大小×距离。这就是大小—距离不变假设。

（二）物体熟悉性对大小知觉的影响

大小知觉在很大程度上依赖于知识经验。熟悉的环境或事物对大小知觉起参照作用。人在生活中熟悉许多物体的大小，如铅笔的长度、猫的大小。当物体的距离改变时，网膜影像的大小随之改变，但熟悉大小使人能较准确地知觉到物体的实际大小。当排除了熟悉环境的参照作用时，大小知觉会发生困难。

（三）邻近物体的大小对比

在图 7—30 中，a、b 两图中心的圆形哪一个更大？看起来 b 图中的中心圆似乎更大些。实际上，两图中心的圆形同样大。在中心圆形的周围物体大小有差异，造成中心圆形大小不一样的错觉。

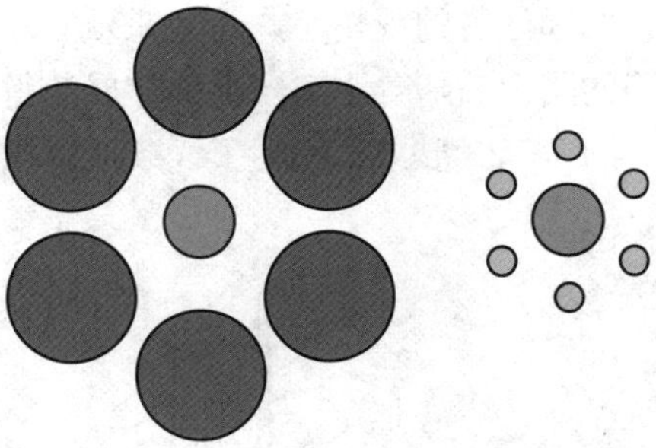

图 7—30 物体对比与大小恒常错觉

（四）体态变化与大小知觉

人类通常以直立姿势感知外部世界。身体姿势和环境的正常关系是维持大小恒常性的重要条件。当观察者的身体姿势发生变化时，大小知觉的恒常性就受影响。在一项研究中，要求观察者在运动场上判断物体大小。标准刺激是一个直径 32 厘米的固定大小的气球，将其分别放在离观察者 50 米、100 米、150 米、200 米和 250 米的不同距离上。比较刺激是放在离观察者 1 米远地方的另一气球，要求观察者向气球充气，调节它的大小，使它与在不同距离上的标准刺激的大小相同。结果显示，当观察者直坐时，在 50～150 米距离上，大小恒常性保持得很好，但在 200～250 米处，大小恒常性被破坏。当观察者仰视和俯视时，知觉大小都缩小了。

三、深度知觉

深度知觉包括立体知觉和距离知觉。立体视觉是对三维空间的知觉，距离知觉是对物体远近的知觉。深度知觉是以视觉为基础，在其他分析器配合下，加上已有经验，对环境中刺激物的空间关系的了解与判断。由于眼睛的视网膜是平面的，物体在视网膜上的投影也是平面的，人却能看出深度，所以深度知觉比形状知觉和大小知觉更复杂，它依赖于许多主客观条件，这些条件称为深度线索，有单眼线索和双眼线索。

（一）单眼线索

单眼线索是指用一只眼睛就能够感受的深度线索。

1. 对象重叠（遮挡）

物体的相互遮挡是判断物体远近的重要线索。如果一物体部分地遮住另一物体，前面的物体就被知觉得近些，被遮挡的物体就被知觉得远些（见图 7—31）。如果观察时对象没有重叠，常会误远为近，如在一望无际的大海上观看岛屿容易将其知觉得很近，而实际距离却很远。

2. 线条透视

这是指两条向远方延伸的平行线看起来趋于接近。线条透视是由物体在视网膜上的几何投影造成的。物体在视网膜上的投影随着物体与观察者之间的距离增加而变小。物体在近处占的视角大，看起来就较大；在远处占的视角小，看起来就较小。这种线条透视的效果能够帮助人知觉对象的距离。马路的路面，随着距离向远处伸展变得越来越窄，两旁的树高依次减低，正是线条透视的效果。图 7—32 形象地说明了线条透视在深度知觉中的作用。

图 7—31　遮挡

图 7—32　线条透视

3. 空气透视

光在空气中传播时，由于空气中的尘埃、烟气影响，会引起散射，使远处的物体看起来略呈蓝色或灰色，细节不容易分辨，模糊不清；近处的物体则很清晰，细节分明。空气透视可以作为判断距离的线索（见图 7—33）。但是，空气透视也容易产生误差。当天空晴朗，空气清新，物体看上去格外清晰，显得近些。阴雨霏霏，烟尘弥漫，物体会变得模糊，使人觉得距离远些。常在沙漠中行走的人，当天气晴好时，会有“望山跑死马”的经验。

图 7—33　空气透视

4. 明暗和阴影

光线照射会产生明暗的差别或造成阴影。光亮的物体看起来近，阴暗的物体显得远。在绘画上，常常运用色调的阴暗和明快表现距离的远近以及凸起和凹陷。图 7—34 是利用黑白两种不同的亮度对比，再加上线条透视的原理，形成了一张虽为平面但却有立体感的图。它像一个没有窗户的房间，有两座平台，分别在房间内的两边。

5. 相对高度

在其他条件相等时，视野中两个物体相对位置较高的一个显得远些。看一张人物照片，照片上位置较高的人物，常给人远的感觉（见图 7—35）。

图 7—34　明暗和阴影

图 7—35　相对高度

6. 纹理梯度

这是指视野中的物体在视网膜上的投影大小和投影密度发生有层次的变化。当你站在一个由大理石块铺成的广场向远方看去，近处的石块在视网膜上的投影大但投影密度较小；远处的石块在视网膜上的投影小但投影密度大，从而形成了视网膜上的纹理梯度。这种纹理梯度形成了距离线索（见图 7—36）。

图 7—36　纹理梯度

7. 运动视差与运动透视

运动的物体，由于距观察者远近不同，引起的视角变化不同，从而表现出运动速度的差异，称为运动视差。距离近的物体的视角变化大，显得速度快；距离远的物体的视角变小，显得速度慢。近处的汽车飞快驶过，远处的汽车却像甲虫一样爬行。当观察者自身运动时，远近不同的物体不仅运动速度有差异，方向也不同。近处物体运动方向与观察者的运动方向相反，远处物体运动方向与观察者的运动方向相同。当人乘坐火车或汽车，从车窗望出去，就会看到这种相对运动，它提供了物体远近的线索。之所以产生运动视差，是由于在同一时间内距离不同的物体在视网膜上的运动范围不同。近处物体的视角大，在视网膜上的运动范围大，远处物体的视角小，在视网膜上的运动范围小，因而产生了不同的速度印象。

运动透视是指当观察者向前方运动时，视野中的映像也会连续活动。近处的物体的流动速度大，远处的物体的流动速度小。当飞机在机场降落时，就会观察到这种现象（见图7—37），从而提供了距离信息。

图 7—37　运动透视

8. 眼睛的调节

在知觉不同距离的对象时，为了获得清晰的视觉，睫状肌会调节眼球晶状体的曲度，看近物时晶状体变厚，看远物时晶状体变薄。在调节时，会有动觉产生，为人提供了距离信息。但它只在几米之内有效。

（二）双眼线索

在绝大多数情况下，造物主总是比人聪明。人为什么要长两只眼睛？高级动物为什么都长两只眼睛？事实上，两只眼睛与深度知觉有关。精确的深度知觉主要是双眼视觉的作用。两只眼睛提供的深度与距离信息，被称为双眼线索。双眼线索主要包括视轴辐合和双眼视差。

1. 视轴辐合

在观察一个物体时，两只眼睛的视像都落在中央窝上，形成了视轴辐合。物体较近，辐合角就大；物体较远，辐合角就小（见图7—38）。控制视轴辐合的眼肌运动为人提供了距离的线索。不过，视轴辐合提供的距离线索也只在几十米内有效；物体太远，视轴趋于平行，感知距离就需要其他线索。

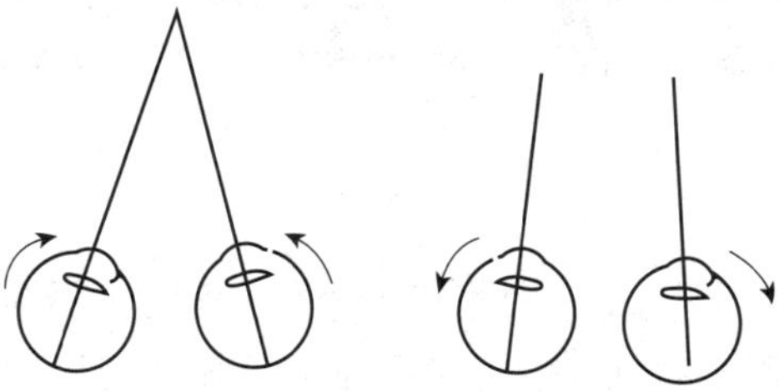

图 7—38　双眼视轴的辐合

2. 双眼视差

人的两只眼睛构造相同，之间有一定距离，成人大约为65毫米。当观察一个物体时，若两眼视像完全相同并落在两眼视网膜的对称点上，看到的就是一个平面的物体（见图7—39）。若两眼的视像不重叠且差别过大，便知觉到双像，即把同一物体看成两个。例如，用右手举起一支铅笔，让它和远处墙角的直线平行。此时，如果注视远处墙角的直线，近处的铅笔便出现双像；如果注视近处的铅笔，远处墙角的直线将出现双像。

当两眼视网膜上的视像有差别且又不超过一定限度时，就会产生深度知觉。例如，当注视一个三角形锥体时，右眼看右侧面多些，左眼看左侧面多些，两个视像不能完全重合，而是向相反方向即向内侧偏斜，这种偏斜称作双眼视差（见图 7—40）。双眼视物时的这种差异，转化为神经冲动，传入大脑，经过皮层的分析和综合，产生了立体知觉。只有一只眼睛的人，视物时不能产生双眼视差，在深度知觉上是有缺陷的。他只能根据单眼线索和经验来知觉深度。

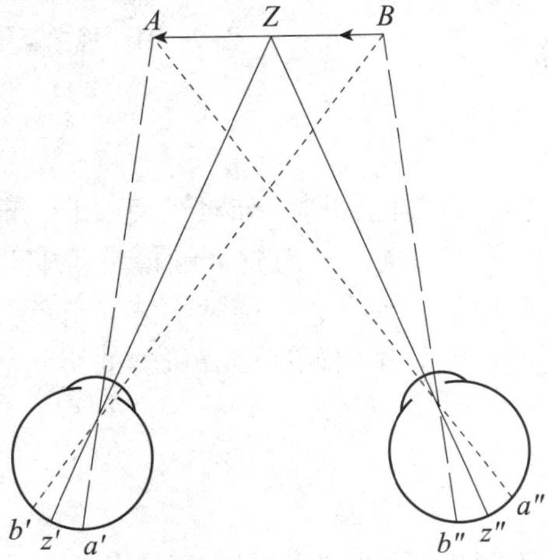

图 7—39　平面知觉

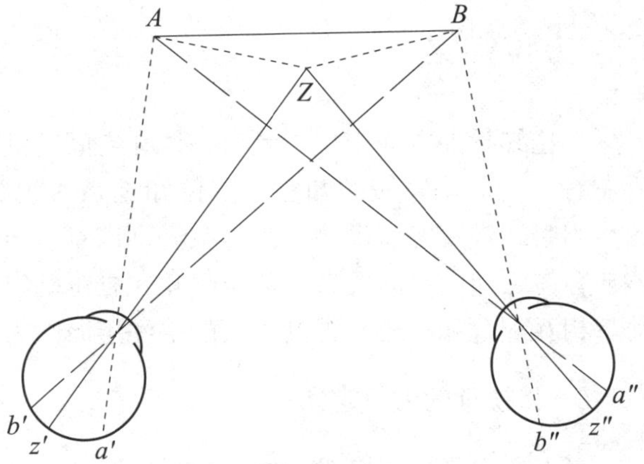

图 7—40　立体知觉

双眼视差在形成立体知觉中的作用，可以用实体镜来证实。夹在实体镜前方的两张图片略有不同，左边的图片向左偏斜，右边的图片向右偏斜。当两只眼睛分别从两个三棱镜头观看时，视像落在两眼视网膜的非对应部位上，产生了双眼视差。在适当焦距上，会把两张图片知觉为一个立体的图像。立体电影便是利用这个原理拍摄的。拍下两幅稍有差别的影像，一张稍向左偏，一张稍向右偏。放映时，两幅影片分别通过两个镜头同时投射在同一个银幕上，放映镜头和观众都要带上偏光镜，观众的左眼只能看到左侧镜头投射的影像，右眼只能看到右侧投射的影像，由于双眼视差的作用，就会产生立体感。

由双眼视差所获得的深度知觉能力，受距离影响。距离不同，能够觉察的相对距离也随之变化。实验证明，距离观察者 1 米远的两个物体，其相对距离达到 0.37 毫米，就能分辨出远近。若距离变为 10 米，两个物体间距离需要达到 3.8 厘米，才能知觉到深度。距离在 500 米以外，借助双眼视差知觉深度的能力就很有限了。1 300 米以上的距离，两眼视轴接近平行，双眼视差就不起作用。这时必须依靠其他条件来知觉距离和深度。

（三）深度知觉的发展

婴儿在多大时才会有深度知觉？吉布森（E. J. Gibson，1910—2002）用“视觉悬崖”研究了这一问题。他们设计了一个台子，左右半边有高度落差，在台子上铺一层透明玻璃，让婴儿在上面爬行，婴儿爬到中间时，能够清楚地看到深度，却不会有跌落的危险（见图 7—41）。结果表明，满 6 个月大小的婴儿，都会在“悬崖”边停止。即使他用手摸到前方的透明玻璃，仍然不敢向前爬去。还有的研究者以两个月大小的婴儿为被试，观察记录婴儿在身临“悬崖”时的心跳速度，发现让婴儿俯卧并面向“悬崖”的浅边时，婴儿的心跳速度没有改变；但如果让他俯卧并面向“悬崖”的深边时，婴儿的心跳速度则减缓。6 个月的婴儿，当他身临悬崖时，心跳明显加速。研究者的解释是：两个月大的婴儿已经有了深度知觉，只是知觉引起的反应不是恐惧，而是好奇；6 个月大的婴儿，已经对深度有所恐惧了。可见，人类很小时就对深度有了警觉性。但是，为什么婴儿偶尔还是会“不知深浅”地从床上跌落到地上？这主要是与儿童的注意力发展水平仍然较低有关。

图 7—41　视觉悬崖

四、方位知觉

方位知觉即方向定位，是对物体在空间所处的方向、位置的知觉。如对东南西北、前后左右、上下顶底等的知觉。方位知觉是靠视觉、听觉、动觉、平衡觉、触摸觉等实现的。用眼睛观察客观事物，用耳朵辨别声音方向，用触摸觉、动觉、平衡觉去感知自己身体与客体之间的空间关系，甚至嗅觉在方位确定上也起辅助的作用，许多分析器的协同活动，相互配合和补充，提高了人的空间定向能力。

（一）视觉的方位定向

当人环视周围环境时，物体就在视网膜上形成了不同投影，如风扇吊在天花板下，台灯放在桌子上。于是，人就可以根据物体在视网膜上投影的位置判断它的方位。由于方位总是相比较而言的，因此，视觉定向必须有其他条件作为参照系。莱文森（S. C. Levinson，1947—　）归纳了三种不同的参照系，他称为参考框架。

1. 绝对参考框架

这种参考框架的坐标系是固定不变的，无论环境中的事物或视角如何改变，方位词所代表的方向都是固定的。在使用绝对参考框架进行定位时，周围环境在个体头脑中形成了一幅浓缩地图，坐标以太阳（东西）和地球磁场（南北）为参照，需要描述的物体位于背景的方位轴线上，坐标原点位于背景上。在向他人描述物体的空间位置时，使用绝对参考框架的人会用“东”、“西”、“南”、“北”之类的术语，说“树在房子南边”、“树在房子北边”之类的话。由于绝对参考框架的坐标以太阳和地球磁场为参照，所以，即使使用者到了一个完全陌生的环境，也能够正确指出坐标轴所指方位。

2. 相对参考框架

这种参考框架的坐标点位于观察者的视觉点上，以视觉点为中心，以观察者自身为参照，形成一个“前”、“后”、“左”、“右”两两相对的坐标轴，或者将背景中的某一方向定为“前”，然后顺时针转动，形成了“右”、“后”、“左”，从而形成四个方位。视觉点、观察物和背景形成了三维空间关系。在这种参考框架中，由于坐标系统所指的方向并不固定，随着视觉点变化而变化，因而被称为相对参考框架。在向他人描述物体的空间位置时，使用相对参考框架的人会使用“前”、“后”、“左”、“右”之类的术语，说“树在我的右边”和“树在房子左边”之类的话。

3. 固定参考框架

这种参考框架的坐标点固定在背景物上。在定位时，观察者指定某一背景物为坐标点，从该点出发，设置不同的方位，观察物则在这些方位引出的射线上。在使用这种参考框架时，方向定位主要取决于观察物与背景物之间的关系，即使观察者的位置发生变化，只要观察物与背景物关系不变，方向定位也不变。如“树在房子的前面”。但是，如果观察物与背景物的关系发生了转变，如将房子倒转，方向定位就随之改变，如“树在房子前面”此时就变成“树在房子后边”了。固定参考框架或者采用绝对空间术语，或者采用相对空间术语，但它总是以背景物之间的关系为参照。

由于生态环境和生活习惯影响，不同国家、不同地区的人在视觉定向时参考框架也不同。例如，在我国，南方人习惯用身体定向，当你问路时，他们总是回答说“向左”、“向右”；北方人习惯用太阳和地球磁场定向，回答时总是说“向东”、“向西”、“往南”、“往北”等。另外，人们还倾向于说“南下”和“北上”，如“红军北上抗日”、“解放军大军南下”等，这些空间表达对人的空间认知亦具有重要影响。在视觉定向中，也有运动觉、触觉、平衡觉参与。

（二）听觉的方位定向

辨别声源的方向和远近，主要靠听觉。耳朵不仅能够接受声音，还能够判断声音的方位和远近。听觉的方位定向也有单耳和双耳的区别。

1. 单耳线索

一只耳朵聋了，另一只耳朵还能够感受声音。由单耳所获得的声音线索，虽然不能够有效地判断声源的方向，却能够有效地估计声音的距离。平时人们正是通过声音的强弱来判断声源的远近的：声音强，觉得近；声音弱，觉得远。特别是对一些熟悉的声音，如汽车、火车等，根据声音强弱就可以准确地判断其距离。

2. 双耳线索

人之所以能够准确地判断声源的远近和方向，双耳起着重要作用。人的两只耳朵处于对侧位置，中间隔着头骨，间距大约 27.5 厘米。如果声源靠近一只耳朵，声波必须绕过头颅半周，才能达到另一只耳朵。这就造成了两耳对声波刺激的强度差、时间差和位相差，这些都是判定声音方位的主要线索。

（1）强度差。由于声音到达两耳的距离不同，又受到头的阻挡，所以，两耳接受的声音强度必然有差异。声源同侧的声音较强，对侧的声音较弱，所以，可以根据感受声音的强弱，判断出声源方向。低频的声音波长长，容易越过头部，两耳强度差较小；高于 3 000 赫兹的声音，可以造成较大的两耳强度差。例如，声源在头部一侧 90°，声音频率为 10 000 赫兹时，两耳的强度差可达 20 分贝。两耳强度差是分辨高频声音方向的重要信号。

（2）时间差。声波到达两耳的时间也不同，靠近声源一侧的耳朵先听到声音，对侧的耳朵后听到声音。接受刺激的时间差使人能分辨出声源的所在，定位于先听到声音的一侧。时间差可以由两耳距离差和声速推算出来：

时间差＝距离差/声速

（3）位相差。同一频率的声波的波形的不同部位作用于两耳，对两耳鼓膜的压力不同。这种差别虽然较小，却是感知低频的声源方位的主要线索。

3. 听觉方向定位的规律

研究听觉的方向定位，常用一种名叫音笼的仪器。被试戴上眼罩坐在音笼内的椅子上，头部由支架固定，要求他判断出现在不同方位上的声音。研究表明，人的听觉的方向定位有如下规律：

（1）人体左右侧的声源最易定位，从不混淆。当一个声源偏离头部中切面 2°～3°时，人就能够正确地判断声音来自左方还是来自右方。随着声源偏离头部中切面角度加大，判断声源方位就越来越容易。

（2）头部中切面上的声音容易混淆。当声源在头部中切面上或附近时，声源距两耳的距离相等，双耳作用消失。被试容易判断声音在中间，但难以分辨它是在前还是在后，在左还是在右，在上方还是在下方。生活中也有这样的经验，如一个人在树上，另一个人在树下，树上的人喊叫，树下的人就很难定位。此时需要转动头部，使之产生双耳距离差，才能够精确地判断声音的方向。

（3）如果以两耳连线中点为顶点作一圆锥，那么，从圆锥面上各点发出的声音容易混淆，如误前为后，误左为右等。

作为丧失视觉的一种代偿，盲人具有高度发展的听觉空间定向能力，能够精确地分辨声源的方位，还可根据自己发出的声响回音躲避障碍物。

第四节　时间知觉

一、什么是时间知觉

时间和空间一样，也是物质存在的基本形式。人除了在一定空间中活动外，也总在一定的时间中活动。时间知觉（time perception）是人对客观事物的延续性和顺序性的反映。客观事物是延续的。任何事物都有过去、现在和将来，都有发生、发展和终结。植物的生长要经过发芽、生根、成长、开花、结实、衰老一系列阶段；一个人从呱呱坠地时起，要经历幼年、童年、少年、青年、壮年和老年一系列阶段。时间无始无终。“子在川上曰，逝者如斯夫”，就是对这种延续性的知觉。客观事物又是顺序性的。诗人雪莱所说的“冬天到了，春天还会远吗”就是对这种顺序性的知觉。

时间知觉具有以下四种形式：

（1）对时间的分辨。能够按照时间的顺序区分各种活动。例如，早晨起床后，读了半个小时外语，然后吃早饭，然后又上了两节课，等等。

（2）对时间的确认。例如，知道今天是几号，去年是何年等。

（3）对持续时间的估计。如电影播放了 2 个小时，暑假过了 5 天，等等。

（4）对时间的预测。例如，再过一个月就要期末考试了，离论文答辩只有 3 天了。

时间知觉不同于空间知觉。主要表现在如下方面：

（1）空间知觉有固定的刺激，如形状知觉由物体轮廓引起，大小知觉由物体在视网膜上的投影引起，时间知觉并非由固定刺激引起。

（2）空间知觉有提供线索的感官，如眼睛和耳朵，时间知觉没有提供线索的感官。

（3）空间知觉是对事物的即时反应，如看到物体的明度、颜色、大小和形状，听到声音的音调、响度和音色，时间知觉在多数情况下是事后才反应的。时间具有不可逆性，人只能知觉过去发生过的事件，不能知觉已经过去的时间。所以，一些心理学家建议用“知觉到的现在”（perceived present）来代替时间知觉（time perception）。知觉到的现在是指在几秒的时间内，把一些相继事件知觉为同时的。这些事件排列有序并被知觉为一个单位。例如，一个电话号码、一句诗、一个曲调旋律，都可以作为一个单位来知觉。弗雷瑟（P. Fraisse，1911—1996）认为，知觉到的现在可以持续3～4秒，超过这个限度，就是时间记忆。

（4）由于时间具有抽象性，所以，人们往往通过空间来认知时间。这就是时间—空间隐喻（time-space metaphor），它包括方位隐喻（用上下前后来隐喻时间，如“上古”、“下年”、“前辈”、“后生”等）、实体隐喻（用具体事物来隐喻时间，如“光阴似箭，日月如梭”、“时光如流水”）、容器隐喻（如“三天之内”）和结构隐喻（如“人生是旅程”）。

心理学家发现，人们将空间中物体的运动方向映射于时间，形成了两种不同的时间隐喻系统：“自我移动”（ego-moving）和“时间移动”（time-moving）。“自我移动”是指自我沿着固定的时间轴移动，从现在走向未来。例如，“我们马上要过圣诞节了”。“时间移动”是指将时间看作一条河流或传送带，经过静止的“自我”，从未来流向过去。例如，“圣诞节马上就要到了”（见图7—42）。“自我移动”和“时间移动”是最早被提出并且得到广泛关注的两种时间隐喻系统。所选的运动实体不同，会对时间产生不同的表征。“自我移动”和“时间移动”具有心理现实性。我国研究者发现，汉语讲话者更多地使用“时间移动”策略。还有研究发现，人对“自我移动”或“时间移动”视角的选择是情境性的，哪一种更有优势并不是绝对的。

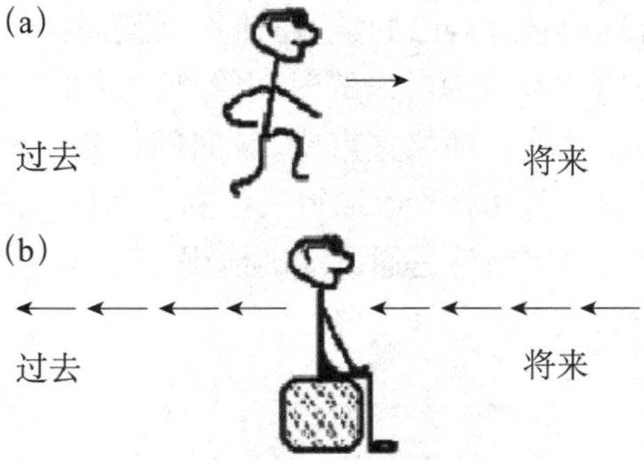

图7—42 自我移动（a）和时间移动（b）图式示例

时间知觉又与空间知觉密切联系，相互影响。赫尔森（H. Helson）和金（S. M. King）在被试前臂上安排三个等距离刺激点，组成一个触觉等边三角形（见图7—43）。当刺激A点和B点的时间间隔大于刺激A点和C点的时间间隔时，被试觉得AB的距离大于AC，显示时间知觉对空间知觉的影响。这种现象称为Tau效应。Tau效应在视觉中也得到了证实。另外，空间知觉也可以影响时间知觉。汉塞尔（C. E. Hansel，1917—2011）和西尔维斯特（J. D. Sylvester）将三个灯排成一行（见图7—44），开亮A灯和B灯之间的时间间隔等于开亮B灯和C灯之间的时间间隔。但由于AB距离大于BC，所以被试觉得A灯和B灯之间亮的时间间隔要长，显示出空间知觉对时间知觉的影响，这种效应被称为 Kappa 效应。我国心理学家黄希庭（1937— ）等人研究表明，Kappa 效应在儿童身上表现得特别明显。

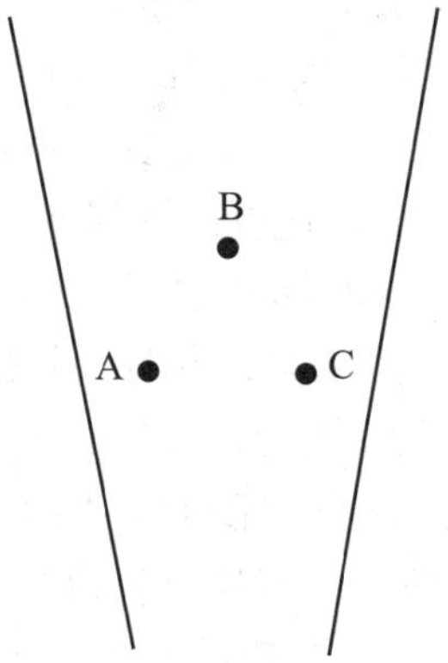

图 7—43 Tau 效应的实验安排

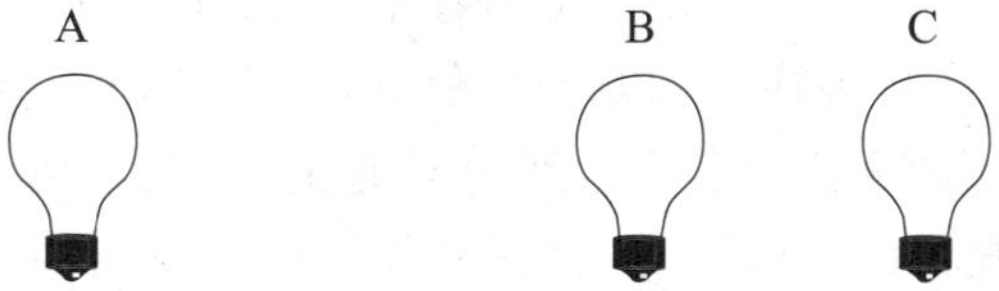

图 7—44 Kappa 效应的实验安排

时间知觉在人类的生活和工作中十分重要。中国古代就有“惜时”教育，有“一寸光阴一寸金，寸金难买寸光阴”的说法。在西方，“时间就是金钱”早已成为资本主义生活方式的信条。准确的时间知觉对于学生的学习和教师的教学都有重要意义。科学地安排教学时间，是教学成功的关键；合理地管理自己的学习时间，是学生学习成功的诀窍。拖延不利于人的创造性的发挥。一些心理学家认为，人的时间管理倾向是重要的人格特征。在军事上，准确的时间观念对军事指挥员和战士都至关重要。“时间就是胜利”早已成为军队中的口头禅。在一场战役中，几分几秒的时间就可以取得战争的主动权。准确地测量时间对心理学也有特殊意义。认知心理学的许多实验就是通过准确地测定信息加工的时间来实现的。

二、时间知觉的依据

时间不具有形体，看不见，摸不着。因此，人对时间的知觉总是通过各种媒介间接地进行。时间知觉的媒介可以是自然界和社会的周期现象，也可以是人自身的生理状态。

（一）自然界的周期现象

人类从远古时期开始就利用自然界的周期现象作为媒介来知觉时间。如将太阳的一次升落定为一天，日出为晨，日中为午，日落为暮；将月亮的一次盈亏变化定为一个月；将春、夏、秋、冬四季的一次循环定为一年。在计时工具发明前，人们主要借助于太阳、月亮、星辰的变化去估计时间。如果失去这些客观标志，时间知觉就可能发生错误。例如，在阴雨天，看不到太阳，难以判断中午的时间。从北方到广州工作的人开始时也会发生对“年”的知觉的困难，因为广州一年四季都有绿色，一年四季都有花开。当北方冰天雪地时，春节就快到了，而此时的广州却是繁花似锦。

（二）机体的生理节律

人的许多生理活动具有周期性、节律性。例如，人在正常情况下的呼吸频率为每分钟17次；心跳每分钟60～70次；妇女月经的周期约为28天；从进食到饥饿，大约经过4～6小时；觉醒与睡眠，每周期24小时。人的体温、血压、血糖、排尿、内分泌甚至人的智力、体力和情绪也都有节律性的变化。人们依据身体这些节律性活动，能够估计事件持续的时间。例如，根据饥饿的程度，估计开饭的时间；根据困倦的程度，判断夜深的时间。有机体身体的这些节律性活动，也叫生物钟（biological clock），它们给人们提供了时间信息。

研究表明，动物和人都具有很高的测量时间的能力，能够准确地与外界的周期性过程如潮汐涨落、昼夜交替、四季变换保持同步。例如，候鸟的迁徙活动，需要精确的时间估计。在没有钟表的时候，农民都以鸡叫来判断一天的时辰。即使在恒定的环境中，这种估计时间的能力仍然存在。有一位科学家在地洞中生活了205天，地洞深达40米，没有昼夜之分，也没有任何计时工具，但他的活动仍然能够基本保持24小时的周期。在宇宙航行中，宇航员身居密闭的飞船舱里，完全与外界隔绝，不受到昼夜更替影响，但他们的工作时间仍然按24小时来建立。

（三）周期性的社会活动

人类的许多活动具有周期性。如城市闹市区的活动规律是晨起、午闹、夜稀；工人上班每天8小时；基督徒每星期去教堂做一次礼拜；中国人每年正月初一欢度春节。儿童从小耳闻目睹这些现象，从而发展出时间知觉。对节奏性刺激，人还常用身体的节拍性运动来估计时间。此时产生的动觉刺激是知觉时间的信号。当运动分析器出现障碍时，节奏知觉就发生困难。对于某些要求精确知觉时间的活动，人们就借助口头数数来提高估计时间的准确性。如跳伞运动员要在跳出飞机以后20秒钟准时开伞，时间误差超过1秒钟就失去了获胜机会。径赛运动员在起跑线上，听到预备号令后，也是口数或默数二个数开始起跑。

（四）计时工具

人们在很古的时候就开始设计计时工具来知觉时间。中国古代用“漏”来计算时间，所以柳永有“更漏咽，滴破忧心，万感并生”的词句。这种用漏壶滴水计算时间的办法一直延续到明代。后来，人们发明了钟表。随着科学技术的发展，人们通过精密的计时工具不仅可以计量年、月、日、时这样较长的时间，还可以计量分、秒等较短的时间，甚至可以计量毫秒、微秒等极短的时间。

三、影响时间知觉的因素

研究表明，时间知觉的准确性受下述因素影响。

（一）时间间隔的长短

人对1秒钟左右的时间估计得最准；短于1秒的时间，人倾向于高估；长于1秒的时间，人倾向于低估。

（二）刺激的物理性质

强的刺激比弱的刺激显得时间长些；被分段的持续时间比空白的持续时间显得长些；不熟悉的刺激的呈现时间比熟悉的刺激的呈现时间显得长些。

（三）一段时间内事件的数量和性质

在一段时间内，事件发生的数量多，性质复杂，人倾向于将时间估计得短些；反之，人倾向于将时间估计得较长。充满丰富内容的活动，主观上感到时间过得快；活动内容单调贫乏，让人觉得时间过得很慢。

回忆时，对时间的估计与知觉时正好相反。同样长的一段时间，内容越充实有趣，觉得时间越长；内容越单调乏味，觉得时间越短。一段时间过去得越久，它就显得越短。这是因为时间过去久了，可以回忆的事件也少了。

（四）感觉通道的性质

在判断时间的精确性上，听觉最好，触觉次之，视觉较差。人耳能够分辨相隔 1/100 秒的两个声音；触觉分辨两个刺激物之间的最小时距为 1/40 秒，视觉为 1/10～1/20 秒。

（五）注意

一般说来，对一个持续时间越是注意，就显得越长。两个同时发生的刺激，注意的那一个，看起来就先于另一个。

（六）兴趣、态度和情绪

兴趣盎然的事，时间似乎飞驰而过；意兴索然的事，时间似乎无比冗长。引人入胜的表演使人忘却了时光流逝，味同嚼蜡的报告简直是没完没了。期待中的事，如迎接亲人，往往使人感到姗姗来迟；为人厌烦的事情，又是不期而至。欢乐时觉得时间过得快，痛苦时觉得时间过得慢。这些说的都是情绪对时间知觉的影响。这一现象也为实验所证实。孙文龙等人考察了不同情境对时间知觉估计的影响，发现不同年龄组的人对“悲伤情绪时间”出现高估，对“欢乐情绪时间”和“智力活动时间”出现低估。

（七）年龄和个体差异

不同年龄的人时间知觉也有差异。儿童总觉得时间过得慢，因为他们渴望长大；成年人会因为光阴流逝而惊叹不已。这种差异的产生，与比较背景有关。时间知觉是在实践中发展起来的。儿童对时间的估计往往不准确，随着年龄增长，实践活动增多，逐渐减少误差，接近准确。成年人精确估计时间的能力与培养和训练分不开。某些职业会养成这种能力，如许多教师不用手表也可精确地掌握上课时间，厨师能够很好地掌握蒸、煮等操作的时间。

四、时间知觉的理论模型

（一）生物模型

该模型强调时间知觉的自动加工成分，假设有机体的大脑内存在一个生物钟或内部时钟来掌握时间，它产生的时间信息是有机体基本知觉的前提。凡是对生物钟频率产生影响的机体变量（如生理状况和唤醒水平）都会对时间知觉产生影响；干扰或破坏脑内生物钟定位区域会损伤时间知觉能力。这一模型的部分理论已经得到了证实。比如，帕金森病人的时间知觉缺陷主要是由多巴胺减少降低了内部时钟的速度引起的。

（二）认知模型

该模型认为大脑内并不存在特定的时间知觉区域，强调时间知觉的控制加工成分，主要关注外部刺激因素、环境因素以及其他认知活动过程对时间知觉的影响，认为时间知觉是认知过程的间接结果，尤其是记忆和注意的结果。时间知觉会受环境因素（比如注意努力、任务要求和反应标准等）的影响而产生偏差。

（三）综合模型

随着时间知觉研究的深入，人们发现单一的生物模型或认知模型难以全面地解释复杂的时间知觉现象。于是，有研究者结合生物模型和认知模型提出综合模型，如“注意闸门模型”（attentional-gate-model）。在该模型中，包括节拍器、计时器、比较机制等传统的生物模型成分，也包括计时器开关、注意开关、工作记忆、反应机制等认知成分，还包括用于解释长时距时间估计（长于 5 秒）的参照记忆（即长时记忆）。

在注意闸门模型中，节拍器会产生一定频率的脉冲，脉冲是时间知觉的基础单位，脉冲的频率只受神经兴奋性（如唤醒）影响，不受刺激或任务特征等认知成分影响。脉冲由闸门进入计时器，闸门由注意控制。在时间知觉中，注意会分配到时间信息和非时间信息上：当被试关注时间信息，不关注非时间信息时，注意闸门打开允许脉冲进入。如果此时间信息代表时距的开始，计时器开关也随即打开，脉冲进入计时器，计时器开始累计脉冲的数量。当时间信息代表时距结束时，计时开关关闭，并将累计脉冲储存到工作记忆中，通过脉冲多少来判断时距长度。同时，计时器中总的脉冲数也被送到参照记忆中，当被试需要外显地估计时距（如口头估计时距）时，则将工作记忆中的脉冲数和记忆中已有的多种时距（由脉冲数体现）比较，根据相似性进行判断。

第五节 运动知觉

一、什么是运动知觉

运动是物质的根本属性。世界上的万事万物，总在不断运动和变化中。如地球在转动，河水在流动，汽车在奔驰，花朵在开放。物体的运动特性（如在空间上的位移、运动的方向和速度）在人头脑中的反映，就是运动知觉（motion perception）。

运动知觉对人和动物的适应具有重要意义。有些动物（如青蛙）只能够知觉运动的物体，对静止的东西没有反应。运动物体对许多物种而言，是猎物或天敌来临的信号。运动知觉在人类生活中也有重要意义。机场工作人员要能正确估计飞机的运动的方向和速度，篮球运动员要能正确估计篮球运动的方向和速度。就是行人过马路，也要对来往车辆的距离和行驶速度有准确估计。

二、运动知觉产生的机制

人有专门感知光波的眼睛，专门感知声波的耳朵，却无专门感知运动的器官。运动知觉是通过多种感官的协同活动实现的。运动知觉的产生主要来源于下述三方面信息。

（一）网像运动系统

一般认为，当人观察运动物体时，如果眼睛和头部不动，物体在空间上的连续位移将依次刺激视网膜上的一系列感受器，并使相邻的感受器受到连续的激发，从而提供了运动的信息。格雷戈里（R. L. Gregory，1923—2010）把这种运动系统称作网像运动系统［见图 7—45（a）］。

但是，仅用网像运动系统不能充分解释运动知觉。人在知觉运动物体时，眼睛、头部和身体也在经常运动。人可以用眼睛追踪一个运动物体，此时物体在视网膜上的映像是相对静止的，人却能产生运动知觉；当物体静止时，人移动眼睛或头部，虽然物体的投影依次刺激视网膜，却不产生运动知觉。可见，网像运动系统不是运动知觉的唯一信息来源。除它之外，人还有其他机制。

（二）头—眼运动系统

如果用眼睛追踪运动物体，视像保持不动，眼睛和头部的动觉信号可以为人提供物体运动的信息。如果观察固定不动的物体，转动眼睛和头部，来自眼睛和头部的动觉信号抵消了视网膜上视像位移产生的信号，人们看到的物体就是静止的。格雷戈里把这种运动系统称作头—眼运动系统［见图 7—45（b）］。

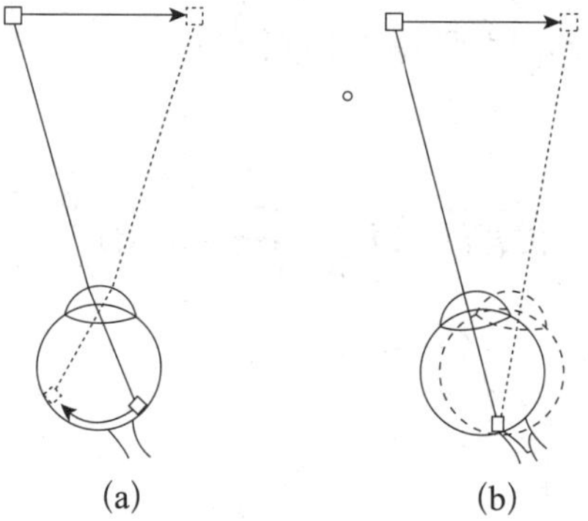

图 7—45　网像运动系统（a）和头—眼运动系统（b）

（三）运动物体其他特性的影响

例如，当物体由近及远时，视网膜上的视像大小会发生变化：物体逼近时，视网膜上的投影会逐渐变大；物体远离时，视网膜上的投影会逐渐变小。电影正是利用这一原理制造出运动的效果。听觉对运动知觉也有重要作用。物体逼近时，声音会越来越响；物体远离时，声音会越来越弱。物体向我们趋近时，音调似乎在增强；声音渐远时，音调则显著降低。这种现象叫做多普勒效应（Doppler effect）。因为声音向我们而来时，声波的传播距离短，后一个声波赶上了前一个声波，结果便感知到较高频率；当声音离我们而去时，声音的传播距离较远，因而略有延宕，便感知到较低频率。

三、运动知觉的种类

（一）真动知觉

真动知觉是对物体在空间上的位移和移动速度的知觉。由于世界上任何事物都处在不断运动之中，所以运动和静止、快和慢，都是相对的。人在观察物体运动时，需要以其他物体作比较。这个作比较的物体，就是运动知觉的参考系。在大多数情况下，人知觉运动都是以地球作为参考系的。

运动知觉直接依赖于物体运动速度。物体运动速度太慢，单位时间内位移太小，人就知觉不到。如人不能觉察出钟表时针的运动，不能感知花朵开放的过程。物体运动速度可以用单位时间内物体运动的视角大小来表示，即角速度（弧度/秒）。刚刚可以觉察的单位时间内物体运动的最小视角范围叫运动知觉的下阈。当物体运动速度太快，超过一定限度，人只能看到弥漫性闪烁。看到闪烁时的速度叫运动知觉的上阈。荆其诚（1926—2008）对中国人的测定发现，在两米距离时，运动知觉的下阈为 0.66 毫米/秒，上阈为 605.2 毫米/秒。运动知觉的差别阈限大致符合韦伯定律，约为标准速度的 20%。

运动知觉阈限受一系列因素影响。目标物的视网膜定位、刺激物的照明和持续时间、视野中有无参照点存在、目标离观察点的距离、知觉者的职业特点，都影响运动知觉的阈限。当刺激呈现在视野中央，增加目标物的照明和刺激的持续时间，会降低运动知觉的阈限。在黑夜里开车，人难以判断运动速度，因而容易出现车祸。林仲贤（1931—2011）研究表明，飞行员追随运动的能力优于滑翔运动员，滑翔运动员又优于汽车司机，普通人这方面的能力低于驾驶职业者。

（二）似动

似动（apparent movement）是指在一定的条件下，人把客观上静止的物体看成是运动的，或者把客观上不连续的位移看成是连续运动的现象。似动的主要形式有以下几种。

1. 动景运动

在实验室里，给被试先后呈现两条线段 a 和 b，一条水平，一条垂直，或者两条互相平行（见图 7—46）。当

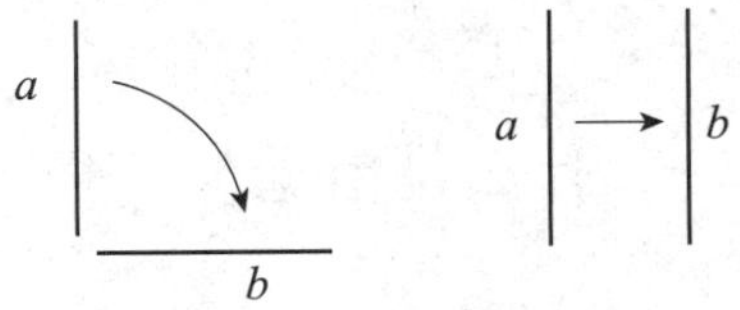

图 7—46 动景运动

间隔时间短时（小于 30 毫秒），会看到两条直线同时出现；间隔时间过长（超过 200 毫秒），会看到两条直线相继出现；当时距为 60 毫秒时，人会看到一条直线向另一条直线运动。这种静止的刺激按一定的时间距离相继出现时使人产生运动知觉的现象，叫做动景运动（stroboscopic movement），又叫 Phi 现象。电影、电视就是按动景运动原理制成的。

2. 诱导运动

在暗室里，给被试呈现一个发亮的框架和一个光点，并让框架向右运动。此时，人将看到光点向左运动，框架却不动。这种由于一个物体运动而使相邻的静止物体产生运动的现象，叫做诱发运动（induced movement）。例如，夜空中月亮静止，流云在动，但看上去仿佛流云静止，月亮在动。在诱发运动中，视野中细小的对象看上去在动，大的背景则处于静止状态。

3. 自主运动

在暗室里，注视一个光点一段时间，会发现这个光点在动，实际上光点是静止的。这种现象叫做自主运动（autokinetic movement）。造成自主运动的原因，至今尚不清楚。一种观点认为，自主运动是由于眼睛注视物体时，有微弱颤动，眼动信息输入大脑反而使人觉得亮点在动。眼动引起的运动知觉也可以从图 7—47 中看出，注视这张图你会觉得它在运动。另一种观点认为，自主运动是由于视野中缺乏参照物引起的。因为一旦有了参照物，自主运动随之消失。现在看来，两方面原因可能都会起作用。

图 7—47　眼动引起的运动知觉

4. 运动后效

运动后效是指在注视一个方向的运动后，再看静止物体，会觉得静止物体似乎朝相反的方向运动。如在注视飞速开过的火车后，会觉得附近的树木向相反的方向运动；注视向下飞泻的瀑布一会儿，再看周转静止的田野，会觉得田野在向上飞升。所以运动后效又叫做瀑布效应（waterfall effect）。

第六节　错觉

一、什么是错觉

詹姆斯说过："我们对世界的感知，部分依赖于对客观事物的感觉，另一部分——可能是更重要的一部分，来自于我们的思维。”由于主观的和客观的原因，人有时不能准确地感知外部事物，会产生各种歪曲。人对客观事物不正确的知觉，就是错觉（illusion）。错觉在各种知觉中都有发生，而且十分普遍。例如，在《列子》中，有这样的记载：“孔子东游，见两小儿辩斗，问其故。……一儿曰：‘日初出大如车盖，及日中，则为盘盂，此不为远者小而近者大乎？’一儿曰：‘日初出苍苍凉凉，及其日中，如探汤，此不为近者热而远者凉乎？’孔子不能决也。两小儿笑曰：‘孰为多知乎？’”这里讲的太阳近如“车盖”、远似“盘盂”的现象，就是“太阳错觉”，是大小错觉的一种。

研究错觉具有重要的理论意义和实践意义。不可知论者认为，由于存在着错觉，所以人不能真正认识客观事物。事实上，错觉的产生既有客观原因，也有主观原因。研究错觉的成因有助于揭示知觉的规律，使人更全面地了解人类认识的产生条件、过程和特点。在实践上，研究错觉有两方面意义：一是有助于消除错觉对人类实践活动的不利影响。例如，飞行员在海上飞行时，由于海天一色，容易产生倒飞错觉，这可能引起严重的飞行事故。研究这类错觉的成因，有助于避免事故发生。二是利用错觉为自己服务。例如，在军事上，利用伪装造成敌人错觉，利用运动错觉从静止图片中获得运动影像。在日常生活中，利用错觉增添美感。例如，白色有扩散作用，黑色有收缩作用。所以，穿白衣服会令瘦小的人略为丰满，穿黑衣服会使肥胖者显得苗条。又如，横线条衣服使人显得胖些，竖线条衣服会使人显得瘦些。

二、错觉的种类

错觉有很多种类。常见的有大小错觉、形状和方向错觉、螺旋错觉、运动错觉和明暗错觉等。其中，有些错觉在前面已经接触过。大小错觉、形状和方向错觉有时统称为几何图形错觉。

（一）大小错觉

人们对几何图形大小和线条长短由于某种原因会出现错觉，叫大小错觉。

1. 缪勒—莱耶错觉

这种错觉也叫箭形错觉，指两条长度相等的线段两端加上了不同斜线，有向外的斜线的线段比有向内的斜线的线段显得长些［见图 7—48（a）］。

2. 潘佐错觉

这种错觉也叫铁轨错觉。两条辐合线中间有两条等长的线段，看上去上面一条线段比下面一条线段长［见图 7—48（b）］。

3. 垂直—水平错觉

这是指垂直线段与水平线段等长，但看上去垂直线段要比水平线段长一些［见图 7—48（c）］。

4. 贾斯特罗错觉

这是指两条等长的曲线，包含在下图中的一条比包含在上图中的一条长些［见图 7—48（d）］。

5. 多尔波夫错觉

这是指面积相等的两个圆形，一个在大圆包围中，一个在小圆包围中，前者显得小，后者显得大［见图 7—48（e）］。

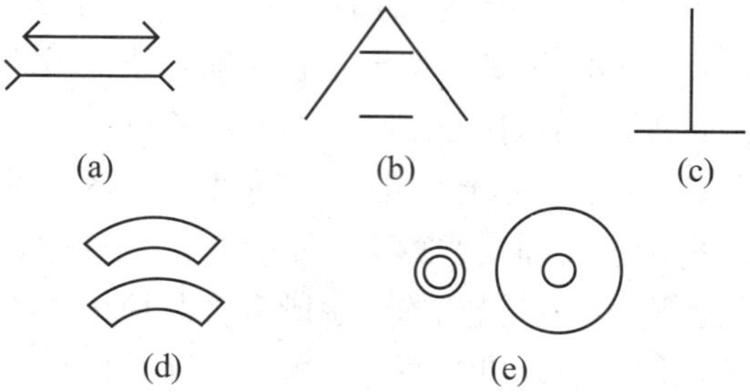

图 7—48　大小错觉

（二）形状和方向错觉

1. 佐尔拉错觉

这是指一些平行线由于附加线段的影响被看成是不平行的［见图 7—49（a）］。

2. 冯特错觉

这是指两条平行线由于附加线段影响，中间变狭，两端变宽，直线看上去好像是弯曲的［见图 7—49（b）］。

3. 爱因斯坦错觉

这是指由于许多环形曲线影响正方形四边显得弯曲［见图 7—49（c）］。

4. 波根多夫错觉

这是指一条斜向的直线 A 被两条直线分割后，似乎发生了位移，本来 A1 是它的延长线，但看起来 A2 更像是它的延长线［见图 7—49（d）］。

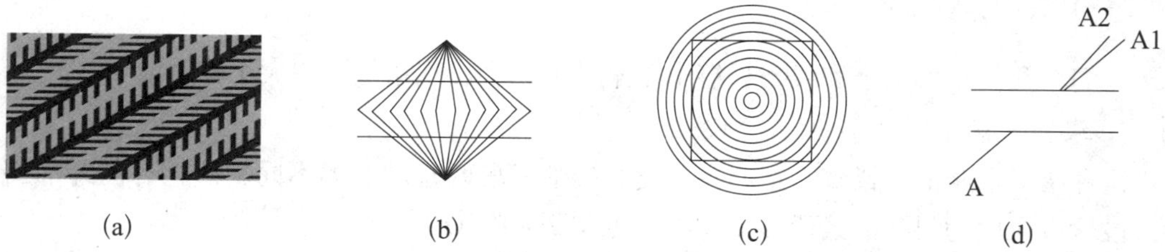

图 7—49　形状和方向错觉

（三）螺旋错觉

在图 7—50（a）中，人们可以看到弗雷泽螺旋。黑色弧看起来是一个螺旋，其实它们由一组同心圆构成。看图 7—50（b），这种幻觉逐渐不明显了。如果你用手遮住图 7—50（a）的上半部分，这种错觉便不复存在。

（四）运动错觉

运动错觉在似动现象中已经有所介绍。图 7—51 是一个特例，又称大内错觉。看着图

(a)　　(b)

图 7—50　螺旋错觉

形，慢慢移动你的眼睛，中间的圆形好像在不同深度中连贯地移动。

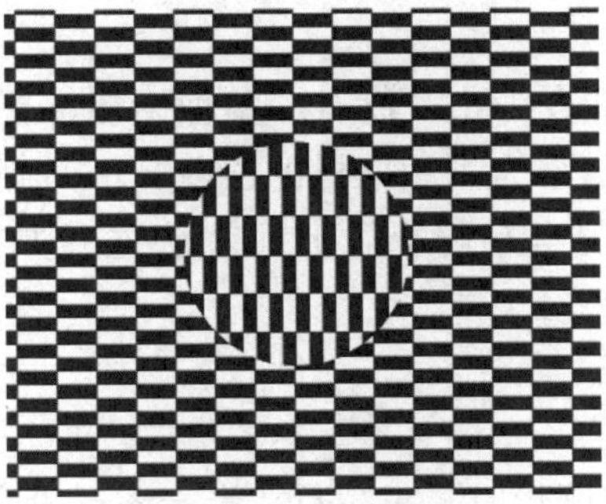

图 7—51　运动错觉

（五）明暗错觉

图 7—52（a）被称为赫尔曼栅格。你可以在交叉处看到灰点，但仔细看并不存在。在图 7—52（b）中，白色背景下的图形面积看起来比黑色背景下的图形面积更大。很多魔术师都用这种对比效应来隐藏道具。比如，他们想隐藏物体的支持物时，就在周围使用明亮物体，如金属物或白布等，这样黑色背景下的道具会显得更暗，观众就看不出其中奥秘。更为有趣的是格里德火花错觉，见图 7—53。

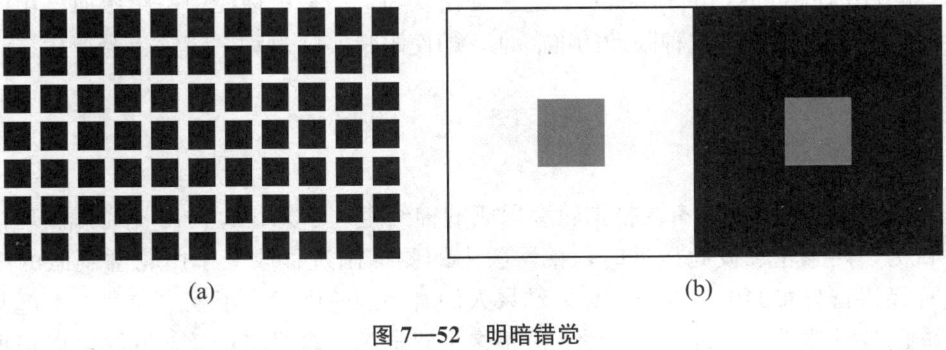

(a)　　(b)

图 7—52　明暗错觉

看着图 7—53，用眼睛环视它，你可看到那些交叉点放出火花，这个新发现的错觉叫做格里德火花错觉。它与赫尔曼栅格错觉相似，但错觉效果更强。

图 7—53　格里德火花错觉

三、错觉理论

人为什么会产生错觉？迄今为止，没有一种理论能解释所有错觉。一般来说，对错觉有三种解释：（1）把错觉归结为刺激取样的误差；（2）把错觉归结为知觉系统的神经生理学现象；（3）用认知的观点来解释。下面就从这三方面来介绍一些有影响的错觉理论。

（一）眼动理论

该理论认为人在知觉几何图形时，眼睛总在沿着图形轮廓或线条做有规律的扫描。当人们扫视图形的某些特定部分时，由于周围轮廓影响，眼动的方向和范围发生了改变，造成取样误差，因而产生错觉。根据这种理论，垂直—水平错觉是由于眼睛作上下运动比作水平运动难；在缪勒—莱耶错觉中，由于箭头向外的线段引起距离较大的眼动，箭头向内的线段引起距离较小的眼动，因此前者看上去长一些。

眼动理论听起来颇有道理。有研究也发现，在眼动范围和缪勒—莱耶错觉大小之间有某种关系。但另一些事实说明，这种理论不成立。例如，快速呈现刺激图形，使眼动无法产生，或采用稳定网像技术，使图形的视网膜影像固定不变，人们照样会出现图形错觉。这说明，眼动不是造成错觉的真正原因。为了克服眼动理论的困难，人们提出传出准备性假说（efferent readiness hypothesis）。这种理论认为，错觉由神经中枢给眼肌发出不适当的运动指令造成。只要有这种眼动的准备性，即使眼睛实际没动，错觉也会产生。这种假设还没有被充分证实。

（二）神经抑制理论

20 世纪 60 年代中期，有人根据轮廓形成的神经生理学知识，提出神经抑制理论。这种理论认为，两个轮廓彼此接近时，视网膜内的侧抑制过程改变了由轮廓刺激的细胞活动，使神经兴奋分布的中心发生变化。结果人们看到的轮廓发生了相对位移，引起几何形状和方向的各种错觉，如佐尔拉错觉、波根多夫错觉等。对明暗错觉，同样可以根据侧抑制理论来解释。

神经抑制理论也有局限性。这种理论强调视网膜水平上感受器的相互作用，忽略了错觉现象和神经中枢的融合机制有关。例如，在波根多夫图形中，如果给一只眼睛呈现斜线，给另一只眼睛呈现两条平行线，人们仍然看到位移，这种现象抑制理论就无法解释。

(三) 认知理论

1. 深度加工和常性误用理论

这种理论认为，错觉有认知根源。人在知觉三维空间物体的大小时，总把距离估计在内。当人们把知觉三维世界的这一特点不自觉地应用于知觉平面物体时，就会引起错觉。因此，错觉是人们误用知觉恒常性的结果。以潘佐错觉为例，由于两条复合线提供了线条透视，夹在中间的两条横线在深度上被分开了，上方线段应该比下方线段远一些因而短些，而画面上的两条线段实际相等。根据大小—距离不变假设，人们知觉大小时考虑距离，因而把“远处”的线段看得长一些。

常性误用理论把错觉与知觉恒常性联系起来，强调了深度线索在错觉产生中的作用，因而也叫深度加工理论。这种理论影响很大，但不能解释有些事实。例如，在图 7—54 中，线段 ab 和 cd 虽然实际上相等，但由于附加图形影响，人们仍觉得 cd 比 ab 长。在这种情况下，没有犄角提供的深度线索，错觉仍然出现。

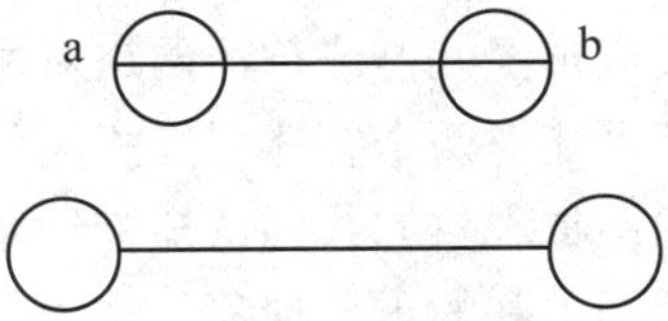

图 7—54 对常性误用理论的挑战

2. 模糊解释理论

该理论认为知觉是对感觉信息的解释。错觉是由对视像的模糊解释产生的。由于空间视觉形象在许多情况下是模糊的，视觉系统对视网膜输入信息有一个先天的模糊处理机制。即对于某个输入视像，可以有不同的三维结构的解释。在一般情况下，视觉系统接受了正确解释，但一旦发生错误，错觉便产生了。例如，在很多时候，视觉系统对视像解码常有两种以上的方法，尽管视网膜上的视像保持稳定，但人绝不会同时得到两种知觉——非此即彼，虽然有时会彼此切换，如在两歧图形中看到的那样，两种不同的视觉经验是知觉系统对感觉信息做出的不同解释。许多年来，艺术家和科学家寻找错觉的法则就是，要么减少理解图像的线索，或者有意地创造一个矛盾背景，使视觉系统不知何去何从。

(四) 认知神经科学的解释

20 世纪 80 年代以来，认知神经科学家通过对人和动物研究发现，存在一种视错觉发生的神经关联的重叠机制。重叠性表现为错觉与正确知觉具有本质上相同的神经活动，二者享有共同的神经关联，错觉神经活动的特别之处是在正确知觉发生的相同脑区有更强烈的激活。大量研究表明，视错觉与正确知觉之间的神经活动存在共同性：心理表象相同的正确知觉和错觉都在同一个知觉关联区内由相同的特定神经元作出反应；产生正确知觉的脑区也是相应错觉产生的决定性区域。具体见表 7—1。

表 7—1　产生正确知觉和错觉的关联区

知觉种类	正确知觉与错觉的共同激活区
移动	视皮层 V5 区
轮廓	视皮层 V2 区
颜色	视皮层 V4 复合区

以轮廓错觉为例（见图 7—55），有四边形轮廓的图形（左）和没有四边形轮廓的图形（右）都经过视神经元的活动最后共同激活视皮层 V2 区的神经关联物，两者都引起一个“白色四边形”的表象；不论表象是从真实四边形还是虚幻四边形来的，视皮层 V2 区都包含了产生该四边形表象的特定神经关联。

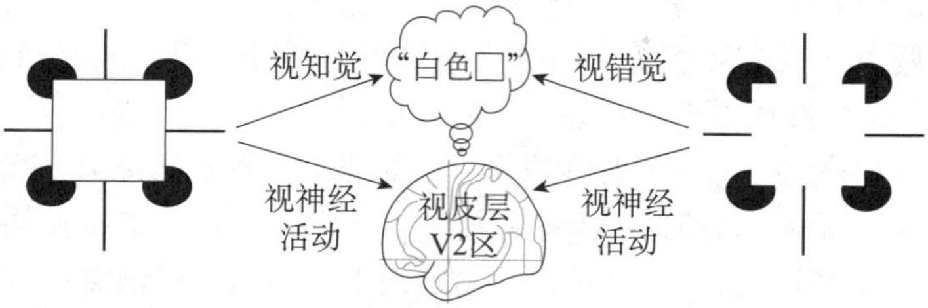

图 7—55　轮廓知觉与错觉的表象关系

换言之，如果同一个特定反应神经元群或神经网络对两个不同客体的激活反应都达到同一知觉发生的程度，该知觉就可能对两个客体引发相同的体验。有研究者认为，知觉的神经关联重叠至少是一些类别的错觉现象的共同认知神经基础。正是因为有神经关联的重叠，才会出现与正确知觉共享神经关联的重叠现象。

此外，具体的错觉各具有其特异性，从而导致移动错觉、轮廓错觉和颜色错觉的脑神经活动各不相同。这种差异首先体现在视知觉加工的皮层区域不同，其次是特定反应神经元的类型和整合方式不同。这与传统观点不一致。传统观点认为，错觉都由高级认知加工（比如经验、想象、推理等）造成，都可以归结为高级心智过程。认知神经科学的研究证明，各种错觉的神经活动是由各种感知觉的初级加工特征分析决定的。

基本概念

知觉；自动加工；控制加工；自下而上的加工；自上而下的加工；系列加工；平行加工；错觉；幻觉；知觉的选择性；对象；背景；定势；知觉的整体性；刻板印象；晕轮效应；知觉的理解性；知觉的恒常性；形状恒常性；大小恒常性；明度恒常性；颜色恒常性；空间知觉；形状知觉；轮廓；主观轮廓；图形掩蔽；图形识别；大小知觉；大小—距离不变假设；立体知觉；距离知觉；对象重叠；线条透视；空气透视；纹理梯度；运动视差；运动透视；视轴辐合；双眼视差；方位知觉；参考框架；绝对参考框架；相对参考框架；固定参考框架；时间知觉；时间—空间隐喻；方位隐喻；实体隐喻；容器隐喻；结构隐喻；自我移动隐喻系统；时间移动隐喻系统；Tau 效应；Kappa 效应；运动知觉；真动知觉；网像运动系统；头—眼运动系统；似动现象；动景运动；诱导运动；自主运动；运动后效

基本原理

知觉加工；知觉的分类；建构主义的知觉理论；直接知觉理论；模板说；原型说；特征分析理论；经成分识别的模型；交互作用理论；知觉的生理机制；影响知觉选择性的因素；影响知觉理解的因素；无意识推论的理论；生态理论；图形的组织原则；深度的单眼线索；深度的双眼线索；听觉方向定位；时间知觉的依据；运动知觉的机制；眼动理论；神经抑制理论；深度加工与常性误用理论；模糊解释理论；认知神经科学的解释

思考题

1. 什么是知觉？知觉与感觉的关系怎样？
2. 知觉中存在哪些种类的加工？
3. 试比较知觉的建构主义理论和直接知觉理论。
4. 知觉的对象和背景的关系怎样？
5. 举例说明知觉中整体和部分的关系。
6. 试说明影响知觉理解性的因素。
7. 什么叫知觉的恒常性？保持知觉恒常性的条件是什么？
8. 图形的组织原则有哪些？
9. 人知觉深度有哪些线索？
10. 视觉方向定位的参考框架有哪些种类？
11. 人是如何对声音进行定向的？听觉定向有什么规律？
12. 时间知觉有哪些特点？
13. 影响时间知觉的因素有哪些？
14. 人是如何知觉运动的？
15. 什么叫似动？似动有哪些种类？
16. 错觉有哪些种类？
17. 试说明错觉产生的原因。

第八章

记　　忆

本章要点

1. 记忆的一般概念
2. 记忆的神经生理机制
3. 感觉记忆与工作记忆
4. 长时记忆
5. 内隐记忆
6. 元记忆
7. 虚假记忆

谁都向往有一个良好的记忆力。我们不止一次地惊羡别人的良好记忆力，也不止一次地为自己的记忆力不好、丢三落四而烦恼。回忆不出知识，我们会焦急；认不出朋友，我们会难堪。有时，我们会“记得”实际上并未发生过的事；但在更多的时候，我们会遗忘发生过的事。这些都与记忆有关。

第一节　记忆的一般概念

一、什么是记忆

记忆（memory）是人脑对过去经验过的事物的反映，是在头脑中积累和保存经验的心理过程。从信息加工的观点来看，记忆就是人脑对外界输入的信息编码、储存和提取的过程。人们在生活中感知过的事物、思考过的问题、体验过的情绪、经历过的事件、做过的动作、学习过的知识，都可以成为经验而保持在头脑中。我们能够记住它们，在后来的日子里还能够回想起来，或者把它们再认出来，这就是记忆。

记忆与感觉、知觉同属于认知过程，都是人脑对客观事物的反映。记忆又不同于感知觉：感觉和知觉是人对当前直接作用于感官的事物的认知，相当于信息输入，记忆是对过去经历过的事物的认知，相当于信息的编码、储存和提取。记忆是刺激作用之后在人脑中留下的“痕迹”与印象。例如，分别多年的朋友，当他不在我们眼前时，我们依然能够想起他的音容笑貌、言谈举止，再见到他时也还能够认出来。

二、记忆的作用

记忆在人类心理生活中起着极其重要的作用。

记忆是保持个体经验的重要形式，在心理发展中具有重要作用。个体经验包括两个部分：直接经验和间接经验。直接经验是个体亲历后的结果，间接经验是人类在长期历史发展中形成的，有时又叫做社会文化历史经验。亲口吃青梅知道青梅酸是直接经验，通过他人介绍或阅读知道青梅酸是间接经验。人类保存个体经验的形式多种多样，如通过书籍、雕塑、图画、建筑物、电脑光盘等保存经验，但只有在人脑中保存经验才叫做记忆。在人同环境的互动中，成功的经历被保存下来，失败的教训被汲取了，这就大大提高了人对环境的适应能力。人类还通过记忆来学习社会历史经验，如通过长辈的言传身教来学习各种技能，通过同别人的言语交际和阅读来学习各种知识。没有记忆，个体就不能积累知识和经验，因而也就谈不上心理发展。以学习为例，学习内容如果没有进入长时记忆，学习者就什么也没有学到。对于个体而言，知识增长的过程就是在长时记忆中增加信息的过程。

记忆作为基本的心理过程，和其他心理活动密切联系，协调人的大部分心理功能发挥作用。从简单的感知到复杂的思维，都必须在记忆的基础上进行。知觉之所以具有整体性、理解性和恒常性，也是由于记忆的作用。没有记忆提供的知识参与，人也无法解决复杂的问题。

记忆联结人的心理活动的过去和现在，使人的心理生活具有连续性。没有记忆，人就成为一无所知、一无所能的呆子。他们永远处于新生儿状态，什么也学不会，什么也掌握不了，人类的社会生活将会一片混乱。所以，记忆是人们学习、工作和生活的基本技能。人如果由于疾病或衰老而出现记忆缺失或衰退，心理活动就会出现障碍。这种人会由于回忆不起过去的经验而困扰，也会因为记不住新的经验而苦恼。老年痴呆者就是明显的例子。

由于上述原因，在人类的心智系统中，记忆居于核心地位。

三、记忆的基本过程

记忆的基本过程包括识记、保持和再现。

识记是记忆的开始阶段。识记就是识别和记住。识记过程就是学习过程。识记具有选择性。环境中的刺激只有被个体注意才能够记住。从信息加工的观点看，识记就是信息的输入和编码过程。编码是对信息的认知加工和操作，使之转变为容易储存的形式，并同个人的知识经验建立了广泛的联系。

保持是记忆的中间阶段。它是指知识经验在人脑中的巩固过程。从信息加工的观点看，保持就是信息的储存。在保持期间，信息的内容和数量都会发生某种变化。保持得好坏与输入信息的性质有关，也与输入时的编码操作有关。有意义的、系统的、与已有经验有联系的信息容易保持。

再现是记忆的最后阶段。它是记忆的终末环节，也是记忆的目的。再现包括回忆和再认。从信息加工的观点看，再现就是信息的提取。

识记、保持、再认三个阶段相互依存。没有识记，就谈不上对经验的保持，没有识记和保持就不可能进行回忆和再认。识记和保持是再认或回忆的前提，再认和回忆则是识记和保持的结果。没有记，也就不会有忆，这是一个十分浅显但却引人深思的道理。

四、记忆的分类

记忆可以从不同角度进行分类。

（一）形象记忆、语词—逻辑记忆、情绪记忆和动作记忆

这是根据记忆内容所做的分类。

形象记忆（imaginal memory）是对过去感知过的事物的形象的记忆，具有明显的直观性。如游过北海后，记住白塔的形象。语词—逻辑记忆（word-logical memory）是对语词、概念、命题、思想的记忆，具有概括性和逻辑性，是人类储存知识的主要形式。情绪记忆（emotional memory）是对个体经验过的情绪和情感的记忆。如对生活中幸福的往事和苦难遭遇时的心情的记忆。动作记忆（movement memory）是对学过的动作的记忆。动作记忆获得较难，但一旦形成却容易保持、恢复。动作记忆对戏剧、舞蹈、电影演员，体育运动员和技术工人尤为重要，是获得各种技能的基础。

（二）无意记忆和有意记忆

这是根据记忆的目的性所做的分类。

无意记忆（unintentional memory）是指没有预定目的、自然而然地发生的记忆。人对生活中逸闻趣事、电影、故事的记忆就属于无意记忆。“近朱者赤，近墨者黑。”生活环境对人的影响也属于无意记忆。无意记忆得来的经验具有片面性、偶然性、不系统性。

有意记忆（intentional memory）是指有明确目的、在意志努力干预下进行的记忆，具有目的性、系统性。有意记忆是学生获得知识和积累个体经验的主要形式。

（三）外显记忆和内隐记忆

这是根据个体能否意识到自己的记忆所做的分类。

外显记忆（explicit memory）是在意识的控制下过去经验对当前作业所产生的有意识的影响，又叫受意识控制的记忆。使用回忆和再认法所测量的记忆就属于外显记忆。

内隐记忆（implicit memory）是指个体在无意识状态下过去经验对当前作业产生的影响，又叫无意识记忆。这种记忆形成以后，人不能够有意识地回忆或再认，却可以用其他方法来证明。例如，让遗忘症患者学习常用词，尽管回忆与再认的成绩很差，但若采用其他测验方法，如将残词补全，患者却表现出用学过单词的字母来补全的倾向。这说明，虽然患者未意识到自己拥有对所学词的记忆，但在特定任务操作上却表现出记忆的效果。

（四）感觉记忆、短时记忆和长时记忆

这是根据信息的保持时间长短所做的分类。

感觉记忆（sensory memory）又称瞬时记忆或感觉登记。它指在客观刺激停止作用后，感觉信息在极短时间内保存下来，是记忆的开始阶段。感觉记忆的储存时间约为0.25～2秒。

短时记忆（short-term memory）是保持信息在5秒至2分钟的记忆。如查电话号码打电话时对电话号码的记忆。它包括两个成分：一是直接记忆，即输入信息未得到进一步的加工，容量有限，约为7±2个单位，以言语听觉编码为主，也存在视觉编码和语义编码。二是工作记忆（working memory），即对信息进行编码操作。工作记忆是感觉记忆和长时记忆的中间阶段，它是正在工作的、活动的记忆。工作记忆的信息如果被复述，就会进入长时记忆。工作记忆是意识的工作场。它使当前信息与长时记忆中的信息发生意义联系，并将长时记忆中的信息提取出来用于解决当前问题。

长时记忆（long-term memory）是指信息经过充分加工以后，在头脑中保持时间很长的记忆。长时记忆的信息可以保持一分钟以上乃至终生，容量几乎是无限的。短时记忆的信息一旦受到干扰，就很难恢复，而长时记忆的信息即使受到干扰，以后也能够恢复。人对长时记忆中的信息没有意识，除非由于当前任务的需要让它重新进入短时记忆。长时记忆以语义编码为主，其信息大部分源于对工作记忆内容的加工，也有由于印象深刻一次获得的。那种由环境中发生引人注目的重大事件（如总统遇刺、地震）而引起的非常生动、细节丰富且保持时间长的记忆称为闪光灯记忆（flashbulb memory）。人在长时记忆中储存知识，使学生对所学知识形成长时记忆是教学的重要目标。

（五）情景记忆与语义记忆

这是特尔文根据长时记忆中储存信息的性质所做的分类。

情景记忆（episodic memory）是根据时空关系对某事件的记忆。这种记忆具有自传体的性质，涉及个体生活中的特定事件，信息与特定的时间和地点有关。如“昨天晚上我去音乐厅听音乐了”，人对于这一事件的记忆就是情景记忆。由于情景记忆受一定的时间和空间限制，所以，信息储存容易受到干扰，记忆不够稳定、不够准确，提取也相对较难。

语义记忆（semantic memory）是指人们对一般知识和规律的记忆，与特殊的时间和地点无关。语义记忆储存的不是事物的感性特征，而是事物的意义。它的信息也不依赖于接受信息的时间与地点，而是以意义为参照。如猫是哺乳动物，是鼠的天敌。语义记忆很少受到外界的干扰，因而较为稳定，信息提取也较快，常常不需要进行搜索。

（六）陈述性记忆和程序性记忆

这是安德森（J. R. Anderson，1947—　）根据长时记忆储存的知识表征的类型所做的分类。

陈述性记忆（declarative memory）是对陈述性知识（declarative knowledge）的记忆。陈述性知识能够被人陈述和描述。这一类知识主要回答“是什么”（what）和“为什么”（why）的问题。因此，陈述性记忆是对事实和事件的记忆，可以通过语言传授而一次性地获得，在提取时需要意识的参与。陈述性记忆中储存的信息是命题（proposition）。命题源自逻辑学和语言学，是陈述性知识的最小单元。一个命题大致与头脑中的一个观念相当。它包括两个成分：一个是关系（relation），另一个是论题（arguments）。论题是命题提及的话题或主题。例如，“张三走了”，就是一个命题，“张三”是这一命题的论题，“走了”是这一命题的关系。

程序性记忆（procedural memory）是对程序性知识（procedural knowledge）的记忆。程序性知识是关于人怎样做事的知识，主要回答“如何做”（how to do）的问题。程序性记忆实质上是技能记忆，是如何做某事的记忆。这种记忆往往需要个体经过多次观察学习与实际操作而逐渐获得，在利用这类记忆时往往不需要意识的参与。人的各种技能，如认知技能、运动技能等，都属于程序性记忆。程序性知识储存的信息主要是产生式（production）。产生式是一种“条件—行动”规则，类似于计算机程序。一个产生式包括两个部分：IF（如果）部分和 THEN（那么）部分。IF 部分规定了要执行一系列特定的行动必须满足的条件，THEN 部分列出在符合这些条件时要执行或激活的行动。IF 部分的语句数目代表必须满足的条件数目，THEN 部分中的语句数目代表将要发生的行动数目。表 8—1 是一个关于越过一条街的产生式。

表 8—1　关于越过一条街的产生式

产生式	条件	行动
P_1	如果灯是红的并且 （状态＝想越过街）⟶	等待
P_2	如果灯是绿的并且 （状态＝想越过街）⟶	走过街 （状态＝结束）

产生式还包括人的许多社会技能，如“投桃报李”，“以牙还牙，以血还血”，“滴水之恩，当涌泉相报”等。有研究者认为，程序性记忆和陈述性记忆分别储存于大脑的不同部位，说明大脑在记忆储存上存在分区专司的功能。

（七）真实记忆与虚假记忆

这是根据记忆痕迹的真实性所做的分类。

真实记忆是对客观存在过的事物和真实发生过的事件的记忆。真实记忆又叫做恢复性记忆（redintegrative memory）或记忆恢复（redintegration），如人对童年往事的记忆。虚假记忆（false memory）又叫记忆错觉或错误记忆，是指记忆与事实发生了明显偏离，个体回忆出的事物或事件并未存在过或者发生过或者回忆出来的内容与事实不符。例如，有人存在着十分鲜明的受虐记忆，这种记忆有时会导致司法上的误判。使用家庭成员帮助植入虚假记忆的方法称为“家庭告知人虚假描述程序”，又称为“商场迷失”技术。洛夫塔斯（E. F. Loftus，1944—　）等人要求被试对童年事件进行简短描述，鼓励他们尽量回忆事件。当被试认为所有描述都是真实的，而且家人的说法也一致时，就产生了虚假信念。约有 25%的被试完全或者部分地相信，他们在 5～6 岁时曾经在一个大商场迷失过。当时他们非常着急，最终得到了一位老爷爷的帮助，回了家。

第二节 记忆的神经生理机制

20 世纪以来，特别是近年来，人们对记忆的神经生理机制的研究取得了重要的进展。

一、记忆的脑细胞机制

（一）反响回路说

大脑的神经元彼此连接。这些神经元可以构成神经环（neuronal loop），或称为神经回路。这种神经回路往返于皮质的不同区域之间，也往返于皮质和皮下结构之间。在感觉刺激的作用下，回路的电活动在刺激消失后会持续一段短暂的时间。这个短暂的活动属于回路反响，记忆就由电冲动在闭合回路中的反复循环引起。如果在闭合回路内的突触及与此相联系的突触中，短时间内有很多信号反复流过，闭合回路内的突触就比闭合回路外的突触更容易传递信息。一般认为，反响回路是短时记忆的生理基础。贾维克（M. E. Jarvik）和艾斯曼（W. B. Essman）把白鼠置于栅极地板上的小平台上。一开始白鼠几秒钟内便跳下小平台，跳下后便受到电击，之后它便不会跳下平台了，即学会了回避反应。但在受到电击后立刻给予电痉挛休克，白鼠似乎“忘记了”电击的疼痛，第二次仍然会很快跳下平台。这说明，电休克破坏了短暂保存的回避反应的反响回路，引起了“遗忘”。在治疗抑郁症过程中，电击痉挛疗法会破坏患者对当前经历的记忆。

（二）突触联系说

神经生理学家认为，记忆始于大脑环路上神经冲动的往返传递，它能够通过一定的方式留下永久性的神经活动痕迹。这种神经变化通常发生在突触上。突触所产生的持久性的改变，是长时记忆的生理基础。学习和记忆引起的突触变化包括许多方面。学习和记忆可以使有关神经元的轴突末梢增大，树突增多、变长，导致神经元的突触连接的数量增加，使神经系统的突触变得更为丰富。学习和记忆也可以使突触间隙变窄，使相邻神经元更容易相互作用。

突触联系说得到一些实验结果的支持。本纳特（Bennult）将刚出生的白鼠分成两组：一组放在丰富环境里饲养，那里光线充足、玩具丰富，还有迷宫等；另一组放在贫乏环境里饲养，那里除了水和食物以外别无他物。一段时间以后，解剖两组白鼠的脑，发现生活在丰富环境中的白鼠由于接受较多刺激，皮层比生活在贫乏环境里的白鼠厚且重，这是由于它们的神经元轴突和树突增加的结果。在另一实验里，实验者将一组白鼠放在黑暗环境中饲养。25 天后，再将它们的皮层与生活在光亮环境中的白鼠的皮层比较，发现生活在黑暗环境中的白鼠的神经元的树突数量比生活在光亮环境中的白鼠树突数量少。学习与训练亦能够导致大脑皮层的相应区域发生变化。莫兹尼奇（M. M. Merzenich，1942— ）发现，如果让猴子仅用中间三个手指去触摸一个旋转圆盘，经过数千次触摸后，猴子大脑中专管中间三个手指的皮层区会扩大。对人的研究表明，大洋洲土著居民和伦敦出租汽车司机对图形和空间有良好的记忆力，他们脑中负责这些方面记忆的区域也比一般人大。产生这种变化的机制是长时程增强（long-term potentiation，LTP）作用。研究表明，抑制LTP的药物会干扰学习。斯里瓦（Sliva）等人发现，突触发生突变的老鼠因为缺少LTP需要的酵素而记不住走出迷宫的路径。瑟维斯（Service）等人发现，注射过LTP药物的老鼠在学习走迷宫时所犯的错误只有通常情况下的一半。研究者发现，能够增强长时程增强的药物倾向于能够改善记忆。麦戈高夫（J. L. McGaugh，1931—　）发现，蛋白质分子能够参与突触联结的构建，并增强了长时记忆。

研究发现，当发生LTP时，脑部出现的电流不会干扰原有的记忆，却会“抹掉”最近的经验。这就是接受电痉挛治疗的抑郁症患者所经验到的。头部受到猛烈撞击也可以出现类似的情况。在这些情况下，短时记忆的信息没有时间得到巩固因而无法进入长时记忆中。

（三）记忆的生化说

神经元的电活动不仅会引起突触结构的变化，还会导致神经元内部的生物化学变化。随着分子生物学的兴起，特别是在发现了遗传信息的传递机制——脱氧核糖核酸（DNA）借助于核糖核酸（RNA）来传递遗传密码后，科学家相信，记忆由神经元内部的核糖核酸的分子结构来承担。1958年，海登（H. Hyden，1917—2000）首先提出记忆的分子内假设，认为RNA是记忆分子。由刺激产生的冲动频率变化，可以改变与之有关的神经元内部核糖核酸的化学结构，从而完成对记忆信息的特殊化编码。机体内部的激素分泌也与记忆保持有关。目前，这一理论得到许多实验支持。

［专栏8—1］　记忆的生化说的证据

20世纪50年代，海登首创了一种技术，这种技术能够从脑中分离出单个神经细胞，为精确分析脑细胞内的大分子含量提供了条件。海登等人训练白鼠走钢丝以掌握平衡技巧。一段时间后，从学会技巧的白鼠的大脑中分离出脑内主管平衡动作的单个细胞，发现这种白鼠的脑细胞内RNA含量比在通常情况下生活的白鼠高12%。另一些科学家给动物注射RNA酶或某种药物，使动物脑神经细胞内RNA的合成加快或阻断，再检查动物的记忆有无变化。结果发现，给学习迷津的动物注射RNA酶可以增进记忆，注射嘌呤素和抗生素可以消除记忆，因为后者阻碍了神经元内部蛋白质的合成。

激素影响记忆亦为许多实验证实。麦戈高夫发现，在动物学习时给予中等强度的刺激，会引起动物体内皮质类固醇、后叶加压素和肾上腺素的分泌，对动物记忆的保持具有明显的增强作用。戈尔德（P. E. Gold）给学习后的动物注射小剂量的肾上腺素，发现动物的学习得到了增强，注射大剂量肾上腺素却损害动物记忆。还有实验表明，破坏动物的脑下垂体，使脑肽合成受阻，损害了动物记忆；注入小分子肽，可以恢复动物记忆。注射过唤醒激素的老鼠只需接受温和电击，就能产生难忘的记忆，与它受到高强度电刺激时引发的记忆一样强烈。一种解释是激素分泌会导致葡萄糖分解，为大脑提供较多的能量，使大脑更好地注意当前信息。激素影响记忆也为轰动一时的“恐暗素”实验证实。昂格尔（Unger）等人用惩罚方式使大鼠形成“弃暗投明”反应。然后，提取受训练大鼠的脑液，将其注射到未受训大鼠的脑中，后者居然也获得对黑暗的恐惧行为。脑液分析表明，决定特性迁移的物质是由15个氨基酸组成的短肽，称为“恐暗素”。后来，有人将恐暗素注射到未经光训练的大鼠脑内，大鼠同样获得对黑暗的逃避反应。人在强烈情绪状态下牢固的记忆效果也与激素分泌有关。

二、记忆的脑结构

（一）均势说

拉什利认为，记忆是整个大脑皮层活动的结果，与脑的各部分都有关系。他用损毁法破坏动物脑皮层的不同区域，发现破坏区域越大，记忆丧失越多。他认为，记忆保持不依赖于脑皮层的精确定位，而是整个脑皮层的功能。这种看法得到脑损伤研究的支持。人脑可以因外伤、肿瘤、循环失调、手术摘除等受到损害。在这些情况下，个体学习新事物的能力、判断能力等都可能发生严重障碍，但长时记忆却保持完整。赫布（D. O. Hebb，1904—1985）提出了“细胞集合”理论，认为神经细胞之间形成了一个巨大网络系统，没有一个神经细胞能够脱离细胞群而单独活动。一个神经细胞可以是某条神经通路的一个环节，也可以是另一条通路的组成部分。记忆“痕迹”并不仅仅依赖于某一固定的神经通路，而是依赖于千百万神经元之间联系。

均势说也得到全息理论支持。一些心理学家认为，记忆可能按照全息方式储存。每种记忆并非储存在特定神经网或特定突触中，而是分布于整个脑。大脑各区通过数千条平行的神经通路互相连接，为神经通路之间的电活动提供了相干活动的基础。任何有节律的放电现象都会加强这种相干现象。由于电活动可以引起某种化学变化，经验便被永久地编码了。任何记忆都在数万亿突触内以化学变化形式编码，每个突触都可能包含数十亿的不同记忆。

（二）定位说

定位说认为，不同的记忆由大脑的不同脑区负责。这种理论得到一些研究的支持。潘菲尔德在医治严重癫痫病人时，用电极刺激患者脑皮层右侧颞叶的不同部位，患者报告了不同的对往事的鲜明回忆。

科恩（Cohen）电击抑郁症患者的脑的不同部位。研究中被试分为三组：一组电击右脑，另一组电击左脑，第三组电击脑的两侧。在电击前，所有患者都具有言语记忆和形象记忆。电击治疗后几个小时，测验他们的记忆保持。结果发现，电击左脑损害言语记忆，不损害形象记忆；电击右脑损害形象记忆，不损害言语记忆；电击脑的两侧，形象记忆和言语记忆都受到损害。研究者推论，言语记忆储存在左半球，形象记忆储存在右半球。麦戈高夫等人发现，让猴子注视实验者和两个容器，将食物放在一个容器中，隔上一段时间后，允许猴子去取食物，那些已经破坏了前额区的猴子，只要延缓时间超过几秒钟，就不能摄取食物。还有研究表明，人脑左半球的言语运动区受损，将造成言语记忆缺陷，病人能记住别人的容貌，记不住单词；右额叶受损，非言语记忆发生困难，但对言语记忆影响不大。临床观察表明，病人的额叶受损时，会出现计划能力缺乏，不能形成牢固的行为动机，不能进行有目的的回忆。工作记忆也与额叶的脑组织有关。

记忆与脑皮下组织也有密切关系。鲁利亚发现，丘脑下部组织（透明膈、乳头体）及部分边缘系统受损时，病人的短时记忆出现了明显的障碍，他们对自己的记忆无信心，材料叙述零散而不连贯，甚至漏掉了部分有意义的内容。海马在记忆形成中也有重要作用。海马受损引起严重记忆障碍。动物实验表明，学习几小时后切除海马，记忆保持很少；学习几天后切除海马，记忆保持就多。通过手术切除猴子的海马，发现它们回忆不出前一个月所学的大部分内容，但其久远的记忆却保持完好。临床观察表明，切除病人大脑两侧的海马，病人不能记忆新材料，新经验转瞬即忘，但旧记忆大多还保留着。这种人外出时记不住新地址，仍然回到老住处；记不住新邻居，但认识术前的老朋友。布利斯（T. V. P. Bliss，1940—　）和雷莫（T. Lemo）发现，海马的神经元具有形成长时记忆所需要的塑造能力。在海马内的一种神经通路内，存在一系列短暂的高频动作电位，它们能使该通路的突触强度加强，这种加强即 LTP。这种 LTP 具有专一性，只对受刺激通路起强化作用。利用这种 LTP 作用，海马对新习得信息进行为期数小时乃至数周的加工，再将这种信息传输到大脑皮层中一些相关部位作更长时间储存。所以，海马是长时记忆的暂时储存场所，是短时记忆向长时记忆过渡的桥梁。

近年来的研究表明，外显记忆与内隐记忆在大脑中分别储存。通过对大脑活动的扫描或解剖遗忘症病人的大脑，发现对人名、图像、事件等的外显记忆定位于海马，这些记忆先是在海马中进行加工，然后再转移到别的脑区储存。PET 扫描发现，个体在回忆单词时，海马处于兴奋状态。海马也具有单侧化的特点，左右两侧海马损伤具有不同的结果：左侧海马损伤的患者的言语记忆出现困难，右侧海马损伤的患者的视觉形象记忆出现了困难。与之对应，内隐记忆定位于小脑。人们发现，切断或抑制小脑通往脑干通路的兔子学不会眨眼反射，小脑受损的病人也不能够形成简单的眨眼反射。杏仁核与情绪记忆有关。杏仁核受损的病人不能学会恐惧之类的条件反射。杏仁核完好而海马受损的病人能够形成恐惧的反射，只是没有外显记忆。

长期以来，研究者对婴儿期遗忘感到困惑。人在婴儿期掌握的反应和技能受用终身，然而人长大后却回忆不出生命中前三年的经历。外显—内隐双记忆系统理论能够解释这一现象：外显记忆的大部分内容都是词汇索引的，而尚未学会说话的婴儿彼时还不掌握词汇；海马是最后成熟的脑结构之一，婴儿的海马还不成熟，不能够将短时记忆的内容转入长时记忆。

均势说和定位说都具有合理的因素，但也都有片面性。现在一般认为，记忆在大脑中有粗略的定位，但它也是大脑各部位协同活动的结果。

（三）多重记忆系统理论

由于记忆现象纷繁复杂，人们越来越倾向于多重记忆系统的观点。特尔文认为，人类至少存在五种主要的记忆系统，有的系统还具有子系统（见表 8—2）。

表 8—2 人类主要的记忆系统

系统	其他名称	子系统	提取方式
程序记忆系统	非陈述性记忆	运动技巧 认知技巧 简单条件反射 简单联想学习	内隐地
知觉表征系统	启动效应	结构描述 视觉的字词形式 听觉的字词形式	内隐地
语义记忆系统	一般的记忆 事实的记忆 知识的记忆	空间的 关系的	内隐地
初级记忆系统	工作记忆 短时记忆	视觉的 听觉的	外显地
情景记忆系统	个人的记忆 自传性的记忆 事件的记忆		外显地

特尔文认为，程序记忆系统包括行为和认知动作，其他四种系统都属于认知表征系统。两类系统的主要差别是：四种认知表征系统通过命题或其他符号形式的学习发生变化，程序记忆系统通过熟练的行为和认知程序来表达。五种系统在进化和个体心理发生上的时间不同：程序记忆系统和知觉表征系统发生得早，有明显的生物学效用；初级记忆系统和情景记忆系统发生得晚，生物学效用低一些。发生较晚的记忆系统的某些操作依赖于发生较早的记忆系统的操作，发生较早的记忆系统的操作基本上独立于较晚记忆系统的操作。

特尔文还提出 SPI 模型来说明记忆过程和记忆系统的关系。SPI 代表串行的（serial）、并行的（parallel）和独立的（independent）。其核心假设是：不同认知系统的关系是过程特异的，系统之间的关系依赖于过程的性质。它假定：（1）信息以串行方式进入记忆系统，在一个记忆系统中的编码依赖于在其他系统中信息是否得到成功的加工，即一个系统的输出提供给另外系统的输入。（2）在不同系统中信息以并行的方式储存。系统中信息的性质由原初信息的性质和系统特性决定。（3）提取一个系统中的信息不会牵连其他系统中相应信息的提取，即就提取过程而言，不同系统是独立的。认知系统的过程特异性关系如表 8—3 所示。

表 8—3 认知系统中过程特异性的关系

过程	关系
编码	串行的
储存	并行的
提取	独立的

例如，呈现一个有意义的句子，关于这个事件的不同信息就被登记到相应系统中：关于字词结构特征的信息登记在知觉表征系统；这些产物会转送到语义记忆系统，以便对字词的意义关系进行更抽象的加工；这些产物还会到达初级记忆系统和情景记忆系统，初级

记忆系统以各种编码和提取操作对信息做进一步的精细加工，情景记忆系统参照情景信息确定新进入信息的时空关系。在这个完整的加工过程中，不同记忆系统对信息的解释、编码和储存操作以串行方式进行，各个系统之间彼此依赖。例如，形成清晰的知觉表征可以更快地获得语义，而语义信息激活同样可以完善知觉表征。在最初的编码过程完成后，关于句子的各种信息就会并行地存放在不同系统中。获取不同类型信息的通路是相互独立的。例如，当再次看到这个句子时，你记得它的含义，却想不起在哪里看到过它。

SPI 模型假定，多重记忆系统并行存在于人的不同脑区。斯奎尔（L. R. Squire，1941— ）对动物、遗忘症病人和正常被试的外显记忆和内隐记忆进行了大量的研究，发现这两种记忆存在着显著的分离，对应的脑区也不同。除了上面提到的发现外，新纹状体损伤的病人和内侧颞叶受损的遗忘症病人相比，前者的外显记忆好于后者，技能作业却远逊于后者。大脑皮层的左右颞叶分别与言语记忆和非言语记忆有密切关系，而额叶主要与语义记忆有关。额叶受损病人在颜色词实验中更容易受干扰。额叶与时间顺序记忆、自由回忆等有密切关系。顶叶与短时记忆有密切关系。小脑与各种条件化和程序记忆有密切关系。长时记忆的某些脑结构见图 8—1。

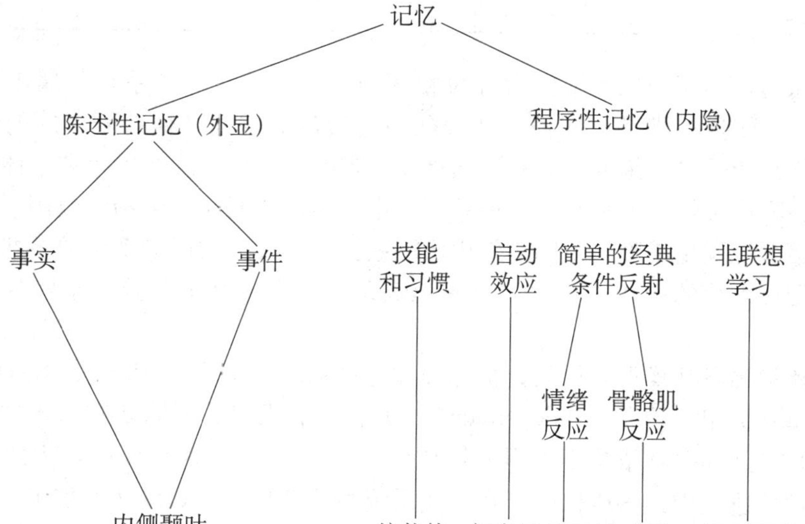

图 8—1　长时记忆的分类及相关的脑结构

SPI 模型假定，信息在头脑中是串行地编码的，所以它预言：当进化和发展较迟的系统（如情景记忆系统）出现功能障碍时，进化和发展较早的系统（如语义记忆系统）仍然能够获得信息，但相反的情形就不会发生。这一预言也为许多研究所证实。例如，顺行性遗忘的脑损伤病人能够获得新的语义信息，却不能回忆这些新的语义信息是在什么时候、什么地方，以及怎样学会的。同样，当情景记忆出现严重障碍时，语义记忆至少部分保留着。SPI 模型还可以解释许多获得与提取脑中信息的不对称。例如，海马受损使新信息获得十分困难或不可能，却能够容易地提取受损前已学会的信息。一位遗忘症患者 H. M. 在切除左右内侧颞叶后，基本上不能学习新的语义和情景信息，但智力正常，能够报告他年轻时的事情。

第三节　感觉记忆和工作记忆

一、感觉记忆

当外部刺激消失了，映像仍然能够保留极短的时间，这就是感觉记忆。感觉记忆为进一步加工提供了条件。

（一）感觉记忆的种类

感觉记忆主要表现为图像记忆和声像记忆。图像记忆（iconic memory）是指视觉刺激消失后，视像被登记并保留瞬间的记忆。声像记忆（echoic memory）是指声音消失后，声音形象被保留瞬间的记忆。

斯伯林（G. Sperling，1934—　）证实了图像记忆的存在。在记忆广度研究中，传统方法是整体报告法：将字母或数字短暂地呈现，要求被试尽可能多地报告出记住的内容。用这种方法测得的记忆广度通常为4～5个项目。然而，被试却报告说，他们看到了更多的项目，有些项目在报告其他项目时迅速地遗忘了。斯伯林采用部分报告法（partial report procedure），用速示器以50毫秒的时间给被试呈现有12个辅音字母的卡片，字母分上、中、下3行，每行4个字母，见表8—4。

表8—4　斯伯林部分报告法实验程序

字母卡	字母呈现后立即发出音调	被试根据音调信号报告字母
J　Q　B　L	高音调	第1行
M　X　R　G	中音调	第2行
S　Y　C　T	低音调	第3行

在视觉刺激刚终止时，马上向被试发出高、中、低音调的一种，要求根据听到的声音信号报告相对应的字母，结果发现被试能够正确报告任何一行字母的76%。由于音调是在字母呈现终止后出现的，因此被试头脑中必须保持全部三行字母。由此推算，被试脑中保持的字母数应是12×76%＝9.12个字母，这比采用整体报告法提高了一倍。斯伯林认为，存在一种感觉记忆，它的容量相当大，保持时间却非常短。

莫瑞（N. Moray）等人采用部分报告法确定了声像记忆的存在。在一个房间的4个角放置4个扬声器，被试坐在房间中间，可以从4个不同声源接受声音。实验时，通过2个、3个、4个扬声器同时呈现1～4个不同字母。被试根据指示灯提示回忆某个扬声器传出的字母。结果表明，用部分报告法回忆出来的成绩也优于整体报告法。实验还显示，声像记忆的容量小于图像记忆。在听觉部分报告法实验中，即时回忆的数量仅为5个左右。

（二）感觉记忆的编码和保持

感觉记忆的信息未经任何加工，即按照刺激的物理特征编码。之所以如此，是因为感觉记忆是刺激在感官上的滞留，并非发生在大脑中。感官不具有智力，所以，最好的办法是将刺激原原本本地记录下来，将深层次加工留给后续阶段。

感觉记忆的保持时间十分短暂。如果刺激未被注意，就会迅速消失。斯伯林在实验中变化刺激项目与声音信号之间的时间间隔。结果表明，即时呈现声音信号时的回忆率最高，随着刺激项目与声音信号之间的时间间隔延长，回忆成绩下降，当信号延迟 0.5 秒之后，部分报告法的回忆成绩就与整体报告法相同。达尔文（C. J. Darwin）等人的研究表明，声像记忆的保持时间比图像记忆长，可以达到 4 秒。

感觉记忆中的部分信息由于注意被传输到短时记忆，从而使其得到进一步的加工。

二、工作记忆

詹姆斯最早把记忆区分为短时记忆和长时记忆。短时记忆对信息的保持时间约为 1 分钟，是信息从感觉记忆通往长时记忆的过渡环节。短时记忆包括直接记忆和工作记忆。在直接记忆中，输入的信息没有经过进一步的加工，容量有限，编码方式以听觉编码为主；在工作记忆中，输入的信息经过编码，容量扩大。由于与长时记忆中的信息发生了意义联系，在编码以后，信息进入长时记忆，必要时还能将长时记忆的信息提取出来，以解决面临的问题。因此，工作记忆为人类提供了一个头脑的工作空间，人在工作记忆中进行归类和编码，随后再将其存入长时记忆中。有人将工作记忆视为记忆系统的“中央处理芯片”。在发挥这一作用的时候，工作记忆能够将信息保持 20 秒左右。如果努力用心地去记忆，信息可以在工作记忆中保持更长的时间。因此，工作记忆是心理活动的中心，是联结记忆系统各组成部分的桥梁。由于工作记忆与人的意识紧密联系，所以，有人认为，工作记忆即人当前的意识状态，即在线意识（on-line awareness）。20 世纪 70 年代以后，人们对短时记忆的研究更多的是关注工作记忆。所以，在介绍短时记忆时，重点介绍工作记忆。

（一）工作记忆的结构

1. 巴德利的四成分模型

对于工作记忆的结构，最为著名的是巴德利的四成分模型。

巴德利认为，工作记忆是一个对信息进行暂时性加工储存的容量有限的系统。工作记忆由四个部分组成（见图 8—2）。

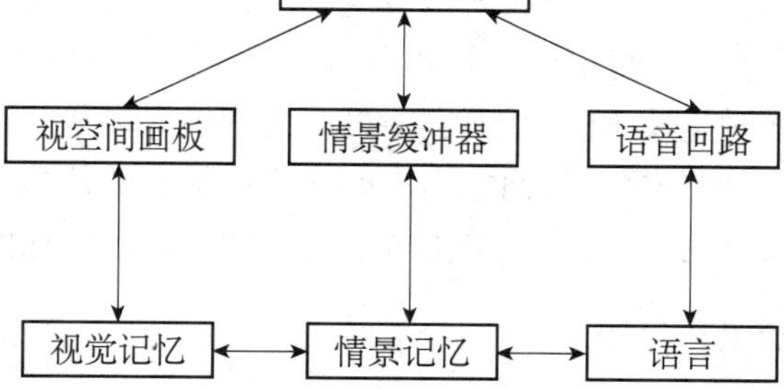

图 8—2　工作记忆模型

（1）中央执行系统（central executive）。它是工作记忆的核心，负责各子系统之间以及它们与长时记忆的联系，负责协调注意资源、选择策略和计划等。巴德利认为，中央执行系统的功能至少包括：注意焦点，即将有限的资源集中在当前的任务上；注意分配，即协调注意在两个存储系统之间的分配；注意转换，即实现注意从一个任务到另一个任务的转换。目前，对于中央执行系统研究较多的有双任务协调功能、注意转换功能、抑制无关信息的干扰以及对长时记忆中的信息的保持和操纵的功能。

（2）视空间画板（the visual-spatial sketch pad）。它负责加工视觉空间信息，包含视觉与空间两个子系统。视觉工作记忆与视觉表象关系密切，空间工作记忆与注意及行动紧密联系。视觉空间加工系统的技能能够预测儿童的算术能力和工程能力，在很多科学发明中也起到重要作用。

（3）语音回路（the phonological loop）。它负责以声音为基础的信息储存和控制，由两部分组成：一是语音存储系统，负责对语音信息的接收、保存，将信息保持1～2秒，项目均由语音结构表征。二是发音控制加工，类似于内部言语，负责对语音存储系统中保持的语音信息进行加工、保持。例如，通过默读重新激活正在消逝的语音结构表征，防止信息衰退；还可以将书面语言转化为语音代码存储在语音存储器中。巴德利认为，语音回路的保持语言的功能只是派生的，其真正的机能在于语言习得。语音回路的技能可以预测儿童的语言学习能力和成人的第二语言学习能力。

（4）情景缓冲器（episodic buffer）。在巴德利1974年的工作记忆模型中，只包含三个成分。在巴德利2000年的模型中，增加了情景缓冲器，模型就变成了四成分模型。情景缓冲器是一个能够用多维代码储存信息的系统，为语音回路、视空间画板和长时记忆之间提供一个暂时的信息整合平台，通过中央执行系统将不同来源的信息整合成连贯的情景。情景缓冲器与语音回路、视空间画板并列，受中央执行系统控制。

2. 工作记忆的同中心模型

工作记忆是在认知任务中同时对信息进行加工和储存的系统或机制，可以同时加工的信息数量，即注意焦点容量（focus of attention's capacity），是工作记忆研究中一个重要问题；储存与加工的关系是另一个重要问题。同中心模型（the concentric model）将两个问题联系起来，依据与当前认知任务的关系，把工作记忆的信息内容分为三个功能区域：（1）注意焦点（the focus of attention）；（2）直接存取区（the region of direct access）；（3）长时记忆激活部分（the activated part of long-term memory）。见图8—3。

注意焦点内的信息为当前认知任务直接指向的对象，具有最高的可存取性，该区只能够保持1个信息项目或组块；直接存取区的信息为当前认知任务的备选集，对认知任务而言可直接存取，该区大约能够保持4个信息项目或者组块，它们互相影响和干扰；长时记忆激活区的信息是长时记忆暂时被激活的信息表征（representations），与当前认知任务无关，不受容量限制，该区信息可以在较短时间内提取，较长时间后会被遗忘或消退。从三者的两两之间的关系来看，直接存取区与注意焦点之间既反映了储存与加工的关系，又反映注意焦点的转换。直接存取区保持与任务相关的信息，注意焦点从这些信息项目中选择一个进行加工；当认知加工从当前项目转移到其他项目时，伴随着注意焦点的转换。认知加工和焦点转换过程与注意焦点从直接存取区选择一个项目加工的难度有关。长时记忆激活区与中央部分（直接存取区与注意焦点）之间的关系反映传统的工作记忆储存与加工的

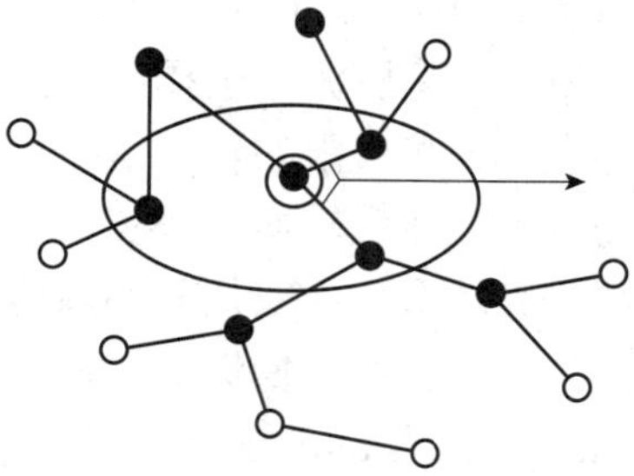

图 8—3 工作记忆的同中心模型

注：结点和连线表示长时记忆信息表征网络，某些项目处于激活状态（黑色结点）。部分被激活结点处于直接存取区中（较大的椭圆）；在直接存取区中，注意焦点选择一个项目进行加工（较小的椭圆）；直接存取区外被激活的项目形成长时记忆激活区。

关系：长时记忆激活区的内容被暂时储存，与当前加工任务无关，对应于工作记忆的储存功能；中央部分的信息与当前加工任务有关，对应于工作记忆的加工功能。长时记忆激活区与注意焦点内信息之间只能够通过直接存取区间接联系，长时记忆激活表征只能够间接地影响当前的认知加工。

同中心模型为理解工作记忆的本质及与其他认知功能的关系提供了一个新视角。该模型以注意焦点容量的研究作为基础，将注意焦点分为狭义注意焦点（narrow attentional focus）和广义注意焦点（broad attentional focus），解决了工作记忆注意焦点容量是一个还是多个的问题。该模型还区分了两类储存与加工的关系——直接存取区与注意焦点、长时记忆激活区与中央部分，并对后者进行了更精确的界定。

（二）工作记忆的编码

1. 工作记忆编码的种类

（1）听觉编码。康拉德（R. Conrad）选用两组声音容易混淆的字母 BCPTV 和 FMNSX 为材料，用速示器以每个 0.75 秒的速度随机地向被试呈现，每呈现完 6 个字母以后，要求被试凭回忆默写出来，如果记不清可以猜写。尽管字母以视觉的方式呈现，但回忆中写错的字母约 80%发生在声音相近的字母之间，如 B 和 P、S 和 X，很少发生在形状相似的字母间，如 F 和 E。

（2）视觉编码。工作记忆还存在着视觉编码。波斯纳让被试判别两个字母是不是同一个字母。呈现的方式为同时呈现和相继呈现。字母关系分两种：一是同形关系，两个字母的音和形都相同（AA）；二是同音关系，两个字母音同形异（Aa）。结果发现，同时呈现时，同形字母反应更快；间隔一两秒呈现时，同形和同音的字母的反应时无显著差异。同形字母比同音字母的优势只有视觉编码时才会出现。由此推断，在工作记忆的最初阶段存在着视觉编码，之后才向听觉编码过渡。莫雷以汉字为材料，发现形近字的干扰作用较大，说明汉字加工存在着形状编码。王乃怡发现，形码在汉字加工中对正常人和聋哑人都很敏感，但对聋哑人的作用更强。

（3）语义编码。语义编码是与意义相关的抽象编码。语义编码被认为是长时记忆的本质特征。威肯斯（D. D. Wickens）采用前摄抑制设计，得到“自前摄抑制释放”的结果。

他先让被试学习前后有意义联系的材料（如字母—字母），结果表现出前摄抑制的作用；学习前后没有意义联系的材料（字母—数字）时，出现了前摄抑制的释放。由此证明工作记忆与长时记忆一样，也有语义编码。喻柏林（1938—2001）采用中文语词材料，发现语义信息也能在工作记忆中得到储存和提取，而且语义编码比语音编码有更好的回忆成绩。

2. 影响工作记忆编码的因素

（1）大脑皮层的兴奋水平。它直接影响工作记忆的编码效果。拉什利用咖啡因和士的宁等提高大脑的兴奋水平，促进了动物的学习。威克尔格伦（W. A. Wickelgren）用酒精抑制动物大脑，发现学习比正常情况差。布莱克（M. J. F. Blake）发现，人的记忆广度的高峰是上午10:30左右，整个下午都在下降，晚上效率最低。

（2）组块。组块（chunking）是指在编码过程中，将几种水平的代码归并成一个高水平的单一代码的过程。以这种方式形成的信息单位叫做块（chunk）。一个块可以是任何一个有意义的信息模块或单元，如字母或数字、短语或名字、概念或定理。工作记忆的容量是以单元来计算的，其突出的特点是容量有限。米勒在著名的《神奇的数字7±2：我们信息加工的限制》中指出，正常成人的工作记忆（短时记忆）容量在5～9之间，平均为7。后来，人们利用不同的材料得到的结果与米勒一致（见表8—5）。短的保持时间和少的记忆容量使工作记忆成为记忆系统的信息“瓶颈”。

表8—5　　不同类别材料的短时记忆容量

不同类别材料	短时记忆容量
数字	7.70
颜色	7.10
字母	6.35
字词	5.50
几何图形	5.30
随机图形	3.80
无意义音节	3.40

工作记忆的容量虽然有限，却可利用已有的知识经验，通过扩大块的信息容量来增加容量。默多克（B. B. Murdock）用听觉方式给被试呈现三组不同材料：第一组是由三个辅音字母组成的字母串，如PTK，第二组是由三个字母组成的单词，如HAT（帽子），第三组是三个单词，如EAR-MAN-BED（耳朵—男人—床），然后让他们回忆。三字母组合与三单词的回忆成绩差不多，回忆三字母单词比回忆三字母组合成绩好得多。这说明，一个单词是一个熟悉单位——块。蔡斯（W. G. Chase）和西蒙通过复盘研究国际象棋大师、一级棋手和新手的棋局记忆能力，发现：对随机的棋局，大师、一级棋手和新手的复盘正确率没有差别；对真实棋局，大师的复盘正确率为64%，一级棋手为34%，新手只有18%。这是因为在真实棋局中，大师和一级棋手可以发现棋子之间的关系，进行组块加工；而在随机棋局中，经验很难发生作用。可见，知识经验对组块有很大影响。喻柏林、张武田对汉语词工作记忆容量的研究表明，块的大小、复杂性和熟悉性会影响工作记忆的容量。随着块的复杂性增加，工作记忆的容量降低。高频词的工作记忆容量比低频词大。

（3）加工深度。克瑞克（F. I. M. Craik，1935—　）和洛克哈特（R. S. Lockhart）认为，记忆是信息加工的副产品，保持是加工深度的函数。信息进入人的信息加工系统之后，就会受到一系列的分析：从肤浅的感觉分析开始进行到更深层次、更复杂、更抽象的语义分析，而那些经过精心加工的深层分析，将导致持续时间更长、更强大的记忆痕迹。这种看法被称为“记忆的加工水平说”。

［专栏 8—2］　**加工深度与记忆效果**

为了说明记忆的加工水平理论，克瑞克等人举了一个很形象的例子。他们将校对工人校对一段文章所产生的记忆激活与阅读该段文章以获得要点的激活进行比较。校对只涉及精细的浅加工和最低限度的语义加工，阅读以获取要点涉及最低限度的浅加工和精细的语义加工，记忆效果孰优孰劣自然不言而喻。

克瑞克等人还用实验验证了他们的设想：受到较深加工的材料的回忆，优于受到较浅加工的回忆。他们要求被试对单词的结构、音韵或语义做出评定，典型的实验范例如下。

（1）结构：该单词是大写的吗？

（2）音韵：该单词与 Weight 同韵吗？

（3）语义：该单词适合于“他在街上遇见一个____”的句子吗？

克瑞克等人既测量被试的阅读时间，也测量被试对单词的再认率。结果见图 8—4。更深层次的加工费时较长，但对单词的再认率却明显提高了。那些已经进行过语义加工的单词，比只涉及音韵和结构加工的单词更易再认。有人采用类似作业，测量被试对单词的回忆，取得了类似的结果。还有人使用面孔识别等不同材料也证明了加工深度的影响。

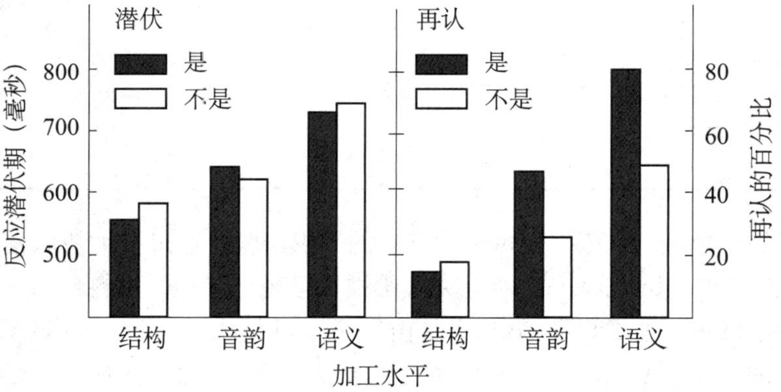

图 8—4　单词再认的反应时和再认率是加工深度的函数

（4）主体因素。工作记忆的编码方式与主体的知识经验和年龄关系密切。主体的知识经验越丰富，编码策略就越有利于高水平编码。黄英研究表明，中学生记忆英语单词的编码方式有形音编码、形音义编码和意义编码，意义编码发展缓慢，形音义编码发展较快，形音编码的比例随年龄增长呈现下降趋势。

（三）工作记忆的信息储存

1. 复述

在工作记忆中储存信息的有效方法是复述（rehearsal）。复述可以防止信息受到无关刺激的干扰而遗忘。复述分为两种：（1）机械复述或保持性复述（maintenance rehearsal），即不断重复记忆中的信息；（2）精细复述（elaborative rehearsal），即对信息进行深层次的分析，使它与已有的经验建立起联系。克瑞克等人认为，只有机械复述并不能加强记忆。他们让被试听若干个单词，要求被试记住其中最后一个以某个特定字母（如K）开头的单词。在所呈现的单词中，有数个单词以K开头，但实验只要求被试记住最后一个以K开头的单词。因此，当被试听到下一个以K开头的单词时，就可以放弃前面那个以K开头的单词。由于这些以K开头的单词之间间隔的其他单词的数目不等，所以，每个以K开头的单词的复述机会亦不等。实验结束以后，主试出其不意地要求被试回忆所有以K开头的单词。结果表明，被试对这些以K开头的单词的回忆成绩没有差异，说明简单的机械复述并不能导致好的记忆效果。

如果能够对信息做些什么，比如，寻找材料的意义，形成某种意象，或者使信息同记忆中的某种经验建立起联系，信息就可以转入长时记忆，从而取得好的记忆成绩。蔡斯等人报告过一个个案，这个人可以回忆80个数字。研究发现，这个人原是一位长跑运动员，善于将随机数字转换成各种长跑距离所需要的时间，这样就可以将无意义的随机数字转换成有意义的、便于记忆的块。在生活中，许多人对记住身份证号码颇感困难，如果了解了身份证号码的组成规律，将它分解成有意义的信息块，困难就迎刃而解了。

2. 工作记忆的遗忘

工作记忆的保持时间很短。如果信息得不到复述，它的保持时间约为15～30秒。彼得森（L. R. Peterson）等人要求被试记住以听觉形式呈现的3个字母，为了防止被试复述，字母呈现后马上要求被试对一个数字进行连续减3的运算，直到主试发出信号再回忆刚才呈现的3个字母。结果发现，回忆正确率随着字母呈现到开始回忆之间的时间间隔的延长而降低（见图8—5）。这表明，工作记忆中的信息储存时间很短，如果得不到复述，就会很快遗忘。

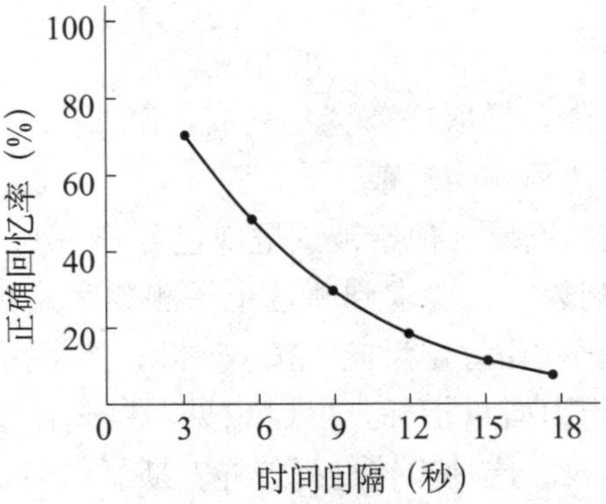

图8—5　阻止复述后短时记忆的遗忘速率

为什么在工作记忆中的信息得不到复述会很快遗忘？有两种解释：一种观点认为，这是由于信息痕迹的自然消退；另一种观点认为，这是由于信息受到了其他信息的干扰。由于不存在学习之后没有新信息输入的情况，而加入干扰信息又需要时间，所以要分离这两个因素很难。沃夫（N. C. Waugh）和诺曼采用一个巧妙的实验解决了这一问题。他们让被试听由若干个数字组成的数字序列。数字序列呈现完毕之后，伴随着一个声音信号将出现一个探测数字。被试任务是要从前面呈现的一系列数字中找出这个探测数字，并把它后面的一个数字报告出来。例如，所呈现的数字序列是1，4，7，9，5，1，2，6，4，3，8，7，2，9，0，5*，带*号的5就是探测数字，探测数字在数字系列中的位置是第5个，它后面一个数字是“1”，正确答案就是“1”。从回忆数字到探测数字之间的数字是间隔数字，呈现这些间隔数字所用时间就是间隔时间。沃夫等人采用两种呈现速度：一种是快速的，每秒呈现4个数字；一种是慢速的，每秒呈现1个数字。这样，就可以在间隔数字不变的情况下改变间隔时间，也可以在间隔时间不变的情况下改变间隔数字，从而将时间和干扰信息分离开来。如果自然消退说是正确的，回忆的正确率就应该随着时间间隔的延长而减少；如果干扰说是正确的，回忆的正确率就应该随着间隔数字的增加而降低。实验结果表明，回忆的正确率随间隔数字的增加而减少，不受间隔时间影响。见图8—6。

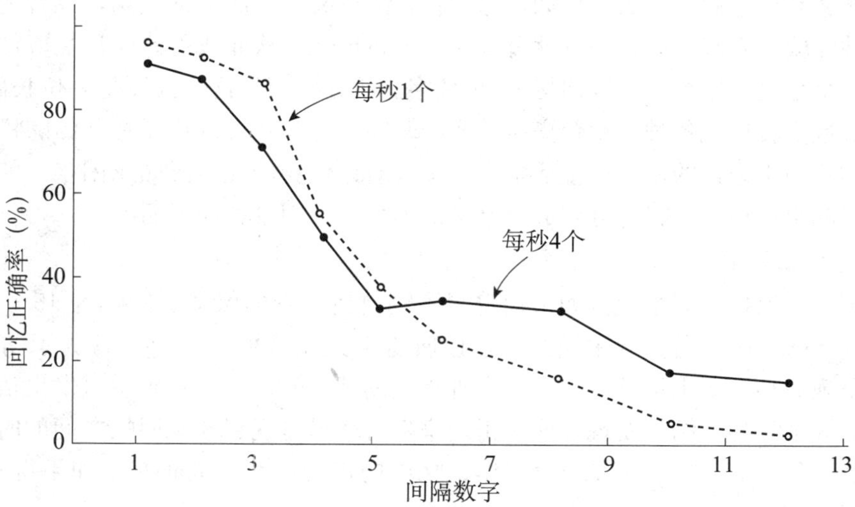

图8—6　干扰数字的数量对短时记忆信息保持的影响

3. 工作记忆的信息提取

由于工作记忆的容量有限，提取任务容易完成，使人感觉其提取过程很简单。然而，研究表明，工作记忆的提取过程相当复杂。

斯腾伯格最早研究了这一问题。他给被试呈现包含1～6个不等数字的系列，如5，2，9，4，6，接着呈现一个探测数字，要求判断这个探测数字是否在数字序列中出现过。例如，如果探测数字是9，被试就作肯定反应，按yes键；如果探测数字是8，被试就作否定反应，按no键。以反应时作为衡量指标。可以想见，被试在做出反应之前，必须将探测数字与记忆中的数字系列比较。这种比较过程怎样？斯腾伯格认为，有三种可能：

（1）平行扫描（parallel processing scanning），即同时检索短时记忆中所有项目。如果是这样，那么，无论在记忆中保存的项目有多少，检索的时间应该相同（见图8—7a）。

（2）自动停止系列扫描（serial self-terminating scanning），即对项目逐个检索，一旦找到目标就停止。如果是这样，在记忆中保存的项目越多，反应时就越长。由于找到目标项目的搜索（肯定反应）不需要对剩余项目进行检索，所以其反应时就比找不到目标项目的搜索（否定反应）的时间要短。因为要做否定反应时需要扫描所有项目（见图8—7b）。

(3) 完全系列扫描（serial exhaustive scanning），即对全部项目做完全的检索，然后再做出判断。在这种提取方式下，反应时间仍将是项目长度的函数。但由于肯定判断和否定判断都要对全部项目进行检索，因此它们应该具有同样的反应时（见图 8—7c）。

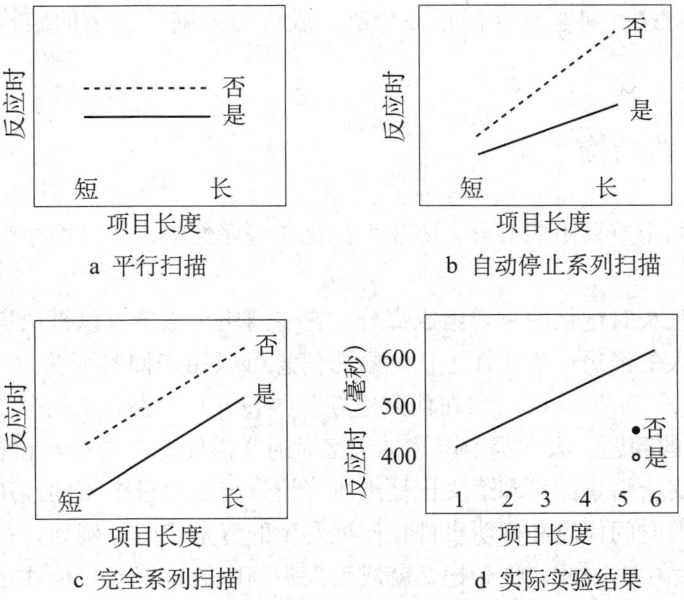

图 8—7 短时记忆信息提取

实际结果如图 8—7d 所示，说明在工作记忆中信息提取以完全系列扫描的方式进行。为什么被试在检索到目标项目后还不停止，而坚持对所有项目搜寻完毕？斯腾伯格认为，工作记忆提取包括比较和决策。比较过程进行得非常迅速，决策过程需要较长的时间。因此，为求工作效率，与其在每次比较后都做一次判断，反而不如在全部比较完后再作一次判断更为省时。

斯腾伯格的研究在心理学界引起了巨大的反响。后来许多人用不同材料和不同被试对这一问题进行研究，结果趋势一致。但是，也不是没有批评。一些人认为，斯腾伯格在实验中用的识记项目数量太少，容易得到反应时和识记项目数量的线性关系，如果采用较长系列的识记项目，会表现出系列位置效应，即开始项目和结尾项目识记得较好。这种效应难以用完全系列扫描解释，而自动停止系列扫描却可以较好地解释，它可以解释为搜寻是从两端开始的。另一些研究者认为，斯腾伯格采用的材料都是具有相等熟悉性的，对熟悉性高和熟悉性低的材料，人们可以采取直接提取方式（平行扫描）。

第四节 长时记忆

长时记忆是保持 1 分钟以上乃至终生的记忆。对知识形成长时记忆是学习的重要目标。长时记忆的特点一是时间长，二是容量大。长时记忆到底能够储存多少信息？就目前所知，长时记忆的容量是无限的，因为迄今为止还没有人能够让长时记忆的容量达到饱和，也未听过有人说为了保持记忆容量必须减小学习的强度。长时记忆是人的信息库，任何由工作记忆传递过来的经历、事件、信息、情绪、技能、知识等都保存在长时记忆中，并且在需要时能够回到工作记忆中来，以帮助人们解决问题、适应环境。长时记忆为什么会有无尽的容量？这一问题至今仍是一个谜，或许与人脑的复杂的结构和巨大的可塑性有关。

一、长时记忆的结构

长时记忆有两个重要组成部分：陈述性记忆与程序性记忆。这两个部分的区别是它们保存的信息不同。

陈述性记忆是长时记忆的重要组成部分，它专门用来记录可以被语言描述的事实、语言和概念以及个人的经历。陈述性记忆记录的信息可以用来回答那些以“什么”（what）、“为什么”（why）、“谁”（who）、“在什么地方”（where）、“在什么时候”（when）、“怎么样”（how）之类的问题。人在提取陈述性记忆时通常需要意识的参与和意志的努力。

陈述性记忆又由情景记忆和语义记忆组成。情景记忆记录个人的经历，还储存了标明事件在何时发生的时间代码和标明事件在何地发生的背景代码。例如，一个人的热恋记忆就储存在情景记忆中。因此，情景记忆就成为人头脑中的日记或自传式记忆。例如，如果有人问“2008 年北京奥运会期间你在做什么”时，你就会在情景记忆中搜寻问题答案。与情景记忆不同，语义记忆只储存词语、概念、原理、思想的意义，不储存它们是在何时何地获得的信息。语义记忆更像是头脑中百科全书或数据库，其信息量巨大。当有人问你“韩国的首都是哪里”的问题时，你就会在语义记忆中去搜索问题答案。

程序性记忆中储存人们从事各种活动的“程序”。人的各种技能，如说话、走路、阅读、计算、驾驶、游泳、做实验、人际交往等，都属于程序性记忆。程序性记忆一般在个体需要考虑“如何去做某事”（how to do something）时起作用。程序性记忆在形成初期需要意识的参与，一旦技能被熟练掌握以后，实施技能一般不再需要意识的参与。这一类记忆也很难用语言来描述。例如，如果给你两节课的时间教授别人如何骑自行车，你会觉得没有多少话可说。之所以如此，是因为人头脑中骑自行车的知识不是用语言表征的，而是用程序表征的。长时记忆的结构见图 8—8。

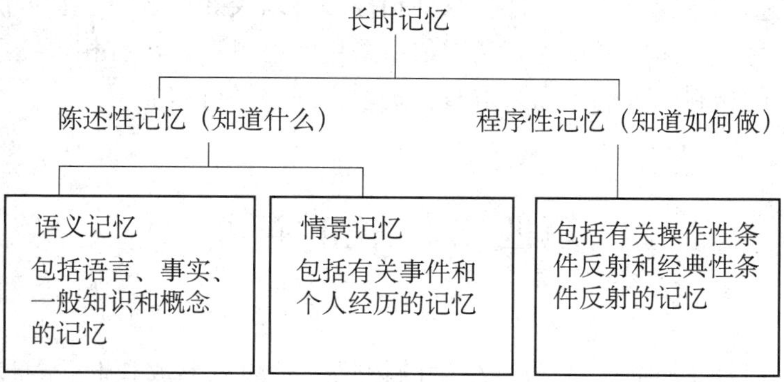

图 8—8　人类长时记忆的结构

二、长时记忆的编码

（一）长时记忆的编码形式

1. 视觉意象编码

即将材料形成有意义的视觉意象。如在记忆文学作品时，若对作品中描述的事件形成视觉意象，将有助于记忆。这种编码方式已经被作为一种记忆术。

［专栏 8—3］　　**视觉意象与外语学习**

在外语学习中，“关键词技术”（keyword techniques）就是利用视觉意象来帮助记忆的。关键词是与外语单词发音相似的词。当将外文词同关键词联系起来后，人便可以形成把关键词同外文词联系起来的心理意象。例如，“pato”在西班牙语中指鸭子，英文为“duck”。“pato”的发音同英文的“pot”类似，于是便用 pot 作为关键词，形成“a duck with a pot over his head”（一只头顶水罐的鸭子）的意象。研究表明，使用关键词技术的被试的外语词正确回忆率显著高于不使用这种技术的被试。

限定词技术是另一种使用心理意象的外语学习方式。让学生学习一张限定词表，使一些单词与数字配对。然后，让学生学习一张新单词表。学生要将限定词当作“挂钩”，去挂住新单词。例如，新单词表上的第一个单词是“cigar”（雪茄烟），学生就要想起第一个限定词，并形成这两个物体相互作用的心理意象——“bun smoking a cigar”（小面包在抽雪茄烟）。这样，只要回忆起早已熟知的限定词，产生心理意象，就可以回忆起新单词。

2. 以语言特点为中介编码

即利用语言的字形、语音和语义等对信息编码。例如，在识记无意义音节 fel 时，可以将它编码成 fuel（燃料），这样就可以提高记忆效率。利用语言的音韵、节律，将记忆内容编成歌诀，可以收到好的记忆效果。例如，将二十四节气编成：“春雨惊春清谷天，夏满芒夏暑相连，秋处露秋寒霜降，冬雪雪冬小大寒。”将中国历史朝代编为：“唐尧虞舜夏商周，春秋战国乱悠悠。秦汉三国晋统一，南朝北朝是对头。隋唐五代又十国，宋元明清帝王休。”

3. 语义类别编码

这是长时记忆中最常见的编码形式。在识记语义材料时，将它们按语义关系归类，将记忆材料组成一定系统。例如，鲍斯菲尔德（W. A. Bousfield）等人让被试学习 60 个单词，如长颈鹿、小萝卜、斑马、潜水员、拜伦、顾客、菠菜、面包师、土拨鼠、舞蹈演员、黄鼠狼、阿莫斯、南瓜、打字员等，当被试按照语义关系将单词纳入动物、植物、人名、职业四个类别时，识记效果明显提高。语义编码之所以能提高记忆效果，是因为通过语义编码，信息同个人的知识经验建立起了联系，材料对于个体有了意义，成为可以理解的。同时，材料归类以后，系统性提高了，也有助于信息进入长时记忆。所以，语义编码是提高长时记忆效果的重要手段。奥苏伯尔指出：“假如让我把全部教育心理学仅仅归结为一条原理的话，那么，一言以蔽之，影响学习的唯一最重要的因素，就是学习者已经知道了什么。要探明这一点，并应据此进行教学。”语义编码使学习者在理解基础上记忆，在记忆时使新信息同旧经验建立联系。

4. 数字和缩略语编码

在长期历史发展中，各个民族都创造出一些行之有效的长时记忆编码形式。例如，使用拼音文字的民族常采用缩略语，即采用每个词的第一个字母组成缩写形式，如 WHO（World Health Organization，世界卫生组织）、WTO（World Trade Organization，世界贸易组织）、UN（United Nations，联合国）等。中国人喜欢用数字对信息进行组织，如文学史上的“初唐四杰”。即使对同样信息，中国人同外国人的组织方式也不同。例如，塔佩斯（E. C. Tupes）和克里斯塔尔（R. E. Christal）提出一种人格特质理论，认为人格由开放性（openness）、尽责任（conscientiousness）、外倾性（extraversion）、宜人性（agreeableness）和神经质（neuroticism）五个因素构成。西方人用这五种特质的起首字母构成“OCEAN”一词，代表“人格的海洋”，而我国学者却称为“大五理论”。

5. 联想群集

即通过联想把孤立的材料建构为大的块。联想是由一种事物想起另一种事物或由一种经验想起另一种经验的心理活动。在詹金斯（J. J. Jenkins，1923—2012）的实验中，将“桌子—椅子”、“男人—女人”等词汇无论怎样打乱，被试仍出现按接近联想或对比联想等记忆的倾向。

6. 主观组织

在学习无关联材料时，人们倾向于采取主观组织对材料编码。特尔文以很短时间向被试呈现 16 个无关联的单词（如帽子、照片、羊、祖父等），让他们自由回忆，然后，让他们再次学习相同词表并再次回忆，如此反复多次。结果发现，随着重复次数的增加，成绩逐渐上升。而且，被试在连续实验中有以相同顺序回忆单词的倾向。这种以相同顺序回忆单词的倾向就是被试在头脑中把词表中的单词进行主观组织的结果。

（二）影响长时记忆编码效率的因素

1. 编码的目的性

研究表明，有意编码效果优于自动编码。有意编码可以使人的心理活动趋向于一个目标，能够使任务从背景中凸显出来，人对于事物感知清晰，留下了深刻的印象。例如，给被试呈现几个不同颜色的字母，要求记住其中有几个字母 O。回忆时发现，被试对字母 O 的数目记得很准，但对字母的颜色是什么，却没能很好地记住。但也有研究表明，如果对材料进行了意义加工，无意学习也可以取得和有意学习同样好的结果。这表明，学习的目的性和加工水平之间有一定的交互作用。

2. 材料的性质、难度和形式

材料的性质不同，编码的效果也存在差异。对于直观材料和语文材料，记忆的效果因人而异。有人善于记忆直观材料，有人善于记忆语文材料。性质相同而难易不等的材料，容易的材料容易记住。这两种材料的记忆进程不同：记忆容易的材料先快后慢，学习进程呈现一条减速度曲线；记忆艰深的材料是先慢后快，学习进程呈现一条加速度曲线。材料的组织形式不同，记忆的效果也不同。马克斯（L. E. Marks）和米勒给被试呈现四种句子：（1）规则句，即句法和语义都正确；（2）不规则句，即句法正确语义不正确；（3）移位词串，即保留语义，但随机排列句中单词；（4）随机词表。结果表明，规则句的回忆效果最好，随机词表的回忆效果最差。在规则句的情况下，长时记忆中的句法和语义知识起到了组块的作用。

3. 一次编码时的材料数量

识记材料的数量也影响长时记忆的编码效果。在一次识记中，要达到同样编码效果，材料越多，单位材料所用的时间越长。有研究表明，识记 100 字的课文需要 9 分钟；识记 1 000 字的课文，每百字需要 16.5 分钟；识记 10 000 字的课文，每百字需要 42 分钟。由于一次编码时材料的数量影响编码效率，所以，可以根据不同的材料数量采用不同的编码方式：对短而意义联系紧密的材料可以采用整体编码的方式，即每次识记整个材料，直至成诵；对长而意义联系不紧密的材料，可以采用部分编码的方式，即每次识记一部分，成诵后再识记另一部分；对长而意义联系紧密的材料可以采用综合编码的方式，即先进行整体编码，再进行部分编码，最后再进行整体编码。

4. 加工深度

加工深度不仅影响工作记忆的编码效果，也影响长时记忆的编码效果。在一个实验里，两组被试都识记具有主—谓—宾结构的简单句子，但编码方式不同：要求第一组记住这些句子，要求第二组用句子中的主语和宾语另造句子。回忆时给两组被试提示主语，要求回忆宾语。结果表明，第一组的回忆率为 29%，第二组的回忆率为 58%，两组的回忆率差异显著。第二组被试的回忆成绩好，是因为他们的句子是由自己编造的，他们对句子中的主谓宾关系进行了深入的分析，对材料加工得深一些。

5. 编码特定性

研究表明，编码时的背景因素具有很大的作用。情景记忆具有线索依赖效应，表现为人对事件的记忆依赖于某种关系或条件。业已发现的线索依赖效应有：（1）环境依赖效应。戈登（D. R. Godden）和巴德利让潜水员在陆地和水中学习词表，结果表明，测量环境与学习环境匹配时的回忆量为 34.6%，不匹配时的回忆量为 23.6%。（2）情绪状态依赖效应。鲍尔（G. H. Bower，1932—　）让被试用日记将最重要的情绪体验记录下来。记录一周后，在实验室中催眠被试，诱导一半被试处于愉快状态，诱导另一半被试处于悲伤状态。在悲伤情绪下，被试回忆不愉快事件比愉快事件多 12%，在愉快情绪下，被试回忆出来的愉快事件比不愉快事件多 30%。（3）意识状态依赖效应。艾希（E. Eich）让一组被试在吸完大麻后记忆单词，另一组被试在吸完安慰剂（无药效）后记忆同样的单词。4 个小时后，每组被试一半吸大麻，一半吸安慰剂，然后让他们回忆单词。结果表明，再次吸食相同东西的被试的回忆成绩好于两次吸食不一样东西的被试。（4）语言依赖效应。多见于双语者或双言者（能够讲同一种语言的两种不同的变体的人）的记忆中。张积家和张倩秋发现，在普通话和粤语环境下，粤语—普通话双言被试的回忆体现出对记忆环境的依赖。当回忆时的语言环境与事件发生时的语言环境相同时，被试获得了更多的同类记忆。解释记忆依赖效应的理论主要是特尔文等人的编码特定假设。这种理论认为，记忆恢复依赖于提取时的环境与编码时的环境的相似程度。相似程度越高，记忆恢复就越容易。

6. 识记者的主体因素

记忆不是消极地接受信息的过程。在识记中，识记者的主体因素对编码效应亦有重要影响。与识记者的主体因素相符的材料，就记得快，记得牢；反之，就记得慢，容易忘记。这些主体因素有：

（1）知识。斯普利奇（G. J. Spilich）让具有较多棒球知识和只具有较少棒球知识的被试分别虚构一篇棒球比赛的文章，然后交给具有不同棒球知识的被试阅读并测量其记忆。结果表明，高知识的被试能够容易地回忆起由高知识的被试创作的课文内容，对低知识的被试创作的课文内容回忆较差；低知识的被试能够容易地回忆起由低知识的被试创作的课文内容，对高知识的被试创作的课文内容回忆较差。识记者的知识之所以影响记忆，与新知识能否同识记者的已有知识建立起联结有关。

（2）态度和信念。加伯（G. B. Garber）让有亲苏（联）和反苏态度的大学生每周阅读一次亲苏和反苏的论文。5 周后的测验表明，具有反苏态度的大学生更多地记住了文章中的反苏内容，具有亲苏态度的大学生记住了更多文章中的亲苏内容。态度和信念之所以影响记忆的编码效率，是因为态度和信念类似于一个“筛子”，对输入信息起到了过滤的作用。

（3）观点。皮切特（J. W. Pichert）和安德森（R. C. Anderson，1934—　）让被试读一篇游历一所房子的文章，指示一组被试从住宅买主的观点去读，指示另一组被试从窃贼的观点去读，指示第三组被试以无偏向的观点去读。阅读后的测验表明，回忆的内容受被试采取的观点影响，与观点一致的材料比与观点联系不紧密的材料回忆得好。

三、长时记忆的信息储存

（一）长时记忆的信息储存形式

信息在长时记忆中如何储存？认知心理学家提出了如下一些理论。

1. 完全表象说

由布吉尔斯基（B. R. Bugelski）等人在 20 世纪 70 年代提出，认为人可以将视觉和言语的材料转化为表象，然后再将表象储存在记忆中。情景记忆的信息储存形式有空间组织和时间组织。例如，在想象中，大象总比兔子大，泰山总比它周围的山峦高。这种空间特征是人们保持情景信息的重要形式。人们也可以按照事件发生的时间顺序去组织信息。如人们可以根据历史事件的发生时间将历史知识组织起来。

2. 双重编码说

佩维奥（A. U. Paivio，1925—　）认为，长时记忆分为表象系统和言语系统。表象系统负责对具体的事物或事件的编码、传递、储存，言语系统负责加工和储存言语信息。这两个系统既相互独立，又相互联系，一个系统的活动可以引起另一个系统的活动，不同种类的刺激可以用不同方式去表征。在一个实验中，他让大学生学习成对的语词，词对的表象值不同，其他方面相同。结果表明，当刺激词和反应词均有高表象值时，回忆率最高；当刺激词和反应词的表象值均低时，回忆率最低；当词对中只有一个词具有高表象值时，刺激词有高表象值比反应词有高表象值有更好的回忆效果。这表明，表象在字词识别中起中介作用，有利于对语词的学习和记忆。

3. 概念命题说

安德森和鲍尔认为，长时记忆的储存既非表象编码，也非言语编码，而是一种抽象意义的编码。这种抽象意义可以用概念组成的命题网络来表示，也叫做命题表征。安德森认为，命题是长时记忆的核心。命题的特征是：（1）它是抽象的，它代表一个思想而不是特殊系列的词或意象；（2）它由规则控制，命题的建构必须和一系列规则一致；（3）它可以被分派一个真值。

4. 图式理论

鲁梅哈特认为，在人的头脑中表征一般概念的结构是图式（schema）。人类关于现实世界的知识经验是以一般概念的形式储存在头脑中的。知识的各个要素之间相互联系、相互作用，形成了一个具有一定结构的网络，这种结构就是图式。

鲁梅哈特认为，图式具有如下的特征：（1）图式具有变量。变量是指组成图式的各个概念要素。如在"购买"图式中，买方、卖方、商品、货币就是变量。（2）图式具有等级的结构。高一级图式可以包含低一级图式。如人脸的图式可以由耳、目、口、鼻等子图式构成。（3）图式的等级结构处在动态的相互联系中。它的基本活动包括自下而上和自上而下的激活，亦即材料驱动加工和概念驱动加工。（4）图式是一种主动的计算装置。它能够将自身的性质同合适的资料匹配起来进行适当评价，将变量同情境的适宜方面进行联系，以达到对情境的理解与解释。图式不是被动地接受信息，而是主动地搜索信息，对信息做出有意义的解释。例如，脚本（script）就是一种表征事件的图式，对生活经验起组织作用。

[专栏 8—4]　脚本及其作用

脚本是人对自己反复从事的活动的典型次序的认识。人类的许多活动（如去图书馆、去餐馆乃至结婚等），均涉及一系列典型活动次序，就好像戏剧或电影的脚本中所列出的一个又一个的场景。下面，便是去餐馆用餐时的一系列典型的活动，它们构成了一个去餐馆用餐的脚本。

场景 1：进餐馆

顾客走进餐馆/顾客寻找座位/顾客决定坐哪儿/顾客向座位走去/顾客坐下

场景 2：点菜

顾客拿起菜单/顾客翻看菜单/顾客决定吃什么菜/顾客唤来招待/招待来到餐桌边/顾客订菜/招待走进厨房/招待将菜单交给厨师/厨师烧菜

场景 3：用餐

厨师把菜交给招待/招待把菜端给顾客/顾客用餐

场景 4：离开餐馆

招待开出账单/招待走到顾客身边/招待将账单交给顾客/顾客付小费给招待/顾客走向收银台/顾客付钱给出纳/顾客离开餐馆

鲍尔等人要求被试列出去餐馆用餐、去看医生、去图书馆借书等情境中自认为重要的 20 项活动。32 名被试列出的活动不完全一样，而且没有一种活动被所有被试提到，但被试报告仍然显示出相当的一致性。他们发现，如果以 75%的人提到作为典型活动的标准，那么去餐馆用餐的典型顺序是：安排入座、看菜单、点菜、用餐、付账、离去。在另外一个实验里，他们让被试阅读一篇去餐馆参观的短文，其中提到在餐馆里发生的一些典型活动，但并非全部。回忆测验表明，在被试的回忆中既含有在短文中提到的活动，也含有短文中未提及但在餐馆中会典型地发生的活动。在再认测验中，被试往往会错误地再认与脚本一致但在短文中未提及的某些活动。鲍尔等人认为，当阅读或聆听有关某一熟悉主题的信息时，会激活人头脑中与此有关的图式，并运用这些图式来指导对新信息的加工和回忆。这种倾向有助于在尚未知道事情的全部细节时对事情做出较为合理的解释，但也常使人们在试图回忆某种典型情境时发生错误。

（二）长时记忆信息储存的性质

长时记忆中的信息储存不同于计算机对信息的储存。它是一个动态变化过程。在储存阶段，信息会发生变化。这种变化表现在质和量两个方面。

1. 信息储存中的质的变化

由于人的知识经验不同，加工、组织经验的方式不同，储存经验会发生形式变化：(1) 内容变得简略和概括，不重要的细节趋于消失；(2) 内容变得更完整、合理和有意义；(3) 内容变得更具体，或更夸张。卡迈克尔（L. Carmichael）等人给被试看一些图形（见图 8—9），然后将被试分成两组，一组听到左边一列物体的名称，另一组听到的是右边一列物体的名称。然后，要求被试根据记忆画出图形。结果表明，约有 3/4 的图形被歪曲了，歪曲图形与他们听到的名称相似，这种现象称为命名效应。命名所引起的图形歪曲并非发生在编码阶段，而是发生在储存与回忆阶段，被试借助于名称储存和回忆。

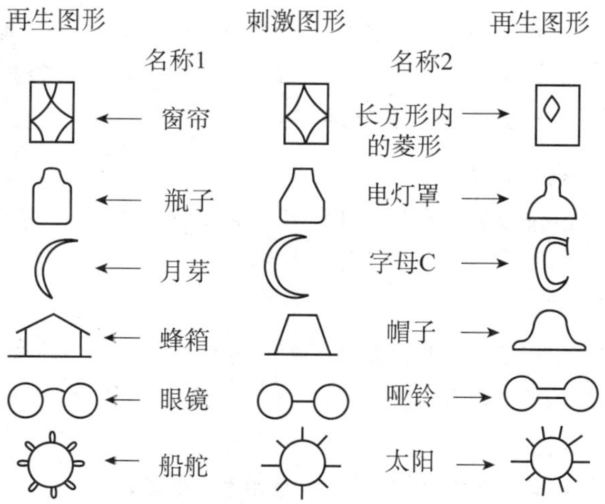

图 8—9　命名引起的回忆图形的变化

巴特莱特（F. Bartlett，1886—1969）的实验也证实这些变化。他给第一个被试看一张枭鸟象征图，要他根据记忆将图画下来；再让第二个人看第一个人画出的图，也根据记忆画下来。这样依次进行，一直到第 18 个被试，一只迎面站立的枭鸟变成一只背面蹲立的猫（见图 8—10）。这些结果能够很好地说明生活中的谣言如何产生。谣言的特点是：事出有因，查无实据；传谣者含糊其辞，听谣者寻根问底。在传播中每个人有意无意地变化一点，传来传去就会面目全非。因此，谣言往往是集体创作的结果。如果记忆严重偏离所识记的信息，就叫做虚假记忆。

图 8—10 图形的变化过程

2. 信息储存中的量的变化

这主要表现为保持量的增加或减少。

（1）保持量的增加——记忆恢复。记忆恢复（reminiscence）是指学习某种材料以后，延迟一段时间后测得的保持量，比学习后立即测得的保持量高。这种现象在儿童期较为常见，但随着年龄的增长趋于消失。巴拉德（P. B. Ballard）要求一些 12 岁左右的学生用 15 分钟学习一首诗，学习后马上要求被试回忆，以后隔 1 天、2 天、3 天和 7 天继续测量。结果表明，第 2 天、第 3 天的保持量比即时回忆的数量多。

（2）保持量的减少——遗忘。长时记忆保持的最明显的量的变化是遗忘。对遗忘现象，心理学家进行了大量研究，取得了重要进展。

四、长时记忆的信息遗忘

（一）什么是遗忘

遗忘（forgetting）是指记忆的内容不能保持或者提取时有困难。每个人在生活中都经历过遗忘。遗忘有不同的种类：能够再认不能够回忆叫部分遗忘，不能够再认也不能够回忆叫完全遗忘；一时不能够再认或回忆叫临时性遗忘，永远不能够回忆或再认叫永久性遗忘。特尔文根据遗忘产生的原因，将长时记忆的遗忘分成痕迹性遗忘和线索性遗忘，前者是记忆痕迹的衰退，后者是缺乏适宜的提取线索，临时性遗忘属于后者。

（二）遗忘进程

德国心理学家艾宾浩斯最早研究遗忘过程。他以自己为被试，以无意义音节为材料，以再学时的时间节省率为保持量的指标。他先将无意义音节表学习到能够无误背诵的程度，然后，在不同的时间间隔之后再学习该材料，求出各个时间间隔后的节省率（见表 8—6）。艾宾浩斯发现，遗忘的过程是不均衡的，在学习之后立即发生，而且进展很快，以后逐渐变慢。艾宾浩斯将实验结果绘成了一条曲线，这就是著名的艾宾浩斯曲线（见图 8—11）。后来，人们用不同的实验材料进行实验，结果与艾宾浩斯的结果大体相同。

表 8—6　遗忘的进程

次序	时距（小时）	保持百分比	遗忘百分比
1	0.33	58.2	41.8
2	1	44.2	55.8
3	8.8	35.8	64.2
4	24	33.7	66.3
5	48	27.8	72.2
6	144	25.4	74.6
7	744	21.1	78.9

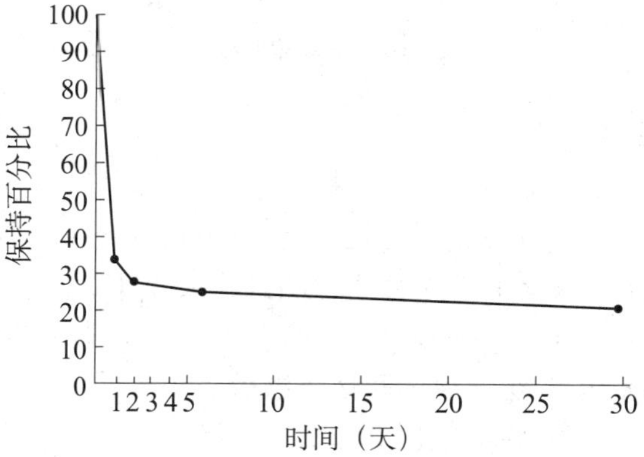

图 8—11　艾宾浩斯遗忘曲线

（三）影响遗忘的因素

从遗忘进程可见，遗忘首先受时间影响。除此之外，还受其他多种因素的影响。

1. 识记材料的性质和数量

一般说来，熟练的动作和形象遗忘得慢，有意义的语文材料比无意义的材料保持得好。在学习程度相等时，识记的材料越多，忘得越快。所以，学习时不要贪多求快。

2. 学习程度

一般说来，一种材料如果学习到没有一次能够无误背诵的标准，就称为低度学习；如果达到正确背诵之后还继续学习一段时间，就称为过度学习。低度学习的材料容易遗忘，过度学习的材料比恰能背诵的材料保持效果要好。但过度学习也不是越多越好。克鲁格（W. C. F. Krueger）研究表明，就保持效果和学习时间的综合效益而言，50%的过度学习最经济（见图 8—12）。

3. 测量方法

用不同方法测量保持，结果也有差异。陆志韦（1894—1970）用再认、再学、重建、自由回忆和预期回忆测量被试对无意义音节的保持量。结果发现，用再认法测得的保持量最多，其次是再学、重建和自由回忆，用预期回忆方法测得的保持量最少。近年来研究表明，用传统的外显记忆方法（如回忆、再认）不能够测出的保持量，用内隐记忆方法（如词干补笔、启动等）可以测量出来。

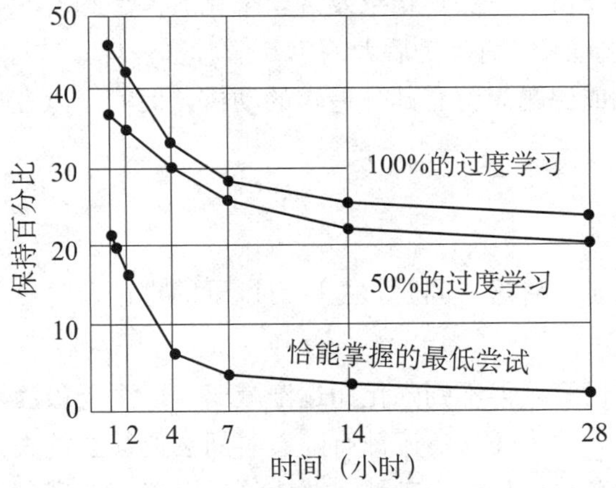

图 8—12　不同学习程度的保持曲线

4. 识记材料的系列位置

在自由回忆实验中，按顺序给被试呈现一系列无关联的单词，要求不需按顺序尽可能多地回忆出来。结果发现，回忆率与单词在词表中的位置有关（见图 8—13）：词表开头部分的单词回忆率高，这被称为首因效应（primacy effect）；词表末尾部分的单词的回忆率也高，这被称为近因效应（recency effect）；词表中部的项目回忆率低。这种材料顺序对回忆效果的影响叫系列位置效应（serial position effect）。系列位置效应在日常生活中也很常见。如识记一篇文章，往往是开头与结尾识记得较好，而中间部分记得较差。

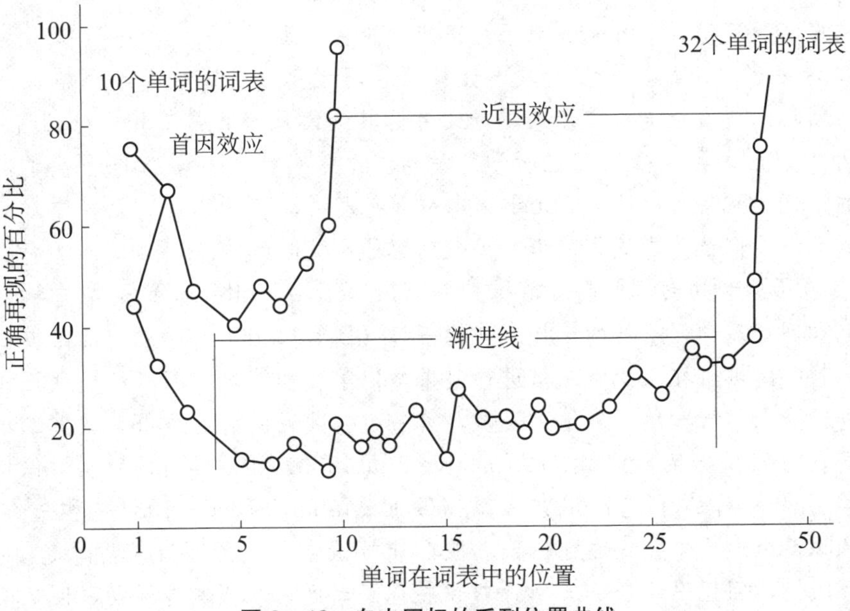

图 8—13　自由回忆的系列位置曲线

5. 动机

蔡加尼克（B. Zeigarnik，1901—1988）发现，中断而未完成的工作不容易遗忘。她分派给被试 18～22 个简单课题，如完成拼板、演算数学题等。课题顺序随机分布。只让每个被试完成半数课题，当被试要完成另一半课题时，主试中途打断，要求被试去做另一项工作。最后要求被试回想所有任务。结果发现，未完成课题约有68%能回忆起来，已完成课题只有43%能够回想起来，前者是后者的1.6倍。这种现象被称为蔡加尼克效应。对这种现象的解释是，未完成课题尚留有部分追求的动机，促使个人在心理上产生将之完成以满足动机的倾向。

（四）遗忘的原因

人为什么会发生遗忘？对这一问题，主要有以下的理论。

1. 衰退说

认为遗忘是由于记忆痕迹得不到强化而逐渐减弱，以至于最后消退。这种看法接近于常识，容易为人所接受。因为任何痕迹都有随着时间衰退甚至消失的现象。在感觉记忆和短时记忆中，也的确存在着信息由于未被注意或复述而遗忘的现象。但这种理论有两个缺点：（1）很难用实验来证实。因为无法排除学习后其他心理活动对记忆痕迹的干扰，也无法保证神经组织中的记忆痕迹仅随时间消退而不受其他因素影响。（2）与某些观察事实不符。例如，老年人对刚发生过的事件可能转瞬即忘，但对于过去的某些往事则保持着鲜活的记忆。而根据衰退理论，往事的痕迹更应该衰退。

2. 干扰说

认为在学习与回忆之间受到其他刺激干扰，是遗忘的主要原因。一旦干扰解除了，记忆就可以恢复。这种理论得到了较多的实验证据支持。

［专栏8—5］ **干扰理论的实验证据**

许多实验证明，干扰是长时记忆遗忘的重要原因。

1. 睡眠影响记忆。詹金斯等人让被试学习无意义音节表，达到恰能成诵的程度。然后，或者让被试立即入睡，或者让其继续从事日常工作。分别过1、2、4、8小时以后，再让被试回忆所学的材料。结果表明，日常工作干扰了对所学材料的记忆。雅鲁什（R. Yaroush）等人研究表明，有梦睡眠比无梦睡眠的保持效果要差，他们认为，这是梦境对记忆内容的干扰导致的。

2. 前摄抑制和倒摄抑制。前摄抑制（proactive inhibition）是指先学习材料对识记和回忆后学习材料的干扰。安德伍德（B. J. Underwood）让两组被试学习词表。第一组被试在正式学习前进行大量类似学习和练习，第二组被试正式学习前没进行类似学习和练习。结果表明，第一组被试记住词表的25%，第二组被试记住词表的70%。倒摄抑制（retroactive inhibition）指后学习的材料对保持、回忆先学习的材料的干扰作用。缪勒（G. E. Müller，1850—1934）和皮尔扎克（A. Pilzecker）首先发现这种现象。他们让被试学习无意义音节后休息5分钟，再进行回忆，回忆率为56%；如果被试在休息时间内从事其他活动，回忆率只有26%。这说明，后从事的活动对先前学习产生了干扰作用，使成绩下降。研究表明，倒摄抑制效应的大小，受下述因素影响：

（1）先后学习的两种材料的相似程度。如果先后学习的两种材料完全相同，后学习即是复习，不会产生倒摄抑制；当学习材料由完全相同向完全不同逐步变化时，倒摄抑制开始增加，材料相似性达到一定的程度，倒摄抑制达到最大，以后又逐渐变小；当先后学习的材料完全不同时，抑制的效果较小。

(2) 先后学习的时间安排。恰在对先学习材料进行回忆前学习的材料，对先学习材料产生的抑制作用最大；先学习之后紧接着进行后学习，抑制效果次之；在对先学习材料的识记和回忆的时间间隔中间进行后学习的材料的学习，抑制效果最小。

(3) 先后两种学习的巩固程度。先学习材料的巩固性越高，就越能抵制干扰；后学习材料还不很巩固时，干扰作用亦小；随着后学习材料巩固程度提高，干扰效果渐增，到巩固程度很高时，抑制作用又降低了。

前摄抑制和倒摄抑制是干扰说的最主要证据。系列位置效应的实质就是这两种抑制的作用。材料的中间部分由于受到两种抑制影响，所以回忆效果最差；首尾的材料由于只受到一种抑制影响，所以回忆效果较好。干扰理论在教学实践中有广泛的应用。学校的课程安排和学生自己的学习活动都应考虑到干扰的影响。另外，利用早晨和晚上进行识记也是防止干扰的好办法。

3. 提取失败说

认为遗忘不是由于记忆痕迹的衰退，而是失去了提取线索或线索错误，就好像忘记了将物品放在什么地方，怎么也找不到一样。一旦有了提取的线索，信息就可以提取出来。所有学习都发生在一定情境中，人们根据当时的知觉环境对信息进行编码。遗忘是由于提取线索不能匹配记忆中编码的性质，而不是信息遗失了。"舌尖现象"（tip of tongue, TOT）就是这方面的一个好例子：我们明知道记着某人的名字，却不能说出来；明知道会唱某首歌，却想不起它的旋律。这些信息在以后场合里却可以不召自来，油然而生。实验表明，给被试提供提取线索能提高回忆成绩。特尔文让被试学习按类别组织的名词表，对一半被试提示类别名，对另一半被试不提示，要求他们回忆学过的单词。结果如图 8—14 所示，类别线索改善了被试的回忆。有趣的是，回忆时给无线索的被试提供类别名称，他们的回忆也大大改善了。

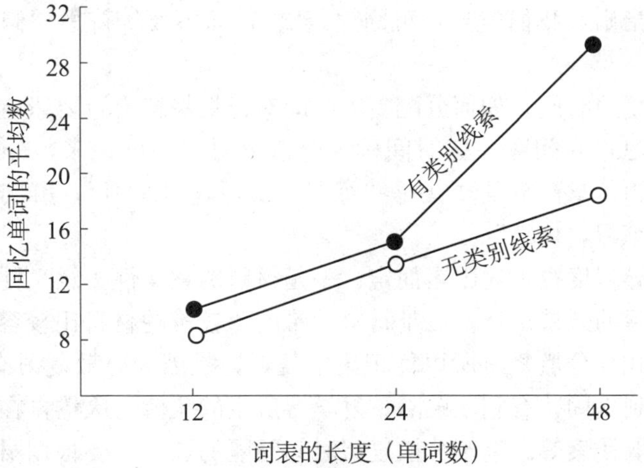

图 8—14　有无类别线索时回忆单词的平均数目

提取失败理论在生活实践中有广泛的应用。在司法实践中，将当事人或证人带到事件发生情境中有助于他们的记忆恢复。在不同的情境下学习，特别是在测验的情境下学习（如学生的模拟考试、戏剧的彩排、军队的实战演习等），都有利于记忆的提取。

4. 动机说

弗洛伊德认为，任何遗忘都有动机，记不起是因为不想记，于是便把信息压抑到潜意识中去。如果压抑被解除，记忆就可以恢复。他举例说，一个新娘丢失了她的结婚戒指，只能说明她对她的婚姻不满意，潜意识里有摆脱婚姻的愿望。他在给神经症病人施行催眠时，许多人能回忆起平时回忆不起来的事情，这些事情大多与罪恶感和羞耻感相联系，因为不能被自我接受，所以被压抑在潜意识里。压抑解除后，信息又重新回到意识中。这种理论又被称作“压抑说”。

动机说可以解释生活中的许多现象。这种理论重视个体的需要、动机、欲望、情绪在记忆中的作用，但缺乏实验证据的支持。

5. 同化说

上述四种理论都把遗忘看成是一种消极现象。奥苏伯尔却对遗忘持积极态度。他认为，人在记忆中具有积极能动性。遗忘是知识的组织和认知结构的简化过程。在有意义的学习中，新旧知识之间通过相互作用建立起非人为的、实质性的联系，新知识同化到原有的认知结构之中。人在长时记忆中储存的不是零碎的知识，而是经过转换的较为一般性的观念结构。人们遗忘的是一些被高级观念替代的低级观念，从而减轻了记忆的负担。这种理论与有意义学习中具体事实容易遗忘，而一般概念和原理不易遗忘的情形相吻合。

（五）加强保持的策略

遗忘不以人的意志为转移。为了防止遗忘，加强保持，可以采取下述策略。

1. 复习策略

复习是同遗忘作斗争的首要策略。但是，复习不是机械地重复，复习欲有效，必须做到以下几点。

（1）复习要及时。遗忘的规律是先快后慢，所以，对新学习的材料必须及时复习。俄国教育家乌申斯基指出，我们应当“巩固建筑物”，而不要等待去“修补已经崩溃的建筑物”。

（2）合理分配复习时间。如何分配复习时间对记忆保持有重要影响。连续进行的复习称为集中复习，复习之间间隔一定时间称为分散复习。一般说来，分散复习优于集中复习。过去，人们认为，拿高分的要诀是“练习，练习，再练习”，事实上，正确方法应该是“练习，休息，练习，休息”。

分散复习的优异程度视下述因素而定：一是材料的意义性。意义性低的材料比意义性高的材料，分散复习的效果更佳。二是材料的难度。较难的材料比较容易的材料，更适合采用分散复习的方式。分散复习所以优于集中复习，是因为分散复习有较多的时间间隔，可以使记忆联系得到巩固，有利于解除重复学习产生的疲劳与厌倦，在不同的情境下学习可以建立较多的提取线索等。至于分散复习时间间隔的长短，要根据材料性质、数量、识记的巩固程度等而定。开始时间间隔可短些，以后适当延长。

（3）复习形式的多样化。复习不仅仅是重复诵读，应该使复习的形式多样化。例如，对所学知识进行精细性的复述，即寻找意义和建立新旧知识之间的联系；复习时将学过的知识系统化也是重要的策略，如将所学知识写出提纲、画出图表等。系统化的知识是成“块”的知识，这种知识容易记住。运用所学知识分析和解决问题也是复习的重要方式，这样做，不仅加深了理解，也巩固了记忆；复习时多种感官的协同活动，将眼看、耳听、口读、手写、心想有机地结合起来，也能够收到很好的记忆效果。

2. 组织的策略

要达到加强保持的效果，对记忆进行组织非常重要。下述策略被认为是有效的。

（1）选择和重组。人既不可能也没有必要记住所有的信息。一位学者说过，好的记忆应该像渔网，罩住大鱼放走小鱼。如果你能够将一篇文章中的每一个段落都凝练为一两句话或一两个术语，记忆的效率将非常高。你可以在文中标出你选择的要点，也可以用加标注方法将概括出的要点记在旁边。但不要在书中标记太多。因为如果你将每句话都选择了，就等于没有选择。研究表明，记课堂笔记和对学习内容做出概括性的小结也有助于记忆。如果你能够在概括基础上再次进行概括，也会对记忆有很大的帮助。经过分类和组织的信息不容易因为干扰而遗忘。

（2）反馈和利用线索。有反馈的学习方式效果好。反馈使人能够检查自己的学习状况，使人知道哪些方面应该增加学习。当个体知道自己记住或能够正确回答问题时，也得到强化。另外，在编码过程中出现的刺激往往是最好的记忆线索。因此，当学习新的名称、概念或术语时，最好能够将它们放在几个句子里去记，并且能够同已有知识经验相联系，这种利用线索的对新信息的整合加工有助于记忆。

（3）合理组织学习过程。要取得好的保持效果，组织好学习过程亦很重要。要做到：

整体学习与部分学习相结合。如果你要背诵一篇演讲稿，是从头到尾地整个背效果好，还是一部分、一部分地背效果好？系列位置效应表明，遗忘的内容往往是材料的中间部分。因此，如果材料较短，组织得较好，整体学习比部分学习效果要好；如果篇幅浩大，内容复杂，需要进行部分学习，对中间的部分要增加练习。

阅读和尝试回忆交替进行。阅读和尝试回忆交替进行，可以提高复习效率。这种方法有利于调动学习者的积极性，因为单调的重复阅读使人厌倦，大脑易处于抑制状态。这种方法还可使学习者及时看到学习成绩，从而提高信心；可以及时检查复习效果，抓住材料的重点和难点，合理支配复习时间。实验也证明，这种复习方法的确好于连续诵读（见表8—7）。

表 8—7　　阅读时尝试回忆的效果

时间分配	16 个无意义音节回忆百分比		5 段传记文回忆百分比	
	立刻	4 小时后	立刻	4 小时后
全部时间诵读	35	15	35	16
1/5 用于回忆	50	26	37	19
2/5 用于回忆	54	28	41	25
3/5 用于回忆	57	37	42	26
4/5 用于回忆	74	48	42	26

过度学习与考前复习。过度学习的效力在前文中已述及。在已有分散学习的基础上，考前复习的记忆效果也很好。中国有句古话，叫做“临阵磨枪，不快也光”。但是，如果平时没有学习好，仅凭考前的集中学习是不够的。

3. 用脑健康和用脑卫生的策略

人脑的健康状况直接影响到记忆的好坏。严重的营养不良，特别是缺乏蛋白质，将使人的记忆力下降。人在饥饿时记忆效果最差。所以，很多母亲在孩子考试前都特别关心孩子的早餐、午餐是否吃好了。吸毒、酒精中毒以及脑外伤等，也会给记忆带来不良影响。另外，用脑卫生也很重要，可以采用一些方法使大脑皮层在学习时保持警觉与兴奋状态，如给自己规定明确的学习目的和任务，学思结合，满怀信心地去学习，使不同类型和不同性质的学习在一定时间内交替进行，劳逸结合等。

五、长时记忆的信息提取

长时记忆的信息提取有两种形式：再认和回忆。

（一）再认

1. 什么是再认

再认（recognition）指人们对感知过、思考过或体验过的事物，当它再度出现时，仍然能够认识的心理过程。再认与回忆没有本质区别，但一般来说，再认比回忆要简单和容易。

再认有不同的种类。根据再认的速度和确信度，可以将再认分为知觉水平的再认和思维水平的再认。知觉水平的再认在心理过程上表现出压缩性的特点。例如，对于熟悉的事物，立刻就可以认出来，并确信是以前认知过的。思维水平的再认在心理过程上具有展开的形式。例如，对于不太熟悉的事物，不仅再认的速度慢，确信度也差。此时就需要比较和推论等思维过程参与。再认还可以分为完全再认和不完全再认。前者是对过去认知过的事物的完全确认，而后者仅是一种熟悉之感。

再认有时会出现错误。错误再认表现为以下形式：（1）不能再认；（2）认错对象。严重的不能再认是病理的例子。如某些脑损伤病人和精神病患者对以前经验过的事物或事件完全不能再认，称为“不识症”。如患老年痴呆症的人会出现不能再认的症状。经常性的认错对象是精神异常的表现，称为“似曾相识症”。对于正常人而言，不能再认往往是由记忆信息模糊或缺乏复习造成的，认错对象往往是由记忆信息不准确，或者当前对象与记忆中的对象相像，或者再认时观察不仔细造成的。

2. 影响再认的因素

再认的速度和准确性受许多因素影响，主要有：

（1）材料的性质和数量。材料越相似，再认时就越容易发生混淆。材料的数量对于再认的速度有影响。有研究表明，再认英语单词时，每增加一个单词，再认时间就增加 38 毫秒。

（2）学习与再认的时间间隔。再认效果随着学习与再认的时间间隔而变化，间隔越长，效果越差。谢帕德（R. N. Shepard，1929—　）发现，被试对图片的再认随着时间间隔（1 小时、2 小时、3 天、7 天、12 天）的延长逐渐下降。

（3）思维活动的积极性。再认不熟悉的材料时，积极的思维活动（比较、推论等）可以提高再认的效果。

(4) 期待和情绪状态。期待可以促进再认，也可以造成再认错误。例如，在合适的情境识别事物或在合适语境中识别词，比识别孤立的事物或词要快。文章作者在校对自己的稿子时却往往难以发现错误。人在惊慌或恐惧时也易发生再认错误。

(5) 人格特征。威特金（H. A. Witkin，1916—1979）等人将人分为场依存型和场独立型。场独立型的人不容易受周围环境影响，场依存型的人容易受环境影响。这两种人在识别镶嵌图形时具有明显差异。场独立型的人比场依存型的人成绩更好。

(二) 回忆

1. 什么是回忆

回忆（recall）又称重现，是指过去经验过的事物在头脑中重新出现的过程。回忆可以是有意的，也可以是无意的。有意回忆有回忆的目的和任务，是自觉进行的回忆；无意回忆没有明确的目的和任务，是自然而然地产生的回忆。根据回忆是否依靠中介，也可以将回忆分为直接回忆和间接回忆。由当前事物直接唤起旧经验是直接回忆，借助于中介性的联想回忆起旧经验是间接回忆。追忆是特殊的回忆形式，它兼有有意回忆和间接回忆的特点。追忆需要思维活动的参与，有时需要巨大的意志努力。

2. 回忆过程

回忆过程一般由线索产生、搜寻、决定和做出反应四个阶段构成。一般由某种线索启动。这些线索可以是外部的，如某种刺激，也可以是内部的，如个体的需要。线索产生以后，个体要在长时记忆中搜寻要提取的信息。搜寻到的信息可能是要提取的目标，也可能是非目标信息。因此，还需要决定过程。提取过程通常终止于某种言语或动作的反应，表明什么东西被回忆起来。

3. 回忆的条件和策略

回忆的好坏与回忆时的主客观条件有很大的关系。识记材料的巩固程度，回忆者的定向、兴趣和情绪状态，回忆者的智力和个性品质，都会影响回忆的效果。所识记的材料巩固性越高，回忆成绩就越好。因此，学生欲对所学知识达到有效的回忆，必须在识记和巩固上狠下工夫。活动的定向和兴趣也会影响回忆。从事某种职业的人，往往“三句话不离本行”。人在愉快情绪状态时往往会回忆起令人愉快的往事。当回忆碰到困难需要追忆时，就需要回忆者有足够的机智和判断力。回忆者还需要耐心、冷静、有毅力，不受急躁情绪的干扰，坚持不懈地去寻找有关线索。

在回忆过程中，人们所采取的策略也会直接影响回忆的进程和效果。回忆的策略主要有以下几种。

(1) 联想策略。回忆常常以联想的形式出现。由一个事物想到另一个事物的心理活动就叫联想。人脑中的知识经验彼此之间有一定的联系，这种联系是客观事物相互联系的反映。人们在回忆某一事物时，就会想起与它有关的事物。联想的规律有以下几种：一是接近律。在空间或时间上接近的事物容易形成联想。例如，提到西安，就想起华山；提到春夏，就会想到秋冬。二是相似律。性质和形式上相似的事物易于产生联想。如由李白想到杜甫，由柳絮想到雪花。三是对比律。事物之间相反的特性也容易产生联想。如由黑暗想到光明，由真、善、美想到假、恶、丑。四是因果律。事物之间的因果关系也容易于形成联想。如由火想到热，由春雨想到好的收成等。五是多次并提。多次并提的事物，也容易形成联想，如“仁义礼智信”、“一个中心，两个基本点”，等等。

(2) 情境策略。研究表明，呈现与回忆内容有关的情境线索，将有助于记忆恢复。呈现的情境与事件或学习发生的情境越相似，恢复就越容易。在许多情况下，身临其境有助于提取记忆。在司法实践中，将嫌疑人或证人带到案发现场是重要的回忆策略。罗夫-科利耶（C. Rovee-Collier，1942—2014）发现，熟悉情境对记忆的激活作用可以保持 3 个月之久。

(3) 双重提取。在回忆的过程中，借助于表象和词语的双重线索，可以提高回忆的完整性和准确性。

(4) 再认策略。在追忆时，可以有意想象一些与回忆内容相似的事物，然后从中再认出我们所要追忆的对象。一旦在我们想出的事物中有追忆对象，就会较容易地将它识别出来。

(5) 延缓策略。在苦苦思索而回忆不起来时，最好是转移注意，暂时停止回忆。延缓一段时间后，等抑制解除了，再回忆。此时，要回忆的事物便可以自动浮现。“踏破铁鞋无觅处，得来全不费工夫”，“众里寻他千百度，蓦然回首，那人却在灯火阑珊处”，回忆时也有这样的情况。所以，有经验的考生在考试时，不是急于做题，而是先将题目从头至尾粗略看一遍，做到胸中有数，未雨绸缪，这样做有利于信息的激活和提取；碰到不会做的题目时，不是去苦苦思索，而是先做会做的题目，过一段时间后，很可能会想起答案。

[专栏 8—6]　　认知访谈技术

在司法实践中，为了保证证人证言的准确性，盖泽尔曼（R. E. Geiselman）等人创制并推广了一种询问技术——认知访谈（cognitive interview）。该技术是一种记忆唤醒法，运用此技术，可以帮助证人回忆案情，获取翔实准确的证人证言。认知访谈技术包括以下程序：

1. 案情环境背景的重建与恢复。即要求证人在心理上重建或恢复案发时的生理心理状态及周边环境状况，包括案发时感受和情绪反应，如证人当时处于什么样的环境，处于哪一位置，时间是几点，心理感受怎样，脑子在想什么，情绪怎样，并努力回忆出案发时的感知细节，如光亮、噪声、气味、温度等。

2. 报告所有事情。鼓励证人报告能够回忆起来的每个细节，即使这个细节在证人看来并不重要。倘若证人不能完整回忆起案件的任一方面，也要把零碎的片段报告出来，对任何信息都不要保留。所报告的细节必须是真实发生过的。之所以如此，是因为证人并不知道哪种信息与调查有关，哪种信息与调查无关。即使证人报告的信息不重要或是零碎、不系统的，这些信息依然可以使证人回忆起其他与案情有联系或重要的信息。

3. 以不同的叙述方式或顺序回忆报告事件。在通常的情况下，证人回忆事件是按照事件发生的时间顺序回忆的，从开始讲述到高潮然后再到结束。司法人员可以颠倒叙述顺序，让证人从案件结尾，以倒叙的形式向前叙述，或从案件发生之中向开头和结尾进行叙述。

4. 以不同的角度或以其他人的角度来回忆案情。即要求证人回答什么人也在案发现场，也可能听到或看见案件经过，讲出这些人的位置与角度。在以上问题搞清楚之后，要求证人以不同的角度来回忆案情，如以在案发现场的另一个证人的眼光来陈述案情。例如，证人在汽车的左侧目击了一场车祸，则要求他回答站在汽车右侧的人将会看到什么。又如，在儿童性侵犯案件中，由于居室内只有儿童与罪犯两个人，此时可让儿童设想桌子上的玩具熊所能够看到的一切。

盖泽尔曼等人认为，认知访谈技术的理论假设有二：(1) 记忆由很多部分信息构成。回忆策略的效率与回忆时的信息编码和记忆的信息编码是否重叠以及重叠的数量有关。认知访谈技术的前两项程序目的在于增进访谈时证人的信息编码内容与回忆内容在特征上重合。(2) 证人对案件记忆存在几条回忆通道。如果一种记忆唤醒方法不能唤起证人的记忆，另一种记忆唤醒方法或许能。认知访谈技术的后两项程序，目的是让证人使用不同的回忆通道来回忆案情，从而增强证言的翔实性与准确性。认知访谈技术在欧美国家得到广泛的关注。研究表明，与传统的询问方法比，使用认知访谈技术可以使证人回忆起更多有关案件经过与犯罪者基本特征的正确信息，却没有回忆出更多的错误信息。

资料来源：张启睿，舒华．认知访谈技术研究进展．华南师范大学学报（社会科学版），2008 (5).

第五节 记忆研究的新进展

一、内隐记忆

传统的记忆研究，常常把注意力集中于对先前经验的有意识的、外显的恢复。近二十几年来，人们越来越倾向于认为在有意识的外显记忆之外，还存在一个相对独立的记忆系统，即内隐记忆。20 世纪 70 年代，沃灵顿（E. K. Warrington）和魏斯克兰茨（L. Weiskrantz，1926— ）对遗忘症病人的研究发现，病人虽然不能够回忆刚学过的单词，却可以在一些特殊测验中显示出记忆。如给出患者已学单词的头几个字母，要求把字母补全成一个词，患者倾向于把字母填写成刚学过的词。这表明，被试存在着一种自动的、不需要意识参与的记忆。被试并未意识到自己拥有这种记忆，也未有意识地去提取它，却在特定的操作中表现出来。

（一）内隐记忆的表现

1. 再学时的时间节省

斯拉默卡（N. J. Slamecka）等人认为，再学时的时间节省是内隐记忆的重要指标。对于那些曾经学习过但不能再认和回忆的材料，再学时会表现出时间的节省。

2. 无意识学习

雷伯等人呈现给被试根据人工语法规则产生的字母串，被试分别在内隐指导条件或外显指导条件下学习，然后再给被试一些未学过的、根据相同规则产生的字母串，让其识别这些字母串是否符合语法规则。结果表明，即使被试不能有意识地知道这些规则，他们也能够学会确定符合语法的字母串。又如，许多母语者虽然说不出母语的语法规则，却能流利地讲话，能够发现别人讲话的错误，这就是人们常说的“语感”。一位学生虽然不懂旧体诗的规则，不知平仄，却读了大量的古诗词，也能写些旧体诗，这就是平时所说的：“熟读唐诗三百首，不会作诗也会吟。”

3. 启动效应

启动效应（priming effect）指经验对当前任务的积极或消极的影响。这种效应往往是无意识的和自动的。根据启动刺激和目标刺激的一致程度，可以将启动分为直接启动、重复启动、间接启动和交叉启动。在直接启动中，启动刺激与目标刺激直接相关。如先前学过的单词是“elephant”，要求被试对“e _ ph _ t”进行残词补全。在重复启动中，启动刺激和目标刺激的呈现和反应方式完全一样，如知觉辨认和词汇决定等。在间接启动中，启动刺激在形状（element）、声音（sycophant）和语义（tusk）上和目标刺激（e _ ph _ t）相近。在交叉启动中，启动刺激和目标刺激分属于不同的符号系统，如先通过图形呈现启动刺激（elephant），然后再对目标刺激（e _ ph _ t）进行残词补全。启动效应被认为是证实内隐记忆的主要标志之一。

4. 技能学习

米尔纳（B. Milner，1918—　）等人发现，健忘症病人虽然不能外显地记得完成过某任务，却能够获得完成相应任务的运动技能和认知技能。遗忘症患者在镜画、转子追踪、双手跟踪等动作技能获得中均表现出正常学习能力。科恩（N. J. Cohen）和斯奎尔发现，遗忘症病人能够学会镜读，穆森（G. Musen）和斯奎尔发现，遗忘症病人能够学会速读。这表明，遗忘症患者具有正常的知觉技能学习能力，也意味着动作技能的记忆独立于人们所熟悉的自觉记忆。

（二）内隐记忆和外显记忆的区别

1. 学习和测验呈现方式的变化对两种记忆有不同的影响

雅克比（L. L. Jacoby，1944—　）和达拉斯（M. Dallas）发现，学习阶段采用听觉方式呈现材料，测验阶段采用视觉方式呈现材料可以减弱启动效应，但对再认无影响。马正平和杨治良发现，内隐记忆的成绩明显地受通道变换影响，外显记忆的成绩不受通道变换影响。在同一自变量的影响下，两种测验产生相反的实验结果的现象叫实验性分离。

2. 加工水平对两种记忆具有不同的影响

格拉夫（P. Graf）发现，对刺激项目的加工深度（意义加工的水平）对外显记忆的效果影响大，对内隐记忆的效果影响小。

3. 两种记忆保持的时间不同

在外显记忆的研究中，回忆量随着学习和测验之间时间间隔延长而减少。但是，内隐记忆却可以保持较长的时间。特尔文发现，启动效应可以持续数天或数周没有显著变化，而在相同的时间间隔下，再认能力显著消退。

4. 干扰因素对两种记忆影响不同

外显记忆很容易受到无关信息干扰，但无关信息却很少影响内隐记忆的成绩。

（三）内隐记忆的理论

1. 多重记忆系统说

认为内隐记忆和外显记忆分别代表记忆的两种不同的子系统。特尔文等人提出，启动效应代表一种新的记忆系统，即知觉表征系统。这种系统独立存在，与外显记忆有不同的机制。知觉表征系统还可以再细分为字词系统、结构描述系统和概念语义系统。多重记忆系统理论得到许多神经生理学家的支持。

2. 加工说

认为内隐记忆和外显记忆的实验性分离反映了两类测验要求的加工不同，并不说明记忆中存在着机能上独立的两个不同子系统。罗迪格（H. L. Roediger，1947— ）认为，外显记忆测验要求概念驱动加工。概念驱动加工要求有意义加工、精细编码和心理意象等加工，这些加工提高了外显记忆的成绩。内隐记忆测验依赖于学习与测验时的知觉过程匹配。许多内隐记忆测验几乎都是提取过去经验中的知觉成分。因此，内隐记忆测验要求材料驱动加工。所以，影响概念加工的各种变量对内隐记忆测验没有影响，知觉和行为的变量对内隐记忆就会有很大的影响。

内隐记忆研究不仅扩充、丰富了记忆研究的方法、技术和内容，而且使人们对记忆的本质有了更深入的认识。

二、元记忆

（一）什么是元记忆

元记忆（meta memory）是指人对自己记忆系统的认知和对记忆过程的监控。元记忆研究开始于20世纪60年代初。哈特（J. T. Hart）在斯坦福大学所做的关于知晓感（feeling-of-knowing，FOK）的博士论文，首开元记忆研究的先河。他认为，记忆监控过程是人类最重要但又了解得最少的方面。特尔文和马迪干（S. A. Madigan）也指出，要真正了解人类的记忆，需要研究人类对自身记忆过程的认识及有关知识。人类记忆系统不仅对信息进行加工、储存和提取，而且还能够精确地估计有效记忆的可能性。

内尔森（T. O. Nelson）和纳伦斯（L. Narens）认为，人类认知过程应该区分为两个各具特点又相互联系的水平，即元水平（meta level）和客体水平（object level）。对于记忆而言，应该区分为元记忆和客体记忆（object memory）。客体记忆即对客体信息的编码、储存和提取的信息加工过程，元记忆是人对自己的客体记忆的认知、监视和控制。

（二）元记忆的结构和功能

元记忆是复杂、有层次和动态的认知系统。它由以下三种主要成分构成。

1. 元记忆知识

这是指个人具有的与记忆活动有关的知识和信念，包括有关人的、记忆目标和内容的、记忆策略和方法的知识。例如，对个人记忆能力的评估，对个人记忆品质的信念，对个人与他人记忆能力差异的认识，知晓记忆目的的作用，了解熟练程度、材料性质对记忆的影响，掌握的各种记忆术以及在何种条件下使用何种记忆术的认识等。这些知识是个体关于记忆的直接经验和间接经验的积累，可以对当前的记忆过程发生影响。

2. 元记忆监测

这是指对记忆状态的各种监测性判断及伴随的情感体验。元记忆监测可以区分为两类：一类是回溯性监测（retrospective monitoring），如对回忆、再认的答案做出正确与否的信心判断；一类是预见性监测（prospective monitoring），包括学习难易度判断（easy of learning judgment，EOJ）、学习结果判断（judgment of learning，JOL）和知晓感判断（feeling of knowing，FOK）。EOJ 是在学习或识记前，对所要识记项目的难易程度做出判断；JOL 是对当前已经学得的项目，在以后回忆中的成绩做出判断；FOK 是对当前回忆不出，但又有一定“知晓感”的项目，在以后再认测验中的成绩做出判断。这些元记忆监测所依赖的都是个体的内省报告。

3. 元记忆控制

这是指在元记忆监测的基础上，激活已有的元记忆知识，对记忆过程进行有意识的组织和调节过程。控制作用在记忆加工过程中体现为五种功能形式：（1）确定学习的目标和计划；（2）确定学习时间的分配；（3）选定信息加工的类型；（4）选择加工策略；（5）发动、继续或中止识记或者提取过程。

以上三种成分相互联系、相互影响。元记忆知识是基础，对记忆过程进行监测和控制，要以掌握一定的元记忆知识为前提；元记忆监测和控制又可以激活有关的元记忆知识。元记忆三种成分共同表现为一种综合的心理能力——元记忆能力。

（三）元记忆的机制

对元记忆机制的研究，主要集中在元记忆研究核心——知晓感（FOK）的产生机制上。通过 FOK 机制的研究，可以折射出元记忆机制研究的全貌。

哈特认为，FOK 和客体记忆的回忆和再认一样，是衡量记忆加工水平的一个准确指标。内尔森等人则把注意力集中在探讨 FOK 准确性与哪些因素有关上。目前，心理学家们提出几种不同的理论来解释 FOK 的产生机制。

1. 痕迹接通说

哈特认为，被试在回忆提取失败（未能提取出全部信息）时，实际上对所要回忆项目的痕迹有部分接通，这是进行 FOK 判断的依据。这些依据包括阈下痕迹强度的水平、痕迹中残留的语义特征或物理特征等。痕迹接通说又包括许多假说，其中，靶项目提取可能性假说认为，FOK 判断等级的高低由所识记靶项目的记忆强度决定，或者说由记忆储存中靶子信息的多少决定。FOK 判断与再认和回忆一样，都由靶子信息决定。FOK 是记忆储存的准确指标。痕迹接通说得到很多实验结果的支持。

2. 推论说

内尔森认为，FOK 并非由靶子本身残留痕迹的接通引起，而是由记忆中与靶子相关的信息引起。这些相关信息包括储存在长时记忆中的情景信息、启动问题和靶子回忆线索的相似性以及被试关于问题领域的一般专业知识。FOK 判断是根据相关信息推断所要提取的项目信息的记忆情况，这种推论是产生 FOK 判断的基础。按照这种观点，FOK 判断依据的是和靶子信息相关的信息，回忆和再认依据的是靶子信息本身，它们是两种不同质的状态。因此，FOK 不可能预测回忆和再认的成绩。线索熟悉性假说是推论说中研究最多、最有代表性的理论。这种假说认为，FOK 判断基于问题或者线索的熟悉性，而不是基于搜索靶子本身的可提取性或有效性。

3. 可接近性模型

克瑞特（A. Koriat）认为，FOK 判断依赖于与靶子有关的部分信息的总可接近性，FOK 判断建立在可接近信息量的多少和强度的基础上。FOK 判断依据的信息存在于提取过程中，无论何时，要搜寻一个靶子，都会有许多信息聚在意识中，这些线索包括靶子的片断、语义归因等。靶子的情景信息以及从其他资源来的激活信息流，即包括靶子本身的信息和相关的信息。尽管这些线索还不足够清晰，还不能支持一个分析性、计算性的推理，但仍然可以产生一种主观感觉，即靶子是存在的，将来能够被回忆或再认出来。值得注意的是，可接近性模型的核心是 FOK 判断依赖于部分信息的可接近性，而与它正确与否无关。

三、虚假记忆

（一）虚假记忆——记忆研究的新取向

洛夫塔斯指出，人类的记忆并不仅是对人所经历的事件的总结，也是对他们曾经思考过、被告知过以及他们所相信的事件的总和。我们的记忆塑造了我们是谁，但我们的记忆却是由我们是谁以及我们所相信的自我构成的。我们似乎彻底改造了我们的记忆。这样，我们就成为一个我们自己想象中的人。当前，越来越多的研究表明，人类记忆并不是对客观事物刻板的反映。

虚假记忆（false memory），又称记忆错觉（memory illusion），是指人们对过去事件的报告与事实严重偏离的现象。虚假记忆研究是近年来记忆研究的最新走向，也是记忆研究生态化的重要趋势。在过去的 100 多年里，记忆心理学研究大多追随艾宾浩斯的研究范式，其基本理念是数量取向。在这种理念之下，记忆被隐喻为储藏室，各种不同的信息先被储存，再被提取。人们根据一段时间间隔之后仍然能够提取的项目数量来评估记忆。但在近期，记忆研究的理念正在朝着准确取向转变。在这种理念之下，记忆被看作是过去经验的表征或者重构。评估记忆应该依据其是否与过去的经验符合，而不仅仅依据其输出项目的数量。较之以往的数量取向研究，记忆准确性的研究对记忆输出进行了更广泛的分析。近年来，虚假记忆的研究急剧增多，表明人们已摒弃了“储藏室观点”，不再把遗忘简单地看做学习项目的丢失。“储藏室观点”的致命缺陷是它难以解释记忆能够得到补充的现象。比如，在记忆输出中出现了在输入信息中不存在的成分。正如罗迪格所说，在记忆研究中，错误回忆和错误再认往往被看做方法上的赘物，而实际上，它们本身就是令人感兴趣的研究对象。

事实上，即使在“储藏室观点”占统治地位的时期，对虚假记忆的研究也未停止过。例如，弗洛伊德从 19 世纪末开始就对虚假记忆进行研究，认为虚假记忆在一定程度上暗示了个体无意识中的欲望，这种被潜抑的欲望通过记忆错误表现出来。格式塔心理学家也重视虚假记忆的研究。他们认为，记忆随着时间变化，时间越长就越与格式塔的组织原则吻合。对于虚假记忆的实验研究是巴特莱特在 20 世纪 30 年代开始的。他让大学生阅读印第安民间故事“幽灵之战”，在间隔一段时间之后，要求学生根据记忆复述，发现随着时间的增加，故事内容往往被略去一些，一些玄妙的内容被舍弃了，故事变得越来越短。被试还增加一些新的材料，变得更加自然合理，有时甚至加入一些伦理的内容。巴特莱特的研究发表后，在很长时间内没有得到应有的关注。直到20世纪60年代末，人们才发现虚假记忆是一个非常重要的领域。人们试图从虚假记忆的研究中寻找记忆的本质。虚假记忆研究在教学、心理咨询与治疗和司法领域中也有着广泛的应用。

（二）虚假记忆的表现形式

1. 关联效应

研究表明，如果在测验时呈现的句子和段落与先前学习的材料的意义相近，人们会错认它们曾经呈现过。这就是关联效应（relatedness effect）。以单词为材料进行研究，也发现类似的现象。安德伍德要求被试确定单词是否在先前学习的词表里出现过，当测试词能够由先前学习过的词通过联想获得时，就容易出现虚报，即再认该词为学习过，事实上没有学习过；当测试词与学习词无关联时，不容易出现虚报。他认为，关联效应由编码时的内隐联系反应造成。如学习“桌子”时，关联词“椅子”也被激活，导致后来的虚假记忆。罗迪格发现，呈现关联词表能够导致错误回忆率增加。

关联效应的经典研究范式是集中联想研究范式，又称为Deese-Roediger-McDermott范式（三个研究关联效应的研究者的名字，简称DRM范式）。其基本程序是：向被试呈现多个学习词表，每个词表包含一个未呈现的目标词（也称为关键诱饵，如“寒冷”）和与它有联系的学习项目（如“冬天”、“冰雪”、“霜冻”、“发抖”等）。在测验阶段，让被试对呈现过的词进行自由回忆或再认。研究发现，下述变量影响关联效应的大小：(1) 词表的容量（词表中包含的与未呈现的目标词有关的词的数量）。词表的容量越大，虚报率就越高。(2) 词表的呈现方式。分类呈现比随机呈现导致更高的虚报率。(3) 测验的方式。罗迪格等人考察在两种情况下的关联效应，一种是在学习一系列词表之后立即进行自由回忆，另一种情况是学习之后进行算术运算，前者的正确再认率为79%，后者为65%。(4) 学习和测量之间的时间间隔。麦克德莫特（K. B. McDermott）发现，被试在延迟一天以后，对学习词的正确再认率下降了，对未呈现的目标词的错误再认率上升了。(5) 范畴变量。张积家和董昌锋发现，样例的重复性、熟悉性、典型性和范畴大小都影响关联效应。附着样例的重复数目的增加，虚假记忆也增加；被试对于高熟悉、高典型的样例的虚假再认多；与大范畴的样例相比，被试对小范畴的样例更容易发生虚假再认。

[专栏8—7]　虚假记忆的著名案例

1992年，在密苏里州，一名宗教法律顾问在治疗过程中帮助一位名叫卢瑟福的女性回忆起她的父亲（一位传教士）在她7～14岁期间定期地强奸她，她的母亲有时通过压制她来协助她的父亲。这一说法公开以后，卢瑟福的父亲被迫辞去了教职。然而，后来的体检表明，卢瑟福虽然已经22岁，却仍然是处女，并且从未怀过孕。之后，卢瑟福对治疗者进行了控告，并获得了100万美元的赔偿。

奥夫什（R. J. Ofshe，1941—　）提供了另一个极端的例子。一位名叫保尔的男子被指控强奸了自己的两个女儿，他自己也认了罪。但奥夫什作为原告辩护律师的合作者，认为保尔的供词值得怀疑，认为这是大量盘问的结果。因为在审讯过程中，审讯者使用了假设想象、分离放松等技术，并对被告施加了很大的压力。为了验证自己的想法，奥夫什设计了一个剧本，在剧本中保尔强迫他的女儿发生性关系。保尔在不知情的情况下被要求充分想象这个场面，奥夫什还就此事与保尔进行了多次的面谈。实验的第二阶段是测验保尔对自己记忆的信心。结果表明，他已不相信这是一个虚构的事件，而坚信自己的虚假记忆。这个例子说明，多次重复的暗示面谈对于记忆有的强烈的影响。

美国前总统里根也出现过十分有趣的虚假记忆。他在三次美国总统竞选中，一再地讲述一个“英勇牺牲”的故事。在第二次世界大战期间，美方的一架飞机不小心被敌方的火力击中，机上的飞行员无法从机舱中弹出。在这一紧急时刻，他的指挥官对他说：“别害怕，孩子！就让我们随着飞机一起降落吧。”每一次，里根都是泪流满面地叙说勇敢的指挥官如何获得美国国会崇高的荣誉奖章。后来，一位好奇的记者核查了二战期间国会奖章获得者的名单。结果，在全部434位英雄中没有发现一个与之相似的故事。这位记者并没有死心，又作了进一步的挖掘。最后，他找到了这个情节——1944年的一部电影《飞翼与祈祷者》中的一幕。

迈尔斯（Myers）说：“由于记忆既是一种构建过程，又是一种再造过程，因此我们不应该凭借主观上的真实感来判断事实上的真实性。就像错觉看起来可能像真正的知觉一样，不真实的记忆似乎也有一种真实感。”

2. 误导信息效应

洛夫塔斯和帕尔默（J. C. Palmer）给被试看一段撞车事故的录像。发给被试的问卷中有这样问题：“当两辆汽车____时，汽车的时速约是多少？”对于不同的测试组，下划线处的动词不同，分别为“碰撞”和“撞毁”。实验结果表明，当动词为“碰撞”时，被试估计车速为34英里/小时（1英里约为1.6千米）；当动词为“撞毁”时，被试估计车速为41英里/小时。更为有趣的是，当被试后来被问及是否看到现场有打碎的玻璃时，“碰撞”组有14%作了肯定的回答；“撞毁”组有32%作了肯定的回答。事实上，录像中根本没有碎玻璃。实验者认为，动词“撞毁”使被试对撞车事故的记忆编码和组织方式发生了改变，使他们后来更可能“记得”并不存在的碎玻璃。

洛夫塔斯和帕尔默的这种研究方法后来被称为误导信息干扰法（misinformation effect paradigm）。人们运用此方法进行了大量的研究，证实了误导效应存在。即使警告被试，告知他们提示给他们的细节是错误的、误导的，被试的报告依然会受误导信息的影响。这表明，误导信息的干扰是难以避免的。研究表明，误导信息的干扰效应有一定的个体差异，儿童和老年人更经常被误导信息误导。

3. 语词遮蔽效应

语词遮蔽效应（verbal over shadowing effect）是指语词化的描述对于非语言认知的阻碍作用。在一般的情况下，对外部刺激事件的语词编码有助于记忆。然而，当事件难于用语言描述时，语词编码反而会导致虚假记忆。斯库勒（J. W. Schooler）等人最先发现这一现象。他们要求被试观看一段长30秒的描述银行抢劫的录像片，随后是20分钟的分心任务，要求阅读几个短文，并回答与之有关的问题。接着把被试分成两组，分别接受不同的处理。要求一组被试写下对抢劫者面貌的详细描述，安排另一组被试从事与之无关的活动。结果发现，第一组被试指认罪犯的准确率为38%，第二组准确率却为64%。在另一项研究里，未经训练的品酒者初次品酒时，如果借助于语言描述酒的味道，对酒的再认差于那些品酒时无需描述的人。之所以如此，是因为语词描述使人记忆的是关于事件的描述，而不是事件本身。随后，研究者又就这一问题做了大量的研究，发现语言描述对于问题解决、内隐学习、视觉表象、空间记忆和情感判断都有消极作用。影响语词遮蔽效应的因素主要有言语描述的类型、指导语、描述的侧重点（特征描述还是整体描述）、有无分心任务和个体差异等。

4. 记忆中的错觉结合

安德武德等人给被试呈现由两个单音节合成词（如 handstand、shotgun）。在再认测验中，呈现词中插入与先前所学单词有一个音节相同的词（如 handmaid）、两个音节相同的词（如 handgun）和无关的控制词。结果表明，被试对两个音节与所学单词相同的词有更高的虚报率。在使用面部图形为材料的实验中也表现出同样的效应。对记忆中的错觉结合的解释是，学习对象（如合成词）的各部分特征并没有紧密地结合起来成为一个整体，各部分特征在一定程度上自由漂浮，当来自不同单元的两个特征组合在一起时，容易导致错误再认。

5. 记忆灌输

洛夫塔斯等人要求青年回忆他们的童年往事，这些童年往事是他们的亲属报告的。在这些童年往事中，有三件确实发生过，有一件是无中生有的。在随后的两次访谈中，25%的被试回忆起别人虚构的往事。皮兹德（K. Pezdek）等人报告，对孩提时期走失事件虚假记忆植入可达到15%的成功率，但对合理性较低的事件，成功率大大下降。在一个实验中，皮兹德等人向犹太教徒和天主教徒暗示，他们在童年时期参加过犹太人安息日和天主教礼拜。结果发现，在29位天主教徒中，只有3位相信他们参加过与他们信仰不同的宗教仪式，但犹太教徒却没有一位相信他们参加过与他们信仰不同的宗教仪式。相反，他们更多地接受参加过与信仰宗教一致的仪式的虚假暗示。这些研究表明，大部分被试对不合理的暗示有阻抗。

6. 催眠和暗示效应

催眠亦可以导致虚假记忆。催眠状态下的被试往往受到鼓励，将能够想到的事情和试图回忆的事情相联系。在这种状态下，大多数回忆内容是错误的。在催眠被试回到正常状态后，如果要求他们区分什么事情是实际发生的，什么事情是他们在催眠状态下回忆的，他们会很难辨别。催眠感受性高的被试，通常会将催眠状态下回忆的事情与实际发生的事情混淆。

（三）虚假记忆的理论

1. 模糊痕迹理论

由雷纳（V. F. Reyna）和布雷纳德（C. J. Brainerd）提出。认为当人经历一个事件时，会储存多种心理表征，如字面表征（verbatim representation）和要义表征（gist representation）。两种表征可以同时生成，要义表征无须依赖于字面表征。建立要义表征的过程称为梗概提取（gist extraction），梗概提取使人们从刺激中提取意义和模式。字面表征比要义表征遗忘得更快；在自由回忆实验中，前一个阶段的回忆通常依赖于字面表征，后一个阶段的回忆主要依赖于要义表征。在再认测试中，对学过项目的正确再认主要由字面表征推动，当被试基于要义表征回忆时就会发生虚假记忆。沙赫特（D. L. Schacter，1952—　）等人发现，健忘症病人较少出现虚假记忆，这是因为与正常人比，健忘症患者的要义表征更可能受到损害。

2. 内隐激活反应假设

由安德武德提出。认为学习具有语义相关的词表时，会产生无意识的联想反应，激活并强化最高语义相关词（关键诱饵）的表征，因此会错误地再认或回忆关键诱饵词。研究表明，引导和暗示也是产生虚假记忆的重要原因。儿童由于成人的引导会发生虚假的回忆和再认，某些证人在法庭上也会在检察官、律师甚至被告的暗示下做出虚假的证言。

3. 源检测框架

由约翰逊（M. K. Johnson）和雷耶（C. L. Raye）提出。认为根据编码信息的类型和检测时所用的判定规则来区分记忆的内部事物和外部事物。人对外部事物的编码特别富于知觉信息（感觉特征和属性）和背景信息（诸如事件发生的时间和地点等），而内部产生的事件的编码则包含有许多有关用于编码的认知操作的信息。人们在决定事件是否真正发生时就会对信息的这些差别进行判断，即确定事件的来源。有时，一个事件被想象得栩栩如生，有时间，有地点，有各种各样的感受，人们就会混淆事件的来源，认为它实际发生过。判断过程也分为两类：一是快速的、非精细的启发加工（heuristic process），二是较慢的、更精细的系统加工（systematic process）。启发加工快捷而不清晰，仅凭熟悉感，容易得出错误的结论；系统加工会考虑其他特征，较少发生错误。格瑞（M. Garry）等人表明，对于未发生过的事件的想象能提高虚报率。实验者认为，想象能够使人对于虚假事件更加熟悉，这种熟悉感使人混淆了事件的来源。在生活中，人们也发现，儿童常混淆想象中的事件与亲身经历的事件。

4. 差异—归因假设

由惠特尔西（B. W. A. Whittlesea）提出，用于解释集中联想范式中的原型熟悉性效应。原型熟悉性效应指的是在词表学习中，被试注意到学习项目的一般语义特征，因此，被试对呈现项目的学习过程要么激活了原型本身，要么将注意焦点集中于与原型有关的语义特征集上，最终会导致对原型的错误记忆。

5. 记忆归因理论

由雅克比等人提出。认为记忆是两个因素的结合物，一是对事件加工的流畅性，一是将加工流畅归于过去经验的心理定势。人对信息来源的判断有不同的基础，一方面以快捷的、不加分析的直觉作为基础，另一方面以深思熟虑的分析作为基础。对于记忆中的经验，人们要求其信息能够流畅加工（很容易浮现在脑海中），而对加工的流畅，人们会归因于信息来自过去经验。

基本概念

记忆；识记；保持；再现；形象记忆；语词—逻辑记忆；情绪记忆；动作记忆；无意记忆；有意记忆；外显记忆；内隐记忆；感觉记忆；短时记忆；工作记忆；长时记忆；情景记忆；语义记忆；陈述性记忆；程序性记忆；真实记忆；虚假记忆；图像记忆；声像记

忆；部分报告法；中央执行系统；视空间画板；语音回路；情景缓冲器；注意焦点；直接存取区；组块；加工深度；机械复述；精细复述；图式；脚本；记忆恢复；部分遗忘；全部遗忘；临时性遗忘；永久性遗忘；艾宾浩斯曲线；低度学习；过度学习；系列位置效应；首因效应；近因效应；蔡加尼克效应；前摄抑制；倒摄抑制；舌尖现象；复习；分散复习；集中复习；整体学习；部分学习；再认；知觉水平的再认；思维水平的再认；完全再认；不完全再认；回忆；有意回忆；无意回忆；直接回忆；间接回忆；追忆；联想；接近律；相似律；对比律；因果律；认知访谈；元记忆；关联效应；DRM 范式；误导信息效应；语词遮蔽效应；记忆中的错觉结合；记忆灌输；记忆的催眠与暗示效应

基本原理

记忆的作用；记忆的基本过程；记忆的分类；记忆的神经生理机制；反响回路说；突触联系说；生化说；记忆的脑结构；均势说；定位说；多重记忆系统理论；SPI 模型；工作记忆的四成分模型；工作记忆的同中心模型；工作记忆的编码；记忆的加工水平说；工作记忆的信息保持；工作记忆的信息提取；长时记忆的结构；长时记忆的编码；长时记忆的信息储存；完全表象说；双重编码说；概念命题说；图式理论；长时记忆的遗忘；遗忘理论；衰退说；干扰说；提取失败说；动机说；同化说；回忆过程；回忆策略；联想策略；情境策略；联想规律；双重提取策略；再认策略；延缓策略；内隐记忆与外显记忆的区别；内隐记忆的理论；多重记忆系统说；加工说；元记忆的结构；FOK 的理论；痕迹接通说；推论说；可接近模型；记忆研究的数量取向；记忆研究的准确性取向；虚假记忆的理论；模糊痕迹理论；内隐激活反应假设；源检测框架；差异—归因假设；记忆归因理论

思考题

1. 什么是记忆？记忆有什么作用？
2. 记忆有哪些种类？
3. 记忆包括哪些过程？
4. 结合当代认知神经科学的新进展，说明记忆的神经生理机制。
5. 感觉记忆有什么特点？
6. 工作记忆的结构怎样？
7. 为什么工作记忆中的信息会发生遗忘？
8. 结合实验说明工作记忆的提取过程。
9. 长时记忆有哪些编码形式？关于长时记忆的信息储存有哪些理论观点？
10. 什么是遗忘？遗忘有哪些种类？影响长时记忆遗忘的因素有哪些？
11. 如何组织复习和遗忘作斗争？
12. 什么是内隐记忆？内隐记忆和外显记忆有何关系？内隐记忆的机制是什么？
13. 什么是元记忆？元记忆有怎样的结构和功能？
14. 什么是虚假记忆？虚假记忆有哪些表现？产生虚假记忆的原因是什么？

第九章 表象和想象

本章要点

1. 表象的概念和种类
2. 表象的特性和作用
3. 表象的结构
4. 想象的综合过程
5. 想象的作用和种类

第一节 表象概述

一、什么是表象

“小草偷偷地从土里钻出来，嫩嫩的，绿绿的。园子里，田野里，瞧去，一大片一大片满是的……风轻悄悄的，草软绵绵的。桃树、杏树、梨树，你不让我，我不让你，都开满了花赶趟儿。红的像火，粉的像霞，白的像雪。花里带着甜味儿；闭了眼，树上仿佛已经满是桃儿、杏儿、梨儿。花下成千成百的蜜蜂嗡嗡地闹着，大小的蝴蝶飞来飞去。野花遍地是：杂样儿，有名字的，没名字的，散在草丛里像眼睛，像星星，还眨呀眨的。”这是朱自清《春》中的一段文字。作者仅通过一段文字，便把初春景色描绘得栩栩如生。读到这段文字时，人们仿佛身临其境，看到了春天到来时的景色。将文字符号的意义与实际事物联系起来的这种心理功能就是表象。

表象（image)，又称意象，是指事物不在眼前时在人头脑中出现的事物的形象。表象在心理活动中的重要地位早就受到学者们注意。古希腊哲学家亚里士多德说过，“思维不可能缺少表象”，并且提出了“概念来自意象”的观点。但是，表象研究却是一波三折。从 19 世纪末到现在，对表象研究可以分为三个阶段：

一是定量评定阶段。从 19 世纪末到 20 世纪初，这一时期主要是定量地评定表象的特性。例如，英国心理学家高尔顿测量了人的表象的鲜明性，测定了表象的年龄和性别差异。这一阶段的研究主要采用内省报告法，从对表象的定性描述转向量化研究，并阐述了表象的概念、性质和特征等。

二是沉寂阶段。从20世纪20年代到60年代后期。由于行为主义统治了心理学，表象被视为纯粹主观的现象，被排除在科学研究之外。表象研究在这一时期几乎完全中断。

三是发展和繁荣阶段。20世纪60年代，随着认知心理学的兴起，表象又被重新纳入心理学的研究领域。认知心理学重点研究表象的信息表征，认为表象作为知识表征的一种形式，在信息加工中具有重要作用。人的思维不仅借助于概念进行，也借助于表象进行。表象和知觉、记忆、形象思维等心理过程密切相关。20世纪末以来，由于科学技术的发展，研究的方法和手段得到了进一步的提高，对表象的研究集中在表象的生理机制方面，旨在揭示表象的脑神经生理基础。

二、表象的种类

从信息加工的角度看，表象是对客体的空间关系、细节特征和抽象概念持续变化的表征。根据不同角度，可以对表象作不同的分类。

（一）视觉表象、听觉表象、动作表象和触觉表象

这是根据表象产生的感觉通道所做的分类。

1. 视觉表象

视觉表象（visual images）是在人脑中出现的具有视觉特征（颜色、形状、大小等）的形象。它们非常生动，就好像在内心中看到似的。例如，作家需要利用视觉表象对景物和人物形象进行生动而仔细的刻画和描写。

2. 听觉表象

听觉表象（auditory images）是在人脑中出现具有听觉特征（音调、响度、音色和旋律等）的形象。听觉表象是人对声音的形象记忆。在听觉表象中，言语听觉表象（auditory verbal imagery）和音乐听觉表象最为鲜明和突出。言语听觉表象涉及语音想象和内部言语过程。音乐听觉表象是指人时常会在头脑中出现音乐的形象——音高、旋律、音色等，类似于真实听到的音乐。

3. 动作表象

动作表象（motion images）是指在人脑中形成的与动作系统相关的形象。动作表象不仅是对过去动觉的简单再现，而且与实际的动觉相联系。当一个人产生动作表象时，身体相应部分的肌肉会产生微弱的收缩运动，即所谓“意动”。动作表象对从事戏剧、电影、舞蹈、体育运动和各种操作技能（如驾驶、烹饪、操纵机床）的人来说具有重要意义。在体育运动领域，常采用动作表象法进行训练。动作表象法是指练习者有意识地在头脑中通过表象呈现出的各种动作来唤起临场的各种感觉的训练方法。例如，在足球教学动作训练时，要求运动员根据自己头脑中的表象做出姿势和动作，以修正和完善动作表象，从而在今后的训练和比赛中灵活自如地完成动作。

4. 触觉表象

触觉表象（tactile images）是在人脑中出现的具有触觉特征（温度、轮廓、硬度和压力等）的形象。盲人的触觉表象可以帮助他们获得物体的视觉特征。诺登齐

(M. L. Noordzij) 比较了盲人和明眼人在形状对比任务中的表现。要求盲人想象三个具体物体的触摸感觉，明眼人想象三个具体物体的形状轮廓，但都要求选出其中一个形状与其他两个不同的物体。结果发现，盲人和明眼人的结果不存在显著差异。这说明，盲人通过触觉表象补偿了视觉的缺陷。

味觉、嗅觉等也都有相应的表象。以感觉通道划分表象，只具有相对的意义。对感官健全的人来说，由于在知觉事物时会同时运用各种感官，因而表象都带有混合的性质。

（二）个别表象与一般表象

这是根据表象的概括程度所做的分类。

1. 个别表象

个别表象是指对某一特定对象多次感知以后产生的表象，它反映了个别事物的特征。例如，对某一个人、某一件物品多次感知后在头脑中留下的形象。

2. 一般表象

一般表象是指对某一类事物多次感知后产生的表象。一般表象由个别表象概括而成，集中了一类事物共有的特征。例如，对各种房子、各种树和各种河流多次感知以后，在头脑中形成的典型的房子、树、河流的形象就是一般表象。

（三）遗觉表象、记忆表象和想象表象

这是根据表象的新颖性和创新性所做的分类。

1. 遗觉表象

遗觉表象（eidetic image）又叫遗觉像。它几乎同知觉一样鲜明、生动、富有细节。遗觉像把事物的所有特征原封不动地记录下来，就好像“看见”一样。这种表象在部分学龄儿童身上特别明显，随着年龄的增长逐渐衰退。一些儿童的遗觉表象能够保持半分钟。他们在背诵课文时，就像是看着课文朗读一样，准确无误。

2. 记忆表象

记忆表象（memory image）是当事物不在眼前时，在头脑中出现的事物形象。人们通过反复知觉一类事物，使表象从个别的逐步成为概括的，经过复合、融合，达到比知觉、比个别表象更丰富、更深刻的水平，从而使记忆表象成为感性认识的最高形态。

3. 想象表象

想象表象（imagination image）是在已有表象的基础上经过加工改造而形成的新形象。人在进行形象思维时，想象表象起着重要作用。想象表象和记忆表象一样，既源于感知，也来得力于语言（词）的帮助。

三、表象的特性

（一）直观性

表象以生动具体的形象在头脑中出现。表象在知觉的基础上产生，因此，表象和知觉的形象具有相似性，又有不同。知觉的形象鲜明生动，表象的形象却较暗淡模糊，只反映

事物的大体轮廓和主要特征；知觉的形象持久稳定，表象的形象不稳定、容易变动，无论人如何努力，也不会持续太久，几秒钟后就会发生变动；知觉的形象完整，表象的形象不完整。

（二）概括性

表象反映同一事物或同一类事物在不同条件下表现出来的一般特点。它通常不表征事物的个别特征，而表征事物的大体轮廓和主要特征。因此，表象比知觉具有更大的概括性。但是，表象的概括与语词的概括不同。表象是形象的概括，其中，既包括事物的本质属性，也包括事物的非本质属性；而概念是对事物本质属性的概括。

（三）可操作性

人可以在头脑中对表象进行操作。这种操作就像人通过外部动作操作客观事物一样。人可以对头脑中事物的视觉表象进行扫描、旋转等操作加工。在日常生活中，人也经常借助表象进行形象思维，形象思维的材料就是人们已经形成的各种表象。

四、表象的作用

表象不是知觉的副产品，它在人的心理生活中具有重要的作用。

（一）表象是知识的重要表征形式

表象是人类表征知识的重要形式。大千世界中的万事万物，如生活中亲人、朋友和同事的面孔与身材，动植物的形态和色彩，居住环境中的各种景物等，都有形象。这些形象以表象的方式储存在人的头脑中。

（二）表象为概念形成提供了感性基础

表象具有直观性，和知觉相似；又具有概括性，与思维相似。因此，表象是介于知觉和思维之间的中间环节，是感性认识到理性认识的过渡阶段。表象是知识表征的重要形式。表象离开了具体事物，摆脱了感知觉的局限，为概念的形成奠定了感性基础。例如，对“动物”的概念，小孩子常用猫、狗、鸡等具体形象来说明。表象有利于对事物进行概括。

（三）表象促进问题解决

表象促进人对问题的解决。小学低年级学生在进行加、减法运算时，需要表象的帮助，因而在教学中常用“1个苹果加2个苹果等于几个苹果”的形式进行教学；中学生在解决几何问题时，亦需要表象的支持。教学中借助表象训练可以提高教学质量，发展学生的思维能力。例如，表象训练技术能够提高弱智儿童的表象清晰度和记忆力，表象清晰度越高，对记忆提高帮助越大。

（四）表象促进语言理解

表象在语言理解中起重要作用。莱可夫认为，对世界的体验表征在语言理解中具有重要作用。语言理解导致与内容相对应的自动的和无意识的心理表象的活动。兹万（R. A. Zwaan）对记叙文理解的心理模拟发现，细节性知觉和运动知觉对动词的心理表征的建构具有重要作用。研究证明，表象对句子理解以及成语理解都具有促进和易化作用。

五、表象的个体差异与团体差异

人的表象能力存在明显的个体差异。有人能够产生丰富逼真的表象，有人的表象却暗淡模糊。理查德森（A. Richardson）根据在解决认知任务时采取的策略不同，将人分为两种类型：形象型（visulizer）和抽象型（verbalizer）。形象型的个体在解决认知任务时主要依赖表象，抽象型的个体主要采取语言分析的策略。科泽尼科夫（M. Kozhevnikov）等人通过“形象—想象”认知风格量表的测试，进一步将形象型的个体划分为两类：一类人空间想象能力差但物体想象能力好，另一类物体想象能力好但空间想象能力差。物体想象优势者将表象作为整体来加工，空间想象优势者采用分析的方法加工表象。科学家和工程师在空间想象中表现极佳，倾向于采取空间策略来解决问题；视觉艺术家在物体想象中表现优异，倾向于选择基于物体的问题解决策略。张耀翔研究表明，诗人都具有丰富的表象。许多研究者指出，中国人的自我表象比较鲜明，特别关心个人在他人心中的形象，特别爱“面子”。中国的吃文化特别发达，许多事物都用与“吃”有关的形象来表达。如将平均主义的分配方式称为“大锅饭”，将固定的、有保障的工作岗位称为“铁饭碗”，将被人拒绝称为“吃闭门羹”，将享受特殊照顾称为“吃小灶”，将拒绝他人的建议称为“不吃他那一套”，等等。

表象能力还存在着性别差异。研究发现，男性对表象转换操作的能力优于女性；在空间能力任务中，男性的表现优于女性；男性在完成心理旋转时反应时明显短于女性，心理旋转和表象清晰性研究也发现了男性优势。另一些研究有不同的发现。在视觉表象清晰性量表测试中，女性比男性能够形成更清晰的静态表象；在表象产生和维持任务中，女性比男性表现更出色；在表象扫描和表象旋转任务中，男女的反应没有显著差异。

第二节　表象的结构

表象研究素来不缺乏争论。柯斯林（S. Kosslyn，1948—　）和谢帕德认为，表象是一种类似知觉的信息表征，在心理活动中具有独特的作用；佩利夏恩（Z. Pylyshyn，1937—　）认为，表象没有独立的地位和功能，不能用来解释心理现象，信息以命题的方式来表征。表象中的图像只是附带现象，就像是阅读时灯泡发出来的与阅读过程无关的热量一样。柯斯林将这种观点称作虚无假设（nihilistic hypothesis）。

一、图画理论

目前，将表象看做一种独特心理表征的图画理论占有明显优势。柯斯林认为，表象是表征物体的位置和结构等信息的图画。根据研究取向和重点不同，图画理论研究可以分为以下三类。

（一）结构取向研究

结构取向研究侧重于探讨表象和知觉在结构和产生机制上的相似性。柯斯林设想，表象的产生类似于电视屏幕显示图像，“视觉缓冲器”包含有无数“细胞”组成的阵列，在视觉表象产生时，阵列中相应的“细胞”被激活，产生相应的表象。知觉和表象在同一视觉缓冲区中显示，具有相同的结构和机制。芬克（R. A. Finke）认为，知觉与表象类似是因为它们具有相似的神经机制。当人产生某种树的表象时，某种神经机制就被激活了，这些机制与真正看见树时视觉系统的操作机制具有相同的特性。

为了验证结构取向的假设，大多数研究采用的方法是：首先训练被试形成并审视他们的表象，让他们想象一些特定的物体。然后，完成一个知觉作业（对物体进行辨别）。实验者需要研究和推测表象的潜在结构，与知觉比较，得出二者之间的相似性。在结构取向下，研究者进行了许多实验来证明知觉与表象具有相同的结构和机制。

1. 心理扫描研究

心理扫描研究主要针对表象的空间特性进行。柯斯林设计了一个心理扫描的研究范式，用以探索表象的空间特性。他向被试呈现一幅岛屿图（见图9—1），图中有茅屋、树、山石、水井、湖、沙滩和草地等对象。被试熟记这张图后，先在头脑中“注视”地图表象中的一个对象，然后按主试的指示找出另一个对象，找到后按下电钮，记下扫视两个不同距离的反应时。结果显示，反应时与图中两个对象之间的距离成正比：对象之间距离越远，反应时越长（见图9—2）。在另一个研究中，让被试看悬挂在一个盒子中的不同位置的一些物体，要求他们想象从一个物体向另外一个物体扫视。结果表明，扫描时间与物体间的三维距离成正比。因此，表象存在着类似于视知觉的距离效应。

图 9—1　柯斯林实验所用的岛屿图

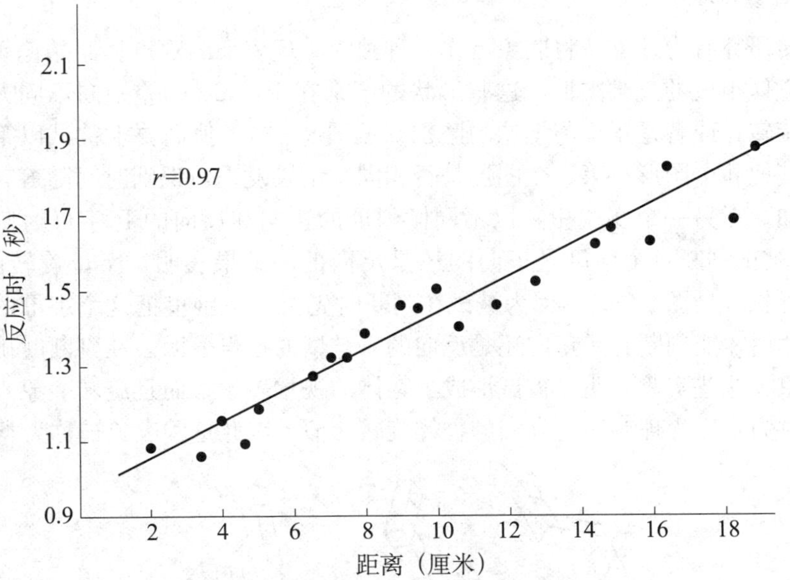

图 9—2　扫视时间与表象中对象之间的距离的关系

2. 表象敏度研究

柯斯林等人要求被试想象正在看特定的动物，如“狗和大象”或“狗和苍蝇”，然后在表象中发现特定的部分，测量被试回答想象中的动物是否具有特定部分（如尾巴、鼻子）所需要的时间。结果表明，当被试在想象中发现和大象在一起的狗的耳朵时，反应时就长；当发现和苍蝇在一起的狗的耳朵时，反应时就短。在前一种情况下，狗的表象小，“发现”耳朵难；在后一种情况下，狗的表象大，“看见”耳朵易。这说明，表象具有类似于视觉敏度的限制，越小就越难以分辨，小到一定程度就不能辨别。

（二）功能取向研究

功能取向研究探讨表象与知觉的功能类似，即探讨人们如何操作表象。其基本假设是，当人在头脑中比较两个物体时，人们可以先想象其中的一个，对它进行操作（如旋转），以便与另外一个匹配。这种操作与对真实物体的操作一致。功能取向研究不要求被试形成并审视表象，而是通过实验任务让被试自发地运用表象，测量反应时。在此基础上，对知觉到的变化与想象的变化的关系进行推测。在功能取向下，研究者进行了大量的实验。

1. 对所描述客体的识别研究

当描述一个由若干部分组成的物体形象时，人们会尝试形成一个各部分以一种熟悉的或自然的方式排列的表象。研究发现，当向被试描述脸的结构轮廓时，识别面孔较少依赖所提供的面部特征的数量。还有研究要求被试按照语言描述识别图画。结果发现，当图画与语言描述同时出现时，所需的时间与描述语言有关。但是，当图画在语言描述之后 5 分钟出现，则不然。这说明，人们将语言描述的物体加以视觉化，形成表象，而不是力图记住各个孤立部分的描述。

2. 心理旋转研究

心理旋转研究有力地支持将表象看作一种独立心理表征的观点。谢帕德等人给被试呈现一组由立方体组成的三维图形，这些形状的区别在于以 20°的差别向不同方向（平面地或垂直地）旋转，或者是正像与镜像的区别（见图 9—3）。他们要求被试以第一个图形为标准，辨别其他几个图形与第一个图形是否相同。结果发现，识别时间随着转动角度的增加成线性增加。在另一个实验里，以不同倾斜度的正向和反向的 R 字母为刺激物（见图 9—4），要求被试判断每个字母是正向的还是反向的。结果表明，字母旋转的角度越大，判断时间就越长（见图 9—5），因为被试在判断时先要在头脑里把这个字母的表象旋转到垂直方向，然后才能判断它是正向还是反向的。被试的报告表明，在判断时确实是在头脑中旋转了表象。这些实验表明，被试形成了客体的视觉表象，而且旋转表象直到它与所比较客体一致时为止。心理旋转与真实的物体旋转相似，因此这种表象被称为类比表征。

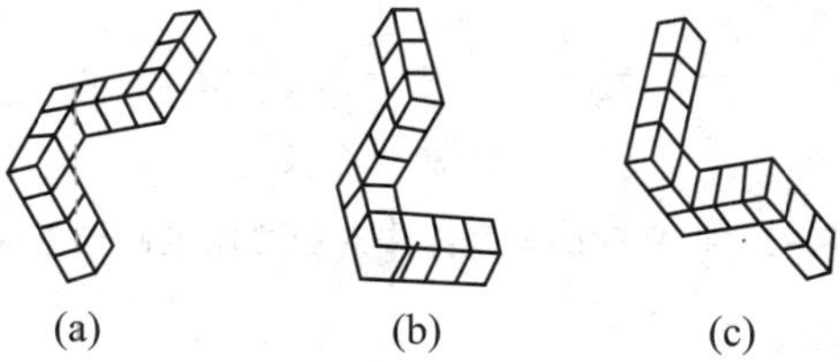

a、b可以重叠，a、c互为镜像

图 9—3　心理旋转的三维图形

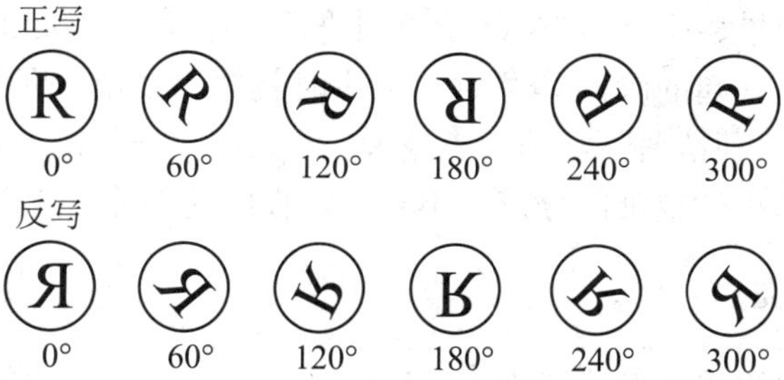

图 9—4　心理旋转的字母图形

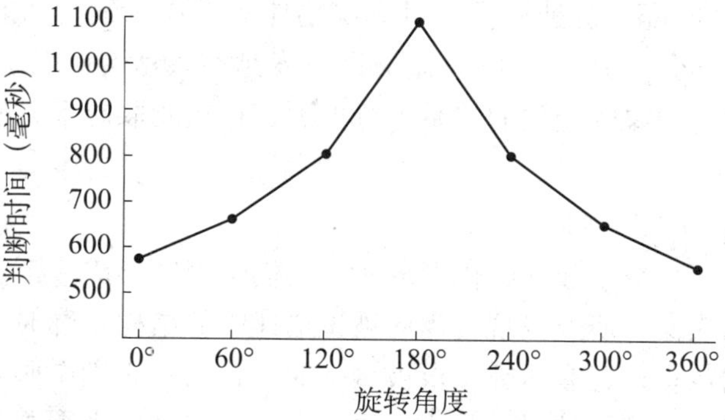

图 9—5　字母旋转角度与被试判断的反应时

3. 想象中的大小和形状变化的研究

想象一个物体正在改变它的大小的研究进一步证实了功能取向假设。拉尔森

(A. Larsen）和邦德森（C. Bundesen）要求被试判断成对的、大小不同的多边形是否一致。随着多边形的大小差异增加，反应时呈线性增加。这表明，被试在心理上扩展或缩小一个形象来“补偿”大小上的差异。形状变化（在想象中将二维模型转换成三维模型）的研究也支持功能取向假设。谢帕德等人构造了一些图形，这些图形由一些相互连接的正方形构成，有两个箭头印在其中两个正方形上。这些正方形可以被折叠成为一个立方体。要求被试判断在折叠成立体模型以后，两个箭头是否会相遇。结果发现，反应时随着正方形总体数量的增加而呈线性地增加，表明被试在想象每一个正方形的折叠动作。

（三）相互作用取向研究

这一类研究着重探讨表象和知觉的相互作用。一个物体的表象会激活与实际知觉相同的加工机制，使得这些知觉机制变得更敏感。如果延长表象的时间，就会导致知觉机制的疲劳，可能产生两种结果：一是知觉可以通过适当的视觉表象而得到改善；二是通过表象的视觉化，可能导致特定知觉的后效。另外，表象有时会干扰知觉，这可能是知觉过程和表象过程发生混淆所致，也可能是对有限的信息加工资源发生竞争的结果。相互作用取向的研究主要有以下几类。

1. 视觉易化研究

芬克探索了表象是否有利于简单模型的视觉辨别。首先，要求被试想象长线条在从水平到垂直的不同角度的方向上出现，并且保持他们的想象直到一个目标长线条出现时为止，告知被试想象中的长线条的方向和目标长线条可能出现的方向无关。对照组被试不必事先想象长线条。结果发现，与对照组比，当长线条出现在被试想象的方向时，反应时短。这说明，当想象物体与呈现物体具有相同的形状和位置时，表象使得对这些呈现物体的辨别变得更加容易。

2. 视觉干扰研究

布鲁克斯（L. R. Brooks）证明，空间视觉化干扰视知觉。他要求被试完成两个任务：一是指明每一个单词是不是名词；二是扫视一个想象中的字母轮廓，并连贯地逐个指明每一个角是在字母的上方还是下方。当运用语词反应时，语言作业受到了最大的干扰；相反，当仅通过指字母来反应时，视觉作业受到了最大的干扰。视觉干扰还存在同通道干扰效应（modality-specific interference）。西格尔（S. J. Segal）和弗塞拉（V. Fusella）发现，表象有选择地干扰相同感觉通道的知觉。当要求被试想象看一个景象或听一个声音时，同时采用信号检测法检测微弱的听觉刺激或视觉刺激。当想象刺激和呈现刺激处于相同感觉通道时，检测敏感性急剧下降。例如，当让被试在头脑中保持视觉表象（如花朵）时，对视觉刺激探测任务造成更大的削弱；让被试在头脑中保持听觉表象时（如电话铃声），对听觉刺激探测任务造成更大的削弱。这表明，表象和知觉之间存在着信息竞争，表象与同通道的知觉具有共同的机制，而与其他通道知觉的机制不同。

二、虚无假设

虚无假设认为，结构取向、功能取向和相互作用取向的研究不能说明表象是一种独特的心理表征，用命题表征同样能够解释。安德森认为，大小效应不必求助于表象，反应时的差别也可以用命题表征来解释：当被试构成一个小表象时，只有少数命题受到激活，因而细节的东西就不容易发现，导致反应时变长；相反，大表象涉及较多的命题，细节就容易发现，导致反应时变短。又如，对心理旋转现象，命题之间的联系会发生系统变化，命题可一步一步地转换为中间状态，直到刺激样本的正位。但是，命题表征不能够说明为什么旋转是渐进的，为什么字符样本偏离180°时需时最多。一般来说，命题表征很难对表象实验做出预测，只是在事后提出某些解释，并且有些实验结果也无法解释。

佩利夏恩等人认为，主张表象是一种独特心理表征的观点混淆了表征内容和表征形式。图像表征和其他表征的主要区别是内容而不是形式。思考某个事物像什么跟思考它意味着什么有明显的区别。如果表象真的类似于知觉，它会不会有盲点？会不会近视而需要戴眼镜呢？虚无假设反对把视觉表象看作心理图画的理由是：(1) 如果将视觉表象理解为心理图画，对表象的知觉就应与对实际图画的知觉一样。事实却并非如此，图画加工包含图形与背景的分离，表象却已经高度组织为对象了。(2) 表象与图画在结构上不同，如果人们忘记某个表象的一部分，这个丢失的部分一定是一个有意义的单元，而不是任意一个片断，不像图画被碰掉一个角那样。(3) 如果未被解释的表象被随机地储存在长时记忆中，就像随意地将照片扔到盒子里那样，那么，几乎不可能在需要时提取出某个特定表象，而事实上，人们却能够容易地提取出需要的表象。另外，安德森指出，某些操作在图画上极易进行，却很难在表象上进行。

佩利夏恩认为，检验图画理论假设的研究方法存在许多问题。在三种取向的实验中，对无关变量的控制欠严格，主要有：(1) 任务导致了所需特征。一些实验任务的结构导致了所需的特征，实验任务以一种有意或无意的方式引导被试以主试预期的方式进行操作。(2) 实验者效应。实验者的倾向性使被试倾向于以特定的方式作出反应。许多想象实验中的训练程序增加了这种可能性。(3) 不言自喻的知识。想象与知觉类似的原因可能是由于人们掌握的进行想象的不言自喻的知识。例如，要求某人想象正在看某一物体，可能产生和实际看某物体相一致的反应，这不是因为知觉和想象在功能上相似，不是因为表象的内在的“知觉”性质，而是因为这个人具有关于怎样假设自己在真正看物体的不言自喻的知识。(4) 眼动。被试在审视自己的表象时，可能来回移动眼球，因此产生的反应和实际知觉中的反应类似。按照指导语去想象在特定地方出现的一个物体时，眼的位置移动会影响被试的操作。

命题表征说的确可以说明表象涉及的一些现象，却无法或不能圆满地说明另一些现象。对某些现象，表象表征比命题表征可以提供更好的解释，因此表象表征难以否定。

三、双重编码理论

（一）双重编码理论的提出

佩利夏恩认为，根据虚无假设，所有信息都以抽象命题的形式来编码。概念是信息的基本单位，由两个或两个以上的概念联系在一起的句子称为命题。命题能够作为一个独立判断的最小知识单元，是思维活动的最小意义单元。命题编码是一种抽象的意义表征，它不依赖任何一个感觉通道，不具有任何感知的色彩。人在回忆时出现的表象或言语描述，是从同一命题表征中产生的。命题是词与图画的共同成分，个体不储存表象，只储存命题。个体之所以能够体验到表象，是在表征时将命题形象化的结果。

然而，佩维奥提出，人脑中存在两种信息编码和储存系统。一是表象系统，它对具体的客体或事件的信息进行编码、储存、转换和提取，其表征类似于知觉；一是言语符号系统，用言语听觉、抽象概念或命题形式进行信息加工。佩维奥设计了一个精巧实验来证明他的理论。

给被试同时呈现一对图画或一对词（见图 9—6），要求判定在图画对或词对标示的一对物体中，哪一个在原来印象上较大，并记录反应时。佩维奥假设：如果长时记忆中只含有言语编码的信息，被试对图画对作出判定要慢于对词对作出反应，因为在作出判定之前，需要将图画对转换为词对；如果长时记忆包含视觉编码的信息，被试对图画对的反应就不会慢于对词对的反应，因为视觉表象可以直接从记忆中得到，无须再作转换。另外，佩维奥将图画对和词对分成两种，一种是物体的相对大小与实际大小一致（即画出来的斑马大而台灯小），另一种则不一致（即画出来的斑马小而台灯大）。佩维奥进一步推论：如果长时记忆中包含了视觉表象，不一致的图画对将会引起冲突，即图画上的一对东西的相对大小与记忆中的相应的客体大小发生冲突，这将延缓被试对它做出反应，反应时要大于一致的图画对。但词对却不会有这个问题，因为词对要通过言语编码。

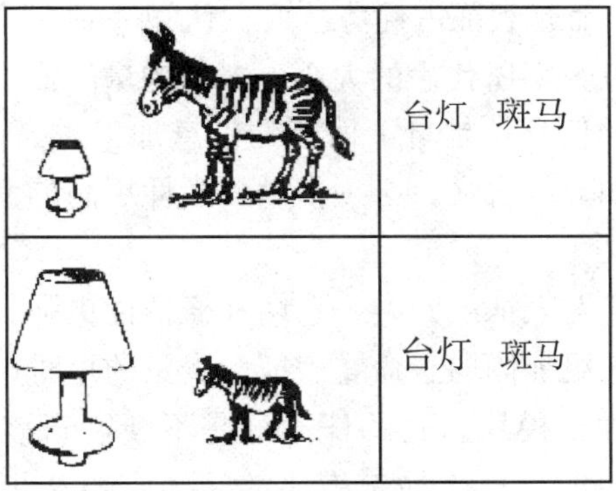

图 9—6 佩维奥的实验材料示例

实验结果证实了双重编码理论的假设。被试对图画对作出判定不仅不比对词对慢，反而更快；对不一致的图对的反应时长于对一致的图对，但对词对的反应却没有这种差别。这说明，在长时记忆中确实有视觉编码。客体的大小主要以表象形式表征，言语信息需要转换为表象再判定，因而需时较多。整个实验不仅为表象的存在提供了证据，而且指出表象不同于言语，视觉表象具有空间特性。表象是一种类似知觉的信息表征。

（二）双重编码理论的基本内容

1. 表象表征和命题表征的内容

表象表征是认知加工的基础。在认知加工时，表象表征会首先形成刺激物的表象，加工的是事物的表象。表象的实质是类比表征，表象与客体具有同构关系。命题表征是在认知加工中存在的概括性更高的表征，加工的是离散的言语信息。在认知加工中，命题的含义可以不断地被矫正，可以转换为一系列的中间状态，命题之间的联系会发生系统的变化。不同刺激材料中都包含有命题成分，如阿拉伯数字和汉字数字在语义理解中具有共同的含义，都反映一样大的数值。这种概括的、一致的语义说明在认知加工中存在着命题表征成分。在一定的条件下，表象和言语可以互译，言语可以通过译码以感性的形象再现，表象也可以用言语的形式储存起来。

在信息加工中，既可能采用表象表征，也可能采用命题表征，或者两种形式都存在。表象表征系统和命题表征系统有重叠，但侧重于其中一种。当操作任务简单时，一般采用表象表征，把表象进行类似实物的加工就可以了；当操作任务复杂时，就采用命题表征，进行命题转换。例如，对汉字数字与阿拉伯数字的认知加工具有显著的差异。如果数字位数少时，阿拉伯数字更加表象化，用汉字表示的数字需要进行心理转化，将命题转化为直观的表象，如阿拉伯数字 245 与汉字数字二百四十五相比，人们更容易理解阿拉伯数字的大小。但是，当数字位数增大时，如阿拉伯数字 586 000 000 与汉字数字五亿八千六百万相比，人们更容易理解汉字数字其中的数值大小的含义。

2. 表象表征与命题表征的容量：组块

柯斯林对视觉表象的心理视角和视角范围测量后发现，人们形成的表象大小有一定的范围。当表象过小时，个体无法识别表象物体的细节；当表象过大时，个体无法看到物体的完整表象，而是会溢出。因此，表象具有容量的要求。以数字认知为例，表象表征的组块是 4，当组块超过 4 时，命题表征占优势。人在认知一到四位数的数时，表象表征占优势，因为表象简单，不涉及数字所代表的大小、多少的量的概念，依靠注意表征就可以判断，反映的基本是网膜像的信息，是自下而上的信息加工；当认知五或五位以上的数时，仅仅靠表象表征不足以认知数的含义，必须借助概括性更高的命题表征，要快速地赋予数的具体的大小、多少的含义。

命题表征更有意义。命题表征的归纳、总结和概括性更强。在组块容量增大时，由于认知资源的分配，认知加工更加倾向于命题表征。表象的短时记忆机能类似于媒介物的视觉缓冲器，存在一个再生加工模块。它的任务就是不断刷新该表象从而使其形象保持清晰。当刺激目标物组块较少时，再生加工模块的认知资源充足，当刺激目标物组块较多时，再生的认知资源供应紧张，于是需要命题表征帮助，而且命题表征在组块不断增加的过程中，能够表现出很高的稳定性。

3. 表象表征与命题表征的转化：经验迁移

佩维奥的双重编码理论认为，表象与言语是两个相平行和联系的认知系统。表象系统和言语系统可以分别被有关刺激激活，两类信息可以相互转换。认知加工中的表象表征与命题表征不是绝对的，是可以相互转化的。

表象表征保留了刺激的位置、方位、大小等空间特征，而通过命题表征的概括、总结，从整体上解释了客体。所以，在人的认知加工中存在着迁移，迁移依赖于获得一种图式形式的抽象心理表征。图式指明了组成一种结构的关系，这种结构在情境之间是保持不变的。人在认知加工时，先提取早先的知识结构，然后在早先的知识结构与当前的情境之间创造一种映射（mapping），最后运用这种映射产生与应用情境相关的新知识结构。尽管人们能够匹配深层的关系结构，但类比物的提取仍在很大程度上依赖于当前刺激与先前知识经验之间的表面特征的匹配。

第三节 表象的加工机制与脑机制

一、表象的加工机制

视觉表象是人们在日常生活应用最多的表象形式，也是研究最多的表象形式。视觉表象加工包括视觉表象的产生和操作。其中，视觉表象产生是最基础的加工过程，表象操作只有在表象产生的基础上才能够实现。在视觉表象领域中，柯斯林的表象计算理论以及后期完善的高水平视觉加工理论最有代表性。

（一）表象计算理论

柯斯林提出了表象计算理论，尝试说明表象过程。表象主要有两种表征形式：表层表征（face representation）和深层表征（deep representation）。表层表征是出现在视觉短时记忆中的类似图画的表征，它保留了客体的位置、方位、大小等空间特征；深层表征是储存在长时记忆中的信息，可以生成表层表征。深层表征又可以分为两类：本义表征（literal representation）和命题表征（propositional representation）。本义表征提供的信息是关于某一客体是什么样子的，不是关于某一客体看起来像什么。它在计算模型中是作为坐标表储存的，指明各点在视觉短时记忆中的位置，形成客体的精确表象；命题表征由抽象的命题表构成，与本义表征不同，是解释客体的。

表象加工由各种加工模块完成。一个加工模块就是一个“黑箱”，也是一种计算过程。信息转换就在黑箱中完成。每一模块都有特定的加工目的，可以被看成是独立的加工单元。从深层的本义表征构成表象，主要涉及几种加工模块或过程：（1）图示过程（picture process），即将深层的本义表征转换为视觉短时记忆中的表象；（2）发现过程（find process），即在视觉短时记忆中搜索某个特定的客体或其部分；（3）放置过程（put process），即实现各种必要的操作，使客体的各部分处在表象中的正确位置；（4）表象过程（image process），即协调上述三个过程的活动；（5）刷新过程（resolution process），即以视觉缓冲器上的一个表象模式为输入，输出一个更新了的表象的模式，主要用于当搜索表象物体上的某部分时是“聚焦”，还是“扩放”；（6）装载过程（load process），其功能类比于图示过程，只不过它是直接从人眼而非长时记忆中提取信息作为输入。除此之外，还有一些基本的过程，如扫描（scan）、聚焦（zoom）、再生（regenerate）、旋转（rotate）和扩放（pan）等。不同模块参与不同认知任务，在同一认知任务中，不同模块具有的权重也不一样。

（二）高水平视觉空间认知加工子系统理论

20 世纪 80 年代后期，柯斯林试图联系神经成像技术的结果来进一步完善表象计算理论。1994 年，他出版了《表象与大脑》，对高水平视觉空间认知加工子系统理论进行了阐述，并用“加工子系统”代替了早期的“模块”或“过程”概念。一个加工子系统（pro-

cessing subsystem）就是一个功能单位，也是一群神经细胞活动的功能单位。一个加工子系统就是把一组神经细胞描述为执行一个运算或一套相关运算来完成任务中的一个组成部分。

高水平视觉空间认知加工的第一层次子系统包括视觉缓冲器、物体属性编码（腹侧通路）、空间属性编码（背侧通路）、联想记忆和顶—底假设检验等子系统。在第二层次上，共有 12 个假定的高水平视觉加工的子系统。这些加工子系统与早期的加工模块有粗略的对应关系。每一加工子系统都有特定的目的以及输入和输出。

（三）三位一体表象理论

三位一体表象理论是关于表象认知神经机制的一个正在形成的理论，研究者根据大脑三位一体表象整合环研究以及关于前额叶、顶叶和枕颞叶脑损伤患者的一些电生理学和认知心理学实验研究发现，体现认知媒介功能的认知表象可以分为形象表象（如视听表象，包括文字性、语音性和物象性表象）、抽象表象（如意念表象）和身体表象（如动作表象）。与之相应，前额叶是意念表象的生成中心，顶叶是身体表象的生成中心，枕颞叶是客体表象的生成中心。它们在人脑的认知、思维和情感活动中同时激活和串汇整合，得到全息式创构性和综合性的新表象，进而传入中央前区的躯体反应中枢，引起相应的动作、表情等外显活动。

二、表象的脑机制

表象的脑机制是认知神经科学的前沿研究领域。目前，其研究主要集中在以下四个领域。

（一）视觉表象产生的定位

视觉表象产生的定位历来是一个有争议的话题。传统的观点认为，表象产生主要是右半球的功能。法拉（M. J. Farah）提出，至少有一种表象产生成分主要是左半球的功能。法拉等人在裂脑人研究中发现，与右半球失去联系的左半球仍然能够完成表象产生任务，但右半球却不行。当表象受损时，左后大脑皮质都受到破坏。因此认为，左半球专于心理表象产生，右半球专于面部识别。

有研究者认为，左半球在视觉表象产生中起直接作用，但并不是唯一机制，右半球在心理旋转中亦扮演重要角色。两半球均参与表象产生活动，但各自的工作模式不同。还有研究者认为，在表象产生中，大脑左半球的激活依赖于正在产生的表象对言语刺激的反应。柯斯林认为，大脑左半球专门用于产生完整的细节表象，整体表象可能由两半球共同产生；类别化表征空间关系的表象产生于大脑左半球，数量化表征空间关系的表象则产生于右半球。

（二）视觉表象产生的方式

按照柯斯林的高水平视觉空间认知加工子系统理论，简单客体形状表象和复杂客体表象的产生机制不同。简单客体形状的表象产生是一种注意启动的延伸。这种表象通过属性查找子系统在联想记忆中提取图形编码并把它传送到模式激活子系统，模式激活子系统依次又在视觉缓冲器中产生表象的结构。这种激活是启动的最高形式，当一个人在知觉中期望看到一个特定的客体或部分时会用到此种激活。而产生多成分复杂客体的视觉表象需要较长的时间。柯斯林认为，表象每一次只能够构建一部分，客体或场景各部分之间的空间关系是独立储存的，客体的形状和位置被分别储存在大脑皮层的不同位置。这样，当形成表象时，为了正确地安排各部分的分离表征，就需要空间关系分离表征的加入。

伊塞（A. Ishai）等人采用 fMRI 技术检验到记忆表象和注意表象的加工的差别。记忆表象是对以前知觉过的物体或事件的简单回忆；注意表象是以一种新方式组合或修改储存的知觉信息。记忆表象出自长时记忆中的知识经验，它们受外界客体物理特性的影响少，而注意表象来源于短时记忆中的信息，它与网膜像的联系极为紧密。

（三）表象和知觉是否具有相同的脑机制

由于外部行为指标具有较大的随意性，研究者转而注意不易受意志控制的内部生理过程，采用肌电、皮肤电、脑电、眼动以及血压等指标来考察视觉表象活动的机能特性。

哈佛大学与马萨诸塞州综合医院的几位心理学家试图用 PET 研究大脑的哪些区域是视觉表象与高水平视知觉共有的，哪些区域只是其中一种的功能区。结果发现，表象任务和知觉任务激活的大脑区域存在着重叠。这说明，视觉表象过程与视知觉过程共有绝大部分脑区。一项 fMRI 研究发现，尽管表象和知觉有大部分重合的被激活的神经系统区域，但空间上的重合并非完全一致。额叶和顶叶部位的重合比颞叶和枕叶部位的重合更加明显，并且表象过程激活的大脑区域是知觉过程激活的大脑区域的子集。

（四）表象产生的可塑性研究

可塑性是指有机体能够加以改变的程度。行为可塑性是就个体对环境反应过程中行为结构和功能的可变性和突变性而言的，即个体行为能够加以改变的程度。从可塑性出发，研究者考察了脑损伤对视觉表象产生的影响以及相应的可恢复性或代偿性水平，即脑损伤以后能否通过相应的表象训练使视觉表象得到恢复。

柯斯林等人研究了先天聋人的表象产生能力增强的右半球效应。当刺激呈现在右半球时，以美国手语（ASL）为母语的聋人产生视觉心理表象比非手语被试更快。聋人和听力正常且精通美国手语的被试比很少或没有手语经验的被试有较好的心理表象能力。先天聋人的右半球表象产生能力增强可能与加工表象符号和空间关系言语编码较强的右半球的参与有关。由于手语不仅要用空间关系来表达外部事物的空间编码，还要表示内部的句法结构，因此，视空间认知能力在聋人手语使用中发挥重要作用。

范利尔德（A. Vanlierde）用 PET 技术研究了先天盲人和正常控制组在视觉空间表象中局域性大脑血液流动。结果发现，与先前用正常视力被试进行的研究结果一致，先天盲人的枕—顶叶皮质区同样参与了空间成分处理的视知觉和视觉心理表象。在视觉缺损的情况下，听觉通道和触觉通道的输入可有效提高视觉背侧通路的机能发展。

第四节 想象

一、想象概述

（一）什么是想象

想象（imagination）是在头脑中对已有表象加工改造形成新形象的过程。它是一种高级认知活动。在听音乐、看小说时，人们可以根据音乐的旋律和文字描述在头脑中产生各种情景和人物形象，就是想象的结果。

想象是在感知基础上改造旧表象、创造新表象的过程。一方面，想象具有形象性。想象主要处理图形信息，以直观的形式将内容呈现在人们的脑海中。例如，当读到"枯藤老树昏鸦，小桥流水人家，古道西风瘦马。夕阳西下，断肠人在天涯"时，一幅苍凉的"秋暮羁旅图"跃然纸上。另一方面，想象具有新颖性。想象以有关记忆表象为基础，但它不是记忆表象的简单再现。在想象中，表象得到了进一步的加工和组合，创造出新的形象。想象出来的新形象也可以是世界上不存在或根本不可能存在的事物的形象。例如，鬼神、上帝、外星人的形象等。这些不存在的事物的形象，来源也是已有表象。例如，基督教的上帝，与欧洲人相像；佛祖的形象，与尼泊尔人和印度人相像；玉皇大帝，与汉族人相像。想象的形象在现实生活中都能找到原型，都有现实的依据。

（二）想象的综合过程

想象是从已有形象中分析出元素，按照新的构思重新结合、创造出新的形象。想象是对形象的分析综合过程，主要有以下形式。

1. 黏合

黏合是把客观事物中从未结合过的属性、特征、部分在头脑中结合在一起形成新的形象。首先将客观事物的特征分析出来，然后按照要求，将这些特征重新组合起来，构成人们所渴求的形象，以满足人们的某种需要。黏合的形象在内容上受社会文化和风俗习惯的影响。通过黏合，人们创造了许多童话、神话中的形象，如美人鱼、孙悟空、猪八戒等。在科学技术的创造发明中，也有运用这种综合方式的。如骡子、狮虎、杂交玉米、杂交水稻都是黏合的产物。

2. 夸张

夸张又称为强调。这是通过改变客观事物的正常特点，或者突出某些特征在头脑中形成新的形象。夸张有两种变式：一是扩大，如人们创造的三头六臂的哪吒、千手佛、九头鸟等形象。李白的诗句"燕山雪花大如席"、"白发三千丈"都是扩大式的夸张。一是缩小，如民间故事中的"枣仁孩"、漫话《三毛流浪记》中的"三毛"、李白的诗句"黄河如丝天际来"，都是通过缩小的方式所形成的形象。

3. 拟人化

即把人类的特性加在外界事物上，使之人格化，形成新的形象。神话里的雷公、电母、风婆、土地爷、山神等就是通过拟人化的方法创造出来的。

4. 典型化

典型化是根据一类事物的共同特征创造新形象的过程。它是文学、艺术创作的重要方式，使创造出来的形象更逼真、更感人。例如，小说中的人物形象的创造，都是作家综合某些人物的特点之后创造出来的。鲁迅说过，人物模特儿没有专用过一个人的，往往嘴在浙江，脸在北京，衣服在山西，是一个拼凑起来的角色。如阿Q是半殖民地、半封建的旧中国落后农民的典型，谁是阿Q，阿Q是谁，没有人会回答，但那时每一个中国人身上或多或少都会有阿Q的影子。

5. 联想

由一个事物想到另一个事物，也可以创造出新的形象。想象联想不同于记忆联想，它的活动方向服从于创作时占优势的情绪、思想和意图。因而它往往会打破日常联想的习惯，因而引发了新形象。如由“修理机器”想到“修理地球”，由饮茶想到人生等。

（三）想象的功能

想象在人的生活、学习和工作中具有重要的功能。

1. 补充认知的功能

想象对认知具有补充作用。当对象信息不足或很难直接感知对象时，想象可以弥补对对象认知的不足。例如，光速每秒30万公里，某些粒子的生命只有10万分之一秒，人无法感知它们，却可以想象它们。想象能够让事情显得更加真实。当人们在头脑中想象一件还没有发生的事情，甚至对每一个细节都进行描述后，与没有进行预先想象相比，人们会更相信这件事情有可能发生。

2. 超前认知的功能

想象具有预见功能。想象中蕴含着许多潜在的可能性，其中有些符合客观规律，具有实现的可能性。这种符合客观规律的想象，就具有超前反映的功能。例如，对于未来社会是什么样子，人们可以用想象进行超前认知。想象的超前认知功能有助于问题解决。在解决某个问题之前，个体首先对问题解决的整个过程或重要环节在头脑中进行想象，由于想象具有很大的弹性和自由发挥空间，因此可以产生多个适用于不同情境下的问题解决办法。当个体真的面临某个问题情境时，就能够快速地做出反应、有效地解决问题。

3. 创造的功能

一般说来，创造发源于想象。作家塑造人物、科学家提出理论模型、建筑师设计工程都离不开想象。想象会促使科学假说的产生。爱因斯坦对想象的创造功能推崇备至。他说：“想象力比知识更重要，因为知识是有限的，而想象力概括着世界的一切，推动着进步，并且是知识的源泉。严格地说，想象力是科学的实在因素。”

4. 唤醒情绪的功能

当个体想象某一具有特定情绪或情感的情节时，不仅会形成认知表征，还会唤起情绪体验。在很多研究中，为了让被试进入期望的情绪状态（如快乐、痛苦等），研究者常会使用想象的手段唤起被试相应的情绪。

5. 调节功能

想象还可以通过激活个体内在的自我调控机制来指导个体行为。研究证明，适当的想象能够提高运动员的成绩。当要求运动员想象跳跃、冲刺、扔掷等基本动作时，运动员能够明显感到肌肉的紧张感。想象可以改变个体行为。在对吸烟和酗酒病人治疗中发现，在病人感到无聊想要喝酒或抽烟时，如果能够想象一下如何与朋友一起度过将要到来的美好周末，会有效地推迟或减少酗酒者的酗酒行为或抽烟者的吸烟次数。

6. 替代的功能

想象还具有代替的作用。当人们的某些需要不能够得到满足时，可以通过想象的方式得到满足，如“望梅止渴”和“画饼充饥”。但是，想象的代替功能不可以过分使用。如过多地通过想象得到虚假的“满足”，人就会越来越脱离现实，并且形成自欺欺人的不良性格特征。

二、想象的种类

按照想象活动是否具有目的性，可以将想象区分为无意想象和有意想象。

（一）无意想象

无意想象是一种没有预定目的、不自觉地产生的想象。它是当人们的意识减弱时，在某种刺激的作用下，不由自主地想象某种事物的过程。例如，当人们长久地进行机械、枯燥无味的活动时，如在乏味的课堂上，通常会浮想联翩，一些形象会不由自主地出现在眼前。精神病患者的幻觉、由药物（如吸服大麻、迷幻药）导致的幻觉也属无意想象。人们在睡眠时做的梦也是一种漫无目的、不由自主的想象。梦境中的内容是已有表象的奇特的结合。

近期有研究发现，人脑的储存能力超乎想象，很多不重要的细节也被存入了无意识中。当这类信息与现实场景相匹配，就会产生共鸣，但因无法还原无意识中的具体细节，便有了似曾相识的奇怪感觉。有想象力的人容易产生“似曾相识”感：经过一个地方，仿佛来过；遇见一个人，仿佛见过。

（二）有意想象

有意想象是按一定目的、自觉进行的想象。它是人们根据一定的目的，为了塑造某种事物的形象而进行的想象活动。这种想象活动具有一定的预见性、方向性。人们在想象中一直控制着想象的方向和内容。在有意想象中，根据内容的新颖性、创造性不同，可划分为再造想象、创造想象和幻想。

1. 再造想象

再造想象是根据言语叙述、文字描述或图形示意，在头脑中形成相应新形象的过程。虽然再造想象具有一定的创造性，但独立性较差。同时，创造也不是再造想象的主要任务。例如，在阅读一篇文学作品时，想象加工的主要目的是准确地把握事件发生的情境和过程以及人物的外貌和性格等信息，而不是由想象者自由地去发挥。但是，再造想象绝不是他人想象的简单重现。由于个体之间在知识、经验、兴趣、爱好和个性上存在差异，每个人再造出来的形象会有所不同。

2. 创造想象

创造想象是在创造活动中，根据一定的目的、任务，在头脑中出现新形象的过程。创造想象具有首创性、新颖性的特点。它们源于生活，但又高于生活。它比再造想象更高级、更复杂，也更困难，对社会的贡献或影响也更大。如作家创作出新的人物形象、科学家提出新的理论模型、艺术家创作出新的作品，都属于创造想象。

人们的创造发明不是凭空产生的，知识和经验因素对创造想象具有重要的作用。有研究者让 5 岁和 10 岁的儿童画出一些不存在的动物和房子，发现儿童具有想象出新的动物和房子的能力，但儿童的创造想象明显受到熟悉概念的影响。与 10 岁儿童比，5 岁儿童更少跨越概念范围进行想象，如将有生命动物的特征（如眼睛）加在假想中的房屋上。这说明，儿童的想象也在很大程度上受到知识经验的影响。

[专栏 9—1]　　创造想象的主要研究方法

对创造想象研究的主要困难是研究指标难以确定，这和想象本身的特点有直接关系．综合目前国内外的研究，常见的方法有以下四种。

1. 印象画法。即让被试观察若干幅印象画，让他们说出浮现在脑海中的观念，并做时间的统计。

2. 作图法。按一定的语言描述，让被试作图。

3. 创作法。包括：(1) 再构成法，即提示三言两语，在规定时间内，让被试自由联想，通过联想内容，看是否有创造性。(2) 完成法，即以不完全的文章让被试接着补充完成。(3) 作文法，即确定文题，让被试在一定时间内作文，按用时、字数、思考、结构、布局和全文内容测定想象力。(4) 制作实物，即让被试按一定的要求制作实物或分析他们创作的作品。

4. 检查空间想象能力。这既是思维的课题又是想象的课题。

3. 幻想

幻想是指向未来并与个人愿望相联系的想象。根据幻想的品质可以将幻想分为：(1) 积极的幻想。人们依据事物发展的客观规律来想象未来，是具有进步意义和有实现可能的积极的幻想。(2) 空想。空想是一种不以客观规律为依据，甚至违背事物发展的客观进程，因而没有实现可能的想象。

幻想是创造想象的一种特殊形式。积极的幻想是创造想象的准备阶段。与一般的创造想象相比，幻想具有两个特点：(1) 幻想带有向往的性质。幻想中所创造的形象总是和个人的愿望相联系，体现个人所向往或祈求的事物，而创造想象所形成的形象则并不一定是个人所向往的形象。例如，作家创造的人物形象，有的是他喜欢的，有的可能是他所厌恶的。(2) 幻想不与当前的创造活动直接联系。幻想不是直接指向当前的物质产品或精神产品的创造，而是指向未来的活动，但它又常常是创造性活动的准备阶段。

三、想象的脑机制

在感知事物的过程中，人的大脑皮层里留下了许多痕迹，并在痕迹之间建立了暂时神经联系系统。人的经验越多，暂时神经联系就越丰富。新的暂时神经联系的形成就是想象的生理机制。近年来的研究表明，下丘脑—边缘系统与大脑皮层共同参与了想象过程。如果这一系统受损害，人可能会产生心理错乱，行为不再受大脑的支配，不能拟定简单的行动计划，不能预见简单的行动后果，想象的主要作用也受到了破坏。

有关创造想象的研究发现，腹侧前额叶、左侧额下/额中回、额极、前扣带回、楔前叶以及枕叶下回和小脑对顿悟和创造想象都具有重要的作用。然而，这些脑区究竟起着怎样的作用，还需要进一步的探讨。远距离联想任务的解决，需要大脑额叶和顶枕颞叶相互协作和互补，尤其右侧前颞上回区是顿悟性地解答远距离任务中的关键脑区。由于创造活动本身的复杂性，采用不同的实验任务、不同的技术手段，创造想象的脑机制的研究结果就会出现很大的差异。

有研究比较了创造想象和再造想象的脑加工机制，发现在创造想象的早期阶段和晚期阶段都存在右半球偏向，反映了创造想象的早期阶段是一个提取和相互联系新颖信息的认知过程，创造想象的晚期阶段则与工作记忆、认知控制、语义加工和新颖产物有关。而再造想象仅在早期阶段出现了右半球偏向，这是一个提取和相互联系熟悉信息的认知过程。

基本概念

表象；视觉表象；听觉表象；动作表象；触觉表象；个别表象；一般表象；遗觉表象；记忆表象；想象表象；心理扫描；心理旋转；表象敏度；视觉易化；视觉干扰；本义表征；命题表征；想象；黏合；夸张；拟人化；典型化；无意想象；有意想象；再造想象；创造想象；幻想

基本原理

表象的特性；表象的功能；表象的种类；图画理论；虚无假设；双重编码理论；表象计算理论；高水平视觉空间认知子系统理论；表象的脑机制；想象的种类；想象的功能；想象的综合过程；想象的脑机制

思考题

1. 什么是表象？表象有哪些种类？
2. 表象有哪些特性？
3. 举例说明表象的功能。
4. 表象研究经历过哪些阶段？
5. 表象的图画理论研究包括哪些内容？
6. 表象的加工过程怎样？
7. 为什么有的心理学家主张表象和知觉等价？
8. 简述双重编码理论的主要内容。
9. 什么是想象？想象有什么作用？想象与思维关系怎样？
10. 想象有哪些种类？

第十章
思　　维

本章要点

1. 思维的含义和特征
2. 思维的分类
3. 思维的过程和品质
4. 概念的形成和功能
5. 问题解决的过程和影响因素
6. 推理
7. 创造性及培养

思维是人类区别于其他动物的本质特点之一。思维是人类精神活动的重要特征，它以感知觉的信息为基础，利用已有的知识和经验，进行分析、综合、比较、抽象和概括，形成概念、推理和判断，使感性认识上升为理性认识。思维是认识的最高形式。人们常说的"考虑"、"设想"、"沉思"等，都是思维活动的表现形式。本章主要介绍思维的概念、过程及其品质，概念形成，推理，问题解决和创造性。

第一节　思维的一般概念

一、思维的含义及特征

思维是人脑借助于言语、表象或动作而实现的，对客观事物的性质及关系的概括和间接的反映。思维有如下几个特征。

(一) 概括性

思维是在大量感性材料基础上，抽取一类事物共同的、本质的特征及规律，加以概括。思维的概括性主要表现在：

(1) 思维反映事物的本质属性或一类事物的共同特征。例如，世界上有150多万种生物，形态各异，但"新陈代谢"是它们共同的、本质的属性。由于概括，人能够举一反三地把在一种场合获得的认识推广到其他同类的场合中去。

（2）思维反映事物之间的关系与规律。例如，在月晕和刮风、墙基潮湿和下雨之间有规律性的联系，可以得出“月晕而风，础润而雨”的概括。概括使人类认识摆脱了具体实物的局限，扩大了认识范围，加深了对规律的理解。概括的水平代表了思维的水平。

概括是思维的速度、灵活度、广度和深度等品质的基础。鲁宾斯坦（1889—1960）认为，迁移就是概括。知识的概括性越高，系统性就越强，迁移就越灵活，一个人的思维能力就越能够得到发展。

（二）间接性

人能够借助于知识经验或一定媒介来认识事物。医生虽然不能直接看到病毒对人体的侵袭，但根据对病人的各项检查结果和已有经验，就能够诊断病情。警察根据现场的指纹、脚印和生物检材，就可以推测嫌疑人的特征。这些都体现了思维的间接性。

人凭借知识经验，能够反映不能直接感知的事物及其属性。因此，思维继承和发展着感知的认识功能，但已远远超出了感知的界限，可以使人超越感官的局限去认识事物，揭露事物的本质和规律。例如，虽然人听不到超声波和次声波，但通过一定仪器，人可以认识它们。

思维还可以突破时空的限制，能够在对现实事物认识的基础上，进行蔓延式的扩展。人既可以了解遥远的过去，如考古学家根据部落遗址及发掘出来的遗物、化石，推知原始人的生产、生活情况，也可以预见未来，如气象学家根据气象资料，预知今后的天气变化。间接性使思维认识的领域比感知觉认识的领域更广阔、更深入，也使思维能够反作用于实践，指导实践。

思维的间接性和概括性是相互联系的。人之所以能够间接地反映事物，是因为人有概括性的知识经验，人的知识经验越概括，就越能够深刻地反映客观事物。古人云：“秀才不出门，尽知天下事。”之所以如此，是因为秀才掌握的是概括性的知识，这种知识能够举一反三、触类旁通，容易迁移。在中国历史上，许多名将均是儒生，如明代的于谦、王守仁、袁崇焕、孙传庭，清代的曾国藩、胡林翼、李鸿章，皆是进士出身，这与儒学的“人学”传统分不开。儒生虽然不一定知兵，但肯定知人，而兵亦是人。因此，就可以将管理人、激励人的方法迁移至军事领域。

（三）思维是对经验的改组

思维是探索和发现新事物的心理活动，它常指向事物的新特性和新关系。思维在有问题的情境中发生。在这种情形下，人仅靠从记忆中提取信息已不能解决所面临的问题，需要对头脑中的已有经验进行更新和改组，找出对问题适用的地方。这种改组的结果往往是新思想、新理论的产生或新产品的出现。

二、思维与感知觉

思维同感知觉一样，都是人脑对客观现实的反映，但又有着根本的区别。思维与感知觉的区别表现在：

(1) 感知觉反映客观事物的个别属性及外部的关系和联系，思维反映客观事物的本质属性及必然的关系和联系。

(2) 感知觉是对直接作用于感官的事物的接受和识别，是对客观事物的直接反映，属于感性认识，是认识的低级阶段；思维是对信息进行加工，是对客观事物的间接的、概括的反映，属于认识的高级阶段。

例如，当你看到刮风、下雨，这是对自然现象的感知觉，是对直接作用于感官的客观事物外部特征的感性认识；而对于为什么会刮风、下雨，研究表明，是因为“空气对流”形成风，是因为“水蒸气遇冷液化”形成雨，这就是对客观事物的本质特征和内在规律性的间接的和概括的反映，这是思维的结果。另外，思维虽然是超出感知范围的理性认识，是更高级、更复杂的心理过程，但它以感性材料为基础，与感知、记忆等认识过程密不可分。感性认识是思维活动的源泉和依据。思维无论多么抽象，它加工的材料还是来自对事物的多次感知，从对感知结果的“去粗存精，去伪存真，由此及彼，由表及里”加工中，概括出事物的本质和规律。

三、思维与语言

(一) 思维和语言的区别

思维和语言是两种相对独立的现象，二者的区别表现在：

(1) 思维与客观现实是反映与被反映的关系，其间有必然联系；语言与客观现实是标志与被标志的关系，虽然存在着一定的象似性（iconicity），即语言的结构反映了经验的结构，但也存在着较大的任意性，词和所指之间并不存在必然联系。例如，对于同一种动物，在汉语中叫“狗”，在英语中却叫做“dog”。

(2) 思维的基本单位是概念，语言的基本单位是词。词与概念并不存在一一对应的关系。同一个词可以表达不同概念，如“小姐”既可以指富贵人家的女儿，也可以泛指未婚女性；同一概念也可以用不同的词来表达，如“妈妈”和“娘”表达的是同一概念。有的虚词并不表示概念。

(3) 思维与语言常出现矛盾现象。人们在用语言表达思想时，会出现词不达意。如果语言与思维是等同的或同一的，就不会出现这种情形。

(4) 思维规律具有全人类性，不同民族的思维规律相同；语言的规律具有民族性，不同民族语言的语法并不完全相同。正因为思维具有全人类性，所以不同的语言之间可以互译。

(二) 思维与语言的联系

思维与语言又密切联系。这主要表现在：

(1) 从思维内容看，语言是思维的载体。思维之所以能够对客观事物和现象进行概括的、间接的反映，语言的物质性、概括性和间接性是非常重要的原因。

语言的物质性指语言具有语音和字形，这使思维成为可能。当具体刺激物不在眼前时，语言便成为思维的有效刺激物。语言虽然具有物质成分，却有思想内容、有意义，是具体事物的符号。因此，语言便成为思维的物质载体和有效工具。如果没有语言，经过思维概括出来的东西就失去了存在的物质依靠。

语言的概括性是指语言作为个体可以理解的物质形式符号，不仅代表个别事物，也代表一类事物。语言中的词可以标志概念，判断和推理也凭借语言的句子进行。语言符号虽不是事物本身，却代表事物，反映事物的本质属性。用语言标志事物，就不会把一事物与其他事物混淆。这样，人们就可以以语言为中介进行思维。

(2) 从思维结果看，语言是记载思维结果的工具。思维结果只有凭借语言才能够被记载下来，保存于头脑、书籍和其他载体中。借助于语言，人与人之间可以进行交流，这使个体经验的积累和人类知识的继承成为可能。

(3) 从思维的发生和发展上看，思维和语言都是在劳动中同步发生的。个体掌握语言的过程，也是思维发展的过程。随着个体语言能力不断发展，思维能力也不断提高。

(4) 语言要依靠思维的内容和结果予以充实、发展。如果语言不被人们运用，就成为纯粹的物质外壳。只有当语言的物质形式被思维的内容丰富起来时，语言才能成为一定对象的符号。也只有通过思维，语言的各种功能才能得以实现。

因此，语言是思维最合适的“物质外壳”。思维结果由语言来承担。虽然人们并非全部用词句思考，有时用科学记号（如数量化公式、数字、音符、钟声、警笛、灯光符号、旗语、乐队及交通指挥等），但这些符号只是辅助形式，离开语言，思想就无法清晰准确地表述。

［专栏 10—1］　东、西方文字及其思维方式的差异

思维方式是定型化的思维形式、思维方法和思维程序的统一。它是沟通文化与语言的中介，是文化心理诸特征的集中体现，又对文化心理诸要素产生制约作用，体现于民族文化的所有领域。语言是思维的工具，是思维方式的构成要素。思维方式制约语言形式，一种语言文字特点和语言结构特点往往与其民族思维方式特点具有一致性。中华民族与英语民族由于地理、历史、文化的不同，思维方式也必然不同，思维方式不同又决定了汉、英语言的文字和语言结构上的不同。

中国传统思维以天人合一、主客体统一的整体观为出发点，主张万物与我为一，注重观物取象。形象思维通过自我体认形成心中的意象，采用意象、联想、想象来替代概念、判断、推理的逻辑论证，形象地反映客观事物。简言之，中国传统思维习惯将特定思想寄寓于具体物象之中，用形象方式来表达抽象事物。这种具象思维反映在造字心理上，就是注重图像性，以象形、会意、指事、形声等方法使汉字达到音、形、义的统一。可见，汉字的构字特点正是中华民族偏重具象思维的结果。汉字还有一个特点：构造重心居中，不偏不倚，呈中正之貌、柔和协调之状。它体现了中国传统的中正和谐的美学原则。中正和谐的美学原则源于儒家中庸哲学。而儒家中庸哲学恰恰是中国传统哲学的核心思想，它深深地影响着中华民族的思维方式。在传统的中国社会，人们习惯于用“中不偏，庸不易”的思维方式看待和对待事物、人、自然界和社会，造字也不例外地受到了这种思维方式影响。

西方的传统思维认为，天人对立，主客二分，物我分明。因此，常以客观和冷静的科学态度对待客观世界，以逻辑和理性探索自然规律，通过对事物整体加以分析来达到透过现象把握本质和规律的目的。这种思维有较强的抽象性。英语文字的演变和发展就是西方民族抽象思维的验证。英语中的词由字母组成，它不是对自然现象的模拟，而是抽去了具体物象的形象，与其传递的信息之间没有内在联系。字母符号是理性规定，不像汉字那样直观形象。另一方面，字母文字对语音的依赖性强，在组词成句时主要通过屈折变化和主从复合句等语法手段描写事物，同时又反映出事物之间的关系，使语法表现出理性的、注重分析的色彩。字母文字的这一特点很大程度上受到西方哲学影响。西方哲学主张把物质与精神、社会与自然、本质与现象对立起来，也是抽象、分析型思维方式的反映。同样，英语民族思维方式偏重于对自然现象的观察和研究，严格区分主体和客体，并善于对问题进行综合分析，舍弃事物次要的、非本质的属性，抽取其主要的、本质的属性，形成抽象、分析和目标先于参照点的思维方式。

四、思维的作用

思维对个体理解与掌握知识、智力活动和实践活动来说都非常重要。

（一）思维是个体理解与掌握知识的必要条件

个体理解知识、巩固知识和应用知识的过程，主要是思维的过程。只有经过思维加工，书本知识才能内化为个体知识。当然，知识的理解与掌握又推动思维能力的发展。思维和知识的理解与掌握相互促进。正如孔子所说："学而不思则罔，思而不学则殆。"《论语·为政》

（二）思维是智力活动的核心

智力由观察力、注意力、记忆力、想象力和思维力组成，思维能力是核心。思维支配、调节其他智力因素。有了思维参与，观察才具有深刻性，注意才具有选择性，记忆才具有意义性，想象才具有创造性。

（三）思维是进行实践活动特别是创造活动最重要的心理因素

在实践活动中，只有通过思维，才能够把大量感性材料上升为理性知识，形成理论体系。在创造活动中，如科学发现、技术发明和文艺创作等，更需要思维特别是创造思维参与。

五、思维的分类

思维是极其复杂的心理现象，可以从不同的角度对它分类。

（一）直观动作思维、具体形象思维和抽象逻辑思维

这是根据思维任务的性质、内容和解决问题的方法所做的分类。

1. 直观动作思维

又称实践思维。当思维的任务以直观的形式给予，解决问题的方式是实际动作时，就属于直观动作思维。例如，电视机坏了，维修工就需要查看电视机的有关部件，直到找到损坏的原因，并进行修复。3岁前的儿童只能够在动作中思考，思维属于直观动作思维。动作停止了，思维就停止了。例如，他们把玩具拆开又重新组合，在摆弄物体过程中认识物体的属性。成人有时也需要运用动作思维，但由于有过去的知识经验和语词的参与和调节，所以水平比幼儿高。

2. 具体形象思维

这是以事物形象为支柱的思维过程，有三个特征：（1）以具体事物的形象为基础；（2）运用想象；（3）非逻辑性。例如，作家要创作一幅反映南方山水的画，他要在头脑中对已有的表象进行分析和综合，确定图画的内容和风格。这种思维就是具体形象思维。具体形象思维突出表现在学前期（3～6岁）。在这一时期，儿童主要运用形象来思考，思维受具体情境影响。成人在解决问题时，也运用具体形象思维。具体形象思维在文学家、艺术家、影视导演、摄影家和设计师的工作中占有特别重要的地位。

形象思维有三种水平：（1）只反映同类事物中一些直观的、非本质的特征，如幼儿的形象思维；（2）对表象进行加工的思维，如普通成人的形象思维；（3）艺术思维，这是一种高级的、复杂的，对表象加以改造的思维形式，如作家和艺术家的思维。

3. 抽象逻辑思维

当人们面临的任务是理论性的，并要运用概念和命题进行判断、推理，以求得出合乎规律的结论时，这种思维就是抽象逻辑思维。概念是反映事物本质属性的思维形式，因而抽象逻辑思维是人类思维的核心。学生学习文化知识，教师讲授科学理论，科学家发现客观真理，都离不开抽象逻辑思维。

儿童思维的发展，一般都要经历直观动作思维、具体形象思维和抽象逻辑思维三个阶段。抽象逻辑思维在小学高年级得到迅速发展，在初中阶段开始占主导地位。成人在解决问题时，这三种思维往往相互补充，协同活动。例如，在进行科学实验时，既需要高度的科学概括，又需要丰富的联想和想象，同时还需要在动手操作中探索问题的症结所在。

（二）直觉思维和分析思维

这是根据思维进程所做的分类。

1. 直觉思维

这是指当人们面临新问题、新事物和新现象时，能够迅速理解并做出判断。直觉思维是一种领悟式的思维活动，它具有以下特点：（1）整体性，即从整体上考察对象；（2）跳跃性，即思维过程是压缩的、跳跃式的，径直指向问题的结论；（3）直接性，即不经过分析，直接接触问题的实质；（4）快速性，即在短时间内完成；（5）突然性，即新思想、新观念的产生具有突发性质；（6）尝试性，即以猜测或假设形式提出问题的答案；（7）创造性，即可以产生新思想、新观念，是创造思维的基础；（8）无意识性，即推理过程无意

识，只有思维结果呈现在意识中，思维者仅知道“是什么”，不知道“为什么”，一时拿不出证据证明自己的结论。

2. 分析思维

即逻辑思维，它遵循严密的逻辑规律，对概念进行逐步分析，层层推演，最后得出符合逻辑的结论。

(三) 集中思维和发散思维

这是根据探索答案的方向所做的分类。

1. 集中思维

这是指根据已有的知识、经验，运用逻辑方法或熟悉规则去寻求唯一的正确答案，又称求同思维或辐合思维（convergent thinking）。学生解数学题就要运用集中思维。集中思维是一种有方向、有范围、有条理的思维。

2. 发散思维

这是指从不同角度、不同途径去设想、探求多种答案，力图使问题获得完满解决的思维方式，又称求异思维或辐射思维（divergent thinking）。例如，对于班委会成员的产生办法，可以从不同的方向去思考，如教师提名、无记名投票、竞选、随机抓阄等。发散思维无一定方向和范围，不墨守成规，不囿于传统的框架。

吉尔福特（J. P. Guilford，1897—1987）认为，发散思维有三个特点：（1）流畅性（fluency），即智力活动灵活顺畅，反应迅速，创意丰富，能够在短时间内产生数量较多的观念。流畅性是较低层次的发散特征，表现为发散的“个数”指标。（2）变通性（flexibility），即思考方式变化多端，思维产品的种类不拘一格，能够举一反三，触类旁通，随机应变，思维不受定势的束缚，能够产生多种多样的新观点。变通性是较高层次的发散特征，表现为发散的“类别”指标。（3）独特性（originality），即对问题提出超乎寻常的、新颖的、独特的见解，或者说以新观点、新角度去反映事物。独特性最能代表发散思维的本质，是最高层次的发散特征，表现为发散的“新异”、“独到”指标。例如，要求在 3 分钟内列出红砖的可能用途。

甲回答：盖房、建仓库、建教室、筑墙、砌烟囱、盖庙、铺路、垒灶。流畅性得 8 分，因为列出了 8 种用途；变通性只得 1 分，因为仅有一个类别——建筑材料；独特性得 0 分，没有特别之处，8 种用途人人都知道。说明甲的发散思维水平较低（9 分）。

乙回答：做门槛、压纸、打狗、搭书架、钉钉子、磨红粉、做球门。流畅性得 7 分，因为列出 7 种用途；变通性得 4 分，因为用途有四个类别，即材料、工具、武器、颜料；独特性得 1 分，因为“磨红粉”做颜料是新异的、独到的。乙共得 12 分，比甲的发散思维水平高。

(四) 常规思维和创造思维

这是根据思维活动的结果所做的分类。

1. 常规思维

它是人们运用已有的知识经验，按现成的方案和程序解决问题的思维方式。如学生运用长方形面积公式求某一长方形的面积。这种思维创造性水平低，对现有知识不需要进行明显的改组，也没有创造出新的思维成果。

2. 创造思维

它是重新组织已有的知识经验，提出新的方案或程序，并创造出新成果的思维方式。例如，数学家高斯在6岁初入学时，教师给全班学生的算术题目是：1＋2＋3＋4＋……＋10＝？一般学生都采用传统、教师教过的累加方法计算，唯独Gauss采用新方法：1＋10＝11，2＋9＝11，3＋8＝11，4＋7＝11，5＋6＝11，然后5个11加在一起。虽然二者结果相同，但是，高斯的思考方式属于创造思维，其他学生的思考方式是常规思维。

一般说来，创造思维有以下特征：（1）敏锐性，表现为能够在人们司空见惯之处，敏锐地发现新问题。（2）首创性，指在人类历史上首次产生和发现的思维成果。（3）新颖性，表现为思维方法的别出心裁和思维结果的不同凡响。（4）独特性，指创造思维是人类多种思维形式的综合，结构具有独特性。（5）具有重要的社会价值，指思维成果具有直接或间接的社会价值。否则，再新颖、再独特也毫无意义。爱因斯坦创立相对论，弗洛伊德提出精神分析学说，人类基因图谱的绘制，都是创造性思维的结果。

[专栏10—2]　　创造思维的过程

英国心理学家华莱士（G. Wallas，1858—1932）在1926年根据名人传记和一般人成功的业绩，写成《思维的艺术》。在书中，他将创造思维的过程划分为四个阶段：

1. 准备阶段。此阶段为创造思维的起始阶段，主要任务是收集创造思维所需的材料。例如，爱因斯坦在青年时代，就为物理学中的基本问题——光速问题深感不安。他思考这个问题，前后用了七年时间。司马迁为了撰写《史记》，前后准备了数十年时间。准备阶段是进行创造思维的先决条件。

2. 酝酿阶段。此阶段为创造思维最艰苦的阶段，主要任务是对所收集材料进行深入加工。在这一阶段，要求个体付出艰苦努力，不断思考，对所研究问题魂牵梦绕，正所谓“衣带渐宽终不悔，为伊消得人憔悴”。有时，出现问题长期解决不了、理不出头绪时，可以先将所思考问题暂时放置在一边，几小时、几天或几个星期以后再来解决，这时常会很快找到问题的解决办法。这种现象称为酝酿效应（incubation effects）。

3. 明朗阶段。此阶段为创造思维的收获阶段，主要任务是把握突然出现的解决问题的灵感。在这一阶段，有时人们长期思考不得其解的问题，突然因某物或某事的启发而一下子变得迎刃而解了，正所谓“踏破铁鞋无觅处，得来全不费工夫”，“山重水复疑无路，柳暗花明又一村”。这种现象常被认为是灵感的出现。例如，阿基米德为鉴别皇冠真假问题长期思考不得其解，在一次洗澡时，得到启发，找到了鉴别皇冠的方法，并发现了浮力定律。明朗阶段产生的条件，一是长期思考的准备，二是精神放松。

4. 验证阶段。此阶段为创造思维的深化阶段，主要任务是把大脑中突然出现的灵感或想法，通过实验来加以验证。同时，还要不断完善解决问题的方案，因为灵感所提供的只是解决问题的最佳方案的雏形。只有经得起检验的灵感才能发展为科学理论。例如，爱因斯坦根据自己的理论预测光的射线在经过一种较大物体时，由于引力作用会发生弯曲。这一假设，被 1919 年科学家的日食观测结果所证实。

（五）经验思维和理论思维

这是根据在思维过程中是以日常经验还是以理论为指导所做的分类。

1. 经验思维

这是以日常生活经验为依据，判断生产、生活中的问题。例如，儿童凭经验认为“鸟是会飞的动物”；人们通常认为，“太阳从东边升起，往西边落下”。

2. 理论思维

理论思维是以科学的原理、定理、定律等理论为依据，对问题进行分析、判断的思维。例如，根据“凡绿色植物都可以进行光合作用”的一般原理，判断某一绿色植物的光合作用。科学家、理论家运用理论思维发现事物的规律。教师利用理论思维传授科学理论，学生运用理论思维学习理性知识。

第二节 思维的过程、生理机制和品质

一、思维过程

思维过程即思维操作。思维通过一系列复杂操作来实现。人们运用已有的知识经验，对输入信息进行分析、综合、比较、分类、抽象、概括、具体化和系统化。分析、综合、比较、分类、抽象、概括、具体化和系统化同时也是思维方法。

（一）分析与综合

分析与综合是最基本的思维方法。分析是在头脑中把事物整体分解成各个部分或各个属性。例如，把一篇文章分解为段落、句子和词等部分，把声波分解为频率、振幅和波形等属性。分析是人们认识事物、解决问题的开端，它有利于认识深入。分析有定性分析、定量分析、结构分析、功能分析、信息分析、模式分析以及流程分析等。综合是指在头脑中把事物的各个部分或各个属性按一定关系和联系结合成一个整体。例如，把词联结成句子，把句子联结成段落。综合是与分析相反的思维过程。综合在人认识事物、解决问题过程中也起十分重要的作用。通过综合，可以使人们获得对事物完整的和全面的认识，有助于问题解决。

分析与综合相互依存、相互渗透。分析是综合的基础。没有分析，认识不能深入，对事物整体的把握只能是表面的、空洞的；分析得越细致、越准确，综合就越全面、越完善。综合是分析的前提和结果。分析总要以某种综合成果为指导进行，并且以综合为目的。没有综合，思维的材料是零碎的、片断的，不能统一为整体，也难以对各个部分、各个侧面和各种属性有确切了解。综合得越全面、越完备，对事物部分和属性的认识会越深刻、越准确。可见，分析与综合是辩证的统一，人类思维正是循着多阶段、多层次的综合—分析—综合的途径进行的。

分析与综合可以在不同的水平上进行。人可以在直接摆弄物体情况下进行分析与综合（如小学生用散装零件组装成舰模或航模），也可以在直观形象水平上进行分析与综合（如指挥员在军事图上分析敌情，服装师设计服装，建筑师设计建筑物等），还可以在思想上对抽象事物进行分析与综合（如公安人员分析案情，学生解题等），这是分析与综合的最高水平。

（二）比较与分类

比较是把各种事物或现象加以对比，确定它们的相同点、不同点及其相互关系。人们认识事物，把握事物的属性、特征和相互关系，都通过比较来进行。只有比较，区分事物间的异同点，才能更好地识别事物。比较与分析、综合是紧密联系的。分析是比较的基础。经过分析，人认识了事物的属性和特征，才能对事物做进一步的认识和辨别。比较的目的是确定事物间的异同，因此比较也离不开综合。要比较事物，既要对事物进行分析，又要对事物进行综合。比较既可以是同中求异，也可以是异中求同。例如，在教学中，教师为了帮助学生清楚了解某个对象，就把这个对象与它相似的各种对象进行比较，找出不同点；又把这个对象与它差异很大的对象进行比较，找出相同点。这样，学生就容易明确这个对象的本质特征。

比较有横向和纵向两种形式。横向比较指对同时存在并有相似之处的事物进行比较，它有利于对事物的辨别。纵向比较指对同一事物在不同时期的状况进行比较，它有利于了解事物的发展变化。在思维中，这两种比较常结合使用。例如，要想了解一个国家的经济发展状况，可以将这个国家现时的经济发展状况和其他国家作横向比较，也可以将这个国家现时的经济发展状况同它在历史上的状况作纵向比较，这样就会得出全面的认识。

对事物比较时应注意：（1）比较必须在性质上有联系的事物之间进行。可以对同一类事物进行比较（如比较金鱼和鲤鱼的异同），也可以对不同类别但有相关特性的事物进行比较（如比较金鱼和鲸鱼的异同），风马牛不相及的事物无法比较。（2）比较必须使用统一标准。标准不统一，无法进行比较，否则，就会犯逻辑错误。（3）比较最好从差异点开始，再过渡到相似点。

比较是重要的思维过程，也是重要的思维方法。世界上的任何事物都是相比较而存在。没有假、丑、恶，就没有真、善、美。经历过战争的人倍觉和平宝贵，受过苦难的人更珍惜幸福生活。比较也有助于知识记忆。通过比较，把纷繁复杂的知识区分为有一定从属关系的等级系统，为知识保持创造了良好条件。

分类是根据事物的相同点和不同点，把它们区分为不同的种类。比较是分类的基础。通过比较，揭示出事物之间的相同点和不同点，根据相同点把事物归并为较大的类，根据不同点把事物划分为较小的类，使人对事物的认识系统化。例如，动物学家按照界、门、纲、目、科、属、种的顺序对动物分类，“人”属于脊索动物门、哺乳纲、灵长目、人科、人属、现代人种。这样，对“人”就有了更深刻的认识。由于学生的年龄差异，思维发展水平不同，分类也不同。小学生往往根据事物的外部特征和功能分类，少年容易把本质特征与非本质特征并列来分类，青年会按事物的本质特征分类。

分类时应注意：(1) 要对事物进行科学分类，避免非科学分类。科学分类是根据事物的本质属性和事物间的内在联系分类，非科学分类是根据事物的非本质属性和事物间的外在联系分类。例如，根据“会飞”的特性将把蝙蝠归为鸟类，根据外部形状将鲸鱼和海豚归为鱼类。(2) 分类必须自始至终使用统一的标准，否则就会犯逻辑错误。如把人分为男人、女人和小孩，就没有采用统一的分类标准。

分类是人们认识事物的重要方式。分类使知识便于检索，因为它反映了事物的本质属性和事物间的内在联系。分类还使人的活动具有预见性。人们可以根据事物的本质属性和事物间的内在联系来预测事物的发展变化以及预言将要出现的新事物。

(三) 抽象与概括

抽象是在头脑中把同类事物或现象的共同的、本质的特征抽取出来，并舍弃个别的、非本质特征的思维过程。经过抽象，事物的本质属性和非本质属性的界限清楚了，认识便上升到理性认识阶段。例如，对人的认识，人可以分为男性、女性，大人、小孩，工人、农民、军人、学生、教师、商人，高个子、矮个子，白种人、黄种人、黑种人，人能吃饭、能睡觉、能喝水、能活动、能知觉、能记忆、能说话、能思维、能制造工具、会使用工具等。通过分析、比较，抽出人类具有的共同的、本质的属性，即能说话、能思维、能制造工具等，舍弃能吃饭、能睡觉、能喝水、能活动等其他动物也有的非本质属性，这就是抽象过程。

分析与比较是抽象的基础。例如，只有在对“鸟类”的各种属性进行分析，并把麻雀、鸵鸟、蝙蝠、蜻蜓的属性进行比较，才能抽取出“有羽毛”、“有翅膀”、“卵生”等本质属性，舍弃“会飞”等非本质属性。可见，抽象有助于人们认识事物的本质属性与内部规律。

概括是在头脑中把抽象出来的事物的共同的、本质的特征综合起来，并推广到同类事物中去，使之普遍化的思维过程。例如，先把“有羽毛”、“有翅膀”、“卵生”等鸟类的本质属性抽取出来，然后把它们加以综合，得到“鸟是有羽毛、有翅膀、卵生的动物”的认识，这就是概括。概括可以使人们对事物的认识由感性上升为理性、由特殊过渡到一般。

抽象与概括相互依存、相辅相成。一方面，抽象是概括的前提，没有抽象就无从概括；另一方面，概括又影响抽象，没有概括，就无法对抽取出来的事物的本质属性加以综合，人就很难形成对事物的全面的认识。只有通过抽象与概括，人们才能逐步把握事物的本质。抽象与概括是从具体到抽象的思维过程，是认识过程的一次“飞跃”，其结果是形成概念、原理和理论。科学的抽象看起来似乎远离现实，但由于它们反映了事物的本质属性和内在规律，所以，它们更全面、更准确地反映了现实。

概括也可以有不同水平。知觉和表象水平的概括是根据事物的外部特征，对不同事物进行比较，然后对它们的特征加以概括。例如，小学生根据“鸟会飞”这一外部特征得出“会飞的动物就是鸟类”，从而错误地认为鸭、鹅不会飞，所以不是鸟。思维水平的概括是根据事物的本质特征进行概括。例如，学生通过学习动物学的知识，能够准确地概括出鱼的本质特征，即“用鳃呼吸的脊椎动物是鱼类”。

（四）具体化与系统化

具体化指把抽象、概括出来的一般原理运用到实际中去。它是认识过程的第二次“飞跃”，是从一般到个别、从认识到实践的过程。具体化不是抽象、概括的简单回复，它既是一个复杂的思维过程，又是一个重要的实践过程。具体化是认识事物、掌握知识的目的。学习的最终目的是为了应用。具体化还能够加深个体对理论知识的理解。在具体化过程中，通过把一般与个别、具体与抽象相结合，使个体对理论知识的认识不断丰富和深入。具体化促进理论与实践的结合，有助于科学知识在生活中的推广和应用。在具体化过程中，人还可以检验理论知识的准确性与可靠性。

在教学过程中，具体化有以下几种形式：（1）列举具体事例说明所学理论；（2）运用理论知识去解决具体问题；（3）运用一般原理创造性地解决实践中的新问题。

系统化是指把已有知识分门别类地整理成一个层次分明的系统。系统化的方法主要有：（1）分类；（2）编写提纲；（3）绘制图表，如知识的树状图、历史年代表等。系统化可以使人的知识结构更加严谨，层次更加分明，使之成为成块的知识，这样的知识易于保持，也易于应用；可以使知识在特定环境中更好地发挥其整体效应；有助于个体发现知识之间的关系，达到对知识的融会贯通。因此，系统化可显著提高学生的学习效果。

系统化是在分析、综合、比较和分类基础上实现的。系统的知识是“成块”的知识，便于在大脑皮层上形成广泛的神经联系，容易理解，容易记忆。只有掌握了系统的知识，才能真正地理解知识，才能在不同条件下灵活地运用知识。

二、思维的生理机制

思维是整个大脑的功能，特别是大脑皮层的功能。

人的大脑两半球有思维分工。左半球主管抽象逻辑思维，右半球主管形象思维。巴甫洛夫把大脑皮层的高级神经活动分成两大类型：（1）艺术家型，如作家、音乐家和画家等，他们善于完整地、全面地，从整体上去把握现实；（2）思想家型，他们把现实分割、肢解，并重新把它们组合起来。脑科学表明，思想家型的思维活动主要由左半球主管，艺术家型的思维活动主要由右半球主管。片面地、过度地利用某个大脑半球的功能，会使另一半球的功能受到抑制，造成思维贫乏，有害于个性的和谐发展。但新近研究表明，右半球在推理中也有重要作用。例如，右半球受损的人，难以完成可逆关系推理。例如：“约翰比贝尔高，谁最矮?”他们难以完成线性系列推理问题，例如：“约翰比贝尔高，贝尔比查尔斯高，谁最矮?”惠特克（H. A. Whitaker）等人考察了两组双侧前额叶切除的病人的条件推理，一组病人的病灶在左半球，一组病人的病灶在右半球。结果发现，右半球受损的病人的条件推理成绩比左半球受损的病人更差。右半球影响条件推理，可能与人在条件推理中使用表象有关。

额叶在思维中具有重要作用。额叶与皮层其他部位和皮下组织有密切联系。大脑其他部位加工过的信息，要传递到额叶进行更复杂的加工和综合，编制成行为程序，进而对人的心理和行为进行调节和控制。同时，还要将行为结果与最初目的进行对照，以保证活动的完成。在额叶受损时，思维活动的上述功能就会受到破坏。这种病人只能够根据直接感知到的事物的某些特点作简单推论，不能够发现它们之间的联系。

大脑半球左侧颞叶和顶—枕叶与思维也有密切关系。左侧颞叶受损伤时，言语听觉记忆将出现障碍。这种病人完成口头作业成绩很差，完成书面作业时成绩好些。顶—枕叶受损时，人的空间综合能力受到破坏。例如，给病人 27 个大小相同的立方体，8 个三面黄色，12 个两面黄色，6 个一面黄色，1 个没有黄色，让被试搭成一个各面都是黄色的大立方体。结果表明，虽然患者有解决问题的愿望，并反复尝试，但由于空间综合能力受到破坏，不能完成这类任务。

从脑电活动、大脑皮层血流量增加中，也可以看出思维和大脑皮层有密切关系。当人由安静状态转入数学运算活动时，脑的 α 波出现阻断，出现了 β 快波；人在心算时，皮层前额区与运动前区的血流量也显著增多。

三、思维品质

思维品质是衡量一个人思维发展水平的重要指标。思维品质主要包括以下几个方面。

（一）思维的广阔性

思维的广阔性是指能够全面而细致地思考问题，既注重整体，又注重细节，既考虑问题本身，又兼顾与问题有关的条件。例如，有人在解决问题时，既能紧扣主题，又能旁征博引，并善于用多种方法解答。思维的广阔性以丰富的知识为基础，知识贫乏不可能有广阔性的品质。与广阔性相对的不良的品质是片面性和狭隘性。这种人在解决问题时，往往囿于问题本身，思路狭窄，不能想到其他可能的解决问题的办法。

（二）思维的深刻性

思维的深刻性是指人脑在感性材料基础上，经过思维过程，揭示了事物的本质和规律。深刻性反映了思维的深度，个体不易被事物的表面现象所迷惑，好学深思，善于打破沙锅问到底，又不钻牛角尖。与深刻性相对的不良品质是肤浅性。这种人在思考问题时，往往不求甚解，浅尝辄止。

（三）思维的灵活性

灵活性反映思维的随机应变程度，指人善于根据具体情况变化而随机应变，及时修改、调整原有的假设与方案，提出解决问题的新思路、新方法，并能举一反三，触类旁通。灵活性包括：（1）思维起点灵活，即能够从不同的角度、方向出发，运用多种方法来解决问题。（2）思维过程灵活，能够从分析到综合，也能够从综合到分析，全面而灵活地作“综合的分析”。（3）概括—迁移能力强，运用规律的自觉性高。（4）善于组合分析，伸缩性大。（5）思维结果是合理而灵活的结论。与灵活性相对的不良品质是因循守旧和固执己见。前者表现为头脑僵化，墨守成规；后者表现为爱钻牛角尖，一意孤行。

（四）思维的批判性

思维的批判性是指在思维中以客观事实为依据，严格地根据客观标准判断是非与正误，能够考虑正反两方面的意见，坚持正确观点，摈弃错误观点。与批判性相对的不良思维品质是刚愎自用和人云亦云。前者表现为主观自负，骄傲自大；后者表现为毫无主见，盲目附和。

（五）思维的敏捷性

敏捷性反映了思维的速度，指能单刀直入地指向问题的核心，迅速把握事物的本质与规律，并能够在短时间内提出解决问题的正确方案。敏捷性表现为遇事胸有成竹，当机立断，但又不草率行事，在培养敏捷性时，必须克服轻率性。与敏捷性相对的不良品质是优柔寡断。这种人在解决问题时常常徘徊不定，犹豫不决。

第三节　概念形成

概念是知识的基本单元。知识主要由概念组成。概念也是思维的基本单位，通过概念，人可以把握事物的本质与规律。由于概念的重要作用，心理学十分重视对概念的研究。

一、概念的含义与功能

（一）概念的含义

概念是人对事物本质属性的认识。事物的本质属性是决定事物的性质，并使一事物区别于其他事物的属性。非本质属性是对事物不具有决定意义的属性。例如，“鸟”的概念概括了鸟的本质属性——前肢为翼，无齿有喙，被覆羽毛，卵生恒温，不涉及毛色、大小、能否飞翔、生活地区等非本质属性。

概念包括内涵与外延两个方面。内涵是指概念的质，即概念反映的事物的本质属性。外延是指概念的范围，即具有该概念本质属性的一切事物。概念的内涵与外延之间成反比关系：内涵越少，外延越大；内涵越多，外延越小。例如，“生物”概念的内涵是有生命，外延包括一切生命物种，如鸟兽鱼虫、花草树木、微生物等；“脊椎动物”的内涵是有生命和脊椎，它的外延只包括一切有脊椎的动物，如鱼、蛇、兔、狼、虎、豹等。明确概念就是要明确概念的内涵和外延。定义是明确概念内涵的逻辑方法，划分是明确概念外延的逻辑方法。

（二）概念的功能

概念具有重要的功能：

（1）分类（categorization）。概念反映事物的本质属性，在分类中具有重要作用。人们根据某事物是否具有某类事物的本质属性决定它是否具有类别成员资格。例如，当人们初次看到企鹅时，由于它们具有鸟类的本质属性，所以就把它归入鸟类。

（2）理解（understanding）。概念可以将人的新发现同旧经验联系起来。例如，当你在电视上看到竟然有动物在同狮子争夺食物，觉得难以理解，但听解说词说它们是鬣狗时，就会唤起有关鬣狗的知识，于是就不觉得奇怪了。

（3）学习（learning）。类别新成员要根据概念来理解，但新成员也修正和更新人的类别知识。例如，在中国人的传统观念中，“牛”是一种可供使役的牲畜。在肉牛被引入后，牛的概念就发生了相应的改变。在科学史上，概念由于新实例的出现而不断修正的情况屡见不鲜。

（4）推论（inference）。当人将某事物归入某一类别后，就可以对它的行为做出推论。例如，无论多么高贵的宠物，只要它是狗，就改不了对人类粪便的喜爱。

（5）解释（explanation）。一旦人给某物贴上某个类别的标签，就会为其行为或特征提供解释和推理。例如，一旦人们将某个家庭称为“和睦家庭”，就会对这个家庭之所以被称为和睦家庭提供解释或推论，如父严母慈、夫妻互敬互爱等。

（6）概念结合（conceptual combination）。人们可以通过概念结合去创造一些新概念。如“时装”和“表演”原是两个独立的概念，将它们结合在一起，就有了“时装表演”的概念。

（7）计划（planning）。人在计划活动时也使用概念。例如，一个家庭主妇可能经常思考准备何种食物招待客人，野营时准备带何种食物。

（8）交流（communication）。概念用词来表达、巩固和记载。借助词，人将自己对事物认识传递给他人，这就造成了社会历史经验的继承。

二、概念的种类

概念可以从不同的角度进行分类。

（一）具体概念和抽象概念

这是根据概念所包含属性的抽象与概括程度所作的分类。具体概念是指按照事物外在的、非本质特征形成的概念；抽象概念是指按照事物内在的、本质特征形成的概念。例如，给幼儿呈现皮球、橘子、三角形积木、三角形蛋糕四种物品，让他们分类。如果他们根据形状把皮球与橘子归为一类、积木与蛋糕归为一类，说明他们形成的是具体概念。如果他们根据事物的本质特征把皮球与积木归为一类，橘子与蛋糕归为一类，说明他们形成的是抽象概念。

（二）合取概念、析取概念和关系概念

这是根据概念包含属性的数量及关系所作的分类。合取概念是根据在一类事物中单个或多个相同属性而形成的概念，这些属性在概念中必须同时存在，类似于集合中的交集。例如，“青年学生”的概念必须同时具有两个属性，即“年龄处于青年期”和“职业为学生”。析取概念是根据不同标准，由单个或多个属性相结合而形成的概念。这些属性在概念中不必同时存在，类似于集合中的并集。例如，“好学生”的概念可以结合多种属性，“刻苦努力，成绩优秀”是好学生，“关心集体，乐于助人”也是好学生，这些属性同时存

在，如“品学兼优”，更是好学生。关系概念是根据事物之间的相互关系（如高低、上下、大小、贫富、美丑等）而形成的概念。

（三）前科学概念和科学概念

这是根据概念形成的途径所作的分类。前科学概念又称日常概念，它是人在日常生活中形成的、常包含事物非本质属性的概念。这种概念不够精确、规范，有时甚至是错误的、不科学的。例如，儿童误把“会飞”当作“鸟”的本质属性，因而认为蝙蝠和蜻蜓属于鸟类，而鸡、鸭、鹅不属于鸟类，于是形成了关于“鸟”的前科学概念。科学概念是指在教学过程中形成的、能够正确反映事物的本质属性的概念，如定义、定理等。在成人的概念系统中，也有许多前科学概念，如“垂直”是指向地心，而不是两条直线相交成 90°的角。

（四）自然概念和人工概念

这是根据概念形成的人为性所作的分类。自然概念是指在人类历史发展中自然形成的、有关现实事物的概念。这种概念的内涵和外延由事物自身的特征决定，如“学生”、“国家”、“遗传”等。人工概念是指在实验室条件下，为模拟自然概念形成过程而人为制造出来的概念。

三、概念联系

概念联系（concept associations）是认知心理学的重点研究领域。概念联系有不同类型，处于某种概念联系之中的事物被归为某种类别。概念联系类型决定概念组织的方式，影响概念结构的形成。分类学联系、主题关联、SF 联系和 ad hoc 联系是主要的概念联系类型。

（一）分类学联系

分类学联系（taxonomic relations）是指将事物按照逐渐抽象的类别组织而形成的概念联系。比如，“牧羊狗—狗—哺乳动物—动物”之间的联系就属于分类学联系。分类学联系为成人所熟悉。人们按照分类学联系将事物归类，形成分类学类别。在分类学类别中，概念按照层次结构排列，层与层之间表明上属类别、基本水平类别和下属类别之间的包含关系。通过分类学联系，概念得以有效地组织并形成概念网络。分类学类别的关键特征是处于同一类别的成员有许多共同或相似的属性，成员的相似性构成了类别的基础。比如，“狗”都有“四条腿”、“吠叫”、“毛发”等特征，不论是“牧羊狗”还是“哈巴狗”，都可以用一个共同名称——“狗”来称呼。分类学联系是人的重要的思考模式，也是研究最深入的概念联系类型。分类学联系也是人类概念组织的主要方式。

（二）主题关联

主题关联（thematic relations）是事物之间的外部联系，是物体、事件、人或其他实体之间在时间上或空间上共同存在的或在功能上互补的关系。通过这种关系联系在一起的事物，围绕着某一主题（theme）来组织。主题关联将那些经常同时出现在同一事件或情境中的概念捆绑在一起。主题关联包括时间关联、空间关联、功能关联、因果关联或动作中施动者和受动者的关联。比如，在“牛”和“缰绳”之间，存在时间关联和空间关联，因为“缰绳”常被拴在“牛”的脖子上。“狗”和“骨头”、“熊猫”和“竹子”也形成主题关联。狗喜欢啃骨头，熊猫以竹子为食，它们之间存在着施动和受动的关系。类似地，“粉笔”和“黑板”之间既有空间关联，也有功能关联；“电”和“灯泡”之间有因果关联。处于主题关联中的事物形成主题类别。主题类别中的成员共处于一个生活情景中，有着非常密切的外部关系，容易让人从一个成员联想到另一个成员。

（三）基于脚本的 SF 联系

当不同事物在一个事件脚本（script）中扮演相同的角色、处于相同的地位时，这些事物之间就形成了基于脚本的关系。脚本是指日常生活事件的图式。比如，在“吃早餐”脚本中，“面包”、“牛奶”和“杯子”都可能在早餐的桌子上见到，但只有“面包”、“牛奶”才形成基于脚本的关系，因为两者都扮演“在早餐时被吃”的角色，处于相同的地位。处于脚本的关系中的物体形成了脚本类别。在脚本类别中，成员的地位相同，角色功能也相同。研究者形象地将“吃早餐”脚本中的“早餐”称作“槽”（slot），将能够作为早餐食物的“面包”、“牛奶”等称作“填充物”（filler），将这种类别称为基于脚本的 slot-filler 类别。在按照脚本组织的概念结构中，存在一个主结点，主结点下面是一系列动作。每个动作都涉及多个物体，这些物体可以成为这个动作的宾语，它们之间具有可替代性，与动作构成补语关系。这些物体共享同一功能。脚本类别中的成员在同一时间内可能不会同时出现，但可以轮流出现在脚本中，填充脚本中的同一个槽。例如，一个人不可能在一次早餐上吃遍所有常用来充当早餐的食品，却可以在不同早餐上吃不同食品。这些早餐食品形成了基于早餐的类别，这些食品之间就具有 slot-filler 联系，简称 SF 联系。

（四）ad hoc 联系

ad hoc 概念联系（ad hoc relations）是指为了解决某一具体问题而即时形成的概念联系。ad hoc 是一个英文词，源自拉丁语，意思是“特别的（地）”、“专门的（地）”、“此时此地某一特定目的（的）”。例如，（桌子上）可以用来画一条条直线的事物、（饭店里）想吃且能够付得起钱的菜肴。能否形成 ad hoc 联系，取决于在个体长时记忆中有无关于具体行为目的和周围事物的知识。ad hoc 概念联系能够把具体事物的知识和临时行为目的融为一体，形成能够满足当时需要的概念联系类型，为人在环境中完成具体任务提供了思维基础。在这种概念联系类型中，概念成员可能分属于不同的种类，当前的目的决定了它们之间的联系。

因此，ad hoc 类别有时又被称为“目标驱动类别”（goal-driven category）。例如，“笔记本电脑”、“存折”、“珠宝”、“小孩”在平时属于不同的类别，但在“从着火的房间里抢救东西”的情境下，它们就聚集在一起，构成了很自然的一类。这种联系就是 ad hoc 联系。类似例子还有“减肥（吃的）食物”和“野营要带的东西”等。大量的研究表明，ad hoc 类别对问题解决和创造性具有重要影响，它也是专家和新手差异的根源之一。研究表明，专家具有组织良好的、高度联系的知识结构，他们能够准确地表征问题，从而形成指向目标的ad hoc类别，进而提出解决问题的良好对策。在解决常规问题时，专家面对问题形成ad hoc类别的自动化程度要比新手高许多，因而解决常规问题的速度快，错误率亦低；在面对不寻常的问题时，专家能利用知识转化问题表征，自动地打通概念之间的联系，从而显示出概念选择与策略加工的灵活性。

四、概念的心理表征

概念的心理表征即概念结构，主要涉及概念由哪些因素构成以及这些因素间的关系。关于概念的心理表征，心理学中有三类理论：特征理论、解释理论和网络理论。

（一）特征理论

特征理论的共同特点是：认为概念是由特征构成的。但是，特征如何组成概念，不同理论的看法却有差异。

1. 特征表说

这种理论由波纳（L. E. Bourne）等人提出。他们认为，概念有许多特征，特征是意义的最小单元。特征分为两类：定义特征（defining features）与特异特征（characteristic feature）。定义特征是定义一个概念所必需的特征，相当于概念的本质特征；特异特征对定义一个概念并不必要，但有一定的描述功能，相当于概念的非本质特征。例如，“有翅膀”、“有羽毛”、“卵生”是“鸟”的定义特征，“会鸣叫”则是“鸟”的特异特征。特征表说认为，概念是由定义特征和整合这些特征的规则构成。规则包括肯定、否定、合取、析取、关系等。概念的定义特征和规则的有机结合就构成各种不同性质的概念。“有翅膀”、“有羽毛”、“卵生”等定义特征与合取规则相结合，就构成了“鸟”的概念。

特征表理论重视概念规则在概念结构中的作用，可以很好地解释关于人工概念和科学概念的研究结果，但难以解释某些关于自然概念的研究结果，因为有些自然概念的定义特征是非常难以确定的，这种概念的结构也就难以用特征表理论来解释。

2. 原型说

这种理论由罗施（E. Rosch，1938—　）等人提出。罗施等人认为，概念以原型（prototype）即它的最佳实例来表征。人主要从最能说明概念的一个典型实例来理解概念。例如，在提到“鸟”时，我们往往会想到麻雀，很少会想到鸵鸟和企鹅。这说明，麻雀与鸵鸟、企鹅是在不同程度上表示鸟的概念的，但鸵鸟、企鹅毕竟也属鸟类。因此，人们对一个概念的理解不仅包含原型，而且也包含类别成员的代表性程度。类别成员的代表性程度是指属于同一概念的同类个体可容许的变异性，亦即偏离原型的容许距离。

在一个实验中，罗施向被试呈现属于不同语义类别的词，要求他们就其代表相应概念的程度做出评定，以1为最高等级，结果见表10—1。从表10—1中可见，在每个概念范围内，不同实例代表相应概念的程度不同。例如，“椅子”和“沙发”的等级评定最高，它们可以最好地代表“家具”的概念；“柜橱”和“床”的等级评定较低，它们的代表性较差。其他概念的情况也类似。当然，这里也有文化背景差异的影响。罗施认为，每个概念内等级评定最高的实例即为原型（即最佳实例）。例如，椅子和沙发是家具概念的原型，其他实例则具有不同的类别成员代表性。可见，概念由原型和类别成员代表性的程度这两个因素构成，其中原型是核心，原型为这些各具特点的众多实例组成一个整体提供了基础。

表 10—1　　四个语义类别的实例的优良程度评定等级

家具	等级	水果	等级	机动车	等级	武器	等级
椅子	1.5	橙子	1	汽车	1	枪	1
沙发	1.5	苹果	2	旅行汽车	2	手枪	2
睡椅	3.5	香蕉	3	卡车	3	左轮手枪	3
桌子	3.5	桃子	4	小汽车	4	机关枪	5
安乐椅	5	梨	5	公共汽车	5.5	步枪	5
梳妆台	6.5	杏	6.5	出租汽车	5.5	弹簧刀	6
转椅	6.5	柑橘	6.5	吉普车	7	刀	7
咖啡屋	8	梅子	8	急救车	8	匕首	8
摇椅	9	葡萄	9	摩托车	9	枪（冷兵器）	9
双人椅	10	油桃	10	街车	10	剑	10
柜橱	11	草莓	11	大篷货车	11	炸弹	11.5
写字台	12	葡萄柚	12	本田汽车	12	手榴弹	11.5
床	13	浆果	13	缆车	13	原子弹	13.5
						刺刀	13.5

原型说能够较好地解释自然概念的结构，但由于某些抽象概念的原型常难以确定，所以原型说也只适用于部分自然概念；另外，“原型”往往缺乏精确的定义。

3. 样例说

麦丁（D. L. Medin）否认概念可以表示为单一的心理表征，认为概念的表征由它的所有样例组成。如“鸟”的概念不仅包含麻雀、知更鸟的表征，还包括鸵鸟、企鹅的表征。当人们发现一只新鸟时，如果它和鸟的某个样例共享最多的特征，就可以把它归到这个样例。

上述三种理论同属特征理论，不同的是，特征说认为要成为一个类别的成员必须具备必需的和充分的特征，原型说认为事物必须与原型有较多的特征重叠才能成为类别成员，样例说认为，事物要成为类别成员必须与概念的任一样例的心理表征重叠。

4. 集合—理论模型

梅耶（D. E. Meyer，1943—　）认为，概念是基本的语义单元，并用集合（set）来表征。集合分为样例集合和属性集合（特征集）。样例集合是某一概念的样例，属性集合是某一概念的属性或特征。无数的此类信息集构成语义记忆。该模型还提出了非预存的思想，概念之间的联系需要通过比较或计算才能够得到，包含了更多的推理性。该模型可以用属性集的重叠程度解释类别大小效应，但无法解释具体性效应和典型性效应。

5. 特征比较模型

史密斯（E. E. Smith）等人提出，在长时记忆中，概念由集合属性或特征来表征；语义特征分为定义特征（defining feature）和特异特征（characteristic feature）。定义特征和特异特征可以视为语义特征连续体的两端。模型强调定义特征的作用，认为在概念间共同的语义特征越多，则相互联系越紧密。

以特征为基础的概念理论存在着明显的问题。第一，很难找到一个客观的、非人为的特征。第二，特征的选择和权重往往取决于语境和作业。第三，当人们考虑概念组织时，有比特征提取和匹配更重要的东西。这就是，分类受人的知识经验和情境影响。正是这一认识，使概念理论经历了一场革命，实现了以相似性为基础的概念观向以解释为基础的概念观的转变。

（二）解释理论

解释理论有以下两种形式。

1. 心理本质论

认为人们根据自己关于客观世界的理论组织概念。创造某个概念并不是提出一堆独立的特征，而是提出关于某个事物结构的理论，是理论使特征变得相关。麦丁指出："物体之所以成为物体，是因为它们有本质、有基本特性，而人们正是按照这个看法来行动的。"人们对分类需要有一种理由或解释。人们以理论或对本质属性的信念来称呼和归类物体，特征关系只是理论的副产品，理论构成概念的本质。例如，人们之所以将金子称为"金子"，是因为他们认为金子具有和其他金属不同的微观结构和特异属性，虽然他们对金子的微观结构和特异属性并不一定很清楚，但只要他们相信这一点就够了。

2. 心理语境论

认为由目标或文化规定的语境可以提供概念里特征间的联结和类别里概念间的联结。例如，"手提电视机"和"珠宝"好像没有联系，但在"房子着火需拿走的东西"的语境下，却是自然的集合。使这些概念和类别联系起来的是人们关于目标的知识。知识制约人对特征的选择，并在一个目标下把它们"捆绑"起来。能够成为概念关系的知识基础的不仅是语境目标和记忆，还可以是文化目标。例如，大洋洲土著人将女人、火和危险分为一类，西方人对这种分类很难理解，其实这其中包含着深刻的文化内涵。中国人对大洋洲土著人的分类就容易理解，因为中国古代也有"女人是祸水"的文化，如周朝的褒姒、春秋时期的西施、汉代的貂蝉、隋代的萧后、唐代的杨玉环、明代的陈圆圆，围绕着这些倾城倾国的女性，是战乱不已，田园荒芜，生灵涂炭。人的概念系统具有高度的灵活性和复杂性。人以事物特征和知识经验相结合的方式建立自己的分类系统。这些理论适合解释知识经验和语境的影响。

（三）网络理论

1. 层次网络模型

柯林斯和奎利恩提出层次网络模型（hierarchical network model）。这一模型最初是针对言语理解的计算机模型提出的，后来被用来说明概念结构。在模型中，概念以结点（node）形式储存在概念网络中，每一概念都具有一定的特征。各类属的概念按逻辑的上下级关系组织在一起，概念之间通过连线表示它们的类属关系，这样就构成了一个概念网络。在网络中，层次越高的概念，抽象概括的水平也越高（见图 10—1）。

层次网络体现了"认知经济"的原则。每一概念的特征并非全部储存在该概念结点上，而是实行分级储存。在每一层概念的结点上，只储存该概念的特有特征，同层次概念共有的特征储存在上一层概念的结点上。例如，在"金丝雀"的概念结点上，只储存"会唱歌"、"黄颜色"的特征，"能飞"的特征储存在"鸟"的概念结点上，"有皮肤"的特征

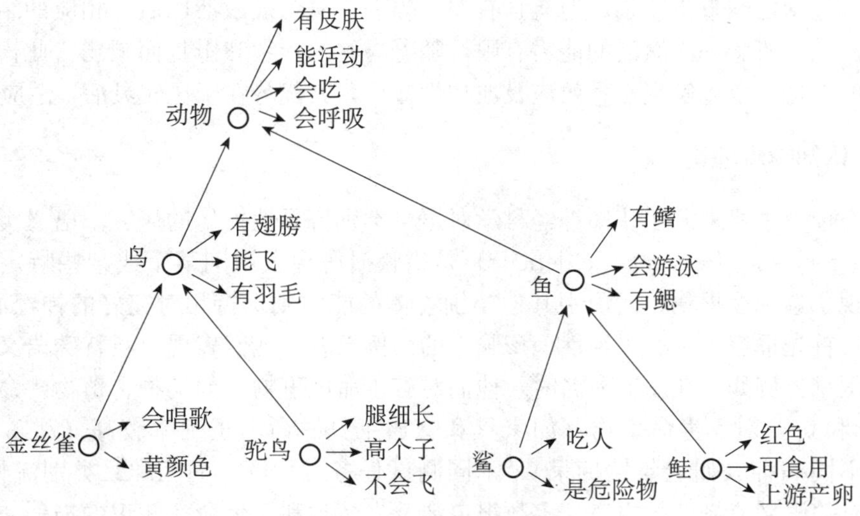

图 10—1 层次网络模型示意图

储存在“动物”的概念结点上。因此，在证实一个语义判断时，要在网络中推论。例如，给被试呈现三种水平的句子，如“金丝雀是金丝雀”（水平 1）、“金丝雀是鸟”（水平 2）、“金丝雀是动物”（水平 3），要求判断句子真假。水平 1 的句子证实时间最短，水平 3 的句子证实时间最长。之所以如此，是因为要判断“金丝雀是动物”需要经过“金丝雀是鸟”、“鸟是动物”的推论。

层次网络模型简明地说明了概念之间的关系，刺激了大量关于概念结构的研究。但这一理论也存在局限性。例如，它不能说明典型性效应，如判断“麻雀是鸟”比判断“企鹅是鸟”快。它也不能说明熟悉性效应，如判断“猪是动物”要比判断“猪是哺乳动物”快，而在层次网络中，动物是比哺乳动物更高层次的概念。它也不能解释否定效应，如判断“大象是菊花”要穿行动物和植物的网络，按理应该花很长的时间，而人却能够很容易地做出判断。另外，对汉语概念研究表明，汉语概念的表达方式亦影响概念的语义提取。如汉字有义符（即形旁），它标明概念的上属，如女性概念一般都有“女”的义符。张积家等人的研究表明，当义符标明词的类属时，义符可以加速对概念的语义提取；当义符与词的类属不一致或相反时（如“妙”和“婿”），会干扰词的语义提取。还有，汉语动作动词如果用形声字表示，则义符或者标明动作是由什么器官发出的，或者标明动作是靠什么工具完成的，前者如“打”、“吃”、“看”、“跑”等，后者如“割”、“刺”、“培”、“碰”等。这是汉语动作动词区别于拼音文字动作动词的一个十分重要的特点。张积家和陈新葵的研究表明，当义符与动作器官（动作工具）一致时，会促进对动作动词的动作器官意义的认知；当义符与动作器官（动作工具）不一致时，会抑制对动作动词的动作器官意义的认知。汉语概念的名称往往有上属标记，如三角形的概念都有“三角形”的标记，如直角三角形、等边三角形等，月份概念都有“月”的标记，星期概念都有“星期”的标记，这种表达方式也影响概念的语义提取。这些现象层次网络模型也难以解释。

2. 激活扩散模型

柯林斯和洛夫塔斯对层次网络模型进行修正，提出了激活扩散模型（spreading activation model）。该模型仍然采用网络结构，但以语义联系来组织概念。对概念特征不一定分级储存；概念之间直接联系，但有强有弱。当一个概念被激活以后，相应的结点就会向四周扩散。一个概念一次激活的能力有限，随着时间的延续和干扰而减弱。此模型得到了许多研究的支持，也可解释熟悉效应及典型性效应，其优势在于比较灵活，适应范围广。

（四）认知障碍理论

这一类理论主要来源于认知神经科学对语义类别特异性损伤的研究。语义类别特异性损伤（category-specific semantic deficits）是指脑损伤病人识别某个或某些特定类别物体的能力出现了选择性损伤，而识别其他类别物体的能力则保持相对完好的神经心理现象。沃灵顿等人首先报道了患有单纯性疱疹脑炎的两例患者，他们表现出对特殊语义类别的选择性命名困难。例如，在图形命名时，他们对有生命类事物（如动物、植物）命名正确率较低（8%和0），对无生命事物（如家具和交通工具）命名正确率较高（79%和52%）。之后，在不同病种（如老年性痴呆）、不同测试任务（如图—词匹配、类别流畅性）中，也有不少有关语义流畅性的报道。多数报道涉及生命类和无生命类知识的损伤，但也有研究发现了更小类别（如动物、人体器官、水果、家具、工具、人名等）的损伤。为了解释类别特异性损伤现象，出现了认知障碍理论。

1. 感觉—功能理论

认为知识在人脑中以概念的形式储存，概念用特征表征；特征分属于不同的子系统，包括感知子系统和功能子系统，子系统分布在不同脑区。生物概念更多依赖于感知性特征来表征，功能性特征的表征作用小；非生物概念刚好相反。该理论可以很好地解释生物类范畴和非生物类范畴的语义特异性损伤，以及这两大范畴交叉的现象。但在对一些脑损伤患者研究中，发现感知功能缺失和生物类语义记忆并无直接联系。

2. 领域特定知识假说

谢尔顿（J. R. Shelton）和卡瑞玛扎（A. Caramazza）认为，人脑的语义类别可以看做功能模块，损伤特定模块时，对应语义类别就会受到损伤。同时，随着人类的进化，根据语义知识对人类生存和繁衍的不同作用，人脑会分化出一些具有相对独立神经组织结构的特殊知识领域，并表现出对特定知识的类别性适应。因此，绝大多数语义特异性损伤都表现在生物类别，这是因为这些类别与人类生活息息相关，表征和加工此类概念的脑组织高度区域化，从而更容易受到损伤。

3. 概念结构理论

泰勒（L. K. Tyler）认为，每一概念都由一系列特征来表征。一些特征具有特异性（只被一个或两个概念具有），另一些特征被若干概念所共有。互相联系比较强的特征能够相互激活。导致概念类别特异性损伤的重要原因是不同概念类别的差异特征和共同特征联系的系统性差异。相对于其他特征，生物类概念的差异特征在认知加工中存在劣势效应，因为生物类概念的差异特征和其他信息的联系比较弱。这一理论在某种程度上可以解释生物和非生物的类别特异性损伤。

五、概念形成

概念形成又称为概念学习，是个体掌握概念的过程。鉴于自然概念形成的长期性与复杂性，难以采用实验研究，心理学家采用人工概念进行研究，试图揭示自然概念的形成过程与规律。

（一）概念形成的实验研究

赫尔首创人工概念，他以汉字为材料。在实验中，利用汉字有偏旁的特点，让被试学会用一些由英文字母组成的无意义音节去和具有相同偏旁的汉字匹配，即学会把同偏旁的汉字概括起来，共同以某个无意义音节命名，这样就形成了人工概念。在实验时，主试把无意义音节和汉字一一配对（例如，凡偏旁是“歹”的汉字，旁边均同时出现无意义音节“ser”；凡偏旁是“石”的汉字，旁边均同时出现无意义音节“deg”。只要偏旁不变，尽管汉字变了，相应的无意义音节仍保持不变），分别写在卡片上，向被试依次呈现一套卡片，每呈现一个汉字，主试说出名称，被试重复一次。学习完第一套卡片中的 12 个汉字后，再呈现第二套卡片。经过多次学习，如果被试能够得出“凡带有某偏旁的汉字，都属于某一类，都可以用一个相同的无意义音节命名”的结论，即表明被试已经形成了人工概念。

在赫尔之后，最有特色的概念形成研究是布鲁纳等人进行的。实验者设计了 81 张图片（见图 10—2)。图片上的属性按性质分为四大类：(1）图形，有圆形、方形、十字形三种；(2）图数，每张图片上图形的数目有 1 个、2 个、3 个三种；(3）颜色，有红（斜纹图)、绿（素图）和黑三种；(4）边数，每张图片上的边数分别为 1 条、2 条、3 条三种。用 81 张图片上的属性的不同组合，可以构成许多不同类型概念。例如，“一个红色圆形”为合取概念，“两条边的图片”为析取概念，“两边一个红色圆形下方的图片”为关系概念。实验时，同时将 81 张图片呈现给被试，说明图片都有哪些属性以及如何将这些属性结合成概念。然后，主试指着一张图片对被试说：“现在我心中有一个概念，概念的属性可以在这张图片上看到。请你按照自己的想法，每次指出一张图片给我看，对与错我随时告诉你，继续找下去，看看能否发现我所想的概念。”

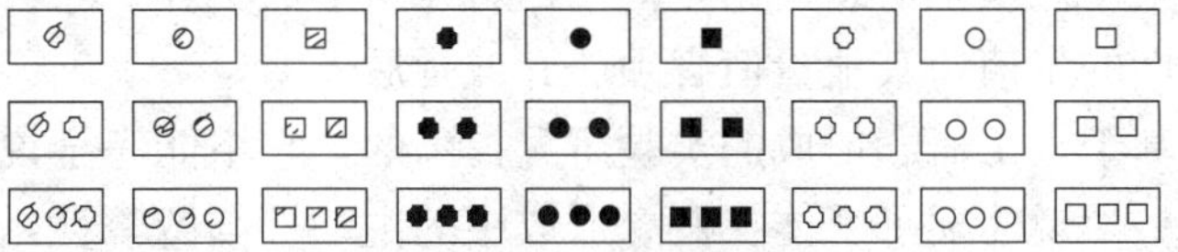

图 10—2　布鲁纳等人关于概念形成的实验材料

例如，主试指的是“两边、三个、红色、方形”的图片，他心目中的概念是“红色方形”，这时被试的任务是如何发现主试概念中必不可少的属性而排除其他无关属性。

例如，某一被试的实验进程是：

顺序	被试的选择	主试的判定
第一步	两边三个红色圆形	错
第二步	单边三个红色方形	对
第三步	三边一个红色方形	对
第四步	两边一个绿色方形	错
第五步	两边两个红色方形	对
第六步	一边一个红色方形	对

实验到此，如果被试说“你心中的概念是‘红色方形’”，被试的概念就形成了。

布鲁纳等人发现，被试在完成任务时使用的策略有两种：

（1）整体策略（wholist strategy）。被试试图记住实验者指出为“对”的实例中所有共同的属性，忽略其他属性。这是一种排除法，因为它去掉了不属于肯定实例的属性。

（2）部分策略（partist strategy）。被试一次只集中注意一个假设（红色＝是的），如果它能正确预言这张卡片的类别就加以保持，否则就形成一个新假设。

在这两种策略中，整体策略较为理想，因为它造成的记忆负担最小，65％左右的被试使用这种策略。

（二）概念形成的途径

1. 假设检验说

布鲁纳等人认为，概念形成过程就是不断提出假设、验证假设的过程。即，被试根据对实验材料的分析、综合与主试提供的反馈，主动提出一些可能的假设，猜测所要掌握的概念是什么，当某些假设被证明是正确的，概念就形成了。

假设检验过程有三个明显特点：（1）它是一种建构过程。被试必须首先提出某种假设，然后才能去验证，提出假设的过程就是建构的过程。（2）它强调反馈的重要性。缺少反馈，就无从检验某个假设是对还是错，概念也就无从形成。（3）它具有选择性。每次验证只是针对某些属性的量值，其他量值必须放弃或延后。

假设检验说是基于人工概念形成的实验研究提出的，它不能完全说明自然概念形成与掌握的途径，但这一学说体现了个体在概念形成中的主动性与智慧性，因此备受关注。不过，后来也有一些学者对假设检验说提出质疑。如有学者研究了在概念形成中的某一时刻，被试对前一次尝试中的刺激、反应、反馈以及所形成的假设的记忆情况。结果表明，被试对前一次尝试中的反应与反馈的再认成绩相当好，对假设的再认成绩却较差（如果按照假设检验说的观点，被试应对前一次尝试中所形成的假设有清晰记忆）。由此可见，被试可能并没有形成很明确的假设，他们可能采用了另外的途径来形成概念。

2. 内隐学习说

雷伯认为，一些抽象概念的复杂结构是在无意识的内隐学习中获得的，在概念形成中，被试依赖于一些属性在无意识中累加频次，来区分概念中的相关属性和无关属性。“人工语法”实验为上述观点提供了有力证据。在实验中，被试被分成两组，要求一组被试“努力记住字符串”，要求另一组被试“找出字符串排列的规则”。经过一段时间的学习，最后让被试判断一些新的字符串是否符合语法。结果发现，那些要求记住字符串的被试，成绩显著高于要求找出规则的被试。即原先没有意识到字符串里有什么规则的被试，反而更好地学到了人工语法。这表明，当刺激结构高度复杂时，采用被动的、无意识的学习方式可能更加有效。在中国，人们常说“熟读唐诗三百首，不会作诗也会吟”，也说明复杂概念的内隐学习可能更加有效。

人工概念研究为心理学家探讨人类思维提供了一个窗口，但它和自然概念还是有许多差别：首先，是模糊边界和不清楚样例。麦丁讨论了人工概念和自然概念的差别，其中涉及对类别成员和非类别成员的划分。例如，在布鲁纳等人的研究中，一个客体要么明确地属于某一概念，要么明确地不属于，但在现实世界中，有一些“有点儿”属于某类别又“有点儿”不属于该类别的样例，如“土豆”有点儿属于蔬菜，又有点儿属于粮食。其次，是标准特征和家族相似性。标准特征是用来确认某一样例属于该类别的必要或充分条件。人工概念有标准特征，自然类别却没有。在自然类别中，没有一个特征能够保证可以用某种方式对特定样例进行分类。自然类别的概念具有家族相似性，就像一个大家族的成员彼此在生理特征上相似，却没有哪一特征是所有成员必有的。最后是中心性和原型。自然类别表现出一种中心性（centrality），人工类别没有。中心性是指一些类别成员相对于其他类别成员而言是该类别的“最好”的样例。例如，知更鸟和鸵鸟比，前者能够更好地代表鸟类，而对黑色方形的概念，任何一个具有黑色方形的卡片都是同等良好的成员。

第四节　推理

一、推理的概念

推理（reasoning）是由具体事例归纳出一般规律，或者根据已有知识推出新结论。例如，根据“一切金属受热都会膨胀”的原理，得出“铁受热也会膨胀”的结论。这种推论过程就是推理。

判断是推理的组成部分。判断（judgment）是对客观事物作肯定或否定的思维活动。它在概念的基础上进行，揭示了概念间的关系。如“铁是金属，铁不是液体”，通过肯定与否定两个判断，说明了铁的性质，揭示了“铁”和“金属”间的关系。

推理由两个以上的判断组成，并以几个相关联的句子表现出来。推理中依据的判断叫前提，分为大前提和小前提。例如，“一切金属受热都会膨胀”是大前提，“铁是金属”是小前提。对这两个前提进行推论，得出“铁受热也会膨胀”的结论。因此，推理是对已有判断进行分析与综合，引出新判断的过程。

库尔茨（K. J. Kurtz）等人提出一个人类推理的公式：

$$y=F(x, k)$$

式中，x 代表推理时给定的信息，k 代表推理时可利用的领域知识和特殊例子，它是抽象规则、限制和结构的综合物。F 是一系列可以用来操作、结合或转换给定信息的手段，y 是推理过程的产物。整个公式的含义是：推理过程结束时得到的结论是在给定信息和推理者已有知识基础上一系列加工操作的结果。

二、推理的种类

推理可以根据不同的标准进行分类。

（一）归纳推理和演绎推理

这是根据推理时的思维方向所做的分类。归纳推理（inductive reasoning）是从许多具体事例中得出一般结论。例如，从金、银、铜、铁等金属受热会膨胀这些事例中，得出“一切金属受热都会膨胀”的结论。演绎推理（deductive reasoning）是从一般原理到特殊的结论的推理，如由“一切金属受热都会膨胀”的原理，得出“铁受热也会膨胀”的结论。归纳推理本质上就是概念形成，而演绎推理本质上属于问题解决。

（二）三段论推理、线性推理、条件推理和概率推理

这是根据推理的性质和推理的逻辑项之间的关系所做的分类。三段论推理（syllogism）由两个假定真实的前提和一个可能符合也可能不符合这两个前提的结论组成。在线性推理（linear syllogism）中，两个前提说明了三个逻辑项之间的可传递关系。条件推理（conditional reasoning）是指人们利用条件性的命题来推理。在概率推理（probability reasoning）中，人们根据所给出的概率来估计新的概率。

（三）严格的推理和松散的推理

这是根据推理步骤的严密性和结论的确定性所做的分类。严格的推理要求遵循抽象过程的顺序，应用算法去产生确定的结论。松散的推理通过联想、举例、统计总结和启发式去产生有价值的预言或最佳的猜测。

（四）弱方法和强方法

这是纽厄尔（A. Newell，1927—1992）和西蒙所做的分类。弱方法（weak methods）是指在没有领域知识情况下操作的推理的一般策略，强方法（strong methods）非常需要运用特殊或抽象的知识。弱方法具有较大的产生性，它们提供了在新的、知识贫乏的领域内进行推理的手段，因而也有价值。但在提供合适知识情况下，强方法通常更为优越。

三、推理的心理学研究

人如何进行推理？人在推理中为什么会犯错误？人在推理中有哪些倾向？大量的研究表明，人类在推理时不一定遵循严格的逻辑规则。

（一）三段论推理

人在三段论推理中会发生错误。例如，下面四个三段论推理：

所有的A都是B，所有的B都是C，因而所有的A都是C。
所有的A都不是B，所有的B都是C，因而所有的A都不是C。

所有的A都是B，所有的C都是B，因而所有的A都是C。

有些A是B，有些B是C，所以，有些A是C。

图10—3中图解了这四个推理。从中可见，上述四个判断只有第一个正确。但在实际测验中，许多人认为这四个推论都正确。

(1)

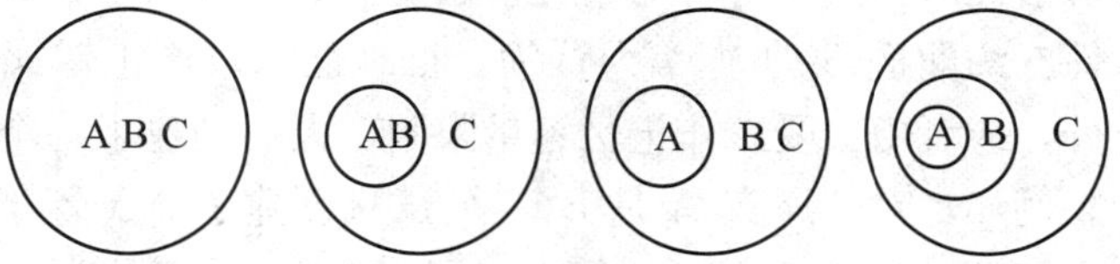

所有的A都是C，在各种情况下都是正确的

(2)

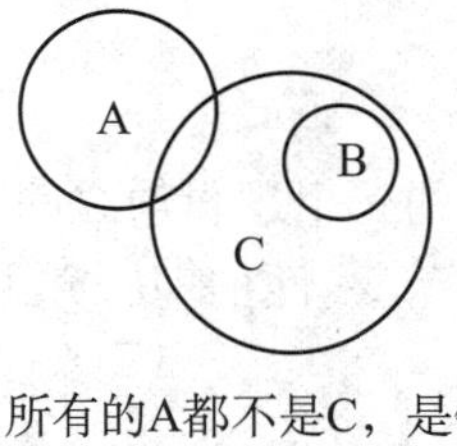

所有的A都不是C，是错误的

(3)

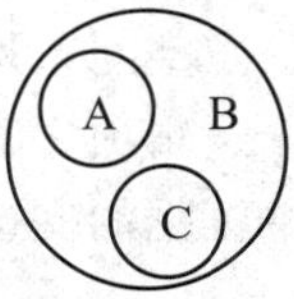

所有的A都是C，是错误的

(4)

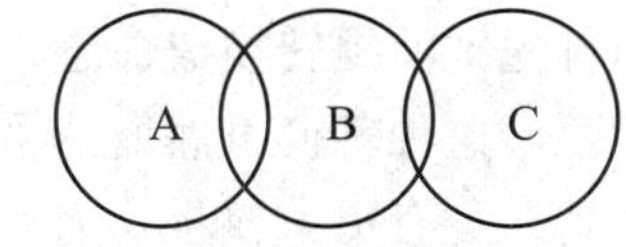

有些A是C，是错误的

图10—3　说明三段论例子的各种可能的意义的图解

对三段论推理中错误，有几种不同解释：

(1) 前提气氛效应（atmosphere effect）。伍德沃斯（R. S. Woodworth，1869—1962）等人认为，在三段论推理中，人们会受到前提形式的气氛影响而得出错误结论。两个全称前提使人倾向于得出全称结论，两个特称前提使人倾向于得出特称结论，两个肯定前提使人倾向于得出肯定结论，两个否定前提使人倾向于得出否定结论。一个全称前提和一个特称前提，使人倾向于得出特称结论。例如，有些A是B，有些B是C，在前提气氛影响下，人们倾向于接受有些A是C的错误结论。它表明，人在推理时并不一定是理性的。

(2) 换位理论（conversion theory）。查普曼（L. J. Chapman）等人认为，三段论推理中发生错误不是由前提气氛造成的，而是由人们错误理解了前提引起的。例如，“所有A是B”，人们认为反过来亦真，即“所有B是A”，但事实并非如此，B可以包含A。又如“有些A不是B”，人们往往也认为“有些B不是A”，但从给定前提中不能得出这样的结论。对前提理解错误，导致推理错误。

（3）心理模型论（mental model theory）。约翰逊-莱尔德（P. N. Johnson-Laird，1936— ）等人认为，推理就是建立并检验心理模型的过程。人在推理时，首先根据前提条件，创建一个心理模型，得出一个有待证明的结论，然后搜寻其他可能的模型。如果建立的各模型间没有冲突，就接受开始得出的结论，否则就建立另一个结论。这里，心理模型是指人们在理解前提时，产生一种与前提情景有关的某种条件，类似于人们所感知的或所想象的某种事件。约翰逊-莱尔德等人认为，推理之所以产生错误，是由于人们对前提信息加工得不充分，或者由于受工作记忆容量限制，人们创建了一个心理模型，没有考虑更多的心理模型。例如，对“所有 A 是 B”，被试只创建了“A 等于 B”的心理模型，没有建立“B 包含 A”或“A 属于 B”的模型，因而产生了推理错误。目前，心理模型论具有较大的影响力。

（二）线性推理

线性推理又称关系推理。推理的三个逻辑项之间有线性关系。例如，“张三比李四高，李四比王五高，因此张三比王五高”。线性推理研究主要集中在人以什么方式进行推理上。

1. *表象说*

休腾洛切尔（J. Huttenlocher）等人认为，人以表象操作方式进行线性推理。人首先在头脑中将前提转换成表象，并按一定空间系列把项目按大小想象为自上而下的垂直排列或自左至右的水平排列。这样，三个逻辑项之间的关系就可以从空间系列的相对位置来判定。这种观点得到神经生理学方面的证据的支持。

2. *命题说*

克拉克（H. H. Clark，1940— ）等人认为，线性推理的前提并非由表象表征，而是由命题表征。在推理时，人们首先把前提转换成命题。例如，把“张三比李四高”转换成“张三是高的”和“李四是高的”，这种转换虽然取消了两个逻辑项之间的比较关系，但由于“张三是高的”比“李四是高的”有更大权重，因此，张三更高些。

（三）条件推理

在条件推理中，前一命题是后一命题的条件。例如，“如果明天下雨，球赛就停止”。在条件推理中，人们发现一个有趣现象，即人们倾向于证实某种假设或规则，而很少去证伪它们，这种倾向称为“证实倾向”（confirmation bias）。

沃森（P. C. Wason，1924—2003）通过“四卡选择作业”证实了这种倾向。在实验中，主试给被试看四张卡片，卡片一面写有字母，另一面写有数字（见图 10—4）。主试提出一个规则：“若卡片的一面是元音字母，则另一面是偶数。”要求被试说出为证实这一规则的真伪，必须翻看哪些卡片。结果发现，只有 4%的人做出正确选择，认为应翻看卡片“E”和“7”；46%的人认为应翻看卡片“E”和“4”；33%的人认为应翻看卡片“E”。根据这一实验，沃森认为，在检验规则和假设过程中，被试有一种强烈的证实规则的倾向。这是一种偏离逻辑规则的倾向。

还有人以大学生为被试，提出这样的问题：“假如你遇到一个陌生人，产生了他是性格外向的人的假设，那么为了证实假设，你会选择什么样的问题对他提问?”结果表明，90%以上的被试选择了正面证明性格外向的问题，如“你喜欢同人交往吗”，“你是一个活

E	F	4	7

图 10—4　“四卡选择作业”中的卡片

泼开朗的人吗”；极少有人提出诸如“你喜欢独自散步吗”，“你是一个沉默寡言的人吗”等否定假设的问题。证实倾向也可以解释日常生活中的迷信现象。当人们请算命先生算命时，算命先生的话都是模棱两可的，但由于人们的证实倾向，所以就极力从自身的经历中去找证据。这就是为什么“信神有神在”的原因。

(四) 概率推理

人们在生活中经常碰到许多不确定信息，这些信息具有概率性质。例如，天阴未必就下雨，微笑未必意味着善意。近年来研究表明，人在概率推理中存在认知偏差。

1. 对样本大小不敏感

例如，问被试这样一个问题：“一个城镇上有两家医院。大医院每天约有 45 个孩子出生，小医院每天约有 5 个孩子出生。男孩出生率大约是 50%。然而，确切的百分比每天都变化。在一年时间里，每家医院都记录男孩出生率超过 60%的天数，你认为在哪家医院的记录上，男孩出生率超过 60%的天数多?”结果表明：21 人回答大医院，21 人回答小医院，53 人认为两者相同。可见，人们并非按照形式化模型来处理概率信息，而是根据直觉进行推断（答案：小医院，因为在统计学中，大样本偏离 50%的可能性较小）。

2. 对先验概率不敏感

例如，给被试简要介绍某个人的特征——“迪克是 30 岁的男性，已婚，无子女；他很能干，有进取心和发展前途，受到同事尊敬”，并说明这个人是从 100 人中（其中 70 人是工程师，30 人是律师）随机抽取的，要求判定所介绍的人是工程师（或律师）的概率。被试的典型回答是，该人为工程师和律师的概率相等，均为 0.50，可见被试忽视了基准率，即工程师和律师在总体中的比例（答案：该人为工程师、律师的概率分别为 0.70 和 0.30）。

3. 代表性启发

人们倾向于根据样本的代表性（是否代表总体）来判断出现概率，样本越具有代表性，被判断出现的概率就越高。例如，两张奖券的号码为 786534 和 999999，多数人会选购第一张，认为这个号码中奖的可能性大，其实两张奖券中奖的概率相等。为什么会出现这种偏向？因为第一张是一个随机系列，能联想到其他许多相似系列，因而提高了概率估计；而第二个系列，只此一种可能，因此对概率产生低估。

4. 可得性启发

人们倾向于根据一个客体或事件在知觉或记忆中的可得程度来评估其相对频率，容易知觉到或回想起的被判定为更常出现。例如，字母 k 在英文词里是常出现在第一个字母的位置还是第三个字母的位置？绝大多数人认为字母 k 常出现在英文词的开头，实际上，第三个字母是 k 的英文词数是以 k 字母起头的英文词数的 3 倍。人们之所以认为字母 k 常出现于英文词的开头，是由于人们容易回忆出以某个特定字母开头的单词，不容易回忆出含有特定的第三个字母的单词。这与人的记忆组织有关。

5. 锚定效应

在概率推理中，人常以最初信息为参照来调整对事件的估计。最初得到的信息会产生“锚定效应”（anchoring effect），制约对事件的估计。例如，对被试提出下列两个问题中的一个：

8×7×6×5×4×3×2×1=？

1×2×3×4×5×6×7×8=？

要求在5秒钟内估计出其乘积。限定如此短的时间，目的是不让被试进行完整的计算，发现被试对第一题的乘积估计的中数是2 250，对第二题的乘积估计的中数是512，都远少于正确答案（40 320）。两个乘积估计之所以存在巨大差别，主要是因为锚定效应影响。这两题仅在乘数排列上有不同，第一题依次从大到小排列，第二题相反。被试在对问题作了最初几步运算后，就以获得的初步结果为参照来调节对整个乘积的估计。由于两题的乘数排列不同，第一题的最初几步的运算结果大于第二题相应结果，因而整个乘积估计也大。

6. 赌徒谬误

样本的相似性还影响对事件发展的预测，它使人对连续出现的同一事件的概率估计过低。这常导致“赌徒谬误”发生。在概率事件中，虽然前一次事件和后一次事件并无关系，但在赌博中，人们倾向于认为有关系。例如，如果一个赌徒连续输了5次，那么他倾向于认为第6次会赢；如果他连续赢了5次，那么他倾向于认为第6次会输。事实上，他在第6次投注中的输赢的概率与前些次的输赢没有任何关系。

（五）归纳推理

归纳推理是由已观察到的情况来推断未观察到的情况。例如，看到太阳每天都升起，就认为太阳明天也会升起；所见过的天鹅都是白色的，会认为所有天鹅（包括没见过的天鹅）都是白色的。显然，归纳推理是一种迁移外推，即把已经观察到的情况迁移外推到未观察到的情况。归纳推理由一定的已知前提和外推的结论构成。

对归纳推理的心理过程有多种解释，可以分为两大类：

（1）相似性的解释。强调结论类别与前提类别的相似性在归纳中的作用，认为归纳强度取决于相似性程度。主要理论有奥谢尔森（D. Osherson）提出的相似性覆盖模型（similarity-coverage model）和斯洛曼（S. A. Sloman）提出的以特征为基础的归纳模型（feature-based induction model），前者认为归纳强度主要取决于前提类别与结论类别的相似性程度和前提类别对结论类别的类别覆盖程度，后者认为归纳强度取决于前提类别对结论类别的特征覆盖（feature coverage）程度，即结论类别的特征中有多少比例的特征与前提类别的特征相似，决定归纳强度。

（2）知识的解释。强调与归纳特征有关的知识在归纳中的作用，不考虑相似性在归纳中的作用。人们倾向于认为，由田鼠具有寄生虫Floxum，进而推知家猫具有寄生虫Floxum的可能性比较高，虽然两种动物的相似性很低。这是因为，家猫吃田鼠这种食物链联系导致寄生虫Floxum由田鼠传递到家猫。这种食物链联系是一种知识而非相似性。

第五节　问题解决

问题解决是思维的目的。掌握问题解决的规律，对理解思维的规律以及更好地解决面临的新问题有十分重要的作用。

一、问题解决的含义

问题是指个体面临一个不容易达到的目标或遇到困难的课题时的情境，个体不能运用已有知识直接达到目标或解决困难，必须经过一系列思维操作才能达到目标，解决困难。在心理学上，问题解决（problem solving）是指由一定情境引起的，按照一定目标，应用各种认知技能，经过一系列思维操作，使问题得以解决的过程。学生解答复杂的数学题，工人解决生产中遇到的问题，科学家研究自然现象的规律，都属于问题解决。

问题解决与思维活动密切相关，但并非所有的思维活动都属问题解决。安德森指出，问题解决必须具备以下四个条件：

（1）目标指引（goal directedness）。问题解决必须具有明确目标。白日梦虽然就活动复杂性而言并不亚于许多问题解决活动，但由于缺乏明确的目标，所以不属于问题解决。

（2）操作序列（sequence of operation）。问题解决必须具有一系列操作程序。回忆一个朋友的电话号码在一般情况下不属于问题解决，即使它受回忆目标指引，因为这种活动过程太简单。

（3）认知操作（cognitive operation）。问题解决必须有思维参与。像熟练地打绳结的活动，虽然是有目的、有系统的操作活动，但由于缺乏思维的参与，因此也不属于问题解决。

（4）子目标分解（subgoal decomposition）。问题解决必须包含子目标的分解，即将一个大的目标分解为一些小的目标。

二、问题的种类

（一）界定清晰的问题和界定含糊的问题

界定清晰的问题（well-defined problem）是指问题的初始状态、目标状态以及由初始状态到目标状态的通路都很清楚。例如：已知 A>B，B>C，A 与 C 谁大？界定含糊的问题（ill-defined problem）指对问题的初始状态和目标状态都没有明确说明，因而具有很大的不确定性。例如："怎样才能发财致富？"

（二）语义丰富的问题和语义贫乏的问题

如果问题解决者对要解决的问题具有较多知识，这种问题对他而言就是语义丰富的问题（semantically rich problem）。例如，遗传、基因方面的问题对生物学家而言是语义丰富的。如果问题解决者对要解决的问题所知甚少，这种问题对他而言就是语义贫乏的问题（semantically impoverished problem）。例如，工程问题对文学家而言就是语义贫乏的。

（三）对抗性问题和非对抗性问题

如果在解决问题时，个体不仅要思考自己的解题活动，而且还要考虑对手的解题活动，这种问题就属于对抗性问题（adversary problem）。象棋、围棋、扑克等游戏都属于对抗性问题。如果在解决问题过程中没有对手参与，如解代数题，就是非对抗性问题（non-adversary problem）。

三、问题解决的过程

思维主要体现在问题解决过程中。问题解决一般包括发现问题、明确问题、提出假设、检验假设四个基本步骤。

（一）发现问题

问题就是矛盾，发现问题就是发现矛盾，并产生解决矛盾的需要和动机。发现问题是问题解决的开端，也是问题解决的动力。只有发现问题，才能够激励和推动人们投入问题解决的思维活动之中。爱因斯坦说过："提出一个问题往往比解决一个问题更重要，因为解决一个问题也许是一个数学上或实验上的技能而已。而提出新的问题、新的可能性，从新的角度去看待旧的问题，却需要创造性的想象力，而且标示着科学的真正进步。"

能否发现问题，取决于多种因素：（1）思维活动的积极性。勤于思考、善于钻研的人，才能够从细微平凡之处发现问题。（2）态度。人的态度认真，责任感强，活动积极性高，就容易发现问题。（3）兴趣和求知欲望。兴趣广泛、求知欲望强烈的人，一般不满足于对事物的公认的、表面的解释，力求探究事物的内部原因，能见人之所未见，想人之所未想，发现事物的本质和规律。（4）知识经验。一般来说，知识渊博、经验丰富的人，能够提出深刻而有价值的问题。

（二）明确问题

明确问题就是抓住问题的核心与关键，找出主要矛盾。明确问题取决于两个条件：（1）是否全面系统地掌握感性材料。只有当事实的感性材料丰富且符合实际时，人才能够通过分析、综合、比较等，使矛盾充分暴露并找出主要矛盾。（2）知识经验是否丰富。人的知识经验越丰富，越容易对问题进行归类，抓住主要矛盾，使思考具有指向性，有选择地应用已有知识经验来解决当前问题。

（三）提出假设

提出假设就是在明确问题基础上，对问题解决的具体方案提出假定和设想。问题解决方案常先以假设方式出现。假设提出是从分析问题开始的，在此基础上，根据问题性质、问题解决的一般规律及个人的知识经验，在头脑中进行推测、预想和推论，然后有指向、有选择地提出解决问题的建议和方案。方案是否符合实际，是否有利于问题解决，还有待于验证。提出假设依赖于许多条件，已有知识经验、智力水平、创造想象力、直观的感性形象、尝试性的实际操作、言语表达和创造性构想等，都对假设提出有重要影响。

(四) 检验假设

即对假设进行验证，是问题解决的最后步骤。检验假设的方法有两种：(1) 直接检验，即通过实验和实践活动来检验。这是假设检验的最根本、最有效的手段。(2) 间接检验，即在头脑中根据科学原理、原则，利用理论思维对假设进行论证。对那些不能立即通过实践直接检验的复杂假设常采用间接检验。例如，医生设计的治疗方案、军事指挥员提出的各种作战方案等，都总是先在头脑中进行反复推敲、论证，最后才付诸实际。

实践是检验真理的唯一标准。因此，任何假设是否正确，最终都要接受实践检验，其结果有两种情况：(1) 假设被证实，说明假设正确；(2) 假设被证伪，说明假设错误，此时就要重新提出假设，重新检验假设直到假设被证实时为止。

以一个具体例子来说明问题解决的四个阶段。在服装心理学中，一个平常人很少去思考的问题是：人为什么要穿衣服？尽管人每天都穿衣服，却很少有人去思考人为什么穿衣服（发现问题）。这一问题涉及人类的进化和发展（明确问题）。对这一问题，有三种假说（提出假设）：(1) 御寒说。人穿衣服是为了抵御寒暑。其他灵长类动物都有皮毛，人是“裸猿”，需要通过穿衣服来避暑和御寒。(2) 羞耻说。人身体的某些部位是私处，需要遮挡。(3) 自我表现说。人穿衣服是为了自我表现。由于不可能重复人类进化的过程，要判断这三种假说孰是孰非，就要通过理论思维。首先，御寒说和羞耻说看似合理，其实不然。它们都将远古人类与今天的人类画了等号，缺乏进化的观点。远古的人类未必是“裸”的，他们的皮肤表面也可能长满了毛，完全可以避暑和御寒，何苦将毛发褪掉又穿上衣服来抵御寒暑？远古的人类也不会有现代人这么多的羞耻观念，即使在现代，不同民族对身体的应遮挡部位看法也不一致。对某些民族而言，女性的脖子、面部、腹部、大腿等，都属于应遮挡的范围。在旧中国，女性的脚也在应遮挡之列。在三种假说中，只有自我表现说能够经受得起检验。研究表明，女性着装的主要动机是在同性之间比较，而不是“为悦己者容”，因为男性对女性的着装不是很感兴趣，男性更多地关注女性的脸庞和身材；男性特别愿意为妻子买衣服，因为通过妻子的衣饰可以间接地表现自己，一个满身珠光宝气的女人绝不会来自寻常百姓家。

四、问题解决的理论

(一) 试误说

桑代克通过对猫的迷笼实验提出，问题解决是一个尝试错误的渐进过程，通过多次偶然性的尝试错误，最后找到问题的答案。

(二) 顿悟说

苛勒根据黑猩猩解决问题的实验，认为问题解决不是尝试错误的渐进过程，而是对整个问题情境的突然领悟和豁然开朗，即突然领悟到手段和目的之间的关系。只有对问题情境达到“顿悟”，才能使问题得以解决。

研究表明，人类顿悟有以下特点：（1）在主观上，它是一种“终于发现”、“看到光明”或“我找到了”的愉快体验，又称为“哎呀”经验。（2）在客观上，顿悟一旦出现，就促使问题的解决。（3）顿悟显现不仅依赖于对课题结构的感知，还需以个人过去的经验为支柱。（4）顿悟显现一般是在一段时间的思索之后，才突然而至。（5）假设利用是顿悟式解决问题的特征。但这仅是必要条件，不是充分条件。如果假设不与问题背后的因果关系结合起来，就难以达到顿悟。在人类问题解决中，尝试错误与顿悟难以截然分开。试误有时是隐含的，看不出尝试错误未必就是顿悟；顿悟也不纯粹，在突然的解答背后，常有复杂的思维过程。

（三）邓克尔的三水平模式

邓克尔（K. Duncker，1903—1940）认为，问题解决由一系列互相联系的心理组织构成，每一心理组织都把问题分析综合为更狭小、更明确的陈述。一般要经历三种水平：

（1）一般范围。当人解决问题时，初期的心理组织是在一般范围水平上，把问题作为一般陈述并指出可能的解决方向。它注重分析问题的一般性质，或者指出解决问题的一般方法。

（2）功能解决。在一般范围之后，就是功能解决，它改造并缩小一般范围。功能解决有较具体的方式，有时也可以使问题得以解决。

（3）特殊解决。即功能解决的特殊化、具体化。如果某一特殊解决被否定，可以退回到功能解决水平，并探索新的特殊解决方法。如果再失败，就可能退回到一般范围水平，寻找其他的功能解决，并继续深入。有时，也需要使用别的一般范围。

在邓克尔的问题解决实验中，主试给大学生提出一些问题。例如，在对某一不能手术的胃癌患者放射治疗时，怎样在不伤害健康组织前提下达到放射治疗目的，要求被试解决问题时边思考边大声说出来。他发现，被试解决问题的过程由几个一般范围、功能解决和特殊解决构成。例如，一个被试采用的第一个一般范围是“避免放射线与其他健康组织接触”。第一个一般范围导致了对这个问题的几种特殊陈述（即功能解决）。每一功能解决都预示着一种更为特殊的解决，即更具体、更可操作的方法。由于第一个一般范围的特殊解决方法都被否定，他只得寻找其他的一般范围，直至他采用第三种一般范围——“放射线经过健康组织时强度降低”时，才得到正确的特殊解决，即通过聚光透镜先以较弱的放射线经过健康组织，在癌体上集中强度以破坏之。可见，问题解决过程不是按一个方向简单地进行的，而是一个反复、曲折的过程。

（四）认知心理学的理论

纽厄尔和西蒙采用计算机模拟技术研究人类的问题解决，认为问题解决就是在问题空间进行探索、运用一系列认知操作以达到目标的过程。问题空间是指问题解决者对所要解决问题的一切可能的认识状态，包括对问题的初始状态、中间状态和目标状态的认识。问题的初始状态是指问题解决者所处的最初情境；中间状态指一系列认知操作；目标状态是指问题解决者达到目标时的情境。

例如，在河内塔问题（见图 10—5）中，初始状态是 1、2、3 这三根柱子，在 1 柱上有中间带孔、从小到大、由上而下重叠像“塔”一样的 A、B、C 三个圆盘，目标状态是将“塔”移到 3 柱上，2 柱作为过渡，规则是每次只能移动最上面的一个圆盘，大圆盘不能压在小圆盘上。解决这一问题要经过 7 步，这些都是中间状态。第一步，把 A 移到 3 上；第二步，把 B 移到 2 上；第三步，把 A 移到 2 上；第四步，把 C 移到 3 上；第五步，把 A 移到 1 上；第六步，把 B 移到 3 上；第七步，把 A 移到 3 上。每移动一次圆盘，中间状态就随之改变，直到达到目标状态。因此，问题解决是从初始状态经过一系列中间状态达到目标状态的过程。

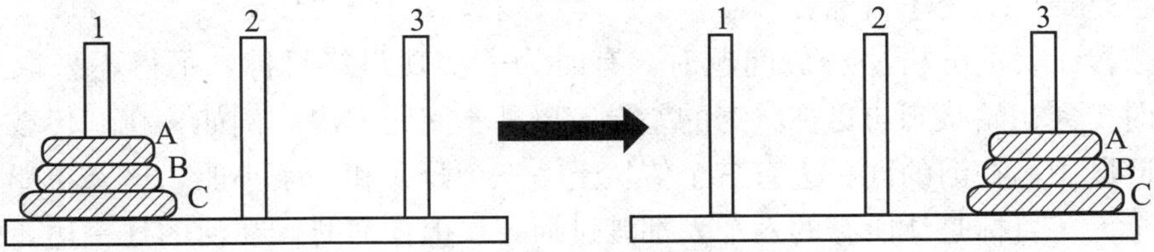

图 10—5 河内塔问题的初始状态和目标状态

五、问题解决的策略

策略选择直接影响到问题解决的效率。以下，简要介绍纽厄尔和西蒙提出的几种常用的问题解决策略。

（一）算法

算法（algorithm strategy）是一种随机尝试式的问题解决策略，即在问题空间中搜索所有可能的解决问题的方法，逐一加以尝试，最终解决问题。例如，一个密码箱有 3 个转钮，每个转钮有 0～9 十个数字。采用算法策略找出密码打开箱子，就要逐个尝试 3 个数字的随机组合，直到找到密码为止。算法策略的优点是保证能够解决问题，但有时需要大量尝试，因而费时费力。当问题复杂、问题空间很大时，人很难依靠这种方法解决问题。例如，如果密码箱有 4 个转钮，每个转钮有 0～9 十个数字，要找到密码就需要相当长的时间。计算机的运算速度比人要快许多倍，所以，算法是计算机解决问题的重要方法。

（二）启发式

启发式（heuristic method）是根据已有知识经验，在问题空间中进行少量搜索，以达到解决问题的方法。启发式不能保证问题一定能解决，但用这种方法解决问题时省时省力。

常用的启发式策略有以下几种。

1. 手段—目的分析

手段—目的分析（means-end analysis）是指将问题的目标状态分成若干子目标，采用一定手段，消除差异，通过实现一系列子目标最终达到总目标。

手段—目的分析的基本步骤为：（1）比较初始状态和目标状态，提出第一个子问题，即如何缩小两者的差距。（2）找出缩小差距的办法和操作。（3）如果提出的办法实施条件不成熟，则提出第二个子问题，即如何创造条件。(4) 找出创造条件的办法和操作。(5) 如果 (4) 中提出的办法实施条件也不成熟，则提出第三个子问题，即如何创造条件。……如此循环进展，直至问题解决。纽厄尔和西蒙举了一个简单例子说明这种方法：早晨父亲送孩子去幼儿园（问题）。先比较初始状态（孩子在家里）和目标状态（到幼儿园），提出第一个子问题：两者差距在哪里？如何缩小？差距为家到幼儿园的距离，汽车可以用来缩小距离，于是汽车就是第一个子目标。可是汽车没电池了，于是提出第二个子问题：如何创造条件？这样，新电池成了第二个子目标。家里没有，需去修理铺（第三个子目标）。修理铺怎么会知道我的需要呢？取得联系成为第四个子目标。怎样联系？这样，打电话就成为第五个也是最后一个子目标。

采用手段—目的分析法解决问题时，有时为了实现最终目标，不得不采取迂回的方式，即暂时扩大初始状态与目标状态的差异，以利于问题解决。例如，在“传教士和野人过河”的问题中，在河的同一边有三个传教士、三个野人和一条小船，这条小船一次最多只能坐两个人。目标是让所有的六个人都渡过河去，但任何时候在河的任一边，野人的数目都不能超过传教士的数目，否则传教士就会被野人吃掉。如何用小船把这六个人都安全渡过河去？在此问题中，目标状态是六个人都渡过河，故河对岸的传教士和野人越多，就越接近目标状态。如果按照与目标状态相似的原则，那么每次需有两个人渡过河去，然后只需一人驾船回来接人就可以了。但是，这一做法到了第六和第七两个步骤就遇到困难，此时必须把已经过河的两个人从对岸运回来，只有这样迂回，加大当前状态与目标状态的差别，才能解决问题。

2. *逆向搜索*

逆向搜索（backward search）是指从问题的目标状态开始搜索，直至找到通往初始状态的通路。这种策略不同于手段—目的分析，一是两者的搜索方向相反，二是适用范围也有异。当从初始状态出发有多种途径能够到达目标状态时，采用手段—目的分析较好，当从初始状态出发可以引出许多途径却只有很少途径能够到达目标状态时，采用逆向搜索较有效。

例如，“锯立方木块问题”：设想你用电锯将一个长、宽、高各为 3 英寸的立方木块锯成 27 个 1 立方英寸的木块（见图 10—6）。你锯的时候，只要把锯开的木头依原样聚在一起，保持原来的立方体的形状，你只需锯 6 次就行了。但是，如果你每锯一次之后，可以把锯开的木头重新排列，那么，能不能使锯的总次数减少？

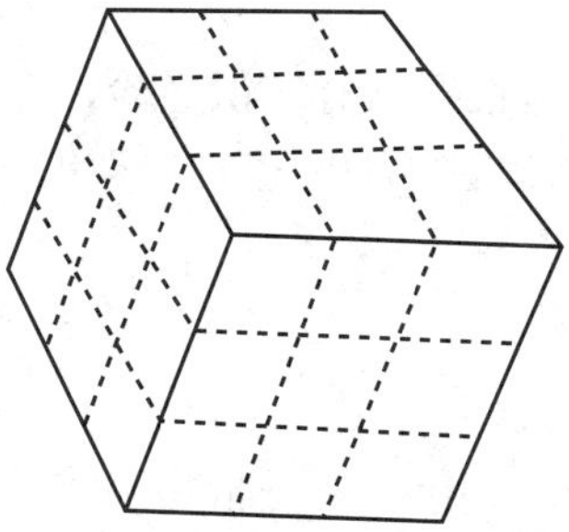

图 10—6 锯立方木块问题

以上问题用逆向搜索法较易解决：设想，每个小立方块有 6 个面，在即将锯开的 27

个小立方块中，有 8 个小立方块已有 3 面显露在外面，需锯开 3 面即锯 3 次就行了；有 12 个小立方块有 2 面显露在外面，需锯开 4 面即锯 4 次才行；有 6 个小立方块只有 1 面显露在外面，需锯开 5 面即锯 5 次才行；还有 1 个小立方块没有任何一面显露在外面，必须锯 6 次才能锯开。因此，要想将大立方块锯成 27 个小立方块，则至少需锯 6 次，无法减少。在解决几何问题时，逆向搜索也是常用方法。

3. 简化

简化（simplify）的基本思路是，先抛开某些细节，抓住主要结构，把问题抽象成简单形式，然后解决简单问题，再解决复杂问题。例如，试解下面一道代数题：

已知：$R=Z^2$，$X=R+3$，$2M=3L+6$，$Y=M+1$，$R=3L$。

求解：用 Y 表示 X。

用简化法解答如下：

R—Z，X—R，M—L，Y—M，R—L

这时就可以顺利把 X 与 Y 联系在一起：

X—R—L—M—Y

这样就可以顺利地得出答案：

$X=2Y-5$

如果能将以上策略灵活运用，针对不同问题，就选择合适策略，就会提高解决问题的效率。

六、影响问题解决的因素

研究表明，多种主客观因素可以影响问题解决。

（一）情境因素

1. 刺激模式

即问题呈现时的形态，包含已知条件及已知条件之间的关系，并体现出一定的空间特点和时间顺序。刺激模式和人的认知结构差异越大，问题就越难解决。例如，已知一个圆的半径是 2 厘米，问圆的外切正方形的面积是多少（见图 10—7）。a、b 分别采用不同方式画出标示圆半径的辅助线，由于在 a 图中很难看出圆的半径是正方形的一部分，问题较难解决。而在 b 图中，人们很容易把圆的半径看成正方形的一部分，问题较易解决。

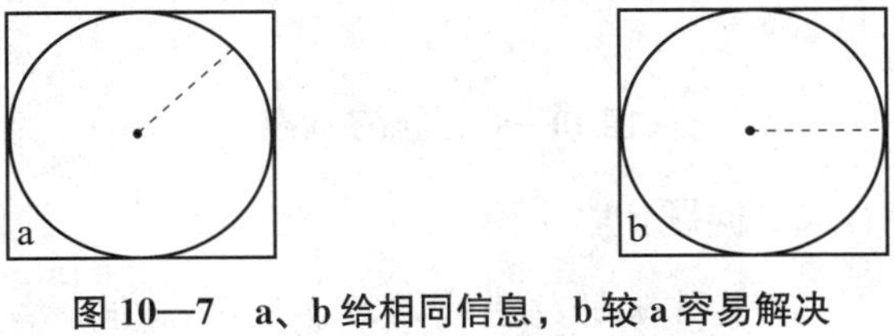

图 10—7 a、b 给相同信息，b 较 a 容易解决

2. 问题的信息量

问题情境中信息量太少或太多都不利于问题解决。太少可能遗漏事实，太多会产生干扰。例如，“袜子问题”：抽屉里有混在一起的黑色和白色两种袜子各 7 只，如果在黑暗中取袜，至少要拿出几只，才能保证得到一双颜色相同的袜子？在这一问题中，显然黑白两种袜子的数量不是问题解决的关键信息，但它常会干扰问题解决。其实，只需要从抽屉里取出 3 只袜子，就能保证得到一双颜色相同的袜子（因为袜子的颜色只有黑白两种），而不管袜子本身的数量是多少。卡茨（D. Katz）考察了多余刺激对问题解决的干扰。让几组学龄儿童做加减法运算，一组做无名数题目（如 10.50＋13.25＋6.84），一组做有熟悉名称题目（如 10.50 美元＋13.25 美元＋6.84 美元），第三组做带有被试不熟悉的瑞典货币名称的题目（如 10.50 克朗＋13.25 克朗＋6.84 克朗）。结果表明，增加了货币名称，便增加了计算困难；采用外币名称，困难更大。

3. 问题的具体性

问题本身是否具体，对问题解决有直接影响，尤其是当个体对问题所在领域较为陌生时，其影响更为显著。如让一些未经逻辑训练的人解决如下问题：

有些 A 是 B，有些 C 是 B，因此，有些 A 是 C。

对此结论，许多人认为是正确的，而如果将问题具体化：

有些香蕉是绿色的，有些橘子是绿色的，因此，有些香蕉是橘子。

每个人都知道这个结论是错误的。可见，将问题描述具体化，有助于问题的解决。生活中人们在讨论问题时常常“打个比方”，就是将问题具体化。

（二）心理因素

1. 认知因素

（1）问题表征。问题表征是指问题在头脑中存在的形式。如果问题表征恰当，对问题有清晰、准确理解，复杂问题也会迎刃而解。例如，如何用一笔画出相连的四条线段（笔不离纸），并依次穿过下列方阵中的九个点（见图 10—8）。解决这一问题时，必须突破知觉到的由九个点子组成的正方形限制，在更广阔空间中去寻找答案，否则永远也无法解决问题。

图 10—8　九点子问题

希尔加德提出一个有趣的问题让学生解答：

两只小船航行，一只由东城开往西城，每小时 60 海里；另一只从西城开往东城，每小时 40 海里。两城的距离为 100 海里路。上面天空中有一只鸟来回地飞翔，每小时 80 海里（见图 10—9）。问：当两船相遇时，鸟飞了多少里？

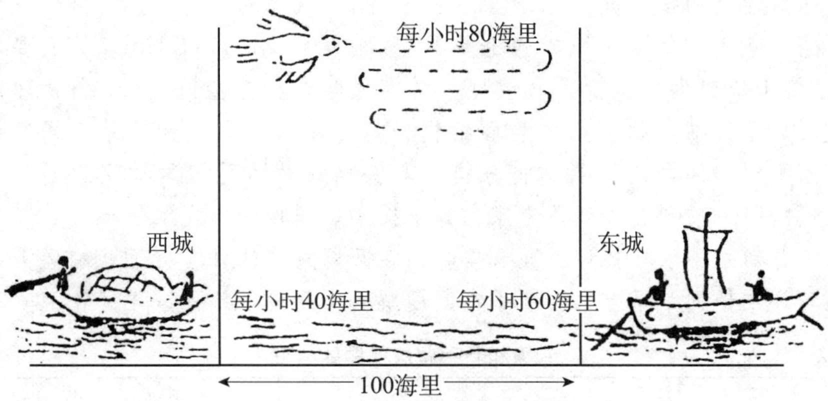

图 10—9 问题表征之一例

这个问题如果能够正确表征，瞬间就可以解决。否则，用方程式来计算，会十分费时。要解决这一问题，关键是要意识到问题实际求的是 1 小时鸟飞了多少里，这样就会产生顿悟。

(2) 知识。一个人的知识多少对问题解决也有重要影响。贾德（C. H. Judd，1873—1946）在水下击靶实验中，以五、六年级学生为被试，并将其分成两组，要求他们练习用镖枪投射水下的靶子。给一组学生讲授水的折射原理；对另一组学生则只让他们投射。在开始一系列投掷练习时，靶子置于水下 12 英寸处。学过和未学过折射原理的学生，成绩相同。因为所有学生都必须学会运用镖枪，因此理论学习不能代替练习。接着改变条件，把水下 12 英寸处的靶子移到水下 4 英寸处，这时两组的差异便明显表现出来。没有给予折射原理说明的学生，表现出极大混乱，他们前面投掷水下 12 英寸靶子时的练习，不能帮助其改进投掷水下 4 英寸靶子。学过折射原理的学生，迅速适应了水下 4 英寸的条件，说明学习水的折射原理在新情境中得到应用，知识促进了对新问题的解决。

[专栏 10—3]　　专家与新手的差异

在现实社会中，有不同的实践领域，每一领域都有自己的专家，如数学家、物理学家、医学家、法学家、社会学家、心理学家和国际象棋大师等。这些具有专门知识的人，比起专门知识少的人，在解决相应领域里的问题时要容易得多、迅速得多。是什么原因使得专家解决问题更容易，换言之，专家和新手的差异究竟在哪里？对这个问题，心理学家做过大量的研究。

专家和新手的知识数量差异显著。人们常用“学富五车”来意指某人学识丰富。专家有丰富的知识，特别是有丰富的相关领域的知识。德·格鲁特（Adrian de Groot，1914—2006）给国际象棋大师和普通棋手看一个真实棋局各 5 秒钟，然后打乱棋子的位置，要求他们复盘（按照看到的棋局将棋子放回原处）。结果发现，国际象棋大师正确复位棋子的数量是 20～25 个，新手只能正确复位 6 个。如果给他们呈现的不是一个真实棋局，而是任意放置的棋子，国际象棋大师和新手能正确复位的棋子数目都很少，而且没有差别。之所以会出现上述结果，主要是因为国际象棋大师与新手在知识数量上存在很大差异。在真实棋局复盘时，由于国际象棋大师比新手有更丰富的弈棋知识和经验，记忆中储存的熟悉棋局多，能够对短暂看到的棋子进行更合理的组块，所以成绩就好。

专家与新手的知识组织方式也差异显著。蔡（M. T. H. Chi）等人要求专家（物理学博士研究生）和新手（学过一学期力学的大学生）对24个物理问题分类，发现新手往往根据问题的表面结构分类，如将插图中有斜面的问题分成一类，专家则根据问题的深层结构分类，即将解题时运用相同原理的问题分成一类。他们的另一项研究表明，专家的知识按层次结构的方式组织。

专家与新手不仅在知识方面有差异，在问题解决的许多方面也有差异。斯腾伯格比较详细地列举了专家和新手在问题解决中的许多特征，详见表10—2。

表10—2　　专家和新手解决问题的特征

专家	新手
具有大量、丰富的图式，其中包含许多领域的陈述性知识	具有相对贫乏的图式，图式中领域的陈述性知识相对少
图式中具有良好组织的、高度相互联系的知识单位	只具有组织较差的、松散联系的、分散的知识单位
决定怎样表征一个问题比搜寻和执行一个解决问题的策略花更多时间	搜寻和执行一个解决问题的策略用时较多，决定怎样表征问题用时较少
依据问题之间的结构相似性，发展出复杂的问题表征	依据问题之间的表面相似性，发展出贫乏和幼稚的问题表征
从给定信息向前工作到找出发现未知的工具性策略	从聚焦未知向后工作到发现问题的策略以利用给定信息
通常采用一种以问题解决策略的精细图式为基础的策略；将手段—目的分析仅作为一种处理不寻常的、非典型的问题的替代策略使用	经常将手段—目的分析作为一种处理大多数问题的策略；有时选择一种以问题策略的知识为基础的策略
图式中包含了大量与领域有关的问题解决策略的程序性知识	图式中仅包含了少量与领域有关的问题解决策略的程序性知识
在问题解决中许多连续的步骤已经自动化	在问题解决中很少或没有连续的步骤达到自动化水平
问题解决具有高效性；当有时间限制时，解决问题比新手更快	问题解决的效率低；解决问题比专家慢
能准确地预言解决特殊问题的困难	不能准确地预言解决问题的困难
能仔细地监控自己的问题解决的策略和过程	对自己的问题解决的策略和过程监控很差
在达到合适解决的过程中显示出高度准确性	在达到合适解决的过程中准确性比专家差
当面临带有非典型结构特征的高度不寻常问题时，比新手花更多时间去表征问题和提取合适的问题解决策略	当面临带有非典型结构特征的高度不寻常问题时，比专家花较少时间去表征问题和提取合适的问题解决策略
当提供的新信息和开始的问题表征矛盾时，在采取一种更合适的策略方面显示出灵活性	当提供的新信息和开始的问题表征矛盾时，在采取一种更合适的策略方面能力较差

（3）定势（set）。定势是指重复先前心理操作引起的对活动的准备状态。它有时会促进问题解决，有时会妨碍问题解决。陆钦斯（A. S. Luchins，1914—2005）通过量水实验说明了定势对问题解决的消极影响。该实验要求被试计算同类性质的一组算术题，即用不等量的小桶量出定量的水（见表10—3）。

表 10—3 定势对问题解决的影响

课题序列	容器的容量			要求量出的容量
	A	B	C	
1	21	127	3	100
2	14	163	25	99
3	18	43	10	5
4	9	42	6	21
5	20	59	4	31
6	23	49	3	20
7	15	39	3	18

表中 A、B、C 各栏代表水桶容量，D 栏代表所求的水量（单位以加仑计）。实验以大学生为被试，实验组与控制组所做题数不同，每题半分钟。实验组从第 1 题一直做到第 7 题。控制组则只做第 6、第 7 两题。这样设计的目的是探讨经由同样方法解决第 1 至第 5 题之后，是否会产生一种定势，影响运用简捷方法解决第 6、第 7 题。因为第 1 至第 7 题均可采用 D=B－A－2C 的公式计算，但第 6、第 7 二题却有更简捷的方法。结果，实验组在解第 1～第 7 题时，大多采用 B－A－2C 的方法计算，只有 19%的人不受影响。控制组做第 6、第 7 题时，都采用了简便方法。这表明，实验组被试受定势影响，控制组不受影响。

（4）功能固着（functional fixation）。个体在解决问题时，只看到某物的通用功能，看不到它的其他可能的功能。如盒子是装东西的，笔是写字的。在问题解决中，人能否改变事物的固有功能以适应新的问题情境的需要，常成为问题解决的关键。

邓克尔通过“蜡烛问题”实验证实了功能固着对问题解决的影响。实验材料包括一盒火柴、一盒图钉和一支蜡烛。要求被试把蜡烛点燃竖装在屏风上，用以照明（见图 10—10）。解决办法是：把火柴燃着，熔化蜡烛底面，把它粘在一只纸盒上，再用图钉把纸盒钉在屏风上。但一半以上被试不能在规定时间内完成任务，因为他们把盒子看作装东西的，而解决问题需要把它视为支撑物。对另外一些被试，邓克尔作了另外一种布置。他预先将纸盒中的火柴、蜡烛、图钉倒出来，把它们和空纸盒一同放在桌子上，目的是使被试摆脱“盒子是装东西的”的心理限制，结果表明，这些被试大部分都能地利用空纸盒和其他东西解决问题。

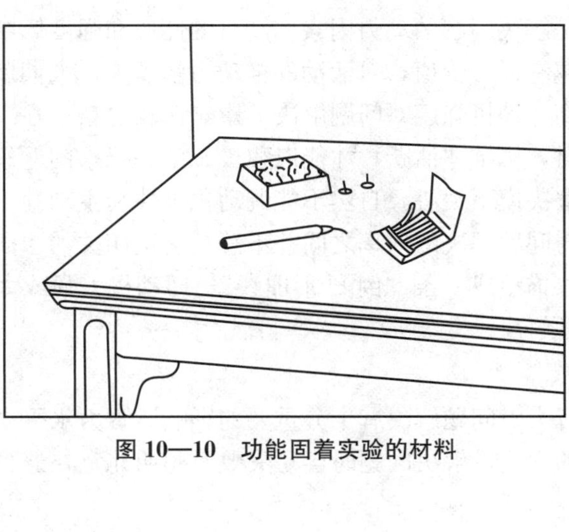

图 10—10 功能固着实验的材料

(5) 原型启发。原型启发是指在其他事物或现象中获得的信息对解决当前问题的启发。具有启发作用的事物或现象叫做原型。作为原型的事物或现象多种多样，存在于自然界、人类社会和日常生活之中。例如，人类受到飞鸟和鱼的启发发明了飞机和轮船，由蒲公英随风飞行的启发制成降落伞，模拟蝙蝠的定向作用设计出雷达。科学家们从动物的形态、动作和某些机体结构中获得启发，解决了大量的生产、生活和军事上的问题，并形成了仿生科学。

(6) 迁移。迁移是指已有知识经验对解决新问题的影响。迁移有正迁移和负迁移之分。正迁移是指已获得的知识经验对解决新问题有促进作用。例如，毛笔字写得好的学生，钢笔字往往也不错。负迁移是指已获得的知识经验对解决新问题有阻碍或干扰作用。例如，学过汉语拼音的学生在初学英文时有一些困难。一般来说，知识经验越丰富，概括水平越高，新旧情境间共同因素越多，越容易迁移，促使问题解决；相反，知识经验片面，概括水平低或使用不当，会妨碍问题解决或把问题解决的思路引向歧途。

2. 情绪与动机因素

(1) 情绪。个体在问题解决活动中的情绪状态对活动效果有直接影响。研究表明，情绪促进或阻碍问题解决。例如，有人研究了不同情绪状态对智力操作的影响。结果表明，被试在愉快状态下比痛苦状态下操作效果好。即使是同一情绪状态，强度不同，操作效果也不同。具体表现为，愉快强度与操作效果呈非线性相关，即愉快强度适中比愉快强度过高和过低的操作效果都要好（见图 10—11）；痛苦强度与操作效果呈线性相关，即痛苦的强度越大，操作效果越差（见图 10—12）。

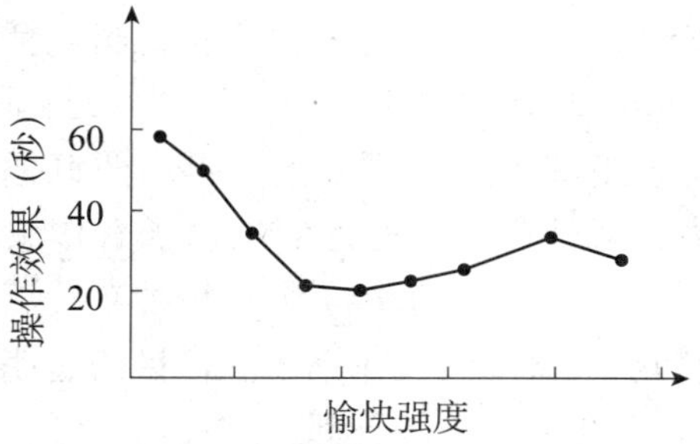

图 10—11　愉快强度与操作效果的关系

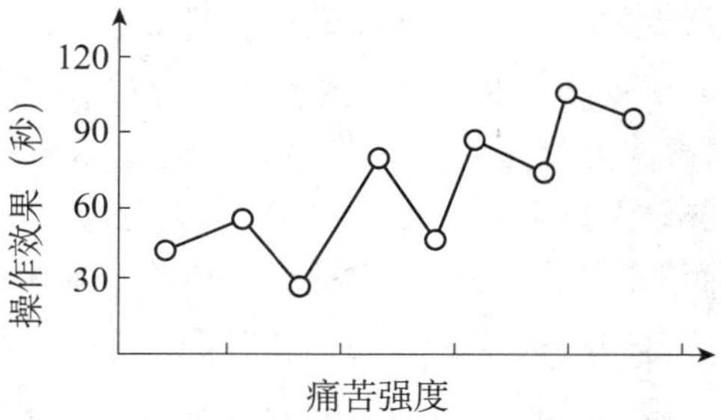

图 10—12　痛苦强度与操作效果之间的关系

(2) 动机。动机是解决问题的动力因素。动机的性质和强度影响问题解决的进程。一个人的动机越积极，越有社会价值，对活动的推动力就越大，人们就会积极、主动地去解决问题，活动效率就高。动机强度对问题解决的影响比较复杂。在一般情况下，当人具有解决问题的强烈动机时，思维才活跃，才能以积极态度去寻求问题解决的途径、方法；动机强度太弱，对问题解决漠不关心，自然不能调动积极性和主动性，不利于活跃思维和发挥能力。但动机强度与问题解决的效率之间并不总是呈正相关的。研究表明，动机强弱与问题解决的关系，可以描绘成一条“倒 U 形曲线”，即动机太强或太弱皆不可取，中等强度的动机最有利于问题解决。

3. 智力与人格因素

(1) 智力水平。智力对问题解决有十分重要的影响。智力水平高的学生，解决问题容易成功；智力水平低的学生，解决问题时容易失败。聪明儿童在遇到复杂问题时，更善于运用设想、实验、推论来解决问题；智力中等或以下的儿童，更倾向于用尝试方法解决问题。聪明儿童在解决问题时更容易产生“哎呀”经验，智力中等或以下的儿童则多是逐步地解决问题。儿童的智力水平越高，越不容易受心理定势影响。

（2）人格特点。一般说来，乐观、自信、意志坚强、勤奋谦虚、富有创新精神、场独立认知风格等人格特点会促进问题解决，悲观、自卑、意志薄弱、懒惰、骄傲、因循守旧、场依存认知风格等人格特点会阻碍问题解决。绝大多数有重大贡献的科学家、发明家和艺术家，都有强烈的事业心和积极的进取心。他们善于独立思考，勤于钻研，富于自信，勇于创新，有胆有识，有坚持力。

第六节　创造性

一、什么是创造性

创造性一词，源于拉丁语 creare，意思是创造、创建、生产、造就。在心理学上，创造性指个体根据一定的目的任务，运用一切已知信息，开展能动的思维活动，产生出新颖、独特，具有社会价值的产品的心理过程。这些产品既可以是种新概念、新设想、新理论，也可以是新技术、新工艺、新产品。

二、创造性的心理结构

创造性的心理结构包括认知因素、动机因素和智力与人格因素。

（一）认知因素

1. 知识

创造需要知识，但知识与创造性之间的关系是复杂的，并非知识积累越多，人的创造性就越大。某一领域的知识与创造性之间存在着倒 U 形关系。知识如果不能灵活地运用，将损害人的创造性。因此，一定量的知识储备以及良好的知识结构是创造的必要条件，但能否有创造性还要视个体的思维特征与风格而定。

2. 思维

创造性活动需要多种思维成分共同参与。首先，创造性是发散思维与集中思维的有机结合。在创造活动中，发散思维是核心，但也离不开集中思维。在创造过程中，既有发散思维阶段，又有集中思维时期。发散思维阶段产生的解决问题的途径和方法，其中一些可能是新颖的。但创造过程并不随着尽可能多的联想、假设或解决方法的出现而结束，它还要人依据过去的知识经验、目的和价值对所产生的方案进行选择，选出适宜、有用的方案，这就要求进行集中思维。发散思维只有与集中思维巧妙结合，个体才可能创造性地解决问题。

其次，创造性是直觉思维和分析思维的有机结合。布鲁纳认为，在直觉之后，需要用比较分析方法，重新检查所作的结论。直觉思维和分析思维具有相互补充的性质。直觉思维以分析思维为基础，是对分析思维的创造性应用。直觉思维正确与否，也需用分析思维进行验证。德国物理学家普朗克在产生量子论的直觉以后，花了六年的时间，才推导出辐射的公式，这是因为直觉依据的毕竟只是事实链条中的少数几个环节，就算它总体上把握了事物的本质，细节上还很粗糙，有许多空白点，还缺乏论证的力量。

最后，创造性也是形象思维与逻辑思维的有机结合。在创造活动中，创造性想象往往发挥着非常重要的作用，但创造出来的形象是否具有合理性和实现的可能，还需要逻辑思考。物理学家爱因斯坦之所以能够取得杰出的科学成就，与他善于利用想象有密切关系。

3. 灵感

在创造性思维中，新思路、新方案的产生往往带有突然性，这种突然产生新思路、新方案的状态，称为灵感（inspiration）。它给人一种豁然开朗、妙思突发的体验，使百思不得其解的问题得到顿释。对科学家的调查表明，在发明创造过程中，多数人出现过灵感。灵感不是神秘之物，它是思考者长期积累知识经验、勤于思考的结果。灵感的出现有一定规律性。首先，个体对所研究问题的长时间的苦思冥想是灵感产生的前提。灵感的出现是对问题深入考虑之后达到的瓜熟蒂落、水到渠成的境界。其次，注意力要高度集中在所要解决的问题上，甚至达到痴迷的程度。最后，灵感往往是在长期紧张思考之后的短暂松弛状态下出现的，可能是在散步、洗澡、钓鱼、交谈、舒适地躺在床上的时候或其他比较轻松的时刻出现的。因为紧张后的轻松之时，大脑灵活，感受力强，容易产生联想、触发新意。

（二）动机因素

一般说来，人们在进行创造性的工作时，他们的动机是以任务中心的而不是以目标中心的，是内在动机而不是外在动机；他们最关心的是做什么，而不是从中得到什么。外部的奖励只会削弱工作的创造性。

阿玛比尔（T. M. Amabile，1950—　）用实验说明了动机对创造性的影响。选取 72 名在写作方面富有创造性的学生，随机分为三组，每组男女各半。设置三种不同的动机情境：(1) 正常情境，不施加任何影响；(2) 内部动机定向情境——内部动机定向组；(3) 外部动机定向情境——外部动机定向组。最后，让所有被试都写一首诗，由几位专家评价其创造性。结果发现，内部动机定向组的创造性得分远远高于外部动机定向组。这说明，如果被试具有内部动机，创造性将得到加强，反之，则受到削弱。

（三）智力与人格因素

在创造活动中，智力与人格特征虽不像认知因素那样对创造起直接的决定作用，但它为创造性的发挥提供了心理状态或背景，并通过引发、促进、调节和监控功能来发挥其作用。在创造性的人格要素中，最重要的莫过于智力、好奇、冒险和自信。

1. 智力

心理学研究表明，对创造性而言，存在着智力阈限，即智商为 120，低于这个阈值，个体就难以表现出创造性。但是，比阈值更高的智商增加，也不会对创造性有明显的促进；另一方面，智力若离开了人格因素的配合，也不能独立地作用于创造性，即智力不能用来鉴定创造潜力和预言创造成绩。创造性也与个体的知识激活的能力和知识点之间不寻常的接通的能力有关。当面临问题时，个体的相关知识能否激活，不同的知识点之间能否产生不寻常的接通，会影响到个体的创造性。

2. 好奇

好奇是创造的萌芽，它在创造活动中具有触发催化作用。爱因斯坦说过，他没有别的天赋，只有强烈的好奇心。许多创造发明、科学发现就是从那些不起眼、有时为平常人不屑一顾的好奇心开始的。一方面，好奇心可以促使个体去探索未知世界，寻求淹没于其中的原理与定律；另一方面，当个体在认识中遇到困难时，强烈的好奇心还可以促使个体克服困难，坚持到底。例如，著名生物学家达尔文小时候学习成绩很差，就是对生物有着强烈的好奇心，他就喜欢小动物，正因为他对动物充满了好奇心，便去研究他从来都没见过的动物，最终成为伟大的生物学家，创立了进化论。

3. 冒险

冒险和创新是孪生兄弟，没有它就难以有所创造。创造是一种探索性、创新性很强的活动，难免会遇到各种风险。“不入虎穴，焉得虎子。”要想探索事物的奥秘，有所作为，就非有冒险精神不可。例如，富兰克林不畏惧宗教势力的淫威，不怕触电身亡，在雷电交加的情况下，利用风筝做了一次震惊世界的接引“天电”的实验，从而揭开了被涂抹上迷信色彩、神化了的雷电之谜。

4. 自信

自信是创造的保证。创造性高的人往往都很自信，他们能够合理地利用自己的长处，有效地避免自己的短处，充分挖掘自己的潜力；他们信心百倍，朝气蓬勃，相信自己有能力坚持真理，修正错误，冲破困难，勇往直前。

三、创造性的生理研究

随着脑科学的发展，创造性的生理研究也取得了可喜的成果。

（一）创造性不同的人的认知差异

研究表明，创造性不同的人的认知特征存在差异。

1. 初级认知差异

克里斯（E. Kris，1900—1957）认为，有创造性的个体能很好地在初级思维加工（primary process）与二级思维加工（secondary process）之间进行转换。初级思维加工是通过具体形象进行的，它具有自由联想和类比的性质。二级思维加工是以现实为导向通过概念进行的抽象逻辑思维。一方面，创造性灵感常常发生在意识回复到初级加工状态的时候。因为初级加工的意识是联想性的，它有利于思想元素新组合的发现。另一方面，冥思苦想进行创造时又会使意识回复到二级加工状态。低创造性的人在两种加工的连续性上或多或少受到限制，因此他们不能产生创造性的观点。从精神分析理论来看，精神分裂症是一种初级加工状态，它在许多方面与创造性相关。艾森克（H. J. Eysenck，1916—1997）发现，精神分裂症患者和高创造性的被试在物体分类任务成绩中没有显著差异，在单词联想任务中他们的反应是相似的，联想得都很远。

2. 散焦注意差异

注意是否集中也是创造性高低差异的原因。散焦注意（defocused attention）是指大容量注意，注意内容可能有很大的跳跃性。心理学家认为，必须让注意焦点同时结合起来，才可能会产生创造性思想。有证据表明，低创造性的个体注意集中的内容更狭窄。

（二）创造性与皮质、额叶激活

1. 创造性与皮质激活水平

创造性与皮质基本激活水平有很大关系。但研究结论并不一致。一方面，有研究发现，高创造性者的基本激活水平稍高于低创造性者。高创造性者在单词联想、创造性纸笔测验、焦虑测验中得分比低创造性者高，皮肤传导性测量和创造性测验之间呈正相关。也有研究发现，创造性的画家基本心率很快。另一方面，有人发现高创造性者尿酸的血浆水平低，说明基本激活低，他们的身体活动少于低创造性的人。高创造性者脑电的 α 波振幅小于低创造性者，α 波振幅是皮质激活的间接指标，说明高创造性的人皮质激活水平低。关于皮质激活水平的不一致结论可能与皮质激活水平的可变性有关。

2. 创造性与皮质激活水平的可变性

人们假设，在高创造性者身上应能找到更多生理激活的可变性。研究者发现，创造性高者显示出自发皮肤电反应的波动，他们的心率可变性也更大，脑电图的 α 波振幅有更多的可变性。这些证据表明，处于创造灵感状态时有最大数量的激活可变性。在灵感阶段，高创造性者的皮质激活低于低创造性者；在充分说明阶段，两者在激活水平上没什么差别。假如要求高创造性者进行创造，他们在类似灵感阶段会显示低水平的皮质激活；不要求他们创造时，测量没发现激活的差异。由此可见，只有在创造加工的灵感阶段，创造性不同的人皮质激活水平才不同。只有在人们试图创造时，这种差异才被发现。

3. 额叶激活水平研究

有人认为，高创造性者有认知中枢抑制不足的倾向，而前额叶具有这种抑制功能。如果是这样，那么在进行创造活动时创造性高者比创造性低者应表现出低水平的前额叶激活。为证实这种假设，研究者研究了创造性高、低者各 10 人的脑电，采用三个创造性水平不一样的任务（一般智力测验、言语联想、想象任务）。结果发现，一般智力测验时脑电波记录无差异。在后两个任务中，创造性高者有高振幅的前额叶 θ 波活动，表明前额叶激活较少。在想象任务中，创造性高者还显示了高振幅的前额叶 α 波活动，这也表明较少有前额叶激活。

（三）创造性与脑半球不对称

创造性和左右半球的活动有关。右半球进行的是初级思维加工，左半球是二级思维加工。由于高创造性者比低创造性者进行更多的初级思维加工，他们的右半球比左半球应显示更多的激活，至少在创造期间是如此。因此，有利于增加右半球激活的方法也有利于创造性产生。

脑电研究表明，在用纸笔测验来评估的创造性测验中，高创造性者显示出更多的右半球激活；中等创造性者显示出更强的反方向激活，即左半球激活更多；无创造性者两半球显示了相同激活。研究显示，艺术系学生在完成绘画任务时右半球比左半球活动多，在完成非创造性阅读任务时，显示了更多的不对称性，但左半球的激活多于右半球。因此，有创造性的人在创造时更多依靠的是右半球而非左半球。

四、创造性的测量

创造性研究面临的最大问题是如何测量创造性。因此，具有高信度和高效度的创造性量表对创造性研究特别重要。鉴于此，梅德尼克（S. A. Mednick）等人编制了远距离联想测验（Remote Associates Test，RAT）。

RAT 是基于远距离联想理论提出的。该理论认为，创造性思考是将联想得来的元素重新整合的过程。新结合的元素相互之间联想的距离越远，思维过程或问题解决就越有创造力。有创造力的人的联想不同于一般人，他们有广泛的联想，一个元素可以与许多其他元素联结；一般人的元素联结比较少。广泛的联想支持遥远的、原创的、令人意外的元素整合。

梅德尼克通过测量人们的联想组织能力来评定个体的创造性差异。他编制了两套大学生水平的测验，每套测验含有 30 个项目。在测验中，给被试呈现几组词，每组三个词，诸如 same-tennis-head。被试的任务是想出第四个词与所有三个词都可以建立联系，比如 match。这种联系方式可以是多种多样的，如同义词（same 与 match 同义）、有语义联系（tennis match），或者组成一个复合词（match-head）。

RAT 比传统问题解决的优势体现在以下几方面：（1）容易实施，可以在短时间内完成，收集资料方便；（2）题目结构清楚；（3）答案明确；（4）可以在较小的视觉空间和短时间内呈现。

五、影响创造性发挥的因素

（一）个体因素

除了认知、动机、智力与人格等因素外，年龄与创造性关系密切。魏曼（W. I. Wyman）搜集了 1900 年以前的 85 项重要发明，发现发明者的平均年龄是 35.3 岁。罗斯曼（J. Rossman）研究了 1927—1929 年美国拿到发明专利权的 453 位发明家和 1925 年美国工程界名人录中 258 位工程师兼发明家的发明情况，在这 711 位发明家中，61%的人在 25 岁前就有了第一项发明，首次发明的平均年龄为 21.3 岁。莱曼（H. C. Lehman）研究表明，哲学家完成主要作品的平均年龄是 35 岁，音乐家多产的年龄是 35～39 岁，油画家最优秀的作品产生于 32～36 岁之间。总之，在不同的学科领域，创造力的最佳年龄不尽相同，但总的说来，35 岁左右是大多数创造者创造的峰值年龄。

情绪也影响创造性发挥。消极情绪，如抑郁、焦虑等都阻碍创造性发挥，因为消极情绪限制人的注意，使人的反应刻板化、僵化。萨克塞纳（S. Saxena）以高中生为被试研究创造性和焦虑的关系，发现创造性和焦虑之间呈负相关。奥克布克拉（P. A. Okebukola）证明，高焦虑者的创造性得分显著低于低焦虑者。过度焦虑会阻碍新的、不寻常的想法的产生。

（二）社会因素

社会因素包括社会、教育和环境诸方面。现主要分析一下教育对创造性的影响。

1. 早期教育

早期教育对创造性发展有很大影响。我国近年来的研究表明，创造型儿童大多出身于知识分子家庭，父母受教育程度和文化水平较高。幼儿园在儿童创造性培养中亦有重要作用。幼儿的特点在于他们以创造性的方式学习，以自己的方式来探索和发现问题。目前，许多国家都提出一系列发展儿童创造性的计划。如美国提出，鼓励儿童的创造性要遵循八条原则：（1）在充满儿童读物和玩具的环境中诱发儿童表达自己的思想，对自己提出的问题寻找答案。（2）在儿童自己思索和行动中树立对自己负责的自信。（3）鼓励和重视儿童提出的问题，有时对他们的问题不置可否。（4）允许儿童对自己所做的错事表示后悔，引导他们从中吸取教训。（5）给儿童布置一定任务，并提出具体要求。完成任务的时间不宜过长。让儿童尽量做自己喜欢的事。（6）给儿童订立略高于该年龄阶段儿童所能达到的目标。（7）提供同一问题的几种答案，让他们自由选择。（8）鼓励和发展信任感。

2. 学校教育

学校教育对个体创造性的发展更为重要。一方面，教师可以促使学生的创造潜能向现实性转化；另一方面，教师本身的创造性也会对学生产生潜移默化的影响。布拉弗德（L. P. Bradford）和李皮特（R. Lippitt）将教师划为四种不同类型，即强硬专制型、仁慈专制型、放任自流型和民主型，并系统地探讨了各种类型的教师在学生创造力发展中所起的作用。结果表明，前三种类型的教师均不利于儿童创造性的发展，民主型的教师有利于儿童创造性的发展。

3. 社会教育

良好的社会教育有利于个体创造性的发展。近年来，各种各样的社会教育设施（如科技馆、少年宫、奥林匹克学校、图书馆、博物馆等）不断增加，对个体而言，它们在丰富知识、拓展视野、激发求知欲与好奇心、培养冒险精神和自信心等方面均发挥着重要作用，直接促进了个体创造性的发展。

六、创造性的培养

人们通常认为，只有在科学、技术、文学、艺术等领域有重大创造和发明的人才具有创造性，创造性只是少数天才具有的天赋。大量研究表明，人人都有创造性。吉尔福特指出："迄今人们获得的有意义的认识之一是，创造性再也不必假设为仅限于少数天才，它潜在地分布在整个人口中间。"

有无创造性和创造性是否表现出来不是一回事。创造性有内隐与外显两种形态。内隐的创造性是指创造性以心理、行为能力的潜在形式存在，它仅为个体产生创造提供可能性。当个体实际从事创造活动并有产品出现时，内隐的创造性就转化为外显的创造性。内隐的创造性人人都有，关键在于如何创造良好的内外条件去挖掘。正如阿瑞提（S. Arieti，1914—1981）在《创造的秘密》中所说的："如果我们想在更大范围内去促进创造性，就应当在童年期、青春期、青年期通过教育体系给予这方面更多的保证。”创造性的培养可采取以下几种途径。

(一) 强化创造动机，激发好奇心和求知欲

创造动机是推动创造者进行创造性活动的动力，创造动机越明确、越强烈，就越能激发个体产生新的假设和构想。一般说来，激发学生创造性动机的主要方法有：

(1) 培养良好的问题意识，对问题紧抓不放。牛顿在谈到他成功的秘诀时说：“我一直在想，想，想……”

(2) 培养思考问题的灵活性，善于从多角度去认识事物。

(3) 科学用脑，勤于思考。

(4) 认真讨论，集中精力，理清思路。

(5) 揭露和批判谬误，使眼界更开阔，思维更活跃。

好奇心是人对新异事物产生好奇并进行探究的心理倾向。求知欲又称认识兴趣，是人渴望获得知识的心理状态。好奇心和求知欲是学生主动观察事物、进行创造性思维的内部动因。儿童的好奇心、求知欲如果得不到支持与扶植，就会泯灭。因此，应该鼓励和保护儿童的好奇心、求知欲以及由此引起的各种探索活动。教师在教学中要创造条件，积极促进学生的好奇心、求知欲的发展。例如，通过启发式教学或创设问题情境，使学生面临疑难，产生求知需要和探索欲望，主动提问和质疑，并给予鼓励；通过现代化教学手段，创造新异的活动、变化的课件来激发学生的好奇心、求知欲和探索动机；组织或引导学生去观察大自然或社会生活，鼓励他们去发现问题，并启发他们自己寻找答案；经常结合教学向学生提出一些他们感到熟悉而又需要动脑筋才能解决的思考题，促进学生创造性思维的发展。

(二) 巧用酝酿效应，捕捉创造灵感

郑板桥有诗云：“十日不能下一笔，闭门静坐秋萧瑟。忽然兴至风雨来，笔飞墨走精灵出。”这说明，创造活动有一个酝酿过程，即当遇到难题虽苦思冥想仍无法解决时，可以将问题暂时搁置，改做其他活动，过几个小时、几天或更长的时间，再来解决它，常常能够收到意想不到的效果。搁置不等于放弃，在搁置期间仍然保持解决问题的心向，灵感才有可能出现。清末学者王国维在《人间词话》中说：“古今之成大事业、大学问者，必经过三种之境界：‘昨夜西风凋碧树。独上高楼，望尽天涯路。’此第一境也。‘衣带渐宽终不悔，为伊消得人憔悴。’此第二境也。‘众里寻他千百度，蓦然回首，那人却在灯火阑珊处。’此第三境也。”这第三境即灵感产生之境界。

(三) 延缓评论，保持心理安全与自由

罗杰斯指出，促进创造性有两个基本条件：(1) 心理安全；(2) 心理自由。心理上安全、自由，没有禁区，无拘无束，思维才可能具有高度的发散性、灵活性和独立性。心理自由是心理安全的结果，只有心理上安全，才能达到心理自由。

1929 年 6 月 3 日，在王国维先生自沉于昆明湖两年之日，清华大学国学研究院立纪念碑纪念，陈寅恪先生在所撰写的碑文中说：“士之读书治学，盖将以脱心志于俗谛之桎梏，

真理因得以发扬。思想而不自由，毋宁死耳。斯古今仁圣同殉之精义，夫岂庸鄙之敢望。先生以一死见其独立自由之意志，非所论于一人之恩怨，一姓之兴亡。呜呼！……先生之著述，或有时而不章。先生之学说，或有时而可商。惟此独立之精神，自由之思想，历千万祀，与天壤而同久，共三光而永光。”即，大学的师生在学习和研究上，要秉持独立之精神、自由之思想，这种精神、思想具有永恒的价值。一般认为，在中国思想史上，有两个黄金期：一是春秋战国时期，这一时期是思想大解放的时期，出现了诸子百家争鸣的局面；二是中华民国初年，出现了许多科学巨匠和学术大师。究其原因，与这两个时期的社会对人的思想的控制较弱，人们在心理上较为安全和较为自由有关。

一些研究表明，要想产生新奇的观念、独特的产品，至少要在开始阶段抛开评价检查和批判性的判断，充分允许并鼓励标新立异、异想天开，否则就会阻碍创造性的发挥。例如，阿玛比尔在一项研究中，把大学生分成两组，让他们创作一首诗歌。告诉其中一组被试，实验目的是考查他们书法好坏，诗的内容无关紧要；告诉另一组被试，实验目的是评估诗的水平，专家会对他们的诗做出评价。两组被试又各分为一半，一半单独完成任务，一半集体完成任务。最后对被试所创作的诗歌的水平，采用一致性评估的技术，由诗人做出评价。结果表明，无论单独完成任务，还是集体完成任务，当被试知道他人会对自己的成果做出评估时，创造水平都大大降低。

可见，为了提高创造水平，就必须给人提供一个宽松的、从事创造活动的环境，而延缓评论则不失为一种好办法。教师和家长应该做到：一方面，要对学生的创造性的见解及活动持赞许的态度，并及时地给予奖赏和鼓励；另一方面，应该设法消除学生怕犯错误的恐惧心理，因为顾虑重重会压抑学生的冒险精神继而影响其创造性。相反，平静松弛的情绪状态会促进学生创造性的发挥。在社会层面，要打破禁区，广开言路，做到“知无不言，言无不尽”，视领袖为平常人，有“肉食者鄙，未能远谋”之见解，才能使人们的创造力充分发挥出来；反之，言路被钳制，人格被卑微化，讲话做事战战兢兢，如履薄冰，万马齐喑，只有领袖才有创新之资格与能力，理论创新成为领袖人物之专利，中国人的创造力是难以得到充分发挥的。

（四）广开思路，加强发散思维的训练

摆脱偏见、广开思路将有助于个体创造性的发挥。那么，怎样摆脱偏见、广开思路呢？

1. 纯化目的，从最终目的考虑问题

纯化目的，从最终目的考虑问题可以避免被一些具体的思路所限制，从而考虑到许多看似离题较远实际上却可能是高创造性的问题解决办法。

2. 展开讨论，集思广益

“三个臭皮匠，顶个诸葛亮。”在进行创造活动时，一个人冥思苦想，会常感力不从心。如果能有几个人无拘束地讨论，不用担心别人的指责与批评，相互启发，使设想不断地更新、完善，一种新的思维成果或产品就会应运而生。

3. 变名词为动词

即在思考问题时最好避免使用名词，用动词来表达事物。因为在一定程度上，名词是对事物僵硬的表达，动词强调事物广义的功能。一次，剑桥一家咨询商行发明部主任戈登

要为顾客设计一种新型的开罐刀具，他在向助手们提出这项课题时，避而不用“开罐刀具”的字眼，以免使助手们只想到装在容器顶端的机械装置。他提出，想办法使一个东西便于“拆开”。这种提法使大家的思维流畅起来，有人想到自然界中也有这种自动拆开的装置，如豆荚的接缝处有一层薄的软皮。于是就有了今天普遍使用的“易拉罐”产品的发明。倘若他们一开始就想着“开罐刀具”，或许这一新方法就不会被发现了。

4. 自我暗示

就是根据一定的活动目的以言语或动作方式提示自己。高创造性的学生往往不满足通常的问题解决办法，常常自问：“还有没有更简便的方法?”这种自我暗示经常能促使创造性地解决问题。

5. 加强发散思维训练

发散思维是创造性思维的主要成分。在教学中，要有意识地训练学生的发散思维，加强学生思维的流畅性、变通性和独特性的训练，排除心理定势与功能固着的消极影响。例如，每次作业内容不要太单调，不要机械地死套公式，应多出一些选择题来锻炼学生灵活解决问题的能力；要鼓励学生一题多解，一事多写；出一些有多种答案的问题；等等。

（五）掌握创造技法

创造技法就是创造的技巧和方法。创造技法研究最早诞生于美国，著名创造工程学家奥斯本（A. F. Osborn，1888—1966）于1939年创立的“智力激励法”，被视为创造技法的始祖。后来，苏联、英国、日本等也相继开展了有关创造技法的研究。这些国家的研究表明，让学生掌握一定的创造知识和创造技法，有利于提高其创造性。

基本概念

思维；直观动作思维；形象思维；抽象逻辑思维；直觉思维；分析思维；集中思维；发散思维；常规思维；创造思维；经验思维；理论思维；分析；综合；比较；分类；抽象；概括；具体化；系统化；概念；内涵；外延；具体概念；抽象概念；合取概念；析取概念；关系概念；前科学概念；科学概念；自然概念；人工概念；概念联系；分类学联系；主题关联；基于脚本的 SF 联系；ad hoc 联系；概念形成；判断；推理；归纳推理；演绎推理；三段论推理；线性推理；条件推理；概率推理；弱方法；强方法；前提气氛效应；证实倾向；代表性启发；可得性启发；锚定效应；赌徒谬误；问题；问题解决；界定清晰的问题；界定模糊的问题；语义丰富的问题；语义贫乏的问题；对抗性问题；非对抗性问题；算法；启发式；手段—目的分析；逆向搜索；定势；功能固着；原型启发；迁移；创造性

基本原理

思维的特性；思维与感知觉的关系；思维与语言的联系；思维的分类；思维过程；创造思维过程；思维的生理机制；思维品质；概念的种类；概念的功能；特征理论；特征表

说；原型说；样例说；集合—理论模型；特征比较模型；解释理论；心理本质论；心理语境论；层次网络模型；激活扩散模型；感觉—功能理论；领域特定知识假说；概念结构理论；假设检验说；内隐学习说；换位理论；心理模型论；线性推理的方式；概率推理的认知偏差；问题解决的过程；试误说；顿悟说；邓克尔的三水平模式；问题解决的策略；影响问题解决的因素；专家与新手的差异；动机强度与问题解决；创造性的心理结构；影响创造性发挥的因素；创造性的培养

思考题

1. 什么是思维？思维有哪些基本特性？
2. 谈一谈你对思维与语言之间联系的认识。
3. 试分析思维的过程。
4. 结合实例说明创造思维的过程。
5. 简述概念结构的特征表说和原型说的基本观点。
6. 简述问题解决的心理过程。
7. 举例说明问题解决过程中采用的主要策略有哪些。
8. 联系实际分析影响问题解决的心理因素。
9. 人在三段论推理中为什么会产生错误？
10. 人在概率推理中有哪些非理性倾向？
11. 简述创造性的含义及其心理结构。
12. 影响个体创造性发挥的因素有哪些？
13. 试论述培养个体创造性的主要途径。

第十一章
语　言

本章要点

1. 语言的一般概念
2. 语言的结构和表征
3. 语言的感知和理解
4. 语言的产生
5. 语言研究的新进展

第一节　语言的概念

一、什么是语言

语言（language）是人和动物相互区别的重要特征。早在两千多年前，亚里士多德就说过，人是会说话的动物。语言是人类交际的符号和规则系统。语言中的词，无论是书写的还是说出的，都是符号，它们可以代表一定的事物；语言中的规则，规定了词怎样组成句子。语言是一种社会现象，它是约定俗成的，是人类最重要的交际工具。人们运用语言来标志事物，相互交流，从而达到相互理解。汉语、英语、俄语等，都是语言；人们的听、说、读、写，都是运用语言的活动。任何一种语言必须通过人的听、说、读、写活动，才会具有生命力。语言也包括语言变体，如汉语是一种语言，而广东话、闽南话和上海话等都是它的变体。

语言是多学科的研究对象。哲学研究语言的符号功能和意义，相应研究构成语言哲学。语言学研究语言的结构规律。语言具有复杂的结构，所以语言学也有许多分支，如研究语言的声音的语音学（phonetics），研究语言音位组合规律的音位学（phonology），研究语言意义的语义学（semantics），研究语言结构规律的语法学（syntax），研究词和词的构成的词汇学（morphology），研究语言使用的语用学（pragmatics）。语言也是心理学的研究对象，它主要研究语言活动的性质、结构和功能，研究人怎样获得、产生和理解语言。20 世纪 60 年代，产生了一个新的心理学分支——心理语言学（psycholinguistics），它以语言习得和使用为对象，主要研究下述问题：(1) 人类怎样产生和理解语言？研究这些过程的学科称为实验心理语言学（experimental psycholinguistics)。(2) 心理语言学的研究成果如何应用到其他领域，如第二语言教学？致力于这一问题的学科称为应用心理语言学（applied psycholinguistics)。(3) 怎样建立语言的计算机模型？致力于这些问题的是计算心理语言学（computational psycholinguistics)。(4) 语言的生理和神经基础。研究这一类问题的学科叫神经语言学（neurolinguistics)。目前，心理语言学研究正方兴未艾，并取得了越来越多的研究成果。

二、语言的特性

(一) 生成性

人们利用有限的声音和词汇产生无限数量的语言信息。汉语只有 21 个声母、38 个韵母和 4 种声调，却组成了 400 多个基本音节和 6 万多个汉字。英语只有 26 个字母，却组成了数十万个单词。人们可以利用这些字词结合有限的语言规则产生无限的句子，包括从未听到过的句子。生成性说明，语言是人类特有的能力。黑猩猩等灵长类动物虽然经过训练可以运用词汇表达一定意义，却不能根据情境需要创造性地使用语言。

(二) 规则性

任何语言都不是孤立的、离散的符号，而是按照一定规则组织的有结构整体。规则包括语音规则、正字法规则、句法规则和语用规则。只有掌握和遵循语言规则，人们才能正常地产生和理解语言。例如，T、H、E 只有组成 THE 和 HET 形式，才是英文中的单词，组合成其他形式，则是无意义的字母串。又如，在汉语中，“我吃饭”符合汉语语法，“我饭吃”则是无意义的词汇组合。因此，如果一个人只掌握一些孤立的词汇，就没法同其他人交际。但是，在不同语言中，规则也不同。例如，在纳西语中，“我饭吃”就符合语法规则。

(三) 目的性

人为了某种交际目的才使用语言。说话者讲每一句话都有目的，只有精神病患者的胡言乱语才无目的。塞尔（J. Searle，1936—　）将说话目的分成五类：(1) 描述。说话者表明他相信某些命题是真实的。(2) 指令。说话者通过命令、要求、指示、询问、请求等，要求听者提供有关信息或去做某事。(3) 承诺。说话者通过许诺、誓言、保证表明他以后的行动方向。(4) 表达。说话者表明对某些事件的情感，如感谢、祝贺、欢迎、道谦和谴责等。(5) 宣告。说话者的语言使事态进入新状态，如上级宣布对下级的任命，法官宣判犯人的刑期。

(四) 意义性和指代性

语言中的词或句子都有意义，都指代一定的事物或命题。意义性和指代性使人们之间能够传递信息，进而达到相互理解。如果缺乏意义性和指代性，语言就不正常，如说某人讲话“言之无物”、“废话连篇”、“下笔千言，离题万里”，指的就是他的语言的意义性和指代性差，使人听后或观后不知所云。有一种失语病人，大脑受了损伤，说话流畅，却缺乏意义。

（五）象似性和任意性

皮尔士（C. S. Peirce，1839—1914）强调，语言符号具有象似性（iconicity）。他指出：“每种语言的句法，借助约定俗成的规则，都具有合乎逻辑的象似性。”象似性是指语言的能指和所指之间的关系不是任意的、无联系的，而是有理据可寻的。语言能力是人的认知能力的一部分，语言的结构反映经验的结构，语言理解是身体经验的模拟。例如，在有声语言中，不仅存在拟声词和象形字，存在“语音象征”（即语音相近，语义相通），还存在着语言结构和经验结构的象似性，即句法相似性。语言还具有任意性（arbitrary）。索绪尔（F. de Saussure，1857—1913）认为，语言符号是任意的，能指和所指之间没有任何自然联系，两者结合是不可论证的。在许多情况下，语言是约定俗成的，汉语中用“狗”来表示的动物英语中用“dog”表示。事实上，语言是象似性和任意性的有机结合，如同列维-斯特劳斯（Lévi-Strauss，1908—2009）所指出：“从先于经验的角度看，语言符号是任意的；从后于经验的角度看，它不再是任意的。”

（六）语言的社会性和个体性

语言是运用约定俗成的符号进行交际的活动，具有社会性。人只能使用社会上已经存在的语言进行交际，这样才能够相互理解。在同一语言区内部，不同地区、不同阶层使用的语言也存在共性，如黑帮中的“黑话”。但语言毕竟是个体的活动，必然带有个人的色彩。如同是讲汉语的人，有人讲普通话，有人则带地方口音并夹杂一些土话；有人讲话流利，有人讲话口吃；有人讲话瓮声瓮气，有人讲话尖声细气；有人讲话口若悬河，有人讲话慢条斯理。即使同一个体，在不同场合，语言风格也会发生改变。例如，一位大学教授给学生讲课与同妻子交谈，是两种不同的语言风格。

三、语言的功能

克里斯塔尔（D. Crystal，1941— ）列举了语言的九种功能。交际是语言的主要功能。除此之外，人们还用语言来表达情感（如发誓）、进行社会互动（如别人打呵欠时说“上帝保佑你”）、传达声音（如同在不同儿童游戏中那样）、控制环境（如列队时的口令和教师讲课开始时的“请安静!”）、记录事实（如“我今天在街上目睹了一场交通事故”）、进行思考（如人经常问自己：“这事该怎么办?”）和表达同一性（如游行呼口号或唱歌）。人们甚至利用语言开玩笑和制造幽默。事实上，这九种功能可以概括为以下四种。

（一）标示功能

语言可以标示一定的对象或现象。当人们说出某个词或某句话时，就标示出某个事物、行为和状态，并且能够为掌握同种语言的人所理解。词不仅可以标示具体事物或状态，还能够标示心理意象、情感与思想。语言的标示功能是人能进行抽象思维的重要条件。

（二）概括功能

语言不仅可以标示个别事物，还可以概括某一类事物。例如，当说“人是社会动物”时，这里的人就不是指某一具体的人，而是指所有人。由于语言的概括功能，人们就可以在思想上归纳出事物的共同特性，舍弃个别特性，形成概念。人利用概念思考，极大地提高了人的认识能力。

（三）交际功能

语言有语音和字形，可以宣之于外。无论说出的还是写出的，都可以为他人感知和理解。因此，语言就成为人们交际的最重要手段。同时，它也成为人类保存和传递社会历史经验的重要手段。动物只能够通过遗传和模仿掌握前一代的行为，人则可以通过语言与同时代的人交际，通过书面语言同古今圣贤对话，掌握人类千百年来积累起来的文化历史经验，从而极大地提高了人的认识能力与适应能力。

（四）调节功能

语言有四大调节功能：（1）自我调节功能。个体通过内部语言调节自身的思想、情感、意志和行为。（2）个体调节功能。通过人际交谈调节自身及他人的心理和行为。雅各布森（R. O. Jakobson，1896—1982）列举了六种语言的个体调节功能：说话者表达感情意愿的表情功能，呼唤、命令、表态的意动功能，表示客体的所指功能，解释语言的元言语功能，建立接触的寒暄功能，表示美感的诗学功能。（3）群体调节功能。即借助报刊、广播、电视、网络等大众传播媒体，用语言调节群体间及群体与个体间的心理与行为。（4）族际调节功能。通过不同民族语言的互译、跨文化的言语交际，调节族际与个体间的心理与行为。例如，对将来要做某事的提醒会使人在关键时刻到来时更容易记起某事。人对自己的告诫会使行为更具有目的性。语言还可以调节他人的情绪和行为，如问候、命令、劝告等。

四、语言活动的种类

在心理学上，一般按照语言活动对语言分类，将语言分为外部语言和内部语言。

（一）外部语言

这是指可以表之于外、为人们接收的语言。包括口头语言和书面语言。口头语言又包括对话语言和独白语言。

1. 对话语言

对话语言（dialogue language）是人们通过谈话进行交际的语言，如聊天、讨论、辩论等。它是一种情境性语言，与交谈双方所处情境关系密切。由于与情境联系紧密，它也是一种简略语言。在对话时，人们往往只用简单句子甚至个别词来表达。对话语言的语法结构和逻辑关系可能不完整，但不影响交际，因为缺失部分可由情境或表情提供。对话语言需要对话双方相互支持。如果总是一个人讲话，另一个人不讲话，或者答非所问，对话就不能继续。对话语言也是一种反应性语言。讲话者必须根据对方的反应来调整自己的话语，因而计划性差。生活中常有这样的经历，准备了许多话，谈话时却未必能讲出来。

2. 独白语言

独白语言（monologue language）是个人独自进行的语言活动。它是长而连贯的语言，用于叙述思想、表达情感，如讲课、作报告、演讲等。独白语言的支持物主要是谈话主题和听众的非语言信息（如听众的气氛、听懂或未听懂的表情等）。它具有开展的形式，具有连贯性和论证性。独白语言一般需要精心的准备和计划，如教师讲课前的备课。

3. 书面语言

书面语言（writing language）是借助文字来表达思想或通过阅读来理解他人思想的语言活动。它的出现比口头语言要晚得多，特点是具有随意性、展开性和计划性。在用文字表达思想时，人可以斟酌字句，推敲修辞，反复修改；在阅读他人作品时，可以反复诵读，潜心体会，仔细揣摩，因而最为随意。由于缺乏情境和听者反应的支持，这种语言要求用词精确、语法正确、逻辑严密。书面语言往往需要较长时间的酝酿。

（二）内部语言

内部语言（inner language）是一种不出声的语言活动。它是在外部语言基础上发展起来的，具有语音隐蔽的特点。人在头脑中思考问题时，就使用这种不出声的语言。内部语言虽然无显之于外的声音，语音器官却发出动觉信号。有研究者将电极放在被试的下唇或舌头上，记录完成不同任务时的动作电位，发现在出声数数或完成简单应用题时，记录到的动作电位与在内心默默完成这些任务时相同。内部语言还具有简略性。由于不用于直接交际，只用于思考或计划，所以它通常以简略和压缩的形式出现，句子的大量成分被省略，常常以具体的词或词组代表一个完整的表述。

五、语言的脑机制

（一）语言的中枢机制

语言具有复杂的脑机制，它和大脑不同部位的功能关系密切。

1. 布洛卡区

位于左侧大脑半球额下回后部，是运动性言语中枢，受损会导致运动性失语症（motor aphasia）或表达性失语症（expressive aphasia）。病人阅读、理解和书写正常，但口语表达困难，轻者找不到合适的词，重复使用有限的词，句子简单，语法单调；重者讲话功能丧失，能够发音但构不成词汇。布洛卡区能产生详细而协调的发音程序，这种程序被送到相邻的运动皮层的颜面区，激活嘴、咽、舌、唇等与语言动作有关的肌肉，发出声音。布洛卡区受损，会导致发音程序破坏，出现言语发音障碍。近年来的研究发现，布洛卡区受损的病人不仅产生语言运动障碍，言语理解也受到一定程度损害。他们很难理解冠词、连词和其他功能词的含义，难以理解语法复杂的句子。另外，包括布洛卡区在内的左半球额叶前部与人的语言活动的动机和愿望有关。这一区域受损，患者会丧失讲话的愿望。他们不主动说话，问他们时也很少回答。即使回答，也带有模仿和被动性质。如问病人："你吃过午饭了吗?"回答："是的，我吃过午饭了。"当对问题的回答要求引进新内容时，如："你今天去过什么地方?"病人的回答就会出现困难。

2. 威尔尼克区

位于大脑左半球颞叶颞上回处，作用是分辨语音，形成语义，与语言接受关系密切，受损后导致接受性失语症。病人口语领悟困难，不理解他人言语的意义。接受性失语症的另一种表现形式叫词盲。病人可以听到声音，但不能分辨构成语言的声音模式。有的接受性失语病人能知觉到声音模式，但对词义做出错误估计，声音模式失去原有的符号价值。例如，病人嘴里说"汤匙"，手却指向一件无关物体。接受性失语症病人虽谈吐自由，语流很快，话语却错误百出，语无伦次，使人难以理解，几乎不能提供任何信息。切断联系威尔尼克区和布洛卡区的神经纤维束——弓形束，也会产生同样的结果。此时，布洛卡区仍在发挥作用，却不能接受来自威尔尼克区的信息，病人话语在意义上会发生畸变。这种病人语言流畅，发音清晰，但理解语义的功能丧失或部分丧失。

3. 角回

角回在威尔尼克区的上方、顶—枕叶交界处。它是口头语言与书面语言的转换中枢，与单词的视觉记忆有密切关系。当看到一个词时，词的视觉信号先从视觉初级区到达角回，然后转译成听觉形式；当听到一个词时，由威尔尼克区接受的信息，也传送到角回，转译成视觉信息。损伤角回会使患者的视觉意象和听觉意象失去联系，并引起阅读障碍。患者能说话，能理解口语，但不能理解书面语言。损伤角回还会引起视听失语症，在看到物体和听到物名之间失去联系，因而不能理解语词意义。如让病人指地板，他却指窗户。角回还储存语法和拼写规则，损伤左侧角回将引起"失写症"和理解逻辑语法关系能力的破坏。病人丧失书写能力，并出现语义性失语症。

以上是几个与人类语言活动紧密联系的脑区。它们的活动不是孤立的，而是相互协作并与人脑的视区、听区和运动区共同执行着语言功能。惠特克提出了脑内语言区的模式图(见图 11—1)，它表示几个语言区之间以及与邻近其他脑区（视区、听区、躯体感觉区和运动区）的功能关系。其中有两个主要解剖组织：一个包括威尔尼克区（部分）、弓形束、布洛卡区、运动皮层的声束区，它们是语音成分的基础；另一个包括威尔尼克区（部分）、听觉联合皮质、缘上回和部分角回，它们是语义和句法成分的基础。

近年来的研究表明，语言加工可能涉及脑的更广泛区域。欧杰曼（G. A. Ojemann）用微电极刺激癫痫病患者大脑外侧裂周围不同区域的单个细胞。然后，让患者对物体图画命名，或者给患者呈现句子片断，让他组成完整的句子。结果发现，在命名中，电极刺激某一部位，患者会出现短暂的命名障碍，在阅读中会出现阅读困难。但若将电极放在几毫米之外的其他部位，就没有这种干扰现象。欧杰曼认为，语言加工是严格定位的，这种定位更多的是分散在脑的不同区域内。命名涉及的脑区已扩展到布洛卡区和威尔尼克区以外的脑区。普赖斯（C. J. Price）等人用 PET 技术对比复述词、听词和安静休息时的脑活动，发现复述词引起大脑左右半球额叶和颞叶的激活，听词主要激活颞叶的某些区域。

更能够说明脑内语言加工复杂性的是语义失语症（semantic aphasia）。这种病人在命名和阅读时常发生意义混淆，如将"cow"命名为"horse"，或将"horse"读成"cow"。这种失语症常是由大脑半球左侧颞叶的损伤或病变引起的。达马西奥（A. R. Damasio,

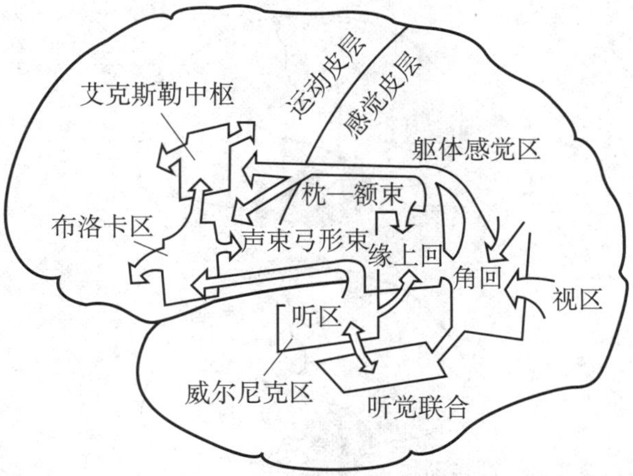

图 11—1　脑内语言代表区模式图

1944—　）等人的研究表明，这种损伤造成的失语症具有范畴特定性（category-specific）。他们让病人从事三种不同的命名任务：（1）命名著名人物的面孔；（2）命名动物；（3）命名工具。结果发现，病人不能命名或语义混淆与左脑颞叶不同区域的脑损伤有关。左侧颞叶顶部损伤会导致更多的命名面孔障碍，中下部损伤会产生更多的命名动物障碍，而左侧颞叶后部损伤会导致更多命名工具障碍（见图 11—2）。他们采用 PET 技术在正常被试身上得到相同结果。命名面孔引起左侧颞叶顶部更多激活，命名动物引起左侧颞叶中下部更多激活，命名工具引起后部更多激活（见图 11—3）。

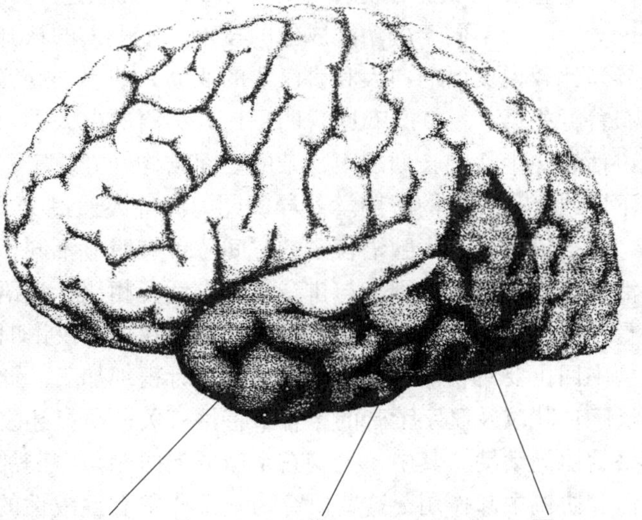

图 11—2　脑损伤的位置与命名的选择性缺陷

新近的研究表明，处于大脑额叶布洛卡区上方的布鲁德曼第 9 区在语言加工中起重要作用，对以汉语为母语的中国人来说尤其如此。谭力海等人对中国人的语言产生的研究表明，布鲁德曼第 9 区参与调节语音加工，这一区域的活动在以往以拼音文字为材料的同类

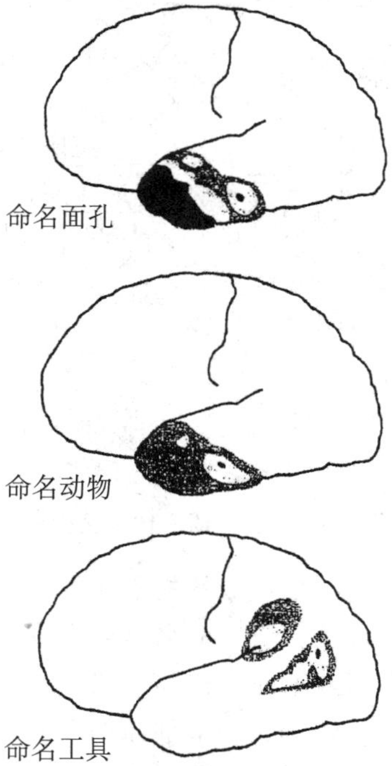

图 11—3　正常被试命名时不同脑区的激活

研究中从未报告过。这一区域在语词产生时出现激活高峰，说明它是对单字语言（logographs language）加工的重要区域。福克斯（P. T. Fox）等人使用 DMF 技术（deformation field morphometry，一种不同于脑功能成像的技术，不受人的认知状态影响，可以测量人脑的解剖学差异）比较说英语的白人和讲汉语的亚洲人的不同脑区，发现讲汉语的亚洲人的左额中回（布鲁德曼第 9、10、46 区）明显比说英语的白人的对应部位大。他们认为，这是由于汉语讲话者在生活中长期加工复杂的空间结构（方块字）和更复杂的语音体系（相同声音表示不同语义）导致的解剖学差异。谭力海等人通过 fMRI 研究发现，与拼音语言讲话者相比，汉语讲话者的大脑语言区的空间位置有明显不同，导致在具体词汇加工中，两类语言激活的脑区也存在差别。与拼音语言讲话者相比，汉语阅读障碍者的左额中回在加工中发挥重要作用。因此，研究者提出左额中回在加工汉语时的“协调和整合作用”假设，认为左额中回主要对物体的视觉空间属性进行精细加工。此皮层之所以在汉语加工中起作用，与汉字形状以及汉字读音的单音节特性有关。研究还发现，汉语阅读涉及一个较大的神经网络的协同活动。其中，大脑右半球颞上回参与声调加工，左额中回和扣带回在语音代码激活和协调中起作用。这些研究为一个非常有挑战性的观点——语言塑造大脑，提供了证据。

（二）语言的神经生理学

1. 语言的功能性神经成像

正电子发射断层扫描术（PET）和功能性磁共振成像术（fMRI）可以用来确定进行特定语言加工时脑的激活区域，或者确定健康的、神经功能无损伤个体的语言或概念表征。这些技术也用于探索处于静息状态时语言障碍的新陈代谢水平。在失语症病人中，无论哪种类型的失语症，在静息状态下进行的 PET 测量都显示了颞顶区的代谢减退，即葡萄糖利用率降低。

2. 语言的电生理学

事件相关电位（ERPs）是指给感觉系统或脑的某部位施加或撤销特定刺激时，在脑区引起的电位变化。N400 是与语言加工有关的脑波。它是一个负电位脑波，在单词出现后 400 毫秒左右达到峰值。N400 对语言输入的语义特性特别敏感。

昆塔斯（M. Kuntas）和希利亚德（S. A. Hillyard）首次发现了 N400。他们比较了句子中最后一个单词在三种不同条件下的加工过程：

（1）最后一个单词与前面语境相符的正常句，如“It was his first day at work”（这是他工作的第一天）。

（2）最后一个单词与前面语境不相符的异常句，如“He spread the warm bread with socks”（他把袜子抹在热面包上）。

（3）最后一个单词与前面语境相符但物理属性有差异，如“She put on her high-heeled shoes”（她穿上了高跟鞋，其中“shoes”这个单词较大）。

句子以逐词呈现方式出现在计算机屏幕上。被试认真阅读句子并被告知在实验最后需要回答问题。脑电图（EEG）为每种条件下所有句子的平均值，时间相关电位（ERPs）为每类句子中最后一个单词的平均值。句子最后一个单词与语境不符时引发 N400 波幅大于相符的条件。N400 的波幅差异被称为 N400 效应。语义与语境相符但物理属性上有差异的单词不会诱发 N400 效应。因此，N400 特异于语义分析。

（三）大脑两半球的一侧优势与语言

对人和动物研究发现，大脑特定区域涉及特定的知觉和认知功能。人类大脑最明显的偏侧化功能是左脑具有语言能力。证据来自三个方面：（1）裂脑人研究（见第二章）。（2）失语症研究。郭念峰对 159 名脑损伤病人研究发现，在左脑损伤者中，76%的病人出现失语，右脑损伤造成失语的只占 19%。李华和高荣素研究 178 名汉族脑卒中病人的临床表现和 CT 检查结果，发现左脑损伤占失语者的 89.2%，右脑损伤者占失语者的 7.5%。对右利手者（其语言中枢在左半球）而言，左脑损伤者占 93.3%，右脑损伤者占 3.1%。（3）fMRI 研究。贾斯特（M. A. Just）等人给被试呈现不同种类的句子，发现大脑左半球语言区以及与之对应的大脑右半球区域均出现激活，但右半球的激活量仅为左半球的 20%。

汉字是表意文字，加工汉字时右脑的作用比加工拼音文字要更重要些。羊彪等人认为，汉字是左半球和右半球并用的“复脑文字”。洪兰和曾志朗研究表明，单字认知优势主要在右脑，双字词加工体现了左脑优势。杨牧贞和郑昭明研究发现，右脑对汉字字形的加工能力强，左脑在字音、字义加工方面能力强。对汉语声调加工，明显是右脑优势。谭力海等人研究表明，当被试大声读汉字时，右额下回有明显的激活。右额下回在情景记忆中有重要作用，通过它，人们提取物体的空间特征。他们认为，右额下回参与汉字字形到字音的投射与汉字独特的方块形状有关，这种形状需要十分精确的空间分析。这一区域也与汉字的声调的表征和加工有关。张学新等人采用 ERPs 技术和视觉词汇决定任务，让以汉语为母语者区分真词和假词，发现中文双字词在呈现后约 200 毫秒诱发一个负走向、以脑顶部和中央区域为中心、分布广泛的脑电反应，称为顶中区 N200。当词汇重复呈现时，该 N200 出现大幅度的增强效应，类似效应在英文识别中并不存在，提示顶中区 N200 是中文特有的脑电反应。进一步实验表明，N200 反映词形加工，提示中文词在识别早期就完成了对词形的视觉分析。

第二节 语言的结构和表征

一、语言结构

语言按层次结构组织。语言表达的基本单位是句子。句子下面可以分为短语、单词、语素等不同层次。每一层次又包含一定的语言成分和将这些成分组织起来的规则，如语音规则、正字法规则和句法规则等。语言可有口语和书面语两种形式。任何语言都有口语形式，但只有比较成熟的语言才有书面语形式。

（一）口语的结构

口语的结构由音位、语素、词和句子四个层次组成。

1. 音位

音位（phoneme）是能够区别意义的最小语音单位。如在英语中，home 包括三个音位，即/h/、/o/、/m/，三个音位中任何一个发生变化就会使词义发生变化。英语的音位和字母对应，但也有不一致的情况，即同一字母在不同单词中代表不同的音位，如字母 a 在 fat 和 fate 中就读不同音。有时，几个字母合在一起代表一个音位，如 ee 在 feet 中就代表一个音位。在汉语普通话中，声母、韵母和声调都是音位。如 mā（妈），将声母改为 b，就成为 bā（八）；将韵母改成 ō，就成为 mō（摸）；将平声改成去声，就成为 mà（骂）。不同语言有不同的语音规则。

2. 语素

语素（morpheme）是语言中最小的音义结合单位，是词的组成要素。语素的种类繁多，较常见的有自由语素和黏着语素。自由语素既可以独立成词，又可以同别的语素结合组成词。如汉语中的“马”既可以独立存在，也可以同其他语素结合组成词，如“马上”等。黏着语素不能独立成词，只有和其他语素结合才能成为词，如“玳”和“瑁”结合才能成为词，分开来则只是语素。英语中的前缀和后缀都属于黏着语素。

3. 词

词（word）是语言中可以独立运用的最小单位，是语言的基本单位。在口语中，词是音和义的结合体；在书面语中，词是形、音、义的统一体。不同的语言有不同的构词法，词在语言中可以承担不同的句法功能，所以，词包含了构词法和句法的信息。

4. 句子

句子（sentence）是独立表达比较完整语义的语言结构单位。它所对应的心理表征就是命题。口语的结构如图 11—4 所示。

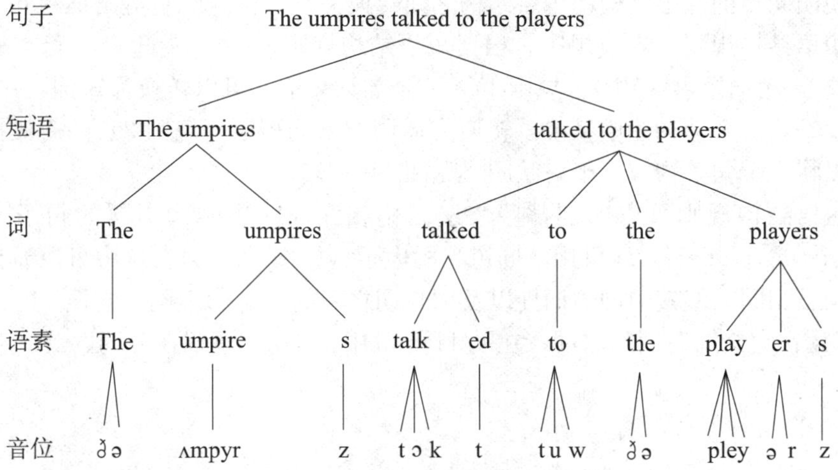

图 11—4　口语的结构层次

（二）书面语言的结构

不同语言的书面语形式上有很大差异。大体上可以分为象形文字、表意文字和拼音文字。象形文字如古埃及的图画象形文字、古玛雅的图画象形文字和我国殷商时代的象形文字，这些书面语言现已不再使用，成为一种历史的“遗迹”。现今世界上唯一存活的象形文字是我国纳西族的东巴文。汉字是世界上使用最广泛的表意文字。在世界各民族中，使用最多的是拼音文字。

拼音文字的结构一般分为特征（如直线、曲线、斜线）、字母、语素和单词四个层次。特征组成字母，字母组成语素，语素组成单词，单词组成句子。对于由自由语素构成的单词而言，语素层和单词层就合二为一。大量研究表明，汉字的结构一般可分为笔画、部件、语素和单词四个层次。同样，对由自由语素构成的单词而言（如汉字单字词），语素层和单词层也可以合并。另外，对于独体字，部件层也不存在。

（三）句子的表层结构和深层结构

语言学家乔姆斯基在《句法结构》中，提出了转换生成语法理论。他认为，任何一个语句都包含两个层次的结构：表层结构和深层结构。表层结构（surface structure）是实际听到或看到的句子形式，深层结构（deep structure）是指说话者试图表达的句子的意思。表层结构和深层结构关系十分复杂：(1) 同一深层结构可以用不同表层结构来体现，即在表达同一意思时，可以采用不同的语言形式。例如，“The dog chased the cat”（狗追猫）和“The cat was chased by the dog”（猫被狗追）两个句子的表层结构不同，但深层结构相同，即意义一致。(2) 同一表层结构可以有不同的深层结构。在这种情况下会出现歧义。如在英语中，“They are flying planes”有两种含义，一是“它们是正在航行的飞机”，二是“他们正在驾驶飞机”。又如一个广东人到北方去，说：“我都好几天没吃饭了。”北方人听后迷惑不解，因为好几天没吃饭岂不饿坏了。但这里的“没吃饭”指的是“没吃米饭”，北方人却理解为“没吃饭食”。由于表层结构和深层结构经常存在复杂关系，这就决定了人类语言表达的丰富性和语言理解的复杂性。

为了说明句子的深层结构和表层结构之间转换关系，乔姆斯基提出描写句子的句法规则，包括短语结构规则和转换规则。根据短语结构规则，一个句子（S）可以转换为名词短语（NP）＋动词短语（VP）（规则 1），一个名词短语又可以转换为冠词（Art）＋名词（N）（规则 2），一个动词短语又可以转换为动词＋名词短语（规则 3）……根据这些描写规则，可以将一个句子构成一个树状图（见图 11—5）。

运用短语结构规则可以区别某些表层结构相同而深层结构不同的句子。如歧义句“They are flying planes”，就可用不同树状图表示（见图 11—6）。从中可以看出，歧义句的表层结构虽相同，但其中词的词性以及词与词之间的关系却不同。在图 11—6a 中，flying 是形容词，它修饰后面的名词；在图 11—6b 中，flying 是现在分词。

规　则

1. S→NP＋VP
2. NP→Art＋N
3. VP→V＋NP
4. Art→a，the
5. N→cat，dog
6. V→chase

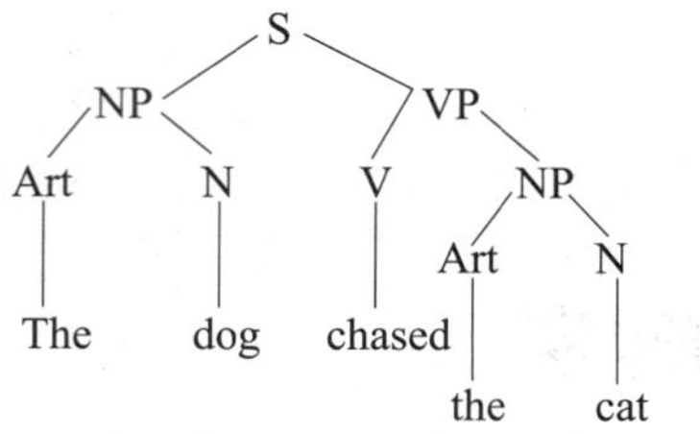

图 11—5　句子“The dog chased the cat”的短语结构树状图

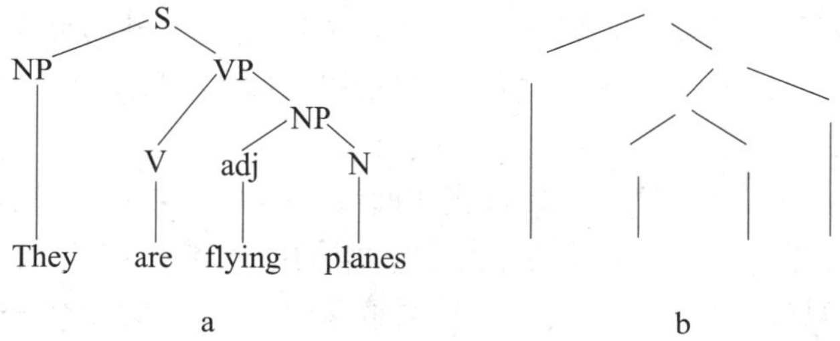

图 11—6　歧义句的成分分析

转换规则是说明句子的深层结构和表层结构之间关系的规则。运用转换规则，同一深层结构就可以用不同表层结构来表达。如句子“The dog chased the cat”可以转换成“The cat was chased by the dog”。这种转换关系就可以用被动的转换规则来描写：$NP_1 + V + NP_2 = NP_2 + was + V + by + NP_1$。

乔姆斯基的句法理论影响颇大。它加深了人们对语言实质的理解，刺激了大量关于语言习得、理解和产生的研究。这一理论不仅推动了语言学发展，也推动了认知心理学的产生和发展，并直接推动了一门新兴学科——心理语言学的产生。

二、语言表征

语言表征（language representation）是语言材料负载的信息在头脑中存在的方式。当人对外界信息进行加工时，信息以表征方式在头脑中储存。语言以何种方式表征目前还存在争论，它或者以表象方式表征，或者以命题方式表征，或者采用两种表征方式。例如，

“熊猫”在头脑中的表征，既可能是憨态可爱的“熊猫”表象，也可能是一个命题，如“熊猫是一种非常珍贵、体型肥胖、形状似熊、喜食竹类的哺乳动物”。

由于语言具有不同层次，语言表征也有不同层次。小的如词形表征、词音表征和词义表征，大的如句子表征、课文表征等。在语言表征研究中，人们提出一个重要概念——心理词典（mental lexicon）。心理词典是在人们头脑中的词汇组织。人们假定，在头脑中也存在一个类似词典的词汇组织，它有大量的词条，每个词条又包含词的写法、读音和意义。一个人在心理词典中储存了多少词汇？这是一个很值得探讨的问题。埃吉森（J. Aitchison）归纳了对英语讲话者的估计：对一个受过教育的人来说，他所掌握的词汇不大可能低于5万，也可能高达25万。汉语中有字和词，它们的界限不是很清楚，所以汉语使用者的心理词典中有多少词汇尚未有精确的估算。但有一些参考数字说明它的容量也不会太小。据统计，中国最早的字典《说文解字》收录了9 353个汉字，《现代汉语词典》（2012）收录的条目是69 000余条，《汉语大字典》（1995）收录56 000多个汉字，《辞海》（2009）共收录条目近127 000条。

[专栏11—1] **汉字的效用递减率和汉字的分层定量**

汉字的数量虽然巨大，使用频率却极不平衡。周有光（1906— ）综合各家的统计，提出汉字效用递减率：最高频率的1 000字的覆盖率大约是90%，以后每增加1 400字大约提高覆盖率的1/10。见表11—1。

表11—1 汉字效用递减率表

字总数		增加字数		合计字数	覆盖率	欠缺率
		1 000			90%	10%
1 000	+	1 400	=	2 400	99%	1%
2 400	+	1 400	=	3 800	99.99%	0.01%
3 800	+	1 400	=	5 200	99.999%	0.001%
5 200	+	1 400	=	6 600	99.999%	0.0001%

他还提出，现代汉字无法限定总量，但可以“分层定量”。汉字的应用层次如下：

(1)“初学用字”1 000个。幼儿园大班和小学低年级应够用，不够以拼音补充。

(2)“扫盲用字”1 500～2 000个。不够以拼音补充。

(3)“小学用字”2 500个。课本和读物用，超出部分加上“难字注音”。

(4)“初中用字”3 500个。课本和读物用，超出部分加上“难字注音”。

(5)“一般用字”7 000个。课本和读物用，超出部分加上“难字注音”。

(6) 特殊出版物用字无限制。

心理词典中的词语不仅数量庞大，而且有高效的组织，因为心理词汇的提取速度相当快。正常人的说话速度是1秒钟6个音节（约3个词）。人识别母语单词的速度是200毫秒一个词。因此，心理词典的组织必须兼顾大容量储存和有效提取两方面。人的心理词典和书本词典有什么不同？对这一点，埃吉森做过比较：(1) 排列方式不同。书本词典是按字母（汉语词典还按部首或笔画）排列，心理词典可能不按这种方式排列。例如，人讲话时经常讲错词，如果心理词典按字母排列，选错的词应该在目标词邻近，但情况却并非如此。有的言语错误与声音有关，却并非严格按字母排列；有的言语错误与意义有关。(2) 书本词典的词数固定，虽然隔一段时间词典要修订，但总赶不上语言发展。心理词典内容则不固定，新词和新义，甚至新的读音，都层出不穷。(3) 心理词典的词汇比词典的词条负载了更多信息。书本词典受篇幅限制，不可能把每个词所有信息都储存在其中，人对词义的了解比词典更精细。(4) 在书本词典里，词是孤立存在的，如果不是同义词或反义词，就很少会有横向联系。例如，“麻雀”和“企鹅”在书本词典中都是“鸟”，但人们觉得“麻雀”是比“企鹅”更好的“鸟”。“鸡”在书本词典中的定义是家禽，但在日常生活中有时指“妓女”。(5) 书本词典里的词条很少包含句法信息，心理词典却包含有大量的句法信息。如在书本词典中，“肥”和“胖”的含义相同，都是“脂肪多”，“与‘瘦’相对”，但我们说“肥肉”却不能说“胖肉”，说某人“很胖”，却很少说某人“很肥”（香港明星沈殿霞被称为“肥姐”是例外）。

目前，对心理词典的组织，有两种不同的看法：(1) 局部表征方式。这种观点认为，在心理词典中，每一个词都有一个词条，每个词条都包含有词的音、形、义的信息。这种看法以福斯特（K. I. Forster）的串行搜索模型为代表。(2) 分布表征方式。这种观点认为，词的音、形、义信息并不是储存在单个结点上，而是分布在网络的各个单元中，与其他单词共同使用每一种信息。网络中的每一个词语占据一个结点，人们提取词义就是在网络中搜寻的过程。

第三节　语言的感知和理解

一、语言感知和理解中的加工

语言的感知和理解是从语言的声音或词形中提取意义的过程，它的实质是语言的加工过程。语言加工（language processing）是对语言信息进行编码、转换、储存、提取的过程。这种加工过程是从语言材料的输入开始，或听或读，然后经过一系列转换，人们理解了语言信息的意义。

语言加工有不同的种类。根据语言加工中需要注意参与的程度，可以将语言加工分为自动化加工和控制加工。自动化加工无需注意参与，不受意识控制。例如，看到一个词，你立即就理解了它的含义，就是一种自动化加工过程。人只能意识到加工结果，意识不到加工过程。又如，在启动（priming）实验中，给被试短暂地呈现一个词（启动词），然后呈现另外一个词（目标词），要求被试判断目标词是不是词，或者命名目标词。当启动词与目标词有某种联系（如形似、音同或语义相关）时，就会被更快地识别。例如，先呈现“医生”再呈现“护士”，比先呈现“铅笔”再呈现“护士”，被试能更快地识别目标词。这种效应称为启动效应（priming effect）。相反，在写文章时，人认真地斟酌词句，反复修改，就是一种控制加工，人不仅能意识到加工结果，还能意识到加工过程。

根据语言加工是从头脑中的高级知识开始还是从语言材料的物理性质开始，可以将语言加工分为概念驱动加工和材料驱动加工。人们发现，在有语境情况下，人们能够更快和更好地识别某些词，这就是概念驱动加工的作用。当加工从语音和词形开始，最终达到词义，就属于材料驱动加工。例如，布朗（R. Brown）发现，人对颜色词识别存在词长效应（codability），即对颜色词命名受颜色词的长度影响，词越长，命名时间也越长，这显然是由于材料驱动加工的影响。

根据语言加工时各个成分之间是否存在相互作用，又可将语言加工分为模块化加工（modular processing）和相互作用的加工（interactive processing）。模块化加工是指语言的各成分的加工单独进行，各成分之间不存在相互作用。例如，词汇水平加工不受句子水平加工影响，词汇模块的输出就是句子模块的输入。相互作用的加工是指语言的各成分的加工不是单独进行的，它们存在相互作用，如词汇加工会影响句子加工，而句子加工又会影响词汇加工。目前，这两种加工都有一定的证据。

二、语音知觉

语音知觉（phonological perception）也叫言语知觉（speech perception），是指人们对语音的识别过程。语音是口语的物质外壳或形式，正确地知觉语音，是理解口头语言的最基本条件。

（一）语音的单位

语音的最基本单位是音位。不同语言在音位的数量和性质上不同。音位可以分为元音和辅音。气流顺利通过声道不受任何阻碍发出的声音就是元音，如英语中的 i、e、u、a，汉语中的 a、o、i、u、ü 等。元音的发音不同取决于舌头在口腔中的位置。气流在发音通道上受阻而发出的声音叫辅音，如英语中的 b、p、m、f、s、z、r、g、h、k，汉语中的 b、p、m、f、zh、ch、sh 等。辅音又可以分为清音和浊音。气流使声带振动而发出的辅音叫浊音，气流没有使声带振动只是在发音通道上受阻叫清音。根据语音的发音部位、发音方式和发音体不同，可以确定音位的特征。根据这些特征可以描述不同音位。表 11—2 是英语音位的 9 对区别性特征，“＋”号代表某一音位具有特征对中的前一特征，“－”代表某一音位具有特征对中的后一特征。两个音位差别越大，生理特性和声学特征差别也越大。人对音位的知觉具有类别知觉性质，即差别小的声音被知觉为同一音位。利伯曼（A. M. Liberman，1917—2000）等人报告，给被试呈现 14 个辅音，如 b、d、g、k 等，它们之间存在明显的音位界限：当物理刺激的细微变化在音位界限范围内时，对语音辨认只有很小影响或无影响，当变化跨越界限时，对语音知觉影响很大，变化前后将被知觉为不同的音位。

表 11—2　　英语辅音音位的区别性特征

	o	a	e	u	ə	i	l	ŋ	ʃ	tʃ	k'	ʒ	dʒ	g	m	f	p	v	b	n	s	θ	t	z	ð	d	h	(♯)
1. 元音性/非元音性	＋	＋	＋	＋	＋	＋	＋	－	－	－	－	－	－	－	－	－	－	－	－	－	－	－	－	－	－	－	－	
2. 辅音性/非辅音性	－	－	－	－	－	－	＋	＋	＋	＋	＋	＋	＋	＋	＋	＋	＋	＋	＋	＋	＋	＋	＋	＋	＋	＋	－	－
3. 聚焦性/分散性	＋	＋	＋	－	－	－		＋	＋	＋	＋	＋	＋	＋	－	－	－	－	－	－	－	－	－	－	－	－		
4. 低沉性/尖峭性	＋	＋	－	＋	＋	－									＋	＋	＋	＋	＋	－	－	－	－	－	－	－		
5. 抑降性/平坦性	＋	－		＋	－																							

续前表

	o	a	e	u	ə	i	l	ŋ	ʃ	tʃ	k'	ʒ	dʒ	g	m	f	p	v	b	n	s	θ	t	z	ð	d	h	(♯)
6. 鼻音性/口音性								+	—	—	—	—	—	—	+	—	—	—	—	+	—	—	—	—	—	—		
7. 紧张性/松弛性									+	+	+	—	—	—		+	+	—	—		+	+	+	—	—	—	+	—
8. 延续性/突发性									+	—	—	+	—	—		+	—	+	—		+	+	—	+	+	—		
9. 刺耳性/圆润性										+	—		+	—							+	—		+	—			*

（二）语音知觉的过程

（1）听觉阶段（auditory stage）。听话人接触语音，并将语音信号分析为声学提示（acoustic cues）。这些提示提供了某一音位的部分信息，如“元音”、“清音”和“辅音”以及“鼻音”、“双唇音”等，并将这些信息储存在听觉记忆里。

（2）语音阶段（phonetic stage）。听话者将声学提示集中起来，辨认音位，然后再把它们放在语音记忆里，在语音记忆里不再保存声学提示。

（3）音位阶段（phonological stage）。听话人参照一种语言对音段系列的制约，对语音阶段的辨认结果进行调整。

语音知觉的一个困难是语音没有不变式（invariant）。一个音段前或后的发音往往会影响这个音段的发音动作。例如，“key”（钥匙）和“koala”（考拉，大洋洲的一种动物）中的［k］的发音部位随着跟随它的元音不同而不同。这种现象叫音位变体（allophonic variation）。另外，不同的人如男人和女人、小孩，声带配置也不一样。人讲话时，在不同场合其发音也不相同。还有，人的言语速度极快，口语大约每分钟 125～180 个词，每秒大约处理 25～30 个音段。在语速快时，音段的声音特征被削弱，变化很大。但这些复杂情况并没有影响人对语音的知觉，相反却使人觉得自然。人之所以能容易地解决语音缺乏不变式的问题，主要是由于语境、句法和语义的作用。波拉克（I. Pollock）和皮克特（J. M. Pickett）用录音机呈现孤立单词，发现只有 47%能够识别；如果将单词组成句子，结果会好得多。因为人可以运用上下文来帮助识别。米勒等人选用了三类句子：（1）语法正常，语义正确；（2）语法不正常，语义正确；（3）语法和语义都不正确。要求被试倾听并报告结果。结果表明，语法、语义都正确的句子，可懂度达到 89%；语义不正确的句子，可懂度只有 56%。

三、单词识别

单词识别（word recognition）是通过视觉或听觉接受词形或语音信息，并在头脑中提取词义的过程。单词识别是目前心理学研究最活跃、成果最丰富的领域之一。

［专栏 11—2］　　单词识别的研究方法

在单词识别领域，人们已经发展出一系列研究方法，现简介如下：

1. 词汇决定（lexical decision）。鲁本斯特因（H. Rubensterin）首先使用这种方法。被试在电脑屏幕上看真词（如 table）、假词（符合正字法但不是词）和非词（不符合正字法），然后通过按键指出它们是不是词。被试判断真词的时间要短于判断假词和非词的时间。

2. 命名（naming）。给被试呈现单词，要求他们尽快尽量准确地读出来。福斯特和钱伯斯（S. M. Chambers）发现，高频词命名比低频词快。

3. 快速分类（speed classifying）。给被试呈现一系列词，要求通过按压反应键指出词属于不同种类。例如，张积家等人给被试呈现男女两类词，如爸、妈、哥、姐等，要求被试通过按压反应键的方法指出词是属于男性还是女性。

4. 语义证实（semantic verification）。要求被试决定一个关于类别成员的陈述是否真实。例如，“A robin is a bird”（知更鸟是鸟）就是真的，而“A acorn is a bird”就是假的。里普斯（L. J. Rips）等人使用这种方法研究表明，证实典型类别成员的陈述的时间比证实非典型类别成员的时间短。

5. 启动（priming）。先短暂地呈现一个词（启动词），再呈现一个词（目标词）。当启动词在词形、语音和语义上和目标词有某种联系时，会加速被试对目标词的反应。这种方法可用来研究词汇的组织。

6. 音位监察（phoneme monitoring）。在这种作业里，被试要在听到一个词或一个音位（如/b/）时做出反应。例如，要求被试朗读下面的句子，一旦听到/b/时就敲一下桌面：

The man started to drill before they were ordered to do so.
（在他们接受命令那样做之前，那个男子已开始操练。）
The man started to march before they were ordered to do so.
（在他们接受命令那样做之前，那个男子已开始前进。）

在两个句子中，被试听到 before 时都敲一下桌面。但由于第一个句子里出现一个歧义词 drill（既有“操练”的意思，又有“钻孔”的意思）。歧义词激活了两个意思，需要更多的认知资源去加工，因而会影响对/b/的辨认。福斯（D. J. Foss）的研究表明，加工第一句比加工第二句要慢 50 毫秒。

7. 词汇联想（lexical access）。这种方法可以用来探查词汇的组织。当被试看到一个词时，要求他说出他想到的词。使用这种方法往往要求有大量的被试。研究表明，人们最容易联想的是语义相似的词，如由“针”联想到“线”，由“黑”联想到“白”。如果给被试的词是对子的一个成员，则被试容易想起另一个成员。如“国王”使人想到“王后”。另外，成人往往容易联想到和目标词词性质相同的词，如名词引起名词，动词引起动词，儿童则不一定。

8. 等级评定（grade evaluation）。要求被试按照某一维度对词汇进行评定，如评定词的熟悉性、典型性（即所代表的概念是类别的多么好的成员）或给词义具有模糊性的词赋值。

9. 言语错误分析（speech errors analysis）。在人的语言活动中经常会出现口误或笔误。通过对口误和笔误的分析可以得到某些词汇加工和组织的信息。如对口误分析表明，70%的口误都是声音和目标词相近的，意义相近的只有30%。所以，声音和意义在词汇提取和加工中都起着重要的作用。使用这种方法时要求有大量的语料。

10. 眼动研究（eye movement studies）。眼动研究是通过眼动仪记录被试在完成心理任务时眼球运动的信息来探讨相关的心理活动及规律。如通过对被试的注视时间与频率、眼跳次数与角度、回扫次数、兴趣区（AOI）、眼球运动轨迹等客观指标，探索人的心理现象和活动规律。

11. ERPs 技术。事件相关电位（event-related potentials，ERPs）是与实际刺激或预期刺激（声、光、电）有固定时间关系的脑反应所形成的一系列脑电波。利用 ERPs 的固定时间关系，即锁时（time-locked）关系，经过计算机的叠加处理，则可以提取出 ERPs 成分。ERPs 技术的时间分辨率为毫秒级，空间分辨率为厘米级，适合于探测单词识别的过程和影响因素。

12. fMRI 技术。这是当代最为流行的脑成像技术，适合于研究单词识别的神经生理机制。

（一）影响单词识别的因素

1. 单词的部位信息

在拼音文字中，单词的起首字母和结尾字母在识别中具有重要的作用。起首字母可以预测其他字母，因而它比中间部分和末尾部位的字母提供更多信息。词尾指明了单词词性、是否为单复数和词类，因此，词尾变化也提供了较多信息。

汉字是由笔画构成轮廓图形。处在不同部位的笔画和偏旁在汉字识别中有不同的作用。周先庚（1903—1996）用省略法的研究表明，汉字的上半部比下半部传递更多的信息。曾性初（1923—2014）使用三种省略法（省前、略后、保框）研究表明，保框式辨认效果最好，略后式稍差，省前式最差。彭瑞祥发现，在汉字识别中，左边信息比右边信息重要，上边特征比下边特征重要。原因在于：汉字偏旁多在上部或左部，而保留字的“完形”有利于识别。

2. 正字法规则和正字法深度

任何语言都有使文字拼写符合标准的规则。不同字母或笔画和部件只有按照一定规则结合起来，才能成为一个合法的单词。在单词识别中，人们虽然不一定意识到正字法规则，但正字法规则在识别中却起重要作用。彭聃龄（1935— ）研究表明，在真假字判断中，被试对合乎正字法规则的假字的拒绝反应时比不合正字法规则的汉字明显要长。左右部件相比，右部件的合法性对汉字识别起更大作用。

正字法深度（orthographic depth）是指词的拼写和音位之间的一致程度，亦即由形知音的程度。不同的语言以不同的方式表征音位。如果语言的拼写与音位一致程度高，透明度（transparency）好，人们可以容易地由形知音，这种语言的正字法深度就是浅的。如在塞尔维亚—克罗地亚语中，每个字母仅表征一个音位，每个音位也仅由一个字母代表，字母与音位一一对应。这种语言的正字法深度就是浅的。如果语言的拼写与音位之间关系复杂，透明度差，这种语言的正字法就是深的。如在犹太语中，许多词往往共有一个词形，类似于汉语中的同形字。犹太语的字母主要表征辅音，元音靠字母串下面的区分符号表达。这种元音符号在通常阅读材料中并不出现，只出现在儿童读物、诗歌和宗教经典里。因此，在缺乏元音符号时，一个辅音字母串通常可以表征数个词。这种语言的正字法深度就是深的。张积家等人研究表明，正字法深度对汉字词识别有重要影响。命名时间顺序（由快到慢）是规则形声字（如“情”）、象形字（如“鱼”）、会意字（如“明”）、不规则形声字（如“被”）。各种类型字的反应时差异有的达显著水平。研究还发现，与单音字比，双音字（同形字）命名时间显著要长。这些都是由正字法深度的影响导致的。

3. 词长效应和笔画数效应、部件数效应

在拼音文字中，在使用频率相等时，词包含的字母越多，识别时间就越长。这就是词长效应（word length effect）。词长效应表明，单词的字母数影响识别。在汉字识别中，艾伟（1890—1955）在20世纪20年代就发现笔画少的汉字比笔画多的汉字容易识别。曹传咏和沈晔发现，在快速呈现时，笔画少的字比笔画多的字容易辨认。贾斯特等人以中文科技文章为材料，测量被试阅读时的眼动，发现词的注视时间随汉字笔画数增加而增加，平均每增加一画注视时间增加4.6毫秒。张武田和冯玲、彭聃龄和王春茂都证实了笔画数在汉字识别中的作用。张积家等人研究表明，人对汉字笔画的识别具有频率效应、重复性效应，笔画重复多的汉字比笔画重复少的汉字容易识别。汉字识别也具有部件数效应。即部件越多，识别时间也越长。部件频率和部件位置频率对汉字识别也有影响。

4. 字形结构

艾伟在20世纪20年代发现，汉字字型结构对识别有重要影响：（1）笔画在10画以内的汉字容易识别；笔画在11～13画之间，识别难度由字形结构决定；笔画在13画以上、由左右偏旁构成的且左右偏旁相差10画以上的汉字难于辨认；笔画在10画以上，字形由三四部分曲线构成的汉字，如疑、毅等，识别较难。（2）字形合拢的汉字，如田、口、日、月等，容易识别。（3）字形由横线和直线组成且笔画在15画以下的汉字，如罪、华等，容易识别。（4）字形对称的汉字，如韭、菲、罪等，容易识别。

5. 字词频率

研究表明，字词在语言中使用频率越高，在词汇决定和命名时就越快。福斯特和钱伯斯在布朗语料库中选取15个平均频率为199/1 000 000的词，再选取15个平均频率为1/1 000 000的词，发现提取高频词比提取低频词快71毫秒。雷纳（K. Rayner）和杜菲（S. A. Duffy）观察被试在阅读时眼睛的注视时间，发现低频词的平均注视时间比高频词长80毫秒。汉字识别同样具有频率效应，高频字比低频字被更快地识别。与频率相似的是近现率（recency），它指词在最近一段时间内的使用频率，是动态的频率效应。例如，在不同时期往往有不同的流行语，如当今的“中国梦”，在报章杂志中和人们交谈中使用频率很高。

6. 字词的读音规则

在单词识别中，存在读音的规则效应。如声旁就对汉字命名有重要影响。如果将声旁与整字读音相同的字称为规则字，将读音不一致的字称为不规则字，那么，规则字的命名就比不规则字短。

7. 词汇性效应

词汇性效应（lexicality effect）是指在单词识别中，拒绝非词或假词的时间比接受真词的时间要长。所谓非词是指不符合语言的拼写规则、在语言中不可能有的词，如在英语中不可能有“sjmf”这样的词，而假词是符合语言的拼写规则但在语言中不存在的词，如“sarf”。

8. 启动效应

启动效应（priming effect）是指在实验中，如果前后呈现的两个词之间形状相似、语音相近或相同、有语义联系时，对后一个词的识别会加快。张厚粲（1927— ）和舒华发现，汉字命名中存在显著的音似与形似的启动效应，启动字对低频字的启动作用更大。彭聃龄和谭力海在词汇决定作业中，发现多音字的两种读音都对目标字识别起启动作用。

9. 语义效应

指词的语义特征影响词汇识别。例如，低频具体词比低频抽象词容易识别，多义词较单义词容易识别。对汉字研究表明，这些效应在汉字识别中也存在。

10. 义符效应

在汉字形声字的词形结构中，存在着具有表义作用的义符（又称意符、形符或形旁）。张积家等人研究表明，义符影响汉字形声字的识别，影响汉字形声字的类别语义、特征语义、动作器官和动作工具语义的提取，影响中文名词和动词的分类。形声字的义符和声符均具有表义作用，但义符表示事物的类属的、一般的、相关的意义，声符表示事物的隐含的、具体的、特异的意义。张积家、王娟和印丛采用眼动技术研究表明，无论是在语音任务中，还是在语义任务中，阅读者均对声符给予更多的关注。

11. 词的整体与部分的关系

如当声旁与整字的读音一致（如"铜"），就会加速对整字的命名，当声旁与整字的读音不同，就会延缓对整字的命名。当声旁的声调与整字一致（如"政"），就会加速命名，不一致（如"骂"）就会延缓命名。这种现象叫声调一致性效应（tone effect）。张积家和盛红岩发现，在汉字的整体和部件之间存在整体结合力：在由相同部件组成的整体中，整体结合力的大小与部件数有关，部件越多，结合力就越小，部件就越容易同整体分离。部件越少，结合力就越大，部件就越难同整体分离。例如，从"品"中读出"口"比从"吕"中读出"口"要困难。在由不同质的部件组成的整体中，结合力的大小视整体对部件的依赖程度而定。整体对部件越是依赖，部件就越难于同整体分离。例如，从"村"中读出"寸"比从"守"中读出"寸"要困难。

12. 正字法家族效应

在拼音文字中，正字法家族（orthographic neighborhood）是指改变原词中的一个字母（保持其他字母位置不变）而形成的正字法相似词的集合。比如，lift、list 和 pint 都是 lint 的正字法相似词，即家族成员词。家族成员词的数量叫做家族大小（neighborhood size）。采用词汇决定任务，安德鲁斯（S. Andrews）首次发现了家族大小的促进效应，即阅读者对大家族词的反应速度快于小家族词，这种促进效应在低频词中更加显著。研究还发现，高频成员词（higher frequency neighbors，即成员词的频率高于目标词）对目标词的识别起抑制作用，即对有高频成员词的目标词的反应慢于无高频成员词的目标词，这一抑制效应在不同文字的研究中都得到证实。汉字是非字母文字，但 80％的汉字是形声字，形声字由声旁和形旁组成。基于同一声旁或形旁，可以构成汉字的正字法家族。比如，"璜"、"簧"、"磺"、"横"都含有声旁"黄"，属于同一声旁家族；"妈"、"姐"、"好"、"娇"都有形旁"女"，属于同一形旁家族。毕鸿燕等人发现，声旁家族越大，命名反应时越长，表现出抑制的家族效应，这种效应在不规则字命名中更明显。声旁家族效应也受家族内语音一致性影响，一致性低时，抑制性效应更显著。张积家和姜敏敏发现形旁家族大小和频率的交互作用，大家族能促进对高频字识别，对低频字却表现出抑制效应。这可能是因为低频字更可能拥有更多的高频成员字，高频成员字会对目标字激活产生竞争。

13. 语境

单词识别受上下文提供的信息影响。研究表明，单词独立呈现与在句子中呈现或成对呈现，识别阈限不同。特尔文发现，当单词与上下文有意义联系时，随着前行单词数量的增加，识别最后一个单词的时间显著下降；当单词与上下文无意义联系时，随着前行单词数量的上升，识别最后一个单词的时间也增加。彭聃龄和谭力海研究了语境对双字词识别的影响。按照语境与目标词的语义联系程度分成强语境（如牢房—监狱）、弱语境（如田野—碧绿）和无关语境（如软禁—细菌），发现语境对高频目标词的作用不明显，对低频目标词促进作用非常显著。

[专栏 11—3] 单词识别的途径

人是通过怎样的途径识别一个单词、提取单词的意义？对单词识别的途径，主要有三种假设：

1. 语音中介假设（phonology mediation hypothesis）。认为文字标志语言，词（字）形只有同一定声音相联系才能表达一定意义。因此，语音激活是词汇提取的必要条件。证据主要来自语音自动激活的实验。例如，在一项研究中，先呈现某一概念的类别名称，如 flower，间隔短暂时间后，再呈现目标词。目标词分为三类：(1) 与类别成员（如 rose）拼写类似，如 robs；(2) 与类别成员读音类似，如 rows；(3) 与类别成员的音、形、义无任何联系，如 tulip。要求被试判断目标词是否属于先前呈现的类别的成员。结果发现，被试对与类别成员读音类似的目标词有更多的错误反应，表明语音在词义提取中起非常重要的作用。莱斯奇（M. F. Lesch）等人采用语音中介启动的技术，采用三种启动词：(1) 与目标词有语义关联的词；(2) 目标词语义关联词的同音词；(3) 目标词语义关联词的同形词。如目标词是 nut（坚果），语义关联词为 beech（山毛榉），语义关联词的同音词为 beach（海滩），其形似词为 bench。结果表明，beech 和 beach 都对 nut 的命名有明显的启动作用，但 bench 没有启动作用。对汉字而言，虽然汉字是表意文字，但汉字中形声字已占绝大多数（80%），所以在识别中不可避免地要激活语音。

2. 直通假设（direct access hypothesis）。认为在单词识别中，人可以从单词的视觉信息（词形）中直接提取意义。如黄健辉和陈煊之研究表明，字形在中文词阅读中可以起非常关键的作用，语音在阅读早期似乎不起特殊作用。周晓林提出一个说明视觉字词识别的模型。在这一模型中，字形的视觉信息激活是其他类型表征激活的前提。一旦字形信息被充分激活，与之联系的语音和语义表征也将自动被激活。但是语音激活和语义激活是相对独立的，语义激活主要受字形制约。

3. 双通道模型（dual coding model）。认为人们可以经由两种方式得知单词的意义。一是由形至义，一是由形经由音至义。两条通道独立、平等地发挥作用，且具有竞争性。在主张双通道模型的心理学家中，又可分为以下几类：一些人认为语音中介即使不是单词识别的唯一通道，也是最主要的通道，直接的视觉通道在词汇通达中只起次要作用。另一些人认为，语音在词汇通达初期不起作用，词汇意义通常由字形输入直接激活。还有人认为，采用何种通道视语言而不同。西方人较多地使用语音通道，中国人较多地使用字形通道。另外，实验任务（如命名还是语义判断）也有可能影响通道的选择和重要性。

（二）单词识别的模型

目前，单词识别的模型主要有两类。一类是串行搜索模型（serial search model），认为当遇到一个词时，人们就去搜寻内部心理词典，找到这个词，提取它的信息（语音和意义）。这一类模型以自动搜索模型为代表。另一类叫并行提取模型（parallel access model），认为当人知觉到一个词时，多个词可以被并行地同时激活，与输入词共享特征最多的词将被最终选定。

1. 串行搜索模型

福斯特将心理词典比作图书馆。一个单词就像一本书，只能放在心理词典的一个地方，但位置可以从不同索引目录中找到，这些目录叫做提取档（access files）。有三种不同的提取挡：（1）正字法提取档，可供辨认词形；（2）语音提取档，可供分辨语音；（3）语义/句法提取档，可供辨认意义。提取档的作用是指出词在心理词典中的位置，心理词典就是主档（master file）。主档有许多储存单位，叫做“箱子”（bins）。词被分别储存在不同箱子中。每个词条包括它所有的语言信息（拼写、语音、词性、句法、语用等）。在箱子中，常用条目放在上面。每次提取只能使用一种提取档。

这一模型能够较好地解释词频效应和词汇性效应：前者是因为常用词放在“箱子”上边，搜寻容易；后者是因为真词在心理词典中有相应表征，搜寻到后即可停止搜寻，假词与非词必须将心理词典整个都搜一遍，才能够做出决定。但这种模型不能解释启动效应和语境效应。因为在这种模型中，各个词之间并无横向联系。

2. 词汇发生模型

莫顿（J. Morton）认为，词的识别并非由它在心理词典中的位置决定，而由词的心理表征的激活程度决定。就好比电灯一样，只要电流足够强，它就会亮。词如果得到足够激活也会被识别。在这一模型中，核心装置是词汇发生器（logogen）。它是一个特征计数器，负责计数知觉刺激和心理表征之间共有的特征（正字法的、语音的、语义的）的数目，将这些特征累加起来，最后决定提取哪个词。在这一模型里，允许把各种输入加在一起发生作用。如果几个词都被激活，那么，激活程度最高的将被识别。这一模型还强调词汇发生系统和认知系统的相互作用，因此有自上而下的加工。

这一模型可以解释词频效应。一个词使用频率越高，识别阈限就越低。这一模型对启动效应的解释是，启动词引起认知系统中信息的激活，这种激活给目标词的词汇发生器提供信息。这一模型还能解释语境效应，语境信息和知觉信息一样，都能增加词汇发生器的特征的数目。但这种理论在解释词汇性效应上有一定的困难。

3. 联结主义模型

联结主义是20世纪80年代在心理学、哲学和计算机科学界兴起的一种思潮，代表人物是麦克里兰德和鲁梅哈特。与将人比喻为计算机的传统认知心理学家不同，联结主义者将人对信息的加工比作脑和神经元对信息的处理。心理词典是一个网络式结构，由结点和结点之间的连接构成。有三种不同的结点：（1）输入结点，负责处理听觉或视觉的语言刺激；（2）输出结点，负责产生语言或动作的反应；（3）内隐结点，负责对语言信息的内部加工，是心理词典的核心（见图 11—7）。

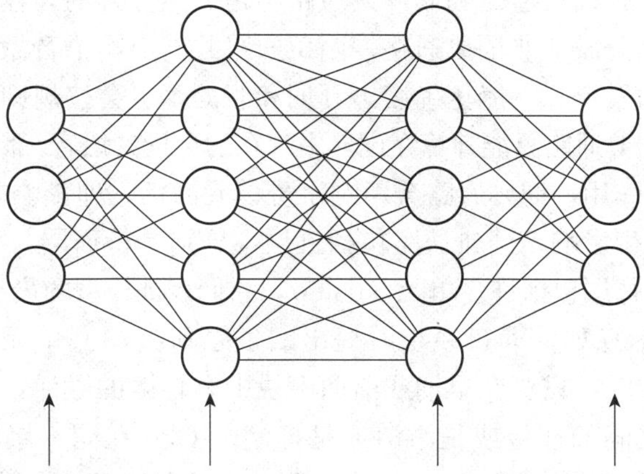

图 11—7 词汇识别的联结主义模型

联结主义模型在描述单词识别时遵循如下原则：（1）词汇是直接提取的；（2）在提取时几个候补词同时被激活；（3）各种不同信息都可以用来提取目标词。内隐结点的每一个层次都表示了词的不同方面，如视觉的、正字法的、语音的和语义的性质。词汇加工先从特征层次（如直线、斜线、曲线等）开始，所激活的结点再激活具有相应特征的字母，然后再激活共享这些字母的单词。当同一层面的连接受抑制时，层面之间的连接就会兴奋起来。这就使低层次单位可以进入高层次单位，但同一层面的单位在辨认某一刺激时，却必须互相竞争，以争取被激活。一旦某一表征达到阈限，它就会抑制其他相同单位的激活。联结主义能较好地解释词频效应、启动效应和语境效应。因为词汇单位使用得越多，其激活阈限就越低。当一个结点受到激活，激活就会向各个方向扩散，使在视觉上、语音上、语义上和目标词相似的表征得以递增。

4. 交股模型

主要用以解释听觉词汇辨认。马森-威尔逊（W. D. Marslen-Wilson）等人认为，当听到一个单词时，它的所有语音邻居都会被激活。这些被激活的单词便组成一个集合，称为“词的起始交股”（word initial cohort），被激活的词比目标词多；接着便是短时间地快速辨认；最后是高度有效地辨认单词，即与其他候补词区别开来。在交股模型里，所有候补词都被知觉输入完全激活，然后逐步排除。排除方式有两种：一是通过句子语境把开始的交股缩小；二是随着语音信息增加，把不合适的候补词排除出去。

5. 双通道瀑布模型

即 DRC 模型。这是一个合成模型，字形输入部分来自交互激活模型，语音输出部分借鉴言语产生模型。DRC 模型认为，从视觉刺激获得语音输出的通道有三条：（1）视觉输入系统→语义系统→语音输出系统→音素系统。(2) 视觉输入系统→语音输出系统→音素系统。通路一和通路二都是词典通路，外来的视觉刺激激活词典中的视觉信息，进而或直接激活语音信息，或通过语义信息激活语音信息。(3) 非词典通路，形态刺激直接通过亚词汇水平的形—音对应规则（grapheme-phoneme correspondences，GPCs）获得语音。这一通路完全不需要词典信息，借助拼音文字所特有的形—音对应规则就可获得书面刺激的语音。在语音通达中，词典通路和非词典通路不是截然分开的，任何字词输入都会部分激活词典通路，也会部分激活非词典通路，两条通路共同影响语音激活和提取。非词典通路会计算每个字母串的发音。它能正确读出真词和假词，也会按规则读出一些不符合拼读规则的发音例外词。词典通路只能计算在词典中存在的单词的语音，因此假词需要非词典通路。两条通路可以相互作用，词典通路会影响字母单元激活，即影响非词典通路上的输入，进而会对非词典通路产生影响。词典通路包括五层，分别是特征层、字母层、正字法词典、语音词典以及音素层，每层包括许多单元（units），它们表征模型的最小的单个符号部分。

DRC 模型在描述信息如何通过系统时提出四条原则：(1) 单元没有阈限，激活在模型的各层之间是瀑布式的，只要在早期或前面模块中有轻微的激活，就会向下面的模块传递。(2) 相邻层单元之间的连接或是激活或是抑制。(3) 在同一层单元之间的连接是抑制。在特征层、字母层以及音素层上，不同单元的编码有位置特定性（position-specific）。这些层由不同单元的子集组成，一个单元对应一个输入串或输出串的特定位置。横向抑制仅发生在位置特定的单元子集内部，即只有处于相同位置的单元才彼此抑制。正字法词典和语音词典中的单元不是位置特定的，每一个单元都抑制其他所有单元。(4) 层与层之间的激活是双向的。DRC 模型认为，对以上四条原则有三个例外：(1) 在特征单元和字母单元之间的激活不是双向的。(2) 在正字法词典和语音词典之间不存在抑制。(3) 非词典通路中激活只有向前传递，不存在反馈。

在 DRC 模型中，对输入视觉刺激进行加工的词典通路和非词典通路在激活方式上存在着本质的不同。首先，字母的特征分析并行激活字母单元，然后分成两条通路。在词典通路中，字母单元受到激活，它把激活传递到正字法词典中那些在相同位置上包含相同字母的所有单元上，同时抑制其他单元。当一个正字法词典中的单元被激活时，它会把激活传递到语音词典的相应单元上，并且会把激活反馈到字母单元。语音词典接着会把激活传导到音素系统，同时也把激活反馈到正字法词典。两条通路在激活最后音素时是不同的，词典通路并行激活音素，在非词典通路上，字形到字音的转化是系列式地从左到右通过字母单元的，利用 GPCs 系统把字形转化成语音。

四、语言理解

(一) 什么是语言理解

语言理解是在语言感知基础上，通过思维揭示语言的意义的过程。语言的意义又叫语义，它是语言传达的信息，即语言表达的思想。语义以概念或命题方式存在，代表某种事物或现象，并通过语言的物质形式（语音和字形）来传递。

语言理解有不同的种类。根据语言形式可以分为口头语言理解和书面语言理解，对书面语言的理解又称为阅读（reading）；根据语言单位大小可以分为句子理解、话语或篇章理解。但无论哪种理解，都包含三个相互联系的阶段：(1) 知觉阶段，即通过视觉或听觉接受语言刺激，并对刺激进行初步加工。(2) 解析阶段，即将言语材料转化为意义，这是语言理解的核心。(3) 反应阶段，即对语言刺激做出特定反应，如回答别人提问。正确反应是正确理解的标志。

语言理解也是积极的建构意义的过程。语言接受者要在语言感知的基础上，运用想象、预期、推理、整合等方式去揭示语言的意义。因此，语言理解必然受人的已有经验和认知结构的影响。人根据自己的知识经验去接受、加工所获得的语言信息，通过预期和推理去建立材料之间的联系，补充所缺少的信息，最后达到对材料的合理解释。因此，人的知识经验不同，理解能力不同，对同一语言材料的理解也不一样。

（二）语言理解过程

以阅读为例，对阅读过程的看法，占优势的是双边协作理论。这种理论认为，阅读中存在着两条相互作用的内部加工通道：左通道和右通道。左通道负责语音转录，并运用语言学规则加工有顺序、有结构的语言材料。这一通道具有分析性、逻辑性、主动性和缓慢性的特点。右通道主要完成字形匹配，它还能产生丰富的联想，并具有综合性、直觉性、被动性和迅速性的特点。一般人的左通道由大脑左半球控制，右通道可由任一半球控制。在阅读时，右通道能够迅速产生几种选择，通过左通道的分析验证，找出一个最佳答案，这样就完成了对材料的理解。目前，双边协作理论获得了较多的实验支持。

从信息加工的方向看，阅读时有两种相互联系的思维加工：(1) 逆分析方向的加工，又称材料驱动加工。它指从感觉材料开始，逐步上行达到意义结构的分析过程。阅读时由字词到句子，由句子到段落，由段落到篇章，最终理解文章的内容和中心思想。这种加工是一个由低级向高级、由文字到思想、由部分到整体、由形式到内容的过程，它在材料的推动下进行，重点在于理解文章，学习语文知识。(2) 顺分析方向的加工，又称概念驱动加工。它是从文章的意义结构开始到具体语言材料的加工过程。这种加工过程受概念指导，从课文概括化的最高水平开始，到越来越具体的信息，最后到特定字词。如从文章的中心思想出发，研究作者如何围绕中心思想选择和组织材料，如何剪裁布局、分段谋篇、遣词造句、修饰文字等。这是一个由高级到低级、由思想到文字、由整体到部分、由内容到形式的加工过程，重点在于提高读者的写作能力。两种加工的方向相反，但又紧密联系。读者在经历了逆分析方向的过程以后，往往要转入顺分析方向的过程。这就是阅读教学必须密切结合写作教学的心理学依据。两种加工也有相互作用。例如，在总体上是逆分析方向的加工的同时有顺分析方向加工的作用。读者的预期、知识经验的影响、上下文的影响等，就是这方面的证据。

（三）影响语言理解的因素

人对语言的理解受许多因素影响。这些因素大体上可以分为语言材料的因素和与读者（听者）有关的因素。

1. 语言材料的因素

(1) 语言材料的结构。研究表明，句子结构影响理解。一般说来，主动句比被动句容易理解，肯定句比否定句容易理解，多重否定句最难理解。如理解“狗追猫”比理解“猫被狗追”所用时间短，比理解“狗没有追猫”时间短，理解“狗没有不追猫”用时最长。陈永明（1934—　）等人用句子—图画验证任务对汉语句子研究表明，句子验证的时间模式为：真肯定句<假肯定句<假否定句<真否定句。

文章有一定的组织结构。例如，叙述故事的文章有故事结构，这种故事结构叫故事语法，它描述故事构成的一般规则。桑德克（D. W. Thorndyke）将故事一般结构分为背景、主题、情节和结局。背景指明故事发生的时间、地点和人物；主题指明主人公的活动想达到的目标；情节指达到目标的活动；结局指故事的结果。当读者阅读了许多故事后，头脑中就会形成关于故事结构的一般知识，称为故事图式。研究表明，当文章结构和故事图式一致时，能够提高读者阅读理解的速度和质量；反之，就会放慢理解速度，或者造成理解错误。例如，如果故事的主题不是出现在情节前而是出现在情节后，被试只有读完故事的情节和结局，才得知故事的主题，就会造成理解困难。

（2）语言材料的性质。语言材料的性质影响语言理解的速度和质量。一般说来，陈述性、描述性的材料比议论性、阐释性的材料易于理解；文学性的材料比科学性的材料易于理解；组织有序、语言浅显、逻辑性强的材料比组织性差、语言艰深、繁琐冗长的材料易于理解。心理学家采用搅乱课文的技术研究文章有序程度对理解与记忆的影响。搅乱可以在词的水平上发生，也可以在句子的水平上发生。研究表明，搅乱的水平越低，读者对文章的理解与记忆就越差。

当学生阅读课文时，课文特性会影响理解：一是课文标题。有标题的课文比无标题的课文容易理解。标题是一种先行组织者，它往往揭示了课文的主题或主要内容。布兰斯福德（J. D. Bransford）和约翰逊（M. K. Johnson）给被试无标题地呈现课文，被试的理解和回忆均差；当提供标题时，成绩就好得多。二是课文摘要。瑞德（L. M. Reder）发现，被试对有摘要的课文的理解与记忆比没有摘要的课文好。之所以如此，是因为摘要也是一种先行组织者，而且摘要一般是由课文中的重要信息组成的。三是课文插图。与课文内容有关的插图能够增进学生对于课文的理解和记忆。布兰斯福德和约翰逊让两组被试阅读同一篇课文，一组被试事先看了图画（见图 11—8），另一组被试则没看。课文的内容是：

> 如果气球炸裂了，那么声音便不能带去。因为一切距离那层楼太远了。关闭的窗户也能阻止声音传进，因为许多建筑物都有很好的隔音效果。由于整个操作都依赖于稳定的电流，因此电线中断也会引起问题。当然，小伙子可以喊叫，但人声的强度不足以传那么远。另外一个问题是乐器上的弦可能断。如果断了，就不能伴奏了。显然，最好的情况是距离短。这样，潜在的问题就会少一些。如果能面对面接触，则问题最少。

实验发现，如果没有看图画，上面那段课文就很难理解；如果被试事先看了图画，有了图画帮助，再理解课文就很容易了。

2. 与读者（听者）有关的因素

读者（听者）对语言材料的理解也受自身的一些因素影响。理解是在头脑中建立关于语言材料的内部表征的过程，这种表征当然因人而异。研究表明，下述与读者有关的因素对语言的理解有影响。

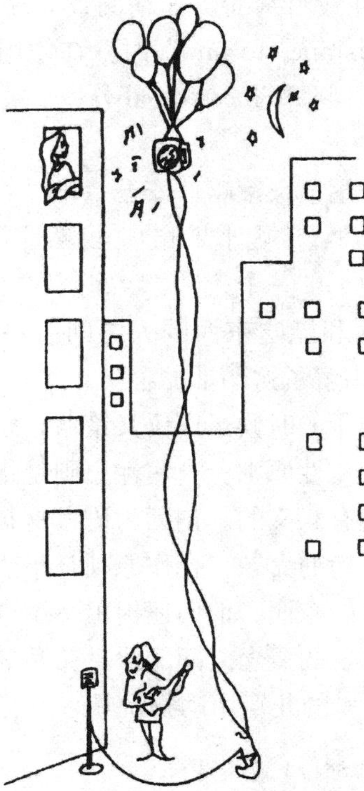

图 11—8 插图对课文理解的作用

(1) 语言学知识。包括语法知识和语义知识。研究表明，人在语言理解中会采用许多策略，包括句法策略和语义策略，使用这些策略的前提是人们具有大量语言学知识。句法策略包括：

词序策略。词序是表达词的语法意义的手段。汉语和英语的基本词序是主语—动词—宾语（SVO），它表达“施动者—动作—动作对象”的顺序。当人们听到或读到“他打我”时，总会将“他”当成施动者，将“我”当成动作对象。词序在语言理解中有重要作用，词序颠倒会引起意义改变。如果在词序颠倒时仍想保持句子原意，只有利用特殊句法手段，如将语句改成“我被他打了”。此时，尽管词序发生了变化，但特定的句法手段提供了正确的理解线索。

词类策略。词类即词的语法分类。人们在理解时可以根据词的语法分类来了解它在句子中的语法作用。如名词可以在句子中起主语、宾语和修饰语的作用。

词缀策略。如在英语中根据词的前缀和后缀了解词在句子中的句法作用。

重音策略。在口头语言理解中，句子重音是表达意义的重要手段。重音在句子中位置不同，表达的意思也不同。例如，在“李云买了一件红上衣”这句话中，将重音放在“李云”、“买”、“一件”、“红上衣”上，会表达出不同的意思：或者强调买衣人，或者强调获取手段，或者强调数量，或者强调购买对象。除重音外，语调也是一个重要手段。日常生活中的绝大多数嘲笑、挖苦和讽刺都通过语调变化来表达。

最小依附策略（the minimal attachment strategy）。指人们倾向于用最简单的句子结构来理解句子，如把动词后面的名词或名词短语看成是它的直接宾语。

晚终止策略（late-closure strategy）。在分析句子时，不急于根据前面材料就对句子结构做出判断，而是在晚些时候再做出判断。如在阅读句子“Since Jay always jogs a mile and a half seems likes a short distance to him”时，在使用晚终止策略时，不是在“jogs”处切分，而在“seems”处切分，将“Since Jay always jogs a mile and a half”当作一个原因状语从句。

在语言理解中，人们也常采用语义策略。安德森举过一个例子，在《人猿泰山》这部小说中，泰山说：“Jane fruit eat”（珍妮水果吃）。虽然这句话不合英语语法，但人们也能理解它的意义，因为这句话提到了“一个人”（珍妮）、“吃”和“能吃的食物”（水果）。读者能够意识到，在能吃的东西和能吃东西的人之间有一种关系，所以能够建造一个命题——吃（珍妮，水果），从而理解了这句话的含义。

克拉克等人认为，在理解句子的时候运用语义策略，是有前提的，即语言表达者和接受者都必须遵循真实性原则和合作性原则。真实性原则是指语言接受者在理解时相信语言表达者所说出或写出来的句子是有意义的。正因为语言材料有意义，所以语言接受者才从句子的表层结构中建造出深层结构的命题。合作原则是指语言接受者在理解语言时相信语言表达者试图告诉他们需要知道的东西。他们还提出一系列语义策略，如注意实词，将句子与语境联系起来，利用词所代表的概念之间的语义关系等。斯特罗纳（H. Strohner）和内尔森（K. E. Nelson）让 2～3 岁的儿童用动物玩具来解释下面句子：

The cat chased the mouse.（猫追老鼠。）
The mouse was chased by the cat.（老鼠被猫追。）
The mouse chased the cat.（老鼠追猫。）
The cat was chased by the mouse.（猫被老鼠追。）

结果发现，儿童将上面四个句子全部解释为“猫追老鼠”。这些儿童非常强烈地认为，猫能追老鼠，但老鼠不可能追猫。这种语义信息超过了任何句法信息，才使儿童对上述 4 个句子做出同样解释。这种情况一直可以延续到 4～5 岁。但即使儿童能对上述句子做出正确解释，他们对后边两个句子的解释仍需要较长时间。

（2）非语言学的知识。研究表明，语言接受者的非语言学方面的知识对语言理解也有重要影响。如果文章内容符合读者的知识经验，则有利于理解。斯普利奇让具有较多棒球知识和只具有较少的棒球知识的被试分别虚构一篇棒球比赛的文章，然后交给具有不同水平的棒球知识的被试阅读，测定他们对文章的理解和记忆。结果表明，高知识被试对高知识作者写的文章的理解与记忆较好，低知识被试对低知识被试创作的文章理解与记忆较好。王荣和张积家研究表明，农村儿童对农村题材的课文理解和记忆好于对城市题材的课文，城市儿童对城市题材课文的理解和记忆好于对农村题材课文。

（3）预期和推理。在语言理解中，预期起着十分重要的作用。预期是一种“先入为主”的看法，它会使人对语言理解具有一定偏向。例如，海德格尔认为，解释者对被解释对象的“认知预期”是待解释的意义的一部分，理解活动的完成依赖于理解的“前结构”。而布特曼（R. Bultmann，1884—1976）则主张，宗教信息的解释者必须先有信仰才能理解，但理解的目的正是为了获得信仰。这种观点用一句通俗的中国话去表达就是“信神有神在”。这种现象也适合于语言理解。例如，一部《红楼梦》，道学先生将它视为“淫书”，如果从道学先生的观点去看，的确可以发现这部书的“淫荡”之处；毛泽东将它视为一部

“阶级斗争史”，如果从阶级斗争角度看，的确也能发现阶级斗争的“刀光剑影”。

推理在语言理解中也有重要作用。推理可以在语言信息基础上增加信息，或者在语言信息的不同成分之间建立联结。例如，下面一段话：“玛丽听到卖冰淇淋的车声，她想起了生日零用钱，她急忙冲进屋里。”读完后，你自然会知道玛丽的生日零用钱在屋里，她冲进屋里的目的是为了取钱，玛丽年龄不会太大，很可能是个小女孩。这些信息虽然并未明确地出现在话语里，但经过推理，还是能很快地理解这句话的含义。

第四节 语言产生

语言产生（language production）又叫语言表达（language expression）。它是人们通过语言器官或手的活动把语言说出或写出的过程，包括说话或写作。从表面上看，语言产生无非是与语言的感知与理解相反的过程：语言的感知和理解将声音或字形变成意义，语言产生是将意义变为声音。实际上，这两个过程有很大差异。首先，说话或写作需要有语言器官或手的肌肉运动，听话或阅读牵涉到对语言信号的听觉的或视觉的分析，二者从语言器官到心理功能都是不同的。其次，语言产生时是先有思想后有语言的物质形式，语言的感知和理解是通过语言形式了解语言材料的意义，前者牵涉到用一个或多个表层结构来表达同一深层结构，后者牵涉到用一个深层结构来表达一个或多个表层结构。语言产生关心的问题是，当人们有了一些意念后，他们怎样把意念（深层结构）表示为语言形式（表层结构），核心问题是人们怎样制定语言计划并付诸实现。

语言产生和语言的感知和理解又紧密联系。任何正常的语言交际都包括感知、理解和产生，它们的知识基础相同，包括语言知识和世界知识。然而，同语言的感知和理解相比，语言产生的研究显得相对薄弱，但是，近年来，语言产生还是取得了很大进展。

一、语言产生的性质

语言产生是一种十分复杂的心理过程。它具有下列性质。

（一）目的性

语言产生是一种受目标指引的活动。人是为了交际才说话或写作的。在西方，语言哲学家将说出某种语言（比如做出陈述、发出命令、提出问题、做出允诺等）称为言语行为。例如，奥斯汀（J. L. Austin，1911—1960）认为，话语的重心不在于传递信息，而在于行动。话语可以按照其言语行为分为三种，即表达性言语行为（传递话语的字面意思）、施为性言语行为（使用话语完成某一功能）和成事性言语行为（指由于说话而产生的结果或效应）。塞尔认为，说出某种语言就是实施言语行为，说话即在行事，意义等于某种行为，语言研究是行为理论的一部分。任何语句都带有言外之力的特征，不同话语可用来表达相同的命题，但却有着不同的言外之力。这也就是我们平常所说的“话出谁口，事在谁手”的意思。实际上，字面意义和言外之力是同一事物的两个方面。言外之力即讲话者的交际意图。塞尔将在一定语境中或在一定条件下，怀着一定意图说出某些词、词组或语句称为语旨行为（illocutionary act）。语旨行为包括断言行为（assertives）（陈述、描绘、报道、说明等）、指令行为（directives）（建议、要求、请求、命令、邀请等）、承诺行为（commissives）（允诺、答应、打赌、发誓、保证等）、表达行为（expressions）（感谢、祝贺、道歉、欢迎、哀悼等）、宣告行为（declarations）（任命、辞职、解雇、命名、宣布等）。

（二）认知性

语言产生受人的认知系统调节。在产生语言时，讲话者或写作者不仅需要从记忆中搜寻所要表达的思想，还要通过思维对语言情境和语言接受者的特性作必要的分析和了解，以决定说什么、怎样说或写什么、怎样写。平时所说的“讲话要看对象”、“说话要注意场合”、“到什么山上唱什么歌”，就是这个意思。说话者或写作者必须要考虑语言的有效性、准确性和妥当性，将所说（语言的内容）、所指（语言的对象）和所在（语境）三个方面综合起来考察。反之，对儿童或文化水平低的人大讲哲理，庄重场合讲粗俗话，长者面前出言不逊，自然收不到好的效果。

（三）合作性

这是语言交际的基础。在口语交际中，说话者和听话者同处于一个语言环境之中。交谈的双方轮流作为说话者和听话者。双方所说的话都应符合谈话的目的与方向。说话者的话语应意图清楚，目的明确，用词准确，传递的信息恰如其分，能够为对方理解；应首尾连贯，不能前言不搭后语；说话的方式应简明扼要，条理清晰；说话时不能随便打断对方的讲话，应该给对方讲话的机会等。

（四）经济性

即最少用力原则。语言产生遵循经济省力原则。在口语交际中，说话人不可以絮叨地将已阐述过的东西反复陈述。为了省时省力，应该选择最富有表现力的语言成分，做到言简意赅，并善于用语境来衬补话语中的所缺成分，善于用暗指、眼神、面部表情和手势来表达自己的意思。写作时应紧扣主题，突出中心，惜字如金，不可下笔千言，离题万里，啰啰唆唆，像旧时懒婆娘的裹脚布，“又臭又长”。

二、语言产生的单位

通常，人们通过研究言语失误（speech error）来分析语言产生的单位，把语言产生中发生错误的单位作为语言产生的单位。

语言产生的单位主要有：（1）语音的区别性特征。如将“big and fat”说成“pig and vat”，属于浊音化倒置，将“+浊音”读成“-浊音”。（2）音素。如将“a reading list”念成“a leading list”，发生辅音替换错误。（3）音节。如将“unanimity of opinion”读成“unamity of opinion”，表现为音节删除。（4）语素。如把“the introduction of the subjects”读成“the introducting of the subjects”，表现为语素替换。（5）重音。如将“Apples of Origin”（大写字母表示重音）读成“apples of oRigin”。（6）词。如将“I really must go”读成“I must really go”。（7）短语。如把“My sister went to Grand Canyon”说成“the Grand Canyon went to my sister”。

其他方法研究表明，短语确是语言产生的重要单位。例如，人们在说话时经常停顿一下。布默（D. S. Boomer）发现，语言停顿经常发生在语法连接处，在短语间的平均停顿时间为1.03秒，在短语内的平均停顿时间为0.75秒。麦克莱（H. Maclay）和奥斯古德（C. E. Osgood）观察到，在短语间停顿时，人们常发出“um”、“er”、“ah”的声音，在短语内停顿时多是无声的。在自发性言语中，说话人常重复短语或更正短语。他们认为，语言产生以短语为单位，一次产生一个短语。短语间较长停顿为计划下一个短语提供了时间。

句子也是语言产生的基本单位。格罗斯吉恩（F. Grosjean）等人在被试朗读时测量在句子每个单词后的停顿时间，并求出每个单词后的停顿时间与全部停顿时间的百分比。结果发现，大部分停顿发生在句子的主要成分前后。在每个短语结构之后，特别是子句与子句的连接处，停顿时间都要长许多。

三、语言产生的阶段

对语言产生过程最早进行研究的是心理学创始人冯特。冯特将口头语言产生分为四个阶段，即观念产生、句法阶段、转换阶段和语音阶段。从20世纪70年代开始，心理语言学家根据对语言产生的研究，提出了不同的假说，最有影响的是戴尔（G. S. Dell）的四水平模型和勒韦尔特（W. Levelt，1938— ）的三阶段模型。

（一）戴尔的四水平模型

戴尔认为，语言产生包括以下四种加工水平：

（1）语义水平（semantic level）。确定语言要表达的意义。

（2）句法水平（syntactic level）。为词语选择适当的句法结构。

（3）语素水平（morphological level）。确定名词的单复数和动词的时态。

（4）语音水平（phonological level）。提取语音和发出语音。

戴尔的模型是一个平行分布加工的模型，四种水平的加工存在着交互作用。

（二）勒韦尔特的语言产生模型

勒韦尔特认为，语言产生包括三个主要阶段：（1）概念化阶段。对所要表达的概念产生前词汇信息。（2）形式化阶段。把前词汇信息映射（map）到语言形式，选择词汇，确定句法特征。（3）发音阶段。通过发音器官的活动把语音发出。1999年，他和合作者们又提出一个更为精细的语言产生模型（见图11—9）。

（三）书面语言产生的模型

通过“出声思维”（think aloud）方法，弗劳尔（L. S. Flower）提出了一个书面语言产生的模型。把写作过程分成三个阶段：

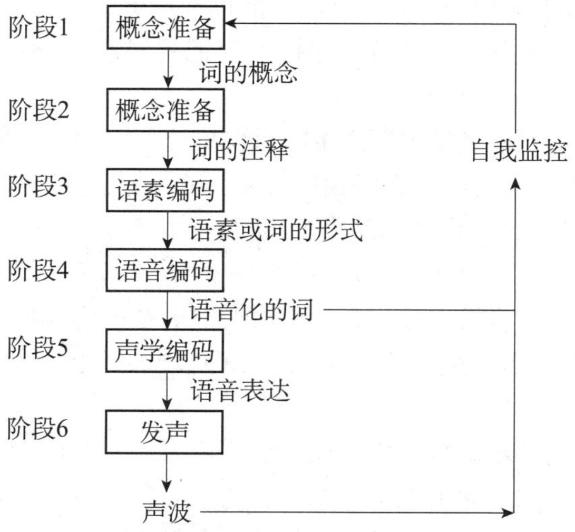

图 11—9　语言产生的过程

（1）计划（planning）。包括确定目的，形成思想，组织思想。

（2）转换（translating）。即句子产生的过程。

（3）检查（review）。指评价和编辑的过程。

三个阶段并不是线性的，在写作过程中，作者经常在这些不同活动之间转换。这些阶段和说话过程的阶段有重叠，但在写作和说话之间还是存在重要差异，特别是在计划阶段和检查阶段。由于在写作过程中没有来自语言接受者的反馈，写作者在计划阶段必须充分考虑到读者，而且在检查阶段也要仔细审查所写出来的东西是否符合写作的目的。

第五节　语言研究的新进展

一、语言与认知科学

莱可夫和约翰逊将认知科学分为第一代认知科学和第二代认知科学。两代认知科学都认为语言和认知存在于人的头脑中，但对语言的观点却存在显著差异。

（一）两种不同的语言观

1. 第一代认知科学的语言观

以乔姆斯基为首的生成语言学派认为，语言是天赋的、自治的，是人脑中一个独立的系统，独立于感知、经验、运动、记忆、注意、社会背景、文化知识和交际需要，认知发展的一般机制说明不了复杂的语言结构，语言必然成了一种纯形式的东西，必须独立地加以研究。人类大脑先天就有自治的“句法模块”，句法是人类心智的生成部分。

2. 第二代认知科学的语言观

第二代认知科学主张体验论、互动论，认为语言不是天赋的、自治的，不能离开人的感知体验和互动认知；句法不是自治的，不能离开语义。人类心智不可避免地要受社会文化等因素影响。语义不能用客观主义的真值条件、模型理论来加以描写。意义是一种体验性的心理现象，是主客体之间互动的结果。自然语言的语义内容远比真值条件和各种基于语义模型的内容要丰富得多。语义必须从体验、互动、想象力、文化背景、百科知识等角度加以描写。

（二）隐喻认知理论

隐喻（metaphors）原是一种修辞手段。与明喻不同，隐喻不使用 like 或 as，而是一种隐藏比较的修辞手段，表达方法为“A 是 B”。在人类语言中，存在大量隐喻，如“时间就是金钱”。研究发现，隐喻使用非常频繁，日常会话中几乎每三句话中就可能出现一个隐喻。莱可夫和约翰逊通过语料统计发现，人一生大约使用 470 万个新颖隐喻，2 140 万个定型化隐喻。隐喻的普遍性说明了隐喻是人类基本的认知现象。由于隐喻的重要性，所以，近年来，隐喻研究已经引起众多研究者关注，成为哲学、语言学、逻辑学、心理学、认知科学等学科领域的核心问题之一。1977 年，在美国伊利诺伊大学召开的“隐喻与思维”跨学科大会就有近千人参加。目前，在全世界范围内，正在掀起一场“隐喻革命”（Metaphoric Revolution），隐喻研究亦成为心理语言学研究的重点。

莱克夫和约翰逊认为，人类对世界的认知离不开隐喻，隐喻是人类重要的思维方式和认知手段，它反映在人类的语言中并影响和增进人类对世界的认识。由于思维的局限、认知的狭隘或即成表达的缺失，人类无法直接地认知某些事物，需要通过另一个事物来间接地认识这些事物。隐喻是从熟悉的、有形的、具体的、常见的概念域来认知生疏的、无形的、抽象的、罕见的概念域，从而建立起不同概念系统之间的联系。因此，隐喻帮助人们利用已知事物来理解未知事物，帮助人们建构完整的概念系统。人类普遍概念系统的本质是隐喻的，隐喻植根于人类的概念结构，语言中的隐喻隐藏着人类概念系统的建构机制。

隐喻的基本结构包括：（1）始源域（source domain），即具体的、有形的、简单的概念，能够直接体验的认知域；（2）目标域（target domain），即抽象的、不易理解的认知域；（3）映射（mapping），即从始源域到目标域的跨概念域的意义的映射，是语言表征的知识概念的对应。

莱可夫和约翰逊将隐喻分为结构隐喻、方位隐喻和本体隐喻三大类。

（1）结构隐喻（structural metaphors）。指隐喻中始源概念域的结构可以系统地转移到目标概念域中去，使得后者可按照前者的结构来系统地加以理解，如“金钱”域中的相关概念可以系统地映射到“时间”域中，如“钱”可以被花费、浪费、投入、借用，甚至偷盗等，这些概念也可系统地用于有关“时间”表达的隐喻中。

（2）方位隐喻（orientational metaphors）。运用诸如上下、内外、前后、远近、深浅、中心—边缘等表达空间的概念来组织另一概念系统。这与身体构造、行为方式密切相关。

（3）本体隐喻（ontological metaphors）。用关于物体的概念或概念结构来认识和理解经验。如可将抽象概念喻说成具体物体，可以使后者的有关特征映射到前者，其中又可分为三小类：

一是实体和物质隐喻（entity and substance metaphors）。把经验视作实体或物质，通过后者来理解前者，就可对经验做出相应的物质性描写，如指称、量化、分类，使其带上某类物质的特征，加以引申，进行推理，分析其相应原因。如雷迪（M. J. Reddy）提出管道隐喻（conduit metaphors）的观点，其核心隐喻为“Ideas are objects”，如果将心智视为计算机，心智就有了“输入、输出、检索、运算、符号”等隐喻性的说法。

二是容器隐喻（container metaphors）。将本体（不是容器的事物、大地、视野、事件、行动、活动、状态、心境等）视为一种容器，使其有边界、可量化、能进、可出。如“out of sight”、“out of mind”。

三是拟人隐喻（personification）。将事件视为具有人性就是一个明显的本体隐喻。如“His theory explains to us that……”。

二、语言和认知的关系

语言与认知的关系从古至今都是研究者关心的问题。在心理学史上，关于语言与认知的关系有五种观点，即同一论、符号论、思维决定论、密切联系论和语言决定论。其中，语言决定论受到了许多批评，但语言和认知的关系在近年来还是引起了人们的广泛关注。人们将沃尔夫假设（即语言关联性假设）区分为三个层次：（1）强式。语言决定思维。（2）弱式。语言影响知觉。（3）最弱式。语言影响记忆。人们最难接受的是强式，对弱式则得到了许多人的赞同。然而，张积家等人 2000 年以来的系列研究表明，语言影响人对颜色、空间、时间、气味、动植物、食物、亲属、国家的认知。他们认为，语言既影响知觉，也影响记忆，还影响思维。因为思维的基本单位是概念，判断就是概念之间的联系，知识与思想的本质是概念结构。既然语言影响概念表征，影响概念联系，影响概念结构，语言影响思维就不言而喻。

除了指导思想的转变外，语言关联性假设的研究还得力于新的研究方法——认知心理学和认知神经科学的方法。在认知心理学领域内，来自颜色知觉、典型性判断、空间和时间表达、数的表达、语法性、可数名词与物质名词、亲属词认知、反事实推理、社会知觉和判断，以及同一语言内的语言关联性假设的证据均有力地证明了语言影响认知的事实。来自认知神经科学的研究发现，使用不同语言的人有不同的大脑皮层表征，不同语言的阅读障碍受语言和文化影响，使用不同语言的人的大脑具有结构差异等。在大量实证研究的基础上，张积家等人提出了新版的语言关联性假设，认为语言塑造大脑，语言影响认知，语言构建民族。语言影响认知方式（即习惯的思考方式），影响认知的途径和过程，影响认知策略，影响认知过程的难易，影响认知结果。他们细化了语言影响认知的途径：（1）通过语言标记影响认知。语言标记的存在使某些认知过程或认知策略更容易被选择。（2）通过范畴和原型影响认知。语言中的范畴和原型给认知结果的编码施加了某些限制。（3）通过某些中介机制影响认知。如参考框架的选择、图形与背景的关系、认知的凸显性、对数量和材质的强调等。（4）通过隐喻和语言象似性影响认知。语言中的隐喻有助于人们通过具体概念认知抽象概念，不同的隐喻使理解者关注事物的不同方面。语言象似性有助于人们利用生活经验加工语言，促进对事物的理解。（5）通过理论和语境影响认知。

基本概念

语言；外部语言；对话语言；独白语言；书面语言；内部语言；表层结构；深层结构；心理词典；语言加工；模块化加工；相互作用的加工；语音知觉；音位；单词识别；正字法深度；词长效应；笔画数效应；部件数效应；词汇性效应；启动效应；语义效应；义符效应；正字法家族效应；整体结合力；语境；语言理解；阅读；最小依附策略；晚终止策略；语言产生；隐喻；结构隐喻；方位隐喻；本体隐喻

基本原理

语言的特性；语言的功能；语言的种类；语言的脑机制；语言的结构；转换生成语法理论；语音知觉的过程；单词识别的过程；影响单词识别的因素；语音中介假设；直通假设；双通道模型；串行搜索模型；词汇发生模型；联结主义模型；交股模型；双通道瀑布模型；语言理解过程；影响语言理解的因素；语言理解的策略；语言产生的性质；语言产生过程；戴尔的四水平模型；勒韦尔特的语言产生模型；书面语言产生模型；第一代认知科学的语言观；第二代认知科学的语言观；隐喻的基本结构；新版的语言关联性假设

思考题

1. 试述语言的含义和特性。
2. 语言具有哪些功能？
3. 语言具有哪些种类？不同种类的语言各自有什么特点？
4. 大脑皮层的语言区有哪些？损伤这些区域将会导致什么样的失语症？
5. 结合自己的体会说明语言在生活中的作用。
6. 语言的表层结构和深层结构有什么关系？语言的结构转换有哪些规则？
7. 什么是语言的表征？心理词典和实际的词典有哪些不同？
8. 人在加工语言时有哪些加工类型？
9. 语音知觉的过程怎样？人是如何解决语音不变式问题的？
10 单词识别的模型有哪些？影响单词识别的因素有哪些？
11. 影响语言理解的因素有哪些？
12. 试说明语言理解的性质和阶段。
13. 试说明语言产生的性质和过程。
14. 试论述语言与认知关系的研究进展。

第十二章

动　　机

本章要点

1. 动机的概念
2. 动机的功能
3. 需要及其理论
4. 动机的种类
5. 动机理论

在日常生活中，常听到这样的话："人为财死，鸟为食亡。""天下熙熙，皆为利来；天下攘攘，皆为利往。"这些看法虽然不一定正确，但都属于对人的行为的原因的探索。也常听人说，运动员努力学习与训练为国争光，科学家搞科研为民族争气，这些也都是对人的行为原因的解释，要回答人的行为为了什么的问题。行为的原因就是行为的动机。正如汽车没有发动机就不能开动一样，人没有行为的动机，也就不会产生行为。那么，什么是动机呢？

第一节　动机的一般概念

一、动机的含义

动机（motivation）是发动、指引和维持个体活动的内在过程或内部动力。在有特定目标的活动中，动机涉及活动的全部内在机制，包括能量激活，使活动指向目标，维持有组织的反应，直到活动完成。人的一切活动，总是受动机的调节和支配的。

动机的概念是由美国心理学家伍德沃斯率先引入心理学的。他把动机视为决定行为的内在动力。在指向目标的活动中，刺激激发有机体释放出一种能量，就是驱力；这种能量是未分化的，不具有方向性，活动目标由其他心理机制（如知觉、学习）决定。在心理学史上，行为主义只重视外部刺激的作用，否认动机的作用。随着行为主义的衰落，心理学家越来越重视动机的研究，其研究成果在实际生活中发挥越来越大的作用。

二、动机的功能

（一）激活功能

动机是个体积极性的源泉，具有发动行为的作用，能够推动有机体产生某种活动，使个体由静止状态转向活动状态。动机可能意识到，也可能意识不到，但是，没有动机，人就不会有行动。因此，在犯罪调查中，警察的首要任务之一就是要揭示嫌疑人的犯罪动机。当然，动机的性质与强度不同，激活力量的大小也有差异。一般认为，中等强度的动机有利于活动完成。动机虽然能够激活活动，但动机本身不属于行为活动的范畴，它只是促动活动产生的内在因素而已。所以，在法制健全的国家中，没有"思想罪"，中国历史上的"腹诽罪"（口里不说，心中不满）不过是统治者打击异己者的幌子而已。

（二）指向功能

动机使人的活动具有一定的选择性。它使人的行为指向于一定的目标，而放弃其他的方向。动机越强烈，行动的目标就越明确。例如，在吃食动机支配下，人们可能去饭馆或食品店。在交往动机支配下，人们可能去看望老朋友，结交新朋友。在艺术欣赏动机支配下，人们可能去看电影，或去参观展览。动机不同，有机体活动的方向及指向对象也有差异。

（三）维持和调整功能

动机引起活动之后，人能否将活动进行到底，受动机的调整和支配。当活动指向个体追求的目标时，相应的活动动机便得到了强化，活动也会坚持下去；相反，当活动背离了个体追求的目标时，相应的活动动机就被减弱，活动的积极性也就随之降低，甚至完全停止活动。将活动结果与个体原定的目标进行对照，是实现动机的维持和调整功能的重要条件。

（四）评价功能

动机具有评价行为的功能。行为性质的确定，不仅要考虑效果，还应该考虑动机。只考虑效果，不考虑动机，在评价行为时往往会得出一些啼笑皆非的结论。例如，在评价历史人物时，曾经有人从当代中国是多民族国家的立场出发，认为岳飞、文天祥、袁崇焕和史可法不是中华民族的英雄，因为他们的所作所为"逆"中华民族融合的历史潮流而动。如果这一立论能够成立，那么，秦桧和吴三桂是否就应成为中华民族的英雄？进一步，等世界实现大同以后，又将如何看待抗日战争中的烈士？又如，张艺谋导演的电影《英雄》将杀人无数的秦始皇描写为最具有人文关怀的"英雄"，也被人视为笑柄。另外，在司法实践中，动机的评价行为的功能就更明显。例如，同样是杀人，有过失杀人和故意杀人之分。动机不同，量刑也不同。

[专栏 12—1]　**与动机有关的概念**

在心理学文献中，有一些概念常与动机一起使用，有的概念与动机的含义大同小异，有的却相差较远。为了更好地理解动机，现将几个与动机有关的常见概念作简单介绍。

1. 本能（instinct)。它是个体在进化过程中形成并经由遗传固定下来的不学而能的活动倾向。如鸡孵蛋、鸟筑巢、蜂酿蜜、青蛙弹舌捕捉飞虫等。英国心理学家麦独孤认为，逃跑、拒绝、好奇、好斗、抚育等都是人类的本能。而弗洛伊德则把人类行为的根本原因归因为本能。按照本能论的观点，有机体生来具有特定的、预先程序化的行为倾向，这种行为倾向对生存至关重要，并以适当途径确立行为方向，为行为提供能量。现代心理学认为，本能是一系列无条件反射。新生儿的觅食反射、抓握反射、惊跳反射等都属于本能。在心理学上，凡能称得上本能者，必须符合两个条件：(1) 它不学而能；(2) 凡是同一种属的个体，其行为表现方式完全相同。从这两个条件来考察人的行为，本能只占很小的成分，它们只是简单行为的内部动因的一小部分，不足以解释人类复杂行为的原因。人的行为具有极大的个体差异和团体差异，这是本能论难以解释的。

2. 平衡作用（homeostasis)。个体为了生存，在身体上具有某些先天的调节机制，它们能够自动运作，发挥维持生命的功能。例如，体温调节就通过平衡作用来实现。当外界温度升高时，人就出汗；外界温度降低时，人就发抖。身体对食物和水分的调节也通过平衡作用实现，饥则食，渴则饮。因此，平衡作用和人的生理性动机有密切关系。平衡作用与心理性动机也有一定关系，如静极思动，动极思静，乐极生悲等。但是，平衡是暂时的，个体的生理状态和心理状态往往在波动、变化，到了某种程度，就会促使个体产生恢复平衡的内在力量。这种内在力量，就是动机。因此，平衡作用是动机的内在机制之一，它的结果就是动机的产生。

3. 驱力（drive)。它是指由内部或外部刺激所唤起的，并使有机体的活动指向一定目标的某种内在倾向。驱力与平衡作用有关，当个体在生理上和心理上失衡时，为了恢复均衡，就会产生一种力量，迫使个体有所活动。在达到目标的过程中，指向目标的行为不断加强而内在驱力则逐渐减弱。例如，饥饿作为一种内驱力，引发求食行为，而食物的摄入则使内驱力不断减弱。弗洛伊德认为，内驱力是一种天赋力量，它促进或阻止有机体的能量释放。赫尔认为，内驱力是一种能减退也能强化的普遍存在的能量。驱力可来自内部刺激，也可来自外部刺激。由内部生物需要引发的驱力叫原始驱力，由外部条件作用而获得的驱力叫获得驱力。人类的大多数动机都是获得驱力。

4. 诱因（incentive)。诱因是指能满足个体需要的刺激物。按刺激物的性质，诱因分为正负两类。凡能引起个体趋近或接受并获得满足的刺激物，称为正诱因；凡能引起个体躲避或逃离的刺激物，称为负诱因。对人来说，物质的东西、精神的事物（兴趣、理想、信念等）都可以成为激发行为的诱因。学校教育中的分数、奖励、表扬，都是在教育过程中具有重要意义的诱因。

综上所述，本能、平衡作用、驱力、诱因、动机都与行为有密切关系。从广义上说，本能、平衡作用、驱力、动机的意义相近，可以替代使用。从狭义上说，本能是与生俱来的、不学而能的行为内动力，平衡作用是产生动机的内部机制，驱力既包括由内部生物需要引发的原始驱力，也包括由外部条件作用而形成的获得驱力。行为的唤醒取决于本能、驱力的“推动”与诱因的“拉动”。当有机体的物质和能量失衡时，本能或驱力使有机体采取行为来满足需要。当有机体不具有生理需要时，诱因的作用也会使有机体采取行动。

三、动机与需要

（一）需要的概念

需要（need）是有机体内部的不平衡状态，是个体和社会生活中必需的事物在人脑中的反映。需要在主观上被体验为一种不满足感，并成为个体活动的积极性源泉。这一概念包含以下三点含义。

1. 需要是有机体内部的不平衡状态

这种不平衡状态包括生理和心理两方面。血液中缺乏水分，产生了饮水的需要；血液中血糖减少，产生了吃食的需要；到了青春期，产生了性爱的需要；社会治安差，产生了安全的需要。需要得到满足以后，不平衡的状态会暂时消除；新的不平衡状态出现时，又会产生新的需要。

2. 需要是人对某种客观要求的反映

人为了个体生存和社会发展，必定要求一定的事物。这种要求来自两方面：一是有机体的内部环境，如生理上的不平衡；二是有机体外部环境，如社会的要求。需要总是反映有机体内部环境和外部生活条件的某种要求，通常以意向、愿望、动机、兴趣和价值观的形式表现出来。

3. 需要是人活动的基本动力，是个体行为积极性的源泉

人的各种活动，从饥择食、渴择饮，到从事物质资料的生产、文学艺术的创作和科学技术的发明创造等，都在需要的推动下进行。

（二）需要的特性

1. 对象性

需要必须有一定的对象才能够满足。如吃的需要指向食物，性的需要指向异性，求知的需要指向知识。对象性为需要定向，指出人到底需要什么。马克思指出，人是自然存在物。人的欲望的对象不依赖于人，存在于人之外，却是表现和确证人的本质力量不可少的。“人只有凭借现实的、感性的对象才能表现自己的生命。”[①]

2. 动力性

需要同人的活动紧密联系。当人有了某种需要时，就会通过某种活动去满足这种欲求，占有某种事物。人只有占有了所需要的事物时，才会在生理上或心理上恢复平衡，感到一定程度的满足。因此，需要一旦被个体意识到，就会以活动动机的形式表现出来，使

---

① 《马克思恩格斯全集》，中文1版，第42卷，168页。

人的活动朝向一定的方向，追求一定的对象，以求得满足。需要越强烈，由它引起的活动就越有力。

3. 多样性

马克思指出，“在现实世界中，个人有许多需要”①，如吃的需要、穿和住的需要、交往的需要、劳动和创造的需要，等等。他认为，人的需要范围远比动物广阔，“人比动物越有普遍性，人赖以生活的无机界的范围就越广阔”②。

4. 社会性

人的需要具有社会性。正是由于社会性，人和动物的需要才有所区别。马克思指出：“吃、喝、性行为等等，固然也是真正的人的机能。但是，如果使这些机能脱离了人的其他活动，并使它们成为最后的和唯一的终极目的，那么，在这种抽象中，它们就是动物的机能。”③

首先，人满足需要的内容和方式是社会的。马克思认为：“活动和享受，无论就其内容或就其存在方式来说，都是社会的，是社会的活动和社会的享受。”④

动物和人的某些需要虽然在表面上相同，其实有着很大区别。马克思说：“饥饿总是饥饿，但用刀叉吃熟食来解除的饥饿不同于用手、指甲和牙齿啃生肉来解除的饥饿。”⑤

其次，还因为人的感官和身体已经在社会中得到了改造。马克思指出：“不言而喻，人的眼睛和原始的、非人的眼睛得到的享受不同，人的耳朵和原始的耳朵得到的享受不同”⑥，“社会的人的感觉不同于非社会的人的感觉。只是由于人的本质的客观地展开的丰富性，主体的、人的感性的丰富性，如有音乐感的耳朵、能感受形式美的眼睛，总之，那些能成为人的享受的感觉……才一部分发展出来，一部分产生出来。”⑦ 他认为：“个人是社会存在物……他的生命表现，即使不采取共同的、同其他人一起完成的生命表现这种直接形式，也是社会生活的表现和确证。”⑧ 例如，人的性欲就和动物的性欲不同。马克思指出：“男女之间的关系是人和人之间最自然的关系。因此，这种关系表明人的自然的行为在何种程度上成了人的行为……”⑨

最后，人有特殊的心理结构，它们也是社会的产物。马克思提出，思想家用来进行活动的语言，也是社会的产品。他说：“语言也和意识一样，只是由于需要，由于和他人交往的迫切需要才产生的。”⑩ 另外，需要的满足也取决于社会生产发展的水平。

5. 个体性

个体性有两方面含义：一是需要的主体性。由于人的社会地位不同，从事的社会活动不同，所以，同一事物对于不同的人就有不同的意义。马克思说：“……从主体方面看：

---

① 《马克思恩格斯全集》，中文1版，第3卷，326页，北京，人民出版社，1960。

② 《马克思恩格斯全集》，中文1版，第42卷，95页。

③ 同上书，94页。

④ 同上书，121～122页。

⑤ 《马克思恩格斯选集》，2版，第2卷，10页，北京，人民出版社，1995。

⑥ 《马克思恩格斯全集》，中文1版，第42卷，125页。

⑦ 同上书，126页。

⑧ 同上书，122～123页。

⑨ 同上书，119页。

⑩ 《马克思恩格斯选集》，2版，第1卷，81页。

只有音乐才能激起人的音乐感；对没有音乐感的耳朵来说，最美的音乐也毫无意义。”他还说：“忧心忡忡的穷人甚至对最美丽的景色都没有什么感觉；贩卖矿物的商人只看到矿物的商业价值，而看不到矿物的美和特性……”① 二是需要以个体的形式表现。马克思认为，需要首先表现为个人需要。个人需要有两种表现形式，一是作为自然主体的需要，二是表现为社会需要的个人需要。这两种需要都应该得到满足。

6. 发展性

人的需要具有发展性，需要的满足无止境。当旧的需要得到满足时，人和周围现实的相互关系也发生了变化，于是又产生新的需要，这种需要推动人去从事新的活动。

(三) 需要的种类

人的需要多种多样。按照需要的起源，可以分为自然需要和社会文化需要；按照需要所指向的对象，可以分为物质需要和精神需要。

1. 自然需要和社会文化需要

自然需要又称为生物学需要，是指个体对那些为维护生命及延续其后代所必需的条件的要求。它包括饮食、运动、休息、睡眠、排泄、配偶、嗣后等需要。这些需要主要由机体内部某些生理状态的不平衡引起，对有机体维持生命、延续后代有重要意义。人和动物都有自然需要，但需要的内容、满足需要的对象和手段却有差异。动物直接从自然界中摄取物质满足需要，人则使用工具改变自然物的形式，并创造新的物品满足需要。人的自然需要具有社会历史和文化的烙印。

社会文化需要指人对劳动、娱乐、交往、求知、成就和社会赞许的欲求，是人类特有的需要。这些需要由社会生活引起，对维系人类社会生活、推动社会进步有重要作用。

2. 物质需要与精神需要

物质需要是指个体对物质对象的欲求，如对与衣、食、住、行有关的物品的需要，对工作和劳动条件的需要等。精神需要是指个体对精神文化方面的欲求，如认识需要、交往需要、道德需要、劳动需要、美的需要等。精神需要在人的社会生活中具有有重要的作用，体现了人类的特殊需求。

上述分类并非截然地分开，而是相互交叉的。例如，饥则食是自然需要，但按其指向对象又是物质需要。社会文化需要按其指向对象而言，可能是精神需要，也可能是物质需要。物质需要与精神需要也密切联系。人们在追求美好的物质产品时，同样表现出来某种精神需要。精神需要的满足也离不开一定的物质条件。

(四) 需要理论

1. 马克思的需要理论

马克思提出了“人的需要体系”的概念，并对这一体系进行了深入的探讨。该体系有三个特点：(1) 对于任何一个特定的历史阶段来说，人的需要构成了一个“需要的社会体系”。人的需要从根本上说是社会性的，正是人的社会关系把各种不同的需要结成一个自

---

① 《马克思恩格斯全集》，中文1版，第42卷，125～126、126页。

然的体系。(2) 对于人的需要发展过程来说，人的需要构成了一个“需要的历史序列”。人的需要是变化的，但这种需要的变化从总体来看呈现出一个向上发展的趋势。就整个人类历史来说，人的需要体系表现为一个不断地由“较低的系统”向“较高的系统”发展的过程。(3) 人的“需要体系”以社会“劳动的体系”或“生产的体系”为基础，并随着后者的发展而发展。人的需要虽然成为了人们劳动或生产的动力，但从根本上说，它还是受到生产体系的制约。因此，人的开放性需要体系的形成和发展，是建立在劳动体系的创造性本质这一基础上的。

马克思除了对需要特性进行了精辟论述外，还有下述两个方面贡献：(1) 充分肯定人的需要的合理性。马克思认为，需要是人的本性。他说，“任何人如果不同时为了自己的某种需要和为了这种需要的器官而做事，他就什么也不能做”①，“他们的需要即他们的本性”②。需要是人为了求得生存和发展而产生的。他说：“……我们首先应当确定一切人类生存的第一个前提，也就是一切历史的第一个前提，这个前提是：人们为了能够‘创造历史’，必须能够生活。但是为了生活，首先就需要吃喝住穿以及其他一些东西。因此第一个历史活动就是生产满足这些需要的资料，即生产物质生活本身……”③ 马克思称这第一个历史活动是一切历史的基本条件，产生这一基本条件的是“有生命的个人的存在”④，“是由他们的肉体组织所决定的”⑤。马克思认为，人的本性不是抽象的，而是具体的。人既有自然本性，也有社会本性。在自然本性方面，人和动物具有连续性。恩格斯指出：“……人来源于动物界这一事实已经决定人永远不能摆脱兽性，所以问题永远只能在于摆脱得多些或少些，在于兽性或人性的程度上的差异。”⑥ 由于人有自然本性，所以在讨论人类历史活动时，第一个需要确定的事实就是“个人的肉体组织以及由此产生的个人对其他自然的关系”⑦。由于需要反映了个体对环境的需求和依赖，因此就应该重视研究人的需要。(2) 需要分类。马克思认为，有史以来，人的需要可以分为两类：一是第一需要，即基本需要，这是人赖以生存的基础。包括吃、喝、排泄、睡眠等维持个体生命的需要，也包括生命再生产或繁衍的需要。二是新的需要。他说，“已经得到满足的第一个需要本身，满足需要的活动和已经获得的为满足需要而用的工具又引起新的需要”⑧，这就是人的心理和社会的需要，就是创造的需要。根据需要与满足之间是否存在中介物，他将人的需要分为表面需要和本质需要，前者如人对劳动和货币的需要，它们是满足其他需要的中介和手段，后者是存在于表面需要之下的指导人们行为的真正动力，如人的生理的和心理的需要。根据需要能否通过努力得到满足，将需要分为无效需求和有效需求，前者仅是人的一种内部状态如愿望，缺乏满足需要的对象和手段，因此是一种不能得到满足的需要，后者既有需要的内部状态，又有满足需要的对象和手段。在展望社会主义制度的优越性时，马克思指出：“……通过有计划地利用和进一步发展一切社会成员的现有的巨大生产力，在

---

① 《马克思恩格斯全集》，中文1版，第3卷，286页。
② 同上书，514页。
③ 《马克思恩格斯选集》，2版，第1卷，78～79页。
④⑤ 同上书，67页。
⑥ 《马克思恩格斯选集》，2版，第3卷，442页。
⑦ 《马克思恩格斯选集》，2版，第1卷，67页。
⑧ 同上书，79页。

人人都必须劳动的条件下，人人也都将同等地、愈益丰富地得到生活资料、享受资料、发展和表现一切体力和智力所需的资料。”① 这里，马克思实际上将人的需要分成三类：生存需要、享受需要和发展需要。三类需要既与生理和心理因素有关，也与生物和社会的因素有关。三类需要之间的关系燕国材（1931—　）用图 12—1 示之。

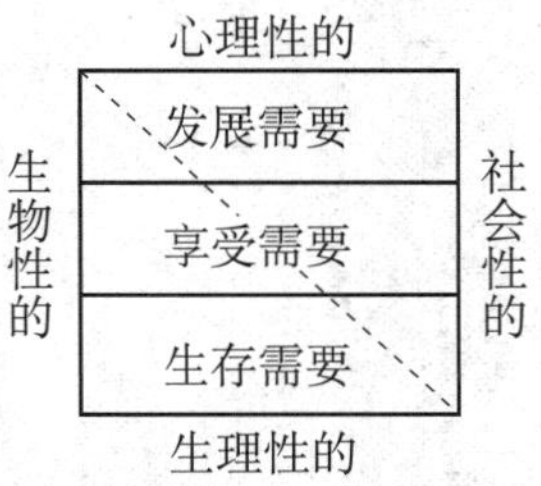

图 12—1　马克思的需要分类

在图 12—1 中，随需要层次提高，生理性和生物性的因素渐减，心理性和社会性因素渐增。在低层次需要中，生理和生物因素占优势，在高层次需要中，心理和社会性因素占优势。此外，他还将人的需要分为自然需要（肉体需要）和社会需要、人的需要和动物的需要、劳动的需要和劳动以外的需要等。

2. 莫瑞的需要理论

莫瑞（H. A. Murray，1893—1988）是美国著名的人格心理学家，在他的人格理论中，需要是核心概念。他从分析人的需要入手，挖掘人格深层的东西。莫瑞的需要论由三个部分构成，即需要、压力和两者的相互作用。

莫瑞认为，需要是人的内驱力，在人格形成发展中处核心地位，渗透到活动的各个方面。需要代表一种力量，这种力量组织和控制着其他心理过程。莫瑞列举了 20 种需要，它们是支配、依从、自治、侵犯、谦卑、成就、感知、表现、游玩、交往、拒绝、援助、培养、避免羞愧、防守、对抗、避免伤害、有秩序、理解、性。每个人不一定都具有这些需要，有些人一生中可能只能体验到其中几种，因而人们在活动中表现出来的人格结构就会各不相同。莫瑞指出，需要是相互作用的。他用四条原则来阐述这些相互作用，即优势原则、融合原则、辅助原则和冲突原则。有时一种需要占主导地位，有时许多需要间相互补充，甚至合二为一，有时则相互矛盾或冲突。

莫瑞还将环境引入需要结构。他使用压力来说明一个人在生活中并非一帆风顺，而是会或多或少地经历挫折。挫折就是人的需要无法得到满足而产生的沮丧的心理状态。他认为，环境对人的影响就是压力的表现。莫瑞认为，需要一方面有内在决定因素，另一方面又受外部环境影响。重视环境与人的相互作用，这是莫瑞的需要理论的独到之处。

3. 马斯洛的需要层次论

马斯洛是美国著名的人本主义心理学家。需要层次论是他的需要理论的核心内容。

马斯洛认为，人的需要是由以下五个层次构成（见图 12—2）。

（1）生理需要（physiological need）。它是人为了生存而必不可少的需要，如人对食物、水分、空气、睡眠和性的需要。马斯洛认为，生理需要在人类各种需要中最重要、最有力量，也最迫切要求满足。如果一个人的生理需要得不到满足，那么其他需要均会被推到次要的地位。他举例说，如果一个人同时缺乏食物、安全和爱情，那么，食物的需要最强烈。在中国古代，也有“民以食为天”的说法。

（2）安全需要（safety need）。它表现为人们要求稳定、受保护、有秩序、能免除恐惧和焦虑等。人们希望劳动安全、职业安全、生活稳定、免于灾难等，都是安全需要。马

① 《马克思恩格斯选集》，2 版，第 1 卷，330 页。

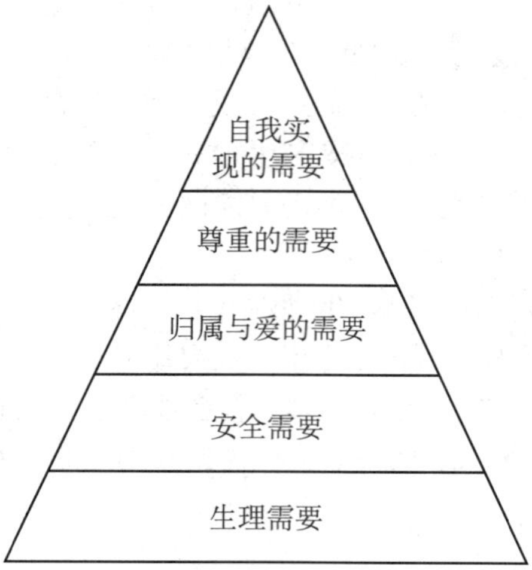

图 12—2　人类需要的层次

斯洛认为，婴幼儿与精神病患者由于无力应付环境中的不安全因素的威胁，安全需要就显得尤为强烈。

（3）归属与爱的需要（belongingness and love need）。它表现为一个人渴望与他人建立感情上的联系，如向往爱情，需要朋友，参加团体并被团体接纳等。

（4）尊重的需要（esteem need）。它包括自尊和受到别人的尊重。满足自尊的需要会使人相信自己的力量和价值，受到别人尊重会使人产生荣誉感和成就感。这两方面的满足会使人在生活中变得更有能力、更富有创造性。反之，如果缺乏自尊和被人轻视，会使人感到自卑、无能、失落，甚至自暴自弃。

（5）自我实现的需要（self-actualization need）。它是人们追求实现自己的能力或潜能，并使之完善化的需要。自我实现是一种创造性的需要。马斯洛认为："音乐家必须演奏音乐，画家必须绘画，诗人必须写诗，这样才会使他们感到最大的快乐。是什么样的角色就应该干什么样的事。我们把这种需要叫做自我实现。"后来，他又将自我实现的需要细分为三种：一是认知需要。它包括求知、理解、探索和好奇。马斯洛认为，学习和发展的愿望以及探索新异事物与未知世界的愿望是人性的基本方面之一。二是审美需要。它表现为人们追求对称、秩序、和谐、完善的事物。三是自我实现的需要。它表现为人追求实现自己的能力和潜能。他说，能力要求被运用，只有这样，它才能停止吵闹。

马斯洛认为，上述五种需要是人们的最基本的需要。这些需要是天生的，它们构成不同的等级和水平，成为激励和控制个体行为的力量。

马斯洛还指出了高级需要和低级需要之间的关系：（1）需要层次越低，力量越强，潜力越大。随需要层次的上升，力量相应减弱。（2）在高级的需要出现之前，必须先满足低级的需要。正如《管子》所说："仓廪实则知礼节，衣食足则知荣辱。"（3）高级的需要满足后，低级的需要依然存在，但对行为的影响降低了。（4）在从动物到人的进化中，高级需要出现得较晚。所有的生物都需要食物和水分，但只有人才有自我实现的需要。（5）在个体发展的过程中，高级的需要出现得也较晚。婴儿刚出生时就有生理需要，几个月大时，就出现了安全需要，此时他看见生人就会"认生"。再后来，出现了对母亲的依恋，即爱的需要。自我意识产生时，就有了尊重需要，但自我实现需要在成人时才开始出现。

五种需要的发展如图 12—3 所示。(6) 低级的需要关系到个体的生存，因而叫做缺失需要 (deficit or deficiency need)。这种需要如果得不到满足，将会危及个体的生命；高级的需要不是维持个体生存绝对必需的，它的满足可以稍作延迟。高级需要的满足使人健康、长寿、精力旺盛，因而叫生长需要 (growth need)。高级需要的满足比低级需要的满足要复杂，满足时需要较好的外部条件。

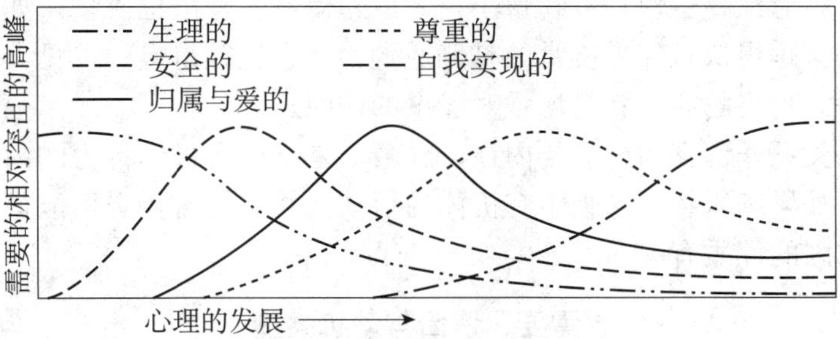

图 12—3　五种需要的发展进程图

马斯洛并没有将高级需要与低级需要绝对对立起来。他认为，在人的高级需要产生之前，低级需要只要部分地得到满足就可以了。另外，人的需要结构也具有明显的个体差异，并非都是正三角形结构，还可以有倒三角形结构和菱形结构。例如，历史上的志士仁人，为了崇高的理想和民众的利益，不惜牺牲生命；那些爱情至上主义者，将爱情看成生活的全部。

马斯洛的需要层次论具有积极意义。它改变了精神分析和行为主义对人的需要的片面理解。精神分析把人的本质归结为原始的本能欲望，强调“性本能”；行为主义通过动物实验来寻找人的本性。马斯洛对这两者均持批判态度，认为只有从“自我实现的人”的角度去研究，才能够揭示真正的人的心理需求，把握人的本质。此外，马斯洛的需要层次论已经被当代行为科学所吸收，成为西方组织管理学中的重要理论。根据需要层次论，管理不仅要满足人的基本的物质生活需要，更要激励人们发挥创造的潜力，因而不仅要运用物质激励的原理，更应该重视人的高级需要的满足。马斯洛的需要理论对教育工作也有一定的参考价值。教育工作者要分析和满足学生的需要，因为只有在满足了学生的基本需要之后，他们才会发奋学习。教师还应该注意培养学生的高级需要，并创造条件，使学生的自尊心、集体感、荣誉感得到相应满足，促使学生向自我实现的方向发展。

马斯洛的需要层次论也具有局限性。首先，他只强调个人需要，没有考虑到社会实践对人的需要的制约性以及人的需要的社会性。其次，他过于强调个人的内在价值，他的自我实现论并没突破西方个人本位的束缚。最后，马斯洛把人的需要统统说成是先天的、与生俱来的，这就模糊了人的生物学需要与社会需要的差别，降低了后天生活环境和教育对人的需要的发生发展所起的作用。

四、需要、诱因与动机

(一) 动机产生的条件

动机产生的条件有二：一是内在条件，二是外在条件，前者是需要，后者是诱因。

需要是动机产生的内在条件，是动机产生的基础。当人有了某种需要时，这种需要就会推动人去寻找能满足需要的对象，从而使需要转化为活动动机。例如，人在口渴时，喝的需要推动人找水来满足需要，此时喝的需要就成为找水的动机。在动物实验中，为了增强需要强度，延长给动物喂食的时间间隔。需要增强了，行为动力也会随之增强。

诱因是动机产生的外在条件。诱因是指能满足个体需要的外部刺激。在动物实验中，奖赏的食物量大，老鼠跑得快；食物量小，老鼠跑得慢。老鼠也挑食，如果奖赏的食物是它喜欢吃的，它就跑得快；如果奖赏的是普通食物，它就跑得慢。可见，增加作为奖赏的食物的数量或提高食物的质量就是增强对老鼠的诱因。

需要和诱因关系非常密切。需要内在、隐蔽，是支配有机体行为的内部因素；诱因是与需要相联系的外界刺激物，它吸引有机体的活动，并且使需要有可能得到满足。动机的强度与需要和诱因的性质有关。

[专栏 12—2] **需要、诱因与动机强度**

在心理学上，普遍使用的对动机进行操作从而引起动机增强或减弱的方法有两种：(1) 剥夺。指拒绝给予生物维持生存所需要的物质，如食物、水。对人类被试而言，剥夺还包括对人所需要的心理条件的剥夺。如使人同其他人隔离，即单独禁闭。单独禁闭是一种令人极难忍受的情境，它会使人产生摆脱这种情况的强烈动机。(2) 刺激。即给被试呈现可导致趋近反应和逃避反应的刺激。如给被试呈现奖品，激励被试产生趋近反应；给被试呈现震动、噪音，使被试产生逃避反应。20 世纪 20 年代，美国哥伦比亚大学的几位心理学家通过一项实验研究了需要、诱因和动机强度之间的关系。实验者设计了一个哥伦比亚障碍箱（见图 12—4）。A 和 C 是两个平台，B 是一段距离较长的栅格状电网。实验时，主试把动物放在平台 A 上，把诱因放在平台 C 上。当动物看到另一个平台上的诱因时，它必须忍受着电击的痛苦，越过电网达到目标。由于动物的需要状态和诱因的种类不同，动机的激发作用有着明显差别。详细结果见表 12—1。

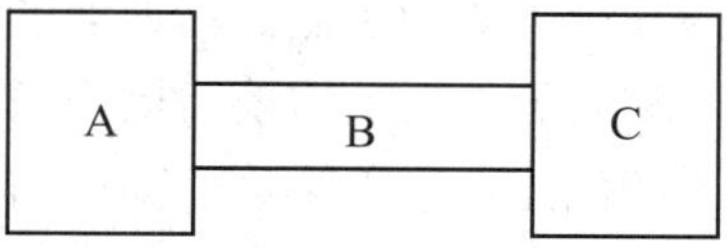

图 12—4　哥伦比亚障碍箱

表 12—1　各种驱力强度的比较

驱力	通过栅栏的次数	缺乏目的物的久暂（小时）	诱因（目的物）
母性	22.4	0	婴鼠
渴	20.4	24	水
饥饿	18.2	96	食物
性（雄）	13.8	24	雌性
性（雌）	13.8	动情期	雄性
探索	6.0	0	积木锯屑等
控制组	3.5	0	无

从表 12—1 中可以看出，当诱因是实验动物的幼崽时，母性动机表现了最大

的力量，动物穿过栅栏趋向目标的次数最多，找水动机的力量次之，觅食动机的力量再次之，探索新异事物的动机最微弱。从发展上看，渴和饥饿的动机强度在需要剥夺后很快达到最高水平，然后随着剥夺的延续，动机的强度反而呈减弱的趋势，表现为倒U形的曲线。性的驱力和母性驱力则是另外的情况。遭受性剥夺的大鼠在头几个小时动机强度就达到最高水平，然后维持不变。

(二) 动机与行为

1. 动机与行为关系的复杂性

动机与行为的关系十分复杂：(1) 同一行为可能有不同的动机。例如，同是学习活动，有的学生是为了得到教师表扬，有的学生是为了得到父母的奖励，有的学生则是对学习感兴趣。(2) 相似或相同的动机可能引起不同行为。同是学习动机，有人到图书馆查资料，有人去请教老师，还有人冥思苦想。(3) 在同一个体身上，行为动机也可能多种多样，其中有的动机占主导地位，是主导性动机，有的动机处于从属地位，是从属性动机。由于人与人之间在动机上存在很大差异，因而形成了不同的动机体系。人的行为往往不受单一动机支配，而是由动机体系推动。

2. 动机与行为效果之间的复杂性

动机与行动效果之间关系也十分复杂。效果主要指社会效果。一般说来，动机和效果是统一的，即好的动机产生好的效果，坏的动机引起坏的效果。但二者之间也有不一致的情况。所谓"好心办坏事"、"画虎不成反类犬"，就是指这种情况。动机和效果关系之所以复杂，是因为行为效果不仅仅由动机决定，决定人的行为效果的还有许多主客观因素，客观因素如任务难度、情境和机遇，主观因素如个人的知识经验、能力和人格等。

3. 动机与行为效率

动机与行为效率的关系主要表现在动机强度与工作效率的关系上。人们倾向于认为，动机强度越高，对行为影响越大，工作效率越高；动机强度越低，工作效率越低。事实并非如此。研究表明，动机强度与工作效率之间的关系不是线性关系，而是倒U形关系。中等强度的动机最有利于任务完成，即动机强度处于中等水平时，工作效率最高，一旦动机强度超过这个水平，对行为反而会产生一定阻碍作用。如学习的动机太强、急于求成，会产生焦虑和紧张，干扰记忆和思维的顺利进行，使学习效率降低。考试中的"怯场"现象，主要由动机过强造成。又如，中国古代就有"易子而教"的说法。说的是父母在教育自己孩子时由于动机太强反而不容易收到好的教育效果，将孩子交给他人教育，效果可能更好。同样的道理，外科医生也不宜为自己的亲人做手术。

动机强度与工作效率之间的关系还随着任务的难度的变化而变化。耶克斯(R. M. Yerkes，1876—1956）和多德森（J. D. Dodson，1879—1955）研究表明，各种活动都存在一个最佳的动机水平。动机的最佳水平随着任务的性质不同而不同。在容易的任务中（如搬砖或挖土），工作效率随着动机的提高而上升；随着任务难度的增加，动机的最佳水平有下降的趋势。即在难度较大的任务中（如写作或解决复杂问题），较低的动机水平有利于任务完成。这就是耶克斯—多德森定律（见图12—5）。

4. 动机与价值观的关系

价值观是指主体按照客观事物对自身及社会的意义或重要性进行评价和选择的原则、

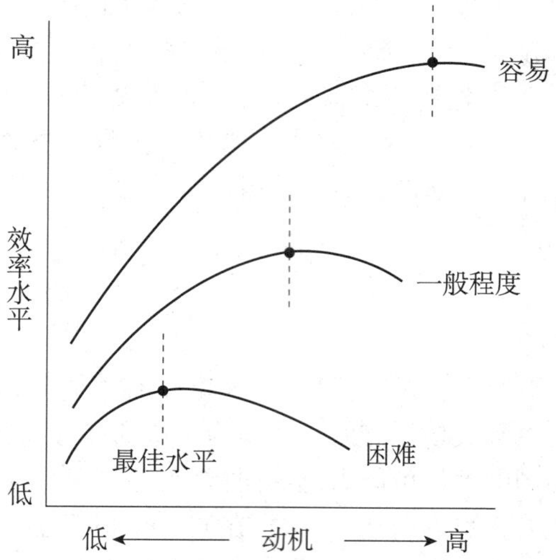

图 12—5　动机强度、任务难度和工作效率之间的关系

信念和标准。价值观的主要表现形式有兴趣、信念和理想等。价值观是一个人的思想意识的核心，对个人的思想和行为具有导向或调节作用。价值观决定动机的性质、方向和强度。个体把目标的价值看得越高，由目标激发的动机就越强，在行为中发挥的力量就越大。个体如认为目标的价值不大，由此激发的力量就小。

5. *动机与意志*

动机与意志既有区别又密切联系。意志具有引发行为动机的作用，但比一般动机更具有选择性和坚持性。意志通过行为表现出来，受意志支配的行为称为意志行为，它是自觉的、有目的的行为。通常，意志与克服困难相联系，只有在克服困难的过程中，才能体现意志的力量。

第二节　动机的种类

一、动机的一般分类

（一）外在动机和内在动机

根据动机是来源于个体自身，还是来源于外部环境，可以将动机分为外在动机和内在动机。

外在动机是指由外界的要求与外力的作用而诱发出来的行为动机。学生为了得到教师的表扬和鼓励而努力学习，工人为了得到工资或奖金努力工作，这些行为的动力都来源于外部的要求与外力的作用。行为主义心理学家特别强调外在动机（如强化）的作用。替代性强化的理论也认为，个体本人虽然未受到直接的强化，但只要观察对他人的强化就会作出相应的反应。在中国古代，也有“重赏之下必有勇夫”的说法。

内在动机是指行为动机由个体的内在需要所引起，即行为是由于人本身的自我激发。例如，对做某事感兴趣，从事某种活动感到快乐。此时，行为或活动本身就是追求的目的，而无需外力的推动。一个喜欢学习数学的学生，学习数学本身就是一件快乐的事，这种快乐的体验就是他的学习动机。一些心理学家认为，内在动机对人的影响更大。

皮亚杰指出，儿童的行为存在自我激发的现象。当儿童自由自在地进行操作时，他们会重复地操作当交通警察、开设医院或“过家家”的游戏。哈洛（H. Harlow，1905—1981）研究表明，动物也有内在动机。他发现，两只吃饱喝足了的猴子反复地拆卸一个六面装置的玩具，它们可以连续操作 10 小时以上，热情却没有减退。动物的探索动机，人类的好奇心、求知欲都属于内在动机。

外在动机和内在动机的划分并不是绝对的。由于动机是推动人活动的内在心理过程，因此，任何外界的要求、力量，都必须转化为人的内在需要，才能成为活动的推动力量。在这个意义上，外在动机实质上仍然是一种内部的动力。外在动机在一定的条件下也可以转化为内在动机。例如，人的责任感、成就动机和自律意识开始时可能起源于外部的要求和外力的作用，但它们一旦形成以后，就转化为强烈的内部需要，个体的行为就不再靠外界力量的推动或约束。在心理发展过程中，儿童的重要动机大多是外在动机，并且是先有外在动机，以后才逐渐产生内在动机。

外在动机和内在动机在工作和学习中都有非常重要的意义，将两者结合起来，会对学生的学习能起到最佳的推动作用。

（二）生理性动机和社会性动机

根据动机与需要的关系，可以将动机分为生理性动机和社会性动机。

生理性动机是指以自然需要为基础的动机，又称驱力。这些动机个体生来就有，如饥、渴、睡眠、性欲、疼痛、母性、排泄等动机。生理性动机推动人去行动，以满足人的某种自然需要，使有机体内部达到平衡状态。当个体的自然需要获得满足时，生理性动机的强度便趋于下降。某些生理性动机（如饥、渴、睡眠、性欲、排泄等）的产生具有周期性。

由于人是社会动物，所以，人的自然需要及满足需要的手段，都已经打上了社会生活的烙印。因此，在人类个体身上，纯粹的生理性动机很少见。例如，性欲是一种生理性动机，但是，男女之间的性关系不仅受生物性制约，也受社会的伦理关系制约。按照社会伦理关系，婚姻是唯一合法的性欲表达方式，性欲表现的其他方式一般都受到谴责，某些还被法律所禁止。母性动机也是一种生理性动机，但母亲对子女的照料，不仅出于母性本能，而且受社会责任和社会义务推动。

社会性动机是以人的社会文化需要为基础的动机。人有认知、交往、权力、成就的需要，相应地就产生了求知欲、交往动机、权力动机和成就动机。这些动机推动人们去从事社会生活。当人的社会文化需要获得满足时，社会性动机就会缓解下来。

（三）原始动机和习得动机

根据学习在动机形成和发展中的作用，可以将动机分为原始动机和习得动机。原始动机是与生俱有、不学而能的动机，它们以人的本能为基础。人的生理性动机属于原始动机。人的社会性动机中也有某些与生俱来的成分。例如，新生儿出生后，就对环境中的新事物表现出惊奇和兴奋，这种原始动机推动婴儿注视周围事物，并逐渐产生对物体的摆弄、抓握等行为。人的好奇心和求知欲就是在这种原始动机的基础上发展起来的。凡茨（R. L. Fantz，1925—1981）等人发现，新生儿出生以后仅十几个小时就对人的面孔有偏好。他们将不同的图形置于婴儿面前，观察婴儿注视什么，发现婴儿对人的面孔注视时间最多（见图 12—6）。这种现象很难用后天学习来解释。

习得动机是指后天获得、经过学习而形成的各种动机。人的绝大部分动机，甚至包括恐惧、厌恶和求得赞许等，都具有学习的因素，都是社会生活中在成人的培养和教育下形成的。

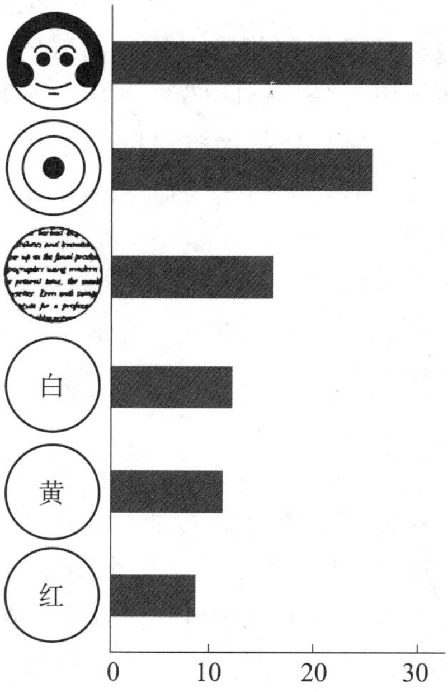

图 12—6　新生儿对图形的偏好

（四）有意识动机和无意识动机

根据动机的意识水平，可以将动机分为有意识动机和无意识动机。有意识动机人能够意识到。个体能够意识到自己需要什么，行为目标是什么。无意识动机个体意识不到或不能清楚地意识到。动物的行为动机是无意识的。婴儿在自我意识产生前，行为动机也无意识。在成人身上，也存在无意识动机。例如，人们意识不到知觉和思维定势的作用，但却在它们的支配下产生了各种各样的行为。在人的心理防御机制中，反向作用是一种无意识动机。它是指个体压抑不得体的冲动，故意做出相反的举动，将不得体冲动的相反方面表现于意识的水平。例如，本来对他人怀有敌意，个体却对他人表现出过分的关怀。投射作用也是一种无意识动机。个体通过这种防御机制将个体压抑的某些欲望和冲动转移到别人身上。如本来他对别人有敌意，却在意识中表现为别人对他有敌意。

（五）动机的其他分类

除了上述分类外，动机还可以有其他分类。如根据动机的性质，可以分为高尚的、正确的动机和低下的、不正确的动机；根据动机的持续时间长短，可以分为长远的动机和暂时的动机；根据动机在活动中起的作用大小，可以分为主导性动机和辅助性动机。

二、生理性动机

（一）饥饿

饥饿是由于有机体缺乏营养而引起的一种生理不平衡的状态，当这种状态产生时，个体心理上会产生一定程度的紧张和不安，甚至感觉到折磨和苦楚。饥饿的意义在于告知个体关于营养的缺乏状况，使个体产生求食活动，适时进食，补充营养。那么，是什么原因导致饥饿动机的产生呢？

胃排空后引起的胃壁收缩是饥饿的一个原因。坎农（W. B. Cannon，1871—1945）让被试把气球吞进胃里，然后往气球内充气，发现当气球充气引起胃壁收缩时，便出现饥饿感觉。但是，用外科手术将胃切除的病人，虽然不可能感觉到胃壁收缩，但仍然能够体验到饥饿。可见，胃壁收缩只是引起饥饿的一个原因。

血液中营养成分减少（如血糖浓度下降），会刺激中枢神经系统的某些感觉神经元，是引起饥饿的更重要的原因。腾布利顿（R. D. Templeton）和奎格利（J. P. Quigley）发现，饱食狗注入饥饿狗的血液后，即使胃中刚填满食物，胃壁却开始收缩，表明它“虽饱犹饿”。被注入饱食狗血液的饥饿狗，虽然胃内空空，却因血液更换，胃壁停止收缩。可见，胃部空虚和胃壁收缩，只能表示饥饿状态，不能产生饥饿感觉。发出饥饿信息者，是血液中化学成分的变化。

还有研究发现，糖尿病患者在注射和服用胰岛素药物后，胃壁开始收缩，随之就感觉到饥饿。胰岛素分泌可使血液内葡萄糖降低。因此，饥饿感究竟是来自血液的糖分变化，还是由于胰岛素分泌，就成为有争论的问题。于是，人们将血糖变化和胰岛素分泌进行控制，避免两者发生交互作用，发现饥饿感发生在胰岛素变化之后，并非发生在葡萄糖变化之后。由此可见，胰岛素变化才是饥饿的真正原因。

除某些外周因素外，饥饿还与中枢神经系统某些部位的功能有关。人们在实验动物的下视丘发现了动物的“饥饿中枢”和“厌食中枢”。饥饿中枢损坏的猴子和狗，食量大增，体重增加，直至肥胖；厌食中枢损坏的动物，失去饥饿感，宁可饿死，也不吃食物。这说明，下丘脑某些部位可能是产生饥饿的神经中枢。

（二）渴

渴是由体内水分不足引起的生理上的不平衡状态，它能推动有机体产生找水活动。与饥饿比，渴具有更强的驱动力。一个人可以几天不吃食物，但不能几天不喝水。可见，水平衡是生死攸关的问题。那么，有机体如何监视水的供应情况？哪些因素影响人和动物喝水或停止喝水？

研究表明，相当于人体重40%的水储存在身体细胞之内，叫细胞内液；另外20%的水储存在血浆和细胞外的间隙中，称细胞外液。有机体内有分别监视这两种液体的机制。细胞内外液体的变化会引起口渴感觉，当一个人喝了高渗的盐水（盐的浓度超过0.9%的液体）或吃了很咸的食物时，血浆和细胞间液体中的钠离子浓度很快上升。当细胞内外的离子浓度失去平衡时，水就要从低浓度的一边渗入高浓度的一边。因此，细胞内外液体中钠离子的提高是产生口渴的有效刺激。

电刺激自由活动的大鼠下丘脑的视前区，它立即开始饮水。如果不停地刺激该部位1个小时，大鼠会饮掉正常情况下24小时所喝的水量。这说明，视前区的某些化学成分的变化，是个体产生渴的重要原因。

（三）性

性是人和动物一种强有力的动机或驱力，它在性需要的基础上产生。性需要不同于饥、渴的需要。

（1）饥、渴的需要与生俱来，贯穿于人的一生。只要个体活着，就必须进食和饮水。性需要只在人生某一段时期内发生。青春期以前的儿童和老年人的性需要即使有，强度亦不高。

（2）性需要不像食物和水分那样对个体的生存起关键的作用。饥、渴的需要如果不能够获得满足，将会危及个体的生命；性需要如果不能够获得满足，不会危及生命，但长期下去会给个体的身心健康带来一定的损害。性需要对于种族延续是不可少的。

（3）饥、渴的需要的满足方式，主要由个体单独进行；性需要的满足，必须有异性配合。

（4）饥、渴的需要产生于机体组织匮乏后引起的需求，性需要源于内分泌中性激素的刺激。

（5）饥、渴的需要引起的进食、饮水行为能够补充体内的缺损，性动机唤起的性行为是充满紧张、消耗能量的过程，它能够为个体带来性高潮。性高潮的快感体验对于个体的交配行为具有极大的强化作用。正是如此奇妙的自然造化，使得动物的种系得以延续。

性驱力由性激素的刺激引起。当个体达到性成熟的年龄时，位于大脑基底部的垂体腺就开始分泌促性腺激素。这种促性腺激素刺激睾丸分泌雄激素。雄激素使男性的性驱力提高，并使男子产生第二性征。在男性达到性成熟年龄后的一个短时期内，雄激素的浓度最高；以后就保持在相对恒定的水平上，因而男性的性驱力没有明显的生物学周期。促性腺激素刺激女性的卵巢分泌雌激素，提高女性的性驱力。由于雌激素的分泌具有某种生物学周期，因而女性的性驱力有一定的周期性。

性激素并不是产生性驱力的唯一的影响因素。研究发现，在达到性成熟前对公狗进行阉割，被阉割的狗将停止性行为；相反，如果阉割手术在性成熟后进行，动物将继续出现性反应。对人类虽不能做类似实验，但有些特殊情形（如患了睾丸癌或因枪击损伤睾丸）致使雄激素不再分泌者，有的减低了性兴趣，有的则照常与异性发生性关系。中国古代的太监和受宫刑者都要阉割生殖器（阴茎和睾丸）。有资料表明，如果阉割发生在幼年，则对女性没有性兴趣；如果阉割发生在成年，则对女性仍有性兴趣，只是没有性能力。可见，雄激素对性行为发展是必要的，但它不能控制成熟后的性驱力。研究也发现，摘除卵巢后的雌性动物将失去性行为，摘除卵巢后的妇女仍然有很强的性驱力。可见，雌激素也不是妇女性驱力的唯一决定因素。越来越多的证据表明，在种系发生上等级越高，动物的性驱力也更多地受大脑皮层控制。

［专栏 12—3］　　同性恋

正常人的性动机，对象总是异性。同性恋（homosexulity）则十分不同。同性恋者钟情的不是异性，而是同性，是对同性产生性爱的思想和感情，并与同性者发生性行为。同性恋古已有之。汉哀帝就是一位同性恋者。所谓“断袖之癖”的典故，说的就是他与男宠董贤之间的同性恋故事。《汉书·佞幸传》记载：“（贤）常与上卧起。尝昼寝，偏藉上袖，上欲起，贤未觉，不欲动贤，乃断袖而起。”后世便称同性恋者为“断袖”。相传，古希腊的柏拉图和亚里士多德都是同性恋者。古罗马的凯撒大帝甚至说：“每个女人都是男人，每个男人也都是女人。”19 世纪俄国伟大的作曲家柴可夫斯基亦有“断袖之癖”。在当代，香港著名歌星和演员张国荣也是一位同性恋者。2004 年，华人导演李安的电影《断背山》反映了两个小伙子的同性爱，使人们对同性恋者的精神世界有了进一步的了解。

同性恋是男女性关系的一种反常现象。在过去，由于受基督教文化影响，同性恋一直被视为禁忌。一旦发现，会受到严重惩罚；在中国，由于强调“不孝有三，无后为大”的性的生殖功能，而同性恋者的爱没有结果，所以，同性恋行为也一直为社会舆论所不齿。在精神医学上，一直到 20 世纪 60 年代末，同性恋一直被视为性变态。后来，由于同性恋者对人权的争取和心理学家对同性恋的研究，西方社会对同性恋的态度有了一定的改变。医学上已将同性恋从心理疾病的名单中删除。然而，艾滋病出现以后，由于人们发现这种病与同性恋有密切关联，所以社会上的一般人又重新变得闻同性恋而色变。那么，在一般人口中，同怀恋到底占多大比例？据美国性心理学家金赛（A. C. Kinsey，1894—1956）等人的调查，在美国成年人口中，37%的人有过同性恋经验。这其中，真正的同性恋者男性约有 4%，女性约有 2%。

同性恋可以分为男性同性恋和女性同性恋。男性同性恋中被动型的一方往往是真正的同性恋者，另一方则可能是同性恋者，也可能是出于暂时感情联系的或性欲较强的非同性恋。有些男性同性恋者的行为带有女子气，也就是平时所说的“娘娘腔”。这种人的行为往往酷似女性，但有一些人仍可保持粗犷的男人气息。男性同性恋者的性行为主要是口交、鸡奸和相互手淫。女性同性恋者主动型的一方往往是真正的同性恋者。女性同性恋者的行为往往带有男子气，即平时所说的“假小子”。这种人喜欢从事男性的活动或以男性的方式行事，但也有部分人可保留女性娇柔的行为特点。女性同性恋者的性行为主要是舔阴、摸扪乳房和相互手淫，少数也用器具插入阴道摩擦。同性恋者在失去同性恋关系或被人知晓面临社会压力时，会产生严重的焦虑反应。即使能维持同性恋关系也无他人知晓，同样也会有沉重的精神负担。有的同性恋者甚至会由于不堪忍受精神负担而自杀。

同性恋的成因的假说很多。如有从遗传、激素和内分泌的角度解释同性恋行为的，也有从童年期性心理发育的角度（如单性环境、父母的性指定、母婴关系）来解释的。

（四）母性动机

母爱（maternal love），又称母性驱力（maternal drive），是人和动物十分强烈的生理性动机。许多物种都有母爱现象，如“老牛舐犊”和“虎毒不食子”。母性驱力如何产生？一些心理学家认为，动物怀孕及产后哺乳期间分泌的泌乳激素是母爱产生的重要原因。例如，抽取刚生产不久的雌性白鼠的血液，注射到从未怀孕也无性经验的白鼠身上，发现后者也自行表现出爱护幼鼠的行为。但也有人认为，泌乳激素只有母爱行为的近因。真正控制母性驱力者是脑的某一特殊部分。这一部分平时不发生作用，一旦受到泌乳激素刺激，就会发生作用，支配和控制动物的母性行为。美国心理学家哈洛以恒河猴为对象对母爱进行了系统研究。他的研究表明，母爱具有先天因素，但后天影响也具有重要的作用。

三、社会性动机

社会性动机与人的社会需要有关，这些动机经过学习而获得。

（一）社会性动机的核心——价值观

人的社会性动机受其价值观决定。价值观是人根据事物或行为对自身和社会的意义或重要性进行评价和选择的原则和标准。符合价值观的事物或行为就被认为是有价值的，否则就被认为是无价值的。价值观是人的社会性动机的核心，对人的社会性动机具有重要的调节和控制作用。价值观决定人的社会性动机的性质、方向和强度。

价值观是个体在生活实践中逐步形成的。它一旦形成，就比较稳定。个体会按照自己的价值观来判断事物或行为的意义。由于人的社会地位不同，需要不同，生活经历不同，价值观也有很大的差异。在判断事物或行为的意义时，就会出现“仁者见仁，智者见智”的情况。由于人的价值观纷繁复杂，所以，心理学家也从不同的角度对价值观进行分类。

1. 社会文化方式分类

价值观可以通过人的社会文化生活方式表现出来。斯普兰格（E. Spranger，1882—1963）根据人的社会文化生活方式将价值观区分为如下六种：

（1）经济的价值观。这种人倾向于从经济观点看待一切事物，以金钱为判断事物的尺度。生活目标是发财致富。拜金主义、金钱万能论就是这种价值观的体现。商人、工厂主多持这种价值观。

（2）理论的价值观。这种人有强烈的认知需求，以发现事物的本质和规律为人生的最高价值。这种人对理论和思想感兴趣，“朝闻道夕死可矣”，喜欢各种观念和思想，对真理有执着的追求。哲学家和科学家多持这种价值观。

（3）政治的价值观。这种人有强烈的支配和控制他人的欲望，拼命追求权力，有时甚至为了获取权力不择手段，不顾亲情，藐视社会的道德和舆论。政治家多持这种价值观。

（4）社会的价值观。这种人崇尚人与人之间的和睦相处和互相帮助，具有强烈的同情心和友爱感，悲天悯人，民胞物与，多致力于增进社会福利的活动，以他人的幸福和美满为个人的最大快乐。社会活动家、慈善组织的人多持这种价值观。

（5）审美的价值观。这种人以感受事物的美为人生的最高价值。对美的事物敏感、执着、迷恋。艺术家多持这种价值观。

（6）宗教的价值观。这种人对来世有执着的追求，以超脱现实生活、追求理想的天国为生活的最高价值。他们的主要兴趣在于创造绝对满意的、最高的境界和体验。传教士、僧侣和虔诚的信徒多持这种价值观。

2. 工具—目标分类

罗基奇（M. Rokeach，1918—1988）根据工具—目标维度将价值观分为两类：

（1）工具性价值观。这种价值观将个体的行为方式视为获取社会认可的工具。如追求有抱负、心胸开阔、有能力、欢愉、干净、有勇气、宽容、愿意助人、诚实、富于想象、独立、有知识、有逻辑、有爱心、独立、服从、负责、自制等。

（2）终极性价值观。个体以一种行为方式谋求许多终极性目的。如追求舒适自在和令人兴奋的生活、有成就感、和平、自由、平等、幸福、国家和家庭安全、内心和谐、成人的爱、快感、智慧、友谊、社会认可等。事实上，工具性价值观是终极性价值观的手段，二者也很难明确区分开来。

（二）社会性动机的种类

1. 兴趣

兴趣（interest）是人探究某种事物并与肯定的情绪态度相联系的心理倾向。兴趣使人对某种事物给予优先的注意，并具有向往的心情，表现出巨大的积极性。兴趣可以激发人的求知欲，是鼓舞人们寻求知识的重要力量，是推动人们认识事物、探究真理的重要动机。兴趣能开阔人的眼界，丰富人的生活，促进个性的发展。兴趣也能促进人进行创造性的学习和劳动。兴趣达到高潮，就会入迷，而对问题的入迷往往是创造的前奏。兴趣对学生的学习有特别重要的作用，有人说，兴趣是最好的老师。

兴趣之所以具有重要作用，是因为兴趣与其他心理现象关系十分密切。兴趣在需要的基础上产生，但已经形成的兴趣，不仅反映已有的需要，还可以滋生新的需要，如求知的需要、美的需要就可以转化创造的需要。兴趣与认知过程关系尤为密切。兴趣可以提高感知的敏锐性、深刻性，提高记忆的巩固性，增加注意的稳定性，促使人发现问题并解决问题。兴趣与情感、意志、个性也有密切关系。兴趣是一种高尚的情操，它伴有积极的情绪体验。兴趣对克服工作和学习中的困难也有很大助益，它影响人的行为目的性、自制性和坚持性。兴趣也影响人的能力，能力往往是在对一定对象浓厚兴趣的基础上发展起来的。

兴趣有不同的分类。根据兴趣内容，可以将兴趣分为物质兴趣和精神兴趣。物质兴趣主要表现为对物质条件改善的渴望，如对衣、食、住、行等用品和精神生活用品（如手机、电视机、照相机、计算机等）的兴趣。畸形的物质兴趣表现为贪婪，追求奢侈、豪华和不择手段地积聚财产，如郭美美的“炫富”。精神兴趣表现为对真（科学）、善（道德）和美（艺术）的渴望，它能够表明一个人的精神境界。

根据感兴趣的程度，可以将兴趣分为有趣、乐趣（爱好）和志趣。有趣仅是对事物的优先注意和向往的心情，乐趣（爱好）则是从事实际活动的倾向。例如，有音乐爱好的人，不仅对音乐优先注意和具有向往的心情，而且有从事音乐活动的倾向，他或者对乐器爱不释手，经常参加演奏，或者参加合唱团，经常练习唱歌。爱好进一步巩固，成为一个人个性的一部分，此时就成为志趣。如由爱好足球发展到成为足球运动员。

根据人是对事物或活动本身感兴趣还是对事物或活动的结果感兴趣，可以将兴趣分为直接兴趣和间接兴趣。直接兴趣由认识事物的需要所引起，强化来自活动本身，如对看电影、看小说的兴趣。间接兴趣由活动的目的和结果引起。如在中国的封建社会，读书是为了做官。对某些科学家而言，科学活动的目的是为了成名、谋生。间接兴趣在学生的学习活动中具有重要作用，应该大力培养。

根据兴趣在一个人所有兴趣中的相对地位，可以将兴趣分为中心兴趣和业余兴趣。对大多数人而言，中心兴趣往往就是他的职业兴趣。良好的兴趣品质应是在有广泛兴趣的基础上有中心兴趣。

根据兴趣维持时间的长短，可将兴趣分为个体兴趣和情境兴趣。个体兴趣是指个体长期指向一定客体、活动和知识领域的相对稳定的兴趣。情境兴趣是指由环境中的某一事物的激发而产生的兴趣，它持续时间较短。

人的兴趣有不同品质。主要表现在：(1) 兴趣的指向性。人们的兴趣指向什么，很不相同。有人对数学感兴趣，有人对哲学感兴趣。有人的兴趣指向高尚的内容，有人的兴趣指向猥琐的事物，我们将后者称为低级趣味。(2) 兴趣的广度。指兴趣范围的大小。有人兴趣广泛，正像马克思所说，凡是与人有关的，都是我所关心的；有人兴趣狭窄，除了对自己所从事的专业有兴趣外，对其他事物或活动很少发生兴趣。一般说来，兴趣广泛有利于人获得广博的知识，有利于事业成功。但兴趣过分广泛，也不利于认知的深入。(3) 兴趣的稳定性。有人兴趣稳定，凡事力求深入，做事锲而不舍；有人见异思迁，做事虎头蛇尾。稳定的兴趣对人的学习和工作都具有重要意义。(4) 兴趣的效能。指兴趣对人的活动的推动力量大小。有人积极主动地去满足自己的兴趣，兴趣是他活动的重要动机；有人的兴趣仅局限在对感兴趣的事物的知觉上，这种人临渊羡鱼，叶公好龙，兴趣对他们的行为没有推动作用。

2. 信念

信念（belief）是坚信某种观点、思想或知识的正确性，并调节控制个体行为的心理倾向。它是行为的稳定的核心的动机，是人们所遵循的行为准则。

信念是认识、情感和意志的升华，也是认识转化为行动的中介。信念表现为人们对自然和社会的理论原则、见解和知识的真实性确信无疑，而且产生了浓厚的热情，在行动中接受它们的指导，力求维护它们、实现它们。有信念的人，他们理想明确，意志坚定，个性鲜明，具有积极性、主动性、创造性和自我牺牲精神。信念不同于迷信。信念是在独立思考和深思熟虑的基础上对自己的奋斗目标和生活准则坚信不疑，内心接受并自愿为其奋斗；迷信则缺乏独立思考和深思熟虑，具有盲目性。

3. 交往动机

交往动机（affiliation motivation）是在交往需要基础上发展起来的动机。在交往动机支配下，人们积极地进行交往活动。交往需要的满足，使人感到安全、愉快，对生活充满信心和希望。如果剥夺人的交往，将人置于孤独状态中，人会丧失安全感，产生抑郁、冷漠和敌意，甚至导致人格障碍。

交往动机对人完成工作的效率和同伴选择有影响。交往动机高的人在完成简单任务时，比交往动机低的人做得好。交往动机高的人往往选择朋友作为伙伴，成就动机高的人往往选择有能力完成任务的人作为伙伴。

交往是人特有的需要，是人不可或缺的生活方式。交往需要与人希望避免生活中的灾难有关。如果没有交往，社会生活就要解体，人类与自然界的斗争会显得软弱无力。就个体而言，交往需要是在个体发展过程中逐步产生的。婴儿与成人的最初交往是直接的情绪交往，稍后便转化为对象—动作交往，进入了学龄期后，交往范围日益扩大，交往方式也日趋高级。

交往动机的一个特殊表现形式是社会赞许动机。它是一种以获得他人或团体的赞誉为目标的动机。持有这种动机的人，行为目的是得到别人赞赏。事实上，每一个人都希望别人喜欢自己，避免别人讨厌自己。因此，赞许动机是理解许多社会行为的重要线索。例如，人为什么要入乡随俗？为什么要做与别人类似的事，甚至去做别人喜欢而自己不喜欢的事？目的就是为了赢得别人的赞许。在一个实验里，实验者让被试看画有两簇小圆点的幻灯片，一簇明显比另一簇大。要求被试说出哪一簇较大，这很容易答对，只是在被试中有几个是假被试（实验者的助手），这些助手抢先回答，而且故意回答错误。结果表明，在这种有同伙撒谎的实验中，赞许动机高的被试也跟着撒谎的次数占59%，赞许动机低的被试附和撒谎的次数只占34%。撒谎的被试之所以顺从别人的意见，就是为了赢得他人的赞许。

4. 成就动机

成就动机（achievement motivation）是想要很好地完成困难工作，创造出优异业绩的动机。这种动机使人希望从事对他有重要意义的活动，并在活动中取得成功。成就动机包含三点含义：（1）指个人追求进步以期达成希望目标的内在动力；（2）指从事某种工作时，个人自我投入精益求精的心理倾向；（3）指个人在不顺利的情境中，冲破障碍克服困难奋力达成目标的心理倾向。

成就动机会使人在困难或挫折面前表现出极大的韧性和毅力，不达目的誓不罢休。研究表明，在学校里智力相近的人，成就动机高的人比成就动机低的人在学习上更能取得优良成绩。劳威尔（E. L. Lowell）把大学生分成高成就动机组与低成就动机组，然后进行词序排列测验。结果表明，成就动机高的学生在这项学习任务中不断取得进步，成就动机低的则没有取得明显进步。在商界，受过同样训练、提升机会相同的人，成就动机高的比成就动机低的升得要快。成就动机还影响职业选择。麦克里兰德（D. C. McClelland，1917—1998）发现，成就动机低的人愿意选择风险小、独立决策少的职业，成就动机高的人喜欢担任有开创性的工作，在工作中敢于独立决策。

成就动机包含哪些成分？20世纪前半期，心理学家将它视为一种单一、持久性的人格特质。成就动机每人都有，但水平有高低。20世纪60年代中期，阿特金森（J. W. Atkinson，1923—2003）对成就动机提出心理向度的解释，认为在成就动机的形成中，在意识上有两个方向相对的心理作用：一是希望成功（hope for success），一是害怕失败（fear of failure）。这两种动机彼此抵消，就形成个人的成就动机。如果希望成功向度上的趋力大于害怕失败向度上的避力，个体就会表现出较高的成就动机。阿特金森认为，从个人所选工作的难度，就可以推测他的成就动机的高低。成就动机高的人，对成功的希望大于对失败的恐惧，因此敢于选择比较难的工作，以获得成功后的快乐；成就动机低的人，对失败的恐惧大于对成功的希望，在选择工作时要么选择容易的工作，要么选择十分难的工作。容易的工作肯定会成功，十分难的工作即使失败，别人也会原谅，这样就可以避免失败后的痛苦。

认知心理学产生后，对成就动机又做出认知解释。德韦克（C. S. Dweck，1946—　）认为，单从个人所选工作的难度不能推测成就动机，因为人在追求成功时，心理上所设定的目标与取向有所不同。从追求成功的角度看，一般人设定的追求目标不外有两种：一是学习目标（learning goal），一是表现目标（performance goal）。惯于设定学习目标的人，所追求的一是工作成功，二是自我成长，即从工作中学到知识和能力。在面临成败未卜的工作情境时，这种人倾向于选择较难的工作。困难工作成功了，会体验到成就感；即使失败，也会从中积累经验，增长才干。这种人常以“失败是成功之母”来激励自己。惯于设定表现目标的人，所追求的并非真是工作成功，而是通过工作成功博得他人好评。在面临成败未卜的工作情境时，倾向于选择容易或最困难的工作，避免因工作失败而使自尊心受到伤害。成就动机的双取向理论可以解释生活中的许多现象。如在大学里，有两类“好学生”：一类以努力学习取得高分为目标，另一类是以求知为目标。这两类学生在选课时表现不同：前者多选能容易取得高分的课程，后者则以科目本身的价值为选择标准。

麦克里兰德认为，成就动机在幼年时已开始形成，而且在很大程度上由所接触的文化和父母对成就的重视程度决定。成就动机高的母亲在孩子小时就要求他独立；成就动机低的母亲则给予孩子更多的保护和限制。他还观察了各种不同文化的成就动机，发现它们之间的差别非常稳定。他用实例说明，在一种文化里，表示成就的词语数量和社会的经济增长率相关。在一项研究中，他检查了儿童的语文课本，并按成就需要给予评分。他用1925年使用的语文课本推断并预言这个国家1950年的经济增长。学习这些课本的孩子，在25年之后，正是负责经济发展的成人。事实证明：1925年课本里成就需要低的一些国家比成就需要高的国家在50年代的经济发展要慢。成就动机亦具有文化特色。对中国的普通民俗而言，有“万般皆下品，唯有读书高”之说；对中国的知识分子而言，从政动机是成就动机的主要表现形式。明白这一点，就不难理解为什么“国考”（公务员考试）总是热度不减了。

另外，个人的抱负水平和以往的成败经验对成就动机的发展也有重要影响。个人的抱负水平越高，成就动机也越高。如果儿童在生活中多次体验到成功，就会激发起进一步的成就需要；如果儿童在生活中屡屡遭受失败，成就需要会越来越低。

成就动机可以测量。麦克里兰德认为，成就动机可以展现在人的想象和幻想之中，这些想象和幻想能够表现出动机。他创造了一种投射测验，要求被试根据一系列意义模糊的图片编写故事（如图12—7）。问题是：“这个男孩是谁？他在想什么？将要发生什么？”麦克里兰德认为图片提供了一个屏幕，人们通过编故事投射出自己的需要。麦克里兰德和他的同事编制了一个编码系统对被试编写的故事进行解释。如果某一被试多次认为图片中的男孩是在自豪地回想自己在一次考试中取得的优异成绩，并打算争取一份奖学金或想象将来成为一名优等生，就说明这个被试具有高

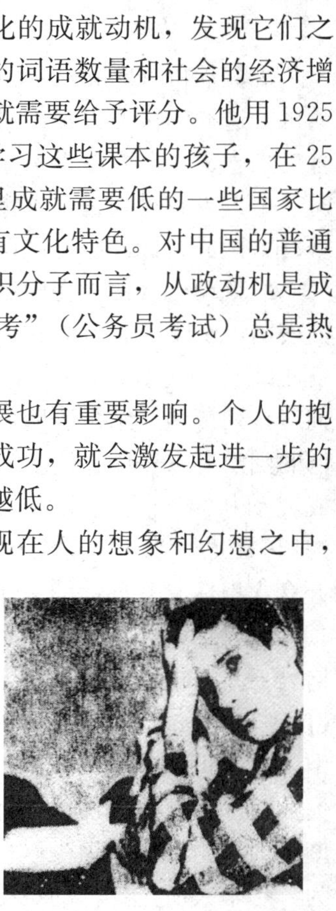

图12—7　成就动机的测验图片

水平的成就动机。

［专栏 12—4］ **人是否也恐惧成功？**

恐惧失败容易理解，但研究表明，人对成功也同样具有恐惧。所谓成功恐惧，是指个人对其行为获取成功带有一种消极恐惧的心态。由于预见到成功的结果可以使人产生恐惧，所以个体在活动中会放弃积极争取的行动，改以消极应付的行为。之所以提出成功恐惧的概念，主要是根据男女两性在成就上差异的事实。在社会各行各业中，参与竞争并获得成就者多是男性。在教育上，虽然中小学阶段女生的成绩并不逊于男生，但在后来的学业成就上，女生不如男生。根据心理学家多年研究，男女生之间智力差异总体上并不显著，因此，在解释两性间的成就差异时，人们就自然想到两性间成就动机的差异。美国心理学家霍纳(M. S. Horner) 假定，男性多持“追求成功和避免失败”的心态，女性往往并不希望成功，反而“恐惧成功”。

霍纳采用投射测验的方法向男女大学生提供了一个有关男女大学生学业成就的情境：

> 安妮（或约翰）是大学医学院的学生。在第一学期期终考试之后，安妮（或约翰）的成绩，高居全班第一名。请按照你个人的直觉想法，描述一个故事，用以说明安妮（或约翰）对自己获得成功以后的心理感受，以及此后可能演变的情形。

霍纳让男生写约翰，女生写安妮。结果发现，女性被试对女性成就的看法，与男性被试对男性成就的看法很不相同。女被试中有65%的人以消极心态描绘安妮，男被试中却只有10%的被试以消极心态描绘约翰。霍纳认为，在男女两性竞争条件下，女性的成就动机是消极的，其原因是受长期的重男轻女的传统文化的影响。

霍纳的研究结果发表以后，在心理学界引起很大的争议。费泽（N. T. Feather）研究表明，如果将安妮的身份改为护理科的大学生，结果女大学生则一致称赞安妮是成功的。他认为，之所以会得到完全不同的研究结果，是由于受传统的社会分工和社会角色观的影响。因为在一般人看来，医生向来以男性为主，护士是女性的适合角色。张积家和陈俊研究表明，男女大学生的成功恐惧主要有4种：(1) 人际恐惧，认为成功会造成人际关系的过分敏感或疏离；(2) 家庭恐惧，认为成功会造成家庭生活不幸福、夫妻关系不协调；(3) 学业恐惧，担忧在未来的学习中是否会继续领先；(4) 事业恐惧，为事业发展担忧、怀疑能否取得事业的成功。男女学生有成功恐惧的人数比例差异不显著，女性在传统上认为在男性领域中成功会引起女性更多的家庭、学业和事业恐惧。在另一项研究，陈俊和张积家认为，中学生的成就动机存在显著的学校类型差异，重点中学的学生的成就动机显著强于普通中学的学生。男生和女生均存在成功恐惧，其恐惧主要与学业、人际关系、家庭和事业有关。中学生追求成功的动机与成功恐惧呈显著的负相关，避免失败的动机与成功恐惧呈显著的正相关。

5. 权力动机

权力动机（power motivation）是支配和影响他人的动机。它起源于影响和支配他人的欲望。在权力动机的支配下，人表现出对社会事业的浓厚兴趣和积极主动的参与精神，有成为某一群体的领导者的欲望。权力动机存在积极的权力动机和消极的权力动机。前者表现为竭力去谋求领导职位或在组织社会中的权力；后者则表现为害怕自己的权力丧失，为自己的声望而担忧。权力动机还可以分为两种：

（1）个人化的权力动机（personalized power motivation）。持这种动机的人，谋求权力的目的是为了个人的私欲和利益。他们热心于社会活动，但目的是利用各种机会表现自己。他们热衷于追求权力和地位，但目的是以权谋私，甚至为了达到目的不择手段，寡廉鲜耻。他们追求物质财富，竭尽所能去积聚钱财，企图凭借优越的物质条件炫耀自己，达到影响他人控制社会的目的。贪官污吏、犯罪团伙中的头目、黑社会中的老大都属这种类型的人。

（2）社会化的权力动机（socialized power motivation）。持这种动机的人，他们追求权力的目的是为了他人。这种人有三种类型：一是关心社会，但不实际参与社会事务，而是利用自己的专业或专长，以传播知识观念的方式，去影响别人，服务社会。教师、作家、记者、艺术家、思想家和科学家属这种类型。二是关心社会也参与社会，以自己的专业技能为社会服务，或维持社会的安全，或帮助别人解除痛苦。警察、医生、律师、牧师、慈善家属这种类型。三是具有强烈的社会责任感，企图以自己的才能领导大众，执政为民，情系于民，谋利为民。一些人民领袖、民族英雄即属此类。

第三节　动机理论

动机理论是指心理学家对动机概念和实质所做的理论性和系统性的解释。这些理论主要关心的问题有：动机是怎样产生的？生物和环境因素在动机的产生中有什么作用？动机仅具有种系的特征还是与人的个性有关？目前，在心理学领域，动机理论主要有如下几种。

一、本能理论

19 世纪末 20 世纪初，在达尔文进化论影响下，许多心理学家都从本能角度来解释行为。詹姆斯提出，行为受本能指引，人除了具有与动物一样的生物本能外，还具有许多社会本能，如爱、社交、同情、诚实等。麦独孤提出了系统的本能理论，认为人类所有行为都是以本能为基础。本能是人类一切思想和行为的基本源泉和动力。本能具有能量、行为和目标指向三个成分。个人和民族的性格与意志也由本能形成。人类有 12 种基本本能和与之相对应的 7 种情绪倾向，分别是：逃跑本能和恐惧情绪、反感本能和厌恶情绪、好奇本能和惊奇情绪、好斗本能和愤怒情绪、自我贬低本能和服从情绪、逞能本能和得意情绪、父母本能和温和柔情。还有一些重要的本能，如性、求食、合群、获取（收藏、囤积)、建造，它们的相应情绪倾向不十分明显。

弗洛伊德也将人类行为的原因归结于本能。他认为，心理活动的原动力由人类生来固有的本能驱力决定。这种本能驱力使人类产生一种紧张状态，驱使人类采取行动，并通过消除紧张来获得满足。在早期，弗洛伊德主张泛性论（pan-sexualism），将性欲视为高于一切、决定一切的根本因素。认为里比多（libido，性力）是包含在“爱”字里的所有本能力量，这种性本能力量必须获得施展，若受到压抑，就会导致人得精神疾病。这种性本能力量可以转移或升华，人类社会的发展与文化创造，全是性本能乔装打扮向外发泄的方式。在晚年，弗洛伊德认为人类最基本的本能是生本能和死本能。生本能的作用在于维持生存和使个体的生殖繁衍，死本能则促使个体通过疾病而最终死亡。生本能和死本能是人类行为的两种基本动力。

20世纪20年代末，本能论开始受到人们的怀疑和挑战。许多研究者指出，本能理论并未从行为的过程、机制或结构来解释行为。本能论对行为的解释是一种循环论证，如以“攻击本能”解释攻击行为，又以攻击行为作为“攻击本能”存在的依据。本能论也过分强调固定的先天的行为机制，而许多行为（像本能论所列举的自信、自卑等），实际上是经过学习习得的。

本能论虽然受到批判，但并未完全消失。例如，马斯洛就认为，人类的行为由与生俱有的自我实现的潜能决定。现代的习性学和社会生物学则是本能论的最新发展。

二、驱力理论

由于用本能来解释人类行为陷入了困境，20世纪20年代，伍德沃斯提出驱力概念以代替本能概念。驱力是指个体由生理需要引起的紧张状态，它能够激发或驱动个体行为以满足需要，消除紧张，从而恢复机体的平衡状态。

驱力理论由行为主义心理学家赫尔进一步发展。赫尔提出驱力减少理论。他认为，某种生物需要触发一种强烈的唤醒状态，这就是驱力。这种未分化的驱力状态为随机活动提供能量；当某种随机活动达到消除驱力紧张的目标时，机体便停止随机活动。消除紧张作为一种强化，增强了目标刺激和有效反应之间的联系。赫尔认为，有的驱力来自于内部需要，称为原始驱力。这种驱力不需要习得。有的驱力则来自于外部刺激，称为获得性驱力。这种驱力是习得的，是通过条件作用而获得的。赫尔指出，人类的行为主要由习惯支配，而不是由生物驱力支配。他强调经验和学习在驱力形成中的作用，认为学习对机体适应环境有重要意义。

赫尔认为，驱力（D）、习惯强度（H）和抑制（I）共同决定个体的有效行为潜能（P），它们的相互关系可以表示为：

$$P=D\times H-I$$

驱力理论提出后，得到许多行为主义者赞同。但是，这种理论无法解释人类行为中的一些现象，如急中生智、人可以通宵达旦地工作，等等。在这些行为中，人的驱力不是减少了，而是增加了。

三、诱因理论

驱力理论强调个体活动来自内在动力，忽略了外在环境对引发行为的作用。针对这种缺陷，人们提出了诱因概念。诱因（incentive 或 lure）是指能够满足个体需要的刺激物，它既可以是物质的，如食物、时装，也可以是精神的，如名誉、地位。诱因能使人趋近或逃避某种事物，而不管当时的内在状态如何。例如，在不存在饥饿驱力的情况下，看到新鲜水果，闻到食物的香味，都可能导致进食行为。诱因有积极和消极之分，有吸引力的刺激物称为积极诱因，个体回避的刺激物称为消极诱因。

诱因的概念可以解释人的某些行为。例如，在犯罪心理研究中，人们发现有的犯罪由情境诱因引起。某人可能没有偷窃动机，偶然机会发现别人家中无人而又没有关好门，于是就偷窃。有的强奸行为也是由女性无意中的性挑逗引起。心理学家根据诱因的概念修改了驱力理论。如洛根（F. A. Logan）提出，动机唤醒取决于外界环境的诱因对行为的“牵拉”和内部生理、心理条件对行为的“推动”以及这两者的交互作用。赫尔接受了诱因的概念，并把它作为行为的决定因素之一，他修改了自己的公式，增加了诱因作用（K）：

$$P=D\times H\times K-I$$

四、唤醒理论

驱力理论强调，人的行为旨在消除紧张。但是，人的许多活动不是为了减少驱力，而是要增加驱力。例如，努力探究新问题，参加冒险的竞技比赛，等等。针对人类的这些行为，赫布（D. O. Hebb，1904—1985）和伯利恩（D. E. Berlyne，1924—1976）提出了最佳唤醒理论。这种理论认为，对唤醒水平的偏好是决定个体行为的一个因素。

唤醒理论提出三个原理：

（1）最佳唤醒水平原理。每一个人都有自己的最佳唤醒水平。高于这个水平会逃避刺激，低于这个水平个体要寻求刺激。从事喧闹工作的人要通过安静来休息，从事安静工作的人要通过增加刺激来放松。不同人的最佳唤醒水平不同。有人喜欢节奏强烈的音乐，有人喜欢曲调柔美的乐曲；有人在闲暇时从事剧烈体育活动，有人则热衷于侍弄花鸟虫鱼。一般说来，个体偏好中等程度的刺激，因为它会引起最佳的唤醒状态。而对唤醒水平过低或过高的刺激，个体是不喜欢的。刺激唤醒水平与偏好之间是一条倒 U 形的曲线（见图 12—8）。

（2）简化原理。重复进行刺激会使唤醒水平降低。例如，每天的食谱要不断变换，不能总吃一种食物；聪明的妻子不断变换自己的发型和衣饰，使丈夫有新鲜感；电视节目的主持人如果过于频繁地在屏幕上出现，观众会对之厌倦；体育比赛时如果某位选手总是冠军，观众对他的热情也会下降。那些从小在一起长大的异性之间很少会产生性兴趣，所以，“青梅竹马”成为夫妻的并不多见。“距离产生美”，也是这个道理。

（3）经验的作用。研究表明，富有经验的个体偏好复杂的刺激。俗语说：“惺惺惜惺惺”，“棋逢对手，将遇良才”。高水平的音乐爱好者喜欢欣赏复杂的音乐。卓越的领导人喜欢风云变幻的政治局面，“受命于危难之际”更使他们兴奋不已。

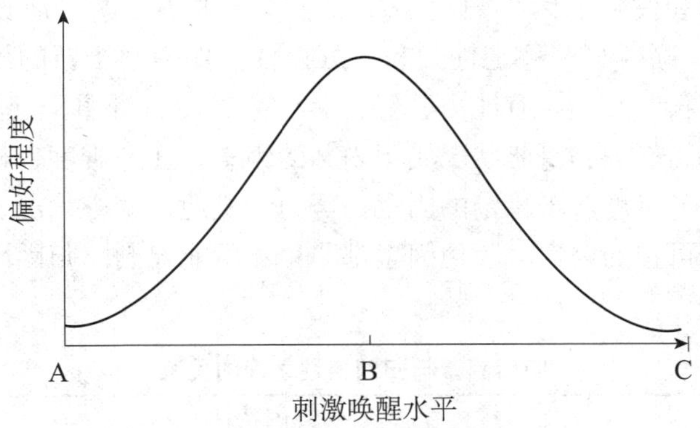

图 12—8　刺激唤醒水平与偏好程度之间的关系

五、认知理论

20 世纪 60 年代以来，随着认知心理学兴起，动机理论有了新的发展，形成了动机的认知理论。心理学家从认知角度来说明人类行为的动机，认为认知因素在刺激和行为之间起中介作用。它们既能引起行为，也能控制行为。人们对行为结果的期待、对过去成败的归因、对自身能力的估价等，对行为都有至关重要的影响。

（一）期待理论

托尔曼认为，行为产生的原因不是强化，而是对目标的期待。当个体对某种特定目标有期待时，就会行动。托尔曼将期待定义为刺激与刺激的联系（$S_1 \rightarrow S_2$）或反应与刺激的联系（$S_1 \rightarrow R \rightarrow S_2$）。例如，看见闪电（$S_1$）就期待雷声（$S_2$），这是刺激引起的期待；平时努力工作（$S_1 \rightarrow R$），期待好的业绩（$S_2$），属于由反应引起的期待。托尔曼认为，当事态发展和个体的期待一致时，就会起强化作用。例如，在动物实验中，当猴子得到的食物（麦芽糖）与它预期的食物（香蕉）不一样时，就会沮丧；当白鼠发现获得的食物不是麦芽糖（预期的食物）而是葵花籽时，操作水平也明显下降。由此可见，对目标物的期待是行为的重要动机。

（二）归因理论

归因（attribution）就是寻找行为的原因。20 世纪 60 年代以来，心理学家从归因角度探讨行为的内在动力。海德（F. Heider，1896—1988）认为，当人们在工作和学习中体验到成功和失败时，一般会把原因归结为外部原因和内部原因两个方面。外部原因指环境因素，如任务难度、外部的奖励与惩罚、机遇等；内部原因指个体本身的因素，如能力、努力、兴趣、态度、人格等。罗特（J. B. Rotter，1916—2014）提出了控制点（locus of control）理论，将人分为内控型和外控型。内控型的人认为，个人是命运的主宰，无论成败，都由自身的原因造成。外控型的人认为，个人无力左右命运，一切由外部因素控制。成功是由于机遇，失败是由于任务太难或受人阻挠。

在海德和罗特的基础上，韦纳（B. Weiner，1935—　）系统地提出了动机的归因理论。他认为，对成功和失败的因果归因是成就活动的中心要素。他吸收了海德和罗特的“内部和外部”维度，同时将“稳定性”和“可控性”作为两个新的维度，认为人在对自己的成败理由进行分析时，主要有能力、努力、任务难度、机遇、身心状况和别人反应6种因素。其中，能力、努力、身心状况属于内部的因素，任务难度、机遇和别人反应属外部的因素；能力和任务难度属于稳定的因素，努力、机遇、身心状况、别人反应属于不稳定的因素；努力属于可控的因素，其他因素都非个体所能控制。归因因素及特性的关系见表12—2。

表12—2　　归因因素与归因特性之间的关系

归因因素	归因特性					
	因素来源		稳定性		可控性	
	内部	外部	稳定	不稳定	可控	不可控
能力	√		√			√
努力	√			√	√	
任务难度		√	√			√
机遇		√		√		√
身心状况	√			√		√
别人反应		√		√		√

韦纳发现，将成败归结为哪些原因将引起个体相应的心理变化，并进而影响下一步的成就行为：

（1）归因将导致人对今后成就行为的结果期待发生变化。如果将成败原因归结为稳定因素，对今后成就行为结果的期待就将和这次成就行为的结果一致。例如，如果个体将失败归结为能力差，就会担心下一次还会失败，因为能力是相对稳定的，短时间内很难改变。如果将成败的原因归结为不稳定因素，对今后成就行为结果的期待就可能与这次成就行为的结果不一致。例如，如果将失败归结为机遇或身心状况，个体就可能期待下次成就行为可能成功。

（2）归因会产生情绪反应。如果将成就行为归结为内部原因，成功时个体会感到满意和自豪，失败时会感到内疚和羞愧；如果将成就行为归结为外部原因，不论成功或失败个体都不会产生太大的情绪反应。

（3）归因将影响今后成就行为时的努力程度。如果个体将成败的原因归结为可控的因素（努力），今后可能更努力；如果个体将成败的原因归结为不可控的因素，他今后可能努力，也可能不努力。

（三）自我效能论

班杜拉认为，行为受结果因素影响。行为之所以出现，是由于认识到行为与强化的依赖关系后对进一步强化的期待。期待决定行为，强化存于期待之中，是期待强化。班杜拉区分了两种不同期待：（1）结果期待。指人对行为会导致某种结果的推测。如努力学习就会取得好成绩。（2）效能期待。指人对自己是否有能力完成某一行为的判断。这种判断就是自我效能感（self-efficacy）。自我效能感与自信有关，但二者并不相同。自信是个体对自己有信心，属于人对自己的所作所为的一种积极态度。自我效能感则是人根据以往经验，对自己是否有能力从事某一特殊的事务或工作的判断，是人对自己某方面能力的自我评估。人的自我效能感直接决定人进行某种活动时的动机水平。

班杜拉认为，自我效能感有如下功能：(1) 决定对活动的选择。人倾向于避开认为超出自己能力的任务，而去从事认为自己有能力处理的事情。因此，恰当地评价自身能力，对成功具有重要价值。对自我效能做过高或过低的评估，都会带来麻烦。(2) 决定人对活动的努力和坚持性。在面临困难时，自我效能感决定人付出多少努力，坚持多长时间。自我效能感越强，付出的努力会越多，坚持的时间会越长。(3) 影响人对困难的态度。高自我效能感者，困难面前愿意接受挑战，接触有潜在威胁的任务时不焦虑，任务繁重时也很少有痛苦，这种人容易成功。低自我效能感者，躲避困难任务，困难面前放松努力并轻易放弃，降低抱负水平，经历更多的焦虑和痛苦，也更容易失败。(4) 影响人同环境互动时的思维方式和情绪反应。在解决困难问题时，高自我效能感者倾向于将失败归因为努力不够，低自我效能感者倾向于将失败归因为能力不足；高自我效能感者会将注意力聚焦于环境上，低自我效能感者思维会停留在自身不足上，这不利于能力发挥。

有许多因素影响人的自我效能感：(1) 个人的成败经验。一般说来，成功会提高效能评估，失败会降低效能评估。所以，要提高人的自我效能感，最重要的莫过于让个体体验到成功。(2) 替代性经验。看到与自己相似的人成功会提高自我效能感，看到与自己相似的人付出巨大努力仍然失败，会降低自我效能感。(3) 言语说服。略高于个体实际水平的鼓励能提高个体的自我效能感。(4) 情绪和生理状态。正性情绪可增强自我效能感，负性情绪则会减弱自我效能感。疲乏、疼痛、辛劳等都可成为身体无效能的标志。

自我效能论可以解释生活中的许多现象。例如，“艺高人胆大”。高自我效能感的人对具有挑战性的情境敢于冒险尝试。学生偏科的现象，亦可用自我效能感的理论去解释。凡是学生偏爱的学科，往往都是学生在其中有高自我效能感的学科；凡是学生不愿学的学科，学生对该学科的自我效能感也较差。所以，教学应以培养学生的高自我效能感为目标。

基本概念

动机；本能；平衡作用；驱力；诱因；需要；自然需要；社会文化需要；物质需要；精神需要；第一需要；新的需要；表面需要；本质需要；有效需求；无效需求；生存需要；享受需要；发展需要；生理需要；安全需要；归属与爱的需要；尊重的需要；自我实现的需要；缺失需要；生长需要；价值观；外在动机；内在动机；生理性动机；社会性动机；原始动机；习得动机；有意识动机；无意识动机；同性恋；母性动机；兴趣；物质兴趣；精神兴趣；有趣；乐趣（爱好）；志趣；直接兴趣；间接兴趣；中心兴趣；业余兴趣；个体兴趣；情境兴趣；兴趣的指向性；兴趣的广度；兴趣的稳定性；兴趣的效能；信念；交往动机；成就动机；成功恐惧；权力动机；最佳唤醒水平；归因；控制点；自我效能感；结果期待；效能期待

基本原理

动机的功能；需要的特性；需要的种类；马克思的需要理论；莫瑞的需要理论；马斯洛的需要层次论；动机产生的条件；动机与行为的关系；耶克斯—多德森定律；性需要的特点；价值观的社会文化方式分类；价值观的工具—目标分类；兴趣的品质；成就动机的心理作用；本能理论；驱力理论；诱因理论；唤醒理论；期待理论；控制点理论；归因理论；自我效能论

思考题

1. 什么是动机？它有哪些功能？
2. 评述马斯洛的需要层次论。
3. 说明动机与工作效率的关系。
4. 生理性动机主要有哪些？其内部机制是什么？
5. 兴趣有哪些种类和品质？
6. 什么是成就动机？它有哪些心理成分？
7. 驱力理论和诱因理论各自的特点是什么？
8. 韦纳的归因理论有哪些主要内容？
9. 什么是自我效能感？它有哪些功能？
10. 如何培养学生的自我效能感？

第十三章

情绪和情感

本章要点

1. 情绪和情感的概念
2. 情绪和情感的功能
3. 情绪和情感的种类
4. 情绪和情感的表达和识别
5. 情绪理论的发展
6. 情绪与认知、智力

哲学家萨特认为，“情绪是人们赋予世界以意义的方式”。人在认识世界、改造世界过程中，时时刻刻体验着欢乐、悲伤、厌恶、愤怒、恐惧等情绪，感受着情绪的影响。对美好的事物，人们产生积极的情绪；对丑恶的事物，人们产生消极的情绪。例如，欣赏优美的湖光山色，使人心情愉快；思考问题却百思不得其解，使人闷闷不乐；无理的挑衅，使人感到愤怒；突如其来的危险，使人产生恐惧。那么，什么是情绪？

第一节　情绪和情感概述

一、情绪和情感的含义

（一）什么是情绪和情感

提到“情绪”和“情感”，人们会联想到“七情六欲”。情绪和情感的内涵极其复杂。现在一般认为，情绪（emotion）和情感（feeling）是个体对客观事物的态度体验和相应的行为反应。

为了阐述情绪的内涵，请你想象这样的情境：一条狗对你狂叫不止，你被这条气势汹汹的狗给吓坏了。当你意识到危险时，你会感到害怕；手脚冰凉并发抖，脸色发白，腹部有抽紧的感觉；你可能会做出逃跑反应，会出现恐惧表情，甚至会大声呼救等。在上述恐惧情绪中，可以发现三个组成成分：主观体验（subject experience）、生理唤醒（physical arousal）和外部表现。

1. 主观体验

主观体验是指个体对不同情绪和情感状态的自我感受。每种情绪都有不同的主观体验和不同的感受。在考试前，人会感到焦虑不安；在成功时，人会感到兴奋愉悦。由此可见，情绪是个体与环境之间某种关系的维持或改变。这种关系的维持或改变在个体之间存在差异，只有当事人才能真正体验到。例如，许多人对汶川地震印象深刻，但只有亲身经历地震的人才会对地震有更深刻的体验。哲学家黑格尔说过，一句格言，从一个七岁小孩口中说出和从一个饱经风霜的老人口中说出有不同的含义，后者包含了他一生的辛苦经历。少年和饱经风霜的老人对“时间如白驹过隙”这句话会有不同的感受。

情绪和情感同认知一样，均是心理反映过程，均由刺激引起。引起情绪的刺激既有外在的也有内在的，既有具体可见的也有隐而不显的。事物的变化作为外在刺激会影响人的情绪。例如，雷声和闪电使人害怕，喧闹的人群使人烦躁不安，广袤的草原、巍峨的高山使人心旷神怡。这些体验是情绪和情感区别于认知的重要方面。认知通过概念反映事物，情绪和情感则通过体验或感受反映事物。个人的知识经验会影响情绪体验的产生，因而对同样的外在刺激不同的人可能会产生不同的情绪体验。例如，同样是见到乞丐乞讨，有人会因为怜悯而施舍，有人却会因为厌恶而驱赶。

2. 生理唤醒

生理唤醒是指情绪和情感活动所产生的生理反应。中枢神经系统的脑干、中央灰质、丘脑、杏仁核、下丘脑、蓝斑、松果体、前额皮层以及外周神经系统和内外分泌腺等都与情绪和情感活动密切相关。不同的情绪、情感的生理唤醒模式不同，如兴奋愉快时心跳节律正常；恐惧害怕时会心跳加速、血压升高、脸色发白，由于胃部血液被排空而腹部会有抽紧的感觉。

3. 外部表现

情绪还能够产生行为。情绪和情感的外部表现形式就是表情（emotional expressions）。表情主要通过面部肌肉、身体姿势和语音语调等方面的变化表现出来。如高兴时眉开眼笑、手舞足蹈、语调轻快，沮丧时两眼无光、垂头丧气、语调沉重，慌张时惊慌失色、手足无措、语无伦次等。

（二）情绪和情感的实质

1. 情绪和情感产生的基础——人的需要

情绪和情感虽然由客观事物引起，但事物本身并不直接地决定人的情绪和情感。客观事物对情绪和情感的决定作用以需要为中介。因此，情绪和情感反映客观事物和个体的需要之间的关系。一方面，凡是能够满足个体需要或者符合个体愿望的事物，人就产生愉快、满意、欣赏、喜爱等积极的体验；凡是不符合个体的需要或违背其愿望的事物，人就产生郁闷、痛苦、焦虑、厌恶等消极的体验。与个体的需要没有直接关系的事物，一般不会引起个体的情绪和情感体验。因此，分析事物与个体需要之间的关系，就可以预期个体会产生何种性质的情绪或情感。但是，由于客观事物纷繁复杂，个体的需要又种类多样，客观事物与个体需要之间的关系就具有多样性，如既有符合个体需要的地方，又有不符合个体需要的地方。因此，人的情绪和情感具有复杂性，并不总是简单的肯定或否定、满意或不满意，有时表现为肯定中有否定，满意中有遗憾，正所谓忧中有喜，喜中有忧，喜忧参半，又爱又恨，悲喜交加，啼笑皆非，百感交集等。

2. 情绪和情感产生的直接原因——对情境的认知

个体对客观事物产生何种情绪和情感，还取决于个体对于情境的认知。例如，人对老虎是否产生恐惧心理，取决于对老虎出现的情境的认知。在荒山野外看到老虎，人会感到恐惧；而在动物园里看见老虎，就不会感到恐惧。可见，个体对一定情境的认知和评价不同，产生的情绪和情感也不同。

（三）情绪和情感的关系

情绪和情感可以统称为感情（affection）。情绪、情感在日常生活中的区分并不严格。作为科学的心理学概念，情绪和情感既相互区别，又相互联系。一般说来，情绪通常与有机体的生理需要（如饮食、睡眠、繁殖等）相联系，为人和动物所共有；情绪具有明显的外部表现，强度往往较大，有时难以控制；情绪具有情境性和短暂性，如乐曲会引起愉快的情绪体验，噪音会引起不愉快的情绪体验，一旦声音消失，相应的情绪体验就随之消失或改变。情感则不同，情感通常与个体的社会性需要（如交际、友谊、劳动等）相联系，如爱国主义、人道主义、集体感、责任感、羞耻心和求知欲等都是稳定而深刻的具有社会意义的情感，为人类所特有；情感具有较大的稳定性和持久性，一经产生，就比较稳定；情感始终处于意识的调节支配之下。

情绪和情感又是相互联系的。情绪是情感的外部表现，情感是情绪的本质内容，二者水乳交融、密不可分。情感离不开情绪。稳定的情感在情绪基础上形成，又通过情绪反应得以表达。情绪也离不开情感。情绪的变化受情感支配，情感的深度决定着情绪表现的强度。

二、情绪和情感的功能

获得成功让人高兴喜悦，失去亲人让人悲伤痛苦，遇到危险让人紧张恐惧。这些情绪反应有什么作用呢？进化心理学认为，心理机制是由进化形成的程序模块引起的，这些程序模块是在长期选择中为了解决特定问题而形成的。黑格尔说过："假如没有热情，世界上任何伟大的事业都不会成功。"情绪和情感在个体认识世界和适应世界的过程中具有重要的功能。

（一）适应功能

情绪和情感是个体适应环境、求得生存的工具。达尔文在《人类和动物的表情》中指出，情绪是与人类和动物的其他结构与功能机制一同进化出来的。情绪的适应功能在人类和动物的生存过程中起到了重要作用。情绪不是一种模糊不清的、不可预期的个人状态，而是人脑功能高度特化、协调的模式。

无论是人还是动物，情绪唤醒状态能够帮助生物应对再次出现的重要情境，具有生存价值，因而被自然选择而塑造。进化心理学认为，情绪的适应功能让人类祖先得以处理他们在生活中的压力和问题，保证其基因得以延续。例如，恐惧情绪帮助人类祖先逃脱对其生命构成威胁的大型动物；对爱情忠贞要求人忠于家庭，有助于家庭基因的延续；同样，“吃醋”这一情绪可以防止配偶不忠，降低配偶为他人繁衍后代的几率。像愉快、痛苦等情绪可以表达人们当下的心理状态，帮助人们了解自身或他人的处境，从而进行更为有效的社会交往。

（二）动机功能

情绪、情感与动机存在密切联系。情绪伴随着行为产生。一般行为的目的是满足个体的动机，如果动机得到满足，就会产生快乐情绪；如果动机得不到满足，就会产生痛苦、沮丧情绪。更为重要的是，情绪和情感本身即是激发个体行为的动机。情绪和情感作为一个基本动机系统，激励人去从事某些活动，并提高活动效率。例如，恐惧可以促进个体做出逃跑或攻击的行为。适度兴奋可以使个体身心处于最佳活动状态，促进其更有效地完成任务。

（三）组织功能

情绪和情感是心理活动的组织者。进化心理学认为，当人类面对复杂的环境时，众多小程序模块同时得到激活，如知觉、记忆、思维等。各模块之间会产生一致、不一致或矛盾的关系。为了解决多模块同时激活时的适应问题，就需要更高一级程序对众模块进行协调，“情绪”正是这一超级程序。积极情绪对其他心理活动进行协调、组织，消极情绪对其他心理活动进行破坏、瓦解。处在积极、乐观的情绪状态下，个体容易注意到事物好的一面，愿意接纳外界事物，乐于助人；处于消极、悲观的情绪状态下，会万念俱灰，容易产生放弃自己的想法，对他人也会变得冷漠，甚至产生攻击行为。

（四）信号功能

情绪和情感是人际交流的重要手段。通过表情，个体将其情绪经验经由行为活动表露于外，传递信息、沟通思想，实现信号功能。例如，婴儿哭泣常表明其需要得不到满足，如饥饿、困倦或尿布湿了等，微笑则表明其身体处于舒适的状态。成人通过婴儿的情绪反应来明了其需要。对于成人而言，表情是言语交流的重要补充，表情能够使个体明确在言语交流中存在的不确定和模糊之处，个体可以借助情绪、情感来了解自身或他人的处境，更加有效地进行社会交往。

三、情绪和情感的复杂性

情绪是一种复杂的心理过程，情绪总是在一定的情境中产生，而人所处的情境又是千变万化的。因此，个体的情绪十分复杂，具有多样性、广泛性和分化性的特点。那么，人类究竟有多少种情绪？由于不同的研究者侧重于情绪的不同方面，他们对于情绪结构有不同的看法和观点，概括起来主要有分类取向（categorical approach）和维度取向（dimensional approach）。分类取向认为，情绪是个体在进化过程中发展出来的对刺激的适应性反应，该取向关注情绪的各个方面，如生理机制、外部表现等，试图将情绪分为几种彼此独立的、有限的基本情绪（basic emotion），但在基本情绪的数量和概念上一直未达成一致。

维度取向认为，情绪是高度相关的连续体，是一种较为模糊的状态，很难区分出各种具体的情绪，各种情绪在几个基本维度上高度相关，应该抓住情绪的不同维度对其进行阐释。但是，在基本维度的数量和类型、基本维度是单级还是双极等问题上，心理学家仍然存在着争论。

如果在词典中查找，你会找到500多个与情绪有关的词。不过，情绪和情感的种类并没有如此多。通过因素分析等方法，心理学家发现了情绪和情感的基本种类，并且在此基础上，在不同种类的情绪之间发现了情绪的维度及其两极性，为情绪测量提供了理论基础。

（一）情绪和情感的分类

1. 有关情绪分类的不同观点

分类取向源于达尔文的进化论。该取向认为，情绪是由几种相对独立的基本情绪以及在此基础上形成的多种复合情绪构成。基本情绪为人类和动物所共有，是先天的、不学而能的，在发生上具有共同的原型或模式，在个体发展早期就已出现。每一种基本情绪都有独特的生理机制和外部表现。复合情绪是多种基本情绪混合的产物，或是基本情绪与认知评价等相互作用的结果。由于情绪复杂多样，所以，古今中外的学者对情绪分类的观点也各不相同。

在中国古代的先秦时期，对情绪分类就有“四情”、“五情”、“六情”和“七情”之说。例如，《中庸》将情绪分为喜、怒、哀、乐4种，《黄帝内经》分为喜、怒、悲、忧、恐5种，《左传》分为好、恶、喜、怒、哀、乐6种，《礼记》分为喜、怒、哀、惧、爱、恶、欲7种。喜、怒、哀、乐是各学说中最基本的情绪形式。1944年，林传鼎（1913—1996）通过对《说文》中9 395个正篆字的研究，把描述情绪的354个字分为18类，包括安静、喜悦、愤怒、哀怜、悲痛、忧怒、忿恚、烦闷、恐惧、惊骇、恭敬、悦爱、憎恶、贪慾、嫉妒、微惧、惭愧、耻辱等。

在国外，哲学家笛卡儿提出，人类具有6种原始情绪，即惊奇、爱悦、憎恶、欲望、欢乐和悲哀。普拉切克（R. Plutchik，1927—2006）提出，人类有8种基本情绪，即狂喜、悲痛、警惕、恐惧、狂怒、惊奇、接受、憎恨。艾克曼（P. Ekman，1934— ）等人认为，人类具有6种基本情绪，即快乐、惊讶、恐惧、悲伤、愤怒、厌恶。

伊扎德（C. E. Izard，1923— ）的差别情绪理论（differential emotions theory，DET）认为，人类有10种基本情绪，除了艾克曼等人提及的6种以外，还有兴趣、害羞、自罪感和蔑视。在此基础上，产生了3类复合情绪，包括基本情绪的混合、情绪与内驱力的混合以及情绪与认知的混合。但是，一些研究者质疑某些情绪是不是真实的情绪，如兴趣和惊奇应该是认知参与的结果；害羞、自罪感和蔑视应该是几种基本情绪混合的复合情绪。针对他人的批评，伊扎德区分了基本情绪和情绪图式（emotion schemas），认为基本情绪是在进化基础上产生的对外界刺激的适应性反应，情绪图式则不仅包括生理机制和情绪体验，还包括认知评价及行为表现等多种成分。经过反复的考察，采用了多个判定标准，他指出兴趣、快乐、悲伤、愤怒、厌恶和恐惧是6种基本情绪。

尽管持分类取向的研究者普遍认为存在着数种基本情绪，但却基于不同的方向。一些研究者（如艾克曼）从生物学的角度出发，强调基本情绪对个体和物种的适应意义，认为基本情绪普遍存在于哺乳动物中，有其特有的生理基础和面部表情；奥特利（K. Oatley）和约翰逊-莱尔德从心理学的角度出发，认为情绪在理论上是无限的，基本情绪是指在心理上不能化约的情绪，是复杂情绪发生发展的基础。这两种角度本质上并不矛盾，因为生物学意义上的基本情绪，也是心理学上不能再继续分解的情绪。但是，情绪分类研究者在什么是基本情绪及基本情绪的数量上一直未达成一致，这也是情绪分类取向遭受批评的主要原因之一。鲍尔（M. J. Power）和达格利什（T. Dalgleish）总结说，快乐、悲伤、愤怒、恐惧和厌恶这 5 种情绪几乎出现在每一位研究者的基本情绪列表中。

2. 情绪状态

情绪状态是指在某种事件或情境影响下，在一定时间内所产生的情绪。其中，较为典型的情绪状态有心境、激情和应激。

心境（mood）是一种比较微弱、平静而持久的情绪状态，如心情舒畅、闷闷不乐等。俗语说："人逢喜事精神爽。"这种由喜事所引起的愉快心情的强度并不强烈，但不会在喜事结束后立即消失，往往会持续一段时间。一般的情绪反应持续时间短则几秒钟，长则几小时，但一种心境可以持续很多天。心境有积极和消极之分。积极的心境使人振奋乐观，朝气蓬勃；消极的心境使人颓丧悲观。引起心境的原因是多方面的。个人生活中的重大事件、事业的成败、工作顺利与否、与周围人们的关系等都可能引起某种心境。健康状况与心境的关系尤为密切。健康状况不同会引起人的不同心境，同时心境也影响健康状况。心境跟生物节律有着密切关系。当体温处于一天中的低点时，人也倾向于感到情绪低落，当体温处于高峰时，容易体验到积极的心境。

激情（passion）是一种强烈的、爆发式的、为时短暂的情绪状态。激情是情绪生活的暴风骤雨。例如，暴怒时，拍案大叫，暴跳如雷；狂喜时，捧腹大笑，手舞足蹈。激情的爆发指向明确，通常由特定对象引起。激情具有爆发性、冲动性，激情一旦发生，过程十分迅猛，强度极大，个体完全被情绪所驱使，言行缺乏理智，带有很大的盲目性。但是，激情的持续时间很短。冲动一过，事过境迁，激情也就弱化或消失了。

应激（stress）是由出乎意料的紧张状况所引起的情绪状态，是人对意外环境刺激所做出的适应性反应。例如，突然遭遇火灾、地震或面临重大比赛时，个体必须集中注意，动员自己全部的精力和体力，迅速地做出抉择，此时，人的身心就处于应激状态。应激的概念是塞里（H. Selye，1907—1982）提出的。他认为，适应外部环境是有机体维持生命所必需的反应，在危急状态下的应激反应会导致适应性疾病。现代科学证明，人在各种紧张刺激影响下会导致一系列激素分泌增加，引起人体的全身性反应。这种反应持续一定时间就会产生全身性适应综合征。另外，应激状态产生也与个体对所面临情境的自我应对能力的评估有关。当个体意识到情境的要求已超出了自己的应对能力，就会处于应激状态。

生活中的许多事件都可以使人产生应激反应，但强度不同。如果威胁性的刺激情境已经变成了当事人生活中长期存在的事件，这种生活事件在个体心理上就会产生很大的压力，称为生活压力（life stress）。表 13—1 列出了在学生的生活和学习中常见的应激事件及其引起生活变化的程度。

[专栏 13—1]　　学生压力的来源

学生压力量表是霍姆斯（T. H. Holmes）和拉赫（R. H. Rahe）的社会再适

应量表的修订版。针对每个事件都给出了一个分值，用以表征一个人面对这种生活上的改变时所需的再适应的总量。分数等于或高于 300 的人存在健康风险；分数在 150 到 300 之间的人在两年内有一半的几率发生严重的健康问题；分数低于 150 的人有 1/3 的几率健康会恶化。在本学期内分三次计算一下你的生活改变单位（LCUs）的总值，然后将这些分数同你健康状况的任何变化求一下相关。

表 13—1　学生压力量表

生活改变事项	压力感	生活改变事项	压力感
1. 亲密家庭成员的死亡	100	16. 学校工作负担的加重	37
2. 亲密朋友的死亡	73	17. 出众的个人成就	36
3. 父母离异	65	18. 在大学的第一学期/季度	35
4. 服刑	63	19. 生活条件的变化	31
5. 个人严重的受伤或疾病	63	20. 和教师的激烈争吵	30
6. 结婚	58	21. 低于期望的分数	29
7. 被解雇	50	22. 睡眠习惯的改变	29
8. 重要课程不及格	47	23. 社会活动的改变	29
9. 家庭成员健康上的变故	45	24. 饮食习惯的改变	28
10. 怀孕	45	25. 长期的汽车麻烦	26
11. 性问题	44	26. 家庭聚会次数的改变	26
12. 和亲密朋友激烈争吵	40	27. 缺课过多	25
13. 改换专业	39	28. 更换学校	24
14. 和父母的冲突	39	29. 一门或更多的课程跟不上	23
15. 你的女友或男友	38	30. 轻微的交通违章	20

资料来源：理查德・格里格，菲利普・津巴多．心理学与生活．北京：人民邮电出版社，2003.

3. 情感的种类

情感是与个体的社会性需要相联系的主观体验，是人类所特有的心理现象。一般认为，人类高级的社会性情感主要有道德感、理智感、美感、宗教感。

道德感是个体根据一定的道德标准在评价自己或他人的思想、意图或行为时所产生的情感体验。如果自己的言行符合一定的道德标准，个体就会产生自豪、欣慰等情感体验；反之，则产生羞愧、内疚等情感体验。同样，当别人的言行符合一定的道德标准时，个体就会产生赞赏、敬佩等情感体验；反之，则产生反感、厌恶等情感体验。道德感的内涵十分丰富，涉及爱国主义、集体主义、人道主义、责任感、义务感、爱情和良心等。

理智感是个体在智力活动中所产生的情感体验。例如，探索事物时的好奇心、学习时的求知欲、遇到问题时的怀疑感、对真理的热爱等，都属于理智感。理智感是在个体智力活动过程中产生和发展起来的，反过来又给智力活动以巨大的推动。

美感是根据一定的审美标准评价事物时所产生的情感体验。美感包括自然美感、社会美感和艺术美感三种。游览云南丽江、蒙古草原、泰山极顶时所产生的美感属于自然美感；目睹勇敢、诚实、善良、坦率等行为和品质时所产生的美感属于社会美感；欣赏绘画、音乐、戏剧时所产生的美感属于艺术美感。

宗教感是宗教信仰者由对神圣物的信仰而引起的情感体验和情绪反应。詹姆斯认为，在宗教里，情感是主要的机能，哲学是次要的机能。宗教既是理想，又是情操。宗教感是宗教的不可或缺的要素，是宗教意识的重要表现形式。宗教感的成分十分复杂，它包括对神灵的敬畏感、神秘感、依赖感、感恩感，对灾难与死亡的恐惧感，对自然的好奇感，对生活的空虚感，它还包括一些与自我有关的情感，如孤独感、有限感、自卑感、罪恶感等，包括与善行有关的情感，如愉悦感、奉献感和使命感等。宗教心理学的研究表明，宗教感既是宗教信仰者从事宗教活动的动力，也有利于人的心理健康和道德完善。

（二）情绪的维度和两极性

情绪的分类取向认为，每一种情绪都在行为反应、表情、心理体验和生理机制上都与其他情绪不同，是中枢神经系统特定神经通路激活的结果。譬如，恐惧与愤怒就是不同神经通路激活的产物。对情绪的神经科学研究对此观点提出了挑战。一项关于自主神经活动与情绪关系的元分析发现，基本情绪并不与特定的自主神经活动模式相关，不同的基本情绪产生了相似的神经生理反应，不同的神经生理活动也能够出现在同一基本情绪中。各种情绪之间也存在着高相关，如有研究发现，焦虑和抑郁存在显著的正相关。不同情绪之间的彼此关联，启发研究者们假设可以采用几个基本维度来解析情绪的结构。

达尔文提出了“对立性原则”，即相反的情绪有相反的动作倾向，如“笑”与“哭”这两种情绪是对立的，表情动作也是对立的，哭的时候包括抽搐地间歇性吸气，笑的时候则包括抽搐地间歇性呼气。

在情绪发生时，并非所有的内部体验都是情绪的一部分，但直接的主观体验是情绪不可或缺的部分。每种具体情绪体验在主观感受上是相对稳定的，这让情绪测量成为可能。不过，情绪的种类复杂而丰富，为了准确地评估各种情绪体验，必须对情绪体验作更细致的分析。心理学家按照达尔文提出的“对立性原则”，划分出情绪体验的各个维度。

1. 情绪的两极性

各种情绪体验在诸多方面存在对立状态。两极性主要表现在以下方面：

（1）在情绪性质上，存在着肯定与否定两极。当需要得到满足时，个体会产生肯定的情绪体验，如愉快、高兴；当需要无法满足时，个体会产生否定的情绪体验，如烦恼、忧愁。同一事物对个体来说往往具有多方面的意义，因此，肯定和否定这一对立的情绪体验不是绝对排斥的，有时可以同时或相继出现，如“乐极生悲”、“破涕为笑”，肯定和否定的情绪可以互相转化。

（2）在情绪的动力性上，存在着增力与减力两极。肯定的情绪能提高个体的活动能力，否定的情绪会降低个体的活动能力。在某些情况下，同一情绪既可以具有增力性质，也可以具有减力性质。例如恐惧，既能够抑制个体行动，也可驱使个体动员身体的全部能量应付危险情境。

（3）在情绪的激动性上，存在着激动与平静两极。激动的情绪是强烈的、短暂的、爆发式的态度体验，平静的情绪是个体在大多数情况下所处的情绪状态，它保证个体从事正常的学习、工作和生活。

（4）在情绪的强度上，存在着强与弱两极。情绪都具有从弱到强的、渐进式的等级变化，如从欣喜到狂喜的发展过程是欣喜→欢喜→大喜→狂喜，从微愠到暴怒的发展过程是微愠→愤怒→大怒→暴怒。

（5）在情绪的紧张度上，存在着紧张与轻松两极。情绪的紧张度，既取决于当时情境的紧迫性，也取决于个体的应变能力以及心理准备状态。

（6）在情绪的复杂性上，存在着单纯与复杂两极。快乐、悲伤、恐惧、愤怒等情绪，它们在体验上是单纯的；在此基础上派生出来的一些情绪则较复杂。例如，爱包含了柔情和快乐的成分，恨包含了愤怒、恐惧、厌恶的成分。嫉妒则是爱和恨的“合金”。焦虑包含着痛苦、恐惧、愤怒、忧愁等多种情绪。

通过分析情绪在不同维度的两极性，可以组合得到不同种类的情绪。由此可见，情绪的维度、两极性和种类是密切联系在一起的。

2. 情绪的维度理论

许多学者对情绪的维度提出了不同的看法。

（1）三维说。冯特在《心理学大纲》（1896）中最早提出情绪维度（emotional dimension）的观点，认为情绪由愉快—不愉快、激动—平静和紧张—松弛等三个维度组成，每一种具体情绪分布在三个维度的两极之间的不同位置上。这种看法为后来情绪的三维模式（three-dimensional pattern）奠定了基础。

施洛伯格（H. H. Schlosberg，1904—1964）通过对面部表情的研究，认为情绪有愉快—不愉快、注意—拒绝和激活水平三个维度。他建立了一个三维模式（见图 13—1）。椭圆切面的长轴为愉快—不愉快维度，短轴为注意—拒绝维度，垂直于椭圆面的轴则是激活水平的强度维度，三个不同水平的整合就可以得到各种情绪。

普拉切克认为，情绪具有强度、相似性和两极性三个维度。他采用一个倒锥体来形象地描述情绪三个维度之间的关系（见图 13—2）。锥体截面被划分为八种原始情绪，相邻情绪是相似的，对角位置的情绪是对立的，锥体自下而上表明情绪由弱到强的变化。该模型的特点是描述了不同情绪之间的相似性及对立性特征，对情绪的界定很有用。

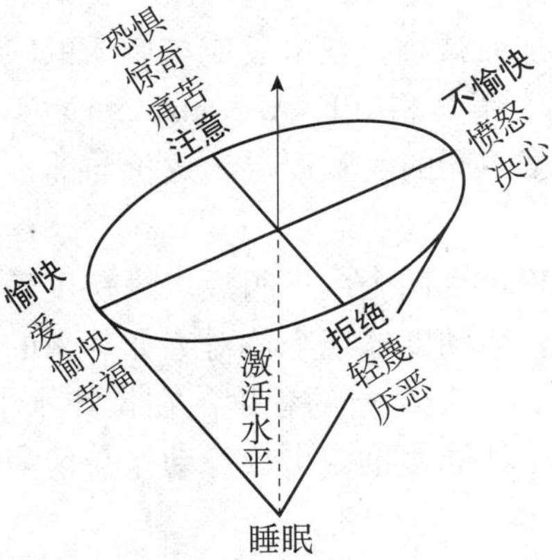

图 13—1　施洛伯格的情绪三维模式图

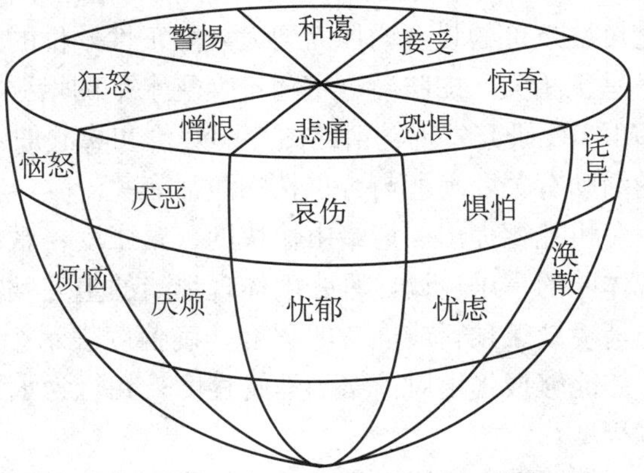

图 13—2　普拉切克的情绪三维模型

（2）四维说。罗素（J. A. Russell）采用情绪词评价和归类法，提出情绪的环形结构模型，也称二维情绪模型。该模型认为，情绪的效价和唤醒维度是相互独立的，二者相互垂直，形成了环形矩阵。横坐标是效价维度，从左到右代表不愉快到愉快的连续变量；纵坐标是唤醒强度水平，独立于效价，从上到下代表激动到平静（见图 13—3）。每一种情绪体验都是这两个维度的线性组合。例如，愤怒和悲伤都是负效价，但是愤怒有较高的唤醒，悲伤的唤醒较低。由此可以组合成四个基本类型：高兴（愉快—高强度）、轻松（愉快—中等强度）、厌烦（不愉快—中等强度）、惊恐（不愉快—高强度）。用同样方法研究非英语国家如中国、克罗地亚、希腊、日本、波兰都得到类似结果。

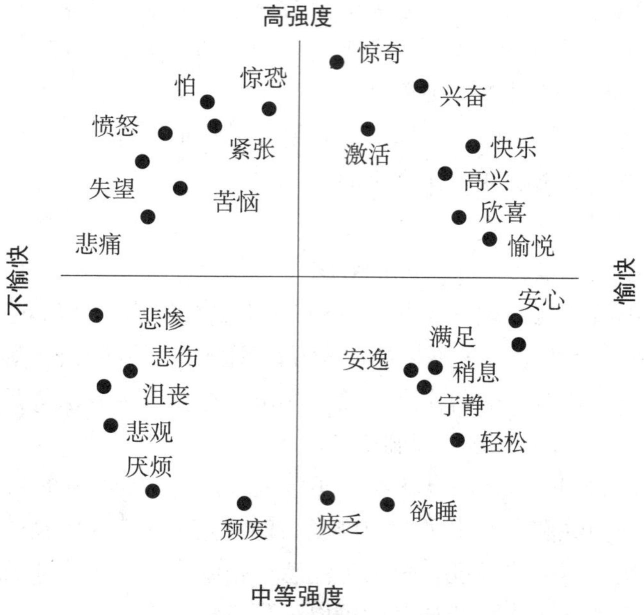

图 13—3 罗素的情绪环形结构模型

环形结构模型得到了认知神经科学研究结果的支持。研究表明，效价和唤醒有独立的神经机制，效价和唤醒独立地影响脑电成分：效价主要影响早期和中期成分（刺激呈现后100～250 毫秒），唤醒主要影响中期和晚期成分（刺激呈现后 200～1 000 毫秒）。安德斯（S. Anders）等人发现，效价和唤醒对应于不同的外周生理反应。例如，惊跳反射的波幅随负性效价的强度增加而增大，随正性效价的强度增加而减小。肤电反应与刺激的唤醒水平呈正相关，皮肤导电率随着唤醒水平的增强而提高。肯辛格（E. A. Kensinger）等人采用 fMRI 研究发现，情绪图片的效价和唤醒加工激活了不同的大脑皮层，效价与前额皮层的活动有关，唤醒与杏仁核的激活有关。

伊扎德提出，情绪由愉快度、紧张度、激动度和确信度四个维度组成。愉快度表示主观体验的享乐色调，紧张度体现情绪的生理激活水平，激动度体现个体对突如其来的情绪与情境缺乏预料或准备的程度，确信度表示个体胜任、承受感情的程度。在认知水平上，个体能够报告出对情绪的理解程度；在行为水平上，个体能够报告出自身动作与情境的适宜程度。

情绪维度理论对于理解情绪很有帮助，而且可以预测情绪对生理、认知和行为的作用，为情绪测量提供了指导。但是，在情绪的基本维度、维度的单双极性上，研究者尚未达成共识，也未考虑认知、动机的作用，因此遭到了质疑。许多研究者质疑，简单的情绪维度能否解释情绪的复杂性？两个相互垂直的轴能否表示情绪的区别与联系？另外，研究者对于积极情绪和消极情绪是一个维度的两极，还是两个相对独立的维度，也有不同的意见。

［专栏 13—2］　**爱情的成分理论**

爱情是一种十分复杂的情感。心理学对爱情的研究，有类型说和成分说的区分。类型说认为，可以将爱情分为不同的种类，每一种类都有不同的行为方式。主要包括：(1) 浪漫式的爱情 (romantic love)。这种爱情是理想化的，所追求的是肉体与心灵融合为一的境界。(2) 游戏式的爱情 (game-playing love)。恋爱者视爱情为游戏，只要求个人需要的满足，对所爱者不肯负道义上的责任，即现在有人说的“玩玩”。(3) 占有式的爱情 (possessive love)。对所爱对象付出强烈的感情，具有极度的占有欲，感情关系具有强烈的排他性。(4) 伴侣式的爱情 (companionate love)。恋爱者之间温情多于热情，信任多于嫉妒，平淡而深厚。(5) 奉献式的爱情 (altruistic love)。甘愿为所爱者付出一切，不求回报，愿意为所爱对象的幸福去做所能够做到的一切，包括献出生命和让对方与自己分手。(6) 现实式的爱情 (pragmatic love)。恋爱者将爱情视为生活，但求彼此现实需求的满足。例如，“男子娶妻，煮饭洗衣；女子嫁汉，穿衣吃饭”，“嫁了汉子吃汉子，死了汉子嫁汉子”，“酒肉朋友，柴米夫妻”。这些表达就是现实式的爱情观的体现。

成分说是由斯腾伯格提出的，又叫“爱情三因论” (triangular theory of love)。这种理论认为，人类的爱情虽然复杂多变，但不外由三种成分所构成：(1) 动机。即性的驱力。爱情虽然不等同于性欲，但性欲确是原因之一。爱情以性欲为基础，没有性欲的爱是爱恋而不是爱情。在爱情中，性的吸引与和谐不可或缺。(2) 情绪。除了爱和欲以外，爱情还可以有喜、怒、哀、乐、惧等成分。这就是所谓的爱情的“酸、甜、苦、辣”的滋味。(3) 认知。认知是爱情成分的理智层面。

斯腾伯格认为，两性间的爱情形式，因人而异，但基本上都由这三种成分按不等量的配合演化而成的。按照在爱情关系中动机、情绪和认知三种成分的比例不同，爱情关系也分为热情 (passion)、亲密 (intimacy) 和承诺 (commitment) 三种。以情绪为主的爱情是热情的，以动机为主的爱情是亲密的，以认知为主的爱情是承诺的。三种不同的爱情关系，在同一对恋人的爱情发展中，可以表现为不同的程度，如图 13—4 所示。

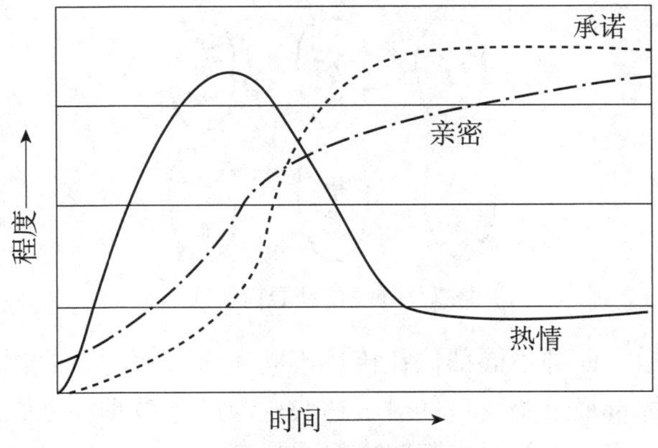

图 13—4　爱情三因论

从图 13—4 中可以看出，在恋爱发展的初级阶段，热情、亲密和承诺三种成分都在增长，但热情增长得最快，在结婚时和婚后一段时间内，热情达到了顶点，然后就开始下降。但与此同时，亲密和承诺仍然在继续增长。随着时间的推移，热情降到较低的水平，但亲密和承诺却达到较高的水平。老年人的爱主要是承诺和亲密的成分。斯腾伯格认为，单凭热情的爱情，是不能够持久的。理想的爱情应三者同时具备，这种爱他称为“完美之爱”（consummate love）。

第二节　情绪的表达和识别

情绪表达（emotional expression）是指个体将其情绪经验由行为活动表露于外，从而显现其心理感受，并借以达到与外在沟通的目的。这些与情绪、情感有关的行为表现，叫做表情。表情既是人与人之间思想交流和信息传递的重要手段，也是了解个体情绪和情感体验的客观指标。表情是情绪和情感发生时身体各部分的动作变化模式，归纳起来，主要有面部表情、姿态表情和语调表情三大类。

一、表情的种类

（一）面部表情

面部表情（facial expression）是指通过眼睛、额眉、鼻颊、口唇等肌肉的变化所表现出来的各种情绪，是情绪表达的最重要的方式。人面的 43 块肌肉可以组合出 1 万多种表情，其中 3 000 种具有情感意义。面部表情基本上取决于口唇、眉毛和眼睛部位的变化以及眼睛的光泽。苏联心理学家雅可布松作了一幅画（见图 13—5），画中每一张脸因其眼睛、口唇、眉毛的配置不同，传达的表情也不同。

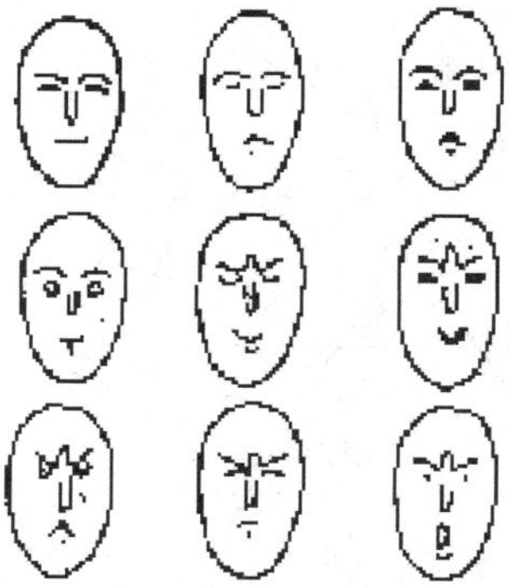

图 13—5　面部表情模式

艾克曼进一步揭示了面部不同部位在传达不同表情方面的不同作用。眼睛对表达忧伤最重要，前额对表达惊奇最重要，口部对表达快乐与厌恶最重要，眼睛、口唇和前额对表达愤怒最重要。林传鼎研究表明，口部肌肉对表达喜悦、怨恨比眼部肌肉更重要，眼部肌肉对表达忧愁、惊骇比口部肌肉更重要。应用面部电子肌动仪（electromyograph，EMG）的研究表明，愉快、感兴趣和有吸引力等正性情绪增加面部肌肉的活动，发怒、沮丧和恐惧主要是前额和眉宇间的活动。艾克曼等人发现，微笑有两种，一种是真笑，一种是假笑。真笑时，面颊上升，眼周围的肌肉堆起，大脑左半球的电活动增加；假笑时下颚下垂，仅是嘴唇肌肉活动，大脑左半球电活动不明显。

1971年，艾克曼等人根据六种基本表情（高兴、悲伤、惊讶、恐惧、愤怒和厌恶）建立了上千幅不同人脸表情图像库。表13—2列出了六种基本表情的面部表现。

表13—2 六种基本表情的面部运动特征

表情	额头、眉毛	眼睛	脸的下半部
高兴	眉毛稍微下弯	1. 下眼睑下边可能有皱纹，可能鼓起，但并不紧张 2. 鱼尾纹从外眼角向外扩张	1. 唇角向后拉并抬高 2. 嘴可能张大，牙齿可能露出 3. 一道皱纹从鼻子一直延伸到嘴角外边 4. 脸颊被抬起
悲伤	眉毛内角皱在一起，抬高，带动眉毛下的皮肤	眼内角的上眼皮抬高	嘴角下拉，并可能颤抖
惊讶	1. 眉毛抬起，变高变薄 2. 眉毛下的皮肤被拉伸 3. 皱纹可能横跨额头	1. 眼睛睁大，上眼皮抬高，下眼皮下落 2. 眼白可能在瞳孔的上边和/或下边露出来	下颌下落，嘴张开，唇齿分开，但嘴部不紧张，也不拉伸
恐惧		上眼睑抬起，下眼皮拉紧	嘴张开，嘴唇或轻微紧张，向后拉，或拉长，同时向后拉
愤怒	1. 眉毛皱在一起，压低 2. 在眉宇间出现竖直皱纹	1. 下眼皮拉紧，抬起或不抬起 2. 上眼皮拉紧，眉毛压低 3. 眼睛瞪大，可能鼓起	1. 唇有两种基本位置：紧闭；唇角拉直或向下，张开，仿佛要喊 2. 鼻孔可能张大
厌恶	眉毛压低，并压低上眼睑	在下眼皮下部出现横纹，脸颊推动向上，但并不紧张	1. 上唇抬起 2. 下唇与上唇紧闭，推动上唇向上，嘴角下拉，唇轻微凸起 3. 鼻子皱起 4. 脸颊抬起

（二）姿态表情

姿态表情是指除颜面外身体其他部分所表达的情绪状态，分成身体表情和手势表情。

1. *身体表情*

身体表情（body expression）是表达情绪的方式之一。人在不同的情绪状态下，身体的姿态会发生不同的变化，如高兴时捧腹大笑，恐惧时紧缩双肩，紧张时坐立不安等。举手投足、两手叉腰、昂首挺胸等身体姿势都可表达某种情绪。

除了身体动作的变化外，人体之间的空间距离也可以表达情感的亲密程度，这种因情感亲疏而表现的空间距离的变化就是人际距离（interpersonal distance）。人际距离的变化，是由沟通双方在身体语言上的一种情感性表示。彼此熟悉，就亲近一点；彼此陌生，就保持距离。研究发现，人们常因彼此间情感亲疏的不同而不自觉地保持不同的距离。最亲密的人之间的空间距离可以接近到18英寸之内，交往双方可通过视觉、嗅觉以及来自对方的身体热量、呼吸频率等直接感受对方，是最亲密的人际距离。在通常情况下，父母与子女、夫妻、恋人之间可以保持在这一距离；有私交的朋友之间可以接近到1.5英寸到4英寸之间；熟人或有事务往来者之间的距离为4英寸到12英寸之间；公共场所的陌生人之间的距离通常在124英寸以上。

2. 手势表情

手势（gesture）是个体经常使用的情绪表达方式。手势可以单独地表达某种思想或情绪。心理学家发现，手势可以表达六种表情：（1）焦虑。焦虑的人更倾向于并拢五指、咬指甲或越来越快地摩擦手掌。（2）厌烦。胳膊支在桌面上，手托下巴，或逐个欣赏自己的手指。（3）沉思。五指并拢成尖塔状，手指摩擦脸颊特别是下巴。（4）喜欢。如果一个人总是用手整理衣服或下意识地梳理头发以及用手轻轻碰触下巴，说明他想得到你对其外形的夸奖。和你握手时，如果对方整个手掌与你的手接触，表示他很喜欢你或对你的感情很深。手指接触表示喜欢程度稍低一些。（5）自信。自信的人在交谈过程中往往会把大拇指翘起来，或者不自觉地分开五指。（6）撒谎。说话时手势过于频繁，或者总是不停地用手去碰脸，用手掌盖住嘴巴，甚至把手藏到身后或座位下面。手势通常和言语一起使用，以补充言语所表达的情绪和情感信息，如赞成或反对、喜欢或厌恶、接纳或拒绝。

姿态表情还可以与面部表情一起来表达某种情绪信息。例如，高兴时不仅表现为眉开眼笑、喜笑颜开，还表现为手舞足蹈、捧腹大笑；极度悲伤时不仅表现为泪如泉涌、涕泗纵横，还表现为捶胸顿足、呼天喊地。但是，也存在着姿态表情与面部表情不一致的情况。人们可以利用面部表情来掩饰真实的情绪，如个体用平静的面部表情来掩饰自己愤怒情绪，但紧握的拳头和僵硬的躯体却暴露了其真情的实感。这说明，个体经由姿态表情表达情绪时常并不自知，因而也更加真实。

（三）语调表情

语调表情是指个体通过语音、言语节奏和速度等所表现出来的情绪状态，又称为副语言。一般说来，高兴时，人讲话时会语调高昂，节奏轻快，声音连续，语音高低差别较大；悲哀时，人讲话会语调低沉，节奏缓慢，声音断续，语音高低差别不大。有时同一句话，由于语气、语调不同，含义也不同。如“怎么了”既可以表示疑问，也可以表示生气、惊讶等不同情绪。情绪语音中的基本声学特征可以分为三个方面：

（1）持续时间。主要表征说话的快慢，包括语速、语音段帧数、静音段帧数、语音段区域的大小、静音段区域的大小和相对发音区域的大小等。在表达不同的情绪时，语速会有所不同（如愤怒时语速变快，悲伤时语速变慢）。持续时间与情绪有较强的相关性。

（2）能量。能量特征与各种情绪具有较强的相关性。人在愤怒或高兴时，不自觉地说话声音变大；人在悲伤时，说话的声音很低。语音中能量特征一般用短时能量或短时幅度表征。

（3）基音。基音（Pitch）是指浊音的声带振动频率。在情绪状态下，由于生理的影响，基音会产生相应的变化。基音检测的方法主要有：时频估计法，直接由语音波形来估计基音周期；变换域法，将语音信号变换到频域或倒谱域来估计基音周期。

总之，面部表情、姿态表情和语调表情共同构成了人类的非言语交往形式，在人际交往和沟通中发挥重要作用。不过，面部表情携带的情绪信息具有特异性，在传递情绪信息方面发挥主导作用，姿态表情和语调表情则起辅助作用。

二、情绪识别

根据表情推测他人情绪状态和内心感受过程即为情绪识别。情绪识别主要有四种模式，即生理模式识别、面部表情识别、姿态表情识别和语调表情识别，分别通过情绪产生中的生理变化、面部变化、姿态变化和语调变化来推断个体所处的情绪状态。

当前对表情识别的研究主要集中在面部表情识别。虽然面部表情承担了较多的情绪信息，但梅拉比安（A. Mehrabian，1939—　）的研究发现，38%的感情表露是通过语调模式。因此，要全面了解表情识别的加工机制，必须对面部、姿态和语调模式下的表情识别特点同时加以研究。

（一）生理模式识别

这是指借助于生理仪器，抽取出生理信号中的特征模式来识别情绪。当人处于某种情绪时，借助于计算机观察多种信号，然后分析哪种生理信号模式与特定情绪状态关系最密切。在先前分析基础上，根据收集上来的原始数据来识别出包含在信号中最可能的情绪。被采集的生理信号主要有：肌电图（EMG）、血压信号（BVP）、皮肤电流传导性（GSR）和呼吸等。生理模式识别虽然信号受其他因素干扰较小，识别率比较准确，但由于测量较为困难，无法做到实时识别。

（二）面部表情识别

这是指通过人的面部表情来识别人当前的情绪状态。婴儿出生不久即可由其面部表达各种不同的情绪。出生后 4 个月的婴儿，即可经由面部的肌肉活动表达快乐、厌恶、愤怒、痛苦、惊奇等不同情绪，恐惧的情绪发展较晚，约在 6 个月左右才会出现。但是，识别情绪的能力发展得相对较晚。虽然婴儿在 3 个月时就知觉出一些基本面部表情模式的差异，如愉快、悲伤和惊奇等，并在 7 个月时已能对一些基本积极表情进行归类识别，即可以跨情境、跨面孔地抽取出它们的表情模式，但真正辨识他人的面部表情并获得他人的情绪体验，要到 3 岁。伊扎德发现，2～9 岁儿童的面部表情识别能力随着年龄增长而提高，6 岁时达到较高水平。

1. 面部表情识别的方法

情绪识别是近年来情绪心理学的研究主题之一。艾克曼等人运用面部动作编码系统（Facial Action Coding System，FACS）进行表情识别研究。他们根据人面部肌肉的类型和运动特征定义了基本表情活动单元，称为动作单位（Action Unit，AU），人面部的各种表情最终能够分解对应到各个 AU 上来，从而可以系统地分析各种表情特征信息，为表情识别研究提供了一种有效方法。随着对表情研究技术的不断深入探讨，人们逐渐探索应用多种不同方法和手段来分析人们表情识别的特征。近年来，面部表情识别研究通常是通过向被试呈现各种面部表情图片，让他们判断是何种情绪或情感。研究方法主要有：

（1）基本表情判别法。将表情图片呈现给被试，要求被试判断图片中表情的类别或强度，测量指标既可以是行为数据，也可以是 ERPs、fMRI 等认知神经指标。表情图片分类主要存在着两种基本取向：一是类型取向，根据基本情绪理论，将表情图片分为高兴、惊讶、悲伤、愤怒、恐惧、厌恶和蔑视 7 种类型；二是维度取向，即依据情绪效价将表情图片分为正性、中性和负性三种类型。基本表情判别法是最为基本的情绪识别研究法，可以适用于几乎所有与表情识别有关的研究。

（2）倒脸识别法。利用各种图形技术，让表情图片以倒置的方式呈现，测量被试对它的识别成绩，测量指标以行为数据为主。主要应用于研究表情识别的加工机制是整体性的还是分析性的。

（3）局部识别法。只呈现部分的面部表情信息，其他信息要么不在图片中，要么使用马赛克技术遮盖，之后测量被试对这种只有部分表情信息图片的识别成绩，同样以行为数据为主要测量指标。主要用于研究面部表情的眼或嘴等某个局部特征在表情识别中的相对重要性。

（4）表情搜索任务。给被试呈现一系列表情图片矩阵，要求被试从干扰表情中搜索目标表情。该任务主要用于研究真实情景中的群中面孔效应（the face in the crowd）。

（5）微表情识别任务。微表情（microexpression）是一种特殊表情，它的存在时间很短（1/25～1/5 秒），往往不容易觉察，不受意识控制，表达了人们试图压抑与隐藏的真实感情，往往在人说谎时出现。艾克曼及其同事发明了这种任务，用于测量人们的微表情识别能力，同时用于微表情识别训练。首先向被试呈现一系列中性图片，2 秒后快速呈现由同一个人做出的表情图片，呈现时间为 1/15 秒，最后再紧接着呈现之前出现过的中性面孔图片，以消除图像后效的影响。被试随后要做出判断，即刚才的图片里出现了哪种类型的表情。

（6）混合识别法。将两张或者多张具有不相容特征的表情图片，通过专门的图形处理软件混合在一起，组成一张同时具有多种不相容属性的表情。比如，同时具有两类表情特征的面孔。这种方法同样用来研究表情的局部信息在表情识别中的相对重要性，而且可以控制一些额外变量（如性别）对识别成绩的影响。

情绪识别是一种复杂的认知过程，包括观察、分析、判断、推理等。运用上述任务进行研究，研究者发现了面部表情识别加工中的若干特点以及影响面部表情识别的因素。

2. 影响面部表情识别的因素

（1）面部表情识别的类别差异。研究发现，人类对快乐、愤怒、悲伤、惊讶、厌恶和恐惧 6 种面部表情的识别机制存在差异。吉特（A. G. Gitter）等人发现，最容易识别的表情是愤怒和快乐，较难识别的是恐惧和悲伤，最难识别的是怀疑和怜悯。欧曼（A. Öhman）和狄博格（U. Dimberg）指出，愤怒和快乐的情绪识别优势效应符合进化的要求，是人类应对威胁和社会交往的结果。

针对快乐和愤怒的识别加工研究发现，人们更容易识别出人群中的愤怒表情，这一现象被称为群中面孔效应。汉森（C. H. Hansen）等人发现，愤怒表情识别是自动化加工的，并且发生在前注意阶段；高兴表情的搜索比愤怒表情花费更多认知资源，耗时更长。刘平和冯晓杭采用眼动技术发现，快乐和愤怒表情识别的加工机制存在差异。具体来说，人们对快乐表情的注视次数显著高于对愤怒表情的注视次数，愤怒表情的识别所需要的总注视时间显著高于快乐表情识别。

（2）面部表情识别的部位差异。艾克曼等人建立的面部动作编码系统十分重视面部不同部位的情绪线索意义。面部表情识别依赖于许多线索，特别是需要借助面部某些活动性较大的肌肉群的运动。人的眼、眉、嘴、鼻、脸色等变化最能够反映情绪，其中眼睛是最善于传情的。研究显示，与其他部位比，眼睛线索的作用较大。以儿童为被试或者大学生为被试，均发现眼睛部位正确判断成绩显著高于嘴部位。王柳生等人发现，面部表情识别中眼睛线索和嘴鼻部线索的作用存在显著差异：识别伤心情绪时，眼睛线索作用较大；识别开心情绪时，眼睛线索作用较小；随着年龄增长，眼睛线索的作用逐渐增大。

情绪识别还存在着面部表情信息的不对称性。崔雪融等人对 JACFEEZ 面部表情标准图片进行遮盖，考察不同情绪类型的面部表情识别中情绪信息的上半脸与下半脸的不对称性。结果发现，悲伤、惊奇的识别更多地依赖于上半脸的信息；不屑、厌恶、快乐的识别则更多地依赖于下半脸的信息。

（3）面部表情识别的个体差异。研究表明，从 3 岁起女性就比男性有更好的识别面部表情的能力。李（T. M. C. Lee）等人发现，不论呈现高兴还是悲伤的表情，男性和女性大脑的活性区域都不同，在加工悲伤面孔时更明显。

考尔德（A. J. Calder）等人发现，年龄增长使识别恐惧表情的能力下降，但对识别厌恶表情没有影响。对轻蔑、惊奇等表情，成人容易识别，儿童难以识别；但随着年龄增长，识别准确率也不断提高，在 12 至 14 岁左右有一个急剧发展变化的时期。

职业、性格等也影响情绪识别。演员比其他人更容易识别面部表情。具有外倾性和开放性人格特质的个体显示了更加希望获得他人的情感信息和人际意图的倾向；神经质的人则出现情感回避行为，避免对他人情感的认知和觉察；有责任心的人注意细节，擅长表情认知。

（4）面部表情识别的文化差异。文化影响情绪的识别和表达。研究发现，情绪交流在相同文化背景的人群中更加准确。伊扎德在辨认美洲人表情的研究中发现，美洲人和欧洲人能正确辨认出 75%～83%的面孔图片，日本人只能够正确辨认 65%的图片，非洲人的正确率只有 50%。一项识别高兴表情的研究发现，倡导含蓄文化的日本人关注眼睛线索，倡导开放文化的美国被试关注嘴巴线索。

（5）情境和暗示对情绪识别的影响。研究发现，实验情境影响被试的情绪识别。从前后情景关系中识别准确度高，孤立识别准确度低。研究发现，心理暗示影响情绪识别的准确度。

（三）姿态表情识别

姿态表情不仅可以传达表达者的情绪状态，更可以表明他的动作意图。然而，姿态表情研究严重地滞后于面部表情研究。

艾克曼等人认为，身体姿态与动作只能表明情绪的强烈程度，不能表明情绪的性质与种类。这意味着，人类在表达情绪时并无特定的动作模式和身体姿态，但身体动作大小可以反映情绪状态的强烈程度。相对于悲伤，人在愤怒时动作会愈加急促和活跃。然而，不同情绪表达是否有特定动作特征尚不确定。麦克伦尼（L. McClenney）和奈斯（R. Neiss）通过要求被试识别录像中人的情绪，发现高兴情绪和悲伤情绪的姿态表情识别率高于面部表情。布尔（Bull）通过编码分类，发现特定的动作对应于特定的情绪状态。例如，头部下垂对应于伤心，将头部放于手上对应厌烦无聊的情绪。卡迈克尔等人采用同样方法，发现姿态表情的识别率远远高于随机水平。

人类对面部表情的处理与对姿态表情的处理有惊人的相似。在动作水平上，对面孔处理的知觉策略同样适用于姿态表情识别。与面孔倒置效应相一致，身体倒置也存在类似的效应，这在ERPs研究中得到了证实。最近有研究发现，对面孔和身体反应很相似的一个控制区域是大脑的纺锭状皮层。

距离影响表情识别。如果离观察对象较近，面部表情识别就起重要作用。当离观察对象较远时，识别姿态表情是第一选择。有研究表明，对静止面孔和姿态的详细预测出现在18个月左右，对运动中的面孔和姿态则出现在3个月左右。此外，ERPs研究证实对面部和姿态表情的处理机制产生于个体3个月大时。

（四）语调表情识别

在情绪状态下，由于生理唤醒，人的呼吸及发声也会与常态不同，语调也会发生变化，这被称为情绪的语音表达。根据语音表达中语调的特征及其改变来判断情绪表达者的情绪状态及变化，这被称为情绪的语音理解。

对语调情绪的研究早在古希腊与古罗马时期就已见端倪。一些古希腊和古罗马的修辞学家已经总结出某些用声音来表达情绪的实例。但对语调表情的研究还是滞后于面部表情研究。近年来，对语调表情的研究激起了更多学者的兴趣。

大多数语音表情识别研究采用的研究模式都以表演情绪的语音样本为实验材料。要求参与者（演员等）根据主试选择的情绪，用不同情绪朗读同一语言材料。给被试听记录下来的声音，要求判断是否可以准确地表达目标情绪。另一种较为普遍的研究方法是采用自然状态下的语音样本，如现实生活中的对话、心理治疗录像的片断。第三种方法是通过获得诱发情绪的语音样本来进行实验。诱发情绪的语音样本是指研究者在实验条件下使被试产生特定的情绪的材料，实验时记录下被试此时的语音表达。

研究表明，人们对情绪的语音表达的辨识准确率超过随机水平。在早期对爱、骄傲、嫉妒这些非基本情绪的研究中，对情绪的语音表达的辨识准确率在60%左右。然而，由于没有固定的表达模式，语音表达难以辨识。根据艾克曼对表情识别研究的回顾和谢勒（K. R. Scherer）的研究，语音表达和面部表达的识别差异还体现在对具体情绪的识别上，有的情绪易于从表情上识别，有的情绪易于从语音上识别。比如，高兴几乎完全能够从表情识别，但语音识别的正确率却差一些；厌恶也容易从表情识别，但厌恶的语音识别却刚刚超过随机水平。在语音识别上，愤怒和难过最容易被识别，其次是恐惧。

劳卡（P. Laukka）认为，人是通过类别觉知方式来辨识情绪的语音表达的。类别觉知是指当人接受连续的感觉刺激时将信息分成不同类别，然后认知。类别觉知表现在对两个类别边界感觉刺激的变化最敏感，当两个刺激属于同一类别时不易区分，当它们属于不同类别时则容易区分。

人们通过观察对方的各种表情来了解其主观感受和思想意图，不仅仅是面部表情，姿态表情和语调表情在社会交往过程中同样发挥着举足轻重的作用。个体在婴儿期就开始形成了对三种不同表情的识别能力。语调表情与面部表情结合有助于情绪识别，姿态表情与面部表情结合也可以提高情绪识别的成绩。然而，由于人类的情绪和情感具有社会性，人们可以有意识地调节或控制自己的表情，有时甚至会掩盖或隐藏自己的真情实感。所以，在识别他人的情绪时，应把表情与主观体验、生理唤醒三方面有机结合起来，不能把表情作为情绪判断的唯一依据。

三、情绪表达和识别的普遍性和文化差异

人可以从他人的面部表情、行为或语气中判断出他到底是高兴还是愤怒。借助于此，人可以从他人的情绪表达中获悉应该如何对其做出反应。但是，同样的动作，如点头，在不同国家或文化中是否具有相同含义？如果将来自人类各族群的代表们聚集到一间屋子里，他们在情绪表达和识别上会有共通之处吗？他们能否理解彼此的言语、姿态和面部动作所表达出来的情绪？

与此相关的问题是：人类的表情究竟是先天遗传的，还是后天习得的？如果表情是先天遗传的，那么，作为人类社会的一员，不同种族、不同文化群体的人们在情绪表达和识别上就应该具有普遍性。如果情绪是后天习得的，那么，由于受地理环境、语言和文化的影响，不同种族、不同文化群体的人在情绪表达和识别上就应该具有明显差异。心理学家对上述问题进行了长期研究，积累了大量证据，说明人类的情绪表达和识别既有普遍性又有差异性，既有先天遗传性又有后天习得性。

（一）情绪表达和识别的普遍性、先天遗传性

人类到底有没有基本情绪？人类的情绪是否具有普遍性？面部表情作为情绪的外在表现，研究其普遍性和先天遗传性能够为回答上述问题提供有力的证据。主张情绪具有普遍性和先天遗传性的学者认为，人类的面部表情由动物的面部表情演化而来，具有程序化的模式和生物适应性。个体生来就具有不同面部表情的表达能力，不同族群的人的面部表情模式具有共同性。任何人在特定情景下总会做出一致的特定情绪反应。

面部表情的普遍性和先天遗传性得到了许多研究结果的支持。主要证据有如下几个方面。

1. 种族进化的证据

达尔文针对人类和动物的表情展开了长达 33 年的研究。通过观察不同文化下不同种族的人，他发现各种族的基本情绪的面部表情是一致的。他认为，人类的面部表情最初不是对情绪的有意识表达，而是由于它们具有生存价值才延续保留下来，并在长期演化过程中发展成为表达情绪的固定的面部肌肉模式。表情作用有两个基本特征：一是对生存具有重要价值，二是具有信号功能。例如，愤怒时咬牙切齿、鼻孔张大是人类祖先准备搏斗时的适应性动作；啼哭时嘴角下撇、眉眼皱起则是源于在困难、痛苦中求援的适应性动作。古道尔在 20 世纪 60 年代对黑猩猩研究表明，黑猩猩在表达情绪时的面部肌肉变化与人类有很大的相似性。在身体动作和声音方面，黑猩猩也用接吻表示求爱，用拍肩膀或身体表示安慰，用大声嚎叫表示激动或惊恐，用咳嗽声或嘶哑的叫声威胁同类。还有研究表明，识别他人情绪的能力对个体和种族的生存具有重要意义。在生活中，知道某人生气比知道某人愉快更有意义。

2. 发展心理学的证据

达尔文对个体不需要学习即能表达情绪的观点得到发展心理学家对新生儿情绪研究的支持。汤姆金斯（S. Tomkins，1911—1991）是第一位重视情绪反应的即刻性、非习得性的心理学家。他指出，婴儿无需预先学习就会对特定刺激做出“预置”的情绪反应。例如，对巨大声响表现出恐惧。新生儿情绪的相关研究也证实了这一假设。观察表明，婴儿生来就具有表达不同面部表情的能力。4 个月的婴儿即可以经由面部肌肉活动来表达快乐、厌恶、愤怒、痛苦、惊奇等各种不同的情绪。这些面部表情是随着婴儿的生理成熟而逐渐显现的。在一项针对美国和日本 5～12 个月大婴儿的研究中，将每个婴儿的手腕抓住并交叉叠放于腹部，发现两种文化下的婴儿面部肌肉运动的方式是相同的，都表现出高度相似的痛苦表情，并且两种文化下的婴儿发出负性声音和身体挣扎的频率也很相似。这些研究均说明在全世界的新生儿中存在许多相同的情绪反应模式，情绪表达具有跨文化一致性。

还有研究发现，正常儿童和盲童的自发面部表情非常相似。他们在表达自然表情时面部动作的数量相同，表达过程的模式也一样。孟昭兰发现，成人基本情绪的面部表情在很大程度上保持儿童时期以来的原始模式，人们的面部表情具有一致性和继承性。

3. 跨文化研究的证据

人类的面部表情模式具有跨文化一致性。研究发现，从未与西方文化有过任何接触的新几内亚原始人能够准确地辨别西方人的面部表情；这些原始部落人的表情模式也能够被西方人准确地辨别出来。艾克曼通过采集分析具有不同文化的不同种族的人的面部表情发现，全世界不同地区的人使用的面部表情大体相同，说明人类拥有一套相同的情绪表达方式。比如，微笑意味着快乐，皱眉意味着悲伤。不论在哪个国家或地区，表情的意义都一样。应该指出，艾克曼所主张的情绪普遍性和先天遗传性是针对七种基本情绪的，他并不认为所有文化都以同种方式表达所有情绪。

这些证据说明，人类表达和解读基本情绪的能力具有生物学基础，情绪的表达和识别具有跨文化的一致性。

（二）情绪表达和识别的差异性和后天习得性

研究表明，并不是所有的情绪表达都是通用的，某些情绪反应在不同文化中具有不同的含义，这些情绪表达是后天习得的。情绪表达和识别在不同文化中具有差异。

1. 发展心理学的证据

有研究者先让幼儿观看一些令人愉快的、迷惑的或不愉快的幻灯片，摄下他们的面部表情，然后让大学生辨别这些幼儿的表情。结果表明，女孩的表情比男孩的表情更容易被确认。这说明，随着性别角色的社会化，幼儿的面部表情就表现出性别差异。另外，对 5 至 20 岁的先天性盲人和对应的正常人面部表情的比较发现，虽然在面部表情动作的数量与表达的适当性上二者无显著差异，但先天性盲人的面部表情不如正常人灵活、丰富，并且随年龄增长，盲人的面部表情日见匮乏、单调，正常人的面部表情却日益丰富。

2. 跨文化心理学的证据

（1）在一项研究中，来自中国的 11 个月大的婴儿比起与他们同龄的日本儿童和美国儿童，情绪的表达数量偏少。这说明，文化很早就对情绪反应产生了影响。

（2）艾克曼对美国人和日本人的面部表情研究表明，虽然面部表情具有跨文化一致性，但也有文化差异。当日本人和美国人分别与一位来访者共同观看同一部可引发负性情绪的外科手术影片时，日本人倾向于用微笑来掩盖负性情绪，美国人则毫不隐藏他们的感受，负性情绪直接表现在面孔上。这一差异与日本文化不鼓励人公开表露自己的情绪有关。一项比较个人主义和集体主义文化中的情绪表达的研究发现，在表达负性情绪时，个人主义文化中的美国学生比集体主义文化下的哥斯达黎加学生表现得更为轻松。这是由于在个人主义文化中，个人可以较为舒服地表达负性情绪，从而彰显自己的个性；而在集体主义文化中，个人的负性情绪的表达可能会引起整个团体的不快，因而羞于表达自己的负性情绪。松本和威灵汉姆（B. Willingham）对 2004 年雅典奥运会中 35 个国家的柔道运动员的自发面部表情进行了研究。动态学研究显示，受文化差异影响，运动员的面部表情在表现出普遍性后短时间内出现了文化差异，这种文化差异的影响会在最初的普遍性表现之后的 1 到 2 秒内开始浮现。

（3）针对不同国家之间情绪识别差异的研究发现，日本人识别生气的能力比美国人、匈牙利人、波兰人和越南人差；越南人在识别厌恶表情时要比其他国家的人差。

（4）情绪表达者与情绪识别者来自相同文化时，情绪理解与交流更为准确，这种现象称为组内优势效应或者群内优势效应（in-group advantage）。组内优势效应是通过比较对文化内外部面部表情的识别，并以正确率为指标得出的跨文化差异现象。大量研究发现，人们在判断与自己有相同文化背景人物的面部表情时，准确性要高于判断与自己文化背景不同人物的面部表情。

（5）在识别情绪时，不同文化下的个体的面孔特征信息提取存在差异。有研究者运用眼动技术让高加索人和亚洲人学习、识别和分类不同种族的面孔。结果表明，在整个过程中，高加索人较多地将注视点放在眼睛区域，亚洲人主要注视鼻子区域，这是由于“亚洲人内部直接或过多地进行眼神交流是粗鲁的”的社会规则，他们采用回避视线的观察策略。在识别面部表情时，与美国人相比，日本人更关注眼睛线索，美国人更关注嘴部信息。欧洲人在识别过程中将注视点放在整个面部，亚洲人只将注视点放在眼部。

（6）手势表情的研究表明，手势表情具有一定的生存适应因素，但后天习得起更大的作用。由于社会文化和传统习惯的影响，存在民族或团体差异。同一手势，在不同的民族或团体中可表达不同的情绪。如右手拇指和食指组成的圆圈，欧美人表示“OK”，而中国人则表示考试得“零分”或行动一无所获。欧美人用拥抱表示亲热，中国古代人用双手抱拳表示礼貌，现代的中国人用握手表示欢迎。

（三）对情绪表达与识别的文化差异的解释

早期解释面部表情跨文化一致性和差异性的主要理论是艾克曼的神经—文化理论。该理论认为，面部表情之所以具有跨文化一致性，是因为每个人都有一个一致的“面部情感系统”，这个系统指明了面部肌肉运动和特定情绪之间的关系；文化差异受表达规则影响。由于神经—文化理论难以确切地指出组内优势效应受哪些因素影响，研究者就需要有新的理论来解释面部表情的跨文化性质。

1. *方言理论*

认为存在一个“普遍情感系统”，它对所有文化来说有相同的表达情绪的作用，让面部表情具有普遍性。但是，每种文化中又存在一个“特殊情感系统”，它包含了一些对“普遍情感系统”的调整。通过社会学习，个体在上述两个系统之间出现了一些微妙差异，这些差异人们意识不到。

引起面部表情表达差异的来源有“特殊情感系统”和表达规则，引起情绪识别差异的来源有“特殊情感系统”和解码规则。情绪表达和识别之间的直接联系就是“特殊情感系统”。首先，某个文化中的人产生情绪体验后，通过自己的普遍情感系统和特殊情感系统将情绪体验表达出来，另一文化中的人则根据自己的普遍情感系统和特殊情感系统来接收他人所表达的信息，从而知觉和理解对方的情绪。“普遍情感系统”让面部表情具有普遍性，两个“特殊情感系统”的微妙差异引起了面部表情的差异。这就像是中国人的语言系统一样，每个人都有一套普通话系统，但南方人和北方人都有着自己特有的方言系统，使得虽然北方人和南方人都能够听懂双方的普通话，但南方人听北方人的普通话还是会感到吃力，听南方人的普通话会很熟悉，从而产生了组内优势效应。

2. 中国民间模型

大多数面部表情识别研究均是在英语文化背景下进行的。探讨中国文化对中国人面部表情识别的影响非常必要。比如，中文的“愁”字，在字典里的注释为忧伤（sorrow）、烦恼（worry）和忧郁（melancholy）。这是一种文化特定的情绪，在英语中找不到相应的词语表达。因而，应该从语义上来理解跨文化差异。

有研究者提出了中国民间模型（the Chinese folk model），用中国的语言来描述面部表情。它认为，中国人更倾向于用自己语言（如成语）来表达和理解面部表情和情绪，并且将其描述成复合情绪。另一些国家（如美国）的人则将面部表情理解成离散的情绪，并用简单的词语来描述。例如，中国人常说：“他怎么看起来愁眉苦脸的?”美国人则会说：“他怎么看起来那么悲伤?”这使得中国人和美国人在表达和理解面部表情时产生了差异。

研究表明，中国语言反映出的中国面部表情具有以下特点：（1）中国人在知觉面部表情时，脸的上半部分（如眉毛和眼睛）起到很重要的作用；（2）中国人一般不会对情绪进行离散的分类，因为他们对面部表情的描述不包含情绪术语；（3）几乎所有面部表情的描述都是关于部分的面部运动或者是部分的面部结构；（4）当描述一种情绪时，中国人会将这种情绪在面部的突出特征描述出来。例如“愁眉苦脸”，既突出了眉，又描述了愁，而在英语中，要说成“sad eyes”。

（四）情绪跨文化表达与识别的影响因素

1. 表达规则和解码规则

艾克曼认为，表达规则（display rules）涉及个体对某项管理技术被谁应用、应用到哪种情绪中以及在何种情况下应用的学习。布克（R. Buck）提出解码规则（decoding rules），它使个体在知觉情绪时存在偏向，也让个体将知觉到的内容归属于不同情绪中。不同的文化具有不同的解码规则。面部表情识别存在差异是由于文化决定了人们是否承认理解这些情绪。

埃芬贝恩（H. A. Elfenbein）和安姆巴蒂（N. Ambady）认为，表达规则和解码规则都是引起组内优势效应的来源之一。个体之所以更容易识别其族群成员的表情，是因为各族群之间存在着编码的文化差异。不同的文化群体存在着情绪表达方式的差异。因此，群体外的成员对该群体成员表达的情绪存在解码困难。

2. 语言效应

人类的认知能力是以语言为基础的。派勒斯基（L. Perlovsky）认为，不同文化的语言会影响面部表情的跨文化表达与识别。例如，复杂的中国语言习惯和语法很可能是造成面部表情在中国文化和其他文化之间差异的原因。一项中美跨文化研究发现，中国被试识别厌恶的正确率最低，但识别低强度情绪面孔的正确率显著高于美国被试。研究者将出现这一差异的原因解释为：中国传统的中庸之道容易使人们形成一种谦虚、不善于表现情绪的个性特征，求同心理大于求异心理。因此，低强度的情绪是中国人最常用也最熟悉的表达方式。

第三节 情绪和情感的产生

一、情绪和情感产生的生理基础

情绪和情感活动会引发相应的生理唤醒。这些生理唤醒与情绪过程密切相关。当情绪的激动度和紧张度增强时，生理唤醒水平也随之提高。反过来，生理唤醒水平提高也会增强个体的情绪体验。但是，至今尚无法确定是否不同情绪具有特异化的生理唤醒模式。有研究者认为，每种情绪都具有自己独特的生理唤醒模式，例如，艾克曼等人发现了各种面部表情的生理反应有差异。另一些研究者则主张所有情绪具有共同的生理唤醒模式。情绪的生理唤醒不仅涉及外周神经系统，还涉及中枢神经系统。

（一）情绪的外周神经机制

情绪的外周神经机制涉及植物性神经系统、分泌系统和躯体神经系统。

植物性神经系统与情绪的生理反应密切相关，对情绪活动起着加强和延续的作用。在某些情绪状态下，植物性神经系统的变化主要表现为交感神经系统相对亢进，如紧张激动时，瞳孔放大、心率加快、血压上升、呼吸加速，惊惧时，口干、出冷汗、呼吸暂时中断、面部血管收缩而脸色变白。而在另一些情绪状态下，则可以表现为副交感神经系统活动相对亢进，如闻到食物的香味会引起“愉快”的情绪反应，并伴有消化液分泌增加和胃肠运动的加强。

分泌系统与情绪唤醒密切相关。某些激素既可以作为神经化学递质直接激活情绪，也可以通过影响有机体的一般生理过程而间接影响情绪。情绪与外分泌腺（如汗腺、泪腺、唾液腺、消化腺等）和内分泌腺（如甲状腺、肾上腺、脑垂体、性腺等）的活动均密切相关。一方面，不同情绪状态会引起不同的外分泌腺变化。如个体高兴或悲痛时落泪，焦急或恐惧时冒冷汗、口干舌燥、食欲缺乏等。另一方面，内分泌腺活动也与情绪密切相关。例如，各种情绪状态均容易引起肾上腺素的变化；在较强烈的情绪状态下，去甲肾上腺素会发生变化。此外，由各种疾病引起的激素变化也影响情绪反应。如甲状腺素和糖皮质激素分泌减少常伴有抑郁症。

躯体神经系统在与大脑高级中枢的联系中，介入各种表情的发生或抑制，是表情活动的生理基础。以面部表情为例，面部表情是面部肌肉系统精细分化、神经肌肉系统高度发展以及相应的大脑皮层结构与功能分化与发展的结果。

（二）情绪的中枢机制

情绪的中枢机制涉及丘脑、网状结构、下丘脑、边缘系统、皮下神经节等部位的活动。

1. 情绪与丘脑

坎农提出，丘脑是调节和控制情绪的中枢。他认为，丘脑一般处于被皮层抑制的状态，一旦抑制解除，丘脑冲动得到释放，情绪反应就会发生。例如，切除间脑以上全部脑结构的猫，由于解除了皮层的控制作用，表现出“假怒”反应，如瞳孔放大、胡须乍立、不停地吼叫等。对人的实验表明，给被试施以某种药物使其低级中枢从皮层控制下释放后，也出现笑和哭的反应。临床观察发现，当丘脑部位出现肿瘤或血管性病变时，病人对情绪刺激发生过度反应；另一些病人表现为不能控制的哭或笑的发作，却不能报告相应的情绪体验；破坏丘脑前核，既可使精神病人的激动减少，也可使动物对有害刺激的反应性降低。后来一些研究发现，当切除动物包括丘脑在内的高级部位后，动物的怒反应依然存在。

2. 情绪与网状结构

林斯利（D. B. Linsley）提出，网状结构的功能是激活或唤醒，是情绪产生的必要条件。网状结构靠近下丘脑的部分，既是情绪表现下行系统的中转站，又是上行警觉激活系统的中转站。网状结构向下发放引起各种情绪的外部表现，向上传送可使某种情绪处于激活状态，并经过大脑皮层的活动产生情绪体验。

3. 情绪与下丘脑

下丘脑与情绪密切相关。动物实验表明，切除下丘脑背部以上的脑组织的猫仍能表现出协调的怒模式；如果损坏这一部位，猫就只能表现出零碎的、片断的怒反应。也有研究发现，刺激猫的下丘脑的不同部位，可以观察到两种不同的情绪行为模式，一种是斗争或发怒，如吼叫、嘶叫、露爪、耳朵后侧、竖毛等，另一种是逃避或恐惧，如瞳孔扩大、眼光射来射去、左右摇头，以至逃走。

奥尔兹（J. Olds，1922—1976）和米尔纳（P. Milner）采用脑内埋藏电极法对老鼠进行“自我刺激”的实验，发现在下丘脑、边缘系统和丘脑的许多部位存在“快乐中枢”和“痛苦中枢”，以下丘脑最为明显。将电极埋藏于老鼠的相应脑部位，电极另一端与连接电源开关的杠杆相连，只要老鼠按压杠杆，电路便即刻接通，埋有电极的部位就会受到微弱电刺激。电极埋藏部位不同，老鼠按压杠杆的反应也不同。当把电极埋入老鼠的某些部位特别是下丘脑背部时，老鼠就会不停地按压杠杆，以追求快乐的自我刺激，甚至按压杠杆的频率可达每小时 5 000 次，并能连续按压 15～20 小时，因而这些脑部位被称为“快乐中枢”。对另外一些脑部位，老鼠会通过按压杠杆去截断电刺激，这些部位被称为“痛苦中枢”（见图 13—6）。雅各布森等人在 20 世纪 60 年代对精神病、癫痫病和肿瘤病人做手术时把“自我刺激”法运用于人类，当用电极刺激病人下丘脑有关部位时，病人会面带微笑，表现出高兴，病人也愿意去按压杠杆以寻求脑内的自我刺激，并报告说有“良好的感觉”。可见，人的下丘脑中也存在“快乐中枢”。

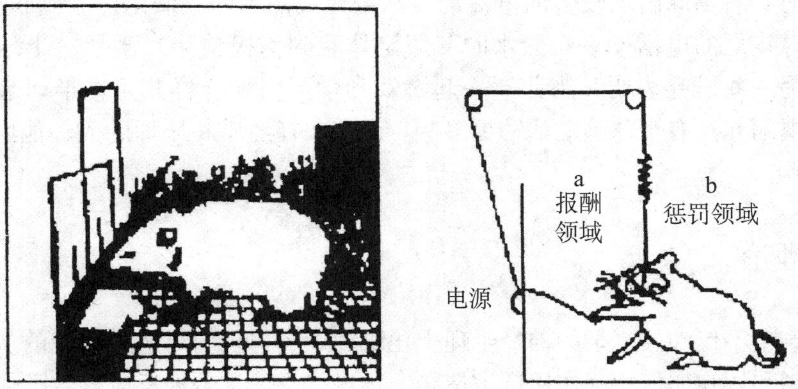

A 实验照片　　　　B 实验模式图

图 13—6　奥尔兹的实验

4. 情绪与边缘系统

在进化过程中，边缘系统成为控制攻击、防御和撤退行为的反应系统。边缘系统是整合情绪的重要区域。帕帕兹（J. Papez，1883—1958）认为，情绪过程始于海马，当海马和杏仁核受到刺激时，神经冲动便经穹隆传至下丘脑的乳头体，然后传至丘脑前核、大脑扣带回，最后又回到海马和杏仁核，完成了一个环路，被称为帕帕兹环路。冲动在这一环路上经扣带回扩散到大脑皮层，并在这里将情绪色彩附加于意识体验之上，产生情绪体验。研究表明，部分切割或受到电击的边缘系统能够改变情绪反应。例如，两侧海马损毁的动物虽然表现活泼，却不能像正常动物那样长时坚持一个有目的、有方向的行动；动物在恐惧时也较少出现木立不动的反应。杏仁核病变的人容易发生凶暴行为。施行杏仁核毁伤手术后，他们在术后 2～4 年中未再发生凶暴行为。广泛地损毁杏仁核可以使动物变得温顺。切除扣带回前部的病人表现为失去恐惧，并在社交活动中变得冷漠无情；刺激动物的扣带回前部，动物便发出怪叫声。

5. 情绪与大脑皮层

大脑皮层是情绪的最高调节者和控制者，负责情绪的认知、体验、控制。研究发现，切除大部分额叶的病人，焦虑、疑病、不合理的恐惧和过度兴奋等症状均得到缓解。精神分裂症患者产生幻觉时，左脑语言皮层出现非正常的剧烈激活，而负责检查感觉正确与否的额叶活动却在减少，病人因而无法评估头脑中的声音到底是真实的，还是想象出来的，也无法判断自己的情绪反应是否合理。切除额前叶的猴子会出现过度活动现象，如持续几个小时的刻板式踱步，严重者表现出躁狂情绪；切除额叶的猩猩，因不再给予奖励，其愤怒反应会消失。切除颞叶的动物，既可以表现出愤怒体验消失（如切除猴子的大部或全部颞叶，原来攻击性较强和不听话的猴子变得柔顺和友善了），也可表现出恐惧体验消失（如猴子天生怕蛇，而切除颞叶的猴子会碰正在嘶嘶叫的蛇），还可表现出过度活动现象（如咬它所看到的每一件东西）。

情绪还具有大脑偏侧性（lateralization of emotion）。左半球为正性情绪优势半球，负责快乐等积极情绪；右半球为负性情绪优势半球，负责愤怒和抑郁等消极情绪。左半球损伤后，病人表现出过多的哭泣；右半球损伤后，病人表现出更多的欣快反应。戴维森

（R. J. Davidson，1951—　）等人发现，处于积极情绪时，左半球出现较多的电活动，处于消极情绪时，右半球出现较多的电活动。新生儿喝甜水时（假定体验到积极情绪），激活大脑左半球皮层的电活动，喝酸水时（假定体验到消极情绪）激活右半球皮层的电活动。他们的另一些研究表明，当儿童一起游戏和学习时，合群儿童左半球脑电活动更活跃，孤僻和退缩儿童右半球脑电活动更多些。恐惧、神经质和压抑的人，他们的右半球电活动更加活跃。

二、情绪理论

情绪的产生不仅涉及复杂的神经生理生化机制，还与人们对所处情境的认知和评价有关。生理机制和认知如何相互作用产生情绪？针对“是不是生理反应导致了情绪产生”和“认知对情绪的作用”两个问题，心理学家对情绪的产生提出了不同观点，构成了不同的情绪理论。

（一）情绪的外周理论

美国心理学家詹姆斯和丹麦生理学家兰格（C. G. Lange，1834—1900）分别于1884年和1885年提出了观点相似的情绪理论，被后人合称为詹姆斯—兰格情绪学说，又叫情绪的外周理论。

詹姆斯认为，情绪的产生就是对身体变化（如内脏器官、骨骼肌活动等）的知觉，并非由外界刺激所引起。在《心理学原理》中，他写道：“情绪，只是一种身体状态的感觉；它的原因纯粹是身体的。”“所以更合理的说法乃是：因为我们哭，所以愁；因为动手打，所以生气；因为发抖，所以怕。并不是我们愁了才哭，生气了才打，怕了才发抖。”兰格认为，情绪是内脏活动的结果。在《论情绪》中，他写道：“情感，假如没有身体的属性，就不存在了。”他强调情绪与血管变化的关系，认为冷水浇身减弱愤怒，溴化钾抑制恐惧和忧虑，这些都是由于血管收缩功能的改变所致。

詹姆斯和兰格重视情绪与机体变化的密切关系，强调植物性神经系统在情绪产生中的重要作用，其产生模式是：刺激情境→身体的生理反应→情绪经验。当刺激物作用于感官时，会引起个体生理上的变化，由此激起的神经冲动传至中枢神经系统，产生一定的情绪经验（见图13—7）。这种观点有其合理之处，却片面夸大了机体生理变化对情绪的影响，忽视了中枢神经系统的作用，因而引起了诸多的争议。不过，这一理论在情绪发生的原因、过程等方面给人以启示，促进了情绪理论的发展，其作用是不可抹杀的。

（二）情绪的丘脑学说

20世纪20—30年代，坎农提出了自己的情绪理论，后经巴德（P. Bard）的验证而得以完善与发展，故后人称这一理论为坎农—巴德情绪理论，又称情绪的丘脑学说。

坎农反对詹姆斯—兰格情绪学说的外周主义而支持中枢主义，指出詹姆斯—兰格理论的不足。首先，仅仅根据生理变化很难分辨复杂多样的情绪，因为机体在各种情绪状态下的生理变化并无太大差异。其次，受植物性神经系统支配的机体的生理变化较缓慢，难以说明情绪瞬息多变的事实。再次，人为地引起某种强烈情绪的典型内脏变化，并不产生相

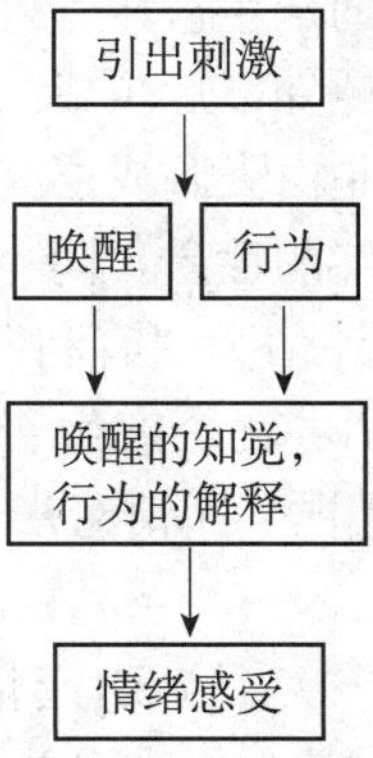

图 13—7　詹姆斯—兰格情绪理论

应的情绪。如使用药物（如肾上腺素）能够人为地激活某些机体的生理状态，却不能产生真正的情绪体验。最后，使内脏完全脱离中枢神经系统并不改变情绪行为。如切断动物内脏器官与中枢神经系统的联系，情绪反应并不完全消失。

坎农认为，情绪的中心是中枢神经系统的丘脑。机体的生理变化与情绪体验是同时发生的，它们都受丘脑控制（见图 13—8）。由刺激引起的感觉器官的神经冲动，通过内导神经传至丘脑，再由丘脑同时向上、向下发出神经冲动。向上传至大脑皮层，产生情绪的主观体验；向下传至交感神经，引起机体的生理变化（如血压升高、心跳加速等）。

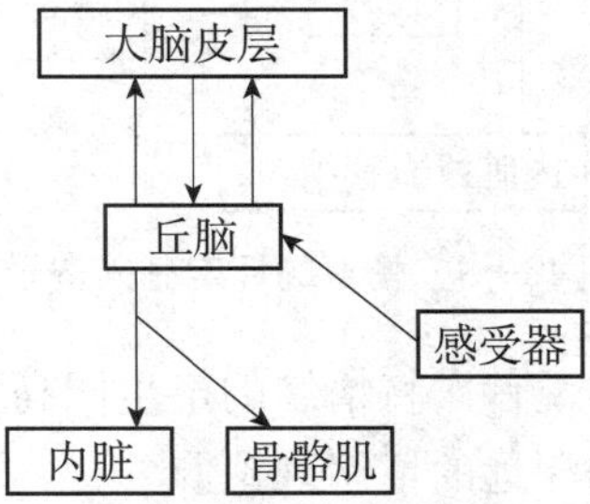

图 13—8　情绪的丘脑学说

坎农—巴德情绪理论比詹姆斯—兰格理论前进了一步，把对情绪的外周性研究推向了对情绪的中枢机制的研究。但是，这一情绪学说也是不完善的：一方面，它完全否定了外周生理反应在情绪发生中的作用（虽然外周生理反应不是情绪的唯一来源，但内脏反应和行为反应确实在一定程度上决定着情绪体验）；另一方面，它过分强调了丘脑对情绪的作用，而忽视了大脑皮层的作用。

（三）情绪的认知理论

情绪的认知理论认为，情绪的产生是环境事件（刺激因素）、生理状态（生理因素）和认知过程（认知因素）三方面因素共同作用的结果，其中，认知过程是决定情绪性质的关键因素。

1. 阿诺德的“评定—兴奋”学说

美国心理学家阿诺德（M. B. Arnold，1903—2002）提出的情绪理论——“评定—兴奋”理论，是 20 世纪情绪研究的重要标志。阿诺德认为，个体在与事物相互作用时所直接感知到的生理变化并不足以解释情绪的产生。尽管她也强调情绪产生的必要条件是个体对特定刺激的感知，但更为强调刺激被感知以后生成的评价。情绪产生的充分条件是主观上感受到的刺激事件评价，而评价过程是由大脑皮层完成的。因此，皮层兴奋是情绪产生的主要原因。刺激情境并不直接决定情绪的性质。同一刺激情境，人对它的评估不同，会产生不同的情绪体验。如果将刺激情境评估为“有利”，个体就会产生肯定的情绪体验，并希望接近刺激物；如果评估为“有害”，就会产生否定的情绪体验，并企图躲避刺激物；如果评估为与自己“无关”，就予以忽视。而情绪产生是大脑皮层和皮下组织协调活动的结果。

情绪产生的具体过程（见图 13—9）是：引起情绪的外界刺激作用于感受器，产生了神经冲动，通过内导神经上传至丘脑，在丘脑更换神经元后，再传送到大脑皮层，在大脑皮层刺激情境被评估，形成一种特殊态度（如恐惧及逃避、愤怒及攻击等）。这种态度通过外导神经将皮层冲动传至丘脑的交感和副交感神经，继而把兴奋发放到内脏或血管组织，引起血管和内脏反应，又反馈到大脑皮层，形成血管和内脏变化的感觉。这种从外周来的反馈信息，在大脑皮层中被评估，使纯粹的认识经验转化为感受到的情绪。

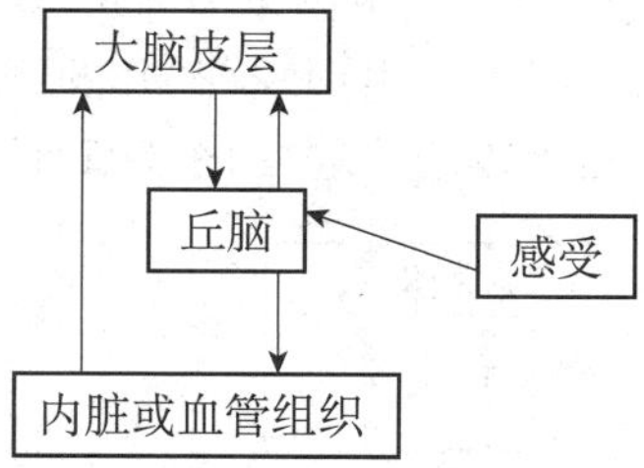

图 13—9　情绪的评定—兴奋学说

阿诺德的“评定—兴奋”学说首次将情绪的产生同高级认知活动联系起来，为情绪研究开辟了一条新途径，成为影响深远的情绪理论。

2. 沙赫特和辛格的认知—激活理论

美国心理学家沙赫特和辛格（J. E. Singer，1934—2010）认为，一个人的情绪状态是认知过程（预期和愿望）、生理状态和环境因素在大脑皮层中整合的结果。但是，认知对情绪的作用并不简单。情绪产生既取决于对内部状态的评估，也取决于对外部情境的评估。环境中的刺激通过感官向大脑皮层输入外部世界的信息；生理因素通过内部器官、肌肉、骨骼肌的活动向大脑皮层输入生理变化的信息；认知过程通过对过去经验的回忆和对当前情境的评估，也向大脑皮层输入所唤起的信息。经过大脑皮层对这三方面信息的整合作用，才产生某种情绪体验。

为了探讨两种认知因素对情绪产生的影响，沙赫特和辛格设计了一个精巧的实验：为了掩盖真实的实验目的，事前告诉大学生实验目的是考察一种新维生素化合物对视敏度的影响。他们将大学生分为四组并为其注射药物。一组为控制组，给被试注射生理盐水，另外三组为实验组，给被试注射肾上腺素（注射肾上腺素可使被试出现心悸、颤抖、灼热、血压升高、呼吸加快等反应）。为了操纵被试的认知因素，药物注射后，对三组实验组被试进行不同的解释：第一组为“正确告知组”，告诉被试注射肾上腺素后可能引起的真实反应，如心悸、颤抖等；第二组为“错误告知组”，告诉被试错误的信息，如感到双脚发麻、全身发痒、头痛等；第三组为“未告知组”，实验者不作任何说明。控制组也未被告知。然后，各组被试再分成两组，一组进入有人进行滑稽表演的房间（惹人发笑的愉快环境），一组被试进入环境后强迫其回答繁琐的问题并强词夺理横加指责（惹人发怒的环境）。实验假设是：如果生理唤醒单独决定情绪，那么，三个实验组被试应该产生同样的情绪；如果环境因素单独决定情绪，那么，所有进入“欣快”情境的被试应产生“欣快”体验，所有进入“愤怒”情境的被试应产生“愤怒”体验。实验结果是：正确告知组和控制组被试在室内安静地等待并镇静地进行他们的工作，毫不理会同伴的古怪行为；错误告知组和未告知组被试则倾向于追随室内同伴的行为，变得欣快或愤怒。这一结果说明，情绪体验主要由对生理反应的认知和了解决定。

将上述理论转化为一个工作系统，就成为一个情绪唤醒的模型（见图 13—10）。模型包括三个子系统：(1) 对来自环境的输入信息的知觉分析；(2) 在长期生活中建立起来的应对外部影响的内部模式，包括过去、现在和将来的期望；(3) 认知比较器，负责将对现实情境的知觉分析与基于过去经验的认知加工进行比较，它带有庞大的生化系统和神经系统的激活结构，并与效应器官相联系。当知觉分析与认知加工间出现不匹配时，认知比较器就产生信息，激活一系列的生化的和神经的机制，使身体适应当前情境要求，此时情绪就产生了。

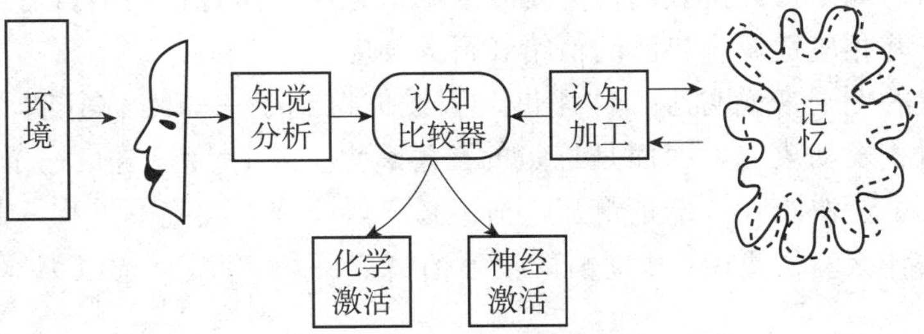

图 13—10　情绪唤醒模型

3. 拉扎勒斯的“认知—评价”理论

拉扎勒斯（R. S. Lazarus，1922—2002）认为，情绪活动必须有认知活动作指导，个体需要不断地评价刺激事件与自身的关系。该理论将阿诺德理论中的评价进一步扩展为初评价、次评价和再评价的过程。

初评价属于利害相关评价，是指个体确认刺激事件与自己是否有利害关系，以及这种关系的程度。只要人处在清醒的状态下，这种评价就会发生，从而成为个体生存适应的重要方面。拉扎勒斯列出了 15 种情绪及其核心相关主题（见表 13—3）。

表 13—3　情绪及其核心相关主题

情绪	核心相关主题
发怒	对我及我的所有物的贬低或攻击
焦虑	面对不确定的存在条件
害怕	一种直接的、真实的、巨大的危险
内疚	道德上的违反

续前表

情绪	核心相关主题
害羞	过错归结到自己
悲伤	体验到不可挽回的丧失
羡慕	想别人所有的东西
嫉妒	憎恨他人得到别人的爱，希望他失去进步
厌恶	从事或接近令人讨厌的物体、人或思想
高兴	向着一个真正的目标
骄傲	由于自己的成就得到别人的承认或认同而使自我增强
放松	沮丧的情景得到明显改善
希望	怕坏的结果，想要更好的结果
爱	经常渴望的情感而不要回报
同情	被他人的遭遇所感动而愿帮助他

次评价属于效能评价，是指个体对自己反应行为的调节和控制，主要涉及个体能否控制刺激事件，以及控制的程度。当个体要对刺激事件做出行为反应时，需要根据主观条件和社会规范来考虑行为的后果，从而选择有效的措施和方法。如当个体受到侵犯、伤害时，是攻击还是防御，取决于个体对刺激事件的控制判断。在次评价过程中，个人的自我效能感和过去经验起着重要的作用。

再评价属于效果评价，是指个体对自己情绪和行为反应的有效性和适宜性的评价，是一种反馈性行为。如果再评价表明行为无效或不适宜，个体就会调整自己对刺激事件的次评，甚至初评，并相应地调整自己的情绪和行为反应。

举一个形象的例子来说明这三种评价。假设你遇到了一条对你狂吠不止的狗。初评价：狗有可能对我发动攻击，因而是危险的。怎么办？次评价：这是一条个头很大的狗，很凶，我对付不了，快躲开。于是跑开，狗追来。再评价：我跑不过狗，此法无效，要找有效办法，狗怕什么？俗语说："狗怕弯腰狼怕蹲。"你一弯腰，狗以为你要捡石头打它，于是狗跑开了。

"认知—评价"理论既承认情绪的生物因素的适应价值，也承认情绪受社会文化情境、个体经验和人格特征的制约，而这一切又随时发生在对事物的认知评价中。拉扎勒斯认为，文化对情绪的作用很复杂，它对情绪的影响有四种方式：（1）影响对情绪刺激的理解；（2）影响表情；（3）影响社会关系和判断；（4）影响高度礼仪化的行为，如在丧礼上的悲哀。应当说，这一理论把现象学研究、认知理论和生理学研究结合起来考虑，是较为合理的，有助于推进情绪理论研究。

4. 情绪的具身认知理论

随着第二代认知科学的兴起和具身认知观的出现，"身体"在情绪产生中的作用再次受到了研究者的重视。具身是指"心智和认知是基于身体和涉及身体的，心智始终是具（体）身（体）的心智"。具身认知理论认为，情绪的表达、感知、加工、理解等与身体有密切联系，体验情绪、感知情绪刺激或者提取情绪记忆，都会唤醒高度重合的心理加工过程。对面部表情或肢体动作等与情绪表达密切相关的身体部位的行为控制也影响个体对情绪的感知、理解和加工。正是因为身体对情绪状态的再体验，情绪理解才成为可能。

情绪的具身认知研究主要集中在以下三方面：

(1) 情绪对身体的影响。情绪启动直接导致了相应肌肉的激活。一项研究要求被试对实验中呈现的单词（如“婴儿”、“偷懒”）是否涉及具体事物进行判断。事先由非实验被试对单词描述的事物或行为进行情绪等级归类，如“开心的”、“恶心的”、“生气的”或是“无特定情绪的”。在被试完成任务时，采用 EMG 记录面部肌肉活动，发现在判断不同情绪等级的词汇时，会产生相应的面部肌肉激活，激活区域所代表的情绪状态与词汇所蕴含的情绪意义一致。

情绪对身体的影响还表现在具体动作上。莫尔索（E. Mouilso）等人要求被试阅读令人伤心和愤怒的句子，并让被试通过推动或拉近杠杆判断句子是否有意义。快速推动杠杆使其远离自己是与攻击或击打相关的动作，拉近杠杆靠近自己是与亲和有关的动作。结果表明，在阅读伤心的句子时，被试拉近杠杆进行判断的反应时更短；在阅读愤怒句子时，被试推动杠杆进行判断的反应时更短。

(2) 身体对情绪的影响。詹姆斯—兰格理论认为，情绪是对身体变化的知觉，当外界刺激引起身体变化时，人对这些变化的知觉就是情绪。尽管该理论已经被证明存在着很多缺陷，但身体对情绪的重要性却不断为具身情绪实验所证实。例如，让被试分别处于背部挺立姿势和耷拉肩膀姿势这两种不同状态，告知被试在刚刚进行的那项任务中他们出色地完成了，要求被试报告听到好消息后的自豪程度。结果表明，背部挺立姿势的被试能够体会到更多的自豪感。

(3) 其他的具身情绪研究。情绪具身性的证据还有来自情绪在不同感觉通道之间转换时的加工代价的研究。例如，让被试判断“炸弹”是否会“很响”，如果之前被试刚刚完成了“柠檬”是否会“很酸”的判断，和紧接着判断“叶子”会“沙沙响”相比，反应时会更长。因为“很响”和“沙沙响”都是在听觉系统中加工的，“很酸”却是在味觉系统中加工的，反应时差异说明了在信息加工中存在着不同感觉通道之间转换的代价。

韦尔默朗（N. Vermeulen）等人通过判断积极和消极的概念的性质（如“成功”和“牺牲”）来检验转换代价。结果表明，和中性概念的转换代价相比，对积极概念和消极概念，不同通道之间的转换会导致判断时间变长，错误率变高。这一现象同样出现在被试需要从情感系统转换到感觉通道或者感觉通道转换到情感系统时。在判断“蜘蛛”可以是“黑色的”之后，紧接着判断“牺牲”可以是“糟糕的”，被试的效率会较低；如果前面的判断是“孤儿”可以是“无助的”，效率会较高。在判断“蜘蛛”可以是“黑色的”之后，与紧接着判断“孤儿”可以是“无助的”比，紧接着判断“伤口”可以是“裂开的”，效率更高。

虽然具身认知理论和詹姆斯—兰格外周情绪理论有相似之处，但具身认知理论关注的重点并不是外周神经系统如何引发身体的改变进而构成情绪，而是外周神经系统与大脑特殊通道系统共同创造或重新经历情绪的躯体状况。具身认知理论认为，情绪与躯体变化是统一的，在情绪信息加工中，两者是互相作用的整体，情绪产生是身、心、外部世界相互作用的结果，这就弱化了中枢论和外周论的争论，摈弃了传统情绪理论中的身心分离论。在具身认知框架下，认知与情绪协同活动，使得人类更容易适应进化的挑战。

5. 情绪的社会建构理论

埃弗里尔（J. R. Averill）和科尼利厄斯（R. R. Cornelius）指出，尽管情绪具有一系列共同发生的成分（如生理反应、主观体验和外显行为），但情绪活动并非都包括上述所有成分。例如，愤怒时人们并不总是满脸怒容。尽管有时特定的主观体验、生理反应、外显反应可以用来定义某一特定情绪，但并非当时的感受、身体反应和行为就是情绪的本质。因此，格根（K. J. Gergen，1935—　）等人提出了情绪的社会建构理论。该理论认为，情绪体验的内容和情绪表达方式不是由遗传决定的，而是一种在社会文化系统中所获得的、与社会角色相适应的习惯。情绪是在特定情境中个人所遵循的、社会所规定的行为反应方式，包括如何根据一定的社会规则，恰当地对某一情境进行评价，并采取行为以及解释自己的主观体验和生理反应等。

社会建构理论在很大程度上是从情绪认知理论中派生出来的，十分强调认知评价在情绪产生中的重要性。但是，不同于情绪的认知理论，社会建构理论认为，人们对环境的评价是特定社会文化的产物，是在社会学习体系基础上形成的，是由某一特定社会的信念、价值观和道德观系统决定的。个体的社会化过程也是情绪社会化的过程。个体在社会化于某一特定社会文化体系的同时，也形成了对现实世界的态度体系。这种态度体系决定个体对自身与各种环境刺激之间关系的评价，进而决定着情绪生活。由于评价本身带有特定的社会文化色彩并涉及人与环境或他人之间的关系，因此，由评价决定的情绪反应具有社会伦理意义，是个体价值观念和道德立场的表达。

社会建构理论认为，情绪的功能有二：(1) 参与和部分形成某一社会文化及其特定道德秩序的方式。情绪体验的内容和目标是与某一社会文化及其特定道德秩序相关联的。以害怕为例，人对许多事情的害怕是现代社会才有的，如对艾滋病、环境污染、恐怖主义、肥胖的害怕，这些害怕的对象具有明显的社会文化内容和道德价值取向。(2) 情绪体验的内容和目标具有维护某一社会文化及其特定道德秩序的工具性作用。例如，成人经常教育孩子害怕一些有明显社会目标的事情，像对学习成绩不佳的恐惧，对偷窃、吸毒、早恋的恐惧等。与害怕一样，其他情绪也常常被社会以赞美什么、贬低什么、忧虑什么或自责什么等方式，用作“激励”社会成员参与并维持社会文化及其道德秩序的工具。

(四) 情绪的进化理论

上述几种理论均强调情绪的起源与发生，忽视了情绪的功能，因而难以全面地反映情绪的本质。为了弥补这一不足，情绪的进化理论就应运而生。

1. 情绪的动机—分化理论

汤姆金斯和伊扎德等人提出，情绪是独立的心理过程，不是其他心理活动的伴随现象或副产品。情绪具有自身的机制，在个体心理活动中具有独特作用。情绪是在生命进程中逐渐分化和发展起来的。

动机—分化理论以情绪为核心，以人格结构为基础，论述情绪的功能和性质。

(1) 情绪系统的结构及其作用。

伊扎德认为，情绪由神经生理、表情行为和情感体验三个子系统组成，它们之间相互作用、相互联结。神经生理结构是情绪产生的重要生理结构；表情行为特别是面部表情是情绪激活器，具有一定的生物适应价值和重要的社会功能；情感体验是情绪系统的重要组成部分。神经化学活动通过一些内在程序激活面部和躯体的活动模式，这些活动的反馈信号进入意识状态，即形成了情感体验。

（2）情绪的功能。

一是动机功能。汤姆金斯认为，情绪就是动机。内驱力本身并无足够的力量去驱策行动，只有在一种放大媒介的配合下，才能够成为驱策个体行动的强大动机，这种放大媒介就是情绪。情绪比内驱力更为灵活，它可以脱离内驱力而独立地起动机作用。内驱力好比汽车的马达，而情绪就是汽车的发动机。

伊扎德也重视情绪的动机作用，并从整个人格系统出发建立了情绪—动机体系。他认为，人格是由体内平衡、内驱力、情绪、知觉、认知和动作六个子系统组成，并且存在着内驱力、情绪、情绪—认知相互作用、情绪—认知结构四种类型的动机结构。情绪不仅是人格系统的组成部分，也是人格系统的核心动力。情绪的主观成分是起动机作用的心理结构，各种情绪体验均是驱策有机体行动的动机力量。

二是适应功能。伊扎德认为，情绪分化同大脑新皮质体积增长和功能分化以及面部骨骼肌的分化是平行、同步的。情绪分化是进化的产物，每种具体情绪都有其发生的渊源、特定的意识特性和适应功能。情绪的适应价值在于它使有机体对环境事件更敏感，激起机体的活力。

（3）情绪的激活与调节。

伊扎德认为，情绪的激活与调节包括四个基本过程：生物遗传—神经内分泌激活过程、感觉反馈激活过程、情感激活过程和认知激活过程。其中，生物遗传—神经内分泌系统起决定作用，它既可以直接激活情绪体验，也可以通过影响其他三个情绪激活过程来激活情绪体验（见图 13—11）。个体差异、社会和人际因素以及环境（刺激特征等）均会影响情绪激活。

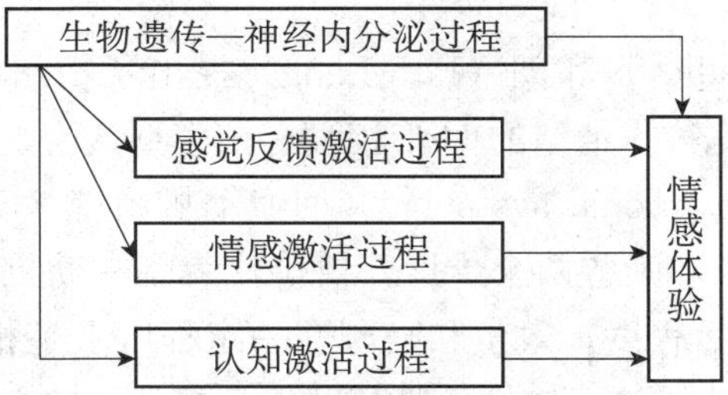

图 13—11　情绪激活和调节的多系统模型

情绪的动机—分化理论不仅阐述了情绪的产生根源，还说明了情绪的功能，为情绪在心理现象中确立了相对独立的地位，是目前较有影响的情绪理论之一。

2. 进化心理学的情绪理论

进化心理学认为，人类在适应过程中通过自然选择和性选择等方式形成多种有效地解决问题的模块。这些程序模块具有结构功能的习得性。面对复杂环境，众多的小程序模块之间在共同发挥作用时会产生各种一致、不一致甚至矛盾的关系。情绪是调整众多的小程序模块的超级程序。在对整个心理结构成分的调整中，通过激活一部分、抑制一部分、调整一部分，使得整个系统在个体面对特定刺激时以一种特定的、和谐的、有效的方式运作。每一种情绪都是对众多性质各异的适应模块的调整。情绪调整的小模块不仅涉及知觉、注意、推理、学习、记忆等心理过程，也涉及生理反应、反射、运动系统等生理过程和能量分配等动因机制。

恐惧情绪是进化心理学研究的典型情绪之一。进化心理学用危险的祖传来源说明恐惧情绪的产生。进化心理学认为，人类的恐惧情绪是与危险动物、躯体伤害、社会评价等损伤的祖传来源相关联的。以对蛇的恐惧为例，与像车祸等更加危险的现代环境因素比，蛇的危险性并不高，但人们对它的恐惧情绪却较前者更强、更有普遍性。在人类与蛇共存的千百万年间，被蛇咬伤致命的恐惧在进化过程中得以世代相传至今。正是这种祖传的危险来源使得现实中的人们对蛇产生了普遍恐惧。人不仅对蛇本身极易产生恐惧情绪，甚至其图片、文字等也成为实验中唤醒恐惧情绪最经常使用的材料。

进化心理学的情绪理论有：

（1）允诺装置理论（commitment devices theory）。认为情绪是为了维持主观允诺策略而背离具有吸引力的即刻奖赏而发挥作用的。当即刻反应带来的奖赏或惩罚不利于长久目标实现时，产生情绪具有为长久目标实现而舍弃即刻奖赏的作用。人们因即刻奖赏或惩罚体验到的情绪可以成为超越想即刻得到这一奖赏的有效平衡力。这些情绪在当前看来可能没什么道理可言，因为它们使人们放弃了实在所得，但最终会引导人们得到更为长远的好处。情绪就具有这种功能，是做出这种允诺的装置。

（2）超级协调理论（superordinate coordination theory）。超级协调理论把情绪看作超级认知程序。考斯麦茨（L. Cosmides）等人认为，在特定时间和环境等多个线索的提示下，很多用于解决各个方面适应问题的小程序被同时激活。具有监测和检测功能的超级程序则像计算机的层级程序系统一样，根据进化适应性情境的标准对这些小程序加以编排，使其一部分得到激活，一部分被忽略，一部分受到抑制，从而保障个体做出适当的整体反应。这就是超级认知程序——情绪的基本工作机制。

3. 情绪的动机模型

布拉德利（M. M. Bradley）和朗（P. J. Lang）提出了情绪的动机模型（the motivational model of affect），也称作情绪的 U 形模型。该模型认为，情绪在根本上来源于趋近动机系统（appetitive motivational system）和回避动机系统（defensive motivational system）的不同激活，有效价和唤醒两个维度，效价代表哪一动机系统被情绪刺激激活，唤醒代表每个动机系统的激活程度。效价和唤醒在一定程度上是相关的，而非独立的维度。效价越明显的刺激，唤醒水平越高。即，唤醒并不是真正地独立于效价，而是随着效价的变化而变化，效价和唤醒的关系在情绪分布的空间范围内呈 U 形分布。动机模型强调情绪的动机相关性，但它只是将动机视为效价和唤醒的副产物，并未将其作为情绪的独立维度。

盖博（P. Gable）和哈蒙-琼斯（E. Harmon-Jones）提出动机维度模型（motivational dimensional model），认为动机维度是独立于效价和唤醒的情绪的第三个维度。动机维度有方向和强度之分，动机方向是指对某个客体或目标的趋近或回避。动机强度是指趋近或回避动机的强度，可以由低到高变化。虽然有研究者认为积极情绪与趋近动机直接联系，消极情绪与回避动机直接联系，但最近研究发现，动机方向与情绪效价可能是相互独立的，如愤怒是消极情绪，却与主动攻击等趋近动机相联系。动机强度与唤醒水平也不相同，因为动机总伴随着动作意义，能够推动个体行为发生。例如，搞笑常被视为一种高唤醒的积极情绪，却是低动机趋近强度的，不大可能强烈推动人去接近环境中的某个刺激。

第四节　情绪与认知、智力

近30年来，情绪对认知、智力的影响引起了许多研究者的注意。这一点与情绪的动机理论分不开。心理学家认为，不仅认知影响情绪，情绪对认知和智力也有重要影响。

一、情绪与认知

有关情绪对认知影响的研究大多采用情绪启动范式。研究表明，个体只需要少许认知资源就能够快速评价刺激的情绪含义，并影响随后的情绪与认知。研究者向被试呈现不同效价的面孔表情图片或事物图片，引发被试产生积极的或消极的情绪反应，进而探讨不同情绪唤醒状态对认知的影响。

（一）情绪与记忆

越来越多的证据表明，情绪对认知的影响有可能是通过影响工作记忆实现的。

1. 闪光灯记忆

布朗和库里克（J. Kulik）发现，消极的情绪唤醒能够提高记忆绩效。人们不仅可以很好地记住行刺国家元首之类的举国震动的事件，对事件发生时的具体情境等细节信息也可以很好地记住。这种具有新闻价值的创作性事件的体验者不仅经常报告出关于震动消息的鲜活记忆，还经常报告出听到这一消息时所处具体情境的记忆的现象，称为“闪光灯记忆”。瑞勒（J. C. Yuille）和库特塞尔（J. L. Cutshall）发现，目击者对真实的创伤性事件（如枪杀、刀捅等）表现出较高的记忆准确性，并且记忆准确性不随时间的推移而减弱。事件引发的情绪强度越强，被试的记忆信心就越强。

2. 心境一致性效应和心境状态依赖效应

心境一致性效应（mood congruent effect）是指当人们阅读课文时，更容易记住那些与个人情绪状态一致的课文内容，即一个心情愉快的人更容易记住令人愉快的课文内容，一个心情悲伤的人更容易记住令人悲伤的课文内容。鲍尔等人发现，当一个人处于愉快情绪状态时，故事中的愉快事件易于使人想起生活中的愉快经历；当一个人处于悲伤状态时，故事中的悲伤事件易于使人想起生活中的不幸经历。这些类似经历可以充实故事的情绪内容，同时加强对有关故事内容的记忆。

心境状态依赖效应（mood-state-dependent effect）是指当回忆时的情绪状态与阅读时的情绪状态一致时，回忆效果最好。学生在愉快心境下学习了一篇课文，他在愉快心境下的回忆成绩要比在中性或悲伤情绪状态下的回忆成绩要好。梅耶（J. D. Mayer）和鲍尔认为，编码时的情绪状态在回忆时可以作为信息检索的有效线索。有研究表明，在学习中性材料时，悲伤、抑郁、焦虑、紧张或兴奋水平过高都会对记忆的编码和组织产生消极影响。

近年来，研究者关注心境的唤醒水平对认知的影响。科森（Y. Corson）等人考察了在不同唤醒水平的积极心境和消极心境下的词汇识别和记忆的成绩，发现与低唤醒心境比，被试在高唤醒心境状态下任务完成成绩更好，但不受心境效价影响。吉莱（A. L. Gilet）和雅莱（C. Jallais）用类似方法考察了不同心境被试在完成词汇联想任务的成绩。情绪效价和唤醒组成四种心境：高兴（正性高唤醒）、平静（正性低唤醒）、生气（负性高唤醒）、悲伤（负性低唤醒）。结果表明，词汇联想成绩只受被试心境的唤醒水平影响。即，无论在正性还是负性的心境状态下，与低唤醒心境比，高唤醒心境都能提高词汇联想成绩。福格特（J. Vogt）等人采用空间线索任务考察情绪刺激的效价和唤醒对空间注意的影响。线索刺激由不同效价（正、负）和唤醒（高、低）四类情绪图片构成。结果发现，与低唤醒图片比，高唤醒图片作为线索条件时，被试对目标刺激的判断更快，这一效应不受效价影响，说明唤醒而非效价能够影响注意资源的空间分配。

3. 负性情绪对工作记忆的影响

情绪状态会影响工作记忆的绩效。有研究发现，焦虑对言语工作记忆和视觉空间工作记忆的影响不同。高、低焦虑组被试在空间工作记忆任务中的反应时和正确率没有显著差异，在言语工作记忆任务中表现出显著差异，表明焦虑情绪对视觉空间工作记忆无影响，对工作记忆的语音环路产生了干扰。

加工效能理论（processing efficiency theory）认为，人的工作记忆系统资源有限。当个体产生焦虑情绪时，焦虑情绪本身就会占用一部分工作记忆资源。当资源被焦虑情绪占据时，用于认知操作的工作记忆资源就会减少，认知操作效率就会下降，使个体无法很好地完成任务。

4. 情绪对错误记忆的影响

情感影响记忆的准确性。史托贝克（J. Storbeck）和克罗尔（G. L. Clore）发现，积极情绪组比消极情绪组表现出更多的错误记忆效应。王翠玲发现，在汉字结构辨别和再认任务中，积极情绪组比消极情绪组反应正确率更高；而在视觉任务中，积极情绪组的正确率低于消极情绪组。

情感—信息等价（affect as information）理论认为，积极情绪组之所以比消极情绪组产生更多的错误记忆，是由于在积极情感状态下被试容易进行整体加工，关注项目之间的关系，在消极情感状态下被试更容易对信息进行局部加工，关注项目的具体性。在随后的再认测验中，对项目进行具体性加工会产生更精确的记忆，而对整体关系加工之后要依赖要义抽取记忆中的信息，因此可能出现较多的错误记忆。

5. 情绪对前瞻记忆的影响

情绪对前瞻记忆的影响也是心理学研究的热点。这类研究主要集中在负性情绪对前瞻记忆的影响上。米查姆（J. A. Meacham）和库什纳（S. Kushner）对青年人和老年人问卷调查发现，在负性情绪下，个体并没有忘记前瞻记忆任务，只是没有执行。克利格尔（M. Kliegel）等人用电影来启动被试的悲伤和中性情绪，发现悲伤情绪对进行中的任务成绩没有影响；但悲伤情绪组被试的前瞻记忆成绩比中性情绪组成绩差，表明悲伤情绪对基于时间的前瞻记忆有损害作用。正性情绪对前瞻记忆影响的研究较少。丁志刚用“取得好成绩”和“老师表扬”来激发被试的愉快情绪，发现愉快情绪对基于事件和基于时间的前瞻记忆都具有促进作用。

（二）情绪与注意

情绪加工是注意加工的特例。情绪信息加工是自动的，不需要注意资源调节。有研究表明，情绪刺激在无觉知状态下也会激活杏仁核。情绪影响人对信息的注意与选择。对有注意障碍的病人研究表明，与中性刺激比，注意偏向于加工情绪刺激。情绪刺激还影响信息的控制加工过程。还有研究发现，与中性刺激比，个体可能由于情绪信息的相关性或者显著特征，表现出有意识地关注情绪刺激。

情绪刺激对注意影响的研究通常采用情绪 Stroop 范式。在该范式中，通过呈现给被试一些情绪刺激物，要求被试对这些刺激物中的非情绪信息做出快速反应，以考察被试对情绪刺激的注意偏向及对非情绪信息认知加工时的抗情绪干扰情况。例如，以被试对情绪词或情绪面孔颜色命名的反应时与非情绪词或中性面孔颜色命名的反应时之差，代表情绪信息所产生的注意偏向。如果反应时之差为正数，就表明词或面孔的情绪信息得到了加工，干扰了颜色命名。情绪 Stroop 效应广泛运用于心理学的各个领域。主要发现有：不同症状被试对与其病症有关的情绪词产生的干扰最大；如果实验材料与被试当前关注的事物有关，干扰就更大；不仅成人被试，在患病儿童中也发现了情绪 Stroop 效应；刺激呈现时间不同会对该效应造成影响；情绪特质和情绪状态会对该效应造成影响。

二、情绪智力和情商

近年来，“情绪智力”（emotional intelligence）成为情绪领域内的研究热点。探讨这一问题不仅能够加深对情绪与智力、人格等问题的认识，而且有助于纠正在教育中存在的只重视学生的认知能力的发展而忽视情感教育的弊端。

（一）情绪智力的概念

20 世纪 70 年代之前，心理学始终将情绪和智力分作为两个领域来研究。但是，一些心理学家逐渐认识到非认知因素的重要性，开始了社会智力（social intelligence）的研究。桑代克提出社会智力的概念，认为社会智力是“理解和管理男人和女人、男孩和女孩从而妥善处理人的关系的能力”，这种智力在实验室条件下难以观测到。亚历山大（W. P. Alexander）提出非智力因素（nonintellective factors）的概念，将个体对作业的兴趣、克服困难的坚持性及企图成功的愿望等因素归为非智力因素，认为这些因素对测验成绩起重要作用。上述观点已经包含了情绪智力的最初含义，是情绪智力概念的源头。

扎荣茨阐述了情绪首因问题，引发了心理学界关于情绪与认知究竟谁为首因的辩论。这场辩论颠覆了认知驾驭情绪的心理哲学基础，使情绪在哲学认识论上提升到前所未有的地位。“情绪智力”这一个名词也零星地出现了。

1990 年，沙洛维（P. Salovey，1958— ）和梅耶正式解释了情绪智力的概念，并提出系统的理论。随后，情绪智力研究便得到迅速发展，这一术语也得到广泛使用。为了对应智商（IQ）这个概念，巴昂（R. Bar-On，1944— ）首次提出情商（emotional quotient，EQ）的概念，认为 EQ 是一系列有助于个体应对日常生活需要的社会能力和情绪能力，比 IQ 更能够预测一个人的成功。

（二）情绪智力的理论

1. 沙洛维和梅耶的理论

沙洛维和梅耶提出，情绪智力主要包括三种能力：（1）准确地评价和表达情绪的能力；（2）有效地调节情绪的能力；（3）将情绪运用于驱动、计划和追求成功等动机和意志行为过程的能力。1993 年，他们对情绪智力的内容作了进一步的界定，认为情绪智力包括：（1）认知自己与他人情绪的能力；（2）调节自己与他人情绪的能力；（3）运用情绪信息引导思维的能力。1997 年，他们又提出情绪智力包括的四级能力，它们在发展与成熟中有一定次序和级别。一级能力最基本和最先发展，四级能力比较成熟且要到后期才能发展。具体内容为：

（1）情绪的知觉、鉴赏和表达能力。包括从自己的生理状态和情感体验中辨认和表达情绪的能力，从他人、艺术活动和语言中辨认和表达情绪的能力，准确表达情绪以及表达与这些情绪有关的需要的能力，区分情绪表达中的准确性和真实性的能力。

（2）情绪对思维的促进能力。包括情绪对思维的引导能力、情绪体验作用于与情绪有关的判断和记忆过程的能力、心境起伏影响思考的能力、情绪状态影响问题解决的能力。

（3）对情绪的理解、分析能力。包括认识情绪本身与语言表达之间关系的能力（如对“爱”与“喜欢”之间区别的认识）、理解情绪所传送的意义的能力、理解复杂心情的能力、认识情绪转换可能性的能力等。

（4）对情绪的成熟调控。包括根据所获得的信息判断并成熟地进入或离开某种情绪的能力、觉察与自己和他人有关的情绪的能力、调节与别人的情绪之间的关系的能力等。

从沙洛维和梅耶对情绪智力的描述可以看出，情绪智力联结着认知与情绪两个系统，既反映了认知过程对情绪过程的引导作用，同时也反映了情绪过程对认知过程的促进作用。

2. 戈尔曼的理论

戈尔曼（D. J. Goleman，1946—　）在《情绪智力》一书中系统论述了情绪智力的内涵、生理机制、对成功的影响及情绪智力的培养等问题。他将情绪智力界定为五个方面：（1）认识自己情绪的能力；（2）妥善管理自己情绪的能力；（3）自我激励的能力；（4）理解他人情绪的能力；（5）人际关系的管理能力。情绪智力对个体成就的作用比智力更大，而且可以通过经验和训练得到明显的提高。1998 年，他在《情商实务》（*Working with Emotional Intelligence*）中对情绪能力（emotional competence）与情绪智力加以区分，认为情绪能力是以情绪智力为基础的一种习得的能力，它使得人们在工作上取得出色成绩。

3. 巴昂的理论

巴昂认为，情绪智力是影响人应对环境需要和压力的一系列情绪的、人格的和人际能力的总和，是决定一个人在生活中能否取得成功的重要因素，并直接影响人的心理健康。情绪智力是随着人的成长逐渐发展起来的，并且一生都在变化，能够通过训练和矫正措施以及通过治疗干预得到改善和提高。

巴昂提出自己的情绪智力模型，该模型由五大维度组成：（1）个体的内部成分；（2）人际成分；（3）适应性成分；（4）压力管理成分；（5）一般心境成分。

上述情绪智力理论可以分为心理能力模型（mental ability models）和综合模型

(mixed models）两类：心理能力模型侧重情绪本身及其与思维的关系，沙洛维和梅耶的理论是其代表；综合模型则不仅包含心理能力，还包含多种其他人格特征，如动机、意识状态和社交活动等，戈尔曼的理论和巴昂的理论是其代表。三种理论的比较见图 13—12。

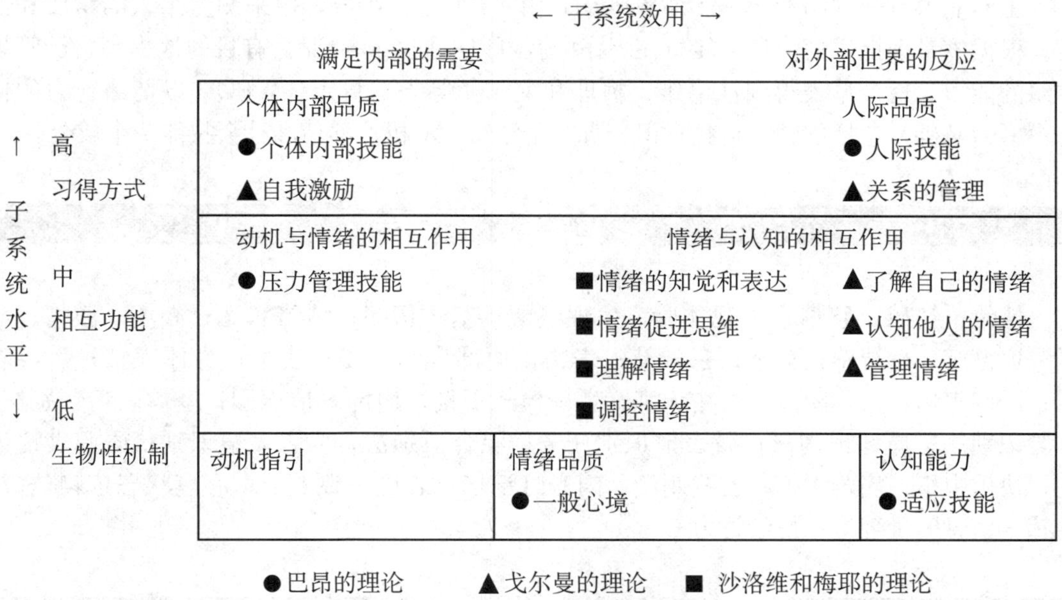

图 13—12　三种情绪智力理论的比较

（三）情绪智力的测量

1. EQ-i 量表

1997 年，巴昂编制了世界上第一个测量情绪智力的标准化量表——巴昂情商量表（EQ-i），成为国际上著名的心理量表之一。该量表由 133 个题目组成，内容结构与巴昂的情绪智力结构模型一致。5 大维度作为 5 个成分量表，15 个因素作为 15 个分量表。此外，还包括 4 个效度指标：积极印象成分、消极印象成分、遗漏等级成分和非一致性指标。量表采用自陈法，5 点计分。最后结果为 4 个效度量表分数、1 个总 EQ 分数、5 个成分量表分数和 15 个分量表分数。EQ-i 将原始分数转化为平均数为 100、标准差为 15 的标准分数（与 IQ 分数相类似）。

EQ-i 出版后很快得到广泛承认和使用，并被收入 Buros 心理测量年鉴。研究者普遍认为，EQ-i 是第一个标准化情绪智力量表，并对之作出了肯定评价。

2. 多因素情绪智力量表

梅耶等人编制了多因素情绪智力量表（MEIS）。该量表是能力测验而非自陈测验。它要求做测验者完成一系列任务，从而测量被试觉察情绪、鉴别情绪、理解情绪和控制情绪的能力。

3. 情绪能力调查表

情绪能力调查表（ECI）由博亚兹（R. E. Boyatzis）和戈尔曼编制。该量表是让熟悉被试的人对被试的 20 种与情绪智力相关的能力进行等级评定。ECI 是一种比较完整的评价工具，包括情绪能力的所有内容。ECI 提供了一种评价个人实力和极限的方法，可以准确地告诉人们应该提高哪种能力才能达到自己事业上的目标。但是，该量表只是一个发展性的工具，不宜用做招聘依据。

4. 工作能力量表（EI 版）

工作能力量表（EI 版），简称 WPQei，由 84 个题目组成，用来测量个人的素质和能力。根据该量表提供的信息，雇员在工作中就可以根据实际情况，有目的地提高自己管理情绪的能力。这个量表得到沙洛维、梅耶和戈尔曼等人的肯定。WPQei 以情绪智力的概念模型为基础，包括创新、自我意识、直觉、情绪、动机、移情和社会技能 7 个成分。

基本概念

情绪；情感；感情；主观体验；生理唤醒；基本情绪；情绪状态；心境；激情；应激；道德感；理智感；美感；宗教感；表情；面部表情；姿态表情；身体表情；手势表情；语调表情；人际距离；情绪识别；生理模式识别；面部表情识别；基本表情判别法；倒脸识别法；局部识别法；微表情识别任务；混合识别法；姿态表情识别；语调表情识别；快乐中枢；痛苦中枢；自我刺激；闪光灯记忆；心境一致效应；心境状态依赖效应；情感—信息等价理论；情绪智力

基本原理

情绪和情感的构成；情绪和情感的实质；情绪和情感的关系；情绪和情感的功能；情绪和情感的分类；情绪的两极性；情绪的三维模式；情绪的环形结构模型；爱情的成分理论；影响面部表情识别的因素；情绪表达和识别的普遍性和先天遗传性；情绪表达和识别的差异性和后天获得性；面部表情的神经—文化理论；面部表情的方言理论；面部表情的中国民间模型；情绪跨文化表达与识别的影响因素；情绪的生理机制；情绪的大脑偏侧性；情绪的外周理论；情绪的丘脑学说；情绪的“评定—兴奋”理论；情绪的“认知—激活”理论；情绪的“认知—评价”理论；情绪的社会建构理论；情绪的动机—分化理论；进化心理学的情绪理论；情绪智力的理论

思考题

1. 什么是情绪和情感？其主要功能有哪些？
2. 简述情绪和情感的区别与联系。
3. 什么是情绪和情感的维度与两极性？
4. 情绪状态有哪几种？其各自的特点是什么？
5. 情感有哪些种类？
6. 试述情绪的生理机制。
7. 什么是表情？它有哪些种类？
8. 面部表情的识别有哪些特点？其主要研究范式有哪些？

9. 试论述情绪表达和识别的先天遗传性和后天获得性。
10. 试述詹姆斯—兰格理论的主要内容，这一理论在情绪心理学的发展中有何意义？
11. 简述具身认知观下的情绪理论。
12. 试比较三种不同的情绪认知理论。
13. 试论述情绪的动机—分化理论在情绪理论发展中的作用。

第十四章

意　　志

本章要点

1. 意志的含义和作用
2. 意志行动的特征
3. 意志行动的过程
4. 意志行动中的挫折
5. 意志品质及培养

在日常生活中，是什么力量调节、支配人的行为去实现预定的目标？当面临困难和挫折时，又是什么力量推动着人们继续工作和学习？这些都与意志有关。

第一节　意志概述

一、意志的含义及作用

（一）意志的含义

意志（will）是个体自觉地确定目的，并根据目的调节、支配自己的行动，克服困难以实现预定目的的心理过程。学生为了取得优异成绩而刻苦学习，科学家为追求真理而通宵达旦，交通警察为维持正常的交通秩序而顶风冒雨，都是意志的具体表现。

意志是人类特有的心理现象，是人类主观能动性的集中表现。有无意志是人和动物的最本质的区别之一。在所有的物种中，只有人才能够在活动之前，将活动结果作为目的存在于头脑之中，并以此来指导行动。虽然动物也能够作用于周围环境，但动物的看似“有目的”的行为，并不能够达到自觉意识的水平。正如恩格斯所说：“……如果说动物对周围环境发生持久的影响，那么，这也是无意的，而且对于这些动物本身来说是某种偶然的事情。而人离开动物越远，他们对自然界的影响就越带有经过事先思考的、有计划的、以事先知道的一定目标为取向的行为的特征。”① “……一切动物的一切有计划的行动，都不能在地球上打下自己的意志的印记。这一点只有人才能做到。”② 意志表现在：人为了满足自己的需要，预先设定一定的目的，有计划地组织自己的行动来实现这一目的。因此，意志活动就是人有意识、有目的、有计划地改造客观现实的心理活动。

（二）意志的作用

意志是意识的能动方面，它表现为意识对行为的调节和控制。人的目的是主观的。主观要见之于客观，观念要变成现实，必须付诸行动。如果说认知是外部刺激向内部意识的转化，是内化过程，那么，意志就是内部意识向外部行动的转化，是外化过程。意志对行动的调节表现为两个方面：（1）发动作用，推动人从事达到目的的行动；（2）制止作用，制止与目的不相干的行动。这两个方面在实际生活中相互联系，有所不为，才能够有所为。大量的研究表明，意志对于人的学习、工作、身心健康和人格都有十分重要的影响。

1. 意志与学习

学习是持久、复杂而艰苦的活动，需要付出意志努力才能够完成。有人做过这样一个实验：首先测定被试持举重量的最大限度，再让他们一边持举重量，一边学习无意义音节，然后测定他们所能记住的音节数目。所持举的重量以原来测定的最大限度重量为基准，分别为 1/4、1/2 和 3/4 三种。还有一种情况是不持举重量，轻松地坐在那里学习。结果表明，随持举重量的增加，被试记住的音节数也逐渐增多，只是当持举重量达到最大限度重量的 3/4 时，记住的音节数才有所减少，但仍比不持举重量时记住得多。这一结果表明，在需要努力克服一定困难的情况下，作业效率反而有所提高。

良好的意志品质对于学业成功非常重要。它可以促使人养成细致观察、主动感知、牢固记忆、积极想象、周密思考的习惯，激励他们克服困难，更好地发挥聪明才智。具有良好意志品质的学生，他们学习目的明确，自觉性强，能够克服困难，学习成绩较好；具有不良意志品质的学生，学习自觉性不强，容易被困难击倒，学习成绩差。张一雄和马加乐研究发现：（1）意志品质与学习成绩存在着一定程度的正相关；（2）在意志品质中，自觉性、坚持性、自制力与学习成绩的相关程度都较显著。

2. 意志与身心健康

意志对内脏活动有一定调节作用。通过生物反馈训练，个体可以在一定程度上调节自己的心律快慢、血压升降、肠胃蠕动、膀胱收缩、体温升降等。坚强的意志可以帮助个体拥有更健康的体魄。而意志薄弱，遇到困难退缩，消极防范，萎靡不振，会导致一系列不良躯体反应，如易疲劳、腰酸背痛、头昏或头疼、肠胃不好、食欲缺乏、难以入睡或容易惊醒、常做噩梦等。

良好的意志品质对促进个体的心理健康也十分重要。意志坚强者可以较好地控制自己的情绪，努力克服消极情绪的干扰，勇于战胜困难和挫折，以积极的心态和坚忍不拔的精神迎接新的挑战。意志薄弱者往往被消极情绪控制，被困难和挫折击倒，他们无法适应社会生活，无法面对各种挑战，从而造成严重的精神压力以及心理健康的损害，主要表现为

---

① 《马克思恩格斯选集》，2 版，第 4 卷，382 页。

② 同上书，383 页。

情绪不稳、兴趣减退、冷漠悲观、幻想逃避、人际过敏等，严重者可导致认知失常、行为失控。

3. 意志与人格

意志对健全人格的形成与发展有十分重要的作用。古人云："夫志，气之帅也。"意志是精神的统帅、性格的核心。爱迪生说，伟大人物最明显的标志，就是他坚强的意志，不管环境变换到何种地步，初衷与希望仍不会改变，终将克服困难，以达希望的目的。可见，意志不仅是一种心理过程，也是人格特征的重要方面。

二、意志行动

（一）意志行动的含义

意志行动是与自觉地确定目的、主动地支配和调节个体的活动、努力克服困难相联系的行动。意志与意志行动既相对独立，又密切联系。意志体现于意志行动中，是意志行动的主观方面，没有意志行动就没有意志；反过来，意志行动又受意志支配，即意志行动必须包含意志，没有意志就没有意志行动。

（二）意志行动的特征

意志行动是人类特有的，但并非所有的人类行动都是意志行动。意志行动有以下特征。

1. 具有自觉的目的

自觉的目的是意志行动的前提。意志行动是个体经过深思熟虑、对行动目的有了充分认识之后所采取的行动。如果没有自觉的目的，就无意志可言，也就失去了有意识地、能动地改造世界的前提。所以，有自觉目的的行动才属于意志行动，盲目的、偶然的行动不属于意志行动的范畴。

2. 以随意运动为基础

个体行动都由动作组成。动作可以分为不随意运动和随意运动。不随意运动是指不受意识支配的不由自主的运动，有四种形式：（1）本能动作。如防卫本能、性本能、哺育后代的本能等。（2）无意识动作。即动作的自动化，如人说话时的发声动作。（3）习惯性动作。如有人坐下来看书时，腿就会不自觉地抖动。（4）冲动行为。一种没有经过考虑的行动，对行动目的没有明确意识，对行动缺乏自觉控制。冲动行为往往受激情的驱使。随意运动是在不随意运动基础上，通过有目的的练习而形成的。它受个体意识的调节和控制，具有目的性。随意运动是意志行动的必要条件。没有随意运动，意志行动就不可能实现。

3. 与克服困难相联系

克服困难是意志行动的核心。意志行动总是随意运动，但并非所有随意运动都是意志行动。意志行动除了具有随意运动必备的特征外，还应该具有克服困难的特征。例如，行走对于正常人来说轻而易举，但对一个久卧病床正在康复的病人而言，每走一步都需要克服很多困难，这时行走就由于意志的参与而变为意志行动。作为有自觉目的的行动，意志行动在目的确立与实现过程中必然会遇到种种困难。困难包括外部困难和内部困难。外部困难是指来自个体外部、阻碍目的确定与实现的客观障碍，如环境恶劣、周围人嘲讽、打击等。内部困难是指来自个体自身、干扰目的确定与实现的生理和心理方面的内在障碍，如健康状况不佳、经验不足、能力有限等。只有克服困难，意志行动才能贯彻到底。因此，克服困难是意志行动最主要的特征之一。

［专栏 14—1］ 意志与成功

每个人都向往成功，成功离不开艰苦的努力，要克服许多困难。正像一首流行歌曲中唱道："把握生命里的每一分钟……没有人能随随便便成功。"事实上，在每一个成功者身后，都有长期的、艰苦的拼搏进取的经历。

据史书记载，孔子读《易经》，"韦编三绝"，即穿竹简用的牛皮带都磨断了三次。董仲舒在少年时代，专心读书。他家中有一花园，景色很美，他竟然能做到三年不入。南北朝时期的书法家智永，写字时屋内有一个能装 120 斤水的泥罐。每次笔头写坏后，他就将笔头拔下来，扔在泥罐里。写了 30 多年，先后倒过 5 次泥罐。因此，请他写字、题匾的人络绎不绝。久而久之，他家的门槛都被踏坏了。没办法，只好用铁皮将门槛包起来。人们由此送给他一个绰号"铁门限"。南北朝时期的另一位书法家怀素就更有趣。他在学习草书时，因为写得太快、太多，纸张供不应求。他就将芭蕉叶子摘下来当纸，在上面习之。结果，他种的 100 多棵芭蕉的叶子都被摘光了。于是，他又想起一个办法，把家里的木板一类的东西，刷上漆来代替纸，以为这比芭蕉叶子牢靠多了。哪知天长日久，木板也经不住笔毫的长期磨损，终于透了底。他将写坏的笔头扔在窗外，日积月累，像小丘似的。后来，他挖了一个坑，将这些笔头埋起来，并挑土堆成一个坟墓，并立了一块碑，命名为"笔冢"。可以看出，要取得成功，没有坚强的意志，不克服常人难以克服的困难，是不成的。下面几个数字也说明了同样的问题：

1. 司马迁写《史记》用了十几年。
2. 左思写《三都赋》用了 10 年。
3. 司马光编《资治通鉴》用了 19 年。
4. 李时珍写《本草纲目》用了 27 年。
5. 徐霞客写《徐霞客游记》用了 30 多年。
6. 曹雪芹写《红楼梦》用了 10 年。
7. 哥白尼写《天体运行论》用了 36 年。
8. 达尔文写《物种起源》用了 20 年。
9. 马克思写《资本论》用了 40 年。
10. 摩尔根写《古代社会》用了 40 年。

因此，无论是做学问、学技术，还是搞事业，只有在困难面前锲而不舍、百折不挠、不达目的誓不罢休的人，才能成功。古人云：学者不进则已，进则不可以有成心。鲁迅也说过：无论爱什么——饭、异性、国家、民族、人类等，只有纠缠如毒蛇，执着如怨鬼，二六时中（佛教用语，指一整天），没有已者有望。

三、意志与认知、情感的关系

意志与认知、情感是统一的心理过程的不同方面，它们之间有非常密切的联系。

（一）意志与认知

1. 认知指导意志

一般说来，个体的意志活动总是在认知的指引下展开，主要表现在以下三方面：（1）自觉、明确的目的与认知密切相关。认知越清楚，目的越明确。（2）为实现目的而制定的有关计划也是认知的结果。认知越深入，积累的知识和技能越多，所提出的计划就越有效。（3）克服困难也与认知有关。只有当人对困难性质有了清楚认知时，才有可能采取有效办法去克服它。可见，离开认知，意志活动就无法顺利进行。

2. 意志主导认知

意志反过来又可以支配、调节个体的认知。认知是一种复杂而艰苦的脑力劳动，要求人们具有坚强的意志品质。否则，一遇困难，就无法顺利进行。另一方面，正是由于有了意志参与，个体对事物的认知才能不断深入。

意志通过对认知动机的选择把不符合认知要求的动机抑制下去，将心理统一于被选出的认知动机之下，由此确定认知行动的目的。认知目的一旦确定，便标志着决定的形成和采取。这种决定解决了主体内部的动机矛盾和心理困难，结束了犹豫不决的心理状态，使主体的认知活动获得了定向，并把基本力量都果断地投入指向这个方向的努力中。

（二）意志与情感

1. 情感激励意志

积极情感可以鼓舞人，成为意志的动力，推动人去实现预定目标；消极情感会削弱人的意志，成为意志的阻力，阻碍预定目标的实现，使意志行动半途而废。例如，在工作、学习中，积极的心境、对祖国的热爱与责任感会推动人们辛勤劳动、刻苦学习；消极的心境、高度的应激状态则会阻碍意志行动的执行。

2. 意志调控情感

意志坚强的人可以调节、控制自己的情感，克服某些不良情绪的干扰（如失败时的恼怒、沮丧，胜利时的骄傲、狂喜等），把意志行动进行到底；意志薄弱的人往往被不良情绪左右，使行动半途而废。所谓“理智战胜情感”，是指意志克服了与理智相矛盾的情感。认知并不具有控制情感的功能，控制是由意志来完成的。

第二节　意志行动过程

意志行动有其发生、发展和完成的历程，可以分为两个阶段：采取决定和执行决定。

一、采取决定

采取决定是意志行动的准备阶段。它决定意志行动的方向和轨道，是意志行动不可缺少的开端。这一过程又包括动机斗争、确定目的、选择行动方法和制订计划等环节。

（一）动机斗争

动机是意志行动的原因。动机由需要产生。由于人的需要具有多样性，所以，个体行动背后的动机往往复杂多样，不同的动机常常同时存在，却不可能同时获得满足，于是就导致了动机之间的矛盾和冲突。

1. 动机冲突的类型

动机斗争是指两个或两个以上的事件、动机、目的、需要、行为同时出现而引发的矛盾状态。勒温将动机斗争产生的冲突按照形式分为三类（见图 14—1）。

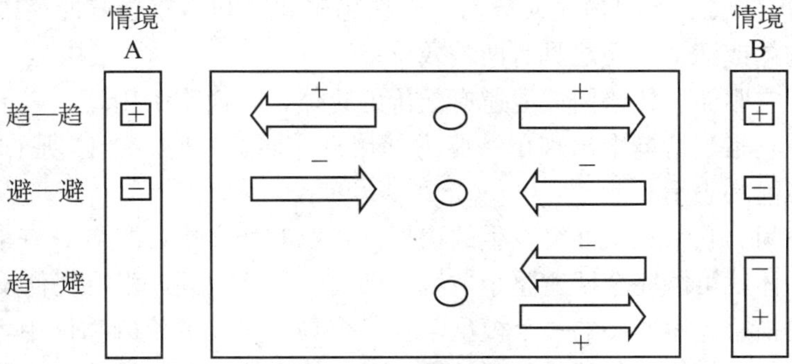

图 14—1 动机冲突示意图

（1）双趋冲突。

又称接近—接近型冲突。它指两种或两种以上的目标同时吸引个体，个体只能选择其中一种目标。即“鱼，我所欲也；熊掌，亦我所欲也”，属于选择性的冲突，二者不可兼得。例如，既想看电影，又想踢足球，就是一种双趋斗争。要解决这种冲突，就必须放弃其中之一，或者同时放弃二者而追求另一折衷的目标。

（2）双避冲突。

又称回避—回避型冲突。它指两种或两种以上的目标都是个体想要回避的，个体只能回避其中一种目标。这实际上是一种“左右为难”、“进退维谷”式的冲突。如“前有悬崖，后有追兵”。要解决这种冲突，必须“两害相权，取其轻者”，即选择回避程度较轻的目标。

（3）趋避冲突。

又称接近—回避型冲突。它是指个体一方面想要接近某个目标，同时又想回避这个目标。例如，旅游是一项很有吸引力的活动，但耗费时间、精力和财物。要解决这种冲突，不同的人有不同的选择：或者趋强于避，不惜一切而趋之；或者避强于趋，不求趋而力避之；或者趋避折中，使不利降低到最低限度而趋之。例如，改革有风险，不改革又没有出路。所以，大家都拥护改革，但又要使改革的风险降到最小。

后来，有人提出了“多重趋避冲突”。它是指人们面对两种或两种以上的目标时，每种目标都具有吸引力和排斥力。例如，大学生在择业时，有的工作经济收入高但工作环境较差，有的工作经济收入低但工作环境较好。解决这种冲突，需要权衡各种动机的轻重缓急、利弊得失，评定其社会价值，然后抉择。

动机冲突按其性质可以分为非原则性动机冲突和原则性动机冲突。非原则性动机冲突是指与社会道德标准关系不大、仅属个人兴趣爱好方面的动机冲突，例如，周末是去游公园还是去逛书城。原则性动机冲突是指个人期望与社会道德准则、法律相矛盾的动机冲突，这种动机冲突涉及个人和集体、公与私之间的矛盾。

2. 动机冲突的模型

为了说明不同冲突的性质和作用，勒温还提出了描述冲突的结构模型。这些模型包含了四个重要概念：

(1) 效价。指物体或活动的特性，有积极与消极之分，以“＋”、“－”符号来代表。“＋”表示对个体具有吸引力，“－”表示对个体具有排斥力。在双趋和双避冲突中，“＋”、“－”效价分属于不同物体或活动，而在趋避冲突和多重趋避冲突中，“＋”、“－”效价属于同一物体或活动，使之具有两歧效价。

(2) 向量。它驱使个体趋向或退避有效价的物体，在模型中用箭头表示。

(3) 运动。它是当情境中出现单一驱力（接近或回避）时，个体所采取的行动方式，在模型中用虚线箭头表示。

(4) 生活空间。它指每次冲突发生的疆界。在双避冲突中，疆界具有重要的意义。没有它的限制，个体就可能完全回避整个情境，即离开生活空间，没有任何反应。

图 14—2 是描绘趋避冲突的一个模型。在一个具有两歧效价的物体中，正效价引起正向量，使个体趋向该物体；负效价引起的负向量，使个体回避该物体。正负因素的共同作用，产生了趋避冲突。外周表示生活空间的范围或疆界。

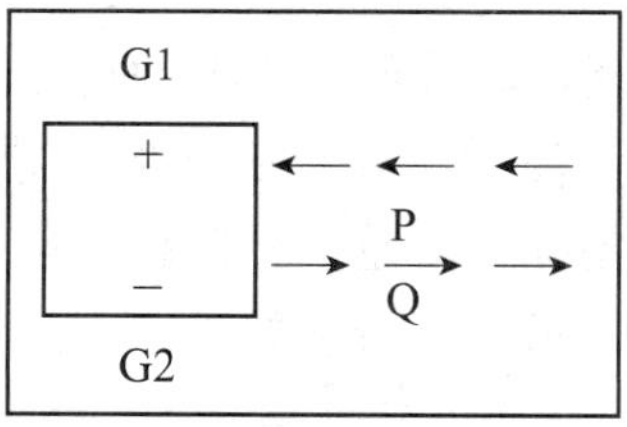

图 14—2　趋避冲突型的模型

3. 动机冲突的理论

(1) 社会文化冲突理论（social cultural conflict theory）。认为文化和社会环境对个体的情感、态度及行为方式有重要影响。文化所固有的矛盾冲突倾向使得生活在其中的个体也承受着这些矛盾和冲突。西方社会文化中存在的三种矛盾的倾向：一是竞争、成功与友爱、谦卑的矛盾。一方面，现代社会建立在竞争的原则之上，社会生活中的大量竞争使个体不得不与同一群体中的其他个体进行竞争。另一方面，社会又教导人们，人与人之间必须友爱、谦让、谦卑。由此看来，文化对人提出的要求是矛盾和冲突的。二是，人们在满足需要的同时，又会在该过程中遭受到挫折，在此过程中所产生的矛盾。随着现代社会经济的日益发展，人们的各种欲望不断膨胀，欲望越高，其满足条件也就越高。但客观环境不可能提供足够的条件以满足人们所有的欲望，因此，欲望与满足之间也存在矛盾和冲突。三是，个人自由与实际受到的各种限制之间的矛盾。社会给予个体以独立、自由的许诺，它告诉人们，每个人都可以按照自己的意志来选择和决定自己的生活。然而，在现实生活中，对大多数人来说，他并不自由，他的选择会受到种种限制。

（2）驱力理论。认为驱力是个体需要状态的一种特性，产生于心理不平衡，并发动行为使有机体回到平衡状态。驱力理论用矢量代表目标对象诱发力的方向和强度。假如只有一种力冲击某人，此人就沿着这一矢量的方向移动。假如有两个或更多的力从不同方向作用于个人，那么有效的移动就是这些矢量合力的结果。假如有两个等量的矢量作用于个体，就会产生心理冲突。

（3）观念冲突理论。认为在人类的心理冲突中，绝大多数属于观念性的冲突，包括态度、价值观或人生目标的不一致。在早期的认知不协调理论中，人们为了自己内心的平静与和谐，常常在认知过程中寻求某种一致性。一旦出现认知上的不一致，就必然导致心理上的不协调，这种不协调对个体的内心世界又会产生效力和影响，并推动个体重新构建自己的认知，消除认知不一致所带来的烦扰。

（4）自我不一致理论。希金斯（E. T. Higgins）认为，个体的自我表征包括两大认知范畴。一是"自我领域"或"主体自我"，主要包括：现实的自我，即个体认为自己所具有的人格特质的总和；理想的自我，即个体希望自己所具有的人格特质的总和；应该的自我，即个体认为自己在责任、义务等方面应该具备的特质。二是"自我立场"或"他观自我"，主要包括：他观现实的我，即他人认为该个体所具有的人格特质的总和；他观理想的我，即他人希望该个体所具有的人格特质的总和；他观应该的我，即他人认为该个体在责任、义务等方面应该具备的特质。由此看出，个体的自我表征正是通过上述六种形式体现出来的，其中，主体中现实的我与他观中现实的我反映的是自我概念，其他四种自我表征的具体形式则构成"自我导向标准"或"自我指引"。"自我不一致"正是指个体的自我概念与自我导向之间出现矛盾或不协调，从而产生了内部冲突。

4. 动机冲突与决策

人在意志活动中的动机冲突要通过决策来解决。决策是意志活动的重要心理成分，也是意志活动的一个阶段。下述因素影响人的决策过程：

（1）冲突类型。冲突类型会影响决策的难易。例如，在双趋型和双避型的冲突中，由于人们只需要在具有相同效价（正或负）的物体或活动之间选择，决策较容易进行。在趋避型冲突中，由于同一物体或活动兼有性质相反的效价，冲突深刻，决策就相对困难。在多重趋避冲突中，由于人们需要考虑多种目标中的正负效价，决策就更加困难。

当一个或一个以上的物体或活动同时具有正负效价时，人们在决策时通常采用正负效价互相抵消的方法。抵消的结果，如果正效价大于负效价，个体就做出趋向反应；如果负效价大于正效价，个体就做出回避反应。

（2）冲突的性质。非原则性的动机冲突一般较容易解决，原则性的动机冲突一般较难解决。能否使正确的、高尚的动机战胜错误的、卑微的动机，是一个人意志坚强与否的表现。

（3）引起冲突的因素。贾尼斯（I. L. Janis，1918—1990）和曼恩（L. Mann）认为，在任何重要决策中，引起冲突的因素主要有四种：功利主义的个人得失；对自己有重要意义的他人（如父母、子女、妻子）的功利主义得失；自我赞同或不赞同，即是否有利于维护自己的个人形象；社会赞同或不赞同，即周围其他人对决定的评价。决策结果取决于这四方面因素的相互作用。

（4）人格。决策时常常会体现出人格差异。例如，有人决策时大胆进取，对功利非常敏感，对损失反应迟钝；有人却比较保守，尽量避免风险；有人则处于中间状态，决策时常对利弊、得失做仔细的权衡。

因为动机斗争的情况很复杂，有时非常激烈，所以往往使人表现出情绪紧张、彷徨不安或踌躇不定等心理状态。动机斗争的结果是一种动机成为优势动机。随着动机斗争的解决，行为也就基本定向了，其引起的心理状态会随之减弱或消除，于是就产生了确定目的的过程。

（二）确定目的

目的是指意志行动所要达到的目标和结果。目的越明确、越高尚、越具有社会意义，对行动的推动作用就越大。伟大的目的产生伟大的毅力。但是，过于遥远的目的容易使人懈怠，甚至会使人感到望尘莫及，不能够起到应有的作用；有层次的目的，会对个体产生很大的激励和鞭策作用，增强个体实现目的的决心和信心。个体所确定的行动目的应该是有层次的，在远大的目的之下，再确立一些近期的、具体的目的，并且把二者有机地结合起来。

动机斗争和确定目的是两个既相区别又有联系的过程。在确定目的之前，往往要经过激烈的动机斗争，克服内在的矛盾与冲突。在目的逐步确定的过程中，也会进一步引起动机斗争，随后逐步地趋于统一。要正确地确定目的，就必须排除种种干扰。为此要做到：（1）要以正确的动机为基础，不要患得患失；（2）要面对现实，深思熟虑，权衡利弊，分析、估价目标的远近主次；（3）要保持情绪的镇静、愉快和乐观；（4）通过意志努力，增强信心与力量，果断做出决定，迅速选择正确的行动目的。

（三）选择行动方法与制订计划

个体经过动机斗争、确立了目的之后，就需要根据主客观条件来选择达到目的的方式、方法，制订行动计划。

1. 选择行动方法

行动目的确定后，在大多数情况下，为实现预定目的、可供个体选择的方法往往复杂多样，各种方法的效果和意义也不尽相同。这时，为了能使个体的意志行动达到事半功倍的效果，在全面分析基础上，选择最有效、最经济、最优的方法就显得尤为重要。

个体在选择方法时，应该根据客观规律、实际条件、道德规范等，从全局出发，全面衡量。虽然有的方法对达到预定目的来说有效，却不为社会道德规范所容，因此，具有高尚动机的人是不会选择这类方法的。另外，在选择方法时还要有胆识，能够当机立断。

2. 制订计划

这是指个体根据已经确定的行动目的和已经选择的方法，制订行动的具体计划，包括行动的程序。个体要注意广泛地收集信息，全面地了解情况，进行深入细致的调查研究，并在此基础上认真分析，抓住重点，突出矛盾，制订出切实可行的行动计划。方法的选择和计划的制订不仅受动机和目的影响，还与个人的知识经验以及能否掌握客观事物的发展规律密切相关。

在经过动机斗争、确定目的、选择行动方法和制订计划之后，意志行动的准备阶段就已经结束，它将过渡到实际行动阶段。

二、执行决定

执行决定，就是将准备阶段已做出的决定付诸实施，它是意志行动的关键环节和完成阶段。由于执行决定过程已经从“头脑中的行动”过渡到实际行动，它需要克服更多的内外部困难，因而更能体现出一个人的意志活动水平。

一般说来，执行决定包括以下两个方面。

（一）根据既定方案积极组织自己的行动，以实现预定目的

由于客观条件限制，从做出决定过渡到执行决定的时间长短可能不同。有时两个阶段之间几乎没有明显的时间间隔。因为经过准备阶段，行动目的、方法和计划都已明确，行动的主客观条件也已具备，因此，在做出决定以后，客观上要求不失时机地立即行动。但有时某一决定只是未来行动的纲领，或是引向未来行动的意图，此时行动的主客观条件还不具备，需要延缓一段时间，等条件具备以后再行动。但是无论如何，决定迟早都应通过实际行动去实现。否则，任何宏伟的目的、有效的方法、周密的计划都会落空，所做出的决定也就失去了意义和价值。而且，长期“决而不行”，会削弱人的意志，形成个体不良的作风和习惯。

（二）排除困难或障碍，保证意志行动顺利进行

在执行决定中，个体会遇到这样或那样的困难或障碍。在这种情况下，不仅需要个体能对客观情境做出全面而细致的分析，更需要通过意志努力克服消极情绪，保持冷静头脑，理智地支配和控制自己的行动，以顽强毅力和坚持到底的决心克服所面临的困难，矢志不移地执行计划。但是，执行计划的坚定性并不意味着机械刻板地行动。有时经过实践活动检验，要求人们放弃或修正原来的决定，以符合实际情况。这不仅不是意志薄弱的表现，相反，它是意识能动性的深刻体现，是一种优良的意志品质。有了这种坚定性和灵活性相结合的意志品质，才能够推动个体更有效地克服困难，争取更大胜利。

实现某个目标，取得局部胜利，标志着一个基本的意志行动过程的完成。但是，人的复杂的意志行动并没结束。在新的需要、动机、目的推动下，又会产生新的意志行动，这样周而复始。因此，继续努力向新的目标前进，是个体意志行动中更为重要的环节。

第三节　意志行动中的挫折

人在生活中不可能一帆风顺，意志行动可能不时地会遭受或大或小的挫折。挫折是对个体意志品质的严峻考验。

一、挫折的含义

挫折是指人在意志行动中，遇到无法克服或自以为无法克服的干扰或障碍，使其预定目标不能实现时所产生的紧张状态和情绪反应。例如，自以为胜券在握的考试没有通过，好意被朋友误解，都会引起挫折体验。“人生不如意事十之八九”，生活中人随时都会碰到挫折。挫折对人有利也有弊。从利的方面看，它能增强个体解决问题的能力，引导个体用更好的方法实现目的，满足需要；从弊的方面看，挫折太大、太多，又不能克服和排解，会使人内心痛苦，行为偏差，甚至引起种种疾病。勒温认为，个体的需要如果得不到满足，便会出现紧张、焦虑等心理状态，从而失去心理平衡，产生失败的情绪；若能满足人的需要，就能避免挫折的产生。

挫折包括以下三方面含义：

（1）挫折情境，即导致意志行动目的不能实现的事件或情境，如比赛失利等。

（2）挫折认知，即个体对挫折情境的态度、评价和解释。

（3）挫折行为，即伴随挫折认知产生的情绪和行为反应，如焦虑、攻击等。

在三者之中，挫折认知最为重要。同样的挫折情境，不同的认知就会引起个体不同的情绪和行为反应。

二、挫折的种类

挫折可以根据不同的标准进行分类。

（一）外部挫折和内部挫折

这是根据障碍性质所做的分类。

1. 外部挫折

这是指由于外部环境中的障碍所引起的挫折。又可以细分为三种：

（1）缺乏。由于长时间的外部条件的限制，需要得不到满足，目的得不到实现。如自然灾害引起食物匮乏，家庭生活困难而交不起学费。

（2）损失。由一直得到满足的需要的骤然停止而产生的挫折。如亲人病故造成生离死别，战争或灾祸造成财产损失等。

（3）障壁。由于受到外界干预，个体的目的得不到实现，需要得不到满足。如一对恋人由于家庭的干涉不能成婚。

2. 内部挫折

这是指由于身体的或心理的原因，活动目的不能实现，需要不能得到满足。也可以细分为三种：

（1）缺陷。由于生理的缺陷，不能从事健康人能够从事的活动，不能得到健康人能够得到的需要满足。例如，一个身材不高的人成不了优秀的篮球运动员，一个色弱的学生不能进入医学院学习。

（2）损伤。由身体生病或损伤所引起的挫折。

(3) 抑制。个体自己从心底里禁止需要的满足。如服从良心或义务而放弃自己极想从事的活动。

(二) 需要挫折、行为挫折、目标挫折和丧失挫折

这是根据挫折的性质所做的分类。

1. 需要挫折

由于各种原因造成的个体需要无法满足的状态。包括两种情况：(1) 多种需要并存，发生矛盾，难以妥善解决；(2) 个体自认为合理的需要被外界条件阻碍从而不能得以满足。

2. 行为挫折

个体在需要与动机冲突解决之后，有了行为的意向，但由于某些因素影响，无法付诸行动。

3. 目标挫折

个体已经开始了行动，但在行动中由于遇到无法克服的干扰或障碍而不能达到目标。

4. 丧失挫折

个体自认为本来是自己的东西，却在一定条件下丧失了。

(三) 学习或工作挫折、生活困难挫折、情感挫折和人际障碍挫折

这是根据挫折来源所做的分类。

1. 学习或工作挫折

对学生而言，面临升学、考试压力，由此产生的学习不适应会导致挫折感。对工作者来说，会面临工作压力，在工作中不顺利会导致挫折感。

2. 生活困难挫折

生活困难主要源于经济困难。经济困难容易导致焦虑、烦躁和情绪紧张，甚至导致失眠和营养不良。长期面对生活困难挫折，会使人处于失望、自卑、情绪低落的状态。

3. 情感挫折

情感包括与父母、朋友、恋人的情感。情感关系处理不当或突如其来的变化，会使人产生孤独、彷徨、感情冷漠、缺乏信任等的挫折感。

4. 人际障碍挫折

人的交往渠道多种多样，交往动机复杂多变，交往对象不稳定等，都会使得人际关系产生变化甚至障碍，从而使人产生挫折感。

还有的心理学家从心理发展的角度将挫折分为婴幼儿期的挫折（如由于哺乳、断乳、节制排泄而产生的挫折）、儿童期的挫折（如由于性别、年龄的限制而引起的挫折，由于社会集体中行为的限制而引起的挫折，由于与父母、教师的爱的关系而产生的挫折，由于学习上的失败所引起的挫折）、青少年期的挫折，等等。

三、挫折的产生

产生挫折的原因非常多。概括起来，可以分为客观因素和主观因素两个方面。

（一）挫折产生的客观因素

客观因素即外在原因，主要包括自然因素和社会因素。

1. 自然因素

这是指各种非人为力量所造成的时空限制、自然灾害、意外事故、生老病死等。自然界的万事万物都有固有的发展规律。一方面，人类不可能完全彻底地认识所有事物；另一方面，即便能够认识所有事物，也不可能绝对地征服自然。所以，个体在自然环境中生存发展，必然会遇到自然界所带来的种种困扰，挫折就在所难免。

2. 社会因素

这是指来自社会环境的干扰或障碍。社会环境既包括政治制度、经济发展水平和文化等大的环境，也包括学校、社团、家庭等小环境。同自然因素比，社会因素更容易引起个体的挫折感，后果也更严重。

（二）挫折产生的主观因素

主观因素即内在原因，是个体自身的一些因素，包括生理因素和心理因素。

1. 生理因素

这是指个体的某些生理缺陷或疾病等所带来的限制。

2. 心理因素

这是指个体的心理特点和心理水平，如需要、动机、理想、信念以及能力、气质、性格等所带来的影响。一般说来，能力差的人容易在学习、工作中受挫，内向的人容易在人际交往中受挫。从引发挫折的直接因素与个体自身心理状况之间的关系来看，影响挫折的心理因素主要有：（1）自我估计不当。如有的人对自己评价过高，目空一切，结果到处碰壁。（2）期望水平过高。如有的学生由于高考志愿填报得过高，以至于没有被第一志愿录取。（3）动机冲突。如果动机冲突过于持久、激烈，就容易导致挫折。

四、挫折的行为反应

任何人都会遇到挫折。不同的人在不同的时间和场合下会有不同的挫折反应。面对挫折，有些反应是理智的，有些反应是非理智的。

（一）理智反应

这是指个体在遭受挫折以后，能够保持冷静的态度，客观地分析挫折产生的原因，避免或减少焦虑和紧张反应。如发奋努力，克服困难，坚持不懈，不达目的誓不罢休；或者及时调整过高的或不合理的目标，使自己的条件同目标相适应，最终实现目标。

（二）非理智反应

1. 过度焦虑

焦虑是遭受挫折以后常见的心理反应。适度焦虑对提高个体的学习效率、发挥潜能有积极作用，但过度的、长时间的焦虑容易导致心理疾病。

2. 冷漠

这是指个体在遭受挫折以后，表现出对挫折情境漠不关心或无动于衷的态度。此时个体并非真正的潇洒坦然，而是将愤怒和痛苦暂时压抑。冷漠反应多在以下情况下出现：（1）个体长期遭受挫折；（2）处境艰险而又无法改变；（3）个体心理上产生攻击与压抑之间的冲突。

3. 攻击

这是指个体在受挫以后，为了发泄愤怒情绪而导致的过激行为，可以分直接攻击和间接攻击。直接攻击将攻击矛头直接指向引起挫折的人、物和事件，如打斗、辱骂、讽刺等。间接攻击把愤怒和不满转向发泄到与挫折产生不相干的其他人、物和事件上，即“找替罪羊”。间接攻击往往在以下两种情况下出现：（1）个体意识到对引起挫折的真正对象不能直接攻击。如有人在单位受到领导批评，回到家里朝家人发火。（2）挫折的具体来源不明，可能是日常生活中各种压力、负担长期积累和综合的结果。在这种情况下，由于找不到真正的挫折源，于是就把烦闷情绪发泄到周围的人和事物上，有时自己也觉得莫名其妙。还有人将愤怒和不满指向自己，导致强烈的自责、自虐，甚至自杀。

4. 退化

这是指个体遭受挫折后，表现出与年龄和身份不相符的幼稚行为。一般说来，个体的心理与行为发展有一定规律，即随着年龄的增长，心理与行为逐渐走向成熟。可是，当遇到挫折时，个人有可能出现由成熟向幼稚倒退的反常现象，即用简单幼稚的方式来应对挫折，以求得别人的同情和照顾。如妻子在丈夫面前撒娇，儿童在父母不答应其要求时躺在地上打滚，等等。

5. 逃避

这是指个体不敢面对挫折而放弃目标。如有人受挫后沉溺在吸烟、酗酒中以逃避现实。

6. 刻板

这是指遭受挫折后，尽管情境发生变化，个体仍旧重复一种无效的反应方式。一般说来，个体受挫后需要随机应变摆脱困境，但有人却依旧重复先前的无效行为。从表面上看，刻板和习惯很相似，其实二者存在着很大的差别，主要表现为：如果习惯行为受到惩罚或不能满足个体的需要，个体就会改变习惯；刻板行为不仅不会改变，反而会更加强烈。

五、挫折承受力

面对同样挫折，有人冷静处之，有人却烦躁不安；有人顽强进取，有人却一蹶不振。挫折在很大程度上是主体的一种主观感受，并不完全由挫折情境决定。不同个体之所以有不同表现，与他们的挫折承受力密切相关。

（一）挫折承受力的含义

挫折承受力是指个体遇到挫折时能够摆脱困扰以避免心理与行为失常的能力。不同的人其挫折承受力存在差异，即使同一个人，对不同挫折情境的承受力也存在差异。例如，有人能忍受学业上的失败，却无法忍受人际交往中的孤独；有人能忍受人际交往中的孤独，却不能忍受学业上的失败。

（二）影响挫折承受力的因素

1. 生理条件

一般说来，身体健康、发育正常的人，其挫折承受力要好于体质虚弱、有生理缺陷的人。

2. 认知因素

对同样的挫折情境，个体不同的认知会产生不同的情绪和行为反应。艾利斯（A. Ellis，1913—2007）指出，情绪是由人的思维、信念引起的，当人们陷入情绪障碍时，是他们自己选择了这种情绪取向，自己使自己不愉快的。例如，母亲生儿子的气，她认为是儿子的不听话使她生气。但实际上是因为她持有“儿子应该无条件地听母亲的话”这一不合理的理念造成的。如果对挫折情境能够持客观、冷静、灵活的态度，就能够较轻松地应对挫折。思维方式也影响人对挫折的承受力。一个人如果能用辩证的观点看问题，既看到挫折的消极意义，也看到挫折的积极意义，像古代的塞翁那样（“塞翁失马，焉知非福”），就可以增强自己的挫折承受力。

3. 人格因素

人格中的个性倾向性和稳定心理特征对挫折承受力也有很大影响。例如，有远大理想的人比胸无大志的人有更强的挫折承受力；性格开朗、乐观、自信、坚强的人比孤僻、悲观、自卑、怯懦的人对挫折的承受力强；多血质的人比抑郁质的人对挫折的承受力强。

4. 过去经验

研究表明，有两种生活经验能够增强人的挫折承受力：一是在个体生活史上，隔一段时间总会发生某种挫折，但个体总有充分时间来掌握摆脱挫折事件的技巧，这种人被称为“饱经风霜”的人。所谓“艰难困苦，玉汝于成”，就是这个道理。二是从幼儿开始受过良好的家庭教育和社会训练，掌握了处理挫折的技巧，这就是所谓“有良好教养”的人。有两种生活经验能够弱化个人的挫折承受力：一是从小娇生惯养，生活中一帆风顺，很少经历过挫折，这种人受挫后会被挫折击倒。二是从幼儿期开始，强烈的挫折状态就接踵而来，个体没有时间去学习处理挫折的技巧，心理上也没时间从挫折中恢复，如那些生来丑陋、有缺陷而自惭形秽的人。这种人会觉得生活对他们太不公平，因此极易产生反社会心理，丝毫也不能忍受挫折。

总的说来，生活阅历丰富、饱经风霜的人比一帆风顺、涉世未深的人能够更好地承受挫折。生活中的苦难能击垮弱者，也能塑造强者。一个人要取得成功，必须经受挫折的磨炼。正如孟子所说：“故天将降大任于斯人也，必先苦其心志，劳其筋骨，饿其体肤，空乏其身，行拂乱其所为，所以动心忍性，曾益其所不能。”（《孟子·告子下》）当代的许多教育家提倡对青少年进行“粹砺教育”，也是强调挫折和艰苦生活的磨炼在培养青少年优良品格中的作用。

5. 挫折的强度和频率

轻微的、偶尔的挫折较易承受，挫折强度太大，发生频率太高，个体就难以承受。如亲人去世、父母离异、身患重症等，对个体来说都是十分沉重的打击，如果一个人接二连三地遭受如此沉重的打击，就会降低其挫折承受力。

6. 社会支持

“两个人分担痛苦，痛苦就减少了一半。”当一个人感到有人在关心、爱护和尊重自己时，就会减轻由挫折带来的痛苦，增强抵御挫折的信心，提高挫折承受力。王晓刚对大学生面临挫折时的主要依靠力量进行调查，发现尽管“依靠自己”被明显地列在首位，占80.7%，但依靠同学、朋友和家庭成员的仍占53.9%，说明强有力的社会支持有助于个体战胜挫折。

7. 父母的教养方式

父母的教养方式包括父亲的情感温暖、理解，惩罚、严厉，过分干涉，偏爱，拒绝、否认和过度保护，以及母亲的情感温暖、理解，过度干涉、过度保护，拒绝、否认，惩罚、严厉和偏爱。刘成和张宁探索了大学生挫折承受力与父母教养方式的关系。结果显示，父亲的惩罚、严厉，过分干涉，偏爱，拒绝、否认，以及母亲的过度干涉、过度保护，拒绝、否认，惩罚、严厉，偏爱等的教养方式与大学生挫折承受力的外显行为呈显著负相关。然而，大学生挫折承受力与父母教养方式的情感温暖、理解存在着显著的正相关。由此可见，父母的教养方式对个人的挫折承受力起到至关重要的作用。不同的教养方式会引起积极或是消极的效果。

（三）提高挫折承受力的途径

既然挫折不可避免，那么，每一个人都应该正视挫折，自觉地同困难作斗争，提高自己的挫折承受力。下述途径对提高个体的挫折承受力非常重要。

1. 正确对待挫折

认知是影响挫折及挫折承受力的重要因素。要提高个体的挫折承受力，应该正确认识挫折。挫折不可避免，这就要求人在工作、学习和生活中随时准备迎接各种困难和失败。心理上有了准备，就不会在挫折面前惊慌失措。应该辩证地看待挫折的作用。挫折有两重性，既有消极的一面，也有积极的一面。挫折可以提高人的能力，增长人的见识，激发人的进取心，促使其为改变逆境而奋斗，还可以磨炼人的性格和意志。因此，不要视挫折如猛兽，变换一下思维的角度和方式，从其他方面来审视和评价所遇到的挫折，将有助于摆脱困境。同时，在遭受挫折后要认真总结经验教训。有人总把失败归因于外在因素，如考试不及格是由于运气不好、题目太偏或老师的评分不合理等；有人则往往把失败归因于内在因素，如自身能力低，于是失败后过多地自责，以至自卑。不论是归于外因还是归于内因，他们都过分强调了内外因中的不可控因素（如运气、任务难度、能力等）的作用，这样就难以战胜挫折。正确的做法是：在遇到挫折以后，冷静地分析自己的目标、方法、努力程度以及外在的阻力和助力等情况，找出挫折的真正原因。只有正视挫折，认真吸取经验教训，才能最终战胜挫折。

2. 正确看待自我，对自己充满信心

一个人应该客观地认识和评价自己，既不抬高自己，也不贬低自己，对自己的态度体验要符合实际，既不自傲也不自卑。自傲会使个体制定的目标高于实际水平从而导致受挫；自卑会使自己缺乏面对困难的勇气，惧怕困难、逃避困难，或者陷入困境不可自拔。

3. 运用适当的心理防卫机制

心理防卫机制是指个体处在挫折与冲突情境时解脱烦恼、减轻紧张以恢复情绪平衡与稳定的一种适应性反应。当面临挫折时，出于自我保护本能，个体会自发地唤起心理防卫机制，以缓解心理压力。一般说来，心理防卫机制有积极与消极之分，虽然二者均可以在不同程度上帮助个体抵御外来伤害、减轻内心不安，但积极的心理防卫机制更能使人表现出自信、进取的倾向，有助于战胜困难与挫折；消极的心理防卫机制大多使人表现出退缩、逃避倾向，虽然能暂时缓解内心冲突，但从长远来看，却极易导致诸如个体不愿面对现实、不思进取等后果，严重者可以诱发心理疾病。心理防卫机制往往是人在无意识中运用的，但也可以通过学习来了解并有意运用。常见的心理防卫机制有：

（1）转移。即把对某一方的情绪反应转向另一方。如遇到不顺心的事情时，可以通过听音乐、打球和找朋友聊天等方式以转移对当前情境的注意力。转移可以使个体的消极情绪及时排解出去，减轻精神负担。

（2）抵消。即以象征性的事情来抵消已经发生的事情，借以消除心理上的不适感。如由于某些原因误解了朋友，伤害了对方，于是找机会帮朋友买饭、打水或找借口给朋友送礼物等，以此来抵消内心的愧疚。抵消可以缓解个体心中的不安和内疚，有助于维持良好的人际关系。

（3）补偿。即个体用各种方法来弥补因生理或心理缺陷产生的不适感。正所谓“失之东隅，收之桑榆”。补偿作用若运用得当，对维护个体的自身形象以及应对挫折来说是有益的。如有生理缺陷或相貌较丑陋的人，可以先天不足后天补，去努力追求新的目标，通过在其他方面获取成功来弥补生理上的不足。

（4）合理化。即文饰作用，是指个体无法达到目标或行为不符合社会规范时，用有利于自己的理由来为自己辩解，从而求得解脱，如“酸葡萄效应”和“甜柠檬效应”。“酸葡萄效应”是指因为自己真正的需求无法得到满足产生挫折感时，为了解除内心不安，编造一些“理由”来自我安慰，以消除紧张，减轻压力，保护自己免受伤害。这一术语源于《伊索寓言》中的故事：狐狸想吃葡萄，但由于葡萄长得太高无法吃到，便说葡萄是酸的，没有什么好吃的。“甜柠檬效应”是指个体在追求预期目标失败时，为了冲淡内心不安，就百般提高已经实现的目标的价值，从而达到心理平衡、心安理得。这一术语也源于《伊索寓言》的故事：有一只狐狸原想找些可口的食物，但遍觅不着，只找到一个酸柠檬，这实在是一件不得已而为之的事，但它却说：“这柠檬是甜的，正是我想吃的。”这种只能得到柠檬就说柠檬是甜的自我安慰现象，就称为甜柠檬心理或甜柠檬效应。它与酸葡萄效应的实质是一样的，都是变恶性刺激为良性刺激，以达到自我心理平衡。合理化作用如果运用得当，可以消除心理紧张，缓解挫折感，但如果运用过度，会妨碍个体去追求自己真正所需要的东西。

（5）压抑。即当个体的欲望无法满足或行为不符合社会规范时有意识地去压抑、控制，并想办法延迟满足。越是成熟的、有修养的人越能够自如地运用压抑作用。但是，如果过分压抑，把本来无可非议的正常欲望也压抑下去，以至于无法自由行动，则成为一种病态。

（6）升华。即把被压抑的不符合社会要求的冲动或欲望用符合社会要求的建设性方式表达出来。例如，遭遇挫折后通过写诗、绘画等抒发被压抑的情感。升华作用不仅能够使个体的心理冲突得到宣泄，还能满足个体的创作与成就的需要。例如，岳飞的《满江红》、文天祥的《正气歌》、谭嗣同的绝笔诗都是在挫折环境下写下的脍炙人口的作品。

（7）幽默。即当一个人处于难堪境地时，使用幽默来自我解嘲，或者通过幽默在无伤大雅的情况下间接地表达意愿，解决问题。幽默是一种较高层次的、成熟的心理防卫机制。一个人可以在适当的场合通过使用适当的幽默，来将大事化小，小事化无，从而避免或减轻自己的挫折感。

第四节　意志品质及其培养

意志品质是指个体在意志行动中所形成的比较稳定的特点。意志品质反映个体的意志发展水平，是个体人格的重要组成部分，直接影响个体的行为。

一、意志品质

（一）自觉性

自觉性是指个体在行动中具有明确目的，能够认识到行动的社会意义，并主动调节、支配自己的行动以服从于社会要求的心理品质。具有自觉性品质的人，从事任何活动都会根据目的和社会要求行事，力求使行动正确、合理并具有良好的社会价值。由于坚信行动目的的正确性，所以，在行动中会千方百计地克服困难，决不轻易放弃目的。即使受到失败和挫折，也能冷静地分析主客观原因，正确地做出评价并及时调整行动方案，做到胜不骄，败不馁。因此，自觉性品质不仅表现在对行动目的的正确性、合理性和社会意义的自觉认识上，也表现在坚决执行决定、实现目的的积极态度和自觉行动上。自觉性贯穿于整个意志行动的始终，是产生坚强意志的精神支柱。

与自觉性相反的意志品质是受暗示性和独断性。易受暗示的人表现为缺乏主见，行动容易受影响、发生动摇，容易“人云亦云”、“随大流”。独断的人表现为盲目地做出决定并一意孤行，对别人的建议和规劝无论合理与否都一概拒绝。从表面上看，好像是前者无主见而后者有主见，实质上，二者都是缺乏目的性的表现，不能对自己的决定和行动予以合理调节，因而都是不良的意志品质。

（二）果断性

果断性是指个体根据变化的情况，迅速而合理地采取决定并实现所作决定的心理品质。在日常生活中，当面对始料不及的紧急或危急情况时，具有果断性品质的人能够沉着冷静，明辨是非，当机立断，及时做出决定并敢作敢为。缺乏果断性的人则瞻前顾后，患得患失，拖泥带水。果断性对军事指挥员而言是非常重要的品质。因为在战场上，时间就是胜利，稍有迟疑，就会贻误战机。

与果断性相反的意志品质是优柔寡断和草率决定。优柔寡断的人在采取决定和执行决定时总是前怕狼后怕虎，顾虑重重，犹豫不决，经常地修改和推翻决定，甚至“议而不决，决而不行”。这种人尽管考虑得很多，但由于长期处于动摇不定之中，所以往往一事无成，甚至造成不可挽回的损失。草率决定者则表现为缺乏深思熟虑，不顾后果而草率行事，这种人的决断尽管是迅速的，却是缺乏根据的，有时甚至是凭一时的冲动，所以也往往失败。

（三）自制性

自制性是指个体善于根据预定目的或既定要求，自觉地控制自己的心理活动和行为的心理品质。自制性也就是人的自我控制的能力。具有自制性品质的人，既善于驱使自己去执行所采取的决定，又善于抑制与活动目的相违背的行为。苏联教育家马卡连柯说过：“坚强意志——这不单是想什么便获得什么的那种本事，也是迫使自己在必要时放弃什么的那种本事。……没有制动器就没有汽车，而没有克制就不可能有任何意志。”

与自制性相反的意志品质是任性和怯懦。前者表现为不能约束自己，经常感情用事，为所欲为；后者则表现为胆小怕事，遇到困难惊慌失措，畏缩不前。

（四）坚韧性

坚韧性是指在实现预定目的的行动中坚持不懈、不达目的誓不罢休的心理品质。坚韧性又叫做毅力。具有坚韧性品质的人，面对困难和挫折，不屈不挠，善于从失败中总结经验、教训，并且能够坚定不移地把已经开始的行动进行到底；善于抵御不合目的的种种主客观诱因的干扰。坚韧性是人们取得学业、事业成功的不可缺少的意志品质，正所谓“锲而不舍，金石可镂”。

与坚韧性相反的意志品质是顽固性和动摇性。顽固性表现为只承认自己的意见和论据，并以此来拟订计划、付诸行动。即使在有些论据是错误的或在计划行不通时也不能正视现实，依旧我行我素、固执己见，“不见死尸不落泪”。动摇性则表现为见异思迁，虎头蛇尾，一遇到困难就动摇妥协，不能有始有终。

研究表明，坚韧性受如下因素影响。

1. 行为的目的水平

伟大的目的产生伟大的毅力。行为的目的水平高，具有较大的社会价值，就会产生较强的坚韧性。例如，在抗日战争中，从1931年九一八事变到1945年9月2日日本投降，中国人民在14年的时间内经历了艰苦卓绝的斗争，终于迎来了伟大的抗日战争的胜利，体现了让世人震惊的坚韧性。但目的水平也不是越高越好。目的水平太高，不具备实现的可能，最终必然导致行为的半途而废；目的虽可到达，但过于遥远，也会影响意志力差的人的坚持。因此，为了培养和锻炼人的意志力，过高、过低和过于遥远的目标都是不可取的。

2. 行为的责任感

人的行为的责任感越强，就越能在困难面前表现出坚韧性的品质。梁启超说过：“女子虽弱，为母则强。”许多事例表明，母爱会增强女性的勇敢和坚韧性。兰伯特（W. E. Lambert）在20世纪60年代以大学生为被试做了疼痛忍耐力测定。测定仪器是改装的血压计，在血压计的气带上安置一个楔形橡皮尖头，将气带绑在被试上腕，逐渐增加气压，橡皮尖头便刺压被试的手腕，产生痛觉。气压越大，刺入越深，疼痛感越强。实验目的是要验证在客观条件相同的情况下，由于被试意识到自己行为的责任感而引起疼痛耐受力的变化。被试被分成两组，每组被试中半数为基督教徒，半数为犹太教徒（被试不知道分组情况）。实验中，先用血压计测定每个人的耐痛阈，然后告诉所有被试："为了验证每个人耐痛阈的准确性，休息片刻后将做第二次测定。"在休息期间，主试逐个与实验组的被试交谈。告诉基督教徒说："根据某一报告，基督教徒对痛苦的忍耐力不如犹太教徒强。"对犹太教徒说："根据某一报告，犹太教徒对痛苦的忍耐力不如基督教徒强。"但对控制组则什么也不告诉。第二次测定时，发现实验组被试的耐痛阈显著提高，控制组被试的耐痛阈则没有什么变化。这说明，在相同客观条件下，如果被试意识到自己行为承担的社会责任（如影响宗教的声誉），个体的耐痛能力（体现了坚韧性）就可以出现明显的增强。

3. 对行动完成与否所带来的结果的意识

对完成行动所带来的积极结果的憧憬和向往，会增加人追求美好前景的勇气和克服困难时的坚韧性；相反，对不能完成行动所招致的严重后果的深刻认识和真切想象，也会增添人们想方设法克服困难的力量。

意志的各种品质并非彼此孤立的，而是密切联系的，它们之间相互渗透、相互影响。如缺乏自觉性的人由于没有明确目的，所以也绝不会有真正的自制力；缺乏自制力的人由于自我约束力差，所以也不可能使其行动坚持到底。

二、意志品质的培养

一个人的意志品质既不是与生俱来的，也不是永恒不变的。良好的意志品质是一个人成才和成功的重要心理条件。因此，要重视个体良好意志品质的培养。

（一）明确目的，增强责任感

意志发动和抑制行动的力量来自对目的的深刻认识。一个人只有当其行为具有明确的目的并能深刻体会到实现这一目的的重大意义时，才会朝气蓬勃地以勇往直前的精神去实现它，同时也会以高度的责任感、百折不挠的毅力去制止和排除与目的无关的活动。

在进行目的和动机教育时应注意：(1) 目的确定要符合客观事物的发展规律，适应社会发展的要求。(2) 采取适合学生特点的生动活泼的教育形式，如英模事迹报告会，将远大理想与学习目的、生活目的教育结合起来，帮助学生树立正确的人生观和价值观，增强学生自觉克服困难、实现目的的勇气、毅力和动力。(3) 引导学生积极参加课内外的各种活动，培养他们广泛的兴趣和爱好，帮助其形成和保持稳定的学习动机。(4) 帮助学生分析自己的实际情况，引导其制订每一阶段的小目标，并采取"高目标，小步子"的方式去行动。

（二）参加各种实践活动

在实践活动中，从确定目的、制订计划到执行决定、付诸行动，整个过程都有意志参与。因此，良好意志品质的培养离不开实践活动的磨炼。"宝剑锋从磨砺出，梅花香自苦寒来”，正是实践磨炼的真实写照。学生在校园里学的多是书本知识，所以应针对学生的特点，多组织一些实践活动，如参观游览、义务劳动等，使学生在这些活动中既了解了社会，又通过与困难作斗争而磨炼了意志。体育锻炼也是一种简便易行的好办法。

（三）运用集体的力量

良好的集体环境有助于培养个体良好的意志品质。如果一个人对所在集体有归属感，就会重视集体的意见，按照集体的要求去行动，表现出自觉、自制等良好的意志品质，以获得集体对他的赏识。反过来，集体的赏识又进一步促使他继续努力。当一个人遇到困难和挫折时，集体的支持与帮助无疑又会成为其克服困难、形成勇敢与刚毅等良好意志品质的强大动力。在集体中，榜样的力量是巨大的。每个成员都会在榜样影响、激励下，增强对集体的责任感和实现目标的勇气，榜样人物良好的意志品质也会被个体内化为自己的意志品质。

在运用集体力量对学生进行良好意志品质的培养时应注意：（1）根据学生特点多组织一些有益活动，让他们在参与活动中既体验到集体力量，又充分发挥独立性。（2）教师要以尊重、信任、关心、热爱、公平的态度对待每一位学生，善于发现学生的优点和不良习惯，并针对学生意志类型的差异确定不同的锻炼内容和重点，做到因材施教，不断提高学生意志活动水平。（3）教师要善于树立各种先进典型，并以身作则，充分发挥榜样的作用。

（四）加强自我锻炼

在培养良好意志品质过程中，周围环境的影响固然极为重要，但外因还要通过学生的自我修养和自我锻炼等内因才能真正起作用。启发学生觉悟、引导学生学会自我锻炼应注意：（1）教育学生对自己有正确认识，如采取决定时要充分估计各种主客观条件，做到合理可行；执行决定时要态度坚决，善始善终。（2）要从小事做起，循序渐进，逐步制定出适合自己的学习、生活、体育锻炼及公益劳动计划，并在行动中持之以恒，培养顽强的毅力。（3）要养成自我检查、自我监督、自我评价、自我鼓励的好习惯。（4）要树立自我模仿的榜样或将格言、警句等作为座右铭，以激励自己，促进意志的自我锻炼。

（五）正确对待逆境与顺境

逆境是对个体意志品质的严峻考验。个体在面对逆境时，要充满信心，鼓起同逆境作斗争的勇气。但也不能片面地理解为逆境是成才的唯一途径。有人说：“如果我像张海迪那样身体残疾了，也会成才的。”似乎只有身体残疾了才能意志坚强、才会成才。这是对逆境与意志、成才的关系缺乏正确认识的表现。应该认识到，将自己的碌碌无为归因于无逆境，是一种自我安慰、摆脱自责、逃避责任的做法。在成才过程中不可能没有挫折，只不过其类型、程度不同而已。从另一角度看，顺境实际上是一种“隐蔽的逆境”，所谓“创业难，守业更难”，就是因为“守业”貌似处在顺境，其实这种表面上的顺境更需要一个人具备良好的意志品质。所以，要辩证地看待顺境和逆境，在任何时候都不放松良好意志品质的培养与锻炼。

基本概念

意志；意志行动；动机斗争；双趋冲突；双避冲突；趋避冲突；多重趋避冲突；挫折；挫折情境；挫折认知；挫折行为；外部挫折（缺乏、损失、障壁）；内部挫折（缺陷、损伤、抑制）；需要挫折；行为挫折；目标挫折；丧失挫折；挫折承受力；心理防卫机制（转移、抵消、补偿、合理化、压抑、升华、幽默）；意志品质（目的性、果断性、自制性、坚韧性）

基本原理

意志的作用；意志与认知、情感的关系；意志行动的特征；意志行动的过程；动机冲突的类型；社会文化冲突理论；驱力理论；观念冲突理论；自我不一致理论；影响决策过程的因素；挫折的种类；产生挫折的因素；挫折的非理智反应（过度焦虑、冷漠、攻击、退化、逃避、刻板）；影响挫折承受力的因素；提高挫折承受力的途径；影响意志坚韧性的因素；培养良好意志品质的途径

思考题

1. 举例说明意志在一个人成才和成功的过程中的重要作用。
2. 什么是意志和意志行动？意志行动包括哪些基本阶段？
3. 谈一谈意志与认识、情感的关系。
4. 动机斗争过程中存在哪些冲突类型？
5. 什么是挫折和挫折承受力？如何提高挫折承受力？
6. 试说明人的心理防卫机制的种类及作用。
7. 如何培养学生良好的意志品质？

第十五章

能　　力

本章要点

1. 能力的概念
2. 能力的种类
3. 能力的结构
4. 能力测验
5. 能力差异
6. 能力的形成和发展

第一节　能力概述

一、什么是能力

在心理学中，能力是直接影响个体活动效率的心理特征，是顺利完成活动必备的心理条件。例如，一位画家具有的色彩辨别能力、透视能力、形象记忆能力和眼—手协调能力，是保证他完成绘画活动所必需的心理条件。

不同的语言之间在概念术语上存在着不对称，“能力”也如此。在汉语中，“能力”一词具有两重含义：一是业已表现出来的能力，这种能力可以用成就测验来测量；二是潜在的心理潜能，要通过学习或训练以后才有可能发展起来，这种能力可以用性向测验来测量。在英语中，对应于汉语“能力”的通常是几个意义相近又不完全相同的词。一是ability，即个人在行为上表现的实际能力，它是个人在先天遗传的基础上，在后天环境中努力学习的结果，有时也称为成就（achievement）。二是capacity，是指容纳、接受或保留事物的可能性，即潜力。类似的概念还有potentiality（潜力或潜能）、competence（竞争潜力）、aptitude（潜力，又称性向）等。它们都指个体具有的潜力和可能性。汉语的“能力”包含上述两方面的内容，因而在不同的语境下具有不同的含义。例如，“能力很强”，如果是针对一个成人而言的，可能是指他的实际能力；如果是针对一个儿童而言的，更可能指他的潜能。

能力与活动密切相关。能力在活动中形成。只有从事某种活动，人才能够形成相应的能力。例如，歌唱演员在音乐活动中形成了曲调感、节奏感和鲜明的听觉表象。能力又是在活动中表现出来的。音乐家不演奏音乐，人们就无从知道他有音乐能力。

虽然能力与活动密切相关，但是，人在活动中表现出来的心理特征却并不都是能力。例如，在活动中，有人急躁、开朗，有人稳重、沉着，这些心理特征与活动完成也有关系，但它们却不是完成活动的必备条件，因此不能称作能力。只有那些为完成某种活动所必需、直接影响活动效率与活动成败的心理特征，才能称为能力。例如，曲调感和节奏感对于音乐活动，彩色鉴别能力和透视能力对于绘画活动，口头表达能力和组织管理能力对于教学活动，都是非常必要的，它们分别是音乐能力、绘画能力和教学能力的内容。能力高低会影响一个人掌握某种活动的快慢、难易和巩固程度。在其他因素相同的条件下，能力高者比能力低者更可能取得好的活动效果。

二、能力与智力

在心理学中，智力（intelligence）是一个重要的概念。然而，对于智力，却存在着激烈的争论。首先，心理学家对于智力的界定不一致。有人认为，智力就是抽象思维能力。如比奈把智力理解为正确的判断、透彻的理解、适当的推理能力。推孟（L. M. Terman，1877—1956）认为，一个人的智力和抽象思维能力成正比。也有人认为，智力是学习能力，学习成绩代表智力水平。还有人从生物学的观点出发，认为智力是适应新环境的能力。在中国，大多数心理学家认为，智力是指认知方面的各种能力，即观察力、记忆力、思维能力、想象能力的综合，其核心是抽象思维能力。由此可见，智力是一种抽象和概括的综合能力，并不是一种单一的能力。其次，对智力的性质看法不一。智力究竟是一种先天的心理能力，还是一种被赋予的、被决定的心理品质？智力是一种客观的心理品质，还是一个社会建构性的概念？在心理测验专家眼里，智力是智力测验所测量的内容，而在斯腾伯格看来，智力是在其社会文化中能够成功的特质。

对于能力与智力的关系，看法也不统一。主要有三种观点：(1) 能力包含智力。智力是能力的一种，即认知能力。在我国心理学的教科书中，大多持这一观点。(2) 智力包含能力。西方心理学家大多持这一观点。(3) 智能相对独立论。中国古代思想家有将“智”与“能”分开来看的传统，认为智力与能力是两个独立的概念，二者既有区别，又有联系，还可以结合在一起，称为智能。智力侧重于认知，能力侧重于活动。智力主要涉及“知与不知”的问题，能力主要解决“能与不能”的问题。能力和智力虽然有一定区别，但在许多情况下还是可以通用的。

三、能力与知识、技能

能力与知识、技能也是密切联系的。要顺利完成某一活动，不仅需要相应的知识和技能，还需要一定的能力。能力与知识、技能相互依赖、相互制约。

（一）能力不同于知识、技能

1. 能力与知识、技能是不同的心理现象

知识（knowledge）是人类社会历史经验的概括与总结，它以概念和思想的形式为人所掌握。知识是人脑对客观事物的内部表征。安德森认为，知识包括陈述性知识（declarative knowledge）和程序性知识（procedure knowledge）。知识对人的活动具有重要指导作用。

技能（skill）是人通过练习获得的动作方式和动作系统，它以动作方式的形式为人所掌握。技能主要表现为动作执行的经验，与知识有区别。技能直接控制活动程序的执行。

能力是顺利地完成某种活动所必需的心理特征。这种心理特征是心理活动的概括化，其概括化程度高于知识和技能，迁移能力更强，应用广度更大。在论证过程中应用定理、公式，属于知识的范畴，在论证过程中思维的严密性和灵活性属于能力的范畴。

2. 知识、技能与能力具有不同步性和不同的发展趋势

首先，知识、技能水平相当的人能力可能不同，能力水平相同者也不一定具有相同水平的知识与技能。其次，对个人而言，知识、技能的发展速度快，能力的发展却较缓慢。最后，在人一生中，知识与技能总在向前发展，而能力的发展却呈抛物线状，从出生到26岁是能力的增长期，此后相对保持稳定，60岁以后就逐步下降。

（二）能力与知识、技能的联系

能力与知识、技能又是相互联系和相互制约的，其原因主要有以下几点。

1. 知识、技能和能力都是人在从事活动时所必备的心理资源，是人的自我调节机制的重要组成部分

知识、技能和能力共同作用、协同活动，共同保证着人的活动的顺利完成。要顺利地完成活动，既需要有丰富的知识，也需要有精湛的技能，更需要有高水平的能力。

2. 一定的能力是掌握知识、技能的前提

能力制约着掌握知识、技能的快慢、深浅、难易和巩固程度，影响着人们掌握知识、技能的水平。能力表现在掌握知识、技能的过程中。一般地讲，能力高的学生，知识、技能理解得快，掌握得好。智力落后的儿童之所以跟不上普通班的教学，原因就在于他们的智力落后于正常儿童。因此，在教育目标的设定、教学过程的组织和教学策略的采取方面切不可以忽视学习者的能力差异。

3. 掌握知识、技能又会促进能力提高

知识、技能的掌握是能力发展的基础。在一定意义上，知识就是力量，无知就是无能。随着人的知识、技能的积累，能力也会不断提高。鲁宾斯坦提出，任何能力发展都是以知识为手段，以螺旋式的运动形态完成。能力是获得知识、技能的可能性，而从事某项工作的知识与技能则是现实性。可能性能否变成现实性，不仅取决于能力，还取决于其他主客观条件，如教育与训练的机会、个人的主观努力等。中国古代思想家十分肯定学习在能力发展中的作用，如孔子说“好学近乎知，力行近乎仁”（《中庸·二十一章》），诸葛亮说“才须学也，非学无以广才”（《诫子书》）。一个具有音乐天赋的儿童，如果他有机会从事音乐活动，有机会获得音乐知识和技能，他的音乐能力就会继续向高一阶段发展。

正确理解能力与知识、技能的关系对教育实践和管理实践有重要意义。首先，不能够仅凭一个人知识与技能的多少去判断一个人能力的高低，“学历≠能力”。一个人的能力可能已经表现出来，也可能以潜在的方式存在着。仅根据知识和技能的多少来判断能力的大小，常常会做出错误的判断。例如，在战国后期，赵国名将赵奢的儿子赵括熟读兵书，与其父谈兵，其父不能难倒他。他拥有丰富的军事知识却缺乏高水平的军事能力。赵王不顾赵括母亲的极力反对，任赵括为将，结果一败涂地。其次，在教育工作中，应该正确处理知识、技能与能力的关系，不仅关心学生的知识和技能的掌握，更要关心他们的能力的提高，并积极采取措施，促使知识向能力转化，注意纠正只关心知识、技能掌握而忽视能力提高的倾向。最后，由于能力不等于知识、技能，所以应该努力寻求和发展评价能力的特殊方法，避免用知识和技能的评定代替能力鉴定。

四、才能与天才

才能是完成某种活动所必需的多种能力的独特结合。例如，教学才能包括驾驭教材的能力、逻辑思维能力、言语表达能力、注意分配能力和组织能力等。才能的高度发展就是天才。它表现为个体能够以独特的、创造性的方式完成复杂的活动，活动完成得效率高，质量好。天才并非天赋之才，它是在一定遗传素质的基础上，在后天环境和教育的影响下，通过不断的艰苦努力发展起来的。牛顿和爱因斯坦是天才，李白和苏轼也是天才，在他们的能力结构中，既有高水平的一般能力，又有完善的特殊能力。

第二节　能力的种类

能力不是单一的品质。人的能力多种多样，可以从不同的角度对它们分类。

一、一般能力和特殊能力

这是根据能力发挥作用的范围所做的分类。一般能力是顺利地完成各种活动所必需的心理特征，它包括观察力、记忆力、思维力、想象力和言语能力等。由于这些能力通常都在认知过程中表现出来，所以又称为智力。

特殊能力是指在专业或职业活动中表现的能力，如数学能力、音乐能力、绘画能力等。任何一种专业活动都要求与该专业内容相符合的几种能力的结合。因此，对各种专业活动所需能力进行分析，有助于发现和培养专业人才。例如，在数学活动中，一般能力主要是思维能力，但完成数学活动还需要几种特殊能力：（1）对数学材料分类，找出它们之间关系的迅速而广阔的概括力；（2）解决问题时迅速压缩或简化推理过程的运算能力；（3）从正运算过渡到逆运算的灵活性等。

在活动中，一般能力与特殊能力的关系是辩证的统一。人要顺利地进行某种活动，必须既具备高水平的一般能力，又具有与某种活动有关的特殊能力。一方面，特殊能力总是建立在一般能力的基础上，例如，技术人员要区分机器结构的细节、认识机器的工作原理，这些机械工业特殊需要的能力，是在一般观察力的基础上发展起来的。另一方面，在发展特殊能力的同时，也发展了一般能力。因为某一专业活动的特殊能力的发展，会迁移到其他专业活动中，从而表现为一般能力。但一般能力和特殊能力不能相互替代。在日常生活中，人们往往认为聪明人处处都聪明，其实不然。牛顿是科学巨匠，但在男女交往方面却比较笨拙；马克思是著名的经济学家，却不擅长家庭理财。某方面的专家如果离开了专业领域，他们的优势也就消失了。

二、液态能力和晶态能力

这是卡特尔（R. B. Cattell，1905—1998）根据能力在人一生中的不同发展趋势以及能力与先天禀赋、社会文化的关系所做的分类。晶态能力（crystallized intelligence）是指获得语言和数学知识的能力，它通过文化经验来获得，主要取决于后天的学习，如语言的词汇量和数学能力等。传统的智力测验主要针对晶态能力。晶态能力虽然源于经验，却不等同于学业成就，它表现为个体的学识水平。晶态能力在人的一生中一直在发展，只是到了25岁以后，发展的速度渐近平缓，并保持至个体晚年。

液态能力（fluid intelligence）指人在信息加工和问题解决过程中所表现出来的能力，如对关系的认识、类比推理和演绎推理的能力、抽象概括能力等。它主要决定于个人的先天禀赋，较少受文化和知识的影响。液态能力的发展与年龄有密切关系。在儿童和青少年时期发展较快，20岁以后达到顶峰，30岁以后，随年龄的增长而降低（见图15—1）。由于液态能力受教育和文化的影响较小，因此，在编制适用于不同文化的测验时，多以液态能力为目标，并以此作为不同文化者智力比较的基础。

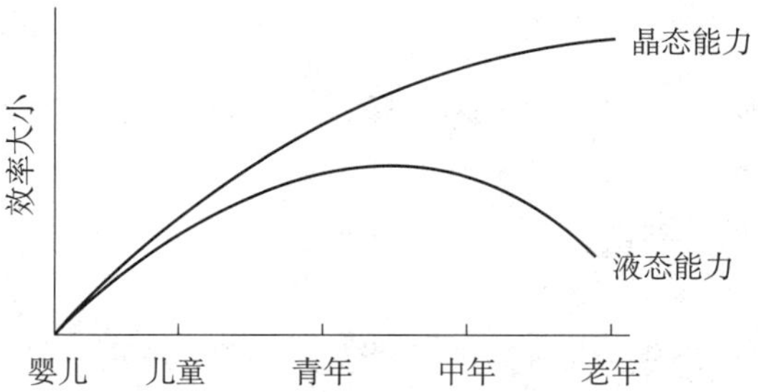

图15—1　能力变化和年龄的关系

三、模仿能力和创造能力

这是根据行为的创新性所做的分类。模仿能力（imitative ability）是指通过观察别人的行为、活动来学习各种知识，并以相同方式做出反应的能力。模仿分为正模仿和反模仿。正模仿即复制他人的行为，如儿童模仿电影或电视中的人物的行为或言语，学生临摹前人的书法；反模仿是指不复制他人的行为，如“杀鸡儆猴”。模仿也可以分为即时模仿和延迟模仿。即时模仿是指立即复制他人的行为，延迟模仿是指在观察学习之后并不立即复制，待时机成熟时再做出反应。模仿是人和动物的一种重要的学习能力。

创造能力（creative ability）是指产生新思想和新产品的能力。具有创造力的人能够超越具体知觉情境的限制，摆脱思维定势、传统观念和习惯思维的束缚，独具慧眼，能够发现事物的新性质和新关系，提出新理论，发现新原理，发明新产品。

模仿能力和创造能力是两种不同性质的能力。动物具有模仿能力，却没有创造能力。人的模仿能力和创造能力亦具有明显的个体差异。有人善于模仿，但创造力较差；有人既善于模仿，也善于创造。但模仿能力和创造能力也有密切的关系。模仿可以分为机械模仿和创造性模仿，在创造性模仿中，既有模仿也有创新。模仿也是创造过程的必经步骤，人们往往是先有模仿，然后才会有所创造。科学上的发现和创新，无一不是在他人工作的基础上进行的。牛顿说："如果说我比别人看得更远些，那是因为我站在了巨人的肩膀上。"书法爱好者在开始学习时也必须经过临摹阶段，经过长期的练习，才能逐渐形成个人的风格。

四、优势能力和非优势能力

这是根据能力在能力系统中的地位所做的分类。优势能力是指在能力系统中占优势地位、起主要作用的能力。非优势能力是指在能力系统中处次要地位、起辅助作用的能力。如岳飞不仅勇猛善战，诗词写得也很好；丘吉尔不仅是著名的政治家，还是诺贝尔文学奖的获得者；梁启超不仅是著名政治家、宣传家，也是著名学者。在他们身上，有一种能力占优势地位，而其他能力则起着增强优势能力的作用。

即使完成同样的活动，两个人都能够顺利完成，在他们身上起作用的优势能力也可能不同。例如，彭德怀、刘伯承、林彪、粟裕都是我军的著名统帅，但他们打仗依赖的能力却有差异，指挥风格也迥然不同。两个学生在学习中都表现出非凡的才能，一个人是记忆能力占优势，另一个人则是理解能力发挥了主要作用。在教育和管理中，区分优势能力和非优势能力，有利于因材施教和用人所长。

五、认知能力、操作能力和社交能力

这是根据能力发挥作用的领域所做出的分类。认知能力是人进行信息加工、获取知识的能力，也即学习能力，它是认识世界的基础。操作能力是人操纵自己的肢体完成各种活动的能力，如劳动能力、体育运动能力和实验操作能力。社交能力是人与其他人交际的能力，如组织管理能力、排解纠纷的能力、理解他人的能力和言语的感染力等。这种能力对个体适应社会生活、促进人际交往具有重要意义。

第三节 智力的结构

能力具有怎样的结构？在心理学诞生以后，人们对这一问题的兴趣就经久不衰。搞清楚能力的结构，不仅具有重要的理论意义，也具有明显的实践价值。对能力结构的看法对

于能力测验的编制具有重要指导意义。由于智力就是人的一般能力，所以，能力结构的研究就以智力结构研究为重点。20 世纪初以来，出现了许多智力结构理论。这些理论可以分为三类：智力测验取向的智力结构理论、多维取向的智力结构理论和信息加工取向的智力结构理论。

一、智力测验取向的智力理论

这一类的智力理论以智力测验为工具，采用因素分析（factor analysis）等统计方法，从测验结果中分析出不同的智力因素，以此来构建智力的结构。这一类的理论又可以分为两类：因素说和结构说。

（一）因素说

因素说认为，智力是由许多因素结合而成的。因素说有如下三种形式。

1. 特殊因素说

桑代克认为，智力由许多成分组成，包括对抽象概念的适应能力、对社会关系的适应能力以及对机械问题的适应能力。智力分为三个方面：难度、广度和速度。为了测验智力，他设计了一种量表，内容包括填句、算术推理、词汇和领会指示。桑代克认为，智力由许多特殊因素组成，这些因素彼此无关联，故他的理论称为特殊因素理论。但这种理论很快就受到了批评。心理学家发现，当人们完成不同认知作业时，成绩有明显相关，说明各种智力并非完全独立。

2. 两因素说

英国心理学家斯皮尔曼（C. E. Spearman，1863—1945）根据人们在完成智力作业时的相关程度，认为智力是由一般因素（G 因素）和特殊因素（S 因素）组成的。G 因素是全部智力活动共有的能力，是人的基本心理潜能；S 因素只参与特殊的智力活动，是完成某些特定的活动所必需的。完成任何一种作业，都需要 G 因素和 S 因素的参与。

如图 15—2 所示，完成作业 A 需要 $G+S_1$，完成作业 B 需要 $G+S_2$，完成作业 C 需要 $G+S_3$。两种作业的测验结果出现正相关，是由于它们含有共同的 G 因素；又不完全相关，是由于每种作业包含有不同的 S 因素。斯皮尔曼把 G 因素作为智力水平高低的标志，把 S 因素作为每个人在认识领域差异的表现。他认为，在智力结构中，最重要的莫过于 G 因素，各种智力测验就是通过广泛取样求出 G 因素。斯皮尔曼在现代智力理论发展中具有重要地位，他创立了第一个以科学分析为基础的智力理论。现代智力理论是从两因素说开始的。

3. 群因素说

美国心理学家瑟斯顿（L. L. Thurstone，1887—1955）不赞成斯皮尔曼过分强调 G 因素的作用，强调智力由一群不同的原始能力组成。他从不同测验中概括出七种能力：（1）语词理解力；（2）语言流畅性；（3）计数能力；（4）空间关系；（5）记忆能力；（6）知觉速度；（7）推理能力。瑟斯顿认为，智力包含有多种因素，各个因素在各个测验中所起的作用不同。在图 15—3 中，测验 1、2、3 相关，是因为它们都有言语因素 V，测验 4 和 5 之间相关，是因为它们都有数量因素 N，测验 3 与 5 之间相关，是因为它们都具有空间知觉因素 S。瑟斯顿用测验统计法找出智力中的主要因素，但未说明这些因素是如何统一起来的。他对每种能力都设计了独立的测验，却发现这些心理能力都与其他的能力有正相关，这与他的假设相反。

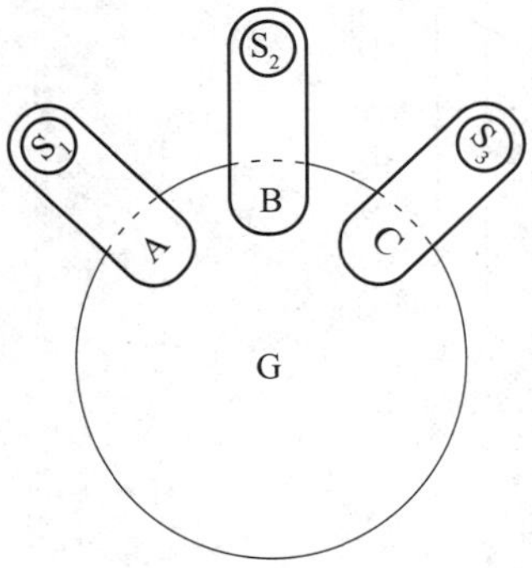

图 15—2　智力的两因素说

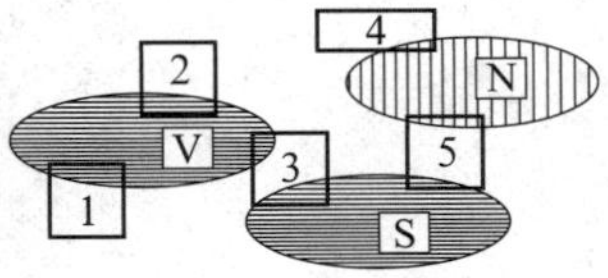

图 15—3　群因素说的相关模型

(二) 结构说

与因素说不同，另一些心理学家认为，智力具有一定的结构。

1. 智力的三维结构模型

美国心理学家吉尔福特用因素分析方法探讨智力结构，把所发现的智力因素分为三个维度，即操作、内容和产品，每一维度又由一些有关的因素组成。他把这些维度比作立方体的长、宽、高，从而形成智力的三维结构理论，如图 15—4 所示。他认为，虽然每种智力因素都有独特性，但许多因素有相似之处。智力结构的第一个维度是操作。操作是心智活动或过程，即个体的信息加工。它包括五种因素：认知、记忆、发散思维、聚合思维和评价。第二个维度是内容，即信息的类别，包括视觉、听觉、符号、语义和行为。第三个维度是产品，即智力活动的结果，也即信息的形式，有六个因素：单元、类别、关系、体系、转换和蕴涵。他按照智力的操作、内容、产品三方面的相互关系来计算可能的智力因素，认为可有 150 种（5×5×6）因素，每种因素都是独特的智力。他应用测验与因素分析技术已经找到 105 种因素，并预言最终会找到 150 种。

这些不同智力可以通过不同测验来检验。例如，给被试一系列四字母组合，如 PANL、CEIV、EMOC，要求把它们重新组合为熟悉的单词，如 PLAN、VICE、COME 等。此时，智力活动的内容为符号，操作为认知，产品为单元，即按重新组合的字词数量来计算成绩。根据产品数量就可以度量人对符号的认知能力。如果给被试几种图案，每一种呈现数秒，然后让他们描述。此时，内容为视觉，操作为记忆，产品为单元，这是对视觉记忆能力的测量。吉尔福特的模型为智能研究开辟了新的途径，是对智力结构认识的深入。

2. 智力的层次结构模型

英国心理学家弗农（P. E. Vernon，1905—1987）继承和发展了斯皮尔曼的两因素说，提出了层次结构模型。他认为，智力按层次排列。在模型中，他把一般智力因素（G）作为最高层次，第二层次分为言语和教育因素群及操作和机械因素群，第三层次是在言语与教育因素群中又分出言语、数量、教育，在操作和机械因素群中又分出机械信息、空间信

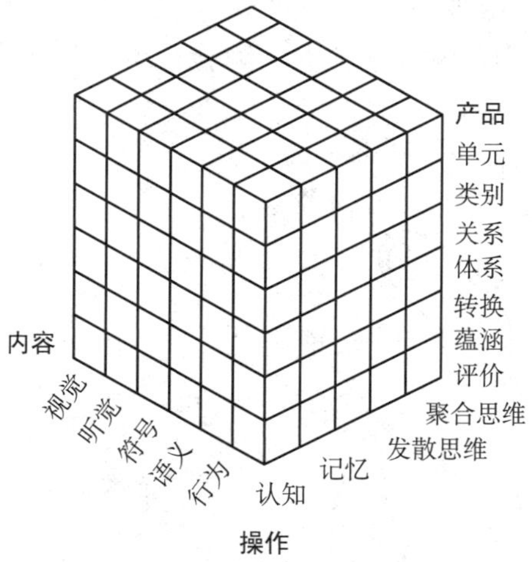

图 15—4　吉尔福特的智力三维结构模型

息和手工操作，第四层次便是各种特殊能力，即斯皮尔曼的特殊因素（S）（见图 15—5）。

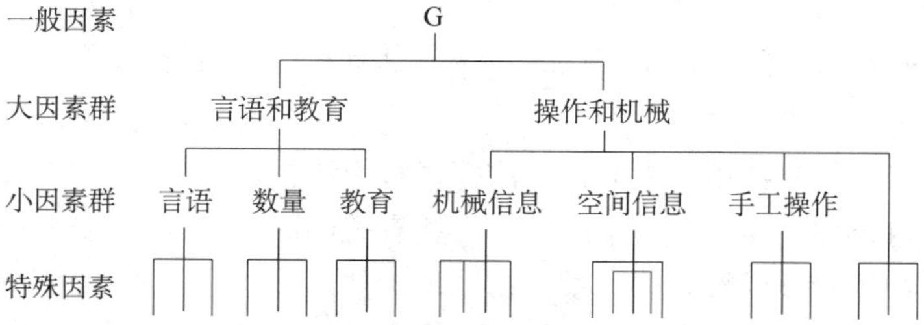

图 15—5　智力的层次结构模型

弗农的智力结构理论比斯皮尔曼的两因素说又前进了一步。在 G 因素和 S 因素间又增加了大因素群和小因素群。把一般因素和特殊因素对立起来的观点也不见了。

二、多维取向的智力理论

多维取向的智力理论仍然主张智力由多种成分构成，却不同意以智力测验取向来研究智力，它们倾向于综合认知心理学、跨文化心理学和脑科学的研究成果来考察智力。

（一）智力多元论

1983 年，美国心理学家加德纳（H. E. Gardner，1943—　）出版了《智力结构：多元智能理论》一书，详细论述了多元智力理论（multiple-intelligence theory）。他通过对脑损伤病人的研究和对智力特殊群体的分析，认为人类的神经系统经过了 100 多万年的演变，已经形成了互不相干的多种智力。他指出，大脑损伤可能会降低其中的一种智力，其他智力却不受影响。那些被称为“白痴学者”（savant syndrome）的人，通常在智力测试方面得分很低，却在某一方面（如计算、绘画和音乐能力）特别优秀，表现出一种不可思议的智力。加德纳认为，智力是在某种文化环境的价值标准之下，个体用以解决问题和生产创造所需要事物的能力。智力的概念是多元的，而现行智力测验的内容，太偏重于对知识的测量，窄化甚至是曲解了人类的智力。他认为，智力由八种相对独立的成分构成，每一种智力都是一个单独的功能系统，它们可以相互作用，最终产生了外显的智力行为。

（1）言语智力（linguistic intelligence）。包括说话、阅读和书写的能力。大脑皮层的言语运动区与这种智力有关。

（2）数理—逻辑智力（logical-mathematical intelligence）。包括数字运算与逻辑思考的能力，如做数学题或进行逻辑推理。大脑的左半球与这种智力有关。

（3）空间智力（spatial intelligence）。包括认识环境、辨别方向的能力，比如查阅地图，在城市中和森林中定向。大脑的右半球与这种智力有关。大脑右后部受损的病人会丧失辨认方向的能力，这种人容易迷路。

（4）音乐智力（music intelligence）。包括对声音的辨别与韵律表达的能力，如演奏乐器和创作乐曲。对音乐的感知和创作由大脑的右半球控制。右脑损伤会导致“失歌症”或丧失音乐能力。

（5）身体运动智力（bodily-kinesthetic intelligence）。包括支配肢体完成精细操作的能力，如从事球类运动、体操表演和舞蹈。这方面能力由大脑皮层的运动区控制。

（6）社交智力（interpersonal intelligence）。包括与人交往、和睦相处的能力，如理解别人的行为、动机和情绪，表达自己，协调人与人之间关系。大脑额叶对社交能力有重要影响。额叶受损伤，会引起性格变化，人会变得缺乏责任心和耐心，从而影响人际关系。

（7）自知智力（intrapersonal intelligence）。包括认识自己并选择自己的生活方向的能力。大脑额叶对自知智力也起重要作用。

（8）自然智力（naturalist intelligence）。又称博物学家的智力，主要用于理解自然界中的各种模式，能够让人对不同的生物进行归类。

加德纳还假设了另外两种可能存在的智力：

（9）精神信仰智力（spirit belief intelligence）。它是一种进行抽象的精神性思考，并将自己置于精神性思考框架之中的能力，如思考宗教问题、信仰问题的能力等。

（10）存在智力（existing intelligence）。这是一种“思考关于生命、死亡和存在等重大问题”的能力。存在智力能够让人们思考宇宙的结构、存在的目的、死亡的意义之类的问题，并让人们应对深刻的情感体验。

由于人的智力是多元的，所以，加德纳指出：“如果一个人擅长（或不擅长）讲故事、解答数学题、在不熟悉的地区航行、学唱不熟悉的歌曲、掌握一种要求机敏的新游戏、理解他人或理解自己，那么我们完全不知道在其他领域是否也会发现这些类似的能力（或弱点）。”

加德纳的智力多元论从形式上看与因素理论类似，但实际上却存在很大差异。首先是内容差异。传统因素理论主要局限于人的认知能力。如果按照传统的智力理论来看加德纳的观点，只有前三项才能够算是智力的内容，后七项则与智力无关。其次，是理论形成途径的差异。加德纳既不采用因素分析法以决定智力的构成因素，也不采用智力测验来鉴别智力的高低，而是以脑科学知识为基础，从进化和文化的角度去描述智力结构。加德纳指出了他用于确认这八种智力存在的八种标志：

（1）脑损伤或用特殊方法（如麻醉）使之失去功能，可以造成潜在的分离，破坏或闲置某一区域可以损害某种特殊的智力行为，或使之不表现。

（2）存在着这样的特殊个体（如一些音乐的或数学的奇才），他们在一些特殊的智力行为方面表现出超常的能力。

（3）存在着对某种特殊的智力行为来说是核心的操作或操作系列。

（4）从新手到大师有完全不同的发展史，并且有专业操作的不同水平。

（5）有不同的进化历史，在进化过程中人对环境的适应能力明显得以提高。

（6）有充分的来自认知实验方面的证据，如跨不同种类智力的、在特殊任务上的操作差异和在不同种类的智力在不同任务上操作的相似性。

（7）有来自心理测验中的指明不同种类智力存在的证据。

（8）在编码符号系统中（如语言、数学、音乐乐谱等）和在文化竞技场合中（如舞蹈、体育、剧院、工程等）编码的敏感性。

加德纳对心灵的看法是模块论的。模块论（modularity）认为，大脑的不同部分与不同的智力有关。所以，智力研究的重要任务就是分离负责不同智力的脑区。一些心理学家对加德纳的严格模块论的看法表示怀疑。但是，将智力研究同脑科学研究结合起来，反映了近年来智力理论发展的新趋向。对智力多元论的另一批评是：把各种能力都总括在智力之下是否真有意义。难道诸如言语和推理之类的技能不比其他技能更重要、更关键？他们认为，智力是心理能力，那些不是每个人想有就能有的能力（例如音乐能力和运动能力）最好被视为天资而非智力。如果人们缺乏身体方面的天资，他们会被认为是缺乏智力吗？虽然加德纳反击说，各种智力都有其内在的价值，是个体所处文化及背景对某些能力赋予了比其他能力更大的价值，但是，无论是从世俗的眼光还是从对人类生活的适应价值看，某些智力还是比其他智力似乎更有价值些。

[专栏 15—1]　　智力与文化

研究表明，智力在不同的文化中具有不同的含义。例如，在肯尼亚农村，智力是辨别哪些天然药草能够有效治疗特定疾病的才能；在亚洲文化中，智力是社交技能；在西方国家中，智力是在认知中的优秀表现。在各种社会背景下，智力都是从经验中学习、解决问题、运用知识适应新情境的能力。如果有人问这样的问题：假如你生活在太平洋小岛的文化中，是学校能力测试中的成绩重要，还是在广阔海洋上行船的能力重要？你将如何回答？事实上，我们所定义的智力，即与逻辑、词汇、数学、抽象思维和课业成功有关的心理过程，在许多语言中甚至连对应的词语都找不到。

贝里（J. W. Berry）研究了美洲原住民的智力概念。他让克里族（Cree）人说出能用来描绘思维的克里语词，先从能说明“聪明”、“聪慧”的术语开始。结果发现，这些术语等同于“明智、努力思考和仔细思考”。他还发现，克里族人把读书的智能同克里文化中尊崇的“优良思维”区分开来。在他们的文化中，最看重的智能是尊重他人。一位被访者声称：“智慧等于尊重。”这种尊重他人的态度在美洲原住民文化中非常普遍。在克里语中，与智慧相关的一个词语是“像白人一样生活”。这个词代表了一些白人行为，克里族人蔑视这些行为，他们将这个词定义为“愚蠢”和“拥有倒退的知识”。一个“愚蠢”的人不懂得生活需要的技能，也不通过尊重和听取长者的教诲来学习。

克莱茵（R. E. Klein）在20世纪70年代多次研究过危地马拉农村的拉迪诺（Ladino）人。在拉迪诺语中，listo与英语的intelligence相似，意味着生气勃勃、机灵、足智多谋等特征，具有listo的孩子有能力表现自己、记忆力良好、独立性强、身体健康。拉雅（D. Laya）等人在20世纪70年代考察了尼日尔某一部族的人对lakkal（可译为智力）的理解，发现lakkal意味着人知道许多事情并有做这些事情的技能。具有lakkal的人是一个遵循社会规则的本分人。lakkal是上帝的礼物，人生来就有，在7岁前看不出来。当孩子能够数到10时，lakkal就出现了，儿童就能理解许多事物，有良好的记忆力，能自发或迅速地去做社会期待的事情；他尊重老人，遵守社会规则。因此，lakkal有两方面含义：（1）涉及能力和技能；（2）涉及社会能力和德性。沃伯（M. Wober）研究了乌干达巴干达（Baganda）人的智力概念，巴干达人的智力概念除表示聪明程度外，还包括冷静、坚定、谨慎和友好的特征。芒迪-卡斯特（A. C. Mundy-Castle）分析了非洲人对智力的理解，认为在西方社会中认知维度受重视，它涉及对客体的操作和对环境的控制，在非洲传统文化中社会维度被认为十分重要。在非洲许多部族中，认知和社会是整合或相互协调的。人们认为，学校中传授的知识和技能并不是智力的一部分，只有当把这些知识、技能运用于服务社会群体而不是为个人获取利益时，它们才成为智力的一部分。

吉尔等人（R. Gill）要求马来西亚人和澳大利亚人对智力下定义，并描述哪些行为表明有高的智力或缺乏智力。两个不同文化群体对智力的描述有很高的一致性。但相对说来，澳大利亚人更强调阅读、表达和写作，马来西亚人更侧重于表达、社会交往和生活技能。基茨（D. Keats）询问中国人和澳大利亚人有关聪明人的特征。两个文化群体对创造性、新颖性、问题解决的技能、知识的掌握水平等给予同样重视，但中国人较多地选择模仿力、观察力和细心精确的思维，澳大利亚人更重视沟通和言语技能。中国人认为聪明者应该坚韧、努力、果断和有社会责任感，澳大利亚人强调信心、乐观和社会关系的有效性。

达森（Dassen）等人研究了非洲撒哈拉地区的巴乌莱族（Baoule）人。在巴乌莱语中，nlouèle与英语的intelligence同义。nlouèle包括许多内容，最常提到的是Otikpa，意为助人为乐。如果孩子自愿地提供服务或承担家务和农活，这个孩子就被认为是聪明的。瑟培尔（R. Serpell）等人在非洲几十个部族群体中进行了类似的调查，结果也证明，助人为乐或利他行为是这些文化群体的智力概念的重要内容。

斯腾伯格发现，不同种族的美国人对智力有不同理解。拉丁裔父母强调培养孩子的社会技能，亚洲和英国的移民更重视培养孩子的认知技能。包迪亚（P. Bordia）以澳大利亚、美国、印度和日本的大学生为对象，请被试描述与“wise”有关的形容词，得到年长的、唤起的、慎重的、有经验的、直觉的、有知识的、明智的7个频率最高的词。进一步聚类分析发现，东方被试的智慧概念更多地与经验、有知识相联系，西方被试的智慧概念更强调知识和分析能力。张厚粲等人研究表明，在中国，智力概念包括15个特性：逻辑推理、接受新事物、适应新环境、洞察、创造、想象、自信、独立、好奇、精力充沛、善于表达、记忆力好、机敏、兴趣广泛、幽默感。万明钢等人比较了汉、藏、东乡族中学生的智力观，发现各民族中学生在对智力主要特征的理解存在跨文化一致性，也存在差异。汉族学生将逻辑思维能力、分析问题能力排在智力特征的第一、二位，藏族和东乡族的学生将“有上大学的愿望”、“信仰宗教”等非智力特征排在前列。藏族、东乡族学生还将“汉语表达能力”作为智力的重要特征。

主张智力概念有文化差异的观点也存在问题。最为重要的是，这一类研究将智力与“聪明”画等号。张积家认为，聪明是一个日常概念。不同的文化、职业看重不同的角色和技能，所以“聪明”对于不同文化、职业和年龄的人而言具有不同含义。综观考察不同文化、民族、职业的人对智力概念理解的研究，在研究方法上有将智力等同于聪明的问题。这种研究要求被试列举“聪明人”的特征。因此，它们反映的是公众对聪明的理解而不是对智力的理解。一些研究者以“聪明”为对象，提出了许多智力理论，但仍然解决不了文化、民族、地区、职业差异的问题。因为根本不存在一个公认的“聪明”的定义，聪明在不同的文化、职业和活动中有不同表现。将智力同聪明搅在一起，结果只能是见仁见智。

（二）智力三元论

智力三元论（triarchic theory of intelligence）是美国心理学家斯腾伯格提出的。斯腾伯格认为，大多数智力理论都不完备，它们只从某个特定的角度解释智力，如只从认知的角度解释智力。而一个完备的智力理论必须说明智力统合体的三个方面：（1）智力由哪些成分组成？（2）智力与环境的关系如何？（3）智力与情境的关系如何？从这三方面出发，斯腾伯格提出智力成分子理论、智力经验子理论和智力情境子理论。智力三元论就是这三种子理论的统一。

（1）智力成分子理论（component subtheory of intelligence）。这是智力三元论的核心。斯腾伯格认为，智力包含三种成分及相应的过程，即元成分、操作成分和知识获得成分。元成分（metacomponents）是指贯穿信息加工过程始终的控制过程，它发起并监督操作过程的运算，是用于计划、控制和决策的高级过程，如确定问题性质，选择解题步骤，分配心理资源等。元成分在智力成分中处于核心地位，是凌驾于一切智力过程之上的组成要素，它决定人们在解决问题时使用的策略。操作成分即加工成分，它们是一些基本的信息加工过程，表现在任务执行过程中，如接受刺激，储存信息，进行比较，执行元成分做出的决策等。例如，推理过程就包括六种成分，即编码、推论、标定、应用、论证和反应。知识获得成分（knowledge-acquisition components）是获取和保存新信息的过程，它负责接受新刺激，做出判断和反应，并对新信息进行编码和储存。

（2）智力经验子理论（experienced subtheory of intelligence）。主要解决个体运用既有经验处理新问题时，能否统合不同观念而形成顿悟或创造性地解决问题。智力包含两种能力，一种是处理新任务和新环境的能力，新任务是个体从未经历过的任务，新环境是新异的、富有挑战性的环境。当面临新任务和新环境时，有人能够运用已有知识经验解决问题，显得应付自如，有人显得不知所措。另一种能力是信息加工的自动化。人在解决复杂问题时，只有当许多操作已经自动化以后，才能将有限能量运用于问题的关键方面，才能够完成复杂任务。

(3) 智力的情境子理论 (contextual subtheory of intelligence)。主要处理智力与环境的关系，认为智力是获得与情境拟合的心理活动。智力就是有目的地适应环境、选择环境和塑造环境的能力。这些能力统称为情境智力。一般说来，个体总是努力地适应环境，当他在一种环境中感到不适应时，会选择另一种环境，直至塑造环境以取得个体和环境的和谐。

1999 年，斯腾伯格又从取得成功角度区分了智力的三个层面：

(1) 分析性智力 (analytical intelligence)。也叫逻辑推理能力，包括分析问题和找到正确答案的能力。这种能力可以通过智力测验来评估，测验呈现的是定义明确、只有一个正确答案的问题。这种智力与学业成绩关系密切。

(2) 实践性智力 (practical intelligence)。是处理意义不确定、往往有多种解决方法的日常任务所需要的智力。这种智力有时也叫做“街头智慧”。这种智力不仅在街头有用，在家庭和工作中也非常有用。

(3) 创造性智力 (creative intelligence)。这种智力表现为对新情境的适应性反应以及新观念的产生。

斯腾伯格认为，传统智力测验评估的是学业智力，这种智力虽然能够预测学业成绩，却难以预测职业成就。那些具有敏锐实践性智力的人，他们在学校里可能卓尔不群，也可能表现平平；大量案例表明，那些创造力很强的人，在学校里的表现却很一般。2013 年的一项研究表明，我国自 1977 年恢复高考以来，七成的状元难觅职场踪迹。

智力三元论由于比较全面地考虑了智力同认知过程、经验、环境和创造性的关系，具有很大的合理性，代表了当代智力研究的新趋势。

三、信息加工取向的智力理论

信息加工理论将智力看成一个动态的过程，它由不同的阶段组成，并且由某些更高级的决策过程组织起来。例如，奈瑟认为，智力是为了达到一定目的，在一定心理结构中进行的信息加工，包括感觉输入到转换、简约、加工、储存、提取和使用的全部过程。里德 (T. E. Reed) 认为，智力由一系列心理过程或机能组成，包括模式识别、注意、记忆、感觉、表象、言语、问题解决和决策等。智力三元论中的成分子理论本质上就是一种信息加工理论。除此之外，比较有影响的有珀金斯的智力信息加工理论、PASS 模型与神经效能和神经结构理论。

(一) 珀金斯的智力信息加工理论

珀金斯 (D. N. Perkins) 认为，一个人的聪明程度取决于三种智力：

(1) 神经智力 (neural intelligence)。指在神经系统的速度和效率方面的相对固定的能力。

(2) 经验智力 (experiential intelligence)。指在过去生活中获得的特殊知识和技能。

(3) 反思智力 (reflective intelligence)。指能够意识到自己思维习惯的能力。

珀金斯认为，人很难改变自己的神经智力，却可以通过增加知识和学习更好的思维方式变得更聪明。这一理论对教育实践的价值不言而喻。为了充分使用先天的智力，人必须有好的元认知技能，包括对自己的思维和问题解决过程进行管理的能力，如将问题分解为几个部分，建立目标和子目标，监控和调整等。亨特（E. Hunt）认为，学习元认知技能将是使人变得更聪明的可靠途径。

（二）PASS模型

该模型是奈格里瑞（J. A. Naglieri）和达斯（J. P. Das）在鲁利亚三个机能系统学说的基础上提出的。PASS是四个英文词起首字母的缩写，四个英文词是planning-arousal-simultaneous-successive，即计划—唤醒—同时性加工—继时性加工。这四个词代表了三层认知系统和四种认知过程。其中，唤醒系统又称注意—唤醒系统，处于基础层次；同时性加工和继时性加工是信息加工系统，处于中间层次；计划系统处于最高层次。在实际运行中，三个机能系统协同活动。计划过程需要充分的唤醒，这样注意才能够集中，计划才能够产生；加工过程和计划过程也密不可分，对信息可以进行不同形式的编码，而如何加工信息是计划过程的功能。计划过程也可以影响唤醒过程，计划和期待都会提高唤醒水平。三个系统的协调合作，保证了一切智力活动的顺利进行。

（三）神经效能和神经结构理论

为了解释智力的个体差异的原因，有的心理学家提出，与智力水平低的个体比，智力水平高的个体完成相同任务时使用的神经网络或神经细胞更少，消耗的葡萄糖更少，表现出更高的神经效能。海尔（R. J. Haier）测量了八位被试完成瑞文高级推理测验时大脑的葡萄糖代谢率，发现瑞文测验成绩与几个脑区的葡萄糖代谢率都呈显著的负相关。他提出："智力不是大脑如何工作的结果，而是大脑如何有效率工作的结果，这种效率可能源于充分激活与当前任务相关的脑区，同时抑制与当前无关的脑区的激活。"肖索维克（N. Jaušovec）使用ERPs技术分析高智力被试和普通智力被试完成听觉和视觉任务时诱发的脑电，证明高智力被试在完成任务时激活的脑区更少，但激活的脑区都与当前任务相关，激活强度越大，认知加工效能就越高。邓肯（J. Duncan）提出"单一结构"理论。他利用PET技术研究斯皮尔曼的G因素的神经机制，发现与G因素高度相关的任务并未激活多个脑区，只激活了单侧或双侧的外侧前额叶皮质。这说明，"普遍智力"可能产生于额叶的一个特定的系统，这个系统在控制不同形式活动中发挥重要作用。格雷（J. P. Gray）认为，较高级的认知功能（如智力）可能是一个"功能模块"，它可能会激活多个脑区，而不是单一脑区。但是，这些被激活的多个脑区可能处在同一网络中。

第四节　能力的测量

一、能力测量概述

（一）能力测量的历史与种类

作为一种心理特征，能力具有看不见、摸不着的特点，因而不能直接地测量。但是，能力与行为关系十分密切，这就为间接测量提供了客观依据。人类关于能力测量的思想由来已久。据林传鼎考证，中国最早的能力测验是尧对舜的测验。尧为了测验舜是否具有管理国家的能力，在一个雷雨交加的夜晚，让舜进入山川大泽中，看他能否走出来。舜顺利地通过了测验。孟子也具有能力测验的思想。他说："权，然后知轻重；度，然后知长短。物皆然，心为甚。"（《孟子·梁惠王上》）汉代扬雄用言语和书法的速度判断人的智慧，晋代刘勰用左手画圆右手画方法测量人的注意分配能力，这些都具有能力测验的性质。在国外，英国心理学家高尔顿设计了高尔顿笛和高尔顿棒，分别测定听觉能力和视觉能力，并试图通过感觉辨别能力来估计人的智力的高低。

能力测验是测量个人能力的工具，它们按照标准化的程序编制，有不同的种类。根据测验的方式，可以分为个人测验（individual test）和团体测验（group test）；根据测验的内容，可以分为文字测验（verbal test）和非文字测验（nonverbal test）；根据测验是测量成就还是测量潜能，可以分为成就测验（achievement test）和性向测验（aptitude test）；根据能力的分类，可以分为一般能力测验（general ability test）、特殊能力测验（special ability test）和创造力测验（creative ability test）。实施这些测验的目的，就是要把能力用数量化的形式精确地表示出来。

（二）能力测量必须具备的条件

能力测验是用来鉴别能力的科学工具，它必须精确、可靠，便于使用。任何良好的能力测验必须具备下述条件。

1. 标准化和常模

一个好的能力测验，在编制时必须经过标准化（standardization）的过程。标准化是指在编制测验时必须经过一系列标准的步骤：

（1）选定测验所需要的测试题。测试题一要和要测的能力在性质上符合，如要测试数学能力就必须要选择有代表性的数学题目，二要适合打算使用对象的年龄。

（2）选择试测对象。试测对象就是样本，要使试测对象能够代表将来测验打算使用的对象，必须采取科学的抽样方法。

（3）施测程序标准化。必须在同样的时限与同样的情境下，使每一个被试按照同样的规定从事测验作业。

（4）建立常模。根据对标准化样本施测的结果，经过统计分析，得出平均数，就是常模（norm）。常模是可以参照的标准分数。有了常模，以后再对其他被试测试时，就可以与常模比较。

2. 信度

信度（reliability）是一个测验测得的分数的可靠性和稳定性，是测验可信性的指标。一个测验必须有较高的信度，测验的结果才可信。如果同一个体在同一个测验的不同测试中得到了不同的分数，这个测验就不可信。测验的信度可以用测验的一致性来测量。一致性有两重含义：一是重复施测的结果是一致的，如果前后两次测验的分数一致，则测验信度就高；反之就低。用重复施测方法确定的信度称为重测信度（test-retest reliability）。二是各测验题目在功能上具有一致性，通常是将一个测验的题目分成两半（如按题目的单双号一分为二），用这种方法求得的信度称为折半信度（split-half reliability）。信度一般用测验分数的相关系数来表示。一般的能力测验，信度系数高于 0.80 者，即被认为可靠。

3. 效度

效度（validity）是指测验分数的正确性，即它能否代表测验所要测的心理品质。效度是比信度更为重要的条件。任何一种测量工具都有一定的目的和使用范围。当智力测验用于测智力，就有效；如果你用它来测性格，就无效。在确定一个测验的效度时，程序就更复杂，通常要与一些效度标准作比较才能够确定。如高考测验目的是为了预测学生入学以后的学习情况，学生入学以后的成绩就成为高考测验的效标。二者的相互关联程度称为预测效度（predictive validity）。又如对学生智力的测定，可以将测验成绩同用一些权威的智力测验的成绩作比较，用这种方法求得的效度就是效标关联效度（criterion-related validity）。

4. 实施程序与计分方法

测验的实施程序与计分方法也必须标准化。测验必须有明确的指导语，规定施测者必须对受测者应说的话（如时间限制、作答方式等）和测验时受试应该做什么。测验也必须有确定的计分方式。计分方式的确定要客观、正确和经济。

二、一般能力测量

一般能力测量也叫智力测验（intelligence test），是目前最流行的能力测验。智力是人的能力结构中最重要的部分。测验人的智力，对做好教育工作，合理地选拔人才和使用人才具有重要意义。20 世纪初以来，智力测验有了长足的发展，不仅测验的理论有了很大发展，测验编制的方法也越来越科学。

（一）智力年龄与比奈—西蒙智力量表

系统采用测验法研究智力的首推法国的比奈和西蒙。1904 年，比奈受法国教育部委托，研究一套测定智障儿童的方法，以便把他们从一般儿童中区分出来。比奈在西蒙帮助下，编制了一个包括 30 个项目的测验，每个项目的难度逐渐上升，根据儿童通过项目的多少来判定智力的高低。1905 年，他们发表了《诊断异常儿童智力的新法》，这就是著名的比奈—西蒙智力测验，是世界上第一个智力量表。1908 年和 1911 年，比奈又对量表进行了两次修订，测验题目由 30 个增至 54 个，题目由按难易排列改为按年龄组排列，所以又称为年龄量表。

在编制智力测验时，比奈和西蒙作了两个基本假设：（1）智力由多种能力组成，因此，智力测量必须包含大量的不同类型的测验题目。（2）智力随着年龄的增长而变化，测验题目不仅要按难度区分而且要按年龄区分。比奈和西蒙首次用智力年龄或心理年龄（mental age）表示儿童的智力水平。智力年龄是对智力绝对水平的度量，它表明一个儿童的智力实际上达到了某个年龄的平均水平。在比奈—西蒙量表中，每个年龄组都有 6 个项目，每个项目代表 2 个月的智力。如果一个 6 岁儿童通过 6 岁组的全部项目，又通过 7 岁组的两个项目，这个儿童的心理年龄就是 6 岁 4 个月。

（二）比率智商与斯坦福—比奈智力量表

比奈—西蒙量表发表了后，引起了世界各国的注意，很快被译成了多种文字，在许多国家推广。1908 年，比奈—西蒙量表传入了美国，用来诊断低能儿童。虽然量表对于鉴别低能儿童确实有效，但却未受到一般民众的重视，更不为学生家长所欢迎。其中一个重要原因是：智龄的大小并不能够确切地说明一个儿童的智力水平和儿童之间的智力差异。例如，智力相同的两个孩子，由于实际年龄不同，他们的智力也不同。而为了对儿童的智力水平进行比较，还必须考虑智龄与实际年龄的关系，并对个体的相对智力做出估计。为了克服这一缺陷，斯坦福大学的推孟建议采用智商的概念来考虑智力水平的高低。智商也叫智力商数（intelligence quotient），用 IQ 表示。智商就是智力年龄与实足年龄的比率，用以下公式表示：

$$\text{IQ（智商）}=\frac{\text{MA（智力年龄）}}{\text{CA（实足年龄）}}\times 100$$

按照这个公式，如果一个 5 岁儿童的智龄与实际年龄都是 5 岁，那么，他的智商就是 100，说明他的智力达到 5 岁儿童的平均水平。如果他的智龄是 6 岁，他的智商就是 120。智商 100 代表了智力的一般水平。智商超过 100，就说明儿童的智力水平高；低于 100，就说明儿童的智力水平低。由于智商用智力年龄与实足年龄的比率来表示，所以，这种智商也叫比率智商（ratio IQ）。有了比率智商，在不同年龄的儿童之间就可以相互比较了。在采用比率智商的基础上，推孟对比奈—西蒙量表进行了多次修订。

研究表明，斯坦福—比奈智力量表的信度令人满意。对正常人群、发育迟滞者和天才人群都能提供准确的 IQ 估计。在我国，第一次修订斯坦福—比奈量表的是陆志韦（1924），以后陆志韦和吴天敏（1910—1985）进行了第二次修订（1936），吴天敏作了第三次修订（1982）。现在，斯坦福—比奈智力量表已经成为当代应用最广也最具有权威的个别智力测验。

（三）离差智商和韦克斯勒智力量表

用比率智商衡量人的智力水平，是假定智力年龄随着实际年龄一起增长，但实际情况并非如此。人的实际年龄逐年增加，而智力发展到一定阶段后却稳定在一个水平上。此时，如果继续用不再增长的智力年龄与继续增长的实际年龄比，求得的 IQ 就会下降。例如，某人 15 岁时智商为 100，到 30 岁时，IQ 将为 50，简直成了白痴。因此，斯坦福—比奈量表仅适用于 0～15 岁的儿童。另外，斯坦福—比奈量表是对个体智力的综合测量，它只能描绘个体智力的总体水平。然而，智力不是一种单一的能力，它包含有多种成分。在同一个体身上，不同的智力成分可能有不同的发展水平。这种情况斯坦福—比奈量表不能反映。

为了克服这些困难，韦克斯勒（D. Wechsler，1896—1981）于 1939 年发表了他的第一个智力量表，此后分别编写成人智力量表、儿童智力量表和学前儿童智力量表。这三种量表项目类别相似，只是内容难度有差别。韦克斯勒做出了如下革新。

1. 废除智力年龄的概念，保留智商的概念

韦克斯勒虽然保留了智商概念，但它已不再是比率智商，而是离差智商（deviation IQ）。采用离差智商的理由是：人的智力测验的分数按常态分布，大多数人的智力处于平均水平，即 IQ＝100；离平均数越远，人数就越少。人的智商从最低到最高，变化范围很大。见图 15—6。智商分布的标准差为 15。这样，一个人的智力就可以用他的测验分数与

同年龄的人的平均测验分数相比来表示。公式如下：

$$IQ=100+15Z$$

$$Z=(X-\overline{X})/SD$$

式中，X 代表个体的测验分数，$\overline{X}$ 是该年龄组总体的平均分数，SD 代表团体分数的标准差。可见，离差智商测量的是个人的智力在同年龄群体中的相对位置。例如，某年龄组平均分为 80 分，标准差为 5，某人的测验分为 85 分，则 $Z=(85-80)/5=1$，那么，他的智商 $IQ=100+15\times1=115$，说明他的智商比 84%的同龄人高。由于离差智商是对个体智商在同龄人的相对位置的度量，所以不受个体年龄增长影响。一个智力平常的孩子，不管年龄多大，智商总是 100。但这也带来一定问题，即容易造成对智力绝对水平的误解。例如，一个人的离差智商在 30 岁时和 70 岁时都是 100，但智力的绝对水平不同，30 岁时的智力比 70 岁时要高一些。

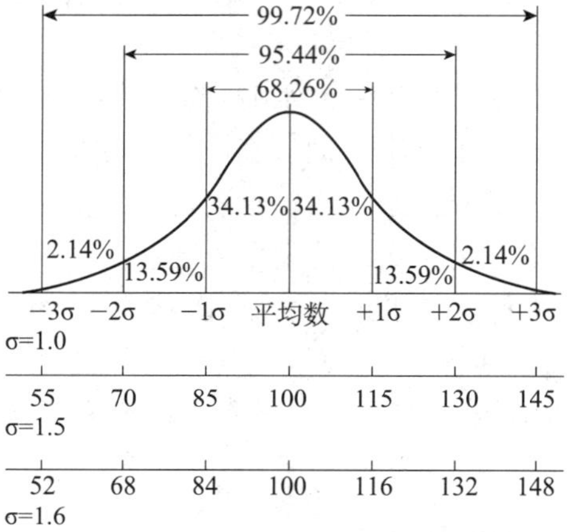

图 15—6 智力的分布

2. 对智力成分作了区分，使之能够全面细致地反映出智力的全貌

韦克斯勒量表分为言语和操作两个分量表。言语量表分为词汇、常识、理解、回忆、发现相似性、数字记忆广度和数学推理等分测验；操作量表分为完成图片、排列图片、事物组合、拼凑、译码、迷津等分测验。这样，韦克斯勒智力量表不仅能够测出一个人的总智商，还能够测出人的言语智商和操作智商，这就有可能对人的智力结构进行比较和分析。

[专栏 15—2] 智力的脑测量

随着脑科学的发展，一些学者认为，可以通过测量脑来测量人的智力。

1. 智力与脑结构。19 世纪早期，颅相学创始人加尔认为，人类智力之所以高于其他动物，是因为人类的大脑皮层更加发达。他猜测人们之间的智力差异是由他们的大脑构造差异所致，而由颅骨隆起就可以探测大脑的构造。虽然加尔没有能够成功地测量心理能力，但 25 项现代研究已经揭示，头部与身体的相对大小与智力分数之间存在 0.15 的弱相关。用 MRI 扫描直接测量脑容量的研究显示，脑的大小（以身体尺寸进行调整）与智力分数之间存在 0.44 的显著相关。

人死以后的大脑分析显示，受教育程度高的人比与他们相似但受教育程度低的人有更多的突触（在一项研究中是多出17%）。维特尔森（S. F. Witelson）等人将爱因斯坦的大脑与91名加拿大人的脑比较，尽管在总体大小上爱因斯坦的大脑并不比加拿大人的大脑大，但大脑顶叶的较低区域（加工数学和空间信息的脑区）却大出15%，其他某些区域却比一般人的略小。由于不同的心理功能争夺大脑资源，这些结果也可以说明为什么爱因斯坦在学习说话方面比较迟缓。

2. 智力与脑功能。研究表明，某些脑功能可能与智力有关：

（1）加工速度。亨特发现，言语智力分数可以由人们从记忆中提取信息的速度来预测。

（2）知觉速度。诸多研究表明，智力分数与信息知觉速度存在0.4～0.5左右的相关。知觉迅速的人往往在智力测验中获得较高的分数，如在图15—7中，你需要注视左侧刺激多长时间才能回答下述问题？那些能够非常快速地知觉刺激的人在智力测验中往往分数更高。

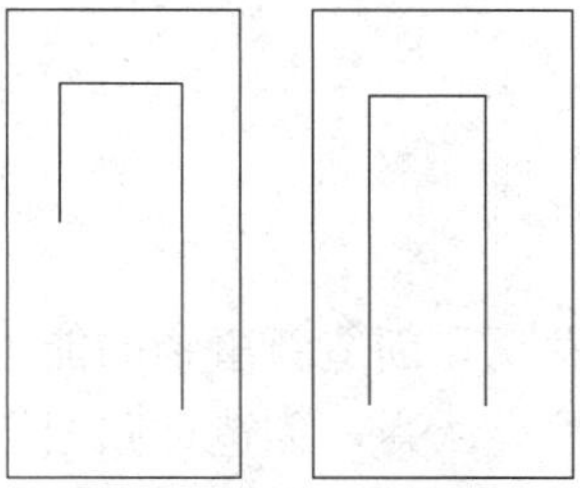

问题：长线出现在左边还是右边？

图15—7 一种觉察时间任务

（3）神经速度。研究发现，高智力者的脑电波能够更快、更复杂地记录一个简单刺激（如闪光或蜂鸣声）。与低智力者相比，高智力者在执行一项简单的任务时，被唤起的脑反应也更快。为什么对简单任务的快速反应可以预测智力测验的成绩？一种看法是加工信息更快的人可以积累更多的信息。

三、特殊能力测量

智力测验只能够了解人的一般能力。为了测定在某种专业活动中的能力，找出该专业所要求的心理条件，人们发展了特殊能力测验，如音乐能力测验、绘画能力测验、飞行能力测验、机械操作能力测验等。在编制特殊能力测验时，首先应该对某种工作或活动进行分析，看它到底需要哪些能力，在此基础上设计测验。特殊能力测验，由于具有较强的针对性，因而对职业定向、选拔人才、儿童特殊能力的培养具有重要意义。但由于这种测验发展较晚，因而测验的标准化问题尚未得到很好的解决。现举两个例子进行介绍。

（一）日本编制的特殊能力测验

日本劳动省编制了一份特殊能力测验。该测验把特殊能力分成了10种因素，它们是：（1）智力（G），指一般的学习能力，包括对原理的理解能力，判断、推理的能力，对新环境的适应能力；（2）言语能力（V），指对意义及思想的理解和使用能力、理解话语的相互关系和意义的能力；（3）算术能力（N），指对算术正确而迅速的运算能力；（4）书写的知觉（Q），指对言语和传票类的细节识别，发现错字和正确校对言语和数字的能力；（5）空间判断力（S），指理解立体图形、空间想象和思考的能力；（6）形态知觉（P），指对物体或图形的细节正确知觉能力；（7）协同动作（A），指眼—手协调动作速度的调整能力；（8）运动速度（T），指迅速而正确地确定运动的能力；（9）手指灵巧度（F），指手指灵巧而迅速地活动的能力；（10）手的灵巧度（M），指手灵巧而迅速地活动的能力。上述10种因素均有相应的测试题目，然后进行计分。按照10种因素中个别因素及其得分的组合，可以显示出一个人最适合某一职业。

（二）音乐能力测验

西肖尔（C. E. Seashore，1866—1949）根据对音乐能力的分析编制了音乐能力测验。测验有五个分测验，分别测量音乐的感觉能力、音乐动作、音乐的记忆和想象能力、音乐的智能、音乐的情感。

四、创造能力测量

创造能力是指产生新思想、发现和创造新事物的能力。它是成功地完成某种创造性活动所必需的心理品质。王娟和张积家认为，创造性归根结底可以理解为个体知识激活的能力和知识点之间建立不寻常联系的能力。在面临问题情境时，个体头脑中的相关知识能否在短时间内迅速激活，这些被激活的知识点之间能否以一种不寻常的方式产生联系，是创造过程中灵感产生的必要条件。即在情境启发下，在目标指引下，个体的知识被激活后，一些知识点之间建立了不寻常的联系，这些不寻常的联系就有可能产生独特、新颖、有社会价值的想法、观点和意见，从而产生解决问题的新思路、新想法，也可能产生具有创新性的新理论、新观念。因此，创造能力与一般能力的区别在于它的新颖性和独创性，其主要成分是发散思维，其认知基础是 ad hoc 联系。巴塞罗（L. W. Barsalou，1951— ）将根据特定情境需要，为了解决某个具体问题而即时形成的概念联系或类别定义为 ad hoc 类别（ad hoc category），有时则根据类别性质称为“目标驱动类别”。由于创造能力的上述特点，所以创造能力测验不同于一般的智力测验。智力测验的内容一般为常识性的，并有固定的答案，因而测量结果主要反映人的记忆、理解和推理能力。创造能力测验强调思维的流畅性、变通性和超乎寻常的独特性。

瓦拉赫（M. A. Wallach）和科根（N. Kogan）用下列四种测验测量儿童思维的流畅性：（1）尽量说出几种常见东西的用途，如衣钩、木棒等；（2）尽量说出一对物体的相似性，如火车和拖拉机；（3）尽量列举出一个抽象范畴的各种实例，如方形的东西有木板、书本等；（4）在看到某个抽象图形和线条时，尽量说出你所想到的意义。研究者通过记录儿童做出的反应数量和具有创造性的反应数量，就可以了解儿童思维的流畅性和独创性。

盖特泽尔斯（J. W. Getzels）和杰克逊（P. W. Jackson）所设计的创造力测验包含五个分测验：

（1）词汇联想测验。让被试对“螺钉”、“口袋”之类的普通单词，说出尽可能多、尽可能新颖的定义。以定义的数目、类别和新颖性进行评分。

(2) 物体用途测验。让被试对“砖”之类的普通物品，说出尽可能多的用途。根据用途的类别及独创性评分。

(3) 隐蔽图形测验。在印有各种隐蔽图形的卡片上找出这些图形。根据所要寻找图形的复杂性和隐蔽性评分。

(4) 寓言理解测验。给被试呈现几个短的寓言（都缺少结尾），要求被试对每个寓言都做出三种不同的结尾，即“有教育意义的”、“幽默的”和“悲伤的”。根据结尾的数目、恰当性和独创性评分。

(5) 组成问题测验。给被试几节短文，让被试用所给材料尽量组成多种数学问题。根据问题的数目、恰当性、复杂性和独创性评分。

创造能力在科学发现和科技发明中具有重要地位。正由于这一点，创造能力测验也就引起了各国政府和公众的普遍重视。但由于创造能力的结构复杂，影响因素众多，研究历史不长，因此测验的标准化程度、信度和效度还不够高。某些测验虽然取得了一些有价值的材料，但用来预测人的创造行为时还有不少差距，在应用时要特别谨慎。

第五节　能力的发展与差异

人的能力是不断发展的。不仅个体的能力在不断地发展，人类的整体能力也在不断提高。能力的发展既有共同趋势，又有个体差异。

一、能力发展的一般趋势

（一）能力发展表现为能力种类的扩大和能力水平的提高

人在出生时，只有少量的知觉能力和动作能力，随着年龄的增长和教育与训练的影响，个体的能力日益呈现出多样化的局面，单一能力的水平也在不断地提高。

（二）能力在人生不同时期的发展速度有异

童年期与少年期是智力发展最重要的时期。从三四岁到十二三岁，智力发展与年龄增长几乎等速。以后，随着年龄增长，智力发展趋于缓和，呈现负加速度的变化（见图 15—8）。成年期是人生最漫长的时期，是人生的工作期，也是能力发展最稳定的时期。人在成年期常出现创造。

（三）人的智力在 18～25 岁间达到顶峰

智力的不同成分达到顶峰的时间不同（见图 15—9）。

（四）能力的发展趋势存在个体差异

能力高者的能力发展快，达到高峰的时间也比较晚；能力低者的能力发展慢，但达到高峰的时间却比较早（见图 15—10）。

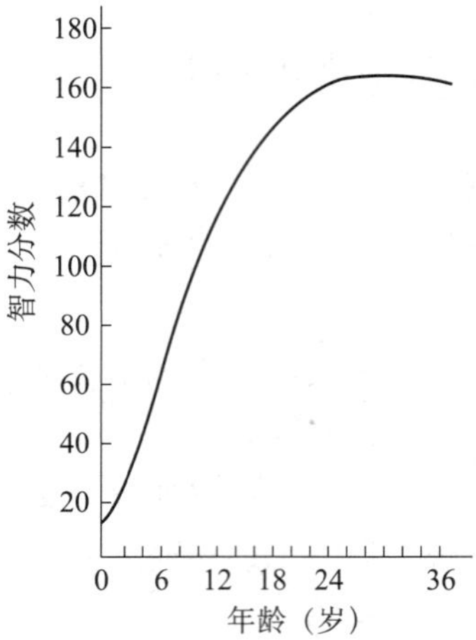

图 15—8 智力发展曲线

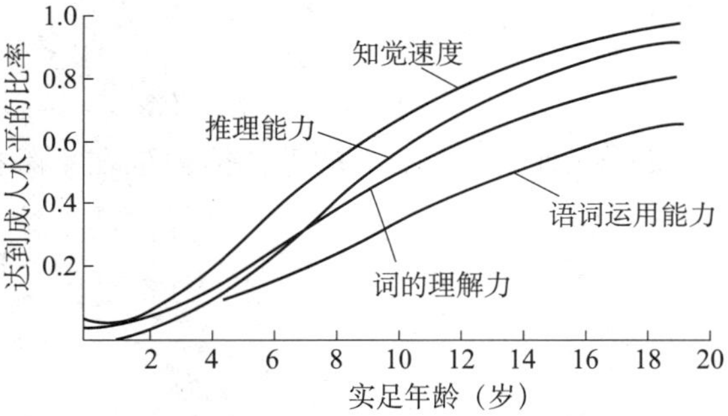

图 15—9 智力不同成分的发展曲线

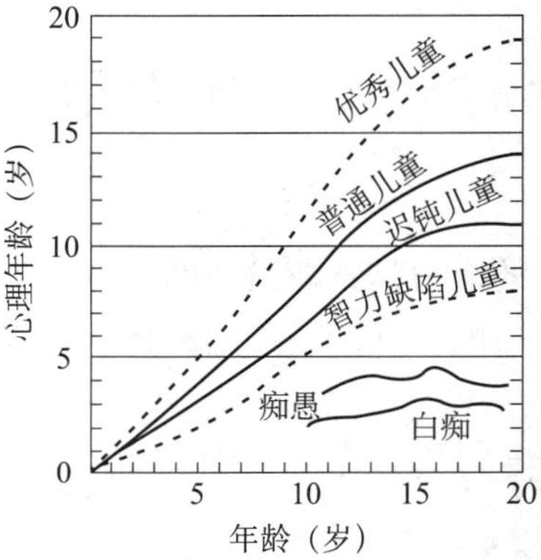

图 15—10 不同智力者的智力发展曲线

二、能力的个体差异

个体差异（individual difference）是指在成长过程中因受遗传与环境的交互影响，不同个体之间在身心特征上所显示的差异。由于人的遗传素质不同，所处的后天环境不同，所受的教育不同，所从事的实践活动不同，人的能力也存在很大的差异。这种差异表现在能力的发展水平、表现早晚、类型和性别差异四个方面。

（一）能力发展水平的差异

人的能力发展水平有高有低。能力发展水平高者称为“天才”，能力发展水平特别低者称为“白痴”。据国外统计，在每 30 个新生儿中，就有一个智力发育不全的。我国对 228 000 个儿童的智力调查表明，痴呆儿童约占 0.3%，超常儿童也有 0.3%。能力在全人口中的表现为正态分布，即多数人的能力集中在中间水平，两端逐渐减少，越近两端，人数越少。如果用斯坦福—比奈量表来测量某一地区全部人口的智力，智商在 100±16 范围内的人应该占全人口的68.2%，智商在100±32以内的人应该占全人口的95.44%。智商高于132或低于68的人在人口只占极少数。不同智商水平在人口中所占的百分比见表15—1和图15—11。

表15—1 智商在人口中的分布

IQ	名称	百分比
140及以上	极优等（very superior）	1.33
120～139	优异（superior）	11.30
110～119	中上（high average）	18.10
90～109	中等（average）	46.50
80～89	中下（low average）	14.50
70～79	临界（border line）	5.60
70以下	智力落后（mentally retarded）	2.90

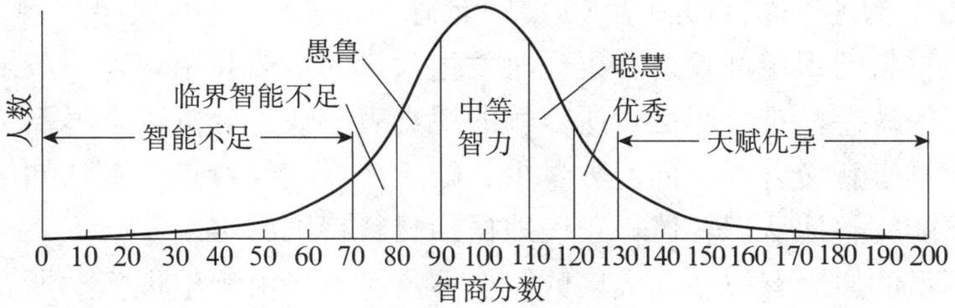

图15—11 人类智商的理论分布

在能力发展水平方面，研究较多的是智力超常和智能不足。

1. 智力超常

智力的高度发展就叫智力超常。一般说来，智商在140以上者，就属于智力超常。

推孟主张，可以用智力测验来鉴别超常儿童。他认为，智力超常者的特点是：（1）观察事物细致、准确；（2）注意集中而稳定，范围较广；（3）记忆迅速、准确而巩固；（4）富于想象力；（5）思维灵活，具有创造性，不容易受具体情境的局限。在20世纪50年代，吉尔福特指出，智力是多维的，智力测验不能够全面鉴别天才儿童的所有能力。伦祖利（J. S. Renzulli，1936— ）提出，天才儿童应该具备：（1）中等以上智力；（2）对任务的承诺（包括强烈的动机、责任心等）；（3）较高的创造力。天才儿童是这三种心理成分相互作用、高度发展的结果。查子秀等人认为，超常儿童的心理结构不限于智力和创造力，还包括一些非智力因素。

儿童智力超常的原因有很多，其中，最重要的莫过于良好的先天素质和早期教育。品特纳（R. Pintner）认为，儿童从出生到5岁是智力发展最快的时期。布鲁姆指出，如果以17岁时所达到的普通智力水平为100，儿童从出生到4岁的智力已经达到50%，从4岁到8岁又获得30%，而剩下的20%是在8～12岁时获得的。查子秀等人对超常儿童调查表明，超常儿童几乎都拥有优越的早期教育条件。例如，父母重视早期家庭教育，父母的文化程度相对较高，生活环境中拥有较多书籍等。这些研究表明，在儿童发展的早期阶段，智力发展较快，并对以后发展有很大影响。

2. 智能不足

智能不足（mental deficiency）又称为智力障碍（mental retardation），是指个体的智

力发展低于同龄儿童的一般水平或智力发展存在障碍。一般地，智商在 70 以下者即为智能不足。智能不足不是某种心理过程的破坏，而是心理能力的整体低下，最明显的特征是智力落后和社会适应不良。然而，有关智能不足的现代观点并不强调智商数值，而是关注一个人在生活中应对各种挑战的实际能力。美国智障协会（American Association of Mental Retardation）1992 年给智障所下的定义是：所谓智力障碍是指现有功能上的重大限制。其特征是显著低于一般的智力功能，同时影响以下互为相关的至少两个或更多的适应技能领域，如沟通、自我照顾、居家生活、社交技能、社区使用、自我引导、健康与安全、休闲与工作；智力障碍发生在 18 周岁之前。在这一定义中，根本就未提及有关智商分数的标准。

智能不足可以分为三个等级：(1) 轻度，智商为 75～50，生活自理，能够从事简单劳动，但学习有困难，理解抽象内容更困难，应付新奇复杂的环境有困难；(2) 中度，智商为 50～25，生活部分自理，动作基本可以或部分有障碍，只能说简单的词或极少的生活用语；(3) 重度，智商在 25 以下，动作困难，生活不能自理。

智能不足儿童的心理特点是：（1）知觉速度缓慢，范围狭窄，内容笼统、贫乏。(2) 对词和直观材料的识记都较差，再现时发生大量的歪曲和错误，一般缺乏逻辑的意义联系。(3) 记忆保持差，难以回忆，所依赖的视觉表象缺乏分析，且不稳定。(4) 言语出现迟，发展慢，具有意义含糊、词汇数量少、缺乏连贯性的特点。在认知活动中，表现出缺乏概括力，不能完整地认识客体，正确地概括材料特别困难。

导致智能不足的原因有很多。大多数智能不足者不是由于生理疾病所致，过去也未有过脑损伤病史。他们大多健康良好，智能不足的程度也较轻微。对于这些人而言，父母的智力落后，家中缺乏良好的学习环境，或者在成长的过程中营养较差，可能是他们智能不足的主要原因。严重的智能不足往往是由遗传、疾病、脑损伤、中毒和内分泌失调等生理原因引起的。

智能不足儿童由于智力落后，无法随正常儿童一起上课，因此有必要设立特殊教育机构，对他们给予特殊的关心和帮助，使他们的智力能够得到一定程度的发展，长大以后能够自食其力。而且，因为大量生理和智力发育均在孩子出生后的第一年完成，所以，早期干预往往能够取得好的效果。丰富的环境对智力不足儿童而言非常重要。因此，家长应该与特殊教育教师、语言治疗师、心理学家、医生合作，制定一些教育计划，让智力不足儿童能够得到良好的教育，充分发掘他们的潜力，使他们能够学会照顾自己，获得必要的独立生活的职业技能。不过，也不要对智力不足儿童的智力提高抱太高期望。现实地讲，即使参加最好的特殊教育计划，智力不足儿童的智商最大提高幅度也不会超过 15 分。因此，对智力不足儿童的教育主要是技能性的而非智力提高性的。

在智力落后者中，有极少数人被称为“白痴天才”。这种人虽然智力低下，但在某一方面却表现了独特的水平和能力。如我国的智力低下儿童胡一舟在音乐指挥方面具有很高水平。有关白痴天才的研究比较少，其形成原因更有待于研究。

（二）能力表现早晚的差异

人的能力表现得有早有晚。东汉学者王充说：“人才早成，亦有晚就。”早成即人才早熟，是指人在年轻时就显露出卓越的才能。例如，王勃 10 岁能赋，15 岁时写出脍炙人口的《滕王阁序》；杜甫说他自己“七龄思即壮，开口咏凤凰”。在国外，莫扎特 3 岁能弹简单的和弦，5 岁能作曲，12 岁创作大型歌剧。这种情况在古今中外，例子不少，在音乐、绘画等领域最为常见。与此相反，有些人的杰出才能显露得较晚，甚至到晚年才表现出来，被称为“大器晚成”。例如，牛顿 3 岁时才会讲话；爱因斯坦上小学时候被认为是智力迟钝的学生；达尔文年幼时除生物外，其他各科的学习都一塌糊涂，被认为是智力低下；我国周朝政治家姜尚 70 岁才开始从事政治活动，却帮助周文王和周武王成就了霸业；唐代诗人高适 55 岁开始写诗；宋代文学家苏洵 27 岁才学习写文章；当代著名画家齐白石 40 岁才表现出绘画才能，50 岁成为名画家。大器晚成在科学和政治领域中较多。一般说来，在人才成长的过程中，人才早熟与大器晚成都是少数，更多的是中年成才。有人统计了 1960 年以前 1 243 位科学家、发明家所做的 1 911 项重大发明创造，绘出了人才成功的曲线，结果发现，科学发明的高峰年龄为 35 岁左右。中年人年富力强，基础知识扎实，实践经验丰富，善于独立思考与分析批判，因而有很大优势。

个人能力表现早晚也与所从事的职业有关。一般说来，音乐、体育、表演方面的人才成才很早，从事自然科学研究的人适中；从事文学创作的人成才较早，但从事社会科学如历史、哲学、心理学、法学的人，由于所需要的知识较多，准备时间相应长，成才较晚。在所有的学科中，哲学是成才最晚的。这也并不奇怪，因为哲学是关于自然界、人类社会和人类思维的学问，需要多方面的知识和丰富的人生经验，才能够悟出真谛，孔夫子的“三十而立，四十而不惑，五十而知天命”，就是这个道理。“知天命”指的是懂得自然、社会及人生的规律。

领导与教育工作者必须全面认识人才成长的各种情况。能力表现有早晚，成绩获得有先后，不能整齐划一。早熟者应该抓紧教育，晚成者也不能弃之不管。中年人正在继往开来，任重道远，工作和生活压力大，应该帮助他们解决一些具体困难，提高他们的生活水平，关注他们的身心健康。“英年早逝”让人痛心疾首，应该让他们在黄金时间为国家多做贡献。

（三）能力类型的差异

人的能力存在着类型差异，主要表现在知觉、表象、记忆、言语和思维方面。

在知觉方面，知觉综合型的人对事物的知觉具有概括性和整体性，分析细节较差；知觉分析型的人的整体性、概括性较差，但分析力较强。知觉分析综合型的人两者兼而有之。知觉能力也存在性别差异，一般说来，男性在概括性与整体性方面占优势，细节分析能力较差；女性在分析性上占优势，但整体感较差。

在表象方面，有人的视觉表象占优势，如画家；有人主要依靠听觉表象，如音乐家。运动员主要依靠运动表象。此外，还有味觉、嗅觉占优势的以及各种混合型的人。

在记忆方面，同表象一样，可分为视觉记忆型、听觉记忆型、运动记忆型和混合型等。也可以根据善于记忆的材料的性质而分为形象记忆型、抽象记忆型、中间记忆型。

在言语和思维方面，有生动的言语类型，这种人的言语特点是形象的、情绪的因素占优势，演员和演说家都属于这种类型；有逻辑的言语类型，这种人的言语特点是概括的、逻辑的，数学家和哲学家属于这种类型。

能力的类型差异，除了在一般能力方面表现出来外，还表现在完成同一种活动时可以由能力的不同组合来保证以及具有各种专门能力类型。

(四) 能力的性别差异

男女两性的能力发展和表现是否存在差异，一直是人们关注的问题。蔼理士（H. Ellis，1859—1939）在 1894 年发表《男人和女人》一书，标志着性别差异研究的开始。从那时起，人们对这一问题的兴趣就经久不衰。1904 年，比奈—西蒙量表发表后，人们开始用一般智力测验研究男女的智力差异。20 世纪 30 年代的许多研究发现，男女的智力在总体上不存在差异。

虽然男性和女性的智力在总体上差异不显著，但是，在智力分布和智力发展的不同时期，还是存在着差异。推孟的研究表明，女性的智力趋于平均，男性的智力则智愚悬殊。智力超常和智能不足的比例男性都显著高于女性。男女智力的这种分布的不平衡性也体现在学习成绩上。有人统计了英国某大学毕业生的成绩。结果表明，成绩为 A（优）和 D（及格）的学生，男生均多于女生，但成绩为 B（良好）和 C（中等）的学生，女生多于男生。男女生的平均成绩不存在显著差异。从男女智力的发展变化趋势看，在青春期以前，女性的智力略优于男性；从青春期开始，男性的智力略优于女性。男女的智力在不同年龄阶段上互占优势，在总体上是平衡的，不存在孰优孰劣的问题。

尽管男女两性在智力上是平衡的，但男女在能力表现上的差异也有目共睹。有趣的是，男性比女性更可能高估自己的智力。男性和女性都倾向于将父亲的智商估计得比母亲高，将儿子的智商估计得比女儿高。20 世纪 40 年代，韦克斯勒智力量表问世后，人们开始应用韦克斯勒量表研究性别差异，因为韦克斯勒量表不仅能够考察智力的一般因素，还能够考察智力的特殊因素。韦克斯勒对 8～11 岁儿童测试表明，男性和女性的智力有明显差异，男女儿童在智力的不同方面显示出各自优势。劳森（J. S. Lawson）等人分析了韦克斯勒儿童智力量表修订版（WISC-R）常模中 1 100 名女孩和 1 099 名男孩，发现女孩在言语量表上得分高于男孩，在操作量表上得分低于男孩。性别差异还表现在一些特殊能力上。

1. 数学能力的性别差异

海德（J. S. Hyde）对 40 年间 100 个有 300 万人参加的数学考试的研究进行元分析发现，男女的平均成绩几乎相同，女生在计算能力上有一定优势，但这种优势只表现在中、小学阶段；在问题解决上，女生在初中时期略好，在高中和大学阶段则表现出男生优势。研究发现，在 21 个国家中有 20 个国家的男生在数学问题解决方面得分更高。对数学操作能力，男生在标准化测验上普遍比女生好。还有人认为，男生在竞争性的数学活动中表现比女生好，女生在合作性的数学活动中表现比男生好。有研究表明，在 SAT 数学方面获高分的 12～14 岁的学生中，男生与女生的比例是 13∶1。在西方国家，参加国际数学奥林匹克竞赛的数学奇才几乎都是男生。

2. 言语能力的性别差异

人们早就发现，女性的言语能力发展得比男性早，在青春期之前一直具有明显优势。胡佛（H. D. Hoover）总结了对三至八年级学生的研究发现，女生的言语能力比男生好。在各种言语能力中，女生在词汇流畅性上的优势最为明显，但在言语推理能力上则是男生占优势。从青春期开始，男性的言语能力发展突飞猛进，在言语能力上迅速追上女性并在言语的抽象性、概括性方面超过女性。男性的语言言简意赅，女性在言语的流畅性、情感性方面仍有一定优势。有研究表明，女性更擅长拼写，更能记忆住词语；男生说话较晚，更可能口吃。在美国，在补习阅读的教室里，男女生的人数比为3∶1。

3. 空间能力的性别差异

里恩（M. C. Linn）和皮特森（A. C. Petersen）认为，空间能力由三个因素构成：(1) 空间知觉能力；(2) 心理旋转能力；(3) 空间想象能力。研究表明，在空间知觉和心理旋转测验中，男性明显优于女性；在空间想象测验中，男女的差异不显著。研究表明，女性比男性更能够记住物体的位置。为什么存在着空间能力的性别差异？心理学家更愿意采取进化的解释。他们认为，三维空间的领航技能有助于男性祖先追踪猎物并找到回家的路，相比之下，女性祖先在敏锐地记忆可食植物的位置的过程中不断提高她们的生存能力。

男女能力的差异还表现在另外一些方面：

(1) 男性容易引起无意注意，女性容易保持有意注意。女性的注意比男性稳定，女性分配注意的能力好于男性，而男性注意转移较女性容易。

(2) 男性的视觉感受性高于女性，女性的听觉、嗅觉、痛觉、触觉的感受性高于男性。女性指尖的触觉感受性十分敏锐，这使女性具备从事精细操作活动的优势。如果通过视觉通道学习，男性略优；如果通过听觉通道学习，女性较好。

(3) 男性擅长逻辑记忆，女性擅长形象记忆和情感记忆。

(4) 女性偏向于形象思维，因而更喜欢语文、外语、历史、生物等学科，并容易取得好成绩；男性偏向于抽象思维，因而更喜欢数学、物理、化学等抽象性较强的学科，并且易于理解和掌握。

(5) 研究发现，女性对他人情绪（包括面部表情和身体表情）的识别明显好于男性。后来的研究也证实，女性在理解面部表情等非言语线索方面技能更高，这种性别差异在儿童和青少年期就存在。女性觉察情绪的能力有助于母亲理解婴儿及伴侣的情绪，这可能又反过来助长了女性发展移情能力的文化倾向。

(6) 女性更容易在文学、艺术、教育、医学等领域取得成功，男性更容易在数理方面取得成就。据统计，15世纪下半叶以来，为人类做出杰出贡献从而促使自然科学发生重大突破的科学家，几乎都是男性。研究发现，男性思维的特征是判断问题时有较强的逻辑性，能够客观地理解事物的本质特征；女性思维的特征是具有较强的比喻性、故事性、装饰性，在判断问题时具有强烈的主观色彩。因此，女性不太擅长从事以批判能力为核心的科学活动。男性在事业上成功率高于女性，也与男女的智力分布有关。创造需要智力的优异发展。因此，智力超常者居多的男性就有更多的成功机会。此外，社会重视发展男性的创造性，男性受过高等教育的人数多也是男性成功率高的重要影响因素。

第六节　智力与种族、文化

一、智力与种族

不同的种族之间是否存在着智力差异？这是一个既重要又敏感的问题，搞不好会引起种族冲突。甚至在几十年前，包括科学家在内的欧洲人对他们与非洲人具有共同祖先的说法还十分反感。现在，科学家和民众都倾向于缩小人类的种族差异，特别是在智力领域。但是，人类学、遗传学和心理学的研究均表明，不同种族在心理特征及行为上存在着广泛差异，而智力差异是人们关注最多、最感兴趣的领域。智力测验的实践表明，除非为不同的种族设计不同的测验，不然，种族之间的测验分数的差异就非常顽固地存在着。

（一）对不同种族的智力测验研究

研究表明，欧裔新西兰人的智力测验分数高于新西兰土著居民毛利人，以色列犹太人的智力测验分数高于以色列阿拉伯人。近年来，黑人与白人之间的智力测验分数的差异已经大大缩小到 10 分，但白人的智力测验分数仍然优于黑人。一项由 56 位智力研究者联合发表的声明指出："白人的 IQ 正态曲线大致是以 100 为中心的，美国黑人的 IQ 正态曲线是以 85 为中心的，而各种不同的西班牙裔群体的 IQ 大致位于白人和黑人之间的中间点。"

（二）不同人种的脑与智力的关系

所有的人都相信智力是人脑的功能。中国人说某人聪明时也常说"他（她）的脑瓜（筋）好"。因此，对不同种族的脑与智力关系的研究在近年来受到了重视。一些研究者致力于对比不同人种的脑体积，另一些研究者试图在脑结构和智力之间建立起联系。

拉什顿（J. P. Rushton，1943—2012）指出，在脑大小和智商测验上，不同的人种之间存在差异。平均而言，脑最大与智商最高的是东方人，黑人的脑最小，智商最低，白人介乎于二者之间。拉什顿等人在分析了对 381 名成人做的 8 个核磁共振（MRI）后发现，脑大小与智商的总相关为 0.44。各人种的脑容量不同。到成年期，东方人比白人的大脑容量平均多出 1 立方英寸（约 16.4 立方厘米），白人又比黑人多出 5 立方英寸（约 82 立方厘米）。MRI 研究发现，1 立方英寸的大脑可以容纳数百万个细胞和数亿个神经连接，容量大的脑拥有更多的神经细胞和神经纤维，加工信息速度更快。脑大小有助于解释不同人种之间的智力差异。

测量人脑大小有磁共振成像、验尸时称脑重、测量头骨、测量生者的头部四种方法。有人根据四种测量脑大小的方法得出不同人种的脑大小的平均值。在调整了身体大小以后，东方人的脑大小是 1 364 立方厘米，白人的脑大小为 1 347 立方厘米，黑人的脑大小为1 267 立方厘米。不同样本、不同测量方法得到的结果都指向了一个脑大小的平均模式，即东方人＞白人＞黑人，这被称为人种相异的三特性模式。

（三）人种差异与大脑认知功能差异

1. 反应时研究

索尔特豪斯（T. A. Salthouse）提出了"加工速度理论"，认为信息加工速度是认知能力差异的主要来源。信息加工速度体现为感觉速度、知觉速度和认知速度。感觉速度反映对刺激做出简单反应的能力，知觉速度反映对刺激迅速做出知觉判断的能力，认知速度涉及高级认知活动，如记忆速度。大量的研究表明，反应时与 IQ 之间有显著的甚至是很高的相关，双生子研究得到的平均相关系数为－0.51。因此，反应时可以作为一种最简单的文化公平认知测量。林恩（R. Lynn，1930—　）总结了 1989—1991 年对 1 000 多名东亚人（中国香港和日本）、黑人（南非）、白人（英国和爱尔兰）的 9 岁儿童进行的研究。在研究中，渐进推理测验作为非言语智力测验与三种反应时任务一起施测，发现东亚儿童的IQ最高，反应时最快，反应时变异最小，英国和爱尔兰的儿童居中，南非黑人儿童的IQ最低，反应时最慢，反应时变异最大。

美国的研究也发现，在反应时任务中，平均分数表现出相同模式：东亚人比白人反应快，白人比黑人反应快。拉什顿等人考察了400多名9～12岁学童从长时记忆中提取10以下（从1到9）阿拉伯数字的过度学习加法、减法或乘法所费的时间，然后进行数学验证测验，发现反应时与瑞文推理测验分数呈显著负相关。黑人的反应时显著长于白人，白人的反应时显著长于东亚儿童。

2. G因素研究

G因素是智力测验的最主要内容。斯皮尔曼认为，黑—白群体的平均智商差异在因G因素而著名的测验中十分显著。詹森（A. R. Jensen，1923—2012）称之为“斯皮尔曼假设”，并开发了相关向量法去检测它。这种方法认为，在一套认知测验中，标准黑—白平均差异与它们各自的G负荷有显著的正相关。测验中负荷的G越多，黑—白群体差异就越大。詹森对45 000名黑人和245 000名白人进行的149个心理测验得出的17套资料总结发现，G负荷预测了黑—白群体平均差异的大小（$r=0.62$，$p<0.05$）。皮普尔斯（C. E. Peoples）在3岁儿童完成的斯坦福—比奈量表的8个子测验中发现，G负荷与黑—白群体平均差异的等级相关$r=0.71$，$p<0.05$。总的来看，“斯皮尔曼假设”是经过实证而确定的事实。

名越等人对日本、中国和欧洲血统的两代美国人进行的15个认知测验进行研究，证实东亚—白人的测量差异是由于G负荷的作用，测验的G负荷越多，东亚—白人群体平均差异就越大。林恩和欧文（K. Owen）对南非1 056名白人、1 063名印第安人和1 093名16岁黑人高中生施以初级能力倾向测验，发现在非洲人（平均智商为70）和白人之间有两个标准差，在白人和印第安人（平均智商为85）之间有一个标准差。他们测查斯皮尔曼假设并发现非洲—白人差异与从非洲人样本中抽取的G因素的相关为0.62（$p<0.05$），但与从白人样本中抽取的G因素的相关只有0.23。拉什顿对南非154名高中生在WISC-R的10个子测验上的数据分析发现，非洲—白人差异主要体现在G因素上。拉什顿和詹森对津巴布韦204名12～14岁儿童在WISC-R上的数据和美国人的标准样本比较表明，群体间人种变异的77%可以归于G因素。拉什顿发现，标准和高级渐进推理测验聚集在G因素上的项目越多，对非洲—东部印第安人—白人之间的差异大小预测得越好。这些研究表明，G负荷表明了跨文化的普遍性。

反应时测验也被用于证实斯皮尔曼假设。詹森对820名9～12岁儿童的12个反应时变量中的G因素进行抽取，发现G负荷与黑—白反应时任务平均差异的相关为0.70～0.81。詹森还发现，与白人相比，从东亚人较快的反应时测量中抽取的G负荷平均较高。

（四）异族收养子和混血儿研究

韩国和越南的儿童被白人收养的研究表明，许多被确诊为营养不良的婴儿长大后的智商比收养他们的国家的常模高出10分或者更多。相比之下，白人中产阶级家庭收养的黑人儿童和混血儿童（黑人—白人混血儿）比同一家庭中的白人手足或相似家庭收养的白人儿童拥有的平均智商分数较低。

温伯格（R. A. Weinberg）等人进行了一项很著名的收养跨种族研究。他们对265名

7 岁儿童进行测验。结果发现，白人亲生子（非收养）的智商为 117，亲生父母是白人的收养儿童的平均智商为 112，亲生父母是黑人与白人的混血儿的儿童的平均智商为 109，亲生父母是黑人的收养儿童的平均智商为 97。1986 年，他们对其中的 196 名儿童进行再测，他们当时 17 岁。从四个方面对儿童的认知操作进行独立评价：（1）智商测验；（2）总平均绩点；（3）基于学校成绩的年级名次；（4）由教育权威人士施测的四个学科特殊能力倾向测验。结果表明，非收养儿童的平均智商为 109，平均绩点为 3.0，年级名次在第 64 个百分位，能力倾向分数在第 69 个百分位；白人亲生父母的收养儿童的平均智商为 106，平均绩点为 2.8，年级名次在第 54 个百分位，能力倾向分数在第 59 个百分位；亲生父母是黑人和白人的混血儿的平均智商为 99，平均绩点为 2.2，年级名次在第 40 个百分位，能力倾向分数在第 53 个百分位；亲生父母为黑人的收养儿童的平均智商为 89，平均绩点为 2.1，年级名次在第 36 个百分位，能力倾向分数在第 42 个百分位。

术伊（A. M. Shuey）对以皮肤颜色作为混血程度研究回顾时发现，在 16 个研究中，皮肤颜色较浅的黑人比皮肤颜色较深的黑人平均智商高，尽管这种相关程度很低（$r=0.10$）。查克拉博蒂（R. Chakraborty）等人认为，如果美国黑人约有 20%的白人血统，平均智商将达到 85，这比撒哈拉以南非洲人的平均智商要高出 15 分。欧文发现，南非有色混血人口的平均智商也为 85，介于非洲人平均智商 70 和白人平均智商 100 之间。

问题是：如何看待种族之间的智力差异？一些研究者指责智力测验不具有文化的公平性，认为智力测验是西方式的概念或游戏，反对用相同的智力测验去测量不同种族，更反对比较对不同种族测量的结果。不过，如果真的这样做，就等于废除了跨文化的比较研究。如果说智力测验难以避免文化上的不公平，那么，脑测量的结果以及反应时研究却是文化中立的。另一些研究者主张，应该审慎地看待有关种族因素对智力影响的研究结果。他们认为，许多结果的含义是模棱两可的。例如，在异族收养子研究中，收养者不仅在种族上不同，在其他方面（如环境和所受教育）上也存在差异。

另一个问题是：不同种族的智力差异是如何形成的？众所周知，不同种族的肤色不同是由遗传决定的；不同种族的语言不同则是源于环境的差异。人生下来时对所有语言敏感，长大以后讲什么语言取决于个体在出生后听到什么语言，生活在什么样的语言环境中。那么，不同种族的智力分数的差异究竟来自于遗传还是来自于环境？显然，将不同种族的智力差异完全归结为遗传差异并不合适。因为遗传学研究显示，在不同肤色之下，全世界的各个种族在其他特质方面颇为相同。种族内的个体差异比不同种族间的差异要大得多。目前，种族几乎不是一种定义恰当的生物学分类，随着全球的日益融合，许多人已经反对种族的分类。

既然智力测验分数的种族差异不能归之于遗传，那么，最可能的差异来源就是文化。人们发现，亚洲学生在数学成就和能力测验上比北美学生得分更高，反映的可能是一种态度而不是能力。亚洲学生每年上学的天数比北美学生多 30%，他们在校内外学习数学的时间也更多。中国父母在孩子很小时就教给孩子“数数”，并将计算能力作为孩子聪明与否的标志。中国有句口号，叫做“学好数理化，走遍天下都不怕”。时至今日，人们往往也看不起搞社会科学的人，父母也非常积极地送自己的孩子上“奥数班”。卡普兰（Z. Kaplan）等人发现，越南难民的孩子往往在学校里学习很好。平日里晚饭过后，孩子们便开始做作业。家庭合作很受重视，哥哥姐姐要帮助弟弟妹妹。另一项研究发现，在中学阶段，白人学生的平均能力分数是上升的，黑人学生的平均能力分数却是下降的，在参加大学升学考试时，这种差距达到了最大。但是，在大学里，黑人学生的分数提高幅度是同年龄白人学生的4倍多，因此大大缩小了能力的差距。研究者总结说："由于黑人与白人学生在教学质量不同的高中环境里修了较多的学分，所以认知测验分数的差距就拉大了。而在大学阶段，黑人与白人面对的是质量相当的教育环境……许多黑人能够取得显著的进步，从而缩小了测验分数的差距。"在另一项研究里，斯卡尔（S. Scarr，1936—　）和温伯格在20世纪50年代考察了被收养到相似家庭环境中的176名黑人儿童和115名白人儿童，对这些孩子的学习成绩、智商以及生父母和养父母的智商进行了跟踪测试。结果显示，这些孩子的生父母的智商接近平均水平（100），他们的养父母的智商平均在115以上。当这些孩子进入青春期时，再次对他们进行测试，发现黑人儿童与白人儿童的平均智商不存在差异！均约为110。虽然没有他们养父母的智商高，但显著高于他们的生父母的智商。这一结果验证了环境对智商的有力影响，也说明种族之间智力差异的来源。

种族之间智力差异的另一来源是智力测验存在测试偏差。第一，智商测试中的问题具有固有的中高阶层偏差，这种偏差对白人儿童有利，对富人儿童有利。第二，大多数智力测验非常倚重词汇水平测试，而白人的儿童、富人的儿童、发达国家的儿童容易占优势，因为他们阅读广泛，家长也鼓励儿童阅读。第三，少数族裔群体对自己能力的较低预期也影响智商测试分数的群体差异。有研究发现，在考试中，仅仅是要求少数族裔学生填写自己的种族就会对他们在考试中的表现产生不利影响。在另一项研究中，在测试前，告知一组黑人女性在某项智商测试中白人女性通常比黑人女性取得更好的成绩，告知另一组女性黑人女性会比白人女性取得更好的成绩。结果发现，前一组黑人女性的平均分比后一组黑人女性整整低了10分。第四，测试者的态度。有研究发现，当测试者是黑人时，黑人儿童在测试中往往会取得更高的分数。第五，有学者认为，试图比较与解释不同种族之间的智力差异的行为本身就值得商榷：它建立在带有偏见的假设之上，即认为一种文化优于另一种文化。所以，在谈论种族之间的智力差异时一定要谨慎，切莫有"文化中心主义"和"文化沙文主义"的倾向。

二、智力与文化

智力与社会文化的关系，也十分令人感兴趣。维果茨基说过："要理解高度复杂的人类意识形态，就必须超越人类的生物性。必须要寻找意识活动的根源……它不在人脑的沟回里，也不在精神的深处，而在生活的外在条件。首先，这意味着要在社会生活的外部过程、人类生存的社会和历史形式中寻找根源。"随着研究的深入，心理学家越来越意识到文化对智力、智力发展及智力特征的制约。

（一）智力概念的文化性

与其他心理学概念不同，智力的概念具有文化性。布鲁纳指出，人们对理智和思维过程的看法具有深刻的文化和意识形态根源。玛格尼（S. Magne）等人论证说，智力只能理解为一种社会表达，其功能是给复杂的社会存在找到合理的依据。如果智力存在，它便是某一特定文化的历史产物。智力的内涵因文化的不同而不同，即使在同一文化中，对于不同年龄的孩子，智力的含义也会随着时间的推移而改变。对于个人而言，它不会随着社会阅历的积累而变化。斯腾伯格认为，智力是创造出来的，与其说它什么也不是，不如说它是各种成分的复杂的混合物，这种创造物是社会性的。他感叹说："从本体论的意义上看，智力与知觉、学习和问题解决等认识过程不具有完全的可比性，当然也不是一点也没有。试图将智力与认知或其他什么画等号的理论没有认识到智力的概念具有约定的性质。"

（二）智力与文化关系的理论

1. 缺陷理论

早期的欧洲人在研究非欧洲人的智力时，一个基本假设是：非欧洲人在人种上是劣等的，他们在智力上存在着某种先天的缺陷。例如，法国学者列维-布留尔（L. Lévy-Bruhl，1857—1939）认为，非洲人的思维特征是"前逻辑的"（pre-logical）。他们不能够理解矛盾的二元逻辑，不能够区分梦境和现实。在图腾崇拜的社会里，人们认同一个特定动物作为共同祖先，缺乏对个体同一性的清晰认识，认识不到个体的存在，区分不清个体与群体的关系。他们具有群体表征，主要表现在图腾崇拜、祭祀活动、神秘的宗教等方面，它独立于个体的存在。原始人的心理活动很少有个体差异，不仅在智力活动或认知活动中是如此，在情绪与动机方面也如此。这种神秘的、不可思议的群体表征使得原始人不可能像欧洲人一样精确、理性地把握事情的本质。

2. 文化进化论

自从1859年达尔文发表《物种起源》以后，摩尔根和泰勒（E. B. Taylor，1832—1917）不久便提出了文化进化论。他们将人类社会划分为从野蛮社会、原始社会到文明社会等一系列阶段，断言所有社会群体都遵循同样的进化模式，不同的社会在进化中处于不同的阶段。文化进化论对思维发展研究产生了重要影响。例如，在考察个体的思维发展时，许多人自觉不自觉地带有文化进化论的倾向。例如，将思维发展视为直线发展的过程，把个体从出生到成年的发展视为从原始到文明的发展，认为个体发生重现或复演种系的发生。霍尔更是把欧洲以外的人类视为"人类种族的童年"。在近代，文化进化论的观点往往为殖民主义者和种族主义者利用，他们利用文化进化论论证欧洲人对野蛮人和原始人、白种人对有色人种统治的合理性。

3. 人类心理统一性理论

美国人类学家博厄斯（F. Boas，1858—1942）认为，人类无论其种族和社会形态如何，心理的发生、发展都遵循着共同规律，心理差异并不表明他们本性的差别。当代在智力方面进行的大部分跨文化研究，都证明了这一理论的正确性。斯克里布纳（S. Scribner）等人分析了跨文化心理学和人类学近30年来的重要文献，发现这些研究涉及的种族群体，都具有记忆、概括、概念形成、逻辑推理的能力。人类的不同种族在认知能力上的差别，主要是在特定文化背景中更专注于特殊的认知操作所造成的。

4. 人类学的理论

一些学者致力于研究文化背景对智力发展的影响。他们认为，文化因素规定了人在什么年龄该学习什么。因此，不同文化环境导致了不同形式的能力发展，是文化而不是其他因素影响智力的本质。他们否认在不同文化之间存在普遍性，只寻求特定文化系统中的行为概念，尤其是智力的概念。他们主张，应该寻求认知能力的本土概念，重要的是要理解个体所处环境如何使智力定型。贝里等人描述了影响智力的四种环境：最高一级是生态学环境，包括人类活动背景提供的所有永久的特征，它们是人们生活的自然的文化栖息地。第二种是经验性环境，即在生态环境下周期性发生的经验形式，是个体学习和成长的背景，如结婚、生儿育女、养家糊口等。绝大多数跨文化的研究都在经验性的环境中进行。第三种是在上述两种环境之下的操作性环境，这种环境是一种情景，环境中的一些条件影响了特定时间、特定地点所发生的特定行为。第四种是实验环境，这是为了引发特定反应或测验分数而设置的具有一些特点的情景。

科尔（M. Cole）等人假设，学习是环境特定的。他们不否认各种文化之间有行为共性的存在，但这种共性是次级现象，文化的经验组织起主要作用。即，在文化背景中任一经验都与特定任务操作相联系。不存在能够调整经历和行为的中心过程或一般能力。学习被看成是基本事件。超常个体就是那些能够成功地获得以文化为背景的知识和技能的人。可以通过一些条件性比较来了解不同文化是如何组织一个人的经历并影响一些简单行为，如写作、阅读或计算等。

5. 社会学的理论

社会学理论虽然也关心文化的影响，但不关心一种文化中的智力如何不同于另一文化中的智力，而关心在某一文化中的社会化如何影响智力发展。研究者也考察跨文化的社会化，但兴趣在社会化过程本身。

维果茨基是社会学理论的代表，他提出内化（internalization）的概念，认为智力开始于社会环境，是从外部指向内部的过程即内化过程。内化就是对一个外部操作的内部重建过程。人们先观察周围环境中以特定方式进行的动作，然后将这些动作内化成自己的一部分。例如，人们通过观察父母如何教育自己来学习将来如何教育孩子。在绝大多数的情况下，人不会因为一个简单动作的模仿而发生内化。内化是一个连续的过程。有些活动虽然已经内化，但它与其他内在活动建立联系仍然需要时间。有些功能或许永远保留着外部标志。维果茨基认为，社会性和历史性发展的活动内化才使人类区别于动物。

福伊尔斯坦（R. Feuerstein，1921—2014）是另一位对智力持社会学观点的人。他的基本假定是“智力是可变的”。另一个关键概念是“间接的经验学习”（mediated learning experience，MLE）。福伊尔斯坦认为，间接的经验学习既可以通过诸如父母之类特定人物的干预，也可以通过一般的文化传播发生。有些孩子受到了不合适文化的影响，于是就获得了不合适的间接经验。

文化缺失假设（cultural deficit hypothesis）是试图解释种族和社会阶层的智力差异的根源的理论。它认为，贫困条件下的社会是一个无组织的、混乱的社会。这样的社会作为影响儿童发展的环境，在各个方面都是不足的、缺失的或者是负面的。文化缺失的最普遍根源是儿童的抚养方式。贫困家庭的儿童缺乏足够的父母关怀，孩子和成年人缺少有规律的互动，他们不能够从父母那里获得生活指导，也没有积极或消极的强化。在贫困儿童的语言环境中，只存在一些简单符号和语言规则，导致这些儿童的语言能力缺失，不足以应付或处理复杂的环境。在贫困文化群体中，儿童的游戏比较简单，缺少想象力和策略，不利于儿童的发展。他们的家庭充满了攻击和噪音，狭小的环境和贫困的物质条件使得儿童在用延迟强化或言语强化替代物质强化方面发生困难，这些都是儿童发展中智力刺激的缺失。文化缺失的最根本原因是经济贫困或经济条件缺失，但如仅仅认为贫困文化是一种劣质文化，就掩盖了造成社会经济不平等或文化缺失的原因。贫困文化影响智力发展，智力低下又导致文化和经济贫困，他们又把低劣的基因传给后代。为了遏止这样的恶性循环，一些学者提出对文化缺失群体进行早期干预或补偿教育。

6. 生态文化与行为的理论

贝里提出生态文化与行为的理论模式。基本假设是："生态力量是文化与行为的原推动力和模塑因素。生态变量限制、强迫和滋养文化形式，而文化形式转而塑造行为。"该理论包括两大方面六个部分。第一个方面用来说明生态文化如何塑造传统行为，第二个方面说明在外部文化影响下，通过文化接触和文化融入导致传统行为的改变。

第一个方面包括生态因素、传统文化和传统行为。人类生态是指人类有机体与其生存环境的相互联系、相互制约和相互作用的总和。主要有气温、雨量、季节气候变化、地形、地貌、矿产、土壤以及动植物资源等生存环境因素，由生产环境制约的生产方式和食物存储等经济可能性，以及由生存环境因素和经济可能性制约的居住模式和人口规模及分布。气候和资源等生存环境因素制约着经济可能性，进而制约着人口密度和居住模式，从而对个体的心理特征产生影响。该理论认为，生态、文化和行为三个部分的关系是相互联系、相互制约和相互作用的。从控制论的观点看，生态和文化变量是输入变量，行为是输出变量，行为又通过反馈作用于生态和文化。即，一定的生态环境导致一定的文化形态，而一定的文化形态共同塑造人，使人产生了一定的行为方式，这种行为方式进而使人能够更好地适应生态和文化，甚至影响或改变它们，生态、文化、行为三者之间的关系没有决定性或必然性的含义，只有制约性和或然性的意义。即一定的生态和文化塑造一定的行为模式是可能的，而不是必然的。

第二个方面包括外部文化、文化交流和行为变化。外部文化指相对于某个群体的传统文化和外来的现代文化，尤其是现代西方文化。文化交流是指群体自身的传统文化与外部文化的接触和交往。行为变化是指在文化交流和文化融入过程中个体的心理和行为所发生的所有变化。传统文化与现代文化的接触和交流导致文化融入过程，这一过程使人的心理和行为发生了种种变化，这些变化又使人适应或不适应变化了的生态与文化。

生态文化与行为的理论不是一个专门针对智力的理论，而是针对更为概括的行为，但它同样适用于智力与生态、文化的关系。例如，计算机和互联网的普及，改变了人类的生态环境和传统文化，一些传统的智力行为（如写信、阅读、谈话）发生了改变，一些传统的智力行为（如珠算）消失了，一些新的智力行为（操纵电脑、上网、聊天等）随之出现，必将对人类的智力发展产生深远的影响。

第七节　影响能力形成与发展的因素

关于能力的形成与发展，在历史上就存在两种截然相反的理论。以高尔顿为代表的遗传决定论认为，人的能力完全由遗传决定；以华生为代表的环境决定论认为，人的能力完全由环境决定。这两种理论都有合理成分，又都是片面的。后期对这一问题的看法趋向折衷——遗传与环境交互作用论，认为先天遗传因素和后天环境因素相互依赖、相互影响，它们通过复杂的相互作用对人的能力发展产生影响。例如，德国心理学家斯腾（W. Stern，1871—1938）的"会合论"认为，心理发展并非单纯是天赋本能的渐次显现，也并非单纯地受外界影响，而是内在本性和外在条件辐合的结果，两种因素同为发展的不可缺少的成分，虽然所占比重可因事而异。美国心理学家格赛尔（A. Gesell，1880—1961）主张的"成熟论"认为，学习需要一定的成熟作为基础，但不应该忽视环境的影响。机体始终参与对它所处环境的创造活动，儿童的成长特征实际上是内在因素和外在因素之间相互作用的最后产物的表现。皮亚杰认为，遗传与环境之间的关系并非各占若干比例或简单相加的关系，而是一种相互交织、相互渗透和相互影响的关系。目前，心理学家一致认为，能力是在人的遗传素质的基础上，通过后天的环境影响、教育和实践活动而逐渐形成和发展的。影响能力形成的因素有很多，而且又常常交织在一起。下面，就对影响能力的五个主要因素分别加以说明。

一、遗传的作用

遗传（heredity）是指生物将自己的形态结构和生理特征相对稳定地传给后代的现象。人通过遗传而继承的生而具有的解剖生理特点叫遗传素质（hereditary predisposition），如一个人的感觉器官、运动器官、神经系统的结构形态及机能特点。其中，神经系统的结构与机能特征对人的能力发展具有重要影响。遗传素质是个体能力发展的物质基础和生物学前提，没有这个基础和前提，个体的能力发展就不可能实现。

关于遗传在能力发展和个别差异形成中的作用，心理学家主要从三条途径进行研究：(1) 研究血缘关系疏密不同的人在能力上的相似程度。如果遗传对能力的形成和发展有作用，那么，血缘关系越密切，能力水平应该越相似。这种研究通常用同卵双生子和异卵双生子来进行。(2) 研究养子养女与生父母和养父母能力发展的关系。如果遗传对能力发展有作用，那么孩子与生父母能力的相关，应该比同养父母能力的相关高。(3) 对同卵双生子进行追踪研究。如果遗传对能力发展有作用，那么同卵双生子即使生活在不同的环境中，他们的智力仍然会有较高的相关。这些研究结果表明，血缘关系接近的人在智力发展水平上确实相近。同卵双生子之间的智力相关高于异卵双生子之间和同胞兄弟姐妹之间，生父母与子女的智力相关高于养父母与养子女的智力相关，无血缘关系的人的智力相关很低。相反，在不同环境下长大的同卵双生子，智力相关仍然很高。对 10 000 名双生子的研究显示，在一起抚养的同卵双生子的智力测验分数，酷似对同一个人在同一测验上施测了两次。这说明，遗传因素对智力发展的确具有重要作用。有研究者估计，青少年和成人有 50%～75%的智力变异归之于遗传。当然，这些材料同样也表明，在同一环境中生活者，他们的智力相关都比在不同环境中生活者的智力相关高一些。即使没有血缘关系的人（如养父母与子女），由于生活在同一环境中，他们的智力也有一定相关。这说明在智力发展中，环境的作用也很重要。

脑科学与基因研究的结果也展示了遗传的影响。大脑扫描的结果显示，同卵双生子有相似的灰质容量，他们大脑中与语言和空间智力有关的脑区，事实上也一样。科学家还发现了所谓的"天才基因"，它位于 6 号染色体上。在智力分数极高的儿童中，有 1/3 的人携带这一基因，而智力一般的儿童中只有 1/16 的人携带该基因。莫纳科（A. P. Monaco）

等人对一个患有罕见遗传病家族中的三代人进行语言相关基因的研究。在这个家族的24名成员中，约半数无法自主控制嘴唇和舌头的运动，并伴有口面部运动障碍，对词语不能正确发音，难以正确运用语法组织句子，在阅读、词汇拼写与词汇理解上都表现出障碍。对他们的大脑图像研究后发现，患有遗传病成员的基础神经中枢出现异常，患者脑皮层中与语言相关的区域显示不能正常工作，该家族三代人中存在的语言缺陷使科学家相信他们身体中的某个基因出了问题，他们把这个基因叫做“语法基因”。经过漫长时间的寻找，直到1998年，才把寻找范围缩小到7号染色体区域，最终发现一个被称为“FOXP2”的基因是他们患病的症结所在。FOXP2就成为人们发现的第一个与语言有关的基因，该基因不能正常工作，人的语言能力就出现障碍。

有的心理学提出“遗传限”（reaction range）的概念来说明遗传在能力发展中的作用。他们认为，遗传决定的，不是一个点，而是一段区间，是从上限到下限的一段距离。如果采用IQ概念来说明，遗传决定的不是一个具体的智商分数，而是一段IQ分数距离。斯卡尔等人估计，一般人的遗传限如果用IQ分数表示，大约在20～30个分点之间。影响遗传限变化的因素，就是环境。个体的生长环境越好，智商就会越接近遗传限的上限；反之，个体的生长环境越差，智商就越接近遗传限的下限。环境对人的能力发展的影响是有限度的。再好的环境也无法影响到超越遗传限上限的程度，再坏的环境也无法影响到低于遗传限下限的程度。遗传限的概念虽然较好地说明了遗传和环境同智力的关系，但是，如何确定一个人的遗传限，却是一个难题。

［专栏15—3］　能力的家族研究

在日常生活中，很容易看到父母亲和子女不仅在颜面、体态上相似，在性格和智力上也相似。一些学者认为，这与血统相似有关，因此，能力是由遗传决定的。英国心理学家高尔顿根据名家传记和其他方面资料，选取包括政治家、法官、军官、文学家、诗人、画家、音乐家在内的977位名人作为研究对象，首先调查了名人的家庭，然后把调查结果和一般人的家庭情况作比较。结果表明，在这些名人的亲属中，出名的父亲有89人，儿子有129人，兄弟有114人，共有332人；而在一般人中，出名的亲属只有1人。他用同样的方法调查了父母都有艺术才能的30个家庭，发现这些家庭的子女中64%的人具有艺术才能；而对150个一般家庭的调查表明，他们的子女中只有21%的人有艺术才能。

继高尔顿的研究之后，有的心理学家对“劣等家系”进行了研究。对卡里克库（假名）家系的研究最有代表性。在18世纪美国独立战争时期，卡里克库在军队里与精神不健全的女子结婚，在之后的150年间，出生的子孙后代约有480人。对其中189人的调查表明，正常者仅有46人，余下的143人，有的是精神不正常者，有的是酒精中毒者，有的是癫痫病患者，有的是犯罪分子，有的是卖淫者。卡里克库离开军队回归故乡后，又和一个正常的妇女结了婚。在这个家系中，有子孙后代496人，其中没有一个是不正常的。与前一个妻子所生的后代相比较，具有完全不同的个性特征。基于这种研究，一些学者认为，能力形成是由遗传决定的。但有的学者认为，这同样可以说明环境的决定作用。

二、环境和教育的影响

遗传只是为能力发展提供了物质基础和自然前提，为能力发展提供了可能性。要使这种可能性变为现实性，环境和教育起着重要的作用。

（一）产前环境和早期营养的影响

越来越多的证据表明，胎儿出生前的环境对出生后的智力发展具有重要影响。首先是胎儿在发育期间母亲的营养状况。动物实验表明，缺乏维生素 C、D，会影响胎儿的生长速度，引起肢体缺陷和学习能力降低。母体在妊娠期的第一阶段严重缺乏营养，会影响胎儿脑细胞数目的增加。科学家测量了因营养不良而死亡的和因其他原因死亡的胎儿脑内 DNA 的含量，发现前者脑内 DNA 的含量比后者少得多。母亲怀孕的年龄也影响儿童智力的正常发展。唐氏综合征的发病率是这方面的一个例子。患唐氏综合征的儿童脑袋小而圆，眼睛向上、向外斜，嘴巴小，嘴角向下，舌头吐出在外。这种儿童智力低下。这种病不是遗传病，而是卵子在体内受到损害，出现额外染色体的结果。唐氏综合征的出现与母亲怀孕年龄有关。如果母亲的怀孕年龄低于 29 岁，则发病率只有 1/3 000；如果母亲的怀孕年龄在 30～34 岁，则发病率为 1/600；母亲的怀孕年龄为 40～44 岁，发病率为 1/70。母亲在怀孕期间服药和患病也能对胎儿以后智力发展带来影响。此外，母亲的情绪、对怀孕的态度（积极还是消极）、对胎儿的态度（欢迎还是拒绝）都可能引起内分泌系统的微妙变化，从而对胎儿发育造成影响。我国古代就有“胎教”的主张，这一观点有一定的科学根据。

儿童出生以后，早期营养状况影响能力发展。有人发现，在营养不良情况下发育的儿童，表现出记忆力差，缺乏好奇心和探索精神。营养不良发生得越早，对婴儿的影响就越严重。

（二）早期经验的作用

亨特认为，6 岁以前是儿童智力变化最大的时期。受限制的环境对儿童的智力发展有消极影响。那些早期由动物养大的孩子，能力的发展明显落后；当他们返回人类社会后，也难以发展到正常人的水平。人们也研究过育婴院的孤儿，发现在育婴院中长大的儿童，由于缺少和成人交往的机会，智力发展比在正常家庭中长大的儿童要差。

亨特研究过伊朗的一家孤儿院。刚开始，情况令人悲观：普通儿童在 2 岁时没有帮助还不能坐起，4 岁时还不会走路。婴儿很少受到照顾，他们哭闹、咕咕叫或其他行为均得不到回应。他们没有发展出任何对自己的环境的控制感。为了改变这一状况，亨特开展了一个“辅导性人类充实项目”。例如，他训练照顾者与婴儿进行口头游戏，首先模仿婴儿的咿呀学语，然后开始学习波斯语。亨特取得了成功：到 22 个月时，接受这种语言促进训练的 11 名婴儿全部都能说出 50 多种事物和身体部位的名称。这些婴儿变得非常可爱，大部分都被人收养了。

也有研究表明，丰富的环境刺激有利于儿童的能力发展。孩子在出生后，如果睡在有花纹的床单上，床的上方吊着会转动的音乐玩具，他们仰卧时，就能够自由观察这一切。两星期后，他们就试着用手抓东西。而没有提供刺激的婴儿，这种动作能力在5个月时才会出现。研究也证明，缺乏母亲抚爱的婴儿，可能会出现智力发展的问题。有安全感的儿童喜欢探索环境，而探索环境正是能力发展的重要条件。

还有研究表明，男女儿童在言语能力发展上的差异部分地与母亲对不同性别的婴儿的养育方式有关。人们观察到，当母亲同儿子在一起时，更多地与他做身体上的接触，如搂抱或抚摸；当母亲与女儿在一起时，就更多地同她讲话。也有研究表明，人在38岁时的智力同他们母亲38年前的身体状况有很大的相关。健康的母亲将同她们的孩子有更多的互动，这种互动促进了孩子的智力发展。

然而，也有研究表明，虽然营养不良、感觉剥夺和社会隔离会阻碍儿童的大脑发育，进而影响他们的智力发展，但在"正常的环境"和"丰富的环境"之间的差异却影响不大。迄今为止，除了正常地接受光、声音和言语刺激外，人类还没有创造出可以用于培养天才儿童的秘诀。斯卡尔指出："那些非常热衷于给自己的孩子提供特殊教育课程的父母，是在学浪费他们的时间。"另一位发展心理学家齐格勒（Zigler）也指出："大量的证据显示，对中产阶级的孩子进行早期教育，收效甚微。"总的看法是：额外的教育对于良好环境中的儿童的智力发展作用不大，但对于不利环境中的儿童却大有帮助。

（三）学校教育的影响

学校教育是对年轻一代施加有目的、有计划、有组织的影响。学生通过接受系统的教育，不仅掌握知识和技能，而且要发展能力和其他心理品质。

在学校教育中，主要进行两类教育：思想品德教育和科学知识教育。在思想品德教育中，要注意培养学生的非智力因素，包括学习动机、兴趣、意志的坚持性、理想等。这些非智力因素对能力发展也十分重要。科学知识教育是学校教育的主要形式。它的主要任务是传授知识，而人掌握知识的过程，也就是发展能力的过程。人们常说"脑子越用越灵"就是这个道理。近几年来，很多心理学家研究如何通过教学来发展学生的能力，主张"学会学习"和"发展性教学"，指导思想就是发展学生的能力。此外，在课外活动小组中，常会涌现出许多小发明家、小气象学家、小农艺师、小画家，这对学生能力的发展和以后的事业都会产生深远的影响。

教师对儿童的期望也影响智力发展。罗森塔尔（R. Rosenthal，1933—　）等人让心理学专业的学生观察小鼠走迷津，并记录小鼠走完迷津的时间。一些学生被告知，他们的小鼠特别聪明；另一些学生被告知，他们的小鼠学习速度很慢。实际上，两组被试拥有的小鼠都是随机挑选的。数据显示，被学生认为聪明的小鼠的表现优于被学生认为愚笨的小鼠，说明预期影响了小鼠的表现。类似情况也发生在学生身上。1968年，罗森塔尔等人在一次智力测验之后，随机抽取了20%的学生名单交给老师，并有意称这些学生"学术有为，有巨大的学习潜力和冲击力"。他们认为，这种信息能够引起教师的期望，期望通过教师的态度、表情和行动传递给学生，使学生的学习进步更大。实验证实了这一假设。一年半以后，这些儿童的IQ增加比控制组大。这一现象被称为“罗森塔尔效应”。教师期望能够引起多种心理效应：（1）影响学生的学习动力，教师期望高的学生平时学习可能更积极。（2）教师可能让学生从事不同的学习任务，从而使期望低的学生只接触低水平的学习。（3）影响学生的自我意向。而学生的自我意向一旦形成，就很难改变。这些均成为教师期望影响学生智力发展的中介机制。

三、实践活动的影响

人的各种能力是在社会实践中形成和发展的。东汉王充说过“施用累能”，即能力是在使用中积累的。他举例说，齐国的都城世代刺绣，那里的平常女子都是刺绣能手；襄地传统织棉，即使不聪明的女子也成了巧妇。耳濡目染，天天练习，自然就发展了能力。王充还提出“科用累能”的观点，认为从事不同职业会发展出不同能力。实践活动要求有相应的能力，但活动也提供了应用和锻炼能力的机会。例如，长期从事管理工作的人，组织和领导的能力就会得到发展。整天和油漆打交道的油漆工人，能够分辨400～500种颜色。“时势造英雄。”例如，明末抗清名将袁崇焕，原本不过是一介书生，是复杂艰苦的抗清斗争，成就了他的非凡的军事指挥能力。清代的曾国藩在政治、军事和思想领域都颇多建树，被后世誉为“三不朽”（立功、立德、立言）式的人物。但曾国藩自认为，就潜在的能力而言，他不如他的祖父。但是，他的祖父最后充其量只是在远近几十里内有名的一位土地主，而曾国藩却成为中国近代史上的大人物。其中的奥秘在哪里？主要是曾国藩遇上了天崩地裂的大时代，从事了他的祖父不可能从事的活动。因此，实践活动的性质、深度和广度不同，所形成的能力也不同。

四、人的主观能动性的作用

在现实生活中，常常会遇到这种情况，两个人的先天素质差不多，所处的环境、所受的教育以及所参与的活动也大体相同，然而，由于两个人的主观努力不同，其能力所达到的水平也不同。因此，能力的提高离不开人的主观努力。

在影响人的能力的主观因素中，勤奋、热心、自信和谦虚都是十分重要的品质。古今中外，许多杰出的政治家、科学家和发明家，无论他们的天赋如何，他们的共同特点都是长期坚持不懈，刻苦努力，顽强地与困难作斗争。大发明家爱迪生有句名言：“天才，是百分之一的灵感加百分之九十九的血汗。”数学家华罗庚说：“根据我的体会，所谓天才就是坚持不懈地努力。”这充分说明了勤奋和能力发展有密切关系。勤奋之所以能够成为能力发展的重要因素，是因为它能影响活动的深度和广度。勤奋的人会坚持不懈地从事某种活动，在活动过程中素质得到了充分的发挥，能力便得到了高度的发展。俗语讲“勤能补拙”，就是这个道理。对事业的热爱也影响人的能力发展。卢梭说过：“热心可以弥补才能的不足，但才能不能弥补热心。”当一个人热爱工作，迷恋事业时，就为能力发展提供巨大的动力。自信对能力发展也有重要的影响。我国古代的思想家孔子、颜回和诗人李白都是十分自信的人。孔子说过："天生德于予，桓魋其如予何?"（《论语·述而》）直至晚年，身体将生病，还说："泰山其颓乎？梁木其坏乎？哲人其萎乎?"（《礼记·檀弓上》）颜回说："舜何人也？予何人也？有为者亦若是。"（《孟子·滕文公上》）李白写道："天生我才必有用，千金散尽还复来。"这是何等的自信！它也是一切有成就的人的共同特征。谦虚也能影响人的能力发展。《书》云："满招损，谦受益。"谦虚的人总是有旺盛的求知欲和进取精神，他们从不满足于自己的已有成绩，而是"不用扬鞭自奋蹄"，不断地对自己提出更高的要求。如牛顿把自己比作未发现真理的大海的孩童，把自己的科学发现说成是"站在巨人的肩膀上"，说成是在嬉戏时拾到的几个贝壳和石子。学者钱钟书在名著《管锥编》的序言中说："学问未成，老已将至。"这并非故作姿态，而是他的真实感受。谦虚的人在不断追求新的目标的过程中，不仅实现了目标，同时也超越了自己，使能力提高到一个新水平。

基本概念

能力；智力；知识；技能；才能；天才；一般能力；特殊能力；液态能力；晶态能力；模仿能力；创造能力；优势能力；非优势能力；认知能力；损伤能力；社交能力；标准化；常模；信度；效度；一般能力测量；智力年龄；智商；比率智商；离差智商；比奈—西蒙量表；斯坦福—比奈量表；韦克斯勒量表；特殊能力测量；创造能力测量；遗传；遗传素质；遗传限

基本原理

能力与活动的关系；能力与知识、技能的关系；能力的种类；特殊因素说；两因素说；群因素说；智力的三维结构模型；智力的层次结构模型；智力多元论；智力三元论；成功智力理论；智力的信息加工理论；PASS 模型；智力的神经效能和神经结构理论；能力发展的一般趋势；能力的个体差异；能力的性别差异；能力的种族差异；加工速度理论；斯皮尔曼假设；智力概念的文化性；文化与智力的关系；缺陷理论；文化进化论；人类心理统一性理论；文化缺失理论；生态文化与行为的理论；影响能力形成与发展的因素

思考题

1. 什么是能力？能力与知识、技能有什么关系？
2. 什么是才能？能力、才能、天才有什么关系？
3. 能力的种类有哪些？
4. 能力的理论主要有哪些？试阐述各种理论的主要观点及其理论价值。
5. 如何计算智商？智商的含义是什么？怎样根据智商判断一个人智力水平的高低？

6. 能力的发展有哪些个别差异?

7. 如何看待不同种族的智力差异?

8. 试论述文化与智力的关系。

9. 遗传、环境、教育、社会实践在能力发展中有何作用?怎样发挥主观能动性在能力发展中的作用?

10. 根据学过的理论，分析自己的能力特点，并谈谈如何才能更好地发展自己的能力。

第十六章
人　　格

本章要点

1. 人格的含义和特征
2. 人格的结构
3. 人格理论
4. 人格测验
5. 影响人格形成与发展的因素

第一节　人格概述

一、什么是人格

人在日常生活中，每天都要接触到各种各样的人。对于熟悉的人，印象具体而深刻，较为接近他的真实人格；对于很少接触的人，印象片面而抽象，仅是对他的突出特质的概括。事实上，人每天都依据对自己、他人的人格的朴素判断来处理社会生活遇到的各种事情。人格心理学家的职责就在于寻找有效的对人分类的方法，并将这些方法运用于预测在不同情境下的行为。

"人格"（personality）一词，来源于希腊语 persona，原指希腊罗马时代戏剧演员在舞台上扮演角色所带的假面具，它代表剧中人物的身份，表现人物的典型心理，类似于中国戏曲中的脸谱。心理学沿用此义，将一个人在人生舞台上扮演角色的行为都看作是人格的表现。人格具有"外壳"，就像在舞台上角色所带的面具，表现出人的外在品质；人格也具有"真面目"，它是指一个人不愿意展现的人格成分，即人格的内在特征。人格在生活中具有多种含义：有道德意义的人格，它是指人的品德和操守，如说某人"人格高尚"，某人"人格卑劣"；有法律意义的人格，它是指享有法律地位的人，即人的尊严和权利，如我们会说"你不能侮辱我的人格"；有文学意义的人格，它是指人物心理的独特性和典型性，如说某人"性格鲜明"，某人"性格模糊"。

人格是心理学中最为复杂也最有歧义的概念之一。不同的心理学家对人格有不同看法。丰德（D. C. Funder）认为，人格是“个体思维、情感和行为的特异性模式，以及在这些模式之下，能够或不能够被观察到的心理机制”。王登峰和崔红认为，人格的内涵有四个层次：（1）个体的外显行为。这是人格的最直接表达，是最容易被观察到的。（2）个体的情感和体验。当事人能够观察到，其他人难以观察到。（3）稳定的动机。即在个体行为和内心体验背后的稳定的目的性和导向性。（4）生理生化反应模式和神经系统活动的变化。人格与个体稳定和持久的特质有关，具有跨时间和跨情境的特点。人格的本质在于个体感知自我、世界和他人方式的一致性，体验和处理个人情绪的一致性，行为方式的一致性。

综合各家的看法，可以将人格界定为：人格是构成一个人的思想、情感和行为的特有统合模式，其中包含了一个人区别于他人稳定而统一的心理特点和习惯的行为方式。

［专栏 16—1］ 人格的定义

在心理学中，人格是最有歧义性的概念之一。有许多关于人格的定义，大体上可以分为五类：

（1）罗列式概念。通常采用“人格是……的总和”的形式来描述人格，有助于确定人格的外延，无法构建外延之间的关系，也未能厘清外延的边界。

（2）整体性概念。强调人格是个体各方面属性所组成的整体，在很大程度上克服了罗列式概念的缺陷。

（3）层次性概念。在整体性的基础上，把人格的属性或特征按一定层次结构排列起来，层次之间具有内在的联系性和统一性，最高层次的属性或特征具有统合的作用。

（4）适应性概念。受达尔文的进化论影响，把人格看作是人类在进化过程中不断适应环境的结果。

（5）区别性概念。区别性概念强调人与人之间在人格上的差异性，更关注个体人格的独特性方面。

表 16—1 是一些心理学家关于人格的定义，从中可见人格的复杂。

表 16—1 现代的人格定义

作者	时间	定义
伍德沃斯	1947	人格是个体行为的全部品质。
卡梅伦	1947	人格是交互结合的行为系统的动力组织，它在他人和文化产品的环境中由学习历程而发展起来。
麦克里兰德	1951	人格是从一个人所有行为中抽象出来的理论解释。
艾森克	1955	人格是个体由遗传和环境所决定的实际的和潜在的行为模式的总和。
科恩	1955	人格是一个人不同于他人的所有的主要心理历程。
吉尔福特	1959	人格是人的特质的独特模式。
伦丁	1961	人格是个体在其发育的特别情况下所获得的独特行为装备。
卡特尔	1965	人格是一种倾向，可借以预测一个人在给定情境中的所作所为，它是与个体的外显的和内隐行为是联系在一起的。

续前表

作者	时间	定义
莱尔德	1968	人格是一个人的生活方式。
贾尼斯	1969	特质是简单的行为模式或行为倾向，人格就是特质的模式。
鲍曼	1972	人格是由观察个人行为而获得其假设的系统。
拉扎勒斯	1979	人格是基本和稳定的心理结构和过程，它组织着人的经验并形成人的行为和对环境的反应。
米切尔	1980	人格是个人心理特征的统一，这些特征决定人的外显行为和内隐行为，并使它们与别人的行为有稳定的差异。

耶勒（L. A. Hjelle）指出，人格定义可以归纳为三种类型：

（1）把人格假定为一种内在的结构和组织。

（2）强调个别差异的重要性，人格就是人的特色。

（3）以生活发展史的方面界定人格，强调内外环境的作用。

事实上，这三方面含义对人格的概念都十分重要。

二、人格的特征

人格是由先天获得的遗传素质与后天秉承的内外环境相互作用的综合体，是一个人多方面心理品质的体现。人格的内涵十分丰富，具有如下特征。

（一）人格的独特性和共同性

独特性是人格的最显著特征。人格的发生和发展经历了不同的遗传和环境的作用，因而表现出独特性。即使是同卵双生子，也会由于出生顺序、父母期望、社会角色要求、性别差异的不同，形成了各自独特的人格特征。正所谓“人心不同，各如其面”。中医古籍从体质（生理）角度把人分为“阴阳二十五人”（《黄帝内经·灵枢》）。可见，人格的个体差异很早就受到重视。人格不仅具有个体差异，还具有群体差异。即，不同地域、不同文化中的人们在某些人格维度上存在差异。就种族和民族而言，类似的遗传基因和相同的社会文化也塑造出具有相同人格特点的人群。一个典型的例子是：亚洲文化中人们展现出的一个“人际关联”维度在西方文化中就很少见。人际关联包括尊敬、服从他人，留面子的信念（即让失败一方遭受损失的同时也要保全他们的尊严和荣誉），以及对和谐人际关系的强调。这种人格维度反映了亚洲文化中的个体倾向于更加关注他们的行为对家庭、朋友和社会群体的影响，即所谓的集体主义；西方文化的人们更加关注他们的行为如何影响他们的个人目标，即所谓的个人主义。

人格还具有共同性。人格的形成和发展既受生物遗传因素制约，也受社会历史文化因素影响。作为个体整体特质的表现，人格在很大程度上反映了文化、社会环境和生物遗传的共性。就人类整体而言，相同的生理基础以及积极、向上、追求普世价值的文化取向造就了人类心理的共性，是不同民族、不同国家的人们能够交流、理解、产生共鸣的基础。近年来，研究者考察了外倾性、神经质、宜人性、开放性、尽责性和精神质这些人格特质。其中，精神质是一个热情、冲动控制和习惯化态度的组合。结果表明，这些人格特质并不仅仅存在于西方文化（美国、英国、德国、澳大利亚、冰岛、西班牙、葡萄牙）中，也存在于亚洲文化（中国、日本、韩国）和太平洋周边文化（马来西亚、菲律宾）中。

（二）人格的统合性和适应性

人格是由多种成分构成的有机整体，具有内在的结构和组织，受自我意识调控。如果人格的不同成分互相制约、协调一致，人格就健康；如果人格的不同成分之间力量失衡，缺乏制约，就会出现适应困难。因此，人格的统合性是心理健康的重要指标。健康的个体能够正确地认识和评价自己，能够及时地调控自己的思想和行为，使知、情、意保持一致。人格不统一，反复无常，前后不一，会造成适应困难，出现人格分裂，如“双重人格”或“多重人格”。

从进化的角度看，人格形成的目的是为了更好地适应社会，因此，人格具有适应性或功能性。人格是个体对人、对己、对环境的主动适应。人格一经形成，个体就形成稳定的“生活风格”，对之后的生活和工作产生影响。人格决定个体的生活方式，影响个体的人生观和价值观。面对不同的人生际遇，不同的人会做不同的反应，反映了人格的适应功能。

（三）人格的稳定性和可塑性

一方面，任何人格特质的形成，都是遗传和环境长期作用的产物，它一旦形成，就具有稳定性。人格一般不会随着时间的变化而变化，个体在行为中偶然表现出来的心理倾向和心理特征并不能反映他的人格。另一方面，人格又并非不可改变。随着生理的成熟和环境的变化，人格也有可能发生变化，这就是人格的可塑性。如果人格不可改变，教育也就无用武之地了。因此，人格是稳定性与可塑性的统一。

（四）人格的生物性和社会性

人既具有生物属性，也具有社会属性。人格的本质是生物性和社会性的统一。人的生物属性虽然不能够预定人格的发展方向，却是人格形成的基础和前提，影响人格的发展进路和方式，决定人格特征形成的难易。但是，人格不是天赋的。人格的形成，除了需要具备相应的生理基础以外，还需要环境的诱发和塑造。那些由动物哺育大的儿童的例子表明，虽然他们具有人的身体和大脑，但由于生后不久就脱离了人类社会，他们既没有形成人的智力，也没有形成人格。因此，人格是在生物因素和社会因素的相互作用中形成的。

在人格中，既有生物性成分，也有社会性成分，既有“魄”，也有“魂”。恩格斯指出：“……人来源于动物界这一事实已经决定人永远不能摆脱兽性，所以问题永远只能在于摆脱得多些或少些，在于兽性或人性的程度上的差异。”[①] 事实上，人既不是天使，也不是恶魔。人再高尚，也有七情六欲；品行恶劣的人，在某些情况下，也会有良心的发现。社会环境作为后天刺激触发了人格的形成和发展，当社会环境良好，教育措施得当，人民丰衣足食时，人格中人性的成分就会得到光大和发扬；当社会环境被邪恶力量所控制，教育方向错误，人民饥寒交迫时，人格中生物的成分就会占据统治地位。从这一角度来看，

① 《马克思恩格斯全集》，中文1版，第20卷，110页。

无论认为人的本质是善良的，还是认为人的本质是邪恶的，都是不全面的。

三、人格的结构

人格具有复杂的结构。由于对人格的理解不同，对人格结构的看法也不同。广义的人格结构观认为，人格结构包括人格倾向性、人格心理特征、心理过程和心理状态四个方面。次广义的人格结构观认为，人格包括两个方面：一是人格倾向性，包括需要、动机、兴趣、理想、信念、价值观和世界观等；二是人格心理特征，包括能力、气质和性格等。狭义的人格结构观认为，人格结构由气质、性格、认知风格和自我调控等心理现象构成。我们认为，人格主要由气质和性格组成。

（一）气质

1. 气质的概念

气质是高级神经活动的类型特点在行为方式上的展示，它影响人的心理活动的速度和稳定性（例如知觉的速度、注意集中时间的长短等）、心理活动的强度（如情绪卷入的强弱），以及心理活动的指向性（指向内部或外部）。气质是一个古老概念。古希腊医生希波克拉底认为，人体内有黏液、黄胆汁、黑胆汁、血液四种液体，可以根据体液的混合比例将人分为四种类型：黄胆汁占优势是胆汁质，血液占优势是多血质，黑胆汁占优势是抑郁质，黏液占优势是黏液质。罗马医生盖伦（Galen，129—200）发展了这一概念，并用拉丁语“temperameteum”表示之，形成气质的体液说。

在心理学上，气质（temperament）是人生来就有的典型的、稳定的心理活动的动力特征。这一定义包含下述含义：

（1）气质的动力性。气质是心理活动的强度、速度、稳定性、灵活性和指向性的特征。例如，情绪强度、知觉速度、思维灵活性、注意时间的长短和心理活动指向性都属于气质特征。

（2）气质的天赋性。气质是由生理素质或身体特点反映出的人格特征，在很大程度上由遗传决定，受神经系统活动过程的特性制约，反映人格的先天倾向。刚出生的婴儿，有的大声啼哭，四肢动作多；有的安静，哭声小。这是气质的最早、最直接的流露。

（3）气质的稳定性。与性格及其他心理特征比，气质更有稳定性。“江山易改，禀性难移”，“生姜脱不了辣气”，说的就是气质的稳定性。格赛尔对同卵双生子 T 和 D 进行了 14 年的追踪研究，发现 T 和 D 的气质发展表现出前后一致的个体差异，这些差异在 14 年间几乎没有变化。然而，气质虽然稳定，并非绝对不可改变。在一定条件下，气质也可以塑造，只是这种塑造比兴趣、性格等心理特征的形成要困难得多。

2. 气质与活动

气质表现在人的各种活动中，但它并不影响人的行动的方向和内容。气质不能决定一个人的社会价值，与人的道德品质也无必然联系。一个人的活泼与安静不能决定他怎样为人处世，任何一种气质类型的人既可以成为高尚的、有益于社会的人，也可以成为品行恶劣的人。气质也不能决定一个人的成就高低。不同气质类型的人经过努力都可以在不同社会实践领域里取得成就。例如，在俄国著名的文学家中，普希金属于胆汁质，赫尔岑属于多血质，克雷洛夫属于黏液质，果戈理属于抑郁质。

气质也会给人的活动涂上一层个人的色彩，使他们完成活动的动力特点不同。如同是打胜仗，项羽靠得是勇冠三军，"力拔山兮气盖世"，韩信靠的是攻其不备、出其不意，"明修栈道，暗度陈仓"。气质还影响人的职业适应性，影响人的活动效率，因而选择职业和用人时要考虑人的气质特点。我国心理学家 1988 年调查了空军战斗机飞行员与地面参谋人员的气质类型。结果表明，在战斗机飞行员中，多血质占 45.31%，胆汁质占 19.80%，胆汁质与多血质混合型占 15.13%，多血质与黏液质混合型占 5.81%，胆汁—多血—黏液三种混合的占 2.32%，前三种气质类型占了 88.37%，未发现一名抑郁质。在地面参谋人员中，黏液质占 29.90%，抑郁质占 28.74%，黏液质与抑郁混合型占 23%，三项合计占总人数 81.64%。一般说来，胆汁质和多血质容易适应迅速且需要灵活转换的工作，黏液质和抑郁质的人容易适应持久且细致的工作。在组织协同工作时，要注意选择不同气质类型的人互相搭配。鲁萨洛夫发现，在两个人的协同活动中，不同气质类型相互配合能够取得更好的成绩。瓦西列夫认为，爱情的气质组合可以归为三类：不利的组合是气质相同；中间的组合是气质相近，但仍属于不同的气质类型（如多血质与胆汁质）；最有利的组合是不同气质类型的组合（如黏液质与多血质）。

（二）性格

1. 性格的概念

性格（character）一词，来源于希腊语"charakter"，原意是特征、标志、属性。在心理学中，性格是指人对现实的稳定的态度和习惯化了的行为方式，是人格的核心。恩格斯指出，"一个人物的性格不仅表现在他做什么，而且表现在他怎样做"[①]。做什么，体现了人对现实的态度；怎样做，体现出人的习惯化了的行为方式。性格又是一种与社会相关最为密切的人格特征，主要体现在对己、对人、对事的态度和所采取的言行上。因此，许多性格特征具有社会评价意义。

2. 性格的结构

性格具有一定的结构。性格包括四方面特征：

（1）态度特征。包括对人、对事和对己的态度。例如，谦虚还是骄傲，热情坦诚还是冷漠阴险，认真负责还是马虎敷衍，等等。

（2）认知特征。指认知和智力的特点，如人的认知风格，感知的主动性和速度，思维的敏捷性、独立性、深刻性、逻辑性等。

（3）情绪特征。指情绪对活动的影响以及对情绪的控制，表现在情绪活动的强度、稳定性、持久性和主导心境上。如有人情绪强烈，言行容易受情绪支配；有人情绪微弱，活动很少受情绪影响；有人情绪稳定，有人情绪波动；有人情绪持久，有人情绪易变；有人的主导心境是乐观的，有人的主导心境是悲观的。

（4）意志特征。指对自己的行为进行自觉调节方面的特征，主要包括自觉性、果断性、坚持性和自制性方面的特征。如勇敢或怯懦、果断或反复、自制与任性等。

---

① 《马克思恩格斯全集》，中文 1 版，第 29 卷，583 页，北京，人民出版社，1972。

（三）性格与气质的关系

气质和性格属于不同的人格特征。它们之间的区别在于：(1) 二者反映人格的不同侧面。气质表现人的心理活动的动力特点，性格表现人对现实的态度和习惯的行为方式。(2) 气质主要是先天的，更多地由生理组织特别是神经系统的特点决定；性格是先天和后天的“合金”，主要受个体所处的社会环境影响。(3) 气质并无好坏之分，性格具有社会评价意义。如勤奋、忠诚、坚定就是好的，懒惰、虚伪、懦弱是不好的。(4) 气质可塑性小，变化慢；性格可塑性大，变化快。(5) 在个体心理发展中，气质形成得早，表现在先；性格形成得晚，起作用时间也晚。儿童出生时就显示出明显的气质特征，性格在青年期才真正形成。

气质和性格也有密切的联系。性格与气质同属于人格特征，二者互相渗透、互相制约。气质对性格的影响表现在：(1) 气质使性格具有某种独特的色彩或形式。例如，同是助人为乐，多血质的人是能说会道地去助人为乐，胆汁质的人是慷慨激昂地去助人为乐，黏液质的人是不声不响地去助人为乐，抑郁质的人是带着怜悯的心情去助人为乐。(2) 气质影响性格的形成和发展的速度。例如，形成勇敢的性格，胆汁质的人相对容易，抑郁质的人相对困难；形成自制的性格，胆汁质的人需要经过极大努力，抑郁质的人则比较容易。(3) 性格对气质也有制约作用。由于社会实践活动的要求，性格可以在一定程度上掩盖和改造气质。例如，外科医生必须具备沉着的性格特征，在形成过程中，有可能改造胆汁质的冲动和不可遏止的特点。同时，有些性格特征具有较多的动力性质，鲜明地表现气质特点，如引起情绪反应的快慢和活动的强弱等。

第二节　人格研究的范式及理论

研究人格的心理学分支叫人格心理学。人格心理学以整体的人为研究对象，以人性为核心关切。在研究人格过程中，先后出现了五种范式：类型范式、特质范式、动机范式、叙事范式和综合范式。类型范式重点考察人格的外部表现，回答人格的“所是”问题；特质范式重点考察人格的静态结构，即人格由哪些因素构成，回答人格的“所有”问题；动机范式考察人格的动力机制，回答人格的“所为”问题；叙事范式考察人格的发展过程，回答人格的“所成”问题。每一研究范式都产生了相关的人格理论。人格理论就是对人格的理论解释，回答人格的结构、性质、发生和发展等问题。

一、类型范式及理论

类型范式是依据某种分类标准将人分成不同类型。这是人格心理研究的传统范式。采用类型范式的心理学家为不同人格的人“画像”，给出不同人格类型的人的描述性特征。由类型范式产生的人格理论属于类型理论。类型理论主要回答：人格有哪些类型？每一人格类型的典型表现怎样？类型理论主要包括单一类型理论、对立类型理论和多元类型理论。

(一) 单一类型理论

单一类型理论认为人格类型可以根据是否具有某一特殊人格特征来确定。例如，法利(F. H. Farley) 提出 T 型人格理论。T 型人格是一种好冒险、喜欢刺激的人格特征。依据冒险行为的性质是积极还是消极的，又分为 T＋型和 T－型。T＋型人格者的冒险行为具有积极、健康、创造性和建设性的特点，如赛车、探险、登山等；T－型人格者的冒险行为具有消极、病态和破坏的特点，如暴力、吸毒、酗酒和恐怖主义等。在 T＋型人格中，又可以分为体格 T＋型和智力 T＋型，前者如从事有很大危险性运动的运动员，后者如为探求科学真理不畏艰险的科学家。

(二) 对立类型理论

对立类型理论认为，人格类型具有二分性质，人格包含某一维度的两个相反方向。

1. 内—外倾说

瑞士心理学家荣格把力比多 (libido) 理解为人类具有的生命意志，是人类一切行为的原动力。力比多活动的对象既可以指向内部体验，也可以指向外部环境，人格因此就可以分为外倾型和内倾型。外倾型的人活泼，开朗，情绪、情感表现于外，待人热情，善于交往，行动敏捷，适应能力强，但有时轻率，不拘小节，缺乏自我反省与自我批评。内倾型的人，沉静多思，做事谨慎，感情深沉，反应缓慢，疑虑困惑，交际面窄，喜欢独处，有时适应困难。在一般倾向以外，还存在感觉、思维、情感和直觉四种思想功能，将思想功能和人格倾向组合，就可以得到八种人格类型：(1) 外倾感觉型。从具体事物出发，凭感觉衡量事物。(2) 外倾思维型。尊重客观规律，不会感情用事。(3) 外倾情感型。感情用事，凭主观判断来衡量事物。(4) 外倾直觉型。以主观态度探求各种现象，容易悲观。(5) 内倾感觉型。不能深入事物内部，只凭自己内在的感觉。(6) 内倾思维型。不关心外部价值，独断、偏执、情感冷淡，容易被人误解。(7) 内倾情感型。情绪稳定，不露声色。(8) 内倾直觉型。脱离外部事物，好幻想。

2. 优越—自卑说

奥地利心理学家阿德勒认为，可以根据人的竞争性不同来确定人格类型，将人格分为优越型和自卑型。优越型的人争强好胜，遇事不甘落后，总想胜过别人。自卑型的人遇事甘愿退让，具有很深的自卑感。和一般人的看法不同，阿德勒认为，一些名人、当权者往往有很强的自卑感，正因为自卑，所以才追求超越。有人列举了大人物的身高：亚历山大大帝 1.50 米，查理大帝 1.50 米，拿破仑 1.65 米，墨索里尼 1.60 米，希特勒 1.65 米，杜鲁门 1.63 米，斯大林 1.62 米，赫鲁晓夫 1.66 米，丰臣秀吉 1.52 米，蒋介石 1.69 米……按照阿德勒的理论，这些历史人物的身材矮，会产生自卑感，于是就追求权力，试图超越。

3. 独立—顺从说

勒温按个体独立性的程度将人格分为独立型和顺从型。独立型的人，善于思考，信念和行动具有独立性、坚定性，他们积极适应环境，在紧急的情况下，沉着冷静，容易发挥自己的力量，与人交往表现得自信，有号召力和组织才能，也容易把自己的意志强加于人，听不进别人的意见和建议。顺从型的人，容易受暗示，容易不加分析、不加批判地接受别人的意见，并照着去行动，他们消极地适应环境，往往不能应付紧急情况。

4. A—B 型人格说

弗瑞德曼（M. Friedman，1910—2001）和罗森曼（R. H. Rosenman）在研究人格和工作压力的关系时提出 A—B 型人格理论。A 型人格者性情急躁，缺乏耐性，成就欲高，对现状不满，善于进取，争强好胜，工作认真，有苦干精神，时间紧迫感强，办事敏捷但显得匆忙，常常表现出敌意和愤怒。B 型人格者为人随和，性情温和，生活悠闲，举止稳当，淡漠成败得失，随遇而安，容易满足，在需要审慎思考和耐心的工作中，B 型人格者的表现往往比 A 型人格者好。

调查表明，A 型人格者患心脏病的比率是 B 型人格者的两倍。在白领人群中，A 型人格者患心脏病的比率是 B 型人格者的 3 倍。

［专栏 16—2］　　A 型人格的特征

美国心脏病学会在 1981 年将 A 型人格列为罹患心脏病的危险因素之一。表 16—2 中 25 个问题，是用于诊断 A 型人格的一份问卷，读者可按各题所问事项，在是或否处填答。如果有半数以上题目你填答是，希望你改变习惯，放慢一点生活的节奏。

表 16—2　　A 型人格自测

问　题	是　否
1. 你说话时会刻意加重关键字的语气吗？	__ __
2. 你吃饭和走路时都很急促吗？	__ __
3. 你认为孩子自幼就该养成与人竞争的习惯吗？	__ __
4. 当别人慢条斯理地做事时你会感到不耐烦吗？	__ __
5. 当别人向你解说事情时你会催他赶快说完吗？	__ __
6. 在路上挤车或餐馆排队时你会感到激怒吗？	__ __
7. 聆听别人谈话时你会一直想你自己的问题吗？	__ __
8. 你会一边吃饭一边写笔记或一边开车一边刮胡子吗？	__ __
9. 你会在休假之前赶完预定的一切工作吗？	__ __
10. 与别人闲谈时你总是提到自己关心的事吗？	__ __
11. 让你停下工作休息一会儿时你会觉得在浪费时间吗？	__ __
12. 你是否觉得全心投入工作而无暇欣赏周围的美景？	__ __
13. 你是否觉得宁可务实而不愿从事创新或改革的事？	__ __
14. 你是否尝试在限制内的时间内做出更多的事？	__ __
15. 与别人有约时你是否绝对遵守时间？	__ __
16. 表达意见时你是否握紧拳头以加强语气？	__ __
17. 你是否有信心再提高你的工作绩效？	__ __
18. 你是否觉得有些事等着你立刻完成？	__ __
19. 你是否觉得对自己的工作效率一直不满意？	__ __

续前表

问　　题	是　否
20. 你是否觉得与人竞争时非赢不可？	__ __
21. 你是否经常打断别人的讲话？	__ __
22. 看见别人迟到时你是否生气？	__ __
23. 用餐时你是否一吃完就立即离席？	__ __
24. 你是否经常有匆匆忙忙的感觉？	__ __
25. 你是否对自己近来的表现不满意？	__ __

（三）多元类型理论

多元类型理论认为，人格类型是由几种不同质的人格特征组成的。

1. 气质的体液说

希波克拉底根据体液将气质分为四种类型：(1) 胆汁质（choleric temperament）。情绪兴奋性高，发生快，带有爆发性质；情绪体验强烈，外部表现明显，但爆发后能够很快平静下来；思维灵活但粗枝大叶；能以极大热情投身于事业，精力充沛，生机勃勃，行动敏捷，刚毅顽强，争强好胜，困难面前不退避；态度率直，勇敢果断，对人热情，为人朴实真诚，表里如一，慷慨大方，见义勇为；遇事常欠思量，冒失鲁莽，任性和刚愎自用，急躁，待人有时粗暴。(2) 多血质（sanguine temperament）。活泼好动，情感丰富，情绪外露但不稳定，情绪体验肤浅而易变；外倾，有朝气，行动敏捷，兴趣广泛但容易变化，容易见异思迁，在平凡而持久的工作中，热情易消退，工作不能持久；思维敏捷但不求甚解，解决问题速度快但正确率不高，做事缺乏耐心和细致；具有很高的可塑性，容易适应变化了的环境，在新环境中不感到拘束；善于交往但友情浅薄。(3) 黏液质（phlegmatic temperament）。情绪平稳，表情平淡，安静稳重，沉默寡言，行动缓慢，冷静有条理，喜欢沉思，自制力强，思维灵活性略差但考虑问题细致周到；意志坚强，耐受性高，内柔外刚，能孜孜不倦地、长期不懈地、锲而不舍地从事繁重而持久的工作，埋头苦干；交际适度，友情深厚；守旧，创新性稍差，有时执拗和淡漠，对新环境适应力稍差。(4) 抑郁质（melancholic temperament）。情绪兴奋性高，情绪体验深刻、细腻而持久，情绪表现缓慢而柔弱；忧郁，多愁善感，思想敏锐，想象丰富，孤僻离群；不善交际，行动迟缓，自制力强；软弱胆小，挫折耐受性差。在日常生活中，单一气质的人比例不高。阮承发和许智权研究表明，在我国五所高校的364名大学生中，单一气质的人仅占34.07%，混合气质的人占65.93%。

2. 狂狷说

孔子把人分成“狂者”、“狷者”和“中行”。他说：“不得中行而与之，必也狂狷乎？狂者进取，狷者有所不为也。”（《论语·子路》）“狂者”是积极进取的人，言行表现于外；“狷者”谨小慎微，凡事三思后行；“中行”就是奉行中庸之道的人。“狂者”相当于胆汁质和多血质，“狷者”相当于抑郁质和黏液质，“中行”者相当于“中间型”。

3. 阴阳五行说

《黄帝内经·灵枢》根据人的先天禀赋不同，按照阴阳气血多少，将人分为五种不同气质的人：(1) 太阴型。悲观失望，内省孤独，谨慎保守，性情抑郁，难有高兴时候，爱哭泣悲伤。(2) 少阴型。冷淡沉静，节制稳重，深藏不露，细心戒备，自制力强，善辨是非，有较强的嫉妒心。(3) 阴阳平和型。态度从容，不卑不亢，聪明智慧，平静自如，遇变不惊，有很强的适应性，是最理想的一种。(4) 少阳型。感情外露，活泼好动，好抛头露面，为人随和，活泼乐观，机智善变。(5) 太阳型。容易冲动，不易控制，勇敢坚毅，慷慨激昂，独立进取，暴躁傲慢。阴阳五行说与气质类型说颇有相似之处，见表16—3。

表16—3　　阴阳五行说和气质类型说

阴阳五行说	太阳型	少阳型	阴阳平和型	少阴型	太阴型
气质类型说	胆汁质	多血质		黏液质	抑郁质

［专栏16—3］　　从生理学角度划分人格

许多人从生理学角度研究人格，特别是研究气质。这些理论也属于多元类型理论，有一定参考价值。

1. 气质的体型说。

德国精神病学家克雷齐默（E. Kretschmer，1888—1964）根据对精神病患者的临床观察及对正常人的研究，提出按体型划分气质的学说。他认为，人的身体结构、气质特点与可能患的精神病种类之间有一定关系，而精神病患者与正常人之间只有量的不同，无质的差异。他把人分成三种类型：(1) 矮胖型（pyknic）。身体短胖，圆肩阔腰，气质特点是好社交、通融、健谈、活泼、好动、表情丰富，情绪变化不定，时狂时郁，狂时豪言壮语，情绪兴奋，表情活泼，领悟敏捷，郁时沉默无言，悲观失望，表情呆板，联想迟钝，容易患躁狂抑郁症。(2) 瘦长型（asthenic）。身躯细长，高瘦纤弱，肌肉和骨骼都不发达，气质特点是不善社交、内向、事事通融胆小退缩，害羞沉静，寡言多思，容易患精神分裂症。(3) 筋骨型（athletic）。身材中常，骨骼健壮，肌肉发达，骨肉均匀，体态与身高成比例，有力量，气质特点是性情适中，正义感强，做事一丝不苟，遵守纪律，情绪具有爆发性，爆发时强度大，富有攻击性，容易患癫痫症。

美国心理学家谢尔登（W. H. Sheldon，1898—1977）和史蒂文斯（S. S. Steven，1906—1973）也提出类似的体型理论。他们搜集了4 000多张大学男生的裸体照片，把它们分成三类：(1) 内脏紧张型，又称内胚叶型。体型肥胖，气质特点是图舒服，好饮食，悠闲自在，喜爱交友，慢条斯理，宽宏大量而乐观。(2) 躯体紧张型，又称中胚叶型。肌肉发达，体格强健，气质特点是精力充沛，大胆坦率，武断自信，冲动冒险，有领袖欲，富有竞争性。(3) 头脑紧张型，又称外胚叶型。个子高，身体瘦长，体质孱弱，气质特点是内倾、拘谨、敏感、爱好艺术、长于智慧、不善社交、喜独居。

体型说的最大缺点是忽略了体型会随环境、年龄和生活而改变，而气质则十分稳定。

2. 气质的激素说。

内分泌腺分泌的激素对情绪和行为有一定影响。英国心理学家伯曼（L. Berman）认为，气质由激素决定。他根据人的某种腺体特别发达，分泌激素较多，把人分成以下类型：(1) 甲状腺型。身体健康，头发茂密，双眼明辉，气质特点是感知敏锐，意志坚强。(2) 垂体型。体态良好，情绪温柔，自制力强。(3) 肾上腺型。头发茂密，精神饱满，雄壮有力，情绪发生速度快，强度大，外部表现明显，好斗，富有攻击性。(4) 副甲状腺型。体质较弱，情绪强烈而深刻，外部表现不明显，不好交际。(5) 性腺型。在身体上第二性征明显，在气质上，男子更具有攻击性，女子更具有温柔性。

内分泌腺的活动的确与气质有关。研究表明，85%的男性体内的肾上腺素高于女性，80%的女子体内的血清素高于男性。男子体内的性激素主要是雄激素，在它的作用下，男子表现出男性的生理特征和心理特征；女性体内的激素主要是雌激素，女子的身体特征、母爱行为以及多情、温柔等气质特征与它有关。内分泌腺的长期失调，也会导致气质的某些改变。妇女在更年期期间，人格上也会出现波动不定的情况。

3. 高级神经活动类型说。

内分泌腺活动虽然对气质有影响，但它要受神经系统控制。所以，神经系统的特征，特别是高级神经活动的特点对气质有更重要的影响。巴甫洛夫根据人的神经过程的强度（兴奋过程的强度和抑制过程的强度）、平衡性（兴奋和抑制两种过程的力量的相对关系）和灵活性（兴奋过程和抑制过程的更替速度）将人和动物的高级神经活动分为四种类型：(1) 强而不均衡型。这是一种易兴奋、奔放不羁的类型，有机体激动而难于约束，又称不可遏止型。相当于胆汁质。(2) 强、均衡、灵活型。有机体反应灵敏，活泼，能够迅速适应变化了的环境，又称活泼型。相当于多血质。(3) 强、均衡、不灵活型。容易形成条件反射但不易改变，坚毅但行动迟缓，又称安静型。相当于黏液质。(4) 弱型。兴奋和抑制都很弱，表现拘谨，遇困难时易产生神经症。相当于抑郁质。巴甫洛夫认为，高级神经类型就是气质。但后来的研究表明，高级神经活动是气质的生理基础，不是气质本身。

4. 性格类型说

德国心理学家斯普兰格依据人类社会文化生活的六种形态，将人分成六种性格类型。不同性格类型具有不同价值成分。这六种性格类型分别为经济型、理论型、审美型、政治型、社会型和宗教型（见表16—4）。这种分类以人类社会意识形态倾向性为出发点，其基础源于早期经验的个体研究，不能反映人格的生物学基础和社会分化，同时也否定了人格的发展。

表16—4　　斯普兰格的性格分类

类型	心理特点
经济型	注重实效，生活目的是为了追求利润和获得财富。如实业家等。
理论型	具有探究世界的兴趣，客观而冷静地观察事物，力图把握事物本质，尊重事物的合理性，重视科学探索，以追求真理为人生目的。如思想家、科学家等。
审美型	对现实生活不太关注，富于想象力，追求美感，以感受事物的美作为人生价值。如艺术家等。

续前表

类型	心理特点
政治型	倾向于权力意识和权力享受，支配性强，所有的生活价值领域都服务于其权力欲望，获取统领地位是他们的人生最高目标。
社会型	关心他人，献身社会，助人为乐，以奉献社会为人生最高追求。
宗教型	信奉宗教，相信神的存在，把信仰视为人生最高价值。

二、特质范式及理论

人格特质理论（theory of personality trait）起源于20世纪40年代的美国。特质理论家认为，特质（trait）是人格的组成元素，是引发行为的先决条件，也是测量人格的基本单位。特质标识的是那些一致的、相互关联的行为模式和可辨别的、稳定的个体差异。作为中介变量，特质使一系列刺激和反应产生联系，相同刺激对不同个体可能会有不同影响。特质理论家主张，人格是一种结构化的系统，个体以此来组织自身，并适应周围世界。这一系统是个人内部的，而不是环境塑造或强加的。人格具有跨时间的一致性。在人一生中，人格可能有很多改变，但有些发展线索却始终保持稳定。还有，特质具有跨情境一致性。尽管具体行为会因不同情境而改变，然而“我是谁”以及“我知觉这个世界的方式”则保持一致。

（一）奥尔波特的特质理论

奥尔波特（G. W. Allport，1897—1967）认为，特质（trait）是人格的基本单元，是人格的框架和个性的根源。特质是刺激与行为之间的中介变量，它使许多刺激在机能上等值，能够激发和引导形式一致的适应性行为和表现性行为。人们通过行为结果可以推测特质的存在。他与奥德伯特（H. S. Odbert）对英语大词典中描述人格的17 953个形容词进行记录和分析，最终确定了4 500个与相对稳定的、持久的特质有关的词，通过归并同性质的词对词语分类，找出描述人格的单元，提取人格特质。他认为，有两类特质：(1) 共同特质（common trait）。这是指在某一社会文化中，人们可以互相比较的人格特质，是同一文化中多数人或整个群体都具有的特质。共同特质依文化不同而不同，因而可以比较由文化造成的人格差异。例如，跨文化研究表明，不同民族在人格上具有稳定的差异，这种差异由不同的共同特质诱发。(2) 个人特质（individual trait）。这是个人身上独具的特质，又可以分为以下三类。一是首要特质（cardinal trait）。这是个体的典型的、概括的特质，具有极大的弥散性和渗透性，影响个体行为的所有方面，体现一个人的情操和动力倾向。如多愁善感是林黛玉的首要特质，自我陶醉是阿Q的首要特质。首要特质只在少数人身上才观察到。二是核心特质（central trait）。这是代表一个人主要特征的特质。当你向别人介绍某人时，你描述这个人时用的形容词就反映这个人的核心特质。奥尔波特让学生描述自己熟悉的同性别者，90%的学生列出5～10个特点，平均7.2个。如清高、率直、聪慧、孤僻、内向、抑郁、敏感，属于林黛玉的核心特质。三是次要特质（secondary trait）。这是指那些不甚明显、不引人注目、只在特殊场合才表现出来的特质。这些次要特质除与他亲近的人知道外，其他很少人知道。如对食物和衣着的偏好。

（二）卡特尔的特质理论

受化学元素周期表启发，卡特尔认为，可以用因素分析法研究人格。他使用奥尔波特的形容词表作为起点，通过因素分析，提出人格特质的理论模型，模型共分为四层，各层之间用连线表示它们的相互关系。见图16—1。

1. 个别特质和共同特质

每个人所具有的特质称为个别特质（unique trait），一个群体或一个集团的成员都具有的特质称为共同特质（common trait）。共同特质虽然为社区或集团的成员共有，但这些特质在不同个体身上的强度不同，共同特质在同一个人身上的表现也随时间不同而变化。

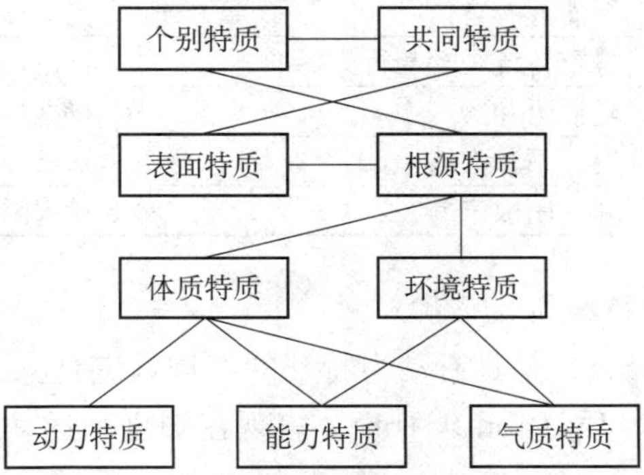

图16—1 卡特尔的特质结构网络

2. 表面特质和根源特质

表面特质（surface trait）是从外部行为就可以直接观察到的特质。表面特质只说明特质之间有关系，未揭示出行为的真正原因。例如，同是救助失学儿童，一个人是出自爱心，另一个人是为了提升自己的形象，行为相似，动机不同。根源特质（source trait）是行为的源发动力，是人格结构中最重要的部分。根源特质控制表面特质的聚集。每一种表面特质都来自于一种或多种根源特质，一种根源特质能够影响多种表面特质。例如，“焦虑”是害怕考试和遇到危机时入睡困难的原因，因此它就是根源特质。每个人具有的根源特质相同，但每种特质的影响力不同。卡特尔提出普遍存在于不同社会文化环境的个体身上的16种人格特质（见表16—5），认为人格差异由这些特质的不同组合决定，并编制了“卡特尔16种人格因素问卷”（Sixteen Personality Factor Questionnaire，16PF），这一测验在许多领域有广泛应用。

3. 体质特质和环境特质

根源特质又区分为体质特质和环境特质。体质特质（constitutional trait）由人的先天生物因素决定，如兴奋性、情绪稳定性等。环境特质（environmental trait）由后天环境因素决定，如焦虑、有恒性等。卡特尔采用“多元抽象分析”（MAVA）来确定每种特质中遗传与环境分别影响的程度。

表 16—5 卡特尔的 16 种人格特质

	人格因素	低分者特征	高分者特征
A	乐群性	缄默，孤独，冷淡	乐群，外向，热情
B	聪慧性	思想迟钝，学习浅薄，抽象思考能力弱	聪明，富有才识，善于抽象思考
C	情绪稳定性	情绪激动，易烦恼	情绪稳定而成熟，能面对现实
E	恃强性	谦逊，顺从，通融	支配，攻击，好强，固执
F	兴奋性	严肃，审慎，冷静，寡言	轻松兴奋，随遇而安
G	有恒性	苟且敷衍，缺乏奉公守法精神	有恒负责，做事尽职
H	敢为性	畏怯退缩，缺乏自信心	冒险敢为，少有顾虑
I	敏感性	理智，着重现实	敏感，感情用事
L	怀疑性	信赖随和，易与人相处	怀疑，刚愎，固执己见
M	幻想性	现实，合乎常规，力求妥善合理	幻想，狂放不羁，任性
N	世故性	坦白，直率，天真	精明能干，世故
O	忧虑性	安详，沉着，有自信心	忧虑抑郁，烦恼自扰
Q1	激进性	保守，尊重传统观念与行为标准	自由，批评激进，不拘泥于现实
Q2	独立性	依赖，随群附和	自立自强，当机立断
Q3	自律性	矛盾冲突，不顾大体	知己知彼，自律严谨
Q4	紧张性	心平气和，闲散宁静	紧张困扰，激动挣扎

4. 动力特质、能力特质和气质特质

动力特质（dynamic trait）是具有动力特征的特质，它使人趋向一定目标，包括生理驱力、态度和情操。能力特质（ability trait）表现在知觉和运动方面，包括流体智力和晶体智力。气质特质（temperament trait）决定一个人情绪反应的速度和强度。

卡特尔认为，人格是赋予人一致性的东西，它一定是可预测的。人格对一个人在特定情境中将采取怎样的行为做出说明。行为是人格及其情境的函数，即 $R=f\ (P \cdot S)$，其中 R 代表反应，P 代表人格，S 代表情境。

（三）现代特质理论

特质理论在当代亦具有很大影响。近年来，人们相继提出了几种特质理论。

1. 人格的三因素模型

艾森克采用因素分析法提出人格的三因素模型。三个因素是：（1）外倾性（extraversion），表现为内、外导向性的差异；（2）神经质（neuroticism），表现为情绪稳定性的差异；（3）精神质（psychoticism），表现为善良的、体贴的、热情的、合群的或是有攻击性的、冷漠的、反社会的。根据这一模型编制了艾森克人格问卷（Eysenck Personality Questionnaire，EPQ）。这个量表在人格测验中得到广泛应用。

2. 人格的五因素模型

塔佩斯和克里斯塔尔运用词汇学方法，对卡特尔的特质进行了再分析，发现五个相对稳定的因素。后来研究表明，有五个独立因素反复出现在不同研究中，证实五因素模型具有合理性。五个因素是：（1）开放性（openness），具有想象、审美、情感丰富、求异、创造、智能等特质；（2）尽责性（conscientiousness），显示胜任、公正、条理、尽职、成就、自律、谨慎、克制等特质；（3）外倾性（extraversion），表现出热情、社交、果断、活跃、冒险、乐观等特质；（4）宜人性（agreeableness），具有信任、利他、直率、依从、谦虚、移情等特质；（5）神经质（neuroticism），具有焦虑、敌对、压抑、自我意识、冲动、脆弱等特质。它们的起始字母构成“OCEAN”一词，代表人格的海洋。这五个维度非常宽泛，每一维度都包含许多特质，它们有各自独特的内涵，但共同隶属于同一主题。

目前，已经出现“大五人格因素的测定量表修订版”（NEO PI-R）。NEO PI-R 用来研究人格的稳定性及其终生的发展变化，也用来研究人格特点和生理健康、各种生活事件的关系。然而，五因素模型是描述性的。五个因素是通过对特质项目类群的统计分析所得，而不是由于某个理论认为“这就是那些必定存在的因素”。

3. 人格的六因素模型

虽然“大五模型”为不少研究证实，并且有广泛应用，但在德语、荷兰语、匈牙利语、意大利语、韩语、法语、波兰语等人格心理词汇研究中，均发现大五因素之外的第六个因素，分别被命名为道德—价值观、真诚—自夸、正直、可靠、诚实、坦诚等。阿什顿（M. C. Ashton）和李（K. Lee）提出，一个与坦诚有关的因素被列为人格结构的第六个因素将十分合适。阿什顿等人选取来自七种语言（荷兰语、法语、德语、匈牙利语、意大利语、韩语、波兰语）涉及人格描述性形容词的八个独立研究，以自我评定结果为依据，综合分析表明，在不同语言的研究中，存在着人格结构的六因素，分别是：（1）外倾性（extraversion）。强调合群、健谈和活跃。标定词有正向—健谈的、合群的、开朗的、充满活力的，负向—安静的、羞怯的、被动的、退缩的。（2）宜人性（agreeableness）。强调温和、耐心、愉悦、易怒和坏脾气。标定词有正向—温和、宽容、耐心、愉悦、和蔼可亲，负向—急躁、好争辩、好挑衅、暴躁。（3）尽责性（conscientiousness）。强调组织性和纪律性。标定词有正向—守秩序、精确考究、勤奋、小心谨慎、守纪律，负向—无组织、懒惰、粗心大意、轻率鲁莽、不负责任。（4）情绪性（emotionality）。强调焦虑、情绪反应性、多愁善感和缺乏勇气。标定词有正向—无畏、勇敢、坚韧、独立、自信，负向—焦虑、恐惧、敏感、脆弱、感情冲动、神经过敏、多愁善感。（5）坦诚—谦恭（honesty-humility）。强调可靠、谦逊、不贪心和不狡猾。标定词有正向—坦诚、真诚、公正、忠诚、谦逊，负向—欺诈、造作、自负、狡猾、狂妄、贪心。（6）智力/想象力/创新性（intellect/ imagination/unconventionality）。强调智力、想象力和创新性。标定词有正向—有创造力、聪明、有才能、受过良好教育、机智或幽默、富有创新性，负向—保守、愚笨、无能、没有受过教育、因循守旧。

4. 人格的七因素模型

特里根（A. Tellegen）和沃勒（N. G. Waller）采用不同选词原则，通过因素分析方法得到七个因素，形成人格的“七因素模型”。七个因素是：（1）正情绪性（positive emotionality）；（2）负情绪性（negative emotionality）；（3）正效价（positive valence）；（4）负效价（negative valence）；（5）可靠性（dependability）；（6）宜人性（agreeableness）；（7）因袭性（conventionality）。与“五因素模型”比，“七因素模型”增加了正效价（如优秀的）和负效价（如邪恶的）。“人格特征量表第七版”（IPC-7）是目前“大七人格模型”的有效测量工具。王登峰和崔红编制了一个由 123 个形容词组成、有较高信度和效度的中国人人格形容词评定量表，评定结果支持中国人人格的“大七”模型。其中，精明干练、淡泊诚信、善良友好是中国人特有的人格维度，其他四个维度——严谨自治、外向活跃、温顺随和、热情豪爽分别对应于西方“大五”模型中的尽责性、外倾性、宜人性和开放性。

现代特质理论具有广泛的应用价值。研究发现，外倾性、神经质、宜人性与心理健康有关，外倾性和开放性是职业选择的重要因素，尽责性与人事选拔有密切关系。然而，特质范式不注重查明行为的机制，只关注描述人格和预测行为。特质范式及理论也有局限性：首先，它并未提出完整的人格理论。有研究者认为，五因素模型并未企图成为一个全面的人格理论，它关注更多的是个体差异描述。而且，虽然特质理论家承认情境对行为有重要影响，但并未很好地把情境因素纳入研究过程。缺少情境因素的评定，特质概念似乎更适合于用来了解陌生人。正如戈登伯格指出的，通过提供人在一些维度上的相对位置，特质评定能有效地提供对人的第一解读。特质描述的三个优点，即可描述性、非情境性和可比较性。但这些同样也是局限性，因为当人们相互熟悉时，就开始寻找高度情境性、非比较性和背景性的信息。要在第一解读基础上进一步了解一个人，必须深入到解释性、功能性、动力性的层面，不能仅停留在描述性、结构性、特质性的层面。

三、动机范式及理论

类型范式和特质范式只探求人格是什么（what），不涉及人格为什么（why）和做什么（doing）。因此，对人格的理解未免肤浅。一些人格理论家关注人格的“所为”。他们认为，类型理论和特质理论只是对人格及其结构的静态描述，能够让人对不同人格类型进行精确的阐述，却不能有效地解释“行为是如何产生的”或者“人格是如何发展的”。因此，应关注人格动机。人格动机（personality motivation）是个体的长期起作用的、概括的从事某种活动的内在原因，它们不限于某一特定目标，通常不随情境改变而改变，与一个人的人生目标和价值取向密切相关，与由诱因和驱力激发起来的情境动机（situational motivation）相区别。这些理论家认为，动机是比类型和特质更深层的东西。如果说人格类型和人格特质构成人格的表层，那么，人格动机就处于人格结构的深层；如果说类型研究考察人格的表现，特质研究考察人格的结构，那么，动机研究则考察人格的功能；如果说类型研究和特质研究处于对人描述的层面，那么，动机研究则处于对人解释的层面。类型和特质对理解人格只是初步的，深入理解人格就要深入动力层面。

由动机研究范式衍生出来的人格理论包括马斯洛的需要层次论、莫瑞的需要—压力理论、弗洛伊德的人格理论、自我决定理论等。这里只介绍后两种。

（一）弗洛伊德的人格理论

弗洛伊德认为，人格结构由本我、自我和超我组成。

1. 本我

本我（id）位于人格结构的底层，由人的本能和欲望组成，是原始驱力的储存地。本我是无意识的、非理性的，是非社会化的和混乱无序的。本我遵循快乐原则活动，它跟随个体的冲动行为并追求及时的满足感，不考虑需求是否符合现实，是否能够被社会所认可。

2. 自我

自我（ego）从本我中分化出来，位于人格结构的中间层次，主要作用是调节本我和超我的矛盾。它反映本我的要求，又受超我的限制。自我遵循现实原则活动，它以合理的方式满足本我的要求。自我代表人关于生理和社会现实的观点，是个体关于行为的原因和结果的理性认识。

3. 超我

超我（superego）是道德化了的自我，处于人格结构的最高层次，由社会规范、价值观念内化而来，是一个人的价值观的储存地。超我遵循道德原则活动，作用是抑制本我的冲动，对自我进行监控，并追求完善的境界。超我包括人的良心和自我理想。

弗洛伊德认为，本我、自我和超我各自代表了人格的一方面，本我代表生理本能，自我代表心理现实，超我代表道德理想。它们各自追求不同的目标，本我追求快乐，自我追求现实，超我追求完美。当三者之间相互协调时，人格就健康；当三者之间矛盾加剧互相敌对时，人就会产生心理疾病。

弗洛伊德的人格理论属于层次理论，强调人格具有一定结构，这些结构是不断发展的，各种人格成分不是杂乱无章地堆积的，而是构成一个有机整体。因此，这一理论更重视人格的整体性和动态性。

（二）自我决定理论

自我决定理论（self-determination theory，SDT）由德西（E. L. Deci）和瑞安（R. M. Ryan）在20世纪80年代提出，认为人具有先天的心理成长和发展的潜能。自我决定就是一种经验选择的潜能，是在充分认识个人需要和环境信息的基础上，个体对行动做出的自由选择。自我决定潜能可以引导人们从事感兴趣、有益于能力发展的行为，对自我决定的追求构成人类行为的内在动机。

1. 基本心理需要理论

认为每一个体都存在基本心理需要。人类的基本心理需要包括：（1）自主的需要；（2）胜任的需要；（3）关系的需要。基本心理需要的满足和人对幸福的体验呈正相关，基本心理需要的满意程度可以预测工作业绩和快乐程度，自主需要的满足与幸福感和积极行为方式呈正相关。目标定向对基本心理需要满足有重要作用。人们如果把内在抱负如个人发展、亲密关系等作为生活目标，比追求外在目标如财富、名声等更容易体验到幸福感。

2. 动机分类理论

自我决定理论把动机分为内部动机、外部动机和无动机。

（1）内部动机及类型。内部动机是追求新奇和挑战、发展和锻炼能力、勇于探索和学习的先天倾向。它与兴趣、满足感等密切相关，是高度自主的动机类型，代表自我决定的原型。内部动机有三种类型：

一是了解刺激。个体为了获得新知识，了解周围事物，探索世界，满足好奇心或兴趣。

二是取得成就。个体试图达到某一目标或完成某项任务，遵循内在需要迎接挑战。这种动机具有更多的自我决定成分。

三是体验刺激。个体把行为接纳为自我的一部分。从事某种活动是为了行为内在的快乐。这是最具有自主性的内部动机。

（2）外部动机及类型。外部动机是人们为了获得某种结果而去活动的倾向。根据自主程度，也可分为三种类型：

一是外在调节（external regulation）。个体行为完全遵循外部规则，目的是为了满足外在要求或为了获得报酬。这是外部动机最具有控制的形式，个体行为完全受行为结果影响。

二是摄入调节（introjected regulation）。个体吸收外在规则，但未完全将其接纳为自我的一部分，是相对受控制的动机类型。人们从事活动是为了避免焦虑或责怪，或是增强自我。人们去做某事是为了展示能力（或避免失败）以维持价值感，没有体会到是自我的真正部分。

三是认同调节（identified regulation）。个体对行为目标或规则进行有意识评价，如发现行为是重要的，就将其接纳为自我的一部分。个体更多地体验到自己是行为的主人，感觉到更少冲突，含有更多的自主或自我决定成分。

（3）无动机。无动机是最缺少自我决定的动机类型，个体认识不到行为与结果之间的联系，对所从事活动毫无兴趣，没有外在或内在的调节行为以确保活动的正常进行。

3. 认知评价理论

认为凡是能够满足人们胜任需要即让人产生成就感的社会事件（如报酬、反馈、交流、免于受到贬低性评价）都能增强行为的内在动机。社会事件对内在动机的影响以个体的能力知觉为中介。能够满足自主需要的环境也能促进行为的内在动机。人在体验到成就或效能时，还必须感觉到行为是由自我决定的。在完成任务时，威胁、最终期限、指令、压力性评价和强制性目标等，都会削弱内在动机，而感情认可和自我决定的机会均能增强个体行为的内在动机。

4. 有机整合理论

主要探讨促进外在动机内化的条件。认为影响外在动机内化的环境因素有三：

（1）能力知觉。个体对能力的知觉可以促进外在动机内化。如果人们对某项活动产生效能感，就更有可能接受并重视它。

（2）自主性体验。这是促进外在动机内化的关键性因素。当人们感到胜任任务时，产生外在调节；当人们具有成就感或归属感时，产生摄入调节；当人们感到自己是优秀的、有归属感和自主感时，产生自主性调节。人只有处在可以自由选择、遵循自己意愿、在思维方式和行为上都不受外界束缚的环境时，才能对外在规则进行有效整合。

（3）归属感。感到自己从属于某群体或与别人建立关系的需要影响外在动机的内化。瑞安等人发现，对学校规则内化得好的学生，多是觉得和老师建立安全关系，也感受到来自老师精心照顾的学生。

5. 因果定向理论

认为人有对有利于自我决定的环境进行定向的倾向。一般说来，在个体身上，存在三种水平的因果定向：（1）自主定向，指个体对能够激发内在动机的环境的定向。环境具有挑战性并提供信息反馈。自主定向的人倾向于表现出自我创新、寻求有趣和有挑战性的活动，勇于承担责任。（2）控制定向，指个体倾向于受报酬、限期、结构和别人指令的控制。控制定向的人容易把财富、荣誉和其他一些外界因素放在重要地位。（3）非个人定向，指个体相信对满意结果的获得是个人无法控制的，在很大程度上是幸运或运气的产物。

自我决定论强调自我的能动作用，同时强调社会环境对潜能发挥的影响，为理解人类行为提供了一种新视角，在学校教育、医疗、家庭教养、管理等实践领域有广泛应用，尤其是对那些需要激发他人动机的社会工作者如老师、管理人员、教练、家长等更具有实际意义。

四、叙事范式及理论

类型范式重在描绘人格的典型表现，特质范式重在揭示人格的静态结构，动机范式侧重发现人格的功能，叙事范式主要探讨人格的来源。

（一）叙事范式的兴起

首先，心理学在争取科学地位的同时，也面临着困境：个体主义的方法论取向忽视了人的社会性和精神性，心理学研究与现实生活脱节，与生活意义背离。人们不经要问：自然科学取向是否适合于心理学？如果承认心理学的最终目标是促进人类精神生活的和谐、快乐与幸福，就应该承认心理学与自然科学是不一样的科学。心理学研究人的经验世界，而经验世界与物理世界有着本质的不同。其次，后现代思潮影响了心理学。人们发现，科学知识不是绝对的，真理依赖于具体语境。人格、情绪、态度是特定语境（时间、地点、社会文化）的产物。语言应该成为研究对象，话语分析应当成为重要研究方法。应当从个体的早期经历、成长历史、文化背景、社会环境入手，综合考察其心理与行为。于是，叙事的研究范式出现了，生活故事成为心理学的研究对象。

叙事心理学是由萨宾（T. R. Sarbin，1911—2005）于 1986 年提出的。叙事（narrative），就是为了告诉某人发生什么事的一系列口头的、符号的或行为的序列。叙事研究是指任何使用或分析叙事材料的研究。萨宾认为，人们在接触新事物时，习惯将其与已有知识里的形象或“部分相似”的事物联系起来理解。“部分相似”即根比喻。根比喻为自然世界和人造世界提供了基本建构框架，在现象观测、分类和解释时使用的哲学或科学模型都属于根比喻。根据根比喻不同，可以将现有的世界观分为四类：形式论（formism）、机械论（mechanism）、机体论（organicism）和语境论（contextualism）。实证范式属于机械论的世界观，根比喻为机器；叙事范式属于语境论的世界观，根比喻为历史事件。语境论主张，对任何现象的理解都离不开事件发生的历史背景，应该设身处地、历史性地理解语言、心理和行为。萨宾提出，叙事是人们对事件的基本组织原则，是心理学的根比喻。

布鲁纳认为，人们思考世界的方式有两种：范式思维（paradigmatic mode of thought）与叙事思维（narrative mode of thought）。在范式思维中，人们依靠严谨的理性分析、逻辑证明、实证观察去探索世界；在叙事思维中，人们通过讲故事来筛选和理解自身的经验，用情节去反映世界。故事同理论不同，它不是去寻求范式意义上的真理，而是要更真实地接近生活；它依赖于讲故事的人，在故事中渗透了创作者的情感、目标、需要和价值。人类的经验和行为是有意义的，为了理解他人和自己，需要探索组成精神和世界的“意义系统”和“意义结构”。人类的意义领域离不开“活动”，时间与顺序是这种活动的基本维度，意义就在时间与顺序的关系中得到了解释。

叙事范式认为，叙说是人类的天性，人活在生活中，也都有其故事。故事有生命，每个人用其故事来展现其人生。人是故事的作者。在生命中发生的事很多，人选取其中的情节并使之进入主要故事（dominant story）。这样，人就通过故事来筛选和理解自身的经验。人经历了事件，也不断诠释其意义。在生活中，总有特定的事特别突显，不断地储存记忆，成为围绕着某个主轴、基调的我的主要故事；不符合这个主轴和基调的不被注意的事件，称为替代故事（alternative story）。人生故事充满着个体对生活经验的体验、表达和理解，具有建构自我和让他人认识自我的双重作用。当人们建构人生故事并把它叙述出来时，就是在体验个体的生命进程和表达个人的内心世界。因此，对那些讲述人生故事的人来说，这是一种人格的重构过程：个人重整了经验，把片段的情节组织成完整的故事，使隐藏在情节后的意义显现出来。因此，研究人生故事对了解人格非常重要。

如何通过人生故事来了解人格？尽管每一个人生故事都独一无二，仍然有一些共同的维度。对人生故事的分析，无外乎是考察叙说者讲述了什么（故事内容）以及是如何讲述的（故事形式）。对故事内容，可以从故事主题和讲述时用的语言种类或频次来考察；对故事形式，可以从叙事语调、叙事结构的复杂性和叙事故事的类型进行研究。例如，可以利用人生故事的中心主题线索（thematic lines）展开对人格的分析。中心主题线索是指人生故事中人物一直想要得到的、渴望得到的或避免得到的东西。麦克亚当斯（D. P. McAdams，1954—　）认为，主题线索反映在生命过程中存在的两种基本形态——能量和交流。能量涉及权力、成就、独立和自我扩展等主题。从特质的角度看，能量更多地表现了支配性和外倾性；从动机的角度看，能量反映成就动机和权力动机。交流体现了个体想要与他人融合，与他人建立爱、亲密、友情及沟通等各种联系所做出的努力。它体现随和性的人格特质，并反映亲和动机。研究者还发展出对人生故事的主题编码方法。他们分别将能量和交流进一步分成四个子主题，每一子主题又用人生故事中关键片段的叙事编码。对能量，分为自我掌控（self-mastery）、地位/胜利（status/ victory）、成就/责任（achievement/responsibility）、权力授予（empowerment）；对交流，分为爱/友谊（love/friendship）、对话（dialogue）、关怀/帮助（caring/ help）、统一/归属（unity/ togetherness）。个体的人生故事可以通过体现在这两种主题线索的强度和显著性的差异进行比较。例如，在一个强调能量主题的人生故事中，人物的奋斗目标是权力、成就、独立、控制等；在一个交流主题占支配地位的人生故事里，人物为了友谊、爱、亲密和沟通不断地努力。有些人生故事在能量和交流上都显示了较高的水平，还有些人生故事在这两方面都处于较低的水平。

由叙事研究范式产生的人格理论称为叙事人格理论。

（二）萨宾的叙事人格理论

萨宾认为，人们通过话语来建构自我。要了解一个人，就必须首先了解他的故事。在与他人交流过程中，大部分时候我们都在述说自己的故事，倾听他人的故事，只有通过聆听他人对其生活、体验的叙述，才能够进入他人的内心世界中去。故事以现实生活为模板，又不完全等同于现实，它是个体内部对外部世界主观加工之后的反映。人生故事并非仅由个人决定，而由个体和文化共同创造。它不是纯粹的客观事实，也不是纯粹的想象。人生故事是融合了重构的过去，感知的现在和期盼的将来的一种内化的、发展的自我叙事。故事叙述使我们了解自己、了解他人，而人格就是在叙述中得以建构的。

萨宾还将叙事与角色采择联系起来。他认为，叙事就是一种角色采择行为，是以他人的身份来审视自己的过去、现在和未来。类似的还有“想象”。如果说想象是一种无声的角色采择，叙事则是有声的角色采择。萨宾认为，在自我叙事中，主格“我”是叙述者，如同导演，宾格“我”是主人公，如同演员。在叙述中，由主格“我”为宾格“我”准备脚本，叙事中的主人公“宾格”我与故事中的其他演员一道，按照脚本上各自的角色表现出不同的行为，脚本就是生活本身，也与自我相连。

传统心理学主张实体自我，认为自我不依赖于语言而独立存在。社会建构论主张关系自我，认为自我是语言的产物，存在于人际互动中。萨宾主张叙事自我，认为自我依赖于特定的情境。在不同的情境中，人以不同的面貌出现，即表现出不同的自我。叙事自我强调语言、情境对自我的重要性，强调自我一致性的建构性质，依赖于特定的历史与文化。

（三）汤姆金斯的剧本理论

汤姆金斯认为，人类行为的最基本动机是情感而不是驱力或者需要。情感是生活的最主要的推动者，场景和剧本是生活的最重要的组织者。剧本理论的根比喻是把人比作戏剧家，人在不断地将以往的人生建构成自身独特的戏剧。场景是指一个人在一生中对某个特殊事件的记忆，剧本就是一整套的规则，用来解释、创造、扩充或逃避一类相关场景，从而能够使人理解不同场景之间的关系。他认为，剧本组成过程是情感放大和心理放大。情感放大是指某人因为在某个场景中体验到强烈情感而对该场景留下了深刻的记忆；心理放大是指将相关场景联合成一个有意义的模式的过程。他还区分了剧本类型——承诺剧本和核心剧本。人在承诺剧本中使自己与一个人生目标或计划紧密相连，这个目标或计划可能会带来极大的积极情感回报；核心剧本总会涉及复杂的趋避冲突，人们常极力回避却又不可遏制地走进某个独特的冲突场景。

（四）麦克亚当斯的人生故事理论

麦克亚当斯认为，人生故事以个体经历的事实为基础，又超越事实本身。要理解人生故事的结构和内容，可以从基调（narrative tone）、意象（imagery）、主题（theme）、意识形态背景（ideological setting）、核心情节（nuclear episodes）、潜意识意象（imagoes）、结局（ending）或生成剧本（generativity script）等方面来理解。这七个方面构成了完整的人生故事所应包含的七个要素。故事基调就如同音乐的主旋律一样。基调乐观，即使遇上逆境，人也会乐观；基调悲观，人也悲观。影响叙事基调形成的是人在幼年时期的依恋关系。拥有安全依恋关系的个体有乐观的生活态度并能够信任他人，所建构的人生故事也色彩明亮鲜活，基调积极乐观；拥有不安全依恋关系的个体总是心存怀疑，生活在悲观世界里，建构的人生故事色彩阴沉灰暗，基调消极悲观。意象和主题由人生目标决定。潜意识意象是在人生故事中，主体我（I）常将客体我（Me）拟人化后产生的。今天的自己、昨天的自己、明天的自己、理想的自己、害怕成为的自己、实际感知的自己、逃避的自己等，都融入人生故事的主要角色中去，产生了多个潜意识意象。

麦克亚当斯认为，人生故事的功能是整合，通过主体我给出的故事，对客体我进行暂时的整合。其发展可以分为三个时期：（1）叙述前期，为以后的人生故事收集素材；（2）叙述期，个体在意识形态背景中重构过去，将其创造成连续、可信的叙事；（3）叙事后期，人生故事难于再更改。在每个独特人生故事中体现的差异，反映了不同的客观过去，也反映了他们选择的不同叙述风格和方式，并且个人使用的叙事风格对其心理社会适应既可能是原因，也可能是结果。判断一个故事是否为好的故事，可以由连贯性、开放性、可信性、区分性、协调性以及生成的整合这六个标准来判断。

（五）赫尔曼斯的对话自我理论

这是由荷兰心理学家赫尔曼斯（H. J. M. Hermans，1937— ）所提出自我理论。

1. 对话自我的概念

赫尔曼斯认为，自我不是静态的本质，而是动态的叙事过程。每个人都有自己的故事要讲，在讲故事时，人既是讲故事者，又是故事的主人公，还是听众。这些不同角色都是自我的一部分，它们代表不同的身份，持有不同的观点，通过对话方式交流。赫尔曼斯提出“对话自我的叙事建构”（narrative structure of dialogical self），认为每一个人都有从自己立场来讲述的关于自己经历的故事。作为各种不同声音，这些人物互相交换着关于各自的客我的信息，导致一个多重的、叙事性建构的自我。

赫尔曼斯认为，自我是外在世界的类空间表征。自我的功能相当于一个空间，“I”在其中观察“Me”的活动，并将“Me”的活动用故事的方式组织起来。人生活在“体验式空间”（experiential space）中，体验式空间引出“想象空间”（imaginal space）的内容。自我可以被定义为动态的、具有多个相对自主的主我立场（I-positions）的空间，可以被想象为在时间上和空间上具有一定立场，具有相互对话的关系。个体生活在多样的世界中，每一种世界都有自己的作者，他们讲述着相互独立的故事。这些作者彼此相互对话，构成一个复杂的、高度动态的自我组织。因此，对话自我被定义为多个主我立场在想象空间中的活动，是心理空间内部的交流。主我立场是对话自我的基本概念。

在对话自我理论中，“I”是随着时空改变不断重新定位的变化过程。主我立场是“I”与物化、空间化概念“立场”的内在结合。“I”在“想象空间”中运动，产生一系列动态领域。在这些领域中，又通过自我协商、自我对立或自我整合，产生出各种意义。主我立场在交流中进行动态的建构和调节。

在自我空间中，内部立场是被当做自己某种属性的部分（比如，我是女性，我是喜欢运动的人），外部立场是指环境中与个体的一个或多个内部立场相关的人或物（比如，我的爸爸、我的同事）。内部立场和外部立场通过互动过程为双方创造了重要意义。立场之间的对话过程和新立场的形成，促成了自我创新。所有立场都属于自我的一部分，由内而外地延伸到环境中。内部立场和外部立场在特定区域出现交集，它们是一个圆圈的不可分割的两部分。内部立场和内部立场之间、外部立场和外部立场之间、内部立场和外部立场之间都存在对话过程。在特定时刻，某些立场处于对话中，其他立场处于背景位置。

立场可以移动。外部立场可以从外部空间移动到内部空间，反之亦然。立场可移动性使对话自我具有动态建构的特点。定位和再定位过程便于这种建构的涌现。首先，对话关系的核心特征是对系统内现有立场之间的交流所产生的新信息或知识保持开放。通过交流，所有立场可以从整体上得以重组。其次，随着交流的进行，新立场可能产生，并带来新的信息和知识。在这两种情况下，就像提问和回答一样，作为对话过程的一部分将自我推向不可预知的将来。对话自我的空间性和在空间结构中各个角色的相对自主性，造就了自我创新的潜在可能和能力。如果将自我理解为多个对话立场，不同或对立的立场之间的边界区正是产生新意义的场所。

2. 对话关系的动态交互

对话自我理论认为，形成的自我是多个相互关联的主我立场。对话可能在以下心理空间出现：外部立场之间（如老师之间对不同宗教信仰的争论）、内部立场和外部立场之间（如我和同事讨论问题）、内部立场之间（如我同时作为女儿和大学生）。这就构成了对话自我中三重对话关系，即外外关系、内外关系和内内关系。这三重对话关系既可以同时存在，也可以分别存在；既可以是不同立场之间的相互对话，也可以是同一立场之间的直接对话。三重对话关系的存在为对话自我的立场变化提供了复杂多样的动态运作方式。

三重关系虽然有内有外，却只是立场的内外之分。由于立场是对话自我的表现形式，因此，所有关系都包含在自我之中。如何在自我中体现关系，就需要引入他者（otherness）的概念。他者会成为自我的一部分，自我又会变成他者，这种变化由心理间的对话促成，又形成“对话自我”。对话方式能够帮助人们理解自我和他者。在对话的框架下，自我与他者这两个看似矛盾的概念具有内在和谐性。首先，只有和自我通过对话建立起关系的他者才能与自我相互影响。因此，没有他者很难从本质上反映自我，反之亦然。其次，他者作为外部立场也可以通过对话转变为内部立场，反之亦然。这种转换可以通过想象实现。在对话自我中，与自我建立起关系的他者在某一时间内以真实形式出现，在下一时空中，通过现实或想象方式进入内部立场中。

自我具有多个“主我立场”，以多种方式跟自己交流，具有私下听众/观众。私下听众/观众从重要他人的角度来看待自己。想象听众/观众的出现进一步说明了对话中立场的动态性。外部立场和内部立场的转化可以超越具体情境来实现。主我立场可以分为两类：(1) 明确定位（explicit positioning），即自我叙说中的重要他人；(2) 隐形定位（implicit positioning），即受私下观众影响。他者和想象观众/听众等术语的引入为对话自我的多重关系的互动提供了理论依据。个体的多重自我、多个立场、多重关系使得个体具有丰富的心理世界。自我具有的自我更新和自我创新的能力使得它具有主动定位和再定位的能力。立场（position）和定位（positioning）这两个术语比角色（role）更具动态性，采用动态的定位和再定位意味着自我主动采取新方式组织自己。

3. 对话自我的功能

(1) 创新性。对话自我理论不仅说明自我是什么，也阐述自我做什么，即从功能上来解释自我，强调其创新功能。对话自我有以下特征：空间建构的、具体的，通过他人的立场而存在，有高度开放的边界，处于文化和历史中。自我创新有三个途径：一是引入新立场并将其纳入自我组织。新环境引起自我创造出新立场，但对新立场的开放程度依赖于已有系统的组织。二是系统中的已有立场从背景移到台前，或通过隐喻使深层立场移至表面，已存在的立场因为自我重组变得可获得。三是两个或更多的立场相互作用形成新系统。创新功能有助于自我发展。

(2) 开放发展性。在对话过程中，自我越是向他者开放，越是不同于他者。自我与他者的互动，产生并促成了对话。对话性是个体心灵活力的体现，它激发着人的认知与实践活动，使得自我具有开放发展的可能性。

五、综合范式及理论

综合范式是将不同的研究范式整合起来，力图能够在更高水平上反映出人格的全貌。例如，将类型学研究与特质论研究结合起来，或者将人格特质、人格动机和人格叙事的研究整合起来。

（一）艾森克的人格层次理论

艾森克提出了人格的四层次理论，试图将人格的特质理论和类型理论结合起来（见图16—2）。在他的模型中，最下层是特殊反应水平，即日常观察到的反应，属于误差因子；上一层次是习惯反应水平，由反复进行的日常反应形成，属于特殊因子；再上一层次是特质水平，它们由习惯反应形成，属于群因子；最上层是类型水平，由特质形成，属于一般因子。

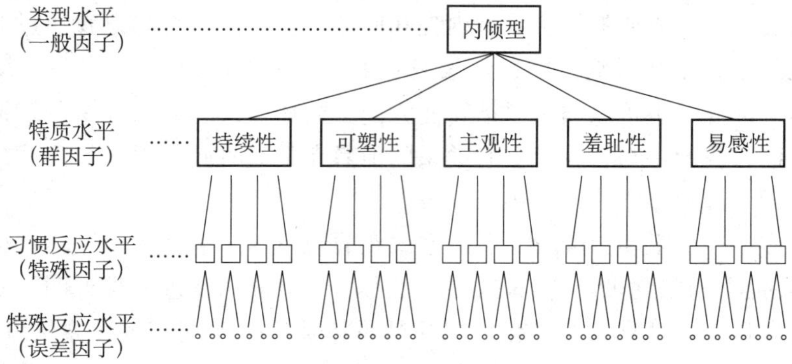

图 16—2　艾森克的人格层次模型示意图

艾森克还用两个维度来描述人格，一是内向和外向，一是神经质倾向（即情绪稳定性），并且用二者构成人格维度图（见图 16—3）。在图 16—3 中，纵轴代表内倾与外倾，横轴代表情绪稳定与不稳定。个体可以落到图中的任何一点上，在外向性和神经质两个维度上发生变化。根据这两个维度，艾森克将人分成稳定内倾型、稳定外倾型、不稳定内倾型和不稳定外倾型四种，它们分别相当于黏液质、多血质、抑郁质和胆汁质。艾森克的人格理论将类型理论和特质理论有机地结合起来，因而能够更全面、更系统、更富有层次地描述一个人的人格。

（二）麦克亚当斯的“人格房子”模型

麦克亚当斯认为，叙事的基本原理，就是由一个“主体我”（I）用语言来描述一个“客体我”（Me）。1996 年，麦克亚当斯提出“人格房子”模型，从人格特质、人格动机和人生叙事三个水平解释人格。如图 16—4 所示。

水平一是倾向水平，是指那些去情境的、线性的、可比较的人格特质，用来描述人的行为模式中的一般性的、可观察的部分。人格的这些基本成分具有普遍性和持久性的特点。水平二是个人关注，主要指人格动机，由能够促使一个人去完成各种任务和实现个人的重要生活目标的策略、计划，以及关注点组成，可以用来阐明人们在人生某一特定时期

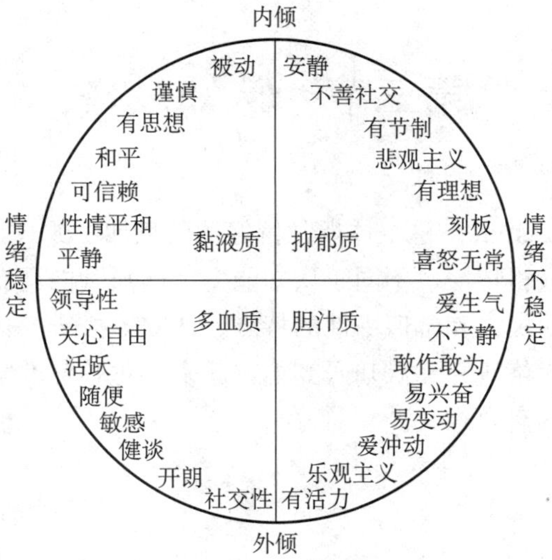

图 16—3 艾森克的人格维度图

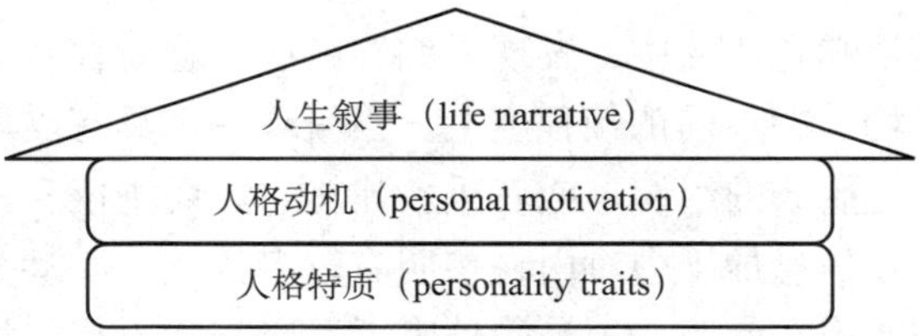

图 16—4 麦克亚当斯的“人格房子”模型

和特定行为领域想要做什么以及人们用什么样的生活方式来得到他们想要的，回避他们不想要的。它与人格特质最根本的区别就在于它的情境性，个人关注有具体的时间、地点和角色，能够描绘生活在具体时空中的个体。人格特质和人格动机都无法展现出个体生活的全部意义和目的，无法让我们真正了解一个人。要达到对个体的全面理解，还需要一个能够把二者统一起来的时空框架，这就是水平三：人生叙事。一个鲜活生动的人格是需要用说故事的方式来描述的，这种描述呈现出人生的统一性和目的性。统一性体现在个人为实现生命意义和生活目标而建构的生活故事里。故事为自我提供了连续性，一个完整的故事可以告诉我们昨天的你是如何成为今天的你、明天的你。在故事中，人们可以建构过去、体验现在、期待将来。故事是自我统一与整合的表征。故事还展示了特质与情境相互作用的过程：行为最初是由情境激发的，不同情境激发出不同行为，相似情境中会出现相似行为。情境重复导致个体形成习惯性行为模式，这种行为模式最终成为自我的一部分，即特质。但由于特质是从过去情境中抽象出来的，是去情境化的，对未来，它只是一种行为的可能性。自我的连续性只能在故事的水平上体现出来，而故事中某一个片断（即情境）中的目标、任务需在第二水平上分析。水平一和水平二分别属于人格的静态结构和人格的动力机制，人生叙事为特质和目标提供了时空坐标系，使它们整合成一个连续的、不断发展的整体，人生叙事是融和了重构的过去、感知的现在和期盼的未来的一种连续的自我历程。

第三节　认知风格

认知风格（cognitive style）是个体惯常偏好的信息加工方式，也叫认知方式。它是在认知活动中表现出来的人格特征，不同于认知能力。认知风格具有跨时间的稳定性和跨情境的一致性，并且具有两极性和价值中性的特点。认知风格研究具有重要意义：认知风格将一向处于割裂状态的人格研究和认知研究统一起来，对教育教学、体育竞赛、职业选择和心理卫生也具有重要的启发意义。

一、认知风格类型

（一）场独立性—场依存性

威特金等人在垂直视知觉研究中，发现人们在解决问题时存在认知方式的差异，主要表现在人对外部环境（场）的不同依赖程度上。当呈现一个具有支配作用的场的时候，比较场独立的个体倾向于克服场的组织，或者重新建构它，而场依存的个体倾向于依附给定的场组织。场独立型者在信息加工中对内在参照有较多依赖，心理分化水平高，在加工信息时主要依据内在标准或内在参照，不易受外来因素影响和干扰。场依存型者在信息加工中对外在参照有较大依赖，心理分化水平低，处理问题时较多依赖于“场”，与别人交往时能够考虑对方感受。通常，可以通过隐蔽图形测验来鉴定人的场独立性和场依存性。

场独立型与场依存型的差异表现在个体心理活动的许多方面。场独立型者在认知上具有某些优势，场依存型者在社交方面适应得更好。在解决需要灵活思维的问题时，场独立型者善于抓住关键，灵活地运用知识解决问题；场依存型者在解决熟悉问题时不会有困难，在解决新问题时由于缺乏灵活性，难于应付。场独立型者喜欢学习一般原理，不喜欢学习具体知识。他们的概括化程度比场依存型的人高，但两者在获得的知识量上没有差异。在学习兴趣和职业兴趣上，两者也表现出明显差异。张厚粲研究表明，场独立性与数学能力之间存在正相关。场依存型者对人文社会科学更感兴趣，场独立型者更擅长数学和自然科学。在对未来职业选择上，场独立型者喜欢从事理论研究、工程建筑、航空和艺术等工作；场依存型者喜欢选择社会定向的学科和职业。

（二）冲动—沉思

卡根（J. Kagan，1929—　）依据个体在不确定条件下做出决定速度的差异，区分了两种认知风格：冲动与沉思。具有冲动认知风格的个体，反应迅速，精确性差。面对问题时，总是急于求成，不能全面细致地分析问题的各种可能性，急于表态，有时还没弄清问题的条件和要求，就匆匆忙忙地急于解题。他们使用的信息加工策略主要是整体性策略。当学习任务要求做出整体性解释时，成绩较好。具有沉思认知风格的个体，反应缓慢，精确性高。在面临问题时，总是详尽考虑后再做出反应，看重的是解决问题的质量，而不是速度。在加工信息时更多地采用分析性策略，在需要对细节进行分析时，成绩较好。

两种认知风格的人在许多方面存在明显差异。在学习能力上，沉思型学生的阅读能力、记忆能力、推理能力和创造能力较好，冲动型学生往往阅读困难，学习成绩也差。希瑟林顿（E. M. Hetherington）等人综合许多研究结果后指出，沉思型儿童表现出更成熟的问题解决策略，更可能考虑问题解决的不同假设。这与沉思型儿童的元认知水平高有关。研究表明，8 岁儿童中沉思认知风格与元认知水平有显著相关。沉思型学生能够厘清认知目标和使用有效策略。一至三年级具有沉思风格的学生有较多的元认知知识，并能够使用较多策略，记忆成绩也较好。然而，罗林斯（H. A. Rollins）等人发现，沉思型儿童解决较少维度的问题迅速，而冲动型儿童解决较多维度的任务迅速。当认知任务强调整体性的信息加工时，沉思型学生所犯错误较多；当认知任务强调细节性的信息加工时，冲动型学生所犯错误较多。泽林克（L. Zelinker）等人发现，沉思型学生在需要细节的作业中做得更好，在要求整体性的作业中，两者没有差异。帕斯克（G. Pask）研究表明，两种认知风格的人的学习好坏与教师的教学风格有关。当教师采用整体型的教学风格时，冲动型的学生表现较好；当教师采用分析型的教学策略时，沉思型的学生表现较好。因此，冲动型个体所表现出来的学习能力差更可能是与教师所采用的教学风格有关。

奥尔波特等人认为，人的反应速度和正确率之间存在着复杂的关系。所以，除冲动和沉思两种认知风格外，还应该有两种类型：快—正确型和慢—非正确型。快—正确型的反应既快又准，慢—非正确型的反应慢且准确性差。

采用匹配相似图形测验（Matching Familiar Figures Test，MFFT）可以鉴别冲动—沉思的认知类型。这种测验是给被试显示一个标准图形，让他们从六个备选图形中，选择一个与标准图形一样的图形，根据被试的反应时和错误率划分不同的认知类型。

（三）同时性—继时性

达斯等人根据脑功能研究，区分了同时性与继时性两种认知风格。左脑优势的个体的认知风格是继时性的，右脑优势的人的认知风格是同时性的。

继时性认知风格（successive cognitive style）的特点是：在解决问题时，采用系列加工的方式，每一步只考虑一种假设或一种属性，解决问题过程像链条一样，环环扣紧，直到找到问题的答案。言语操作和记忆都属于继时性加工。一般说来，女性比男性更擅长继时性加工，这可能是女孩的记忆和言语能力优于男孩的重要原因。

同时性认知风格（simultaneous cognitive style）的特点是：在解决问题时，采用平行加工的方式，同时考虑多种假设，兼顾解决问题的各种可能性，解决问题方式是发散的。许多数学问题和空间问题的操作都依赖于这种加工方式。一般说来，男性比女性更擅长同时性加工，这也可能是男孩的数学和空间能力优于女孩的重要原因。

同时性和继时性是认知方式的差异，不是加工水平的差异。但是，当学习材料与认知方式相互作用时，不同认知方式的优势就会表现出来。帕斯克研究表明，当学习材料与学生的认知方式相匹配时，学习效果就好；反之，学习效果就差。

（四）具体—抽象

这是格雷戈尔克（A. F. Gregorc）根据学习者喜欢的实际经验的情况来划分的。具体型学习者利用真实的材料和例子进行学习，他们是实际经验的学习者；抽象型学习者喜欢通过课程学习，他们善于利用教材，认知改组能力强，适合于理论学习。判断具体型学习者和抽象型学习者的学习效果孰优孰劣要看学习的具体环境。

（五）整体—序列

这是帕斯克和斯考特（B. Scott）提出的分类。整体型的个体在认知中采用整体性策略，喜欢把学习任务看成一个整体，了解主要脉络，对问题有高层次的关心；序列型的个体喜欢采用聚焦策略，行为特点是按部就班。

（六）整体—细节

这是埃尔曼（M. E. Ehrman）和利弗（B. L. Leaver）根据学习者的注意广度提出的分类。整体型的学习者注意意象的整体性，关注大的“图画”，见“森林”而不见“树木”，喜欢由顶到底（top down）的加工。他们首先关注事物的整体意义，然后是细节。如果没有足够的细节，他们“创造”的意义会远离现实。细节型的学习者注意分离的项目与细节，他们关注“树木”而不关注“森林”，对事物整体的把握较差。这种类型的学习者更喜欢由底到顶（bottom up）的加工方式。

（七）聚合—发散

这是吉尔福特所做的分类。聚合型的个体思维严谨，条理清晰，概括性强，善于揭示事物的本质；发散型的个体采用搜索策略，既松散宽泛，又不拘一格，能够把各种有关图式联结起来，呈现出创造性思维的特点。

（八）直觉—理智

这是阿林森（C. W. Allinson）和海耶斯（J. Hayes）提出的分类。直觉型的个体喜欢通过直觉方式进行理解，理智型的个体倾向于利用各种已知的和现成的事实，倾向于通过推理进行学习。

（九）能量理论

格雷戈尔克提出能量理论。这一理论有两个基本维度：对空间的利用和对时间的利用。对空间的利用是指获取和表达信息的知觉类型，分为具体型和抽象型；对时间的利用是指排列事物的不同方式，分为有序型和随机型。将这两个维度交叉，可以将人分为四种类型：（1）具体—有序型。注重事实和具体事物，通过感知来验证其假设。（2）抽象—有序型。偏爱逻辑分析，通过预先设置的方案来验证假设。（3）具体—随机型。偏好直觉思维，验证想法时只依靠个人经验，很少采纳外在证据。（4）抽象—随机型。注重自身感受和情绪体验，以主观因素作为验证假设的标准。

二、认知风格类型的综合

除上述九种分类以外，认知风格还可以有其他分类，如齐平（迅速同化，忽略细节）—尖锐（发现甚至夸大差异）、合作—竞争、言语—表象、内向—外向、冒险—谨慎等。为了将众多认知风格进行整合，心理学家提出了一些模型。

（一）两维认知风格模型

瑞丁（R. J. Riding）等人回顾了30多种认知风格类型，通过概念和内在联系的整合，把已有认知风格类型整合成两个基本的认知风格维度：（1）整体—分析（wholist/analytic）；（2）言语—表象（verbal/imagery）。整体—分析维度与个体在组织信息过程中是倾向于从整体上把握还是倾向于从局部上把握相联系；言语—表象维度与个体在表征信息时是倾向于以言语形式还是倾向于以表象形式相联系。

（二）三种认知风格倾向与心理自我控制理论

格里戈伦克（E. L. Grigorenko）和斯腾伯格提出认知风格理论三分法：（1）以认知为中心，这一类的理论侧重于基本认知过程，如加德纳（R. W. Gardner）和舍恩（R. A. Schoen）提出的认知简约型—认知复杂型、威特金提出的场独立型—场依存型、卡根提出的冲动型—沉思型。（2）以人格为中心，这一类理论的代表是荣格提出的心理类型论和格高提出的能量理论。（3）以活动为中心，如有关学习风格和教学风格的理论。科尔布（D. A. Kolb，1939— ）根据聚合型—发散型和同化型—顺应型两个维度将学生的学习风格分为聚合者、同化者、顺应者、发散者，李皮特和怀特（R. White）将教师的教学风格分为权威型、放任型和民主型，亨森（K. T. Henson）和博斯威克（P. Borthwick）将教师的教学风格分为任务导向型、合作计划型、儿童中心型、学习中心型、学科中心型和情绪兴奋型。斯腾伯格提出心理自我控制理论，认为每一个人都有多种认知风格，个体会在不同情况下或针对不同任务采用不同的认知风格，认知风格的形成和发展是个体社会化的结果，可以通过多种形式的教学活动培养学生的多重认知能力。

三、认知风格的理论

（一）心理分化理论

威特金提出心理分化理论，认为分化是有机体系统的主要形态特征之一，分化小的系统处于比较同质的状态，分化大的系统处于比较异质的状态。分化大的系统表现出较大的自我与非我的分裂，分化小的系统在自我与他人之间表现出较大的连续性。分化大的系统也在心理机能上表现出较大分裂，即认知、情感和意志等机能活动是比较特殊化的和各司其职的。威特金后来进一步完善了该假设，提出分化的三个层次：最高层次是分化，在分化的概念之下，是三个主要的分化指标或表现，即“自我—非我的分裂”、“心理机能的分裂”和“神经生理机能的分裂”，这些指标处于第二层次。在第二层次概念下，又分为若干次一级概念。其中，“自我—非我的分裂”是指作为个人意识、情感和需要核心的自我与外界环境及他人分离开来，从而使自我有一定的自主性。自我—非我的分化程度有高低之分，分化程度高的人倾向于场独立型认知风格，分化程度低的人倾向于场依存型认知风格。“心理机能的分裂”的程度可以通过对冲动有组织的控制和特殊化的防卫两个方面表现出来。得益于神经生理学的发展，“神经生理机能的分裂”的理念得到支持。研究表明，与场依存性的人比，场独立性的人表现出较大的脑机能特殊化。

（二）思维方式的心理性自我管理理论

斯腾伯格认为，思维方式是个体运用智力（或能力）的方式。他提出心理性自我管理理论（theory of mental self-government），以政府管理为隐喻，按管理的功能（function）、形式（form）、水平（level）、范围（scope）和倾向（leaning）把思维方式分为五个维度，共包括 13 种方式。第一个维度是管理的功能，包括立法型、执法型、判决型三种思维方式：立法型方式（legislative style）的人喜欢从事要求运用创造性策略来解决问题的操作任务，执法型方式（executive style）的人更多地关注在某种目标导向下对任务的贯彻执行，判决型方式（judicial style）的人更多地关心评价别人活动的结果。第二个维度是管理的形式，包括君主型、等级型、独裁型和无政府型四种思维方式：君主型方式（monarchic style）的人在从事任务操作时一次只集中在一件事情上，等级型方式（hierarchical style）的人倾向于把注意分配在几件优先解决的任务上，独裁型方式（oligarchic style）的人也喜欢在同一时间内达成多种目标，但不喜欢区分优先次序，无政府型方式（anarchic style）的人喜欢从事那些很有弹性的工作，这些工作对他做什么、在哪儿做、什么时候做以及怎样做都没有刻意的要求。第三个维度是管理的水平，包括全局型和局部型两种思维方式：全局型方式（global style）的人更多地注意把握问题的整体情况，局部型方式（local style）的人喜欢从事具体细节工作。第四个维度是管理的范围，包括对内型和对外型两种思维方式：对内型方式（internal style）的人喜欢从事允许独立完成的工作任务，对外型方式（external style）的人喜欢从事那些给他提供发展人际关系机会的工作任务。第五个维度是管理的倾向，包括自由型和保守型两种思维方式：自由型方式（liberal style）的人喜欢从事那些涉及创新或模棱两可的工作任务，保守型方式（conservative style）的人喜欢在任务操作中坚持既有的规则和程序。

第四节　人格的评估

人格是重要的心理特征，影响人的学习、工作和生活。如何识别一个人的人格？在教育、择业和管理实践上都有科学地评估人格的需要。人格评估主要有三条途径，一是通过在日常生活中的观察，二是通过人格测验，三是通过情境测验，这些途径可以相互补充。

一、通过观察评估人格

孔子把人分为上智、中庸、下愚三个类别，即为人格测评的雏形。通过观察鉴定人的人格是最古老也是最常用的人格评估方式。人格是内在的、稳定的心理特征，需要通过外显行为表现出来。孟子认为：“君子所性，仁义礼智根于心。其生色也，睟然见于面，盎于背，施于四体，四体不言而喻。”（《孟子·尽心上》）因此，观察人的外部的言语和行为表现，就可以推测人的人格特征。

[专栏16—4]　　八观六验与识人七法

在中国古代，通过观察来鉴定人格通常表现为“识人之法”。在识人之法方面，《吕氏春秋·论人》的“八观六验”和诸葛亮的“识人七法”被人所称道。

1. 八观。

(1) 通则观其所礼（人在显贵之时要看其是否趾高气扬，蛮横无理）。

(2) 贵则观其所进（任要职之时看其推荐什么样的人）。

(3) 富则观其所养（富裕之后看其结交什么样的人）。

(4) 听则观其所行（听人所言之后看他做不做，如何做）。

(5) 止则观其所好（看他业余时间崇尚什么）。

(6) 习则观其所言（当他身处领导周围有发言权时看他出什么样的主意）。

(7) 穷则观其所不受（穷困之时看其是否受非分之财）。

(8) 贱则观其所不为（贫贱时看其是否不为非义之事）。

2. 六验。

六验是根据人的情感来识才。

(1) 喜之以验其守（使之得意看其是否忘形）。

(2) 乐之以验其僻（使之高兴看其是否不变操守）。

(3) 怒之以验其节（使之发怒，看其能否自我约束）。

(4) 惧之以验其持（使之恐惧，看其是否意志坚定）。

(5) 哀之以验其人（使之失败，看其是否自制、自强）。

(6) 苦之以验其志（使之处于艰苦环境，看其是否有大志）。

3. 识人七法。

(1) 问之以是非而观其志（通过对是非的判断来了解其志向）。

(2) 穷之以辞辩而观其变（通过追问来了解他的应变能力）。

(3) 咨之以计谋而观其识（通过征求其谋略来了解其知识水平）。

(4) 告之以难而观其勇（通过从事困难工作来了解其胆识）。

(5) 醉之以酒而观其性（通过酒醉后的表现来了解他的本性）。

(6) 临之以利而观其廉（给其以得到财物的机会来观察是否廉洁）。

(7) 期之以事而观其信（嘱咐其办事来证明他是否守信用）。

运用观察法判断人格在晚清大儒曾国藩那里达到极致。曾国藩相术口诀：“邪正看眼鼻，真假看嘴唇；功名看气概，富贵看精神；主意看指爪，风波看脚筋；若要看条理，全在语言中。”《冰鉴》一书即曾国藩相人识人的作品。在该书中，他提出识人的步骤：第一神骨，第二刚柔，第三容貌，第四情态，第五须眉，第六声音，第七为气色。

(一) 人格在日常生活中的表现

1. 人格在活动中的表现

人格通常在各种活动中表现出来。活动按其动机、组织和结果可分为游戏、学习和劳动。因此，可以通过游戏、学习和劳动去了解一个人的人格。

游戏是学前儿童的主要活动。在游戏选择上，有的儿童喜欢集体游戏，有的儿童喜欢个人游戏；有的儿童喜欢做安静游戏，有的儿童喜欢做运动游戏；有的儿童愿意玩现成的玩具，有的儿童爱独立地制作玩具；有的儿童愿意参与竞争性游戏，有的儿童喜欢合作性游戏；有的儿童喜欢扮演领袖角色，有的儿童愿意听从指挥；有的儿童能够将游戏进行到底，有的儿童容易被其他事物吸引，使游戏半途而废。这些都反映儿童的不同的人格特征。

学习是学生的主要活动。认知风格在学习中可以充分地表现出来。学习活动还可以表现人的责任感、事业心、目的性、自制力、坚持性、合作性等特征。劳动也能反映人的人格，它能反映人的工作态度、责任心、成就感、节俭性、敢为性、创造性等特征。通过观察人在活动中的表现，就可以推测一个人的性格。

2. 人格在语言中的表现

语言是人们用来表达思想、情感的工具。在语言活动中，能够体现出人的人格特征。例如，一个人说话多少，说话是真诚的还是表里不一，说话方式是因人而异还是持同样方式，言语风格如何等，都可以体现出其人格特征。喜欢说话的人，往往与外倾型相联系，可能表现出开朗、善交际、关心人的人格特征，也可能表现出夸张、自负、爱表现的人格特征。不爱说话的人，可能表现出自制力强、处事谨慎、认真的人格特征，也可能表现出反应缓慢、孤僻、怯懦的人格特征，还可能表现出想掩盖自己真实思想的虚伪、狡猾的人格特征。

3. 人格在表情、姿势和服饰上的表现

在日常生活中，常有人说某人面容可亲，某人面容可憎，说明人格可以通过一个人的面容表现出来。人的面部皱纹，不仅是年龄的反映，也是面部肌肉习惯性运动的结果。例如，有人经常笑容满面，有人经常愁眉苦脸；有人面部表情丰富，有人喜怒哀乐不形于色。这些都表现着不同的人格特征。经常笑容满面的人，往往表现出热情、开朗、充满生气和乐观的人格特征；经常愁眉苦脸的人，则表现出消极、悲观、孤独、多愁善感等人格特征。

各种典型的身体姿势也能反映一个人的人格。常摇头晃脑或走路故作居高临下状者，具有傲慢的特征；典型的谄媚者，卑躬屈膝；说话时用手指着别人或挥动拳头的人，具有较强的攻击性。

在服饰方面，有人追求时髦款式，标新立异，引人注目；有人则喜欢大众款式，避免引人注意。有人喜爱具有热烈鲜艳色彩的服饰，有人却喜好具有文静素雅色彩的服饰。有人服饰整洁美观，有人则衣冠不整。这些都在一定程度上反映了一个人的人格。

人格与各种外部表现之间的关系是复杂的。有些人为了掩盖自己真实的人格特征，可以有意识地控制自己的言行、面部表情、身体姿势和服饰。因此，通过观察了解一个人的人格特征，决不能简单地依据某一方面的外部表现进行判断，必须搜集多方面的材料，联系人格的多方面表现，全面地加以考察。

（二）观察的方法

在观察一个人的人格时，常采用下列两种方法。

1. 项目核查法

在观察前把所要观察的重要行为分类，并将分好类的行为记在事先预备好的纸上。观察时对拟观察的行为进行核查，记下目标行为出现或不出现。这种方法的好处是使用方便，缺点是无法记录质量上的差别。

2. 行为评定法

请熟悉被评定者的人（如教师）对被评定者的人格特征做出评定。评定可以采用下述方法：(1) 等级评定法。事先准备某个特质的量表，量表通常分为5～7个等级。观察者根据被试在某特质上的高低程度确定被观察者在量表上的位置。(2) 列队法（又称等级法）。即请熟悉者将被评定者按照某种特质（如攻击性）的表现程度排列起来。(3) 对偶比较法。即把被评定者的姓名成对列表，要求指出两者中哪一个更具有某种特质。这种方法能获得较为确切的数据，但过程冗长。如要观察一个班的20名学生，就需要做190次比较。(4) 核对表。它只有“有”、“无”两种评定等级。评定者阅读一组形容词，确定代表被评定者的人格特质的形容词并将其挑拣出来。

二、通过测验评估人格

人格也可以通过测验来评估。人格测验主要有三类：自陈测验、投射测验和情境测验。

（一）自陈测验

自陈测验是一种客观测验，对量表上列出的问题，由被试根据自己的思想、情感和行为的情况作答，多采用是非法或选择法。自陈测验在人格理论上遵从特质论，通常由一系列问题组成，一个问题陈述一种行为或特质，要求被试真实作答。常用的自陈测验的量表有明尼苏达多相人格调查表、卡特尔16种人格因素问卷、艾森克人格问卷等。

1. 明尼苏达多相人格调查表

明尼苏达多相人格调查表（Minnesota Multiphasic Personality Inventory，MMPI）俗称心理CT，是由美国明尼苏达大学心理学家哈萨威（S. R. Hathaway，1903—1984）和精神病学家麦克金里（J. C. Mckinley，1891—1950）编制的。内容包括健康状态、情绪反应、社会态度、心身性症状、家庭婚姻问题等26类题目，分为10个临床量表，测量10种病理倾向：疑病症、抑郁症、癔症、病态人格、男—女性倾向、偏执狂、精神衰弱、精神分裂、轻躁狂、社会内向。另外，还有4个效度量表：说谎分数、诈病分数、校正分数和疑问分数。共566个题目，采用是、否、不一定来回答。90分钟完成。测验题目举例如下：

1. 我相信有人反对我。	是[ ]	否[ ]	不一定[ ]
2. 我相当缺乏自信。	是[ ]	否[ ]	不一定[ ]
3. 每隔几夜我就会做噩梦。	是[ ]	否[ ]	不一定[ ]

MMPI主要是一种测量人格病理倾向的工具，其设计是将被试反应与患有某种心理疾病的人的反应相比较计分。这个量表重视被试的主观感受。20世纪80年代，MMPI进行

了一次修订，产生了 MMPI-2。修订后的量表进行了言语和内容的更新，制定了新的常模，还新增加了 15 个内容量表，可以用于心理病理诊断。

2. 艾森克人格问卷

艾森克人格问卷（Eysenck Personality Questionnaire，EPQ）也是测定人格的自陈量表。经过多年的发展修订，1975 年确定命名为 EPQ，分为成人版（16 岁以上）和儿童版（7～15 岁）。EPQ 包含 4 个分量表：E（外倾性）、N（神经质）、P（精神质）、L（谎造或自身隐蔽）。前三者是人格的三种维度，它们彼此独立。L 是效度量表，与其他量表有某些相关，但它本身代表一种稳定的人格特质。EPQ 对大量被试的应用表明，各量表分数以 E 最高，N 次之，L 再次之，P 最低；男女需要分别计分；P、E、N 分数随年龄下降，L 则渐升。对变态行为研究表明：(1) 精神病人与犯罪者 P 极高，N 也高；(2) 精神病态人格者、性偏离者、酗酒者、吸毒者 P 亦很高；(3) 内源性抑郁症病人 P 亦高于正常人；(4) 神经症及人格障碍者 N 都很高；(5) 所有精神病人 L 都很高，但犯罪者不高；(6) 所有精神病人都内倾，犯罪者为外倾。EPQ 有较高的信度和效度。

自陈测验的优点是题目数固定，题目内容具体清楚，施测简单，计分方便。批评主要包括：(1) 由于编制时缺乏客观效标，效度不易建立。(2) 问题回答可能是歪曲的，人对自身的反映可能不真实、不可靠，回答时常有无意识防御或有意识捏造。由于测验内容多属于情绪态度方面的问题，个体对同一问题的回答常因为时空改变而不同。(3) 被试反应偏向可能影响结果的真实性。如有人用“喜欢”表示不厌恶的事情或活动，有人用“喜欢”表示非常感兴趣和乐于从事的活动。另一种答题风格是默认倾向。这是一种对项目内容不加考虑的倾向。如有的被试见到“喜欢—不喜欢”的问题就以“喜欢”反应，见到“同意—不同意”的问题就以“同意”反应，另一些被试则相反。第三种偏向是被试答题时不是回答项目的心理意义，而是在考虑它的社会意义，即根据社会认可或期望的特征来回答。为了克服这些偏向，许多自陈测验在问卷中增设了“L”分数、“Q”分数、“F”分数等，以解决被试答题的有效程度，但效度问题仍然未得到令人满意的解决。

（二）投射测验

投射测验（projective test）的基本假设是：人对外界刺激的反应都有原因而且可以预测，并非偶然发生的，使用模糊的、没有固定意义的测题引起被试反应，借以考察其所投射的人格特征和深层心理机制。同时，个体不是被动地接收外界刺激，而是主动地、有选择地给外界的刺激加上某种意义，之后再表现出适当反应。常用投射测验主要有：罗夏克墨迹测验和主题统觉测验。

1. 罗夏克墨迹测验

罗夏克墨迹测验（Rorschach Inkblot Test）由瑞士精神病学家罗夏克（H. Rorschach，1884—1922）于 1921 年在临床上最早使用。起初是用带有墨渍的图片测试病人，后来从中选出 10 张图组成墨迹测验（见图 16—5）。每张图的墨迹形状不同，有五张是黑色的（1、4、5、6、7），各张的墨色深浅不一，另有两张是红黑两色的（2、3），其余三张是淡彩色的（8、9、10）。每张图片中的墨迹都是形状对称的。

罗夏克在创立该测验的第二年就去世了，后继者继续研究，各自发展了独特的罗夏克测验系统。这些系统主要有 Beck 系统、Klopfer 系统、Piotrouski 系统、Hertz 系统和 Ra-

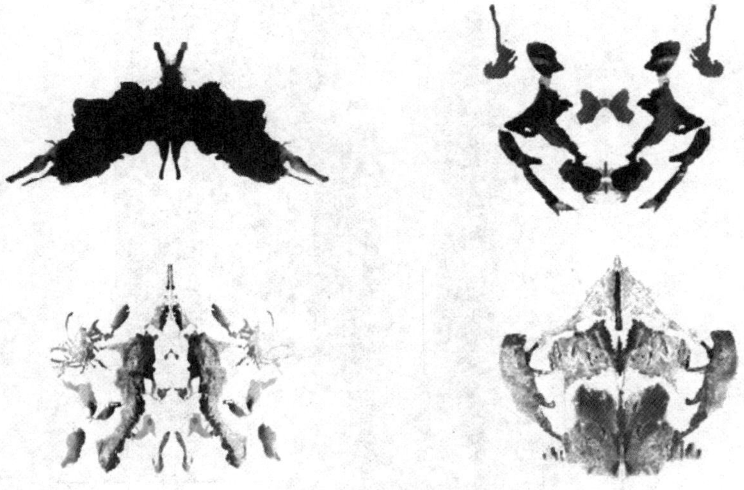

图 16—5 罗夏克墨迹测验的图片示例

paport 系统。这五大系统除了使用共同的刺激物——10 张瑞士标准墨迹图，保留了罗夏克最初的基本计分方法外，其余在测验实施、计分、解释上都不同，使得不同研究者得出了不同结论，造成测验使用的混乱。为解决这些问题，艾克斯纳（J. E. Exner，1928—2006）成立了罗夏克基金会（后改为罗夏克工作组），开始临床和实验研究，并在 1974 年创立综合系统（Comprehensive System，CS）。目前，研究者已经为罗夏克墨迹测验的反应设计了一套容易理解的计分系统，使得在不同施测者间可以进行比较。

通常，在施测时，以一定顺序给被试呈现墨迹图，让被试自由联想，并要求回答问题。例如，“你看到了什么”，“这可能是什么东西”，“这使你想起了什么”，等等。允许被试自己转动图片，从不同角度去看。主试从以下几个方面计分：（1）反应部位。被试是对整体部位还是对大局部、小局部、细节或者空白部分反应？（2）决定因素。被试以墨迹图中什么内容作为反应依据？（3）反应内容及意义。被试知觉到的具体内容及代表的意义是什么？（4）反应的独创性。被试回答的内容是多数人常有的还是特殊的？这一测验属个别测验。施测时主试一方面要记录被试的言语反应，还要注意被试的情绪表现和伴随动作。

2. 主题统觉测验

主题统觉测验（Thematic Apperception Test，TAT）是一种借助被试的想象活动来研究个体潜在人格结构和人格内容的投射性测评技术。由莫瑞与摩尔根（C. D. Morgan，1897—1967）于 1935 年编制。与罗夏克墨迹测验更多地关注稳定的人格结构不同，TAT 更关注被测者“此时此地”的心理活动。这种测验与看图说故事很相似。全套测验由 30 张模棱两可的图片组成，另有一张空白图片，图片的内容多为人物，少数是景色画（见图 16—6），但每张图片中至少有一个人物在内。每次给被试一张图片，要求被试根据图片自由地编一个故事。故事内容必须包括：（1）画面上发生了什么事情？（2）为什么会出现这种情境？（3）画面上的人正在想什么？（4）故事的结局是什么？莫瑞认为，当被试面对模棱两可的图片编故事时，他们的潜在需要和动机会不自觉地被穿插在所编的故事中，并借助于故事中的人物表现出来，即把自己的心理“投射”出来。因此，通过分析被试所编的故事，就可能对他的需要、动机和人格做出鉴定。

图 16—6 主题统觉测验的图片之一

投射测验的优点是弹性大，被试不受限制，可以自由反应。但是，投射测验也有缺点：(1) 评分缺乏客观标准，对测验结果难以进行解释。(2) 由于个别施测，因而需要大量的时间。这一点反而不如问卷法优越。

(三) 情境测验

情境测验（situational test）是将被试置于预先设计的情境中，通过观察和分析被试在特定情境中的行为反应，对人格特质进行评定。该特定情境，既可以是自然的生活情境，如学生上课的课堂，也可以是人为的实验情境，如无领导的小组讨论。该方法常用于教育及军事等领域或特殊人才的选拔，属于行为观察法的一种。情境测验的理论基础是社会学习论。社会学习论主张，如果能够将情境中的某种刺激与个体的行为反应之间的关系确定下来，就可以创造某种情境来预测或监视人的行为。

1. 品格教育测验

品格教育测验（Character Education Inquiry，CEI）是教育领域里最著名的情境测验之一。CEI 采用的情境是学龄儿童生活或学习中所熟悉的实际生活情境，用来测量诸如诚实、自我控制及利他主义等品格或行为特点。例如，在一次考试之后，可以将每个学生的试卷复印一份，再发给学生并附上标准答案，要他们自己评卷，打上分数，最后收回试卷。将教师评定的试卷与学生自己评定的试卷两相对照，就可以测出学生的“诚实”程度，这样就可以了解以往教育的绩效与有待改进的方向。

2. 情境压力测验

人的某些人格特征只有在特定情境下才能够表现出来。情境压力测验（situational stress test）就是设计一种情境，使被试面临一种情绪上的压力，然后观察、记录被试如何应对，从而了解他的人格特质。一个典型例子是“无领导小组讨论”（leaderless group discussion）。将数名互不相识的被试组织在一起，给他们一个指定任务，要求他们一起合作来完成。事先不指定小组长，即他们的地位是平等的。通过观察他们的言语反应，了解他们的合作能力、沟通能力、决策组织能力等多种人格特质。公文筐测验是另一种常用的情境压力测验，是指将被试置于模拟的工作情境中完成一系列工作，通过观察被试的工作表现以推断其掌握和分析资料、处理各种信息的能力。该测验模拟一个管理环境，给被试提供一大堆要处理的公文材料、各种报表、信件等。要求被试在规定条件下进行处理，之后要详细汇报是如何处理的，这样处理的原因、目的和依据是什么。通过对被试全程的观察分析，评估其是否具备管理方面的人格特质。主要考察内容包括：文字理解及其书面表达，洞察问题和判断、决策能力，计划、组织协调能力，任用授权及控制能力，对政策的理解与把握能力。

第五节　影响人格形成与发展的因素

人格是怎样形成的？千百年来，人们对这一问题争论不休。例如，在中国古代，就存在着人性论的争论：人性是善的，还是恶的？是有善有恶的，善恶参半的，还是无善无不善的？这种争论从先秦时期开始一直到清末民初。在近代，讨论最多的是遗传和环境的关系问题。高尔顿主张遗传决定论，华生主张环境决定论。现代心理学认为，人格是在遗传与环境的交互作用下形成的。

一、人格形成的生物学条件

生物遗传是人格形成的生理基础。研究表明，神经系统的某些遗传特性会影响人格形成，加速或延缓某些行为方式的产生和发展。例如，父母均为精神分裂症患者，子女的发病率为68.1%；父母一方为患者，子女的发病率为16.4%；家庭中无病史者，子女的发病率为0.85%。此外，遗传学的研究表明，几乎所有的人格特质都受遗传因素影响。

最能说明遗传因素对人格影响的是双生子研究。同卵双生子由于基因完全相同，他们之间的任何差异都可以归结为环境的影响；异卵双生子的基因虽然不同，但在出生顺序、母亲年龄、生活条件等环境因素有很大的相似性，他们之间的不同体现了遗传的作用。艾森克研究表明，在同一环境中成长的同卵双生子，外倾性相关为0.42，神经质相关为0.38；在不同环境中成长的同卵双生子，外倾性相关为0.61，神经质相关为0.53；异卵双生子外倾性相关为−0.17，神经质相关为0.11。同卵双生子在外倾性和神经质方面的相关显著高于异卵双生子，说明遗传在人格形成中有重要作用；同样，在不同环境中成长的同卵双生子的外倾性和神经质的相关均高于在同一环境中长大的同卵双生子，说明环境在人格形成中也有重要作用。弗洛德鲁斯（B. Floderus）等人对瑞典12 000名双生子的研究表明，同卵双生子在外倾性和神经质上的相关是0.50，而异卵双生子的相关只有0.21和0.23。明尼苏达大学在20世纪80年代也对成年双生子的人格进行比较研究，发现在支配性、社会性、社交性和尽责性等方面，同卵双生子比异卵双生子都有较高的相关。近年来，这一方面研究仍然在进行。总的来看，双生子研究发现的大多数基本人格特质的遗传概率在40%～60%之间。换言之，一个人的基因在对基本特质的解释中大约只起一半的作用。就“大五”人格而言，外倾性的遗传概率为 50%，而神经质和尽责性上有 50%～55%是由基因造成的，开放性和宜人性上约有 40%是由基因造成的。

我国学者也对双生子问题进行系统研究。在一项研究中，研究者于 1964 年通过各种生理指标确定了 22 对同卵双生子和 18 对异卵双生子，并进行追踪研究。1982 年又对他们进行 MMPI 测试，并计算每项人格分量表的遗传率（heritability，*H*），结果见表 16—6。从表 16—6 中可见，在男—女性倾向、社会内向、疑病症、抑郁症、精神衰弱方面，遗传的作用很明显。

表 16—6　双生子在 MMPI 中 10 个量表得分的相关系数和遗传率

项目	人格特征	同卵双生子的相关	异卵双生子的相关	*H*
Hy	癔症	0.50	0.49	0.02
Ma	轻躁狂	0.24	0.01	0.02
Pd	病态人格	0.02	0.08	0.07
Sc	精神分裂	0.69	0.01	0.20
Pa	偏执狂	0.39	0.13	0.30
Pt	精神衰弱	0.49	0.09	0.44
D	抑郁症	0.49	0.07	0.45
Hs	疑病症	0.56	0.17	0.50
Si	社会内向	0.60	0.04	0.50
Mf	男—女性倾向	0.74	0.04	0.73

遗传因素对人格的影响也因不同人格特征而表现出不同。一般说来，遗传因素对气质影响大，对性格影响小；环境因素对气质影响小，对性格影响大。

二、人格形成的家庭因素

家庭是社会的细胞，也是人格形成的第一站。家庭囊括了“自然”遗传和“社会”遗传的诸多方面。身体素质构成了家庭的自然遗传，生活习性构建了家庭的社会遗传。俗话说：“虎父无犬子。”这种看法虽不尽然，但有一定的道理。家庭的结构和气氛、父母的教养方式、出生顺序、家庭的社会经济地位、父母对子女的期望、儿童在家庭中的地位等，无不对人格形成有着极为重要的影响。在中国历史上，曹操父子、苏洵父子都是杰出的文学家，曾国藩兄弟、李鸿章兄弟、梁启超父子都是杰出的人才，就是明证。

（一）家庭的结构和气氛

家庭结构按组成方式可以有核心家庭和大家庭之分。核心家庭由父母与子女组成，大家庭包含祖父母（外祖父母）和伯、叔、姑（舅、姨）等。在大家庭中成长，有利于孩子学会如何同他人相处，但容易被娇惯。家庭也可以按健全程度分为双亲家庭和单亲家庭。大量研究表明，单亲家庭对儿童的人格发展极为不利。王惠萍等人研究表明，父母离异儿童的生理应激和心理应激的水平显著高于正常儿童，这种影响并不因父母是否再婚而变化，并持续很长时间。佩德森（D. R. Pederson）等人研究也表明，在儿童早期，父母的忽视和虐待对子女心理有明显的不良影响。伯恩斯坦（M. H. Burnstein）提出，“弃子”会使儿童产生心理疾病，孩子会形成攻击、反叛的人格。“母爱丧失”的儿童（包括受父母虐待的儿童），在婴儿早期会出现神经性呕吐、厌食、慢性腹泻、阵发性绞痛、不明原因的消瘦和反复感染等，此类儿童还表现出胆小、呆板、迟钝、不与人交往、敌对、攻击、破坏等人格特点，这些负面的人格特点会影响个体一生的发展，导致他们出现情绪障碍、社会适应不良等问题。

家庭气氛，特别是父母之间的关系，对儿童的人格形成有重要作用。和睦、尊重、理解和相互支持的家庭气氛，对儿童的人格形成有积极作用，孩子安全感强，自信心高。相反，争吵、猜疑、隔阂、互相攻讦，都会给儿童的幼小心灵蒙上阴影。性格暴戾的父亲和“母老虎”式的母亲，都会对子女（特别是男孩）的人格发展产生消极的影响，孩子容易焦虑、紧张。

（二）父母的教养方式

教养方式是父母传达的对儿童的态度以及由父母行为所表达出的情感气氛的集合体。父母教养方式对儿童人格的形成起重要作用。一些研究者把家庭教养方式分成三类：(1) 专制型。父母过分支配生活，孩子的一切都由父母说了算。在这种环境中长大的儿童容易形成消极、被动、依赖、服从、懦弱、不诚实的人格特征。(2) 放任型。父母溺爱儿童，让孩子随心所欲。在这种家庭中长大的孩子容易形成任性、幼稚、自私、野蛮、依赖、自我中心、蛮横无理等人格特征。(3) 民主型。这种教养方式的特点是平等，父母尊重孩子，给孩子一定的自主权和积极引导，能够使儿童形成活泼、快乐、自立、彬彬有礼、合群、合作、直率和思想活跃等人格特征。

在教养方式中，母子关系具有特殊意义。苏联教育家克鲁普斯卡娅说：“母亲是天然的老师，她对儿童特别是幼儿影响最大。”列维（D. M. Levy）对过度保护型母亲的研究表明，此类母亲在与子女交往中，有三个显著特点：一是与孩子接触得太多，不离开孩子身边；二是人为延长孩子的婴儿照顾期，把长大的孩子还作为婴儿对待，喂饭并帮助孩子穿衣；三是禁止孩子的独立行为。过度保护型的母亲会表现出两种不同教养方式，导致孩子不同的人格特点。“保护—纵容型”母亲会使孩子形成“小霸王型人格”，这是被母亲宠坏的孩子；“保护—支配型”母亲会使孩子形成“温顺乖孩子型人格”，男孩子表现出“女孩子气”。这两类母亲对孩子的教养方式都造成了孩子的人格弱点（见表16—7）。

表16—7　两种保护型母亲与孩子人格特征的关系

母亲教养方式	孩子的人格类型	孩子的人格特征
保护—纵容型	小霸王型	冲动、残暴、执拗、支配、自我克制力差、脾气暴躁、提过分要求等
保护—支配型	温顺乖孩子型	顺从、温和、听话、胆小、整洁、有礼貌、学习勤奋，但竞争力与独立性差、懦弱

贝克尔（W. C. Becker）将父母教养方式划分为“温暖—敌意”和“限制—宽容”两个维度，他总结了两种不同教养方式之间的交互作用（见表16—8）。他认为，“温暖”虽然是父母应该具有的良好特征，但其对子女产生的效果却要看它与父母其他特征的匹配情况。

表 16—8　两种教养维度交互作用对子女人格形成的不同影响

	限制	宽容
温暖	顺从、依赖、有礼貌、整洁；少攻击；守规矩的男孩；依赖、不友善、缺乏创造力；听话	活泼、外向、富有创造力、进取；极不守规矩的男孩；促进成人角色的学习；少自我攻击的男孩；独立、友善、少投射的敌意
敌意	常与同伴吵架，较害羞；与人相处时畏缩；不太能接受成人角色；男孩会有较多的自我攻击	少年犯罪；不顺从；极端攻击

（三）出生顺序

出生顺序即排行，它对儿童的人格形成也有影响。这种影响主要不是由出生早晚决定的，而是由父母对孩子的态度和他在家庭中的地位所决定的。阿德勒发现，家庭中的第一个子女往往感到不安全甚至敌视别人。因此，犯罪者、神经病患者及酗酒者居多。第二个子女常有野心，表现为反抗、嫉妒，总是企图压制兄妹，但善于适应环境。最小的孩子一般总是受到纵容，不论是在儿童期还是成人以后，行为上常发生问题。研究表明，长子、长女的人格多偏于保守，进取心较弱，缺乏自信心，容易受人暗示，不善于表达感情，有自卑感，缺乏安全感等。但也有一些研究表明，由于长兄是父亲事业和财产的当然继承者，大姐则负有照料弟妹的义务，所以长兄容易形成优越感，富有支配性，大姐则较为温存和谦让。苏洛维（F. J. Sulloway）在总结大样本数据基础上指出，第一个子女的位置是优越的：他们享受父母的爱与关注，通过认同和遵从父母来寻求保持最初的依恋。后来出生的孩子无法清晰地得到父母的模范作用。晚出生的孩子，无论是排行中间还是排行最末，都会成为天生的反叛者。由于年长的孩子已经占据了有利的位置，他们为了生存就需要寻找另外的位置。因而，他们倾向于不认同父母，不那么尽责，并且有更强的社交能力。他们往往选择在哥哥或姐姐还未能占到主导地位的领域里占有优势。

近年来，我国提倡一对夫妇只生一个孩子，独生子女问题就随之出现。由于独生子女在家庭中的特殊地位，容易受到娇惯和溺爱，缺乏伙伴和分享，更容易形成任性、自私、自我中心、依赖、胆怯、孤僻、爱发脾气等不良的人格特征。但有研究表明，独生子女的家庭地位并非都是劣势，也具有某些优势，只要教育得法，独生子女和非独生子女的人格并无显著差异。有趣的是，有研究者观察了受计划生育政策影响的第一代孩子，结果发现，当他们进入大学后，由于家庭经济和独生子女待遇方面的不同，非独生子女大学生比独生子女大学生更容易焦虑（尤其是女大学生）和表现出攻击—敌意特质，非独生子女大学生的忧郁情绪也与家庭的经济负担有关系。

三、人格形成的社会文化因素

（一）文化的概念

一般认为，文化是凝聚在一个民族的世世代代的人身上和全部财富中生活方式的总体。生活方式包括行为方式和思考方式。行为方式既有对衣食住行等物品的制作方式，又有待人接物、举止交谈等交际方式，主要通过创造物质财富的活动和人与人之间的关系表现出来；思考方式是以哲学方法论为核心的认识世界的方法，主要通过哲学、宗教、文学、艺术、科学等精神财富表现出来。文化可以世代相传，并具有民族特点。文化包括三种类型：

（1）物质文化，即物化在具体物品上的文化，从埃及金字塔到中国的长城，从衣食住行的生活用品到计算机和航天飞机，这些具体的物品都体现着文化。

（2）精神文化，即通过人们的精神活动和精神产品所表现出来的文化，包括符号、语言、哲学、宗教和艺术等。

（3）行为文化，即通过人们共同遵循的社会规范所表现出来的文化，如价值观、行为规范、社会习俗、法律和道德等。

（二）文化对人格的影响

人不是孤立的存在，而是社会的一员。人与社会相互影响，因此，人的性格形成与社会文化分不开。人类创造了文化，又将自己置于一定的文化环境中。梁启超认为，文化对人的影响是通过个人有意识的模仿和无意识的熏感实现的。创造者在创造之后，会熏感别人，被熏感的人会将别人的创造吸入“心识”之中，成为他“心能”的一部分。他认为，社会心理就是“前此全国全社会既死之人，以不死者贻诸子孙也”。他认为，不仅人的有形肢体的特性可以遗传，就是无形之性也可以通过长期的心理积淀而传给后人。

人类文化是人类心理产生的决定性条件，民族文化是民族心理形成的重要原因。文化就像空气一样环绕在人的周围，任何儿童都在某种文化中长大，人受文化的影响而不自觉。梁启超认为，中国人的柔弱、旁观、自私、保守等弱点，根本原因就在于中国几千年的君主专制制度。他说：“造成今日之国民者，则昔日之政术是也。”封建统治者为了保护一姓之私产，“愚其民，柔其民，涣其民”，“挫其气，窒其智，消其力，散其群，制其动”，采用驯之之术、餂之之术、役之之术、监之之术，使人失其本性，就彼范围。因此，劣根性虽然表现在国民身上，其孕育者乃在政府。他认为，造成中国私德落后的根本原因就是“专制政体之陶铸”，认为生活在专制政体之下，“苟欲进取，必以诈伪，苟欲百全，必以卑屈”，“主权者以悍鸷阴险之奇才，行操纵驯扰之妙术”，使百炼钢化为绕指柔。因此，欲开民智而新民德，“必取数千年横暴混浊之政体，破碎而齑粉之”。

社会文化对人格的影响力因文化而异，它由社会对顺应的要求是否严格而定。对社会顺应的要求越严格，影响力就越大。例如，在世界上现存的宗教中，有的宗教对顺应的要求比较宽容，有的宗教对顺应的要求比较严厉。影响力大小也要看行为的社会意义，对社会意义较小的行为，文化允许有较大的变异；对社会意义重大的行为，文化就不允许有太大的变异。如果一个人极端地偏离社会文化所要求的人格特质，不能融入社会文化环境之中，就会被视为行为异常或患有心理疾病。例如，同性恋在许多国家都被视为性心理异常，经过同性恋者的争取，同性恋在某些国家已经被从心理疾病的名单上删除。

研究者指出，不同文化影响子女的教养方式，通过子女教养方式影响儿童的早期经验，对后来的人格形成产生影响。例如，格尔茨（C. J. Geertz，1926—2006）对加瓦岛的加瓦人调查研究，发现加瓦人有突出的羞耻特征，这与母亲的培养有关，如母亲对儿童说：“在陌生人面前吵闹，你难道不觉得羞耻吗？”“如果没穿衣服在门口被人看见，你不觉得羞耻吗?”“如果你向人借了钱，却无法还清，你不觉得羞耻吗?”小孩子在父亲出现时，被期待表现出羞耻。因此，羞耻成为加瓦人文化塑成的特有的人格表现。

社会文化影响父母的思想和行为，父母的思想行为又影响他们对子女的态度。婴儿一出生便成为社会的一员，父母便根据所处社会文化标准要求和衡量儿童的行为，根据行为是否符合社会文化标准表示赞同或不赞同，儿童又根据父母的态度和要求来调节自己的行为。正如有研究者所指出的，我们或多或少、无意识地以别人看待我们的眼光看自己、要求自己，逐渐形成了一定的行为特征。

大量研究表明，几千年的文化传统、几百代的选择，虽然不一定能够改变人类的基因成分，至少可以使某些基因表达受到抑制，使某些基因能够得到充分表达。例如，中非有一种体形很小的俾格米人（Pygmies）和身躯高大的班杜斯人（Bandus)，他们住在同一地区。俾格米人宁愿受班杜斯人奴役，也不愿进行战争。人们过去一直认为这种小人没有攻击性，是一些酷爱和平的人。他们内部的侵犯行为也很少。但是，特恩布尔发现，俾格米人都憎恨班杜斯人，都在背后嘲笑他们。俾格米人的平和表现，是他们的生活方式所需要的。他们体小力弱又靠打猎为生，常需要高度协作才能够猎得大的动物，因此，群体的协作和团结对他们最有利。但这并不能说明他们没有攻击性。在他们的社会中也有人犯法，犯法时也会受到严厉惩罚。他们的攻击性并未泯灭，只是受到抑制。另外，居住在地广人稀的北极严寒地带的因纽特人，群体之间的战争也极少，也曾经被认为是没有攻击性的和平人。但是，在他们内部，如果有人犯通奸罪或蛊惑罪，也可能被杀死。

[专栏 16—5]　　人的性别角色是如何形成的?

性别角色是特定社会所认为的适合于男性和女性的一整套行为特征。在西方，一般认为，男性应该具有自我控制、有竞争力和理智的特征，女性应该具有温和、自然、情绪化的特征。在东方，特别是在日本、韩国和中国，人们认为男性应该具有独立、进取、有事业心、坚强、克制、负责、不怕困难的特征，女性应该具有温柔、贤惠、容忍、体贴、家庭观念强等特征。因此，除了极少数的社会文化外，在大多数文化里，男性都构成了社会的主体。男女两性选择不同的职业，在家庭中的分工也不同（如中国的“男主外，女主内”，在教育子女时要“父严母慈”)。男女两性有着不同的智力发展进程和特点，表现不同的人格特点。甚至在择偶方面，男女两性的标准也不同。男性在择偶时看重女性的相貌和性格，女性在择偶时看重男性的事业心和才能，即“郎才女貌”。男性要求女性比自己年龄小一些，女性要求男性比自己大一些。男性要求女性的学历比自己低或同等，女性要求男性比自己学历高或同等。

是什么原因使男女不同？毫无疑问，男性和女性的遗传和性激素不同。科尔布（B. Kolb）等人研究表明，在刚出生的婴儿中，男性和女性在脑结构方面存在差异：男性的左侧颞叶比右侧大38%，女性的两侧颞叶是对称的。但是，社会文化对性别角色的形成具有更重要的影响。儿童出生以后，父母就对不同性别的子女寄予不同的期待，以不同的行为标准要求孩子，要求男孩应该有男孩样，女孩应该有女孩样。父母给男孩和女孩不同的玩具而且以不同形式同他们交往。当孩子开始与同伴玩耍时，同伴的作用就开始影响儿童的性别角色定向，他们互相支持并模仿同性的行为。当孩子参与社会活动时，社会的文化规则也持同样的标准。孔德瑞（J. Condry）等人证实了这一点。他们给被试看一段婴儿在啼哭的录像带，当被试认为婴儿是男孩时，大多数被试认为他的啼哭表示“愤怒”，而当被试认为婴儿是女孩时，多数被试认为她的啼哭表示“害怕”。

四、教育对人格形成的影响

古今中外的思想家和教育家都很重视教育在人格形成中的作用。例如，孟子虽然主张“性善说”，却也重视教育在人格形成中的巨大作用。他说：“……苟得其养，无物不长；苟失其养，无物不消。”（《孟子·告子上》）荀子主张“性恶说”，更是重视教育的作用。他说：“人无师法，则隆性矣；有师法，则隆积矣。”（《荀子·儒效》）在当代，一些流行的教育口号，如“学会生存”、“学会负责”、“学会关心”、“学会合作”等，都说明教育和学习对人格的重要影响。一般认为，5～11 岁是人格的形成期，12～17 岁是人格的定型期。这一时期正好是学生在校学习的时期，所以，学校担负着重要的人格培养任务。

在教育的诸因素中，教师对学生的人格形成具有重要的榜样作用。教师的人格，既是学生学习的榜样，也是教育中的巨大力量。教师的一言一行，对学生的人格形成起着潜移默化的作用。教师的高尚人格，如思想进步、强烈的责任心和事业心、认真负责的态度、热情开朗的情绪，都会对学生的人格产生积极影响。相反，教师的消极人格如粗暴、偏心、神经质、专制等，也可能使学生产生自暴自弃、不求上进等人格特征。同时，教师还可以通过各种教学活动来主动塑造儿童的人格。

学校的各种课程不仅传授给学生以知识，发展学生的智力，对学生的人格形成也有影响。如学习数学使人富有逻辑和智慧，学习物理使人客观，学习历史使人深沉，学习文学和艺术使人情感丰富和具有审美情趣，学习外语使人对其他文化变得宽容。学生掌握知识的过程是一种艰苦的智力活动过程。在这一过程中，可以培养学生的目的性、坚韧性、自制性等人格品质，使其养成良好的学习态度和习惯。同样，在班集体、少先队和共青团等集体活动中，也可以培养学生团结友爱、勇敢乐观、守纪律、肯负责的良好人格特征。

五、影响人格形成的自然物理因素

人格的形成也受自然物理因素影响。梁启超就是一个十分重视自然物理因素对人格形成的影响的学者。他认为，影响人格的地理环境因素有四个方面。一曰温度。他说：“夫酷热之时，使人精神昏沉，欲与天然力相争而不可得；严寒之时，使人精神憔悴，与天然力相抵太剧而更无余力以及他。”二曰物产。他说：“热带之人得衣食太易，而不思进取；寒带人得衣食太难，而不能进取。惟居温带者，有四时之变迁，有寒暑之代谢，苟非努力则不足以自给，苟能劳力亦必得其报酬。”他还说：“多数之人民，必其于仰事俯蓄之外，而稍有所余裕，乃能自重而惜名誉，泛爱而好慈善。其脑筋有余力，以从事于学问，以养其高尚之理想。其日力有余暇，以计及于身外，以发其顾团体之精神。而不然者，朝饔甫毕，而忧夕飧；秋风未来，而泣无褐。虽有仁质，岂能自冻馁以念众生？虽有远虑，岂能舍现在以谋将来？……故贪鄙之性、褊狭之性、凉薄之性、虚伪之性、谄阿之性、暴弃之性、偷苟之性，强半皆由生计憔悴造之。生计之关系于民德，如是其切密也。”他举例说，秦代生计“大窘”，其民德“卑屈浮动”，东汉生计复苏，其民“尚气节，崇廉耻，风俗称最美”。三曰海拔高度。高原人以畜牧为业，聚水草而居，忽聚忽散，缺乏凝聚力；平原人从事农业，生活稳定，易生凝聚力；山地之人，孤陋寡闻，易生保守心；濒海之人，气较盛，富有进取心。四曰交通。亚洲东南西北各成一小天地，交通不便，缺乏竞争，故易“生反对保守之恶风，抱惟我独尊之妄见”；中国“环蛮族而交通难”，周围蛮夷，“其文明程度，无一不下我数等，一与相遇，如汤沃雪，纵横四顾，常觉有上天下地惟我独尊之慨，始而自信，继而自大，终而自画”。他感慨地说：“地理之关系于文明，有更大于人种者矣！”又说：“气候山川之特性，影响住民之性质；性质累代之蓄积发挥，衍为遗传；环境对于‘当时此地’之支配力，其伟大而不可思议。”

心理学研究表明，气温的确会提高人的某些人格特征的出现概率。例如，热天会使人烦躁不安，对他人容易采取负面反应，发生反社会行为。世界上炎热的地方，攻击行为出现较多。一个地区的生态环境对人格形成也有重要影响。山里人好客，是因为见人少的缘故；城里人冷漠，是因为见人多的缘故。生活在大草原上的游牧民族，耳濡目染的是“天苍苍，野茫茫，风吹草低见牛羊”的景象，容易形成粗犷豪放的性格。沿海地区的人由于对外交往较多，在态度上也会更开放些。巴里（H. Barry）等人研究表明，因纽特人生活在冰天雪地的北极，以渔猎为生，需要坚定、独立、敢于冒险的人格。他们以宽大仁慈的方式管教孩子并鼓励其个性化，以培养出成人所具备的人格特征。生活在西班牙南部山区的闪米特人，以种植粮食为生，需要老实、服从、保守的人格。他们对孩子的关爱似乎只在断乳期之前，之后便严厉管教，甚至排泄也严格训练，不允许任何个性化，以便造就农家所需要的人格特征。他们还考察了六个不同社会中教养孩子的特点与食物储存量之间的关系，发现食物储存量和教养孩子时注重责任和服从呈较高程度的正相关，和注重孩子的成就和自信呈较高程度的负相关。农业社会储存食物较多，而狩猎社会很少储存食物。

巴克尔（H. T. Buckle，1821—1862）在《英国文明史》中提到，地理条件优越之处，生产粮食必然丰富，粮食丰富了，就可以使一部分人脱离体力劳动，从事智力活动，文明就越发达。生态文化与行为的理论也指出，一定的生态环境导致一定的文化形态，一定的生态和文化形态共同塑造于人，使其产生一定的行为方式。这种行为方式进而使人更好地适应那种生态和文化，甚至影响和改变它们。我国东部临海，西北有沙漠，西南耸立着青藏高原，加上古代交通不发达，因而养成了国民独自经营、和平温顺、封闭保守的性格。在我国社会内部，同一地域的人相互来往密切，形成地域认同观念下的地缘群体，并获得该群体成员特有的“地域身份”。这种身份往往成为人们进行社会交往时判断他者行为模式的标准。鲁迅在《北人与南人》中说：“据我所见，北人的优点是厚重，南人的优点是机灵。但厚重之弊也愚，机灵之弊也狡……”这代表了人们在经验基础上的对南北方人性格的朴素认识。江南水乡的人给人以温柔和婉的印象，他们能言善思，温柔细腻，灵活务实，得益于吴地滨海沿江、水网交错的水域特点和温和湿润、雨量充沛的气候特点。生活在茫茫草原上的蒙古族人，由于居住分散，特殊的劳动方式使他们形成了互帮互助的观念；放牧生活的单调、交往的简单，使他们思维方式简单，人际关系单纯，自给自足的生活使他们商品观念淡薄。受这样的文化传统影响，蒙古族人就形成了大方活泼、洒脱、愉快、开朗、外向的性格，但也有感情用事、缺乏恒心和耐心的特征。王树秀和井卫英发现，汉、藏、维吾尔三个民族大学生的自我意识水平按照维吾尔族—汉族—藏族的顺序递减，原因与不同民族的文化传统有关。藏区气候恶劣，人们在与自然力的艰难抗争中往往寄希望于神灵，将身心献给神灵，从而渐渐丧失了自我，失去对自我的关注；维吾尔族信奉伊斯兰教，注重人格完美，勤劳、刻苦，注重自我塑造，有强烈的探究欲望，自我意识水平高于其他两个民族；汉族受儒家和道家的思想影响，强调“大我”重于“小我”，自我意识被集体目标、社会目标等冲淡，表现出“中庸”的特点。

不同国家的人的性格同样受环境及文化影响。日本国土狭小，四面临海，资源贫乏且多火山地震。地理环境的孤立无援，使日本民族形成了强烈的“忧患意识”。辽阔的北美大陆，资源丰富、便于流动，加上大量的移民涌入，使这块土地在发现之初就形成了平等、竞争的环境，形成了美国人强调个人主义、追求个人自由、崇尚个人才干、爱标新立异的特点。

六、影响人格形成的心理因素

外部因素并不能直接决定人的人格。这些因素必须通过个体的心理活动才能够起作用。因此，人格的形成还有心理的原因。

一种古老的看法是，人格是通过习惯转化而来的。如印度就有这样的谚语：“播种习惯，就收获性格。”在西方，斯巴达人也相信，儿童通过在训练营中严格的体育、军事和严酷的生存训练会形成勇敢、忘我、守纪律和有荣誉感的人格。这种观点在现代受到行为主义者的拥护。行为主义认为，人格是外显的和内隐的反应的总和，这些反应是个人行为强化史的结果。对这种看法的批评主要是它过分强调环境因素在人格形成中的作用。

和行为主义不同，苏联心理学家提出了另外的假说。列维托夫（1890—1972）提出“心理状态转化论”，认为性格形成最初经历的阶段是心理状态，包括心境、激情、聚精会神和漫不经心等。如果某种心理状态经常发生，它就有可能巩固下来，逐渐成为人格特征。鲁宾斯坦认为，构成人格的“建筑材料”是动机，人格的形成是动机的泛化和定型化。动机开始只出现在一定情境中，随后由于类似情境不断出现，人就以类似方式反应。这样，就会扩展到类似情境中，并逐渐转化为人格特征。还有人认为，人格是由态度泛化而来的。当态度根深蒂固并具有普遍性时，就会转化为人格。总之，关于人格形成的心理原因，目前还没有定论，有待于进一步的深入研究。

基本概念

人格；气质；性格；T 型人格；特质；共同特质；个人特质；首要特质；核心特质；次要特质；表面特质；根源特质；体质特质；环境特质；动力特质；能力特质；气质特质；本我；自我；超我；基本心理需要；自主的需要；胜任的需要；关系的需要；叙事；范式思维；叙事思维；主体我；客体我；认知风格；场独立型；场依存型；自陈测验；投射测验；情境测验

基本原理

人格的特征；人格的结构；气质与活动的关系；性格与气质的关系；人格研究的类型范式；单一类型理论；对立类型理论；内—外倾说；优越—自卑说；独立—顺从说；A—B型人格说；多元类型理论；气质的体液说；气质的体型说；气质的激素说；气质的高级神经活动类型说；斯普兰格的性格类型说；人格研究的特质范式；奥尔波特的特质理论；卡特尔的特质理论；艾森克的人格三因素模型；人格的五因素模型；人格的六因素模型；人格的七因素模型；人格研究的动机范式；弗洛伊德的人格理论；自我决定理论；认知评价理论；有机整合理论；人格研究的叙事范式；萨宾的叙事人格理论；汤姆金斯的剧本理论；麦克亚当斯的人生故事理论；赫尔曼斯的对话自我理论；人格研究的综合范式；艾森克的人格层次理论；麦克亚当斯的“人格房子”模型；能量理论；两维认知风格模型；心理分化理论；心理性自我管理理论；人格评估的途径；影响人格形成与发展的因素；人格形成的生物学条件；人格形成的家庭因素；人格形成的社会文化因素；人格形成的自然物理因素；人格形成的心理因素

思考题

1. 什么是人格？人格有哪些特性？
2. 人格结构包含了哪些成分？
3. 什么是气质？什么是性格？二者关系如何？
4. 结合所学的人格特质的种类，分析个人的人格特质。
5. 你自己属于哪种人格类型？如何扬长避短？
6. 人格差异表现在哪些方面？
7. 人格研究有哪些范式？这些范式有哪些特点？
8. 简述奥尔波特的特质理论。
9. 简述自我决定理论的内容及其在教育实践中的作用。
10. 如何评估人格？
11. 影响人格形成和发展的因素有哪些？它们对人格的作用是什么？

参考文献

阿德勒．自卑与超越．黄光国译．北京：作家出版社，1986.

艾森克．心理学——一条整合的途径．阎巩固译．上海：华东师范大学出版社，2000.

奥苏伯尔．教育心理学．佘星南，宋钧译．北京：人民教育出版社，1994.

巴特莱特．记忆：一个实验的与社会的心理学研究．黎炜译．杭州：浙江教育出版社，1998.

班杜拉．思想和行动的社会基础——社会认知论．林颖等译．上海：华东师范大学出版社，2001.

蔡笑岳，邢强．智力心理学．广州：暨南大学出版社，2012.

查普林，克拉威克．心理学的体系和理论．林方译．北京：商务印书馆，1984.

曹传咏，沈晔．在速示条件下儿童辨认汉字字形的试探性研究Ⅱ：字形结构的若干因素对字形辨认的影响．心理学报，1963（4）：271-279.

车文博．意识与无意识．沈阳：辽宁人民出版社，1986.

陈俊，张积家．中学生成就动机与成功恐惧的研究．心理科学，2003，26（1）：107-110.

陈龙安．创造性思维与教学．北京：中国轻工业出版社，1999.

陈世平，杨治良．多种条件下启动效应的研究．心理科学，1991，11（1）：10-15.

陈新葵，张积家．义符熟悉性对高频形声字词汇通达的影响．心理学报，2008，40（2）：148-159.

陈新葵，张积家．义符熟悉性对低频形声字词汇通达的影响．心理学报，2012，44（7）：882-895.

陈永明，彭瑞祥．句子理解的实验研究．心理学报，1990，22（3）：225-231.

陈仲庚．人格心理学．沈阳：辽宁人民出版社，1986.

程涛，张茂林．认知方式理论的整合与发展．济南大学学报（社会科学版），2004，14（2）：78-82.

崔红，王登峰．中国人人格形容词评定量表（QZPAS）的信度、效度与常模．心理科学，2004，27（1）：185-188.

达尔文．人类的由来．潘光旦，胡寿文译．北京：商务印书馆，1997.

道金斯．自私的基因．卢允中，张岱云，陈复加，罗小舟译．北京：中信出版社，2012.

方燕红，张积家．汉字词和图片命名的实验研究．心理学报，2009，41（2）：114－126.

费多益．智力的本土性及文化约定．自然辩证法通讯，2011，33（2）：87－93.

费希特，罗森博格．心理学：联系的世界．高雯等译．北京：电子工业出版社，2012.

弗洛伊德．精神分析引论．高觉敷译．北京：商务印书馆，1986.

高觉敷．西方近代心理学史．北京：人民教育出版社，1985.

高玉祥．健全人格及其塑造．北京：北京师范大学出版社，1997.

戈尔曼．情感智商．耿文秀，查波译．上海：上海科学技术出版社，1997.

桂诗春．新编心理语言学．上海：上海外语教育出版社，2000.

郭秀艳．内隐学习和外显学习关系评述．心理科学进展，2004，12（12）：185－192.

韩布新．汉字识别中部件的频率效应．心理科学，1998，21（3）：193－195.

胡竹箐．演绎推理的心理学研究．北京：人民教育出版社，2000.

华生．行为主义．李维译．杭州：浙江教育出版社，1998.

黄希庭．心理学导论．北京：人民教育出版社，1991.

加德纳．多元智力．沈致隆译．北京：新华出版社，1999.

加德纳．再建多元智慧．李心莹译．台北：远流出版事业有限公司，2000.

加涅．学习的条件和教学论．皮连生等译．上海：华东师范大学出版社，1999.

蒋京川，叶浩生．智力是什么？——智力观的回顾与前瞻．国外社会科学，2006（2）：59－63.

津巴多，约翰逊．津巴多普通心理学．王佳艺译．北京：中国人民大学出版社，2008.

金玉华，李寿欣．沉思——冲动型认知方式的研究与进展．山东理工大学学报（社会科学版），2006，22（1）：80－83.

荆其诚．现代心理学发展趋势．北京：人民出版社，1990.

卡尔文．大脑如何思维．杨雄里，梁培基译．上海：上海科学技术出版社，1996.

考夫卡．格式塔心理学原理．黎炜译．杭州：浙江教育出版社，1997.

科塔克．文化人类学．北京：中国人民大学出版社，2012.

克拉茨基．记忆与意识．彭克里译．北京：科学出版社，1988.

克雷奇，克拉奇菲尔德，利维森．心理学纲要．周先庚，林传鼎，张述祖等译．北京：文化教育出版社，1981.

拉什利．大脑机制与智能//西方心理学家文选．北京：人民教育出版社，1983.

黎黑．心理学史．李维译．杭州：浙江教育出版社，1997.

黎红，陈烜之．汉字识别中的部件加工：错觉性结合的实验证据．心理科学，1999，22（3）：213－217.

李长虹，蔡笑岳．影响智力测验公正性的情境因素分析．广州大学学报（社会科学版），2009，8（5）：65－68.

李力红．认知风格理论与实证研究．长春：东北师范大学出版社，2007.

李寿欣，宋广文．西方认知方式研究概观．国外社会科学，1999（1）：19－24.

李其维．“认知革命”与“第二代认知科学”刍议．心理学报，2008，40（12）：1306－1327.

刘百里．内隐智力：智力研究的新视角．广州大学学报（社会科学版），2011，10（8）：26－31.

刘丽虹，张积家，王惠萍．习惯的空间术语对空间认知的影响．心理学报，2005，37（4）：469－475.

刘丽虹，张积家．动机的自我决定理论及其应用．华南师范大学学报（社会科学版），2010（4）：53－59.

刘正奎，张梅玲，施建农．智力与信息加工速度研究中的检测时范式．心理科学，2004，27（6）：1404－1406.

鲁利亚．神经心理学原理．汪青，邵郊，王甦译．北京：科学出版社，1983.

罗赛尔．大脑的功能和潜力．付庆功，滕立秋译．北京：中国人民大学出版社，1988.

罗夏．心理诊断法．袁军译．杭州：浙江教育出版社，1997.

洛伦兹．攻击与人性．吴雪娇译．北京：作家出版社，1987.

马川．对话自我理论——具有动态功能性的自我理论．湖北社会科学，2010（10）：124－127.

马前锋，孔克勤．文化与人格：心理人类学的解释．心理科学，2007，30（6）：1517－1520.

马斯洛．动机与人格．许金声等译．北京：华夏出版社，1987.

马斯洛．人性能达到的境界．林方译．昆明：云南人民出版社，1987.

马斯洛等．人的潜能和价值．林方译．北京：华夏出版社，1987.

迈尔斯．心理学．黄希庭等译．北京：人民邮电出版社，2011.

墨菲．文化与社会人类学引论．王卓君，吕迺基译．北京：商务印书馆，1991.

莫里斯．裸猿．周亚兴等译．北京：光明日报出版社，1988.

莫里斯．人类动物园．周邦宪译．贵阳：贵州人民出版社，1987.

潘菽．心理学简札．北京：人民教育出版社，1984.

彭聃龄．普通心理学．北京：北京师范大学出版社，2001.

彭聃龄，王春茂．汉字加工的单元——来自笔画数效应和部件数效应的证据．心理学报，1997，29（1）：8－16.

皮亚杰．发生认识论原理．王宪钿等译．北京：商务印书馆，1985.

乔姆斯基．句法结构．邢公畹等译．北京：中国社会科学文献出版社，1979.

荣格．分析心理学的理论与实践．成穷，王作虹译．北京：生活·读书·新知三联书店，1991.

桑代克．人类的学习．李月甫译．杭州：浙江教育出版社，1998.

舒华，张厚粲．成人熟练读者的汉字语音加工过程．心理学报，1987，19（3）：227－233.

斯金纳．科学与人类行为．谭力海等译．北京：华夏出版社，1989.

斯皮罗．文化与人性．徐俊等译．北京：社会科学文献出版社，1999.

斯皮尔曼．人的能力：它们的性质与度量．袁军译．杭州：浙江教育出版社，1999.

斯腾伯格．成功智力．吴国宏，钱文译．上海：华东师范大学出版社，1999.

斯腾伯格．超越IQ——人类智力的三元理论．俞晓林，吴国宏译．上海：华东师范大学出版社，2000.

施铁如．后现代思潮与叙事心理学．南京师范大学学报（社会科学版），2003（2）：88－93.

孙灯勇，胡瑜．智力风格的三维模型：一种更为综合的认知风格理论．心理科学，2008，31（1）：169－172.

托尔曼．动物和人的目的性行为．李维译．杭州：浙江教育出版社，1999.

万明刚．人类智力概念的跨文化研究．心理科学，1996，19（3）：175－179.

万明刚，李柰，邢强．汉、藏、东乡族中学生智力观的跨文化比较研究．心理发展与教育，1997（2）：1－6.

王登峰，崔红．解读中国人的人格．北京：社会科学文献出版社，2005.

王惠萍，张积家，张厚粲．汉字整体和笔画频率对笔画认知的影响．心理学报，2003，35（1）：17－22.

汪云九．研究意识问题的自然科学途径．世界科技研究与发展，2001，22（6）：29－34.

韦纳．人类动机：比喻、理论和研究．孙煜明译．杭州：浙江教育出版社，1999.

吴念阳，刘慧敏，郝静，杨辰．空间意象图式在时空隐喻理解中的作用．心理科学，2010，33（2）：303－306.

吴万森，钱福永．鄂伦春8～14岁儿童智力发展探究．黑龙江民族丛刊，1991（3）：114－118.

吴希如．脑发育异常及发育中的脑损伤．上海：上海科学技术出版社，1998.

武雪婷，金一波．不同地理与文化背景下人的心理差异研究．中共宁波市委党校学报，2008，30（3）：87－90.

希尔加德，阿特金森．心理学导论．周先庚译．北京：北京大学出版社，1987.

项成芳．现代智力研究两种视角——PASS模型与三元理论．宁波大学学报（教育科学版），2003，25（2）：15－18.

谢斯骏，张厚粲．认知方式．北京：北京师范大学出版社，1988.

许思安，郑雪．少数民族的认知方式．心理科学进展，2012，20（8）：1207－1211.

杨鑫辉．中国心理学思想史．南昌：江西教育出版社，1994.

杨雄里．脑科学的现代进展．上海：上海科技教育出版社，1998.

杨治良．记忆心理学．上海：华东师范大学出版社，1999.

叶浩生．具身认知：认知心理学的新取向．心理科学进展，2010，18（5）：705－710.

杨蕴萍，张薇．不同种族人群智力的跨文化研究．国外医学：精神病学分册，1993，20（4）：210－213.

杨珍，黄希庭．时间认知神经科学研究进展．心理科学，2005，37（6）：1506－1509.

余守斌．中国人的性格地图．北京：新世界出版社，2013.

玉山．汉、蒙、达斡尔、鄂温克等四个民族12～16岁青少年智力发展问题比较研究．内蒙古社会科学，2008，29（6）：124－127.

查子秀．超常儿童心理研究十年．心理学报，1990，22（2）：115－118.

张春兴．现代心理学．台北：东华书局，1991.

张德琇．创造性思维发展与教学．长沙：湖南师范大学出版社，1990.

张浩，彭聃龄．汉语的语境信息对抽象句和具体句回忆的影响．心理学报，1990，22（4）：391－396.

张厚粲，舒华．汉字读音中音似和形似的启动效应．心理学报，1989，21（3）：284－289.

张海钟等．中国区域跨文化心理学：理论探索与实证研究．北京：人民出版社，2012.

张积家．梁启超个性心理学思想试探．鲁东大学学报（哲学社会科学版），1991（3）：68－75.

张积家．人生的契机——心理发展的关键期．北京：中国广播电视出版社，1992.

张积家．普通心理学．广州：广东高等教育出版社，2004.

张积家．整体与部分的意义关系对汉字知觉的影响．心理科学，2007，30（5）：1095－1098.

张积家．评现代心理学中的智力概念和智力研究．教育研究，2001（5）：27－32.

张积家．语言认知新论．广州：广州高等教育出版社，2010.

张积家，陈俊．语言表达方式对科学概念语义提取时间的影响．心理科学，2001，24（3）：306－308.

张积家，陈俊．语言表达方式对自然概念语义提取的影响．心理科学，2002，25（1）：40－42.

张积家，陈俊．大学生的成就动机和成功恐惧研究．应用心理学，2002，8（2）：18－22.

张积家，陈新葵．汉字义符在汉语动作动词意义认知中的作用．心理学报，2005，37（4）：434－441.

张积家，陈栩茜．马克思的需要心理学思想．华南师范大学学报（社会科学版），2004（2）：95－101.

张积家，董昌锋．范畴变量对虚假记忆的影响．心理学报，2006，38（3）：324－332.

张积家，方燕红，陈新葵．义符在中文名词和动词分类中的作用．心理学报，2006，38（2）：159－169.

张积家，何本炫，陈栩茜．"上下意象图式"对汉语成语感情色彩加工的影响．心理学探新，2011，31（2）：144－149.

张积家，刘丽虹，谭力海．语言关联性假设的研究进展——新的证据与看法．语言科学，2005，4（3）：42－56.

张积家，王惠萍．汉字的正字法深度和阅读时间的研究．心理学报，1996，28（4）：

337－344.

张积家，王惠萍．声旁与整字的音段、声调关系对汉字形声字命名的影响．心理学报，2001，33（3）：193－197.

张积家，王惠萍，张萌，张厚粲．笔画复杂性和重复性对笔画和汉字认知的影响．心理学报，2002，34（5）：449－453.

张积家，张厚粲．汉字词认知过程中整体与部分关系论．应用心理学，2001，7（3）：57－62.

张积家，彭聃龄．汉字词特征语义的研究．心理学报，1993，25（2）：140－147.

张积家，彭聃龄，张厚粲．分类过程中汉字的语义提取（Ⅱ）．心理学报，1991，23（2）：139－144.

张积家，张厚粲，彭聃龄．分类过程中汉字的语义提取（Ⅰ）．心理学报，1990，22（4）：379－385.

张积家，张倩秋．普通话和粤语记忆中的语言依赖效应．心理学报，2006，38（5）：633－644.

张丽芳，斯腾伯格．智力风格的本质．何云峰等译．上海：上海人民出版社，2010.

张萌，张积家．人格特质的六因素结构模型．心理科学，2006，29（3）：755－756.

张倩秋，张积家．加工水平对普通话与粤语记忆语言依赖效应的影响．心理学报，2007，39（5）：795－806.

张庆林．高效率教学．北京：人民教育出版社，2002.

张庆林等．创造性研究手册．成都：四川教育出版社，2002.

张武田，冯玲．关于汉字识别加工单位的研究．心理学报，1992，24（4）：379－385.

张武田，杨德庄．汉字笔画数对短时记忆容量的影响．心理学报，1987，17（1）：79－85.

赵南元．意识的机器实现及相关问题．世界科技研究与发展，2001，122（6）：40－45.

郑雪．跨文化智力心理学研究．广州：广州出版社，1994.

郑雪，陈中永．认知操作和认知方式与生态文化因素的关系．心理学报，1995，27（2）：152－157.

郑允佳，金志成．工作记忆同中心模型．心理科学进展，2009，17（1）：22－28.

朱艳丽．自我研究的叙事取向．河南教育学院学报（哲学社会科学版），2010，29（4）：134－137.

周楚，杨治良，秦金亮．错误记忆的产生是否依赖对词表的有意加工：无意识激活的证据．心理学报，2007，39（1）：43－49.

Best. 认知心理学．黄希庭主译．北京：中国轻工业出版社，2000.

Coon，Mitterer. 心理学导论．郑钢等译．北京：中国轻工业出版社，2008.

Rice. 压力与健康．石林等译．北京：中国轻工业出版社，2000.

Gazzaniga. 认知神经科学．上海：上海教育出版社，1998.

Wilson，Keil. MIT 认知科学百科全书．上海：上海外语教育出版社，2000.

Allport, G. W. Personality: A psychological interpretation, New York: Holt, Rinehart, and Winston, 1937.

Alverson, H. Semantics and experience: Universal metaphors of time in English, Mandarin, Hindi, and Sesotho. Baltimore: The Johns Hopkins University Press, 1994.

Amabile, T. M. Within you, without you: The social psychology of creativity, and beyond. In M. A. Runco & R. S. Albert (Ed.), Theories of creativity. New Bury Park, NY: Sage, 1990.

Andrews, S. Frequency and neighborhood effects on lexical access: Lexical similarity or orthographic redundancy? Journal of Experimental Psychology: Learning, Memory, and Cognition, 1992, 18 (2): 234 - 254.

Arnold, M. Emotion and personality. New York: Columbia University Press, 1960.

Atkinson, J. W, Bastian, J. R, Earl, R. W., et al. The achievement motive, goal-setting, and probability preference. Journal of Abnormal and Social Psychology, 1960, 60: 27 - 36.

Baars, B. J. Some essential differences between consciousness and attention, perception and working memory. Consciousness and Cognition, 1997, 6: 363 - 371.

Baddeley, A. Human memory: Theory and practice. Hillsdate: Lawrence Erlbaum, 1997.

Baer, J. Divergent thinking is not a general trait: A multidomain training experiment. Creativity Research Journal, 1994, 7: 35 - 46.

Baer, J. Generality of creativity across performance domains: A replication. Perceptual and Motor Skills, 1994, 79: 1217 - 1218.

Bandura, A. Self-efficacy: Toward a unifying theory of behavioral change. Psychological Review, 1977, 84: 191 - 215.

Barron, F., & Harrington, D. M. Creativity, intelligence, and personality. Annual Review of Psychology, 1981, 32: 439 - 476.

Barsalou, L. W. Perceptual symbol system. Behavioral and Brain Science, 1999, 22: 577 - 660.

Barsalou, L., & Medin, D. Concept-independent and context-dependent information in concepts. Memory and Cognition, 1982, 10: 82 - 93.

Baumeister, R. F., & Vohs, K. D. Self-regulation, ego depletion, and motivation. Social and Personality Psychology Compass, 2007, 1 (1): 115 - 128.

Berlin, B., & Kay, P. Basic color terms: Their universality and evolution. Berkeley: University of California Press, 1969.

Biederman, I. Recognition-by-components: A theory of human image understanding. Psychological Review, 1987, 94: 115 - 147.

Bransford, J. D., Johnson, M. K. Contextual prerequisites for understanding: Some investigations of comprehension and recall. Journal of Verbal Learning and Verbal Behavior, 1972, 11: 717 - 726.

Broadbent, D. E. Perception and communication. London: Pergamon, 1958.

Boroditsky, I. Metaphoric structuring: Understanding time through spatial metaphors. Cognition, 2000, 75 (1): 1-28.

Bruner, J. S., Goodnow, J. J., Austin, G. A. A study of thinking. New York: John Wiley, 1965.

Cannon, W. B. The James-Lange theory of emotion: A critical examination and an alternative theory. American Journal of Psychology, 1927, 339: 106-124.

Caramazza, A. J., Gordon, E. B., Zurif, E. B., et al. Right hemispheric damage and verbal problem solving behavior. Brain and Language, 1976, 3: 41-46.

Cattell, R. B. Theory of fluid and crystallized intelligence: A critical experiment. Journal of Educational Psychology, 1963, 54 (1): 1-22.

Chase, W. G., & Simon, H. A. Perception in chess. Cognitive Psychology, 1973, 4: 55-81.

Cherry, E. C. Some experiments on the recognition of speech, with one or two ears. The Journal of the Acoustical Society of America, 1953, 25: 975-979.

Clark, H. H. Linguistic processes in deductive reasoning. Psychological Review, 1969, 76: 387-404.

Clark, H., & Clark, E. Psychology and Language: An introduction to psycholinguistics. New York: Harcourt Brace Jovanovich, 1977.

Clark, H., & Wilkes-Gibbs, D. Referring as a collaborative process. Cognition, 1986, 22: 1-39.

Collins, A. M., & Qullian, M. R. Retrieval time from semantic memory. Journal of Verbal Learning and Verbal Behavior, 1969, 8: 240-247.

Coltheart, M., Rastle, K., Perry, C., Langdon, R., & Ziegler, J. DRC: A dual route cascaded model of visual word recognition and reading aloud. Psychological Review, 2001, 108 (1): 204-256.

Conrad, R. Acoustic confusions in immediate memory. British Journal of Psychology, 1964, 55: 75-84.

Costa, P. T., & Widiger, T. A. Personality disorders and the five-factor model of personality. Washington, DC: American Psychological Association, 1994.

Craik, F., & Lockhart, R. Levels of processing: A framework for memory research. Journal of Verbal Learning and verbal Behavior, 1972, 11: 671-684.

Darwin, C. The expression of emotions in man and animals. Chicago: University of Chicago Press, 1872.

Das, J. P. Eastern views of intelligence. In R. J. Sternberg (Ed.), Encyclopedia of human intelligence. New York: Macmillan, 1994.

Dell, G. S. A spreading-activation theory of retrieval in sentence production. Psychological Review, 1986, 93: 283-321.

Deutsch, J. A., & Deutsch, D. Attention: Some theoretical considerations. Psychological Review，1963，70：80－90.

Ding，G.，Peng，D.，& Taft，M. The nature of the mental representation of radicals in Chinese：A priming study. Journal of Experimental Psychology：Learning，Memory，and Cognition，2004，30（2）：530－539.

Dweck，C. S.，& Leggett，E. A. Social-cognitive approach to motivation and personality. Psychological Review，1988，95：265－273.

Ehrman，M.，& Leaver，B. Cognitive styles in the service of language learning. System，2003，31：393－415.

Ellis，A. W.，& Young，A. W. Human cognitive Neuropsychology. Hove，East Sussex：Psychology Press，1998.

Essenck，H. J. The structure and measurement of intelligence. Berlin：Spring-Verlag，1979.

Fodor，J. A. The modularity of mind. Cambridge，MA：MIT Press，1983.

Forster，K. I. Accessing the mental lexicon. In R. J. Wales & E. C. T. Walker（Ed.），New approaches to language mechanisms. Amsterdam：North-Holland，1976.

Freud，S. Introduction to psychoanalysis. New York：Washington Square Press，1952.

Gagné，M. R.，& Deci，E. L. Self-determination theory and work motivation. Journal of Organizational Behavior，2005，26（4）：331－362.

Gardner，H. Multiple intelligence：The theory in practice. New York：Basic Book，1993.

Gibson，J. J. The ecological approach to visual perception. Boston：Houghton Mifflin，1979.

Gibson，E. J.，& Walk，R. D. The "visual cliff". Scientific American，1960，202：64－71.

Goldberg，L. R. An alternative "description of personality"：The Big-Five factor structure. Journal of Personality and Social Psychology，1990，59（6）：1216－1229.

Gray，J. R.，& Thompson，P. M. Neurobiology of intelligence：Science and Ethics. Nature Reviews Neuroscience，2004，5（6）：471－480.

Gregory，R. L. Eye and brain：The psychology of seeing. New York：McGraw-Hill，1976.

Guilford，J. P. The nature of human intelligence. New York：McGraw-Hill，1967.

Haier，R. J.，Siegel，B.，Tang，C.，& Buchsbaum，M. S. Intelligence and changes in regional cerebral glucose metabolic rate following learning. Intelligence，1992，16：415－426.

Hermer-Vazquez，L.，Spelke，E. S.，& Katsnelson，A. Sources of flexibility in human cognition：Dual-task studies of space and language. Cognitive Psychology，1999，39：3－36.

Hilgard，E. R. Theories of learning. New York：Appleton-Century-Crofts，1956.

Ivry, R. B. , & Spencer, R. M. C. The neural representation of time. Current Opinion in Neurobiology, 2004, 14: 225 - 232.

Izard, C. E. The psychology of emotion. New York: Plenum, 1991.

Jacoby, L. L. , & Dallas, M. On the relationship between autobiographical memory and perceptual learning. Journal of Experimental Psychology: General, 1981, 110: 306 - 340.

James, W. Psychology. Cambridge, MA: Harvard University Press, 1890.

John, O. P. , & Srivastava, S. The Big Five trait taxonomy: History, measurement, and theoretical perspectives, Handbook of personality: Theory and research, 1999, 2: 102 - 138.

Johnson-Laird, P. N. , & Byrne, R. M. J. Deduction. Hillsdale, NJ: Erlbaum, 1991.

Johnston, W. A. , & Heinz, S. P. Flexibility and capacity demands of attention. Journal of Experimental Psychology: General, 1978, 107: 420 - 435.

Just, M. A. , & Carpenter, P. A. The psychology of reading and language comprehension. Boston: Allyn and Bacon, 1987.

Klatzky, R. Human memory: Structures and processes. San Francisco: Freeman, 1980.

Köhler, W. The mentality of apes. New York: Harcourt, Brace & world, 1927.

LaBerge, D. Attention, awareness, and triangular circuit. Consciousness and Cognition, 1997, 6: 149 - 181.

Lakoff, G. , & Johnson, M. Philosophy in the flesh: The embodied mind and its challenge to western thought. New York: Basic Books, 1999.

Lashley, K. S. Brain mechanisms and intelligence. Chicago: University of Chicago Press, 1929.

Lazarus, R. S. From psychological stress to the emotion: A history of changing outlooks. Annual Review of Psychology, 1993, 44: 1 - 21.

Lazarus, R. S. Cognition and motivation in emotion. American Psychologist, 1991, 46: 352 - 367.

Levelt, W. J. M. , Roelofs, A. , & Meyer, A. S. A theory of lexical access in speech production. Behavioral and Brain Sciences, 1999, 22 (1): 1 - 38.

Levinson, S. C. Returning the tables: Language affects spatial reasoning. Cognition, 2002, 84: 155 - 188.

Levinson, S. C. Space in language and cognition: explorations in cognitive diversity. Cambridge: Cambridge University Press, 2003.

Lewis, P. A. , & Miall, R. C Distinct systems for automatic and cognitively controlled time measurement: Evidence from neuroimaging. Current Opinion in Neurobiology, 2003, 13: 250 - 255.

Loftus, E. , & Ketcham, K. Witness for the defense: The accused, the eyewitness, and the expert who puts memory on trial. New York: St. Martin's Press, 1991.

Luria, A. P. Higher cortical functions in man. New York: Basic Books, 1980.

Marshall, G. N., Wortman, C. B., Vickers, R. R., Kusulas, J. W., & Hervig, L. K. The five-factor model of personality as a framework for personality health research. Journal of Personality and Social Psychology, 1994, 67: 278-286.

Maslow, A H. Toward psychology of human being. Princeton, NJ: D. Van Nostrand, 1968.

Mayer, J. D., & Gehr, G. Emotional intelligence and the identification of emotion. Intelligence, 1996, 22: 89-114.

McClelland, D. C., Atkinson, J. W., Clark R. W., et al. The achievement motive. New York: Appleton-Century-Crofts, 1953.

Miller, G. A. The magic number seven plus or minus two: Some limits on our capacity for processing information. Psychological Review, 1956, 63: 81-97.

Moray, N., Bates, A., & Barnett, T. Experiments on the four-eared man. Journal of the Acoustic Society of American, 1965, 38: 196-201.

Morton, J. Word recognition. In J. Morton & J. Marshall (Ed.), Psycholinguistics: Structures and processes. Cambridge, MA: MIT Press, 1979.

Murdock, B. B. The retention of individual items. Journal of Experimental Psychology, 1961, 62: 618-625.

Neisser, U. Intelligence: Known and unknown. American Psychologist, 1996, 52 (2): 77-101.

Newell, A., & Simon, H. A. Human problem solving. Upper Saddle River, NJ: Prentice-Hall, 1972.

Ng, K-Y., & Earley, P. C. Culture + intelligence: Old constructures, new frontiers. Group & Organization Management, 2009, 3 (1): 4-19.

Oberauer, K. Access to information in working memory: Exploring the focus of attention. Journal of Experimental Psychology: Learning, Memory, and Cognition, 2002, 28: 411-421.

Oberauer, K., & Göthe, K. Dual-task effects in working memory: Interference between two processing tasks, between two memory demands, and between storage and processing. European Journal of Cognitive Psychology, 2006, 18: 493-519.

Paivio, A. Imagery and verbal processes. New York: Holt, Rinehart, and Winston, 1971.

Penfield, W., & Perot, P. The brain's record of auditory and visual experience. Brain, 1963, 86: 595-697.

Perfetti, C. A., & Tan, L. H. The time course of graphic, phonological and semantic activation in Chinese character identification. Journal of Experimental Psychology: Leaning, Memory, and Cognition, 1998, 24: 101-118.

Perkins, D. N. Outsmarting IQ: The emerging science of learnable intelligence. New

York: Free Press, 1995.

Perterson, L. R., & Peterson, M. J. Short-term retention of individual verbal items. Journal of Experimental Psychology, 1959, 58: 193 - 198.

Posner, M. I., & Raichle, M. E. Images of mind. New York: Scientific American Library, 1994.

Reber, R., & Allen, R. Analogic and abstraction strategies in synthetic grammar learning: A functionalist interpretation. Cognition, 1978, 6: 189 - 221.

Reisberg, D. Cognition: Exploring the science of the mind. London: W. W. Norton & Company, 1997.

Rosch, E. H. Cognitive representation of semantic categories. Journal of Experimental Psychology: General, 1957, 104: 192 - 233.

Rosch, E. H. Natural categories. Cognitive Psychology, 1973, 4: 328 - 350.

Rushon, J. P. Race, evolution, and behavior: A life history perspective. Port Huron, MI: Charles Darwin Research Institute, 2000.

Rushton, J. P., & Jensen, A. R. Thirty years of research on race differences in cognitive ability. Psychology, Public Policy, and Law, 2005, 11 (2): 235 - 294.

Schacter, D. L. Understanding implicit memory: A cognitive neuroscience approach. American Psychology, 1992, 15: 21 - 36.

Schuster, B., Forsterlung, F., & Weiner, B. Perceiving the causes of success and failure: A cross-cultural examination of attributional concepts. Journal of Cross-Culture Psychology, 1989, 20 (2): 191 - 213.

Shepard, R. N. Externalization of mental images and the act of creation. In B. S. Randhawa & W. E. Coffman (Ed.), Visual learning, thinking and communication. New York: Academic Press, 1978.

Simon, H. Studying human intelligence by creating artificial intelligence. American Scientist, 1981, 69: 300 - 309.

Skinner, B. F. Verbal behavior. New York: Appleton-Century-Crofts, 1957.

Spelke, E. S. What makes us smart? Core knowledge and natural language. In D. Gentner & S. Goldin-Meadow (Ed.), Language in mind. Cambridge, MA: MIT Press, 2003.

Spell, R. The cultural construction of intelligence. In W. J. Lonner & R. M. Malpass (Ed.), Psychology and culture. Boston: Allyn & Bacon, 1994.

Sperling, G. The information available in brief visual presentations. Psychological Monographs, 1960, 74: 1 - 29.

Sperry, R. W. Lateral specialization in the surgically separated hemispheres. In F. O. Schmitt & F. G. Worden (Ed.), The neuroscience third study program. Cambridge, MA: MIT Press, 1974.

Stern, W. The psychological method of testing intelligence. Baldimore: Warwick & York, 1914.

Sternberg, R. J. Beyond IQ. Cambridge: Cambridge University Press, 1985.

Sternberg, R. J. Toward a triarchic theory of human intelligence. Behavioral & Brain Science, 1984, 7: 269 - 315.

Sternberg, R. J. Handbook of intelligence. New York: Cambridge University Press, 2000.

Sternberg, R. J., & Grigorenko, E. L. Are cognitive styles still in style? American Psychologist, 1997, 52: 700 - 712.

Stevens, S. S. The psychophysics of sensory function. American Scientist, 1960, 48: 223 - 254.

Taylor, J. R. Linguistic categorization. Oxford: Oxford University Press, 1995.

Thomas, D. C. Domain and development of cultural intelligence: The importance of mindfulness. Group & Organization Management, 2006, 31 (1): 78 - 99.

Thorndike, E. L. The law of effect. American Journal of Psychology, 1927, 39: 212 - 222.

Thurstone, L. L. The differential growth of mental abilities. Chapel Hill, NC: Psychometric laboratory, University of North Carolina, 1955.

Treisman, A. M., & Gelade, G. A feature-integration theory of attention. Cognitive Psychology, 1980, 12: 97 - 136.

Tulving, E. Episodic and semantic memory. In E. Tulving & W. Donaldson (Ed.), Organization of Memory. New York: Academic Press, 1972.

Tulving, E. Organization of Memory. In M. S. Gazzaniga (Ed.), The cognitive neurosciences. Cambridge, MA: MIT Press, 1995.

Vygotsky, L. Thought and language. Cambridge, MA: The MIT Press, 1986.

Watson, D. Psychology. California: Brooks/Code Publishing Company, 1992.

Weiner, B. Human motivation. Hillsdale, NJ: Lawrence Erlbaum Associations Publishers, 1989.

Whorf, B. Language, thought, and reality. Cambridge, MA: MIT Press, 1956.

Witkin, H. A., & Goodenough, D. R. Field dependence and interpersonal behavior. Psychological Bulletin, 1977, 84: 661 - 689.

Yang, S., & Sternberg, R. J. Taiwanese Chinese people's conception of intelligence. Intelligence, 1997, 25 (1): 21 - 36.

图书在版编目（CIP）数据

普通心理学/张积家编著．—北京：中国人民大学出版社，2015.4
新编21世纪心理学系列教材
ISBN 978-7-300-21013-1

Ⅰ.①普… Ⅱ.①张… Ⅲ.①普通心理学-高等学校-教材 Ⅳ.①B84

中国版本图书馆CIP数据核字（2015）第060402号

新编21世纪心理学系列教材
普通心理学
张积家 编著
Putong Xinlixue

出版发行	中国人民大学出版社		
社　　址	北京中关村大街31号	邮政编码	100080
电　　话	010－62511242（总编室）		010－62511770（质管部）
	010－82501766（邮购部）		010－62514148（门市部）
	010－62515195（发行公司）		010－62515275（盗版举报）
网　　址	http://www.crup.com.cn		
经　　销	新华书店		
印　　刷	北京市鑫霸印务有限公司		
开　　本	787 mm×1092 mm　1/16	版　　次	2015年6月第1版
印　　张	37.5 插页1	印　　次	2024年8月第7次印刷
字　　数	897 000	定　　价	69.90元